抗日战争时期中国人口伤亡和财产损失调研丛书

主　编　李忠杰

副主编　李　蓉　姚金果

　　　　霍海丹　蒋建农

云南省抗日战争时期人口伤亡和财产损失

云南省委党史研究室　编

中共党史出版社

图书在版编目(CIP)数据

云南省抗日战争时期人口伤亡和财产损失/云南省委党史研究室编.
—北京:中共党史出版社,2016.3
(抗日战争时期中国人口伤亡和财产损失调研丛书/李忠杰主编)
ISBN 978-7-5098-3243-1

Ⅰ.①云… Ⅱ.①云… Ⅲ.①抗日战争－损失－史料－云南省
Ⅳ.①K265.06

中国版本图书馆 CIP 数据核字(2015)第 197527 号

出版发行:**中共党史出版社**
责任编辑:韩冬梅
复　　审:姚建萍
终　　审:汪晓军
责任校对:龚秀华
责任印制:谷智宇
责任监制:贺冬英
社　　址:北京市海淀区芙蓉里南街6号院1号楼
邮　　编:100080
网　　址:www.dscbs.com
经　　销:新华书店
印　　刷:北京君升印刷有限公司
开　　本:170mm×240mm　1/16
字　　数:733 千字
印　　张:38.75　12 面前插
印　　数:1－3050 册
版　　次:2016 年 3 月第 1 版
印　　次:2016 年 3 月第 1 次印刷

ISBN 978-7-5098-3243-1
定　　价:80.00 元

此书如有印制质量问题,请与中共党史出版社出版业务部联系
电话:010－82517197

《抗日战争时期中国人口伤亡和
财产损失调研丛书》

本课题在中共中央党史研究室室委会领导下进行。先后三位时任主任孙英、李景田、欧阳淞对本课题给予了重要指导。

主　编　李忠杰

副主编　李　蓉　姚金果　霍海丹　蒋建农

参加审稿的领导和专家：

一、中共中央党史研究室领导和专家

曲青山　孙　英　龙新民　陈　威　石仲泉

谷安林　张树军　黄小同　黄如军　李向前

陈　夕　任贵祥　郑　谦　王　淇　黄修荣

刘益涛　韩泰华

二、有关部门和单位的专家

李景田（第十二届全国人大常委、民族委员会主任委员；中共中央党史研究室原主任；中共中央党校原常务副校长）

何　理（中国人民解放军国防大学少将、教授、中国抗日战争史学会会长）

支绍曾（中国人民解放军军事科学院少将、原军事历史研究部副部长、研究员）

罗焕章（中国人民解放军军事科学院研究员）

刘庭华（中国人民解放军军事科学院原军事历史研究部研究室主任、研究员、博士生导师、首席军史专家）

阮家新（中国人民革命军事博物馆原副馆长、研究员）

步　平（中国社会科学院近代史研究所原所长、研究员）

汤重南（中国社会科学院世界历史研究所研究员、中国日本史学会名誉会长）

姜　涛（中国社会科学院近代史研究所研究员）

荣维木（《抗日战争研究》原主编）

郭德宏（中共中央党校党史教研部原主任、教授、博士生导师）

肖一平（中共中央党校党史教研部教授）

杨圣清（中共中央党校党史教研部教授）

李东朗（中共中央党校党史教研部教授、博士生导师）

徐　勇（北京大学历史系教授、博士生导师）

李良志（中国人民大学中共党史系教授）

王桧林（北京师范大学教授、博士生导师）

谢忠厚（河北省社会科学院原现代史研究所所长、历史研究所顾问、研究员）

中共中央党史研究室课题组成员

李忠杰　霍海丹　李　蓉　姚金果　李　颖
王志刚　王树林　杨　凯

《抗日战争时期中国人口伤亡和财产损失调研丛书》

总　　序

中共中央党史研究室副主任　李忠杰

发生在 20 世纪三四十年代的中国人民抗日战争，是中华民族抵抗日本帝国主义侵略的一场规模巨大的战争，是世界反法西斯战争的重要组成部分和东方主战场，是近代以来中国反对外敌入侵第一次取得完全胜利的民族解放战争。中国人民抗日战争的胜利，成为中华民族由衰败走向振兴的重大转折点，也对世界各国人民取得反法西斯战争的胜利、争取世界和平的伟大事业产生了巨大影响。

这场战争，作为世界反法西斯战争的一部分，从根本上来说，是反法西斯正义力量与法西斯侵略势力之间的一场大决战，是文明与野蛮的一场大搏斗。日本侵略者，站在法西斯阵营一边，不仅与中国人民为敌，而且与世界人民为敌，肆意践踏人类的公理和正义，企图以残暴杀戮的手段，将中华民族置于自己的铁蹄之下。日本侵略者先后占领了中国、东南亚、南亚、大洋洲许多国家的领土，杀害居民，掠夺物资，强征劳工，施放毒气，蹂躏妇女和儿童，毁坏和窃取文物，造成了大量人员和财产的损失，给中国人民和亚洲其他许多国家人民留下了巨大的创伤，给世界文明造成了空前的破坏。

中国是受战争摧残最为严重的国家。从 1931 年到 1945 年的 14 年间，日本侵略者先后占领了东北、华北、华中、华南等大片中国最重要的经济政治文化战略地区。在整个战争进程中，日军到处屠杀、焚烧、抢掠、奸淫，使中国人民的生命财产惨遭蹂躏；大量使用生化武器，进行残酷的细菌战和化学战；把大批中国平民和俘虏当作细菌和毒气的试验品；对无辜的中国平民施放毒气，或在河流、湖泊、水井中投毒；掠走大批中国劳工，强迫他们筑路、开矿、拓荒，从事大型军事工程，使其大批冻、饿、病、累而死；强征中国妇女作为"慰安妇"，严重残害妇女的身心健康；对抗日根据地实行"烧光、杀光、抢光"政策，企图摧毁抗战军民起码的生存条件；在许多地方还制造了一系列触目惊心的大惨案。直至今天，日本侵略所造成的后果还难以完全消除，日军遗留的毒气弹还不时地威胁着中国人民的生命安全。

日本侵略者的罪行，违背了起码的人类良知和国际公法，不仅是对人权和人道主义的践踏，而且是对人类文明的挑战。它决不是如某些日本右翼分子所说是解放亚洲和太平洋地区人民的行动，而是亚洲和太平洋地区历史上最黑暗的一幕，是人类文明史上的一场浩劫。第二次世界大战结束后，根据《波茨坦公告》的规定，远东国际军事法庭在东京对日本首要战犯进行了国际审判，确认侵略战争为国际法上的犯罪，策划、准备、发动或进行侵略战争者为甲级战犯。此外，盟军还在马尼拉、新加坡、仰光、西贡、伯力等地，对日本的乙、丙级战犯进行了审判。中国也先后对日本的有关战犯进行了审判。这些审判，与欧洲的纽伦堡审判一起，使发动侵略战争的罪犯受到了应有的惩处，代表了全世界一切爱好和平人民的共同愿望。这是正义的审判，历史的审判！这一审判的结果是不容挑战的！

策划和制造当年这场战争的，是一小撮日本军国主义和法西斯分子。而日本人民，从根本上来说，也是受害者。所以，日本人民也用不同方式对这场战争进行了抵制和反抗。不少参加侵华战争的士兵认识到战争的性质，幡然悔悟，积极参加了国际和日本国内的反战活动。战后，很多人勇敢面对历史事实，以见证人的身份揭露了日本军国主义的罪行。还有很多当年的士兵，真诚忏悔战争的罪行，以实际行动推动世界和平和中日友好，做了很多有益的工作。他们的良知和勇气，应该得到充分的肯定和赞赏。

相反，日本国内一些右翼势力，直到今天仍然否认侵略战争的性质和罪行，竭力推卸侵略战争的责任。对早已由当年远东国际军事法庭作出严正判决的南京大屠杀一案，始终企图翻案。历史不容改变，事实岂能抹杀！企图歪曲历史，掩盖罪行，这是中国人民绝对不能同意的！

中国人民在当年那场战争中的胜利，是正义战胜邪恶、光明战胜黑暗、进步战胜反动的伟大胜利！是正义的胜利、人民的胜利、和平的胜利！既是中华民族永远值得纪念的胜利，也是世界人民永远值得纪念的胜利！但是，在纪念胜利的同时，我们不要忘记，这一胜利是用极为惨重的代价换来的。在这一伟大胜利的背后，是中华民族遭受的巨大人员伤亡和财产损失！中华民族，既为这场战争的胜利作出了巨大的贡献，也在这场战争中付出了巨大的民族牺牲。

1995 年，江泽民同志在首都各界纪念抗日战争暨世界反法西斯战争胜利50 周年大会上，对当年日本侵略中国造成巨大人口伤亡和财产损失的基本数据作出了重要表述。2005 年，胡锦涛同志在纪念中国人民抗日战争暨世界反法西斯战争胜利60 周年大会的讲话中，再次郑重宣布，据不完全统计，在抗日战争期间，中国军民死伤3500 多万人；按 1937 年的比值折算，中国直接经济损失 1000 多亿美元，间接经济损失 5000 多亿美元。中国领导人公开宣布的基本数据，从整体上揭示了中国人口伤亡和财产损失的规模，有力地揭露了日本军国主义侵略的罪行。

数据，是历史的抽象。数据的背后，是大量的事实、确凿的证据，是无数人们的惨痛记忆和血泪控诉。为了更直接、更具体、更全面、更系统、更立体地还原当年的历史，展示中国人民遭受的灾难和损失，揭露日本军国主义的罪行，驳斥日本右翼势力否认侵略罪行的种种言论，我们必须通过更多档案资料的展示、历史文书的挖掘、具体事实的考查、当事人的证词证言、各种各样的物证书证，等等，将侵略者的罪行昭告天下。因此，作为炎黄子孙，作为郑重的历史工作者，有必要、有责任、有义务、也有权利对战争期间中国的人口伤亡和财产损失进行更加系统、详尽、具体的调查研究，将当年中国人民的巨大牺牲和惨重损失永远地记载下来。

这项调查研究工作，本来在抗日战争结束之后，或者在新中国成立时，就应该进行。但由于种种历史原因，未能系统、全面地进行。由于年代久远，资料散失，在世的证人越来越少，现在进行这方面的调查和研究已经有很大困难。但是，无论早晚，这项工作总得有人来做。现在才做，已经晚了几十年。但如果现在再不做，将来就更晚，也更困难了。所以，无论再困难，做，都是必要的。做好这项调研，是对历史负责、对人民负责、对当年的牺牲殉难者负责、对我们的子孙后代负责。根本上，是对整个中华民族负责，也是对国际社会和人类文明负责。

因此，2004 年，中央党史研究室决定开展《抗日战争时期中国人口伤亡和财产损失》的课题调研。从 2005 年开始，组织全国党史部门围绕这一重大课题，开展了系统深入的调研工作。其基本任务，是按照实事求是的原则，调查更加详实、有力、具体、准确的档案、材料、事实，更加清楚准确地掌握日本军国主义的侵略罪行，更加清楚准确地掌握日本侵略在各个不同领域、地区和方面对中国造成的破坏和损失。其中包括：各个省、自治区、直辖市在抗战中的人口伤亡和财产损失情况；历次重大战役战斗中中国军队伤亡的情况；日本从中国掠走各种资源的情况；日本从中国掠走和破坏文物的情况；日军在中国制造的一系列重大惨案；中国劳工的损失情况；中国妇女遭受日军性侵犯的情况，包括"慰安妇"的情况；日军在中国使用细菌武器、化学武器及其造成伤害的情况；日本侵略在其他方面给中国造成破坏的情况；等等。

课题调研的整体布局，实行块块和条条的结合。每个省、自治区、直辖市党史研究室，主要负责把本区域内的情况调查清楚。也可根据实际情况，选择一些重点，进行专题性的调研，形成专题性的研究成果。一些重要专题，单靠某个省（自治区、直辖市）做不了，就采取条条的办法，组织专题性的调研。还有一些，则是条条与块块相结合。如毒气，日军在不同区域使用过，有关的省（自治区、直辖市）都调查。但作为一个专题，由相关的区域进行协调，配合开展调研工作，并形成专项的调研成果。如劳工、性侵犯等，就大致属于这种类型。

课题调研的方式方法，主要是查阅和搜集档案文献资料，包括不同历史时期的统计报表。同时查阅当时有关的报刊资料，查阅多年来涉及有关地方、有关课题的研究成果。对一些特殊的重大事件，特别是重大惨案等，也同时进行社会调查，对当事人、知情人、有关研究人员等进行走访，记录证词证言。对于特别重要的事件，有条件的，还进行必要的司法公证，如南京大屠杀、潘家峪惨案等，使这些调查都成为在法律上可以采信的证据。根据需要与可能，也到国外境外包括台湾地区查阅搜集档案资料。

中央党史研究室进行了大量组织和指导工作。在课题确定前，首先进行了必要的论证，得到了许多专家的支持。随后，制定了详细的工作方案，向各省、自治区、直辖市党史研究室发出正式通知和实施意见，明确了工作的指导思想、组织领导、调研项目、工作步骤、基本要求、注意事项等等。为了提高认识、振奋精神，交流经验，落实措施，专门召开了工作培训会议，就课题的总体规划、调研方法、需要把握的问题等，作了全面部署，特别是提出了把调研工作做成"基础工程、精品工程、警世工程、传世工程"的要求。多年来，一直分阶段、有步骤地把这项课题调研推向前进。有关领导和专家分别到各地参加会议，指导培训，提出要求，统一规格，解答疑难问题。在调研过程中，随时就有关问题进行具体指导。工作班子及时编发简报和简讯，交流情况和经验。

各级党委和政府高度重视。多数地方成立了由党史研究室领导负责的课题组。各地先后召开工作会议、电话会议等，培训人员，落实任务。许多地方形成了由党史研究室牵头，档案、民政、财政、司法、地方志、社科院以及高校等部门单位联合攻关的局面，保证了调研工作扎扎实实、有计划有步骤地向前推进。

《抗日战争时期中国人口伤亡和财产损失》课题调研先后经历了六个阶段。第一，酝酿启动。第二，全面调研。这是最重要的阶段。各地组织专门人员，查询档案，实地走访，搜集了大量资料。第三，起草报告。凡参加调研的县以上单位，都要在搜集整理、考证研究档案文献资料和进行实地调查的基础上，写出调研报告，全面、准确地反映调研成果。同时，将调研中搜集的档案文献资料进行分类整理，制作统计表、大事记和人员伤亡名录等。第四，分级验收。为保证调研成果的科学性、准确性、严肃性，各省、自治区、直辖市调研报告都要经过四级验收。首先由课题领导小组审查通过，然后聘请所在省份资深专家审读验收，合格后报送中央党史研究室课题组。中央党史研究室课题组审读各省、自治区、直辖市的调研报告及相关调研成果，认为合格后，再聘请有全国影响的专家审读，写出书面意见并亲笔署名。根据审读意见，各地都要反复认真进行修改，只有达到规定要求才能通过验收。第五，上报成果。完成调研工作的省、自治区、直辖市，都按统一要求，将调研中收集的档案文献资料等所有文件，精心整理，分类成册，向中央党史研究室提交调研成果。各市县也要逐级向省级报送。第六，反复审核。中央党史研究室召开审稿会，组织各省、自治区、直辖市按照标准自审，相互间互审，将各种材料进行比对，将有关数据核实，解决带有共性的问题，进一步统一标准、统一规范、统一格式。

这项课题调研，作为一项浩大的工程，到目前为止，进行了将近10年之久。前后共有60多万党史工作者、史学工作者和其他各类有关人员参加。将近10年来，各个地方都周密组织，采取有力措施推动工作开展，保证调研质量。如山东省，先在30个县（市、区）进行试点，然后在全省普遍推开，形成了纵向省市县乡村五级联动、步调一致，横向十几个部门优势互补、携手攻关的工作格局。课题调研期间，山东省参加工作的同志共查阅档案238742卷，复印档案资料406912页，查阅抗战期间及战后出版的书刊61301册（期），复制文献资料220177页。走访调查8万余个行政村、609万名70岁以上（即1937年全国性抗战爆发以前出生）老人中的507万余人，收集证言证词79万余份。拍摄照片资料7376幅、录像资料49678分钟，制作光盘2037张。全省1931个乡镇，每个乡镇都建立了包括证人证言证词、伤亡人员名录、财产损失清单、人员伤亡和财产损失数字统计、人员伤亡和财产损失大事记、重大惨案证据材料以及证人和知情人口述录音、录像、照片等内容的抗战时期人口伤亡和财产损失材料卷宗，共12892个。

这项课题调研，也得到了社会各界特别是档案图书部门、专家学者的普遍支持。许多档案馆、图书馆为这次调研提供各种方便。不少专家学者在教学科研任务繁重、经费困难的情况下，承担专题研究任务。有的外请专家利用学校假期全力以赴做课题，缺少交通工具，就以自行车代步或徒步，到档案馆和图书馆查阅文献资料。

为了扩大搜寻面，中央党史研究室还组织查档小组，分赴美国、俄罗斯、日本，搜集了许多抗战史料。很多地方的课题组都到台湾查档。在台北"国史馆"、中国国民党党史馆、"中央研究院"近代史研究所档案馆等，找到了数量巨大、整理比较细致的抗战档案。台北"国史馆"馆藏的国民党在大陆统治时期行政院赔偿委员会档案，涉及抗战时期中国人口伤亡和财产损失的有8924卷，内容十分翔实具体。既有中央机关、军队系统人口伤亡和财产损失情况，也有地方省、市、县、区和个人填报的资料，包括台湾地区和华侨的档案资料。新疆防空委员会也报送有财产损失材料，如修筑防空工事、疏散费等财产损失。重庆市报送有日机空袭慰恤重伤难胞姓名卡，上面有卡号、伤员姓名、性别、年龄、籍贯、受伤时间、受伤地点、犒金额、发犒金时期、所住医院名称、医院地址、入院时间等，受伤部位还配有图片加以说明。所有这些，为查明当时各方面的人口伤亡和财产损失，提供了重要证据。

这项重大课题调研的成果，均编成《抗日战争时期中国人口伤亡和财产损失调研丛书》公开出版，为国内外学者提供并为子孙后代留下一份关于抗战时期中国人口伤亡和财产损失的系统资料。经过验收、审核合格的调研报告和主要档案文献资料，都按统一体例，编辑成为丛书的A、B两个系列。A系列为各省、自治区、直辖市各一本调研成果，以及若干重要专题的调研成果，由中央党史研究室负责审核。B系列为各省、自治区、直辖市的其他大量调研成果，由各省、自治区、直辖市党史研究室负责审核。全部成果统一设计、统一规格、统一版式、统一编号，由中共党史出版社统一出版。全部出齐之后，将有300本左右。

为了集中反映日本侵略者在中国制造的各种重大惨案，我们专门编纂了一套《抗日战争时期全国重大惨案》，收录抗战时期死伤平民（或以平民为主）800人以上的重大惨案100多个，配以档案、文献、口述及照片等作为历史证据。日本一些右翼分子，常常攻击中国为什么不拿出伤亡人员名单。我们专门安排了一个省，即山东省，公布该省具体的伤亡人员名录（第一批先公布该省100个县〈市、区〉的死难人员名录），包括姓名、籍贯、年龄、性别、伤亡时间等多项要素。以此说明，中国的伤亡人员都是有根有据、铁证如山的。

历史的生命在于真实、客观、准确。《抗日战争时期中国人口伤亡和财产损失》这一课题调研的生命也在于真实、客观、准确。所以，在开展这一课题调研的过程中，我们始终把保证调研质量，保证所有材料、事实、成果的真实性、客观性和准确性放在第一位，并在五个重要环节上严格要求、严格把关。第一，严格要求。一开始就明确规定，课题调研工作坚持实事求是的原则和科学严谨的态度。整个调研工作必须尊重历史事实。档案怎么记录的，就怎么记载，不能随意改变。当事人、知情人怎么说的，就怎么记录，不能随意加工。所有的材料、事实都要经得起法律上和学术上的质证。在需要与可能的情况下，对当事人、知情人的证词证言要进行司法公证。各种数据，都要确有根据，不能随便编排、采信。不许追求任何高数字、高指标。第二，统一规范。对课题调研的项目、内容，都做了认真细致的研究，提出了统一要求和严格规范。对全部调研项目设计了统一的表格，对调研报告的内容和格式做了统一规定。每个数字的内涵外延，包括如何计算、如何换算等等，都有明确的规定。事前对调研人员进行了培训。调研过程中，对没有理解的问题、疑难的问题等，都由专家给予统一的解释、说明。第三，责任到人。对所有参与课题调研的人员，都实行责任制。查档的、笔录的、整理的、起草调研报告的、审读的……，每个环节的人员都要签名，以对这一环节自己的工作负责，对子孙后代负责。明确规定，今后凡遇到质疑，有关环节的调研人员都要能够站出来进行证明、解释和辩论。第四，客观撰写。在汇总情况、起草调研报告阶段，要求所有的数据统计都必须客观、真实、准确。一律用事实说话，材料要具体、实在。不允许像写文艺作品那样来写调研报告；不允许作任何想象、编造和煽情性的描写；不允许刻意追求语言的生动华美；不允许使用任何带有夸张性、主观推断性的文字；不允许用"不计其数"、"无恶不作"这类抽象的形容词来概括相关内容；经过调研，凡是能够说清的事实、数字都予采用，但仍然说不清的情况、数据，就客观地说明未查核清楚，在汇总和整理数据时充分考虑这些因素，绝对不得编造数字。第五，逐级验收。除了在调研过程中由特聘的专家随时给予指导外，对各地提交的调研报告和相关材料，都实行逐级验收制度。其中，对省级调研成果实行由地方到中央的四级验收，其他调研成果由有关省、自治区、直辖市党史研究室组织验收。每一验收环节都要有专家审读、签字。凡存在问题和不符合要求之处，都要退回重新核查和修改。

经过艰苦努力，到 2010 年底，我们在深入调研的基础上，初步编出了几十本成果，先行印制了少量样本作为内部工作用书，组织力量作进一步的研究、审读、复查、校核。从 2014 年初开始，我们又组织展开了新一轮较大规模的审核工作。第一，召开有关省、自治区、直辖市党史部门参加的审稿会，进一步提高认识，明确规范，听取相互评审以及从社会各方面听到的意见，对审核工作提出要求，进行部署。第二，开展自审、复核、修改，确保准确无误。同时在各省、自治区、直辖市党史部门之间交叉审读，相互间进行比较、核对、衔接。自审互审完成后，都要确认是否具备正式出版的质量水准，签署是否同意交付出版的意见。第三，由中央党史研究室组织专家，对所有拟第一批出版的成果（书稿）进行六个环节的审读、检查、修改、校对，不仅检查是否还有表述不够准确或不够清楚的地方，而且对各本书稿之间、每本书稿各个部分之间的内容、叙述、时间、数字等进行统筹检查，排除表述不一致的内容。第四，如实客观地说明我们工作尽最大努力后达到的程度。始终强调，凡是已经清楚的，就清楚表述。还没有搞清楚的，就如实说明还没有搞清楚。某些数据、结论与其他书籍资料不完全一致的，则说明我们是依据什么材料、从什么角度得出和叙述的，不强求一致。第五，组织各地党史部门继续参与审核。凡有疑问的，都与有关地方党史部门联系、查核。多数省、自治区、直辖市都派专人来京参与审核、修改、校对。审核完毕后，又组织各地党史部门对自己书稿的清样再次进行审核。然后再按出版流程交付印制。今年以来对这些成果再次进行如此繁密、细致的复核工作，都是为了进一步保证成果的质量，保证历史事实的真实性和准确性。

特别需要强调的是，开展这项调研，不是为了简单汇总、计算这样那样的数据，而是为了寻找、展示更多的档案、更多的材料、更多的人证物证、更多的历史事实，用具体的事实来反映当年中华民族遭受的巨大灾难，揭露日本侵略者反人类的罪行。时隔几十年，很多数据难以查清，很多数据可能不很吻合，而且数据的分类、统计、核算都极为复杂，远远不是简单做一做加法就能算出来的。所以，我们在数据上采取了十分谨慎的态度。能统计出来的就统计出来，难以统计的也不强求。统计的口径、结果相互有差别的，也注意说明。今后，我们将会对数据问题作进一步研究。因此，目前的研究还只是阶段性的，不能说已经包罗万象，更不是最终的结论。总体上，还是在为今后更加综合性的研究提供一个详尽、扎实的基础。

由于自始至终都高度重视和强调调研的质量，所以，对于这一项目的真实性、客观性、准确性，我们有充分的信心。当然，无论如何，历史已经过去了六七十年，很多当事人已经去世，很多档案资料已经散失。现在再对发生在六七十年前的灾难进行大规模的调查，其困难是可想而知的。所以，即使做了最大的努力，我们仍然充分预计在调研成果及有关材料中，还是会有不足和差错之处，出版之后，肯定会有不同意见。所以，我们真诚地欢迎所有看到这些调研成果的人们，对其中的内容、材料、数据等进行审查、讨论。如此，必将有更多的人们关心和参与对当年那场灾难的调查，必将会提供和发现更多的档案、更多的资料、更多的见证，必将对我们调研成果中的很多内容进行不断的推敲琢磨，从而使我们能够更加准确、系统地展示当年中国的人口伤亡和财产损失，使我们为子孙后代留下的资料更为完整、更为丰富。我们也欢迎日本和其他国家的人们对这些调研成果进行阅读、审查、讨论、质疑。如此，将会有更多的国家和人们关注中国当年所遭受的灾难，也将会有更多的存留于国外境外的档案资料出现在公众面前，也将会使对当年这段历史和灾难的记录、研究更加准确和科学。

《抗日战争时期中国人口伤亡和财产损失》课题调研，是一项学术性的工作。开展这项课题调研，是为了更加准确和详尽地记录这场战争和灾难的历史，更加充分和有力地揭露日本军国主义的侵略罪行、反击日本右翼势力否认侵略战争的言行，更加充分和有效地进行爱国主义教育，毋忘国耻、振兴中华，更加积极地促进两岸交流、推进祖国和平统一进程，同时，也是为了给全世界所有关注当年这场战争和灾难的国家、政府和人们一个更加负责任的交代，为子孙后代继续研究当年中国人民抗日战争和日本军国主义的侵略罪行留下一笔丰富翔实的历史遗产。因此，虽然是学术性调研，但具有重大的历史意义、现实意义、国际意义、政治意义。作为历史工作者，我们有责任、有义务，实事求是地把中华民族在那场战争中蒙受的巨大灾难和损失尽可能完整地记载下来。推动和开展这项课题调研，是良心所在，是责任所在！每每读到那些令人震颤的历史事实，每每想到那数千万死难者的冤魂亡灵，每每掂量我们今人特别是历史工作者的责任，我们都禁不住潸然泪下。将近10年来，所有调研人员本着对历史和民族负责的精神，殚精竭虑，无私奉献，千方百计寻找各种线索，逐字逐页翻阅档案资料。为了做好对当事人、知情人的调查取证工作，顶酷暑，冒严寒，深入村镇，一家一户进行走访。也许，随着时间的流逝，这样的调研工作，以后再也不可能如此全面深入大规模地进行了。所以，对于能够基本完成这一课题的调研，我们极为欣慰，对能够取得今天这样的成果，我们极为珍惜。将近10年来，调研工作遇到过重重困难，调研人员付出了巨大心血，但只要能够对国家、对民族、对人民有一个负责任的交代，我们所有的努力、辛劳甚至痛苦都是值得的！

现在，《抗日战争时期中国人口伤亡和财产损失调研丛书》A系列第一批成果就要正式出版了，随后我们还将根据工作进程陆续出版第二批、第三批……B系列丛书的编纂和出版工作也将同时推进。而且，这项课题调研工作远没有结束。截至目前课题调研取得的成果，都还是阶段性的、部分的、不完全的成果。很多专题性调研还要继续进行，对大量档案资料还要进行分析研究。所有这些，都还需要我们继续不懈地努力。我们将以对历史负责的精神，一如既往地将这项课题调研工作做好。

历史，是现实的基础，更是未来的起点。打开尘封的记忆，重温昔日的往事，我们可以得到很多的启示和教诲，增长很多的聪明和智慧。所以，研究历史，形式上是向后看，但根本目的是向前看。作为一种科学的研究，我们调查历史的真相，记录历史的灾难，不是为了延续旧时的仇恨，不是为了扩大中日之间的裂痕，不是为了煽动狭隘民族主义的情绪，而是为了以史为鉴，不让历史的悲剧重演；面向未来，书写更加友好合作的美好篇章。经历了太多的苦难和挫折之后，我们更加坚定地热爱和平，更加执着地追求正义，更加珍惜国家的主权与独立，也更加关注世界的文明发展和进步。我们真诚地希望，世界各国能够携手努力，平等协商，求同存异，友好相处，共同推进世界的发展，共享人类文明的成果；我们真诚地希望，中日两国人民能够更多地加强交流、理解和合作，共同开辟中日关系的新局面，使中日关系更加健康稳定地向前发展，使中日两国人民真正世世代代地友好下去；我们真诚地希望，中华民族能够始终以坚韧不拔的努力，坚定不移地走和平发展之路，在中国特色社会主义旗帜下全面建设小康社会，努力实现社会主义现代化，为推动建设一个和平发展、文明进步的世界作出自己的贡献！

2014 年 4 月 30 日

《抗日战争时期中国人口伤亡和财产损失》课题①调研工作规范和要求

2004 年，中共中央党史研究室决定开展《抗日战争时期中国人口伤亡和财产损失》课题调研。2005 年向全国各省、自治区、直辖市党史研究室发出开展此项工作的正式通知，进行相应部署，着重说明工作的指导思想、调查项目、实施步骤及规范和要求。以后又随着课题调研的深入开展，对规范和要求进行了补充和完善。

一、课题调研的基本任务

抗战损失课题调研的目的和任务是深化对抗日战争时期中国人口伤亡和财产损失的研究。1995 年，在首都各界纪念抗日战争暨世界反法西斯战争胜利 50 周年之际，江泽民同志曾经对 20 世纪三四十年代日本侵略中国造成巨大人口伤亡和财产损失的基本数据做出了重要表述。2005 年，在纪念中国人民抗日战争暨世界反法西斯战争胜利 60 周年大会的讲话中，胡锦涛同志再次郑重宣布，据不完全统计，在抗日战争期间，中国军民伤亡 3500 多万人；按 1937 年的比值折算，中国直接经济损失 1000 多亿美元、间接经济损失 5000 多亿美元。中共中央党史研究室组织开展的课题调研，旨在全面详尽调查有关抗日战争时期中国人口伤亡和财产损失的具体事实，为这组基本数据提供强有力的史实支撑，并不是简单地做数据统计。

---

① 本课题亦简称为抗战损失课题或抗损课题。因为抗日战争时期及抗战胜利后国民政府统计人口伤亡和财产损失多采用"抗战损失"等概括性提法，其中将人口伤亡也称作抗战损失之一种，与财产损失并提，故沿用这一表述。

课题调研的基本任务是：按照实事求是的原则，经过广泛、全面、深入细致的调查研究，包括查阅搜集档案资料、对统计数据进行分析等，获得更多的证据，以更加全面和准确地揭露日本帝国主义侵略中国的罪行及其对中国人民造成的伤害。

课题调研的主要内容包括：（1）各个省、自治区、直辖市在抗战中的人口伤亡和财产损失情况；（2）历次重大战役战斗中中国军队伤亡的情况；（3）日本从中国掠走各种资源的情况；（4）日本从中国掠走和破坏文物的情况；（5）日军在中国制造的一系列重大惨案；（6）中国劳工的损失情况；（7）中国妇女遭受日军性侵犯的情况，包括"慰安妇"的情况；（8）日军在中国使用细菌武器、化学武器及其造成伤害的情况；（9）日本侵略在其他方面给中国造成破坏的情况；等等。

二、课题调研的方式和方法

主要是组织有关人员查阅和搜集档案馆、图书馆和其他文博单位以及民间保存的有关中国抗战人口伤亡和财产损失的档案资料、报刊杂志、历年出版的专题资料集和发表的研究成果。对一些特殊、重大的事件如重大惨案，则走访当事人、知情人和有关研究人员，进行录音录像，整理和保存证人证言，有条件的还进行司法公证，努力使这些调查材料成为在法律上可以采信的证据。有些省份的课题组还到境外的有关机构查阅相关档案资料，作为对大陆保存的档案资料的丰富和补充。这次课题调研的整体布局，实行块块和条条相结合。每个省、自治区、直辖市党史研究室在负责开展地区性的广泛调研的同时，也从实际出发开展一些专题性调研。一些重要的、涉及多个地方的带有全局性的专题，则另组织专家进行调研。

三、对搜集档案资料的要求

1. 明确搜集档案资料的范围。搜集档案资料是本课题调研工作的基础，调研成果的质量也主要决定于档案资料是否翔实，是否尽可能完整和全面。所以，凡相关内容的档案资料，不论是直接反映人口伤亡和财产损失的，还是间接反映的（如关于人口状况、财产状况、生产能力、各类资源情况等资料），都尽量搜集，作为撰写调研报告的客观的历史依据。搜集的要件有：档案、报刊、史志、时人日记、专著专论、实地调查报告、图片、影像资料以及出版、发表的研究成果等。

2. 认真整理原始档案和资料。对于搜集到的档案资料，不论是来自原始的档案，还是来自报刊、史志、日记、图书、专题论文等，都认真整理，每份每件都注明保存的地点、单位、文件卷号、出版或发表处等，然后分类汇总，妥善保存。档案资料使用时一律保持原貌，必要时作注释说明，不允许对原件内容增改、涂抹。对搜集到的档案资料要在分门别类整理的基础上进行必要的考证、鉴别和研究。整理后的档案资料，不仅是有关课题承担者撰写课题调研报告的重要依据，其主要内容也作为附件收入有关的调研成果之中。

四、有关数据统计中的几个问题

1. 根据搜集、掌握资料的情况，抗日战争时期中国的人口伤亡分为直接伤亡和间接伤亡两大类。直接伤亡，一般是指日本侵略中国的战争直接导致的中国方面人员的死、伤、失踪等；间接伤亡，一般是指在日本侵略中国的战争包括特定战争环境中造成的中国方面被俘捕人员、灾民、难民、劳工等的伤亡。抗战期间，被俘捕人员、灾民、难民、劳工等伤亡很大，但由于其流动性大等复杂原因，很难形成具体数据资料，统计起来十分困难。因此，本课题调研中，将已确定属于死、伤或失踪的被俘捕人员、灾民、难民、劳工的数据归入有关地方间接伤亡统计数据；无法确定是否伤亡失踪的，可视情况单列相关数据并加以说明。需要补充说明的是，在战争中失踪者，按通常惯例归为死亡。

2. 抗日战争时期中国的财产损失分为直接损失和间接损失两大类。直接损失，一般是指在日军攻击、轰炸或掠夺中直接造成的社会财产损失。居民财产损失列为直接损失。间接损失，一般包括：（1）政府机关等因抗战需要而增加的费用，如迁移费、防空设备费、疏散费、救济费、抚恤费等；（2）各种营业活动可获利润额的减少及由于成本上升等增加的费用；（3）有关伤亡人员的医药、埋葬等费用；（4）为抗战捐献的物资和钱财；（5）有关人力资源的损失。总之，一切因战争造成的间接财产损失均包括在内。

3. 在财产损失中所列的人力资源类损失，包括了被俘捕人员、劳工等在财产方面的损失。中国各级政府所组织的劳役，例如为战争修筑公路、机场、军事工事等抽调民工，都算作人力资源损失。但中国方面征用民工和日本侵略军强征劳工有所区别。日军强征劳工的伤亡率很高，和中国方面征用民工民夫的情况区别很大，因此要分别统计和说明，不能混淆。

4. 中国军队在重大战役战斗中的人员伤亡，分别情况加以统计处理。此次课题调研以统计平民伤亡为主。有关省（自治区、直辖市）如发现有本地发生过军队人员伤亡的重要资料，可以搜集整理并在调研报告中说明，但不计入本地人口伤亡总数。若是本地籍军人的伤亡，则计入本地人口伤亡总数。

5. 海外华侨拥有中国国籍，因此在计算抗日战争时期中国人口伤亡和财产损失时，华侨人口伤亡和财产损失均计算在内。各有关地方在计算本地人口伤亡和财产损失时，视情况可以将本地籍华侨的伤亡、损失计入统计数据总数，亦可单列数据并加以说明。

6. 工厂、学校、机关团体等由于战争原因搬迁造成的损失，算作间接损失，原则上由工厂、学校、机关团体等原所在地方统计。如果原所在地方缺少相关资料，新迁移处具备资料条件，也可由后者统计。为避免交叉和重复，遇到这类情况须特别加以说明。

7. 政党、政府机构的财产损失，归入公用事业的社会团体类财产损失一并计算。

8. 被日军、日本占领当局无偿征用、占用的中国耕地，按农作物的产量及其价值计算财产损失。

9. 伪军、伪政府的人员伤亡和财产损失，一般计入中国人口伤亡和财产损失。

10. 由战争原因导致的如黄河花园口决堤一类重大事件所造成的人口伤亡和财产损失，计算在间接人口伤亡和财产损失中。

11. 重大的财产损失，均以相应数额的货币反映价值。反映财产损失的货币一般要注明币种。

12. 通常用于抗日战争时期财产损失统计的货币（主要是法币），币值问题非常复杂。本课题调研中，涉及财产损失统计的货币数据，有条件进行折算的，一般按1937年即全国抗战爆发当年通用货币法币的币值进行折算，并说明折算的方式方法。因条件不具备，保留原始数据未作折算的，则注明有关数据中用以反映财产损失的货币系何种货币、何年币值。

五、关于撰写课题调研报告的要求

本次课题调研，有关课题组和承担专门课题的专家均按要求撰写出调研报告。

1. 各省、自治区、直辖市课题组撰写调研报告，内容大致分为概述、主体、结论三部分。

概述部分主要包括：介绍课题调研工作的基本情况，如：投入多少力量，到过什么地方查阅搜集档案资料，搜集了多少档案资料等。反映本地的自然地理概况，抗战爆发前的经济社会发展和人口状况，以及在抗战时期是重灾区还是大后方，是沦陷区还是根据地等。叙述日本侵略者在本地的主要罪行。还可简略回顾以往相关课题的资料和研究情况。

主体部分主要包括：分析说明本地人口伤亡和财产损失情

况。根据现掌握资料，将本地抗战时期人口伤亡分为直接伤亡和间接伤亡，将本地财产损失分为直接损失和间接损失，并分别说明主要的史料依据和分析结果。

结论部分，汇总本地人口伤亡数据、财产损失数据。据实说明迄今所掌握资料的局限性、本地遭受人口伤亡和财产损失的特点、影响等。

撰写调研报告依据的主要资料以及调研中同步完成的专题研究报告等，作为调研报告的附件，纳入课题调研成果中。

2. 由一批专家承担的全局性专门课题，如抗日战争时期重大惨案、劳工问题、"慰安妇"问题、细菌战、化学战、文化损失、海外华侨人口伤亡和财产损失、中国军队伤亡、重要战役战斗伤亡等，其调研报告的撰写和附件的收录，参照以上要求进行。

六、对调研成果的验收

在各省、自治区、直辖市课题调研工作结束后，完成的包括课题调研报告在内的省级调研成果和市、县等调研成果，要装订成册，通过审阅和验收，逐级上报，送交各省、自治区、直辖市党史研究室和中共中央党史研究室分别保存。

为确保质量，在调研过程中形成的各省、自治区、直辖市A、B两个系列书稿（省级调研成果为A系列书稿，市、县等调研成果为B系列书稿），要分别通过验收。其中，省级调研成果要通过由地方到中央的四级验收，市、县等调研成果则在有关省、自治区、直辖市内验收。

省级调研成果上报验收前，课题组先认真进行自审，以保证内容的完整准确，特别是调研报告和有关专题研究报告、资料、大事记的内容和数据要互相补充、印证，不能互相矛盾。课题组完成自审后，省级调研成果首先报送省级抗战损失课题领导小组验收。省级课题领导小组审查通过后，送省级专家验收组验收。省级专家验收组参加验收的专家一般为3—5人，人选来自党史系统、社会科学院和社科联系统、档案史志部门、高等院校等方面，为较有影响力、权威性的专家。省级专家验收组在本省（自治区、直辖市）课题领导小组的指导下，按照学术规范的严格要求和有关规定审读、验收本省（自治区、直辖市）拟提交中共中央党史研究室的省级调研成果。验收的主要标准和目的是确保调研成果的准确性、可靠性。对于验收中指出的问题、提出的意见和建议，各省（自治区、直辖市）课题组须采取有效措施解决和落实。对一次验收不合格的，修改、完善之后进行第二次以至多次验收，直到合格为止。省级专家验收组验收合格后，填写《A系列书稿验收报告表》。填写的报告表和书稿同时报送中共中央党史研究室课题组。

中共中央党史研究室课题组收到经省级专家验收组验收合格的省级调研成果后，先进行验收。认为合格后，再聘请国内知名专家进行验收，并填写《A系列书稿验收报告表》。验收中所提修改意见，由有关省、自治区、直辖市课题组予以逐条落实，对调研成果做出相应修改或者说明相关情况。

由一批专家承担的全局性专题研究成果，最后形成的书稿也纳入A系列，其验收也参照上述程序和要求，由中共中央党史研究室课题组组织有关专家进行。对于验收中提出的意见，承担课题的专家要逐条落实，对调研成果进行修改完善直至合格为止。

最后，中共中央党史研究室课题组对经过反复修改形成的省级调研成果和全局性专门课题调研成果进行复核。完成各项程序并符合要求的调研成果，包括通过四级验收的A系列书稿和由有关省、自治区、直辖市党史研究室组织验收并合格的B系列书稿，分批次送交中共党史出版社付印出版。

中共中央党史研究室课题组

日军侵略云南期间多次轰炸滇缅公路交通咽喉——惠通桥。图为1941
年4月1日日军再次炸桥

1940年10月13日日军空袭中被炸成一片废墟的昆
明玉龙堆若园巷2号周钟嶽住宅

1941年4月26日云南纺织厂被日军飞机轰炸后
惨状

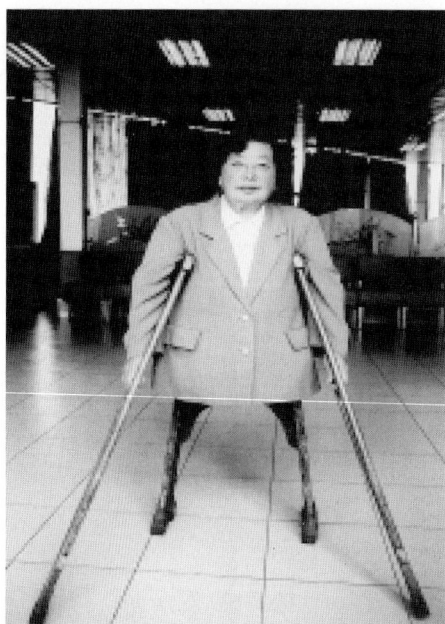

1940年9月30日日军飞机轰炸昆明，致使时年4岁的辛惠仙失去双腿

抗战时期昆明的防空警报——升灯笼

昆明市湖南会馆被日军飞机轰炸后惨状

1942年5月4日保
山县城在日军空袭中
被炸一角

保山"五四"大轰炸
后洱源县政府呈报的霍
乱损失报告表

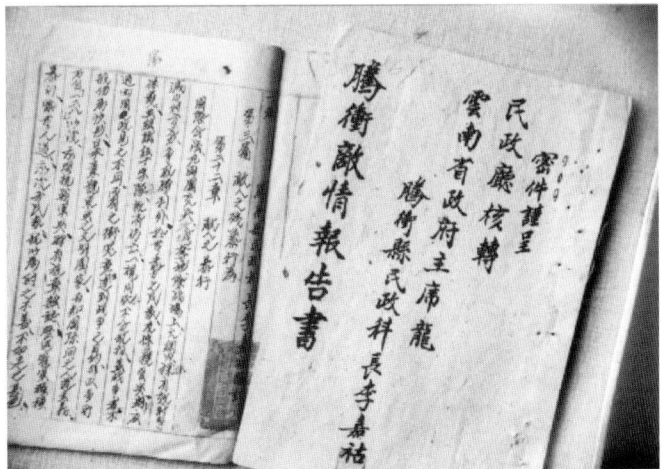

腾冲县民政科长李
嘉祐向云南省政府主席
龙云上报的《腾冲敌情
报告书》

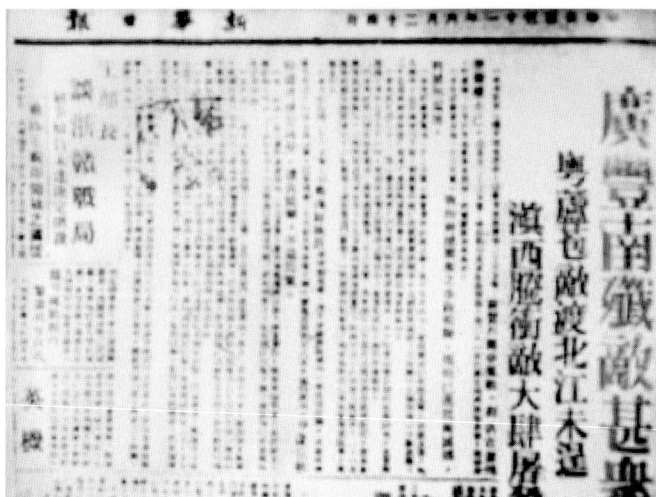

1942年6月24日，重庆《新华日报》关于日军在滇西腾冲大屠杀的报道

日军在滇西用来烹煮战俘及抗日人士的铁桶

泸水县栗柴坝日军屠杀惨案纪念碑

被日军砍断脚筋而跪行一生的龙陵河头农民张周云

在日军威逼下，芒市宣抚使司署代日军雇用马匹的命令

腾冲县所属各乡镇被日军征用民工统计表

日军摊派食品命令

日军在滇西沦陷区
发行的军票

日军侵略中被战火
毁坏的遮放土司署

1944年11月，日军败退前夕炸毁的芒市佛寺

1944年12月，日军败退前夕烧毁的德宏州民居

战火停息后的腾冲县城中心街区

侵华日军遗留在腾冲的芥子毒气弹

为纪念收复腾冲战斗中阵亡的中国军队官兵，1945年7月于腾冲县城旁小团坡建成国殇墓园

1942年8月，时年18岁的龙陵人李连春被侵华日军第56师团113联队投入龙陵腊勐"慰安所"，沦为日军"慰安妇"。图为李连春晚年照

龙陵白塔"慰安所"旧址

抗日战争中各族民工赶修滇缅公路

滇缅铁路途经的沧源县下芒卡隧道

民众抢修被
日军破坏的腾冲飞
机场

云南民众为
支援抗战协助架
设中印（中国—印
度）输油管

1938年4月27
日，瑞丽弄岛边民
为抗日捐款

1944年10月，支援抗日前线的民工从保山出发向龙陵运送军粮

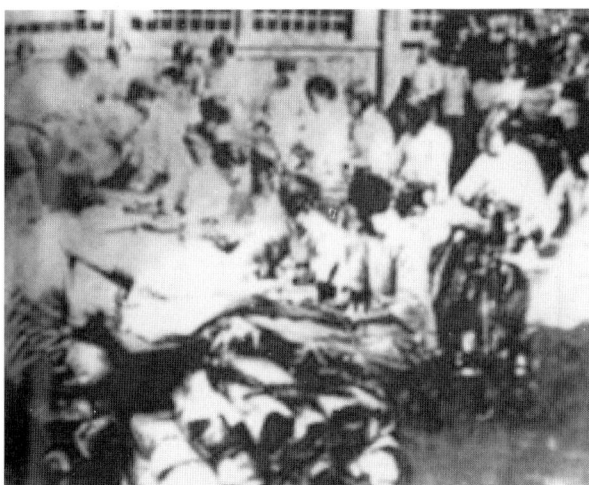

腾冲妇女们为抗日前线将士赶制寒衣

第一次日军飞机轰炸昆明市人口伤亡调查表

昆明市抗战资产损失总计算表

日军入侵造成龙陵县财产直接损失汇报表

目　　录

一、云南省抗日战争时期人口伤亡和财产损失调研报告

云南省抗战时期人员伤亡和财产损失调研课题组

20 世纪三四十年代，日本发动侵华战争 14 年，给中华民族造成了巨大的人口伤亡和财产损失。开展云南省抗战时期人口伤亡和财产损失的调查研究，对于更准确地反映日本侵华战争给中国人民带来的灾难，揭露侵略者的战争罪行，对于中华民族勿忘历史，振奋民族精神，发扬爱国主义，有着十分重要的意义。

（一）调研工作概述

云南在全国抗战初期是全国的大后方，频遭日军飞机空袭。1942 年滇西沦陷，云南又成为抗日最前线的战场之一，除空袭外遭到入侵日军的直接蹂躏，造成重大的人员伤亡及财产损失。云南各族人民为争取抗日战争的胜利付出了惨重代价，作出了重要贡献。抗日战争胜利后，云南省根据国民政府的要求部署过抗战中人口伤亡和财产损失的调查统计工作，但因云南地处边疆，民族众多，文化教育落后，战后恢复重建任务繁重等条件所限，调查统计不尽如人意。中华人民共和国成立后，特别是改革开放后，云南省一些地方、部门，部分地方志办公室和专家学者开展了抗战时期资料的征集，对云南省抗战中的一些问题进行过研究，但对抗战时期云南省人口伤亡和财产损失未进行过系统、全面的统计和研究。

〈一〉 调研组织情况

2005 年 3 月，根据中共中央党史研究室的部署，全国开展了《抗战时期中国人口伤亡和财产损失》课题调研工作。中共云南省委党史研究室成立了以室

领导任负责人的省级课题调研领导小组，下发了调研通知，提出了在全省开展调研工作的意见，具体由省委党史研究室一处负责全省课题调研的组织领导、业务指导及开展工作。各州市县区党史研究室积极争取地方党委、政府的重视和支持，全省 15 个州市（除迪庆州外）相继成立课题领导小组。全省组成 139 个课题组，2051 人参加调研。省、州、县三级党史部门采取联动的办法开展征研工作。省、州两级课题组既承担着指导下级课题组调研工作的重任，又须搞好本级范围内的调研工作。

〈二〉 调研的主要方法

1. 查阅档案文献

该课题启动后，各级课题组查遍本地、邻近及相关地区的档案馆、图书馆、地方志办公室相关资料；省课题组还到云南省博物馆、省政协文史委、省公安厅档案室和中国第二历史档案馆等地查阅有关资料。工作中，省课题组将自己查档中发现的有关州市县材料及时转给他们，体现了课题调研的协作精神。

2. 社会调查

抗战胜利距今已 70 年，由于云南省地处边疆，少数民族众多，解放前文化较为落后，留下的抗战时期人口伤亡和财产损失的材料很不完整，因而部分州市县课题组除查阅档案文献外，还发动社会力量开展社会调查。尤其是宣威市从全市各乡镇抽调人员，经过培训后进村入户，历时一个多月，采取集体座谈、知情访谈等方式，采访亲历者 800 余人，收集了一批证明材料。

3. 汇总分析研究

通过查阅档案文献和社会调查两种方法，收集到大量的材料，但这些材料年代不同、出处有别、填报各异，可信度和准确性参差不齐。课题组在搞清本地抗战基本情况的基础上，对材料进行认真梳理，分析比较，去伪存真，剔除重复材料，对比矛盾材料，做出取舍，再查漏补缺，最终理清本地人口伤亡和财产损失的基本脉络。

4. 加强业务指导和课题督查

课题启动后，省委党史研究室召开三次全省性抗战课题调研工作会议，及时研究各阶段出现的问题，指导基层开展工作。州市级召开会议 45 次。省课题组进行全省性工作督查二次（遍），直接督查的市县区达 30 个以上；州、市级党史部门对本辖区内各县市区的督查达 57 次（遍）。省课题组印制了四期《调研工作简报》，刊载一些指导性文章和部分县市区的先进调研经验，供大家学习和借鉴。此外，省课题组还通过电话、电子邮件等多种形式加强对州市县区的指导和沟通，发现问题，及时解决。在验收阶段，实行了三级验收制度，即：县市区调研成果由州、市级课题组负责验收；州、市级调研成果由省课题组负责验收；省课题组调研成果由中央党史研究室验收，只有验收合格才算完成任务。同时要求各级调研成果须得到本地党委的认可后才能验收上报。这两个制度对于保证课题的调研质量，发挥了重要作用。

〈三〉 调研成果

全省课题组共查阅档案 19974 卷 55146 份，查阅文献资料 7435 余种、历史报刊资料 8000 余份，复印和抄写档案、文献资料 36619 页，图片资料 505 幅，走访目击证人 1882 人，获得访谈笔录 1433 份、人口伤亡调查表 1290 份，证词 1437 份，并根据中央党史研究室的要求，整理成云南省上报中央党史研究室的调研系列成果：《抗战时期云南省人口伤亡和财产损失调研报告》及《侵华日军细菌战所致云南人民受害与死亡情况调研报告》《日军在滇西实施"慰安妇"制度的调研报告》《日军对云南的轰炸》《云南抗战机场的建设及其损失》《滇越铁路及沿线地区遭受损失情况》《云南抗战捐献简况》六个专题报告，人口伤亡统计表、财产损失统计表、大事记及伤亡人员名录等一批成果，计 175 卷，其中专题报告二卷。

经过调研，课题组基本查清了侵华日军在云南的罪行，以及云南省抗战期间人口伤亡和财产损失的情况①，调研所形成的材料、统计数据，均为有确切资料

---

① 迪庆州未参加本次调研，省课题组通过查档案、调研等掌握了日军未侵入和轰炸迪庆、未造成当地直接人员伤亡和财产损失的资料，因而基本查清了侵华日军在云南全省范围的罪行以及云南省抗战期间人口伤亡和财产损失的情况。

记载和走访当事人、知情人并经过认真分析、甄别、研究的结果。但由于事隔60多年，档案资料大量缺失，许多当事人、知情人已不健在，或无法联络，健在的人员或记忆存在误差；有些受日军侵害的妇女不愿回顾当年痛苦不堪的往事等种种原因，有部分人口伤亡和财产损失情况和数据无法纳入统计和报告，调研所得出的数据难以绝对准确，期待今后继续挖掘史料、进一步研究，使有关数据更加充实、准确。

本次调研的覆盖范围，为云南省当前行政管辖区域。

（二）全国抗战前及战争中云南省的自然及社会经济状况

〈一〉 地理位置、行政区划及人口情况

云南简称滇或云，地处祖国西南边陲，东与广西、贵州省相连，北与四川省毗邻，以金沙江为界，西北紧靠西藏，西部和南部与缅甸、老挝、越南三国接壤，国境线长 4061 公里。云南临近泰国、柬埔寨、马来西亚、新加坡等东南亚国家和印度、巴基斯坦、孟加拉等南亚国家，自古以来，是中国从陆上通往东南亚、南亚的重要门户。

1937 年，云南全省设置 131 个县、局（112 个县，1 个市，16 个设治局①，2 个对汛督办区②）。至 2009 年，云南省辖昆明、玉溪、曲靖、昭通、楚雄、大理、保山、丽江、迪庆、怒江、德宏、临沧、普洱、西双版纳、红河、文山 16 个州市，129 个县市区。

云南是中国世居少数民族最多的省份，除汉族外，还有 25 个世居少数民族。全省没有单一的民族县，云南省跨境而居的民族较多，主要有傣、壮、苗、彝、哈尼、佤、拉祜、景颇、阿昌、德昂、傈僳、独龙等 16 个民族。

抗日战争前云南人口呈逐年增加态势。1936 年，云南全省人口为 12047157

---

① 设治局：民国初年，云南省政府在沿边界线一带、少数民族众多的地方，陆续设置了部分行政委员。1922 年 3 月，根据中央政府指令，将原有的临江、梁河、盈江、莲山、陇川、瑞丽、潞西、泸水、福贡、碧江、贡山等行政委员一律改为设治局。设治局相当于准县级，直接受省政府领导。

② 对汛督办：清末在两国边境接壤处设立，可办理外交、边防、缉私等事务的专门机构。龙云上台后，完善云南对汛督办的行政建制，划分对汛辖区，组织机构仿照县制，明确辖区内的一切行政权，云南对汛督办由清末的国防与外交机构逐渐演变为特别行政区。

人。全国抗日战争开始后，由于内地机关、学校、企事业单位迁入，大量难民的涌入，使得云南人口一度剧增。以昆明为例，1932 年 143700 人，1936 年为 142657 人，人口基本没有增长。而 1937 年即增加为 205396 人，一年之间增加 6 万多人；至抗日战争结束，昆明人口近 30 万人，比战前增加了一倍。但是，1938 年以后云南人口就呈下降趋势。虽然在滇西大片地域沦陷后，国民革命军第 1、第 5、第 9、第 11、第 20 集团军相继进驻云南；美国陆空军的军事和技术人员有 5 万余人常住云南[①]；加上缅甸沦陷后回国的侨胞，战时入滇的外来人口总数超过 100 万[②]，却未改变云南人口下降的趋势。

云南省抗日战争前后人口表[③]

年代	人口	户数	男	女	年增长%	备注
1919	9995542	1702599	5252328	4743214		
1924	11020607	2065807	5776007	5244600	2.051	
1932	11795486	2338272	6095549	5699937	0.879	
1936	12047157	2243418	6225971	5821186	0.533	
1937	12390477	2307351	6403399	5987078	2.85	
1938	10323881	1791536	5122283	5201598	−16.679	
1939	10354671	1932750	5251981	5102690	0.298	
1940	10178876	1895508	5162726	5016150	−1.698	
1943	9282096	1804463	4666503	4615593	−2.9396	[④]
1944	9309412	1733596	4679841	4629571	+0.29	
1945	9620492	1792270	4836221	4784271	+3.3416	
1946	9171449	1707905	4610487	4560962	−4.6719	
1947	9028761	1681334	4538758	4490003	−1.56	

① 云南省地方志编纂委员会编：《云南省志·军事志》，云南人民出版社 1997 年版，第 100 页。
② 云南省地方志编纂委员会编：《云南省志·政府志》，云南人民出版社 2001 年版，第 3 页。
③ 依据云南省志编纂委员会办公室编《续云南通志长编》（中册，1985 年印，第 127—152 页）、《云南省志·人口志》（云南省地方志编纂委员会，云南人民出版社 1998 年版，第 32 页）编制。黑体字的数字为推算所得。每户以 1919 年至 1932 年的户均人数 5.37 人计，性别以上一年的性别比推算。
④ 沦陷区潞西县用了 1932 年的数字，其余 7 县局采用了 1939 年数字。

〈二〉全国抗日战争前及战争中的经济社会状况

云南是一个以高原山区为主的省份。全省土地面积 39.4 万平方公里，约占全国总面积的 4.1%；山区占全省总面积的 94%，盆地为 2.41 万平方公里，仅为 6%。1934 年，全省有耕地 2500 万亩[①]。云南省建设厅 1935 年调查，水稻耕种面积为 11782797 亩，占总耕地的 41.31%[②]。抗日战争期间，云南省政府鼓励垦荒，扩大耕地，兴修水利。1938 年省政府规定每个乡镇每年必须完成 100 亩的垦荒任务，到 1941 年，云南耕地面积扩大到 2852 万亩[③]。

全国抗日战争前，云南广大农村地区以封建地主制经济为主，同时存在着多种社会经济形态。全省农业发展极不平衡。云南地处边疆，科技文化落后，许多地方没有水利设施，且耕作方式粗放，不施肥，不薅锄，粮食产量低，有不少边远少数民族地区农业属于原始经营类型，刀耕火种，广种薄收，生产不足以维持生存，需要采集、渔猎作为补充。经济作物种植指数低，种类单调，只有甘蔗、油菜籽、花生、蚕丝、茶叶等，商品率低下。畜牧业在山区、少数民族地区的经济生活中占有重要地位，由于放牧方法落后，缺少兽医，因而畜牧业发展缓慢。全省农业生产以稻谷、小麦、玉米、甘薯、土豆、蚕豆、豌豆、荞麦、青稞等为主。1934 年，云南粮食总产量 48601197 担，以 1932 年人口 11795486 人计算，人均占有粮食 275 市斤（大米）。因而，云南进口粮食的年份较多。1928 年从蒙自关进口大米 40370 担，玉米 4643 担，1929 年进口大米 110753 担，玉米 12735 担；1928 年至 1930 年连续三年进口面粉，每年都在一万担以上[④]。即使如此，云南省政府从备战备荒出发，从 1932 年起开始办理积谷，储备粮草，到 1937 年抗日战争全面爆发时，云南省积谷 2404227 京石[⑤]。

鸦片战争后，云南成为英、法殖民主义者侵略的重要对象，特别是中法战争后，云南经济日益半殖民地化。蒙自、河口、思茅、腾冲、昆明相继开辟为

---

① 云南省地方志编纂委员会：《云南省志·土地志》，云南人民出版社 1997 年版，第 96 页。
② 云南省志编纂委员会办公室编：《续云南通志长编》下册，1985 年印，第 252 页。云南省地方志编纂委员会编：《云南省志·农业志》，云南人民出版社 1996 年版。其中记载抗战前全省有水稻 1050 万亩，占 41.52%，平均单产 165 公斤，总产量 173 万吨。
③ 云南省地方志编纂委员会编：《云南省志·政府志》，云南人民出版社 2001 年版，第 218 页。
④ 许道夫：《中国近代农业生产及贸易统计资料》，上海人民出版社 1983 年版，第 58—61 页。1 担重 100 市斤。
⑤ 云南省志编纂委员会办公室编：《续云南通志长编》中册，1985 年印，第 266 页；稻谷，2 京石等于 3 石，可碾米 100 公斤。

商埠。随着滇越铁路的通车，洋货充斥，资源被掠夺的局面日益扩大，扼制了民族资本的发展，也严重地摧残了云南的民族商业、手工业和农副产品的生产。在云南有限的工矿企业、火柴、食品、卷烟和城市公用事业中，都是以手工劳动为主，部分机器操作为辅。全国抗战爆发前，云南省主席龙云成立了主管经济建设的云南全省经济委员会，兴办了一些初具现代化规模的工业企业，如云南纺织厂、云南五金机器制造厂、云南电气制铜厂等；兴建了一批水利工程，修建了云南第一条省际公路——滇黔公路云南段。当时，全国登记的工厂3935家，云南仅有42家，占1.06%；全国工业资本总额计3.73亿元，云南只有421万元，占1.13%；工业整体实力水平在全国居末位。全国抗战爆发后，随着华中和东南沿海区域的相继沦陷，中国西部成为全国抗日的大后方，云南因与越南、缅甸、老挝接壤，有滇越铁路和滇缅公路通向国外，成为中国与盟国相连的主要通道，从而吸引了众多工商企业、科研单位和高等院校迁到云南；而国民政府也把开发云南定为主要目标之一，把云南作为发展军事工业的基地之一。这为振兴云南经济，发展科技、教育事业，开发边疆提供了千载难逢的历史机遇。云南省政府对内迁单位采取欢迎态度，实行开放政策，给予多方面的支持和帮助；对内迁企业，争取他们在资金、设备、技术、人才等方面的投入。据统计，内迁昆明的工业数量仅次于重庆和川中区，居西南第三位。加上大量的资金、设备和人才流入云南，国家资源委员会也在昆明等地投资办厂，使云南这个曾是中国交通困难、经济不发达的地区，很快发展成为大后方的工业中心区之一。1940年，国民政府经济部统计，仅昆明地区就有80个主要的工厂企业。其中机械制造工业11家、冶炼工业6个、电器工业7个、化学工业25个、纺织工业18个、其他工业13个。而兵工行业中有生产望远镜、瞄准镜等光学器材的，有生产轻重两用机枪的，有制造弹药的，还有飞机制造厂等。

高山峡谷的地理环境使云南交通联系十分困难。正如《续云南通志长编》指出："云南跬步皆山，河流绝少舟楫之利"。虽然先人开辟了古南方丝绸之路、五尺道和许多驿路栈道，沟通了与祖国内地和东南亚各国的联系；但是，与内地省份相比，云南交通显得十分落后，即使在近代，云南绝大部分地区的商品运输仍靠人背马驮；旅行交通，则需步行、骑马或是乘轿子。虽修通了滇越铁路，路权却掌握在法国人手中。为此，云南民族资本家修筑了全长100多公里的个碧石铁路。1929年起，随着政局的稳定，云南省把修筑公路作为"四大要政"之一，大规模征用民工义务修路。九一八事变后，云南当局以建设国防公路相号召，加快了筑路的速度。到全国抗战爆发前，全省修通的公路有：昆明至大理、丽江段，昆明至富宁县剥隘段，昆明至贵州盘县段，宣威至昭通段，寻甸至会泽，曲靖至陆良，宜良至陆良段，初步通车的有 1177 公里，通公路（土路）的县（设治局）有 19 个，特别是昆明至贵州盘县公路的修通，使云南有了一条通往外省的省际公路。抗战期间，云南省修通了连接邻国的国际通道——滇缅公路、中印公路，以及十余条省内公路；在全省原有 24 个机场的基础上又修建了 28 个机场①，支持抗战。这些公路和部分机场虽在抗战胜利后云南的经济发展中发挥重要作用，但它们都是因国防需要而修建的，其中所修建和扩修的机场，相当一部分未曾使用过，而绝大部分在抗战胜利后就停止使用，一直使用的只有昆明、呈贡等个别机场。

全国抗战爆发前，云南通过整理各项税收、统一财政及滇铸半开（云南制造并在云南流通的银元）等之后，财政收入大大增加，金融业相对稳定。1936 年云南岁入总额为新滇币 2800 余万元，岁出总额 2300 余万元，节余 500 余万元②。全国抗战爆发后，经济重心西移，昆明人口剧增，商业繁荣，加上昆明是中国对外联系和外贸的重要陆路通道，以致昆明金融业迅速兴起和繁荣，除了中央银行、中国农民银行、交通银行、中国银行设立分行外，还有国内 20 余家银行来云南设立分支行，另外还有东方汇理银行、中法实业银行等外国银行设立机构。至抗战胜利时，全省共有金融机构 217 个，在大后方 19 个省中居第二位。

1934 年，全省建有小学 10348 所。全国抗战爆发时，云南仅有较为正规的大学一所，另有几所专科学校；省立中学 29 所，其中 13 所是完全高中，县市立中学 46 所，私立中学三所，有一半以上的县没有中学。省立师范学校、县立简师 44 所。抗日战争时期，云南省政府欢迎内迁的大专院校，主要是借助他们雄厚的教学力量和丰富的办学经验，帮助云南培养师资，提高教师队伍水平，兴办学校。其中，由北大、清华、南开三所大学组成的西南联大发挥了重要作用。

---

① 云南省地方志编纂委员会编：《云南省志·交通志》，云南人民出版社 2001 年版，第 668 页。课题组查找资料表明，1938 年初到 1945 年上半年有史料明确记载新修和扩修的机场为 39 个。

② 李珪主编：《云南近代经济史》，云南民族出版社 1995 年版，第 378 页。

〈三〉 日军侵犯及云南抗日战争简况

1. 日军侵犯云南简况

1938 年 9 月 28 日，日军首次轰炸了昆明市。此后，持续不断地对云南省城镇及交通要道予以轰炸，并投掷霍乱、鼠疫细菌，使得滇缅公路沿线一时病疫成灾，有的村落人口死亡过半，致使农村大片土地无人耕种，生产几乎陷于停顿。

1940 年日军占领越南，在靠近中国云南省红河、文山地区的边境一线陈兵，威胁云南东南部。云南由抗战初期远离前线的大后方变为直接与日军对峙的前沿阵地。

1941 年 12 月 7 日，日军发动太平洋战争，战事逐渐蔓延至缅甸南部。1942 年 4 月底，缅甸腊戌沦陷。5 月初，日军以装甲车为前驱，沿滇缅公路长驱直入滇西，连陷云南德宏州全州，保山市的腾冲、龙陵县及隆阳区部分地区，怒江州泸水县的部分地区。怒江以西三万平方公里的国土沦于敌手。中国军队迎战日军，把渡过怒江的数百日军赶回怒江西岸，形成了中日军队隔江对峙的局面。

入侵滇西的日军为日本南方军缅甸战区第 15 集团军第 56 师团（师团长松山佑三中将、步兵指挥水上源藏）的第 113、第 148、第 146、工兵、搜索、炮兵、辎重等联队，该部沿怒江西岸建立了腊戌、龙陵、腾冲、腊猛、滚弄五个守备区，并设立畹町、龙陵、腾冲、松山、平达、滚弄六个据点。第 56 师团部曾一度设于腾冲，师团前沿指挥所曾由腾冲推至腾北的瓦甸、桥头。第 18 师团（师团长田中新一中将）的第 114 联队，据守泸水片马、拖角、固东地区，第 55 联队驻芒市为预备队。第 53 师团的第 119 联队驻龙陵、芒市一线。第 2 师团的第 29 联队驻遮放、畹町。日军在滇西驻军总人数 2 万余。滇西反攻战开始后，第 53 师团驻缅北的搜索联队增援龙陵、芒市，第 2 师团驻缅北的第 16 联队主力增援龙陵，第 49 师团的第 168 联队增援遮放、畹町[①]。

滇西沦陷后，日军多次入侵临沧市耿马县的勐定、镇康县的南伞；普洱市的澜沧、西盟县等地。1942 年 6 月，日军在多架飞机的掩护下侵犯勐海县打洛。

---

① 云南省地方志编纂委员会编：《云南省志·军事志》，云南人民出版社 1997 年版，第 269 页。云南省档案馆编：《日军侵华罪行实录·云南部分》，云南人民出版社 2005 年版，第 659 页。

同年，日军侵占时为佛海县境打洛江南岸的曼掌、曼厂、曼蚌和景洛四个村寨，占据时间长达三年。在此期间，日军经常侵扰、轰炸佛海、南峤两县（现均属勐海县）。1943年，日本雇佣军向驻防景洪县大勐龙勐宋的中国军队进攻，战斗甚烈。

日军在滇西沦陷区内屠杀各族人民，抢掠财物，强奸妇女，焚毁村镇，并经常从怒江西岸炮击东岸村落。

2. 沦陷区和多战区域的军事组织及政权情况

（1）国民政府基层政权及军事组织

滇西沦陷后，为打击日军，中国政府在滇西建立腾（冲）、龙（陵）、缅宁（今临沧）抗日守备区。腾龙守备区设三个军事区，即腾冲、龙陵为第一军事区；梁（河）、盈（江）、莲（山）为第二军事区；潞（西）、瑞（丽）、陇（川）为第三军事区。各军事区设立保卫营、民众自卫预备队及其他地方武装，尽守备之责。

腾冲爱国人士于1942年6月6日在腾冲县城东北的江苴街成立临时县委员会，领导民众开展敌后抗战。6月下旬，云南省政府正式任命张问德为腾冲县长，组成抗战县政府，协助敌后部队征兵，成立军政联席会议，开办战时干部训练班，调查敌情，组织抢运物资，办理粮秣，组建壮丁队，并设立便衣队、担架队和运输队，动员人民协助军队打击日军。

龙陵沦陷后，龙陵县的朱家锡向国民政府中央军事委员会昆明行营主任龙云请缨杀敌。龙云遂任命朱家锡为龙潞游击支队长兼龙陵县县长，朱家锡回龙陵、潞西一带组织地方武装开展游击，牵制日军的力量。

云南成为抗日最前线的战场后，国民政府先后派第1、第9集团军驻防滇南；1943年2月12日，为战略反攻，国民政府在昆明成立"远征军司令长官部"，辖第11、第20集团军所属第2、第6、第8、第53、第54、第71军等；此外，在云南驻防的还有第5集团军和昆明行营直属部队。在敌后，有中国军队的预备第2师和第36师部队。

（2）日伪政权

日军在腾冲和龙陵设立的行政机构是"行政班"，后扩充为"行政班本部"。

日军占领怒江以西大片国土后，相继在腾冲、龙陵、梁河、盈江、陇川等地成立"维持会"，企图引诱民众归顺日军，同时帮助日军"维持"社会治安，搜刮物资，为日军统治服务。

1942 年 6 月 6 日，在日军扶持下，成立了以钟镜秋为县长的腾冲伪政府。同年 6 月初，日军于德宏成立伪政府，1943 年成立腾越伪政府（设南甸、干崖、盏西监督厅），均由日军行政班本部长田岛寿嗣大尉直接控制。

伪县政府下设警察局、政警队等行政组织，各区乡设自警团。此外，日军第 56 师团组建了伪警保总队（腾、龙、镇、耿警保总队），各种伪武装警察人员约一二千人。日军在腾冲组织了"商工会""大东亚低利银行""大东亚公司"等伪经济组织。

日军还利用地痞流氓组织了特务便衣队，搜集情报，迫害游击队员和当地爱国人士。这支便衣队后改为日军宪兵队特务大队。

3. 抵抗及驱逐日军

滇西沦陷后，滇西各地爱国民众和士绅，相继采取各种方式与日军开展斗争。腾冲、龙陵、潞西、南甸（今梁河）、干崖（今属盈江）、莲山（今属盈江）、陇川、瑞丽、泸水等县的傣族、景颇族、阿昌族、德昂族、傈僳族、佤族和汉族各族民众，先后组成十余支抗日游击队：滇西边区自卫军，辖干崖宣抚司刀京版领导的滇西抗日游击队第一路军、南甸土司龚绶领导的第二路军、南甸汉族士绅赵宝贤、赵宝贵领导的第三路军，由莲山、蛮允、昔马汉族士绅刘金生、许本和、寸时金分别组织的三个游击中队，组成滇西自卫军莲山独立支队；由盈江盏西神护关的小土官李祖科、杨成秀、孟守义、戈定邦等分别组织和率领的汉族或景颇族等四个中队，组成盏西独立游击大队；经昆明行营主任龙云批准组建的昆明行营区龙潞游击支队；在瑞丽县景颇族山区，组成了三户单抗日游击队；在澜沧、沧源、耿马等地佤族居住地，先后成立了罗正明领导的澜沧佤山抗日游击队、罕裕卿领导的耿沧抗日自卫支队、胡忠华领导的班洪阿佤山游击队支队等抗日组织。各民族组建的游击队在敌后极为艰苦的条件下，开展抗日游击战争，打击敌人。

1942 年初至 1945 年初，中国先后出动 40 万大军在滇缅战场上与美、英盟军协同作战，在滇西反攻和缅北战役中，中国驻印军、中国远征军抗击了日本缅甸方面军大半兵力，不仅收复滇西全部失地，在中国战场上率先把日军赶出国门，还收复缅北大片地区，打通了中缅印之间的陆路通道。

1945 年 3 月，驻防滇南的第 1、第 9 集团军组成第一方面军（辖第 52、第

53、第 60、第 62、第 93 军及 3 个师），8 月奉命出国，到越南接受越南北纬 16 度以北地区日军投降。

（三）日军在云南的暴行

日军对云南人民犯下的罪行，大致可分为轰炸、屠杀、焚烧、抢劫、奸淫、酷虐劳工、细菌战、经济掠夺等。

〈一〉 轰炸

轰炸，主要指飞机轰炸。日军为完全封锁中国，并彻底侵占中国，把云南作为轰炸的主要目标之一。1938 年 9 月 19 日，日军下达"大陆命第 201 号"，以驻中国南海的日军第 5 舰队航空兵派飞机轰炸昆明，威胁刚修建开通的中国西南军事补给线滇缅公路。这一时期，轰炸云南的敌机主要是从武汉出发的。1939 年 10 月，日军发出"大陆命第 582 号"文，强调要"强化截断滇越铁路和滇缅公路补给线之航空作战"。1940 年 10 月 7 日，日军成立"滇缅公路封锁委员会"，由侵华海军司令部参谋长大川内传七少将指挥，调集 100 架飞机，以越南河内机场为基地，频繁对滇缅公路沿线村镇、桥梁及居民聚居区实施毁灭性轰炸[①]。

〈二〉 生化战

1. 细菌战

太平洋战争爆发后，日本帝国主义把对华细菌战的重点放到了滇西国际交通线滇缅公路和浙赣前线各机场，侵华日军制定的《昭和十七年"保号"指导计划》明确确定了以云南昆明为细菌战第一攻击目标。日军 731 细菌部队原有 5 个支部，并与各地防疫给水部在组织、人员、物资和工作等方面保持着密切的联系和合作关系。1942 年 4 月，日军在新加坡设置南方军防疫给水部（细菌战部队），代号为"冈 9420 部队"。同年 5 月初，日军对云南进行细菌战的攻击，就

---

① 云南省地方志编纂委员会编：《云南省志·卷首》，云南人民出版社 2004 年版，第 215 页。

由日军"731 部队"与南方军"冈 9420 部队"所属各部防疫给水部共同行动。滇西沦陷后，在云南邻近的缅北密支那，驻有日军第 18 师团防疫给水部一部和第 56 师团防疫给水部一部；中国龙陵县腊勐驻有第 56 师团防疫给水部一部，队长冈崎正雄大尉，其队员有吉田好雄准尉等约 40 人；腾冲驻有第 56 师团防疫给水部一小队，队长野田中尉，有队员 45 人；第 56 师团防疫给水部本部驻在芒市①。

黑龙江省哈尔滨市社会科学院 731 问题国际研究中心杨彦君参加滇西抗日战争史调查研究课题组，先后到保山、腾冲、龙陵、梁河、盈江、陇川等地调研，考察了松山战场遗址、国殇墓园、中国远征军抗战地等 15 处抗战旧址后说："在滇西发现日军用于细菌战的生化防护服、饲养老鼠的鼠笼、关东军第 100 部队用过的器件箱、医疗注射器等共 40 多件，这些实物充分证明了日军在滇西进行过细菌战。"

（1）云南历史上最大的霍乱灾难

日军曾对昆明、保山等地使用细菌炸弹，派人施放霍乱病菌。1942 年日军对保山"五四、五五"轰炸时，派遣 731 部队柳懒大尉等人，驾驶飞机向保山等地投掷细菌弹，并在此前后收买缅奸和汉奸混入难民队伍，在滇西未占领的地区、滇缅公路沿途村寨的水井、沟渠等水源投放霍乱病菌，导致以保山为中心的霍乱爆发流行。时任云贵监察使的李根源在《为保山惨变乞赈通电》中明确提到："敌投空中爆炸烧夷病菌等弹三四百枚……"②，发自保山城乡的霍乱，随难民及撤退军队沿滇缅公路继续蔓延，流传致数十个县。

（2）鼠疫流行不止

日军在滇西的防疫给水部队，大量征集和饲养老鼠，培养鼠疫杆菌，并进行人体实验，实施细菌战。他们在滇西占领区投放注射过鼠疫病菌的老鼠或在平民身上注射鼠疫病菌，造成云南沦陷区鼠疫爆发，并从沦陷区传染到下关等地，甚至传染到滇中华宁县境内。

霍乱、鼠疫流行滇西几十个县，给人民造成了巨大的伤亡损失，被滇西民众视为仅次于日军的"第二号敌人"。

---

① ［日］森山康平主编：《フーコン·云南の战い》，月刊冲绳社，昭和 59 年 6 月 1 日初版发行，第 71、123、140 页。
② 李根源主编：《永昌府文征·保山惨变乞赈通电》，（文）卷三十附录二，昆明版，中华民国 31 年版。

2. 使用化学武器

芥子气（学名为"二氯二乙硫醚"），因其巨大杀伤作用被认为是"毒剂之王"。云南档案中虽没有记载日军是否使用芥子气，沦陷区民众医疗条件、见识等有限，又处于战争动乱之中，没能发现日军这一严重罪行。但战后人们在原沦陷区拾获日军芥子气毒弹①及防毒面具等，许多战争的亲历者回忆中曾提到皮肤红肿、溃烂等，可以确定，日军在侵入滇西及撤退时，曾经在滇西施放了芥子气弹。

〈三〉 焚烧

焚烧，是日军对付沦陷区人民的惯用手段。腾冲沦陷后，日军先后纵火烧毁腾冲民房、学校、公所、寺院近万余间，腾北重镇界头街等40多个自然村寨全部焚为平地。在龙陵松山、大垭口、大弯子等18个自然村，245户人家有209户人家的房子被烧毁。对抵御过日军入侵的村寨，或抗日游击队员家属的住宅，日军则是必夷为废墟方肯罢休。在日军的滥烧下，曾经是人烟稠密、商贾云集的城镇、富庶平和的村寨，被烧成一片废墟，数以万计的村民无家可归，只得栖息于山林中、悬崖下、山洞里，过着饥寒交迫的生活。1946年5月，国民政府行政院善后救济总署滇西办事处处长徐颂九前往腾冲西北各地视察灾情，亲眼目睹了桥头街、阿幸街、谷家寨等地被敌焚毁后的惨景，感慨道："若干人士到腾，仅知腾城毁于炮火，即觉灾情惨重，而不知腾冲西北区之灾情以面积广大、人口众多，详细比较，实甚于城堡。"② 不难想象敌军的破坏程度有多么巨大。

〈四〉 抢掠、毁坏、设置禁区

1. 抢掠、毁坏

日军每到一地，将群众财物劫掠一空。滇西各地以腾冲受害最重，所有民间商店、花纱、布疋、珠宝玉器、银钱什物、食品用具，全被劫走。即使埋藏地

---

① 云南省档案馆编：《日军侵华罪行实录·云南部分》，云南人民出版社2005年版，图片页。云南省档案馆编：《云南抗日风云老照片》，2005年印，第19页。
② 云南省档案馆编：《日军侵华罪行实录·云南部分》，云南人民出版社2005年版，第648页。

下、远匿山中，也搜掘殆尽，十室九空。日军抢劫后必集合点名，倘有一兵一卒不到，就视为当地人民暗害，将附近村庄居民、老幼捆绑跪审，责令找赔，否则就要杀害全体民众。被抢的人家若面容稍露不满，轻则遭殴打，重则性命难保。

日军抢劫时常将家禽赶飞赶跑，以再用枪射击运动中的家禽为乐；有时捆住猪、牛、羊等牲畜四肢，活生生的割下后大腿，并将残尸遗留满地。对百姓的锅、碗、瓢、盆、坛坛罐罐等，打的打，砸的砸，竹箩用马刀砍破，粮袋用刺刀捅破，打烂屋内一切什物；且有柴不烧，以桌椅、板凳木器等砸烂作柴；把带不走的粮食泼撒一地，肆意践踏；在百姓的米酒罐、泡菜坛、饭甑、香炉、水缸、铁锅、油罐里随意大小便，或把小猪、小狗砍成两截塞进罐子、饭甑和被子里；将群众的家堂祖位牌，棉絮被褥，用来铺桥垫路，或置于泥淖中。日军还以田地为牧场，稻苗作草刍，纵马践踏。

2. 强行设置禁区

日军驻扎各处，均划定军事禁区。强迫居民们离开世代居住的家园；禁区不许百姓通过，如有误入者，将招来杀身之祸；禁区周围村寨的群众，成了日军抓夫、抢掠、烧杀、奸淫的对象。1943 年 10 月，日军在泸水县灰坡山建立据点，将小横沟、大湾子、旧乃山、四岭岗等村全部烧光，并在这些村寨地基上建立练兵场、骡马场、空投场和机炮阵地，灰坡山下的田野、路隘和山坡上，到处挖筑交通壕、地堡及战壕，埋设地雷，拉铁丝网；日军将蛮英半山以上地带变成军事禁区，使禁区内的百户农民逃进深山老林，终年不敢露面。

〈五〉杀戮

日军对滇西沦陷区人民的残杀，手段野蛮残酷。

1. 刺刀杀戮

1942 年 5 月 10 日，日军侵入腾冲，一路追踪，见人就杀，以至亲人不敢出面掩埋。1943 年 2 月 20 日，日军在泸水县丙贡村等地"扫荡"时，抓获了躲在路边草丛中的彭金灿和杨阿米，彭金灿被日军一刀刺伤脖子，倒在地上装死保住了性命；日军发现杨阿米怀有身孕，用刺刀捅其下身和肚子，将其杀死，又用刺刀挑开她的肚皮，挑出未出生的婴儿，丢在路边示众。同年 12 月 6 日，日军火烧泸水县鲁掌镇后，抓了 21 个背夫，因途中遭到中国军队的伏击，日军竟强迫 21 个背夫横排成一行当靶子，让几个年轻的没有杀过人的日本兵用刺刀挨个刺杀过去，其中有一个叫茶开周的趁日军不备，侧身往后倒地，滚进深谷中，活了下来，其余 20 人全被捅死。

2. 排枪扫射

1942 年 5 月 4 日，敌第 56 师团先遣队攻陷龙陵，傍晚，即开始在龙陵城区屠杀民众，不论老、弱、妇、孺，逢人便用机枪扫射和步枪射击，中弹殒命者 160 余人。之后，敌人继续循滇缅公路追击，沿途有成百上千辆难侨的商车被推到岩下和江中，无数难民被枪杀，潞江西岸公路两侧同胞尸横遍野。同月，日军在怒江栗柴坝渡口抓获撤退的海关人员及难民数百人，强迫他们跪在江岸上，用机枪射扫，死亡 290 人。

3. 吃人心肝

腾冲和顺乡的寸长宝到中和乡探亲，被日军抓获，叫其带路，后来叫他去找葱、姜调料，找到后即把他绑在树上，用刺刀破开胸腹，掏出心肝来炒吃。中和乡的李光华也遭到同样惨遇。日军在泸水县也煮吃了三名群众。

4. 活埋

日军抓到腾冲马站街四个群众、北门田心何家寨的两个青年后，叫他们自己挖坑，互相活埋，最后一个被装进麻袋，用脚踢死。日军在固东、江苴、小西等地也有类似的活埋罪行，有的还被倒立活埋。

5. 活剐

腾冲中和乡自卫队长郭汝兴被日军抓到城里，绑在绷杆上，每天从他身上割下几块肉，一周后被活活折磨而死。在盈江县盏西，中国军队伤兵谭国雄被日军抓获，拉到关上街，用两棵杆子扎成十字架，两手分别捆在横杆上，脚捆在直杆上，日军用刀把其胸腹破开，把心肝和肠肚拉出来，杀死后丢进江里。

6. 上甩杆

腾冲保家乡一群众被日军抓获后，将其大肠头（肛门）拉出，拴在甩杆（压弯了的竹杆）上，一放甩杆，肠子被一串的拉出来而致死。

7. 灌盐水、开水

1943年5月，日军将龙陵邦别寨村民杨新润口中插入皮管，在皮管中灌开水入腹中活活烫死。日军在腾冲县城抓获中国远征军情报员王树荣，逼供未遂后用盐水、滚开水灌死。

8. 油锅炸，水煮

日军捕获中国军队情报员腾冲上北乡人戴广仁、张德纯后，用滚油炸死。1943年1月，驻龙陵松山的日军一部窜至白泥塘，将杨富朝、段金凯等三人当做中国军队便衣抓获，用8号铁丝穿其锁骨，带到核桃箐，先是灌水、用木板压，使其水带粪便从口、鼻内冒出，然后将三人装入麻袋，放进汽油桶里，烧火煮死。

9. 火烤

在瑞丽雷允飞机场附近，日军抓到两个青年，把他们捆在架子上，旁边架起柴来慢慢烤，烤了几天几夜，活活烤成"干巴"。

10. 锯解

日军抓获腾冲上北乡的张启福后，要他带路出小回街，张却引敌走入中国军队第36师的伏击圈，使敌被毙31人。日军退至海口三官庙后，用锯子锯下张的头颅，悬挂村外。1944年6月，日军在腾冲曲石徐家寨旁俘获六名远征军人，绑在树上肢解，有的被锯成两半；有的从头锯到脖根；有的身首异地；有的尸体还被刺刀剁成肉泥。

11. 刀砍

1943 年，在滇缅公路侧一个鱼塘旁，驻瑞丽县遮放的日本宪兵队长板口用军刀一口气杀了抓捕来的 50 名傣族同胞，只有一人觉得脖子后面挨了一下，背部被狠狠地蹬了一脚，便不省人事跌在死人堆里，待晚上醒过来后，解开绳子逃回家中，从此吓成疯人。此外，日军还将抓到的人施行挖双眼、割双耳等酷刑。

〈六〉组织伪政，强行征派

日军占领滇西初期，每占一城一镇，就在交通便利之处设守备队，用行政班、宪兵队维持秩序，并胁迫当地土司头人及士绅成立地方维持委员会、伪县政府等机构，推行伪令，调查户口、统计粮食产量、颁发良民证。1942 年 6 月初，日军成立龙陵县政府；1943 年初，成立腾越县政府，并成立南甸、干崖、盏西三司监督厅，由三司属官轮流充任，均由日军行政班本部长田岛寿嗣大尉直接控制。日伪县政府令各乡镇派举代表，组织各乡联合办事处，在县城听候命令。日军还组建了伪警保总队（腾、龙、镇、耿警保总队）。

入侵滇西的 2 万余侵略者及伪政府和伪军警一二千人，每天所需的柴、米、油、盐、蔬菜等大量物资，强迫沦陷区人民提供。在沦陷区各地，日军行政班、守备队、宪兵队，随意要求"尊重日军命令"，下令伪政府摊派伕马、肉、菜、鸡、猪、牛、羊、蛋、糖、酒、粮秣，供应军需；征收落地税、耕地税、牲屠税、烟酒税、鸦片税、田赋、公租等，民众不堪其苦。更有甚者，敌人每下令摊派军需粮秣、鸡、肉、蔬菜、伕马等，限二三日或几小时就要办妥，稍有延宕，先杀乡保当事，或将当事人的房屋烧毁，以示警告。1942 年秋，驻遮岛日军到拉勐找乡长蔺其开要粮要肉，乡长一时拿不出来，日军便把他拴在马尾上，上马挥鞭，拖得头破血流，奄奄一息。后由村人答应送去粮肉，方获释。在枪刺威逼之下，无论是征工，或摊派粮秣等军需，沦陷区民众无法拒绝。

日军的摊派极为苛刻残酷。派收的猪肉、牛肉和鸡肉，只收大腿，不要其余部分。除要求派送粮秣伕役等，还要求送妇女等，供敌玩乐。姿色差者，即被杀戮。腾冲明光被逼死与杀毙者 30 余人。1942 年 5 月 21 日龙陵县长杨立声致民政厅代电称："日军约一联队，战车约四五十部，分驻县衙门、海关、县立中学等处，每日责成伪维持会送给妇女、酒、肉，满足兽欲。"[1]

征派夫役为敌军主要摊派项目之一。日军以"一人一伕"（有时一人两伕）、"一马一伕"为标准，从各地征派民伕骡马。征来的夫役除用于修战壕、筑工事、建公路、修机场、运输粮秣军需、随军作战等，还被送往国外。各地被抓的民夫，常遭受非人的折磨，他们多是被捆绑着，在日军的刺刀下挑运日军抢来的物资及军用物资。每当他们跟不上队伍或是修工事时日军稍不满意，就要挨拳脚、鞭抽、棍打、枪托、刺刀的折磨，甚至被枪杀。畹町索阳村的曼映，在瑞丽江边为日军摆渡，因身体单薄力气小，甩不动铁链，被敌抢起双脚往地上砸，然后拳打脚踢，使其口吐鲜血，昏死在地，以至终身带疾。每当日军战事失利或伤亡惨重，常迁怒于民伕。1943 年 12 月，200 余日军被中国军队截击，当场被毙40 余人，伤 30 余人。敌退至泸水片马丫口后，借口民伕不报告中国军队驻地，怒杀 10 余人。日军在工事修筑完工后，常将参与建筑的民工杀害。在芒市镇东北有座牙让山，日军抓来 40 多个傣族、汉族同胞挖工事、修防空洞。工程完工之日，日军将他们集中起来，从四面开枪扫射，只有一人侥幸逃脱。

〈七〉 经济掠夺

日军在滇西扶持汉奸势力设立伪商工会、新华公司、日新公司等，并实行物资垄断专卖，聚敛大量财富，以达到其"以战养战"的目的。

1. 物资垄断专卖

日军入侵初期，将中国政府及民间来不及转移的物资抢劫一空。据不完全统计，日军在腾冲抢劫花纱布匹百货约 9302 驮，玉石 30 驮，药品 78 驮，土产杂货 1029 驮，汽车 24 辆，总值达 8.23 亿多元[2]。这些物资，多数被囤积居奇，指定由日军的公司专卖。此后，敌人以抢掠所得的棉纱等物资作为基金，组织了"商工会""大东亚公司"等伪经济组织；令各商民富户筹款积资及收没民间货

---

① 《龙陵县长杨立声 5 月 21 日快邮代电》，1942 年 5 月 21 日，载刘建中、高镇仁主编：《保山地区史志文辑》第 1 辑，德宏民族出版社 1989 年版，第 392 页。

② 中国云南省德宏州民间对日索赔筹备小组：《侵华日军在滇西的掠夺罪行——强制发行军票》，1999年 6 月 20 日，载云南省档案馆编：《日军侵华罪行实录·云南部分》，云南人民出版社 2005 年版，第661 页。

品为基金，并派员到沦陷区各地，如缅甸一带，购买货品、海盐、干鱼等回来售卖，又将本地存蓄的洋纱、棉花、布正等运往缅甸、木姐各处售卖，所得经商红利，全都供给敌人军需。腾冲县长张问德于1944年8月28日报告称："协新公司则由伪县长钟镜秋与群伪合力经营，垄断商业，共牟私利；东亚公司则系专门供应敌军之副食品。凡此所出，实际均取之于民。"①

2. 严格的物资登记和封锁政策

日军入侵后，1943年1月18日，日军在腾冲发布不得转移隐藏货物的第三号行政命令，令各地商民住户将所存物资、布正花纱报告登记，并派员彻查、核验数目，货品相符者，在货物上打上印验，仍由物主保存，不得私自买卖，必须售用时，须向商工会申请核准，得卖若干，一驮或两驮，然后将物资交给商工会，等有存款时，照规定的低价付给物主，若无款，仍须听候，不得卖与他人；商工会另照规定的高价，出售给民间，但卖零不卖趸，若有隐匿、私卖私买者，一经查获，货物没收，人被罚处受押②。

3. 强制发行军票

日军依靠其军力作后盾，在腾冲县城原华盛荣商号旧址设立了"大东亚低利银行"，强制发行和流通日军印制的"卢比军票"，以达到其"以战养战"的目的。由于这些军票无编号、无发行日期、无印章、无水印，侵略者可以大肆滥发。开始发行军票时，日军规定军票与各种货币的比例是：军票1卢比兑法币（亦称国币，以下未加注明币种、只注为"元"的均为法币）26元，后来为1卢比兑法币40元，最后涨到兑换法币100元，1卢比兑换半开或小洋1元。日本军票在滇西沦陷区发行的数额巨大，据估算在1亿卢比以上③。日军为强迫沦陷区人民使用军票，限期停止使用法币及印、缅卢比，禁止买卖黄金白银，并通

① 张问德：《腾冲县政府反攻前后各种情形报告书》，1944年8月28日，云南省档案馆馆藏档案，档案号11—7—22—73。
② 腾越日军司令官：《腾越日军在腾冲发布户口调查的第二号行政命令》，1943年1月18日，载云南省档案馆编：《日军侵华罪行实录·云南部分》，云南人民出版社2005年版，第426页。
③ 中国云南省德宏州民间对日索赔筹备小组：《侵华日军在滇西的掠夺罪行——强制发行军票》，1999年6月20日，载云南省档案馆编：《日军侵华罪行实录·云南部分》，云南人民出版社2005年版，第662页。

过控制人民生活必需的食盐经营权，推行军票。

〈八〉 鼓励种植罂粟

20世纪二三十年代云南地方军阀统治时期，鸦片经济在财政中一度占有重要地位。在舆论及国民政府的压力下，云南省政府开始禁烟，从1936年以后，罂粟种植面积呈减少趋势。日军入侵后，在滇西占领区及滇南南峤、沧源岩帅等地，鼓励、收买当地人民种植罂粟，毒化民众。档案记载"敌方……鼓励人民大种鸦片，而以高价收买运至泰京一带，一般无知夷民见利忘义，多中毒计"①。日军向沦陷区群众宣称："四县省均可栽种鸦片，免费给烟种"，又通过日伪县政府下达种烟命令，允许公开交易鸦片，用糖、盐等向群众换鸦片，吸鸦片免抽壮丁等措施鼓励沦陷区人民种罂粟，吸食鸦片，以致种运吸售肆无忌惮，使腾冲、龙陵两地的鸦片种植再度泛滥开来。在腾冲草坝街（在腾冲北15里）、缅箐街（在腾冲西北30里）甚至形成了鸦片市场。据1946年龙陵县政府统计，龙陵"吸大烟人数占全县成年人口的15%"。更有甚者，烟亩税成了敌伪政权的收入来源之一。1944年4月，腾冲县政府民政科长李嘉祐上报省民政厅说："鸦片税：腾冲自城池沦陷后，敌军督率民间种烟，伪政府于各乡村街市，设局收税，值百抽五，又奖励运食鸦片。去年10月，界头失陷后，西北两区，亦大种鸦片矣。"② 在梁河县则直接摊派每乡缴烟土2500两，大小19乡，共派47500两，实际是强迫人民种植罂粟③。

〈九〉 文化侵略

抗战时期，位于云南的西南联大、云南大学、保山县立中学等众多学校在敌机轰炸中遭受严重毁坏，昆明的文庙大成殿（即孔子庙）、保山县太保山麓的元代建筑法明寺等具有历史文化价值的建筑被摧毁无遗。在沦陷区，由于敌寇进攻及长期占领，学校等文化设施被焚毁，图书被搜抢毁坏，遭受了巨大的文化劫

---

① 《南峤县政府转报敌人动向及鼓励种植鸦片等代电》，1943年11月24日，云南省档案馆馆藏档案，档案号11—7—14—229。

② 《李嘉祐呈报〈腾冲敌情报告书〉代电》，1944年4月，云南省档案馆馆藏档案，档案号11—7—15—158—221。

③ 《云南省民政厅为遵令填报敌人在沦陷区施行毒化情形表祈核转呈》，1946年5月16日，云南省档案馆馆藏档案，档案号106—1—1174—93。

难。腾冲县图书馆被日军摧毁，古今中外书籍共 35276 册、器具 40 件被焚；绮罗图书馆书籍、仪器标本、器具被敌搬去；木欣图书馆、民众教育馆、省立中学、县立女中等 19 个乡镇中心学校及县立实验小学、女子小学房屋仪器书籍被日军焚毁①。在龙陵，敌宪兵队长小田国夫除惨杀龙陵人民外，用心收集图书运回国内，断简残编被网罗一空。

在毁坏当地文化教育设施的同时，日军还推行奴化教育。日军利用汉奸将躲避在乡间的群众强迫回来，在许多地方组织"难民村"，发放"良民证"，指派所谓"难民代表""安抚民心"进行控制。在"难民村"举办日语训练班和开办学校，宣传"日中亲善""东亚共荣"等。1942 年 5 月，日军在龙陵镇安东门杨家宗堂办了一所小学，强令战前读过书的儿童来读书，通知后仍不来的就派人去抓来读。日军派几个懂日文的翻译官教日文，教唱日语歌曲，有意识地向学生灌输效忠日本的奴化思想。对去读书的儿童经常发几粒水果糖给他们吃，以收买人心。日军在龙陵县龙山、象达、平达等地成立日伪学校；在腾冲举办日文学校及中小学等，取消复兴教科书与抗日宣传的书籍，采用修改过的教本，试图毒化青年思想。并"在腾组织教科书修改委员会，其主旨在废新取旧，以连合民众之心理，并加学日语，实行其文化侵略。"② 为惑乱民众视听，日军在腾冲常于夜间放映电影和召集民众开会，宣传时，仍以中国国旗与日旗交叉，悬挂孙中山先生遗像，然而又宣传中日共荣共存、大东亚主义与反对英美等。在梁河下芒别，日军从抓来的民工中找出十多名童工，集中进行奴化教育，教学日语日文。土司衔景泰生前回忆，日军侵占勐范，强迫他学日语达两年之久，并强招 60 个傣族青年进行奴化教育。

〈十〉 性侵犯

1. 奸淫妇女

日军在滇西对妇女的性侵犯，为人不齿。日军所到之处，不分时间、场合，在城镇、乡村，在街道上、寺庙内、田间地头、路边，在房屋内，在牛圈楼上，强奸民女。他们不仅向中青年妇女下毒手，对孕妇、产妇、老妇、少女都不放

① 《腾冲县政府填报抗战期间各级学校及教育机关财产损失调查表统计呈》，1945 年 11 月 27 日，云南省档案馆馆藏档案，档案号 12—4—559—210。
② 《1944 年 4 月 4 日保山县县长李国清呈》，云南省档案馆馆藏档案，档案号 11—7—42—10。

过。有当着丈夫面轮奸其妻，有当着父亲面轮奸儿媳、女儿，有当着子女面强奸他们的母亲，有当着学生面强奸教师者，连瘫痪在床的老妇、瞎眼老妇都不放过。被轮奸致死的小到 11 岁，老到 70 余岁。丧尽天良的日军竟然强迫父亲强奸亲生女儿，将妇女绑在热闹的街上，威逼过路的男子行奸。龙陵县在日军占领期间有据可查的被强奸的妇女达 200 多人①，腾冲县被强奸的妇女已无法准确统计，仅保家乡一个乡就有 128 名妇女被强奸②。不少妇女因反抗惨遭杀伤，有的则被这些兽军发泄完兽欲后剖腹开膛杀死。滇西中国妇女所遭受的性残害，是用语言和文字难以叙述的。

此外，日军还强占民女。1943 年 7 月 12 日，住德宏勐嘎的日本宪兵队长中岛竟宣布："年龄在 16 岁以上的女子，无论是否婚配与人，一经本部官兵选中，即应与本部官兵结婚。"③

2. "慰安妇"

日军"慰安妇"制度是人类历史上最野蛮的制度之一。怒江以西大片国土沦陷后，1942 年 5 月中旬，日军从中国广州和缅甸运来第一批"慰安妇"，在龙陵镇安街首先设立"慰安所"。5 月底，又从中国台湾运来 100 多名"慰安妇"，在龙陵赵家祠堂和耶稣教堂开办"慰安所"。接着从中国大陆各地和中国台湾以及朝鲜、缅甸等国家抓来数以百计的年轻妇女充当"慰安妇"。不久，日军开始强迫滇西沦陷区的中国妇女充当"慰安妇"。据统计，日军在滇西沦陷区内建起 23 个"慰安所"以满足兽欲。"慰安妇"在刺刀、狼狗的囚禁下，任人宰割，命运极其悲惨。她们有的因不堪折磨，投井自尽；在日军将要灭亡时，她们中的大多数被杀害④。

---

① 陈景东、张祖成主编：《龙陵县志》，中华书局 2000 年版，第 577 页。
② 吕文超主编：《腾冲县志》，中华书局 1995 年版，第 741 页。
③ 政协潞西文史委编：《潞西市文史资料选辑》第 3 集，2001 年印，第 153 页。
④ 参见本书中《日军在滇西实施"慰安妇"制度的调研报告》。

（四）人口伤亡情况

〈一〉以往研究情况及此次调研统计原则

1. 以往研究情况

  云南省课题组到南京中国第二历史档案馆曾查到一份不完整的统计资料，认为抗战期间云南人口伤亡69人①。另一份国民政府统计局资料显示，截至1942年12月底前，"云南人口伤亡数237人"，男115，女81，童41；其中死亡94，男38，女31，童25②。1947年5月云南省社会处统计昆明市县等九单位伤亡情况，计伤2715人，亡5592人③。显然这些数据存在严重的遗漏，不足为依据。课题组查找了以往的志书或是有关文献，都未见到抗战时期云南平民伤亡系统的调查和统计，只有部分地区和组织的调查统计或是个人的回忆中记有部分伤亡情况。如，解放前云南防空司令部记载被炸伤亡共7154人；根据国民政府的布置，部分县、设治局于1946—1947年上报过人口伤亡和财产损失情况，在这之后未再进行过系统调查。20世纪80年代后，随着中共党史资料、文史资料的征集出版，形成了一批文献资料，其中也有提到若干抗战重要事件中的人口伤亡和财产损失情况。省内各地在编写地方志过程中，相继整理发掘了一些档案文献资料，有的汇总为各地抗战时期人口伤亡总数，编入地方志。如《腾冲县志》记载沦陷期间，人民死于战乱1.3万人，逃亡和迁徙外地3万多人，1946年比1939年户数减32%，人口减24.5%④。《龙陵县志》记载，被杀害6814人，外逃、失踪、病死、饿死1.4万人⑤。《保山市志》记载，炸死1万余人，霍乱死6万余人，1936年全县人口36万人，1946年为25.57万人⑥。《中国远征军滇西大战》统计，日军入侵造成滇西民众死亡120780人，其中保山被日军残杀（含轰炸）

---

① 国民政府主计处编：《抗战中人口与财产所受损失统计》总表四1941年1月，中国第二历史档案馆馆藏档案，全宗号四，案卷号16728。

② 《统计局编抗战中人口与财产损失》，1943年1月，中国第二历史档案馆馆藏档案，全宗号六2，案卷号237。

③ 《抗战时期云南公私财物损失及人员伤亡统计》，据云南省社会处编《中日战争地方抗战史实》摘录，存云南省档案馆。

④ 吕文超主编：《腾冲县志》，中华书局1995年版，第878页。

⑤ 陈景东、张祖成主编：《龙陵县志》，中华书局2000年版，第79页。

⑥ 保山市志编纂委员会编：《保山市志》，云南民族出版社1993年版，第84页。

死亡13854人，鼠疫或饥饿致死6万人，盈江、陇川被杀和炸死658人①。

从过去研究形成的材料看，一是这些资料本身存在着局限性，多为局部的，不是全省性的。二是抗战期间及抗战胜利后国民政府的调查资料，有的地方很完整，既有人口伤亡事件、伤亡人数，也有伤亡人员名录，有财产损失数据，这些材料很有说服力；有的地方却很笼统，只有人口伤亡数据，而没有具体伤亡人员名录，更无财产损失情况；更有的地方一点材料都没保存下来。三是有的统计明显错误，如保山死亡6万人，是霍乱所致，而不是鼠疫和饥饿造成；而盈江和陇川被杀死的民众不止658人。所以，仅依靠这部分资料，难以勾勒出云南省在抗战期间人口伤亡和财产损失的基本情况。20世纪80年代后各地产生的相关文献，虽然基本都有人口伤亡总数，但大多是模糊数据，财产损失的数据则更加模糊，存在很大的估算成分。从此次调研中查阅大量保存下来的档案文献资料来看，以往调查研究中也存在明显的统计口径交叉的现象，使基于这些数据的研究成果丧失了一定的科学性和可信度。这也是目前抗战时期人口伤亡研究中普遍存在的问题。

2. 此次调研统计原则

鉴于国民政府时期曾进行过一次大规模的调查，保存下来大量可信度较高的档案资料，因而这次调研参照了国民政府的调查统计口径，并对影响调研质量的几个问题作了明确规定。

第一，"属地"原则。即由伤亡人员的"死亡地""受伤地"负责统计，而不是由"籍贯地"负责统计；根据这一原则，各州市县的"本地伤亡人口"，既要统计本地籍人在本地的伤亡数，也要统计外地籍人在本地的伤亡数。

第二，"事件"原则。这次调研不在已有的人口伤亡数据中兜圈子，而是从发生在本地的各种人口伤亡事件中去重新汇总伤亡数据。具体方法是：根据本地抗战基本情况及档案资料与社会调查掌握的情况，列出本地人口伤亡事件，并以时间为顺序编制人口伤亡明细表，然后根据明细表汇总人口伤亡数据。

第三，分门别类，理清概念。课题组严格按照中央党史研究室的规定，调研抗战人口伤亡为平民直接伤亡、间接伤亡和单列上报人口伤亡三个部分。直接伤亡是指日军或受日军指使的伪军直接炸、杀、奸、打等造成的人口死亡、受伤、

① 云南省保山地区新闻中心、保山地区博物馆编：《中国远征军滇西大战》，云南美术出版社1999年版，第165—167页。

失踪人数。间接伤亡是指由于战争的影响而造成的人口死亡、受伤或失踪，主要包括三大类，即被俘捕、灾民和劳工。单列上报人口伤亡主要包括国民政府正规军在云南伤亡和云南省军队出省作战伤亡部分。

〈二〉直接伤亡情况

抗战期间，云南省的平民直接伤亡主要由以下原因造成：日军飞机轰炸和平居民生活区；日军施放生化武器，导致霍乱、鼠疫等恶性传染病暴发；日军滥杀沦陷区的无辜民众；以及支前民众在滇西防御和反攻战中伤亡。

1. 日军飞机轰炸造成的伤亡

据云南防空司令部统计，八年全国抗战中，敌机来袭"日数：280 天。批数：508 批。机数：入境机数共 3599 架次，内中侦察机 293 架，驱逐机 750 架，轰炸机 2556 架，被击落者共 82 架。投弹 7588 枚，炸死 4210 人，炸伤 2944 人，炸毁房屋 29704 间。"[①]

据课题组所掌握资料统计，日军空袭了今云南省的 45 个县区：昆明市的五华、盘龙、西山、官渡、呈贡、安宁；保山市的保山（今隆阳区）、施甸、龙陵；红河州的蒙自、开远、个旧、屏边、建水、河口、弥勒；大理州的下关、祥云、云龙、巍山；曲靖市的麒麟区、沾益、会泽；德宏州的潞西、梁河、瑞丽、畹町；临沧市的云县、风庆、永德；普洱市的思茅区、澜沧、孟连；文山州的西畴、广南、文山、马关、砚山、麻栗坡、富宁；昭通市的昭阳区；楚雄州的禄丰；西双版纳州的景洪、勐海；怒江州的泸水。日军空袭造成一次死伤在百人以上的轰炸有 30 次，死伤最多的是保山"五四"大轰炸，死 8800 余人[②]，县城房屋 80% 被炸毁。据各州市上报材料汇总，因轰炸死亡平民 19221 人，伤 17447人。省课题组认为，各州市的轰炸损失数，特别是在交界处的轰炸存在重复统计，课题组根据原始档案记载统计结果为：日军空袭云南 600 次，出动敌机 4520 架，投下重磅炸弹不少于（包括燃烧弹）9024 枚，炸死 18818 人，炸伤

---

① 郑崇贤：《滇声》，1946 年香港有利印务公司印刷出版。
② 云南省地方志编纂委员会编：《云南省志·军事志》大事记，云南人民出版社 1997 年版，第 22 页。《保山县政府为敌机轰炸霍乱流行死亡损失惨重致云南省民政厅呈》，1946 年 3 月 9 日，云南省档案馆馆藏档案，档案号 21—3—301—78。

18937 人①。

2. 日军使用生化武器导致的伤亡

日军在云南使用生化武器，造成霍乱、鼠疫和回归热流行，造成大批中国民众受害。分述如下：

（1）霍乱

1941 年 12 月太平洋战争爆发后，日军把对华细菌战的重点放到了中国的云南和浙赣前线各机场，时任日军中国派遣军作战主任参谋井本熊男中佐在其业务日志（简称《井本日志》）第十八卷中，于 1942 年 4 月 12 日记载的《昭和十七年"保号"指导计划》中明确指出：1942 年日军细菌战的第一个攻击目标就是云南省会昆明，"攻击目标：1. 昆明；2. 丽水、玉山、衢县、桂林、南林（沿飞行基地）；……"② 日军不仅制定了以昆明为细菌战第一攻击目标的指导计划，并予以实施。曾在"731"部队受训和任职的上野在笔供中反映了"731"部队曾驾机在云南空投细菌弹的事实。上野于 1942 年 3 月至 1943 年 1 月在日军"731"部队教育队受细菌学训练，两次参加细菌战的演习，1943 年 1 月转到"731"部队林口支队任职。上野在笔供中说："在昆明方面使用细菌炸弹时，731 的飞机被击落，驾驶员柳懒大尉战死。"③ 据美国"世界二战史实维护会"主席尹集钧先生等调查，日军曾在芒市为柳懒大尉举行了追悼会。1942 年，云贵监察使李根源在保山目睹了日军实施细菌战的罪行，并于 1942 年 6 月 7 日通电全国指出："五月四日正午十二时，先以寇机五十四架，分两批袭击保山，因境界毗近，情报被断，疏散不及，一城同尽，敌投空中爆炸、烧夷、病菌等弹三四百枚，狂炸之后，继以机枪扫射，历数十分钟，死伤万余。……兽机肆虐之后三日，城乡各处发现霍乱，迄今日环保山周围平坝，死亡已五六千人。"④ 通电明确指出，保山霍乱流行是由于日机空投细菌弹引起的。投弹的时间、地点、数量以及发病时间等都有比较明确的记录。值得注意的是霍乱病的潜伏期一般为1—3 天，短者仅几小时，长者可达 5—6 天。而这次霍乱暴发流行是在"兽机肆

---

① 参见本书专题调研报告、大事记。有的档案文献资料只记载有日军飞机轰炸时间、伤亡人数及地点，没有日军飞机架数及投弹数，云南省课题组在统计时，对每次日军空袭均以 1 架敌机投 1 枚炸弹计。
② 解学诗、松村高夫等：《战争与恶疫——七三一部队罪行考》，人民出版社 1998 年版，第 136 页。
③ 中央档案馆、中国第二历史档案馆、吉林省社会科学院合编：《日本帝国主义侵华档案资料选编·细菌战与毒气战》，中华书局 1989 年版，第 45 页。
④ 李根源主编：《永昌府文征·保山惨变乞赈通电》，（文）卷三十附录二，昆明版，中华民国 31 年版。

虐后三日，城乡各处发现霍乱"。方国瑜、冯友兰1944年主编的民国《保山县志稿》卷五也明确指出保山霍乱是因日军投掷细菌弹所致，日机"炸后数日，保山城乡到处发生霍乱传染病，猖獗一时。罹病者，上吐下泻，朝发夕死。持续数月，全县约死亡五六万人之多。……此与炸后暴尸太多，更与敌投掷细菌弹极为有关。"①

除了历史文献资料外，在滇西，有许多亲历者也证明1942年在云南流行的霍乱始作俑者是日军。目击日军投细菌弹的林毓樾回忆说："1942年，我在施甸由旺乡文昌宫教书。保山'五·四'被炸后不几天，又有3架飞机来空袭，在由旺街子后面的少保山下投了许多炸弹。当时太阳当顶，我和本校苏志增老师、郑永康老师、还有一位姓张的老师正好路过少保山下，就躲在一条大埂子下面。一阵爆炸之后，日机飞走了，我们站起来往被炸的地方走去，没有发现人员死亡，看见一头水牛被炸死了。这时，看见一颗奇怪的炸弹。弹内附着蜡一样的黄色物质，里面装满不可计数的苍蝇，苍蝇正在爬动，扇翅膀，还飞不起来，经太阳晒后才慢慢的飞动。我当时意识到'这是细菌弹'，大伙就惊慌地跑开了。当天日机究竟投了多少这样的炸弹，我不知道。此后不几天，（施甸坝子）就发生了霍乱。"② 林毓樾先生是日军在滇西进行细菌战的见证人之一。

霍乱病菌主要借水源传播，霍乱菌在外界环境中能存活一定的时间，在沟水或浅水井中平均可存活7.5天，在深水井中可存活13天。在云南，日军一面投放细菌弹，一面派出日本间谍，或收买缅奸、汉奸向水源投放细菌。1942年6月20日《昌宁县长曾国才为日寇在镇康、龙陵、腾冲等地暴行及派便衣投毒等代电》称："……据各组队报称，敌人便衣队及间谍无孔不入，散布谣言，下毒药（按：老百姓称投放细菌为'下毒药'），扰乱地方，是其惯技。现有30多名完全假借乞丐模样，身带镜子和药盒，已分赴顺、昌两县工作……"。③ 据陈祖樑调查，隆阳区（原保山县）瓦房乡曾抓到一名化装成乞丐向水井投放细菌的日本间谍，经公审后，将他就地枪决了。时为国民革命军战士的刘家茂回忆说：

① 方国瑜主编：《保山县志稿》，中华民国33年原稿本，第29页。
② 保山史志委原主任陈祖樑历时近两年，先后到南京、昆明、保山、芒市等地查阅了大量档案和历史文献，并多次深入隆阳、施甸、腾冲、龙陵、潞西、畹町、瑞丽、盈江、梁河等地进行实地调查采访，足迹遍及滇西数百个村寨，收集了大量群众证言证词。寻访到日军投放细菌弹的目击者，发现了侵华日军在滇西进行鼠疫试验的村庄，寻访到日军进行鼠疫人体试验并实施活体解剖的受害幸存者。1997年、1998年、2000年、2001年曾多次采访林毓樾，除了笔录，还曾录像、录音。陪同采访者有"中国细菌战原告团团长"王选、中央电视台记者郭岭梅。
③ 《昌宁县长曾国才为日寇在镇康、龙陵、腾冲等地暴行及派便衣投毒等代电》，1942年6月20日，云南省档案馆馆藏档案，档案号44—4—45—5。

日军"丧心病狂地用重金收买少数丧尽天良的缅奸与汉奸，在滇西公路沿线的水沟、水池、水井中投放传染很快、死亡率很高的霍乱病细菌……（1942年）4月28日深夜，我们从前线退下来，过了腊戌，行将抵达畹町时，忽听逃难的人说：缅奸与汉奸在水井中投放霍乱细菌，大家不要随便喝生水与乱吃生冷食物，严防感染霍乱。消息传开后，在人群中引起了很大的震动。我想日军是最残忍的敌人，它为了灭亡中国是什么罪恶勾当都干得出来的，一个月前在同古战役中，它就使用了灭绝人性的糜烂毒气。5月6日清晨，（我们）过了功果桥进入永平镇后，公路两旁因患霍乱而死的尸体时有发现，特别是到了永平车站后，使我大吃一惊，只见所有店铺都门户大开，室内杂乱不堪，整个车站除过路者外，无一本地人影，路旁的尸体至少不下于十具。……黄昏时分到达下关大街口时，只见迎面抬来两三口棺材，送葬者仅三五人，又使我大吃一惊！原来下关也在数日前暴发霍乱，每天至少死数十人至上百人。……后来听说滇西这次霍乱浩劫……下关死两三千人，永平死一千多人。"①　出生在剑川县的张荫楠女士回忆说："当年，霍乱蔓延流行到了剑川县，死人无计其数。老百姓互相传说，这次霍乱流行，是因为有人装扮成叫花子走村串寨，一路向水井中投放病菌而来。因此，全县人心惶惶，家家紧闭门户，防止陌生人混进家来。但是霍乱早已流行开了，天天死人，非常凄惨和恐怖。"②

以上历史资料和部分民众证言，充分说明这次由保山开始暴发流行的霍乱，是由日军投放细菌弹和投放霍乱病菌引起的。

云南各地均有因感染这次霍乱伤亡的资料。民国年间编撰的《续云南通志长编》中册记载：1942年霍乱流行地区有昆明市、漾濞、永平、鹤庆、易门、玉溪、呈贡、曲靖、沾益、弥勒、牟定、晋宁、禄丰、泸西、凤仪（今属大理市）、禄劝、楚雄、邓川（今属洱源）、富民、武定、永胜、潞南（今石林）、镇南（今南华）、昆阳、嵩明、平彝（今富源）、开远、洱源、石屏、下关、祥云、会泽、安宁、剑川、大理、广通（今属禄丰）、宾川、宜良、元谋、昆明县、寻甸、姚安、蒙自、云县、盐兴（今属禄丰）、澄江、元江、富宁、丽江、蒙化（今巍山）、建水、昭通等52个县，患者39868人，死亡21862人③。由于战火纷纷，兵荒马乱，这个统计明显不周详。从流行的地区看，据2002年出版的

①　刘家茂：《霍乱为何蔓延滇西》，载中共云南省委党史研究室编：《抗战纪实》（抗日老战士征文选），云南人民出版社1996年版，第84、85页。
②　2005年10月，陈祖樑采访张荫楠女士笔录。
③　原表患者49413人，死亡21740人，统计有误，现为修正后的数据。云南省志编纂委员会办公室编：《续云南通志长编》中册，1985年印，第235页。

《云南省志·卫生志》记载，1942年霍乱流行地区还有罗平、文山、永宁、普坪、个旧、华坪、丘北、宣威、陆良、宁洱、华宁、云龙、永仁、师宗、广南、景东、彝良、峨山、昌宁、杨林（今嵩明）、保山（含今隆阳区和施甸县）、大姚等共22县区。这次调研得知，兰坪也是霍乱流行的重灾区，其次还有凤庆。《续云南通志长编》中澄江无数字记载，算做无。根据上面分析，1942年霍乱流行区域达75个县区。与时在省卫生实验处工作的陈世光称"被祸之区达73县局，仅保山、剑川、鹤庆等县死亡即达10余万人"① 大体相符。

从患病的人数看，《续云南通志长编》记载丽江患病人数5064人，却无死亡人数统计；宾川患病人数1873人，仅死亡36人；剑川没有统计患者人数，只有死亡人数3105人；而日军细菌战的攻击重点隆阳区和施甸县（原保山县）发病最为严重，竟无统计；邻近的昌宁县、龙陵县也无统计，这也再次说明其统计的不周详。课题组研究后决定：如有新发现的确切数据，就用新数据，并作页下注说明出处，如果没有新的数据，仍用《续云南通志长编》的数据，不再加注说明出处；如新发现的数据只有死亡，且与历史上的不同，课题组采用时，将用新的死亡数据加上原来的幸存数（感染者减去死亡数）为感染数。

临沧市：霍乱传入凤庆县鲁史镇及云县县城，引起流行。当时对此疫所致的伤亡未作调查统计上报，无准确数据。课题组查阅资料得知感染595人，死亡180人。其中"鲁史镇感染霍乱病，发病300余人，70多人死亡"②。《云县志》记载，云县卫生院的病房走道睡满上吐下泻的病人，其中多数严重脱水。发病期间卫生院注射霍乱疫苗600人次，住院抢救80余人，在院内死亡10人③，城乡病死百余人④。这个数字超过了《续云南通志长编》的记载，课题组认为，《云县志》记载的数字较为真实，故采用。

红河州：感染6721人，死亡6043人。同年6月，个旧的乍甸、鸡街出现霍乱疫情，死亡10余人⑤。《续云南通志长编》记载，蒙自因霍乱感染28人，死亡16人，而今人编的《蒙自县志》记载，仅蒙自草坝就能村暴发霍乱，病亡40余人⑥。课题组采用县志的数据。《续云南通志长编》记载，泸西因霍乱感染

---

① 云南省地方志编纂委员会编：《云南省志·卫生志》，云南人民出版社2002年版，第256页。
② 凤庆县政协：《凤庆文史资料》第10辑，第132页。
③ 云县地方志编纂委员会编纂：《云县志》，云南人民出版社1994年版，第751页。
④ 云县志编纂委员会：《云县志》上编，1983年印，第45页。此《云县志》与1994年公开出版的《云县志》非同一版次，因其讲到霍乱的死亡数包括城乡的数字，而不是医院中死亡数，故采用。
⑤ 个旧市志编纂委员会编：《个旧市志》上册，云南人民出版社1998年版，第19、20页。
⑥ 蒙自县志编纂委员会编：《蒙自县志》，中华书局1995年版，第917页。

788 人，死亡 481 人；《泸西县志》记载，霍乱造成泸西死亡 5831 人①。课题组采用《泸西县志》记载的死亡数据和《续云南通志长编》的伤亡数据（感染后幸存者），感染 6138 人。开远感染 199 人，死亡 112 人；石屏感染 50 人，死亡 8 人；弥勒感染 85 人，死亡 42 人；建水感染 187 人。

曲靖市：感染 4237 人，死亡 2905 人。曲靖市辖区患者为 2807 人，死亡 1564 人。据 1942 年所属 10 县报告，曲靖全区共发生霍乱 3078 例，死亡 1717 人，其中陆良死亡 1000 余例，师宗 287 例②是《续云南通志长编》未记载的。另外，富源感染 1 人，残废 1 人；治益感染 135 人，死亡 53 人；会泽感染 5 人。

楚雄：感染 4153 人，死亡 2836 人。1942 年，镇南县（南华县）境内霍乱流行，沙桥一带共死亡 200 多人③，南华县感染 308 人。楚雄感染 150 人，死亡 46 人。7 月，禄丰、罗次、广通、盐兴 4 县死亡 2000 余人④，感染 2126 人。元谋县患者 864 人，死亡 265 人⑤。牟定感染 211 人，死亡 172 人；姚安感染 407 人，死亡 112 人；武定感染 87 人，死亡 39 人。

大理：感染 48654 人，死亡 38488 人。1942 年，云龙感染 3000 人，死亡 3000 人⑥；永平感染 1015 人，死亡 1000 人⑦；弥渡感染 513 人，死亡 481 人；宾川感染 3837 人，死亡 2000 人⑧；大理感染 14187 人，死亡 14000 人，全家死绝 3000 余户⑨；祥云花园村有四五十户农户，染上霍乱病的就有 230 多人，死亡 30 多人，禾甸新泽村死亡达 100 多人⑩。下关感染 385 人，死 293 人；邓川（今属洱源）感染 4774 人，死亡 2243 人，漾濞感染 165 人，死亡 96 人，蒙化（今南涧）感染 38 人，死亡 20 人；凤仪（今属大理）感染 419 人，死亡 96 人；洱源感染并死亡 4228 人；剑川感染并死亡 3105 人；鹤庆感染 12658 人，死亡 7796 人。

丽江：永胜感染数千人，死亡 1400 人⑪。1942 年，华坪县报 3 例霍乱，死

---

① 泸西县志委员会编：《泸西县志》，云南人民出版社 1992 年版，第 104 页。
② 曲靖地区志编纂委员会编：《曲靖地区志》第 5 卷，云南人民出版社 1999 年版，第 334 页。
③ 南华县政协编：《南华县文史资料》第 4 辑，1997 年印，第 100—102 页。
④ 禄丰县政协编：《禄丰县文史资料》第 4 辑，1995 年印，第 87 页。
⑤ 元谋县政协编：《元谋史志资料汇编》，1989 年印刷，第 13 页。元谋县志编纂委员会编纂：《元谋县志》，云南人民出版社 1993 年版，第 14、322 页。
⑥ 云龙县志编纂委员会编纂：《云龙县志》，农业出版社 1992 年版，第 504 页。
⑦ 江逢僧纂：《永平县志稿》（民国），1998 年内部出版，第 132 页。
⑧ 宾川县志编纂委员会编纂：《宾川县志》，云南人民出版社 1997 年版，第 11 页。
⑨ 大理市志编纂委员会编：《大理市志》，中华书局 1998 年版，第 15 页。
⑩ 政协祥云县文史委员会编：《祥云文史资料》第 2 辑，1992 年印，第 186—188 页。
⑪ 唐兆坤：《丽江文史漫话》，远方出版社 2000 年版，第 108—109 页。

亡3例①。丽江县（今玉龙、古城）感染5064人，死亡2161人；宁蒗感染并死亡680人。

怒江的兰坪死亡和失踪11723人②。

保山市隆阳区死亡6万余人③、昌宁县2300余人④、龙陵142人⑤。

昆明市，包括今呈贡、安宁、寻甸、嵩明、富民、禄劝、昆阳、晋宁、石林、宜良等地，感染3445人，死亡1731人。

玉溪感染537人，死亡306人。其中玉溪感染231人，死亡62人，元江感染并死亡190人，易门感染116人，死亡54人。

昭通感染46人，死亡20人。

文山的富宁县感染68人，死亡30人。

《云南省志·卫生志》中记载的罗平、文山、永宁、普坪、华坪、丘北、宣威、宁洱、华宁、永仁、广南、景东、彝良、峨山、杨林、大姚虽感染了霍乱，未查找到确切数据，课题组没有统计。

根据以上资料统计，课题组认为1942年流行的霍乱，是日军投放细菌弹及派人在水源施放细菌而人为造成的。此次霍乱暴发有153367人感染，130918人死亡，幸存22449人。

这仅是有案可查的数据，而实际发病及死亡人数还不止此数。方国瑜先生当年到滇西实地考察后指出：霍乱自保山发作，而保山人民向滇西各县逃难，疫症流行日广，滇西数十县为此症而死者数十万人⑥。

（2）鼠疫和回归热

解放前云南常有鼠疫流行，但范围不大。以腾冲为例，虽然历史上曾有鼠疫流行，但从1908年到1940年，这里没有发生鼠疫传染病。滇西沦陷后，日军驻芒市、腾冲等地的防疫给水部队与731部队密切配合，在滇西各地征集并饲养老鼠，培养鼠疫杆菌，进行人体活体细菌实验，有预谋有计划地投放染菌疫鼠。特别是1944年，日军面临失败前夕，在滇西大量施放投放染菌疫鼠或向民众注射

① 华坪县地方志编纂委员会编：《华坪县志》，云南民族出版社1997年版，第807页。

② 原档案中数字为14723人，包含兰坪历年应征壮丁3000人在内，见《黄守义就户口问题给民政厅的报告》（云南省档案馆馆藏档案，档案号11—12—1113），载兰坪县人民政府编：《兰坪史料集》，云南大学出版社1994年版，第245页。

③ 保山市志编纂委员会编：《保山市志》，云南民族出版社1993年版，第575页。

④ 张金辉主编：《昌宁县志》，德宏民族出版社1990年版，第570页。

⑤ 陈景东、张祖成主编：《龙陵县志》，中华书局2000年版，第672页。

⑥ 云南省政协文史委编著：《云南文史资料选辑》第19辑，云南人民出版社1987年版，第168—169页。

病菌，致使鼠疫沿滇缅公路由西向东蔓延，从瑞丽、畹町、陇川、潞西、龙陵、盈江、梁河传至腾冲，流行腾冲47村，再向施甸、隆阳、永平、大理、下关、巍山、弥渡、祥云等地传播，导致1942年至1945年云南省西部16个县市鼠疫流行，一直延续到1953年才得到控制。

潞西县芒市是日军鼠疫细菌战的重灾区。日军曾在芒市附近的等相等村寨进行过各种鼠疫实验，鼠疫流行地点有芒市、芒海、风平、等相、那目、芒波、项允、遮放、三角岩、勐嘎、八家寨等30多个村寨。傣族老人冯帕戛野象回忆说："日军占领芒市后，等相寨驻进了10多个日军，驻了一段时间，有一天突然撤走。然后又来一伙日军，严密封锁了村寨，还用半腰高的钢板将全村40来户人家包围起来，不准任何人出进这个寨子。几天后，寨子里发现了死老鼠，接着寨子里开始流行鼠疫，短期内相继死亡40多人。病死的人被日军拖到寨子外竹棚边的日军帐篷内进行解剖，有些人的内脏肝脾被割下装进玻璃瓶内带走了。过了十多天，这伙日军就撤走了。"至今在巷道里仍保留着一块日军包围等相寨子遗留下的一块生了锈的钢板，钢板长约2米，宽约1米，厚约2毫米。① 等相寨被日军抓进帐篷进行鼠疫试验后幸存下来的傣族老人叶岩哏说："当年我还是一个小姑娘，被日军抓进了帐篷，同时被抓进日军帐篷的有30多人。日军在帐篷内的大铁桶里养着许多老鼠，被关在帐篷里的人都患鼠疫病死了，日军将哔岩吞海、哔岩喊凹等3人的心肝脾割了放在玻璃瓶里。我和牙叶散保、岩哏保因痒子（淋巴结）化脓被日军放了出来，幸免一死。"潞西市三角岩村的谷宗保说："日军饲养着一种白老鼠。当他们要败逃时，日本人告诉老百姓，这种白老鼠会咬死本地的老鼠，叫老百姓带回家去放了。不久，全村就发现死老鼠，接着就死人，当时全村34户101人，死了73人，死绝了13户。"② 村民张乃煜说："日本人叫我们把他们饲养的白鼠带回家咬家老鼠，几天后，老祖母杨重英突然患鼠疫死了，接着父亲张孝贤和母亲杨平秀又传染上了鼠疫死了，帮抬埋我父母的人从坟场回来刚坐下，我姐姐张乃芹又死了，几天后妹妹乃兰也害鼠疫死了，就剩下9岁的我和6岁的弟弟。亲友邻居来帮助料理丧事，二舅爹、大姨兄、大姨姐和两位邻居回家后，又相继传染上鼠疫惨死了。"③ 芒市的傣族老人方祥龙说："1944年秋天，日军败退前夕，日本人叫土司方化龙通知老百姓给日军缴活老鼠，不要

① 1997年8月10日，陈祖樑对冯帕戛野象进行第一次采访，以后又曾多次采访。
② 1999年上旬，陈祖樑到潞西县勐戛镇采访，曾与数十名受害人及家属座谈。
③ 1999年1月，陈祖樑实地采访笔录。1999年8月4日，陈祖樑再次到潞西县勐戛镇与受害人及其家属十人座谈采访。

死老鼠。每户每天缴一只。同时，日军还用盐巴向老百姓换取活老鼠，交一只活老鼠给一火柴盒盐巴，这样搞了一两个月的时间，还给一些老百姓打了'防疫针'，凡打过针的人就在手中指点一个红点。有一位日军军医悄悄告诉我说'我是中国福建人，他们搞鼠疫试验，你打过防疫针，不会害鼠疫，你不会死的。'"①

在盈江县，新城刀安济、刀安永、龚玉贤等八位七八十岁的傣族老人讲述："日寇撤退之前，给维持会里的每个办事人员发了一小贴证明。因为日寇每逢街天就封住所有的路口，给赶街人每人注射一针黑药水，给有证明的人注射一针白药水；跑得快的群众就免遭一针。王茂才是土司署的傣文文案（师爷），后来成为傣族作家，又是维持会的成员。他平日不愿对日寇凑捧献媚，为人耿直，日寇就给他注射了一针黑药水。不久，王茂才全家6口人染上鼠疫病，都死去了。后来，盈江全县鼠疫大流行，凡是注射过黑药水的十有九死……。这次鼠疫流行，全县共死亡几千人。""日寇施放鼠疫毒杀人民。他们把八—十岁的儿童哄来。叫大家捉活老鼠来卖给日军。日寇得到了活老鼠后，用鼠疫病菌注射在老鼠身上，再把老鼠放走，老鼠中疫死后，到处传播鼠疫，人体传染到鼠疫后，无法救护而死，盈江县因鼠疫流行而死亡的群众数以千计。"② 盈江县的李生荣也讲述了类似的情况："日寇在盈江期间，用军票哄骗小孩子捉活老鼠卖给他们，每只老鼠五元至十元军票。日寇买到活老鼠后，用细菌毒液注射在老鼠身上，又把老鼠放掉，让老鼠传播鼠疫，利用细菌杀害无辜的人民。日寇施放细菌不久，盈江全县发生了鼠疫流行。"③

在梁河县，滕家兴说："1944年夏天，驻腾冲县荷花的日军，到邻近的梁河县九保镇一带命令老百姓缴活老鼠，傣族妇女曹依秀等被迫向日军缴过活老鼠，并看到日军给老鼠打针后就放了。后来梁河县有1个村寨传染上鼠疫。"在腾冲县，荷花乡驻过日军的一个大队，大队长江藤。据群众介绍，日军命令当地民众缴活老鼠，用盐巴换取活老鼠，一只活老鼠给一火柴盒盐巴。当地民众曾看见日军投放活老鼠。日军强迫给民众打"绝种针"，老百姓听说日本人要给中国人打"绝种针"就四处逃避。日军把守住寨门，进行追捕，反抗的就用皮鞭、竹板狠命抽打。后来朗蒲、朗烟、羡多等村寨相继发生了鼠疫，并传播到和顺、城关、绮罗、团田一带，计有47个村寨发生了鼠疫④。

---

① 1997年8月10日陈祖樑第一次采访，1999年7月第二次采访。
② 刀安禄：《盈江维持会及日寇罪行——新城访问记》，载德宏州志编委会办公室编：《德宏史志资料》第1辑，团结报社1988年印。
③ 刀安禄：《盈江维持会及日寇罪行——新城访问记》，载德宏州志编委会办公室编：《德宏史志资料》第1辑，团结报社1988年印。
④ 1999年、2000年、2005年，陈祖樑多次采访当地群众尹培义等数十人。

侵华日军松山守备部队第56师团113联队补充兵品野实说："师团防疫给水部带有培养出来的鼠疫杆菌，这些杆菌放在玻璃培养缸里。""当时石井少将亲自出马，利用鼠疫杆菌做武器，污染环境，危害中国老百姓的生命。""在战场上使用细菌最长的是1942年。当时，当众下命令让久垣兵长去炸毁腊戌的水源地，而实际上是他去施放细菌。"① 1999年8月，品野实作为游客来到滇西。8月5日经过松山抗日战场大垭口附近时，品野实忽然要求停车，指着前面的一处坡地说："日军曾在这里搞过活体解剖，进行人体实验。这是我亲眼目睹的事实。"这是亲自参加过滇西战役的日本军人的见证。

据上述文献记载和滇西民众证言证词，滇西沦陷后暴发并流行的鼠疫，是日军有意制造的。

1942年至1944年，潞西鼠疫流行，共发病673人，死亡368人，其中1944年日军将潞西等相村作为鼠疫试验村，发病的40多人被抬到村外芭蕉林的草房中，不准任何人接触，活着回来的只有3人，其余死亡②。1943年，日军占领下的陇川县城爆发鼠疫，死亡170余人；梁河因鼠疫死亡31人③。1944年，梁河九保、遮岛克家巷、邦读村等18个村寨发生鼠疫，发病333人，死亡235人。1945年，梁河九保地区鼠疫发病19个村，发病283人，死亡158人，梁河南甸、遮岛鼠疫流行，患者141人，死亡率约为19%④。1944年，盈江共患鼠疫5754人，死亡3041人⑤，1945年发生鼠疫，感染幸存57人，死亡2000⑥人。同年1月，龙陵传染病暴发，死亡2000余人；6月，腾冲死亡2000余人⑦。依据以上资料统计，此次鼠疫滇西民众感染13442人，死亡10030人。见下表。

---

① ［日］品野实著，伍金贵、喻芳译：《中国拉孟决战揭秘——异国的鬼》，群众出版社1991年版，第151、152页。

② 潞西县志编纂委员会编：《潞西县志》，云南教育出版社1993年版，第401页。中共潞西市委宣传部、潞西市史志办编：《潞西抗日史实录》，2005年印，第35—37页。《原潞西等相寨的布幸（村长）金帕戛叶相证言》2005年，口述资料原件存潞西市委史志办。

③ 陇川县志编纂委员会编：《陇川县志》，云南民族出版社2005年版，第75页。云南省档案馆编：《日军侵华罪行实录·云南部分》，云南人民出版社2005年版，第637页。

④ 德宏傣族景颇族总自治州志编纂委员会编：《德宏州志》，德宏民族出版社1994年版，第28页。梁河县志编纂委员会编：《梁河县志》，云南人民出版社1993年版，第20、703、704页。《云南省卫生处照译美国陆军供应部中国战区军医处滇西鼠疫防治英文报告呈》，1945年8月7日，云南省档案馆藏档案，档案号21—3—204—136。

⑤ 云南省档案馆编：《日军侵华罪行实录·云南部分》，云南人民出版社2005年版，第632页。

⑥ 《云南省卫生处为报滇西鼠疫防治委员会会议记录、工作报告备案》，1945年7月27日，云南省档案馆馆藏档案，档案号21—3—204—180～185。

⑦ 《云南省第六区行政督察专员公署为平安乡瘟疫流行死亡情形代电（节录）》，1945年6月13日，云南省档案馆馆藏档案，档案号11—7—110—126。《腾龙一带瘟疫猖獗，死亡已达二千余人》，载《云南日报》1945年6月18日，第3版。

1944 年至 1953 年滇西鼠疫流行伤亡统计表

类别	腾冲	龙陵	陇川	潞西	梁河	盈江	合计
感染	2000	2000	170	673	788	7811	13442
死亡	2000	2000	170	368	451	5041	10030

1944 年 4 月，日军在溃逃时向片马发射了四枚回归热细菌炮弹，引发驻片马部队中出现回归热症，并很快在当地民间传染开来，不到一个月，驻片马部队和六库居民病死千人以上[1]。因无法区分军人和居民的死亡人数，采取各算一半的办法，计平民死亡 500 人。

综上所述，日军在云南使用生化武器，使云南平民感染霍乱、鼠疫和回归热等病共计 167309 人，致死 141448 人，幸存者 25861 人。

3. 被日军屠杀、奸淫及被强征劳役民众的伤亡

日军在云南特别是滇西沦陷区屠杀中国民众、强奸妇女、征用劳工等，造成中国民众重大伤亡。按地区分列如下：

（1）保山市

日军占领滇西两年多时间里，腾冲民众被杀害达 6400 人；强抢 300 多名中国妇女作"慰安妇"；在腾冲县明光逼死杀死妇女 30 余人[2]。腾冲县 12 个乡镇，被日军征工总数 6291 人，调遣至国外总数 184 人，被苛待伤 216 人、亡 528 人[3]，其中被强征到缅甸的 184 人按失踪计算。

龙陵县八个乡镇被日军杀害的无辜群众 6814 人，其中男性 4641 人、女性 2173 人；日军在龙陵县老宋桥抓捕 250 人，除 50 人被摧残致死，其余为失踪[4]。全县被敌强迫征调服役计 20032 人，因苛待死亡计 2157 人；惨遭蹂躏的妇女 200

---

① 政协怒江傈僳族自治州委员会文史资料研究组：《怒江文史资料选辑》第 5 辑，1985 年印，第 114—116 页。

② 李根志主编：《滇西慰安妇大揭秘》，晨光出版社 2006 年版，第 180 页。《1943 年 12 月 14 日云南省第六区行政督察专员公署专员李国清呈报日寇在泸水暴行电》，1943 年 12 月 14 日，云南省档案馆馆藏档案，档案号 11—7—15—1。吕文超主编：《腾冲县志》，中华书局 1995 年版，第 740 页。《腾冲县政府呈报被敌征用民工统计表代电》，1947 年 6 月 27 日，德宏州档案馆馆藏档案，档案号 1—1—65—182。

③ 《腾冲县政府呈报被敌征用民工统计表代电》，1947 年 6 月 27 日，德宏州档案馆馆藏档案，档案号 1—1—65—182。

④ 陈景东、张祖成主编：《龙陵县志》，中华书局 2000 年版，第 574 页。保山地区地方志编纂委员会编：《保山地区志》上卷，中华书局 1999 年版，第 660 页。

余人①。全县总人口比沦陷前减少1.57万人。

1942年5月5日，日军军车潜械伪装混入自缅甸逃返国内由龙陵驶往保山的公私商车中，向惠通桥进逼。误以为被中国守军发觉后，便开枪向桥头扫射，向公路两侧扫射，继而用坦克和装甲车将公路沿线的上千辆载人商车和难民车推入沟坎、山洼及江中，并用机枪对未过江的伤兵散兵、难民难侨扫射，用军刀砍杀，1000多名在缅甸经商的华侨，在畹町、瑞丽、芒市一带经商工作的内地中国人，中国远征军的伤兵回国参加抗战的部分南洋机工被杀害②。

根据上述资料统计，保山市共死16979人，伤716人，失踪384人。

（2）德宏州

1945年3月，云南省第六区行政督察专员公署上报称，沦陷期间，陇川文凤、章凤、清平、弄秀、东屏、慕新6乡镇人民伤12人，亡492人③。1947年10月陇川设治局统计，抗战期间陇川文凤、章凤、清平、拉线乡损失情况，共有人民死亡217人，伤28人④。1946年云南省第六行政区统计，梁河设治局人民死亡数614人、盈江人民死亡86人、莲山设治局死亡119人、陇川设治局死亡504人、潞西设治局死亡62人、瑞丽设治局死亡59人⑤。1947年8月瑞丽设治局统计，人民伤亡（当时瑞丽设治局除包括今陇川的腊撒乡外，还有中正镇、中山乡、志舟乡、勐卯镇）：死592人，伤150人⑥。

我们认为，国民政府历年统计数均系不完全统计，各年统计都存在漏统的情况（如1946年的潞西和盈江）。1947年统计系两年后澄清部分回归人员后再统计，应为接近的实际数。另据瑞丽设治局1947年2月20日上报的两份统计表之一，沦陷期间日军在云南瑞丽中正、志舟、中山、勐卯4乡共征调7人服役，其中有3人伤亡⑦，此数系瑞丽人民死亡数中的日军征调服役人员伤亡数。课题组

① 《龙陵县政府为查报抗战期间被敌强征服役及苛待损失人数呈》，1946年9月24日，云南省档案馆馆藏档案，档案号11—14—7—9。陈景东、张祖成主编：《龙陵县志》，中华书局2000年版，第577页。
② 保山地区地方志编纂委员会：《保山地区志》上卷，中华书局1999年版，第659页。和金星主编：《滇西抗日战争史》，云南民族出版社2005年版，第58页。中共保山市委史志委：《滇西抗日战争历史资料续辑》，1995年内部出版，第45页。政协云南省龙陵县委员会：《龙陵烽烟》，云南美术出版社2005年版，第45页。
③ 《云南省第六区行政督察专员公署转报陇川县沦陷灾情调查表代电》，1945年6月7日，云南省档案馆馆藏档案，档案号11—7—169—147。
④ 《1947年10月2日陇川设治局抗战期间损失汇报表》，1947年10月2日，云南省档案馆馆藏档案，档案号44—4—317—323。
⑤ 《云南省第六行政区抗战期间总损失表》，1946年，德宏州档案馆馆藏档案，档案号1—1—65—12。
⑥ 《云南省瑞丽设治局抗战期间人口伤亡及公私财产损失调查统计表》，1947年8月15日，云南省档案馆馆藏档案，档案号44—4—317—322。
⑦ 云南省档案馆编：《日军侵华罪行实录·云南部分》，云南人民出版社2005年版，第569页。

研究后决定，德宏所属各设治局抗战期间人口损失，有 1947 年统计数的用 1947 年数，无准确单列 1947 年数字的用 1946 年的数字作统计，各设治局死亡数为：梁河 614 人（包括被轰炸死亡数）；陇川死亡 504 人；瑞丽死亡 592 人（包括被轰炸死亡数），伤 150 人。盈江及潞西上报的伤亡数远不及课题组调研的数字，故采用调研数字。

潞西。1942 年 5 月 3 日，滇缅公路芒市段 3 人被俘，3 人遇害，2 人逃脱[①]；潞西寻找水牛的 1 傣族农民被杀；7 月，日军枪杀了运送军用物资的 2 人；芒晃寨子遭枪杀 6 人[②]。潞西户拉寨与勐允坝被强征德昂族和景颇族群众 70 多人，有 1 人被打死，4 人从日军的管辖下逃离[③]。潞西县芒核等寨的 30 多名青壮年被日军抓去当差，有 3 人病死在途中。日军偷袭潞西芒核、广母、等相村，抓走 50 个傣族女青年，这些人多数都杳无音信[④]。1943 年，日军杀害潞西 15 名"盗药者"中 14 人[⑤]。潞西县城郊的法帕、腊掌等地被敌强行烧杀了 10 余名染疾村民。在遮放，刽子手板口一次杀了 50 多个傣族同胞。日军活埋数十名潞西芒市抗日军民[⑥]。日军杀害 40 多名在芒市镇东北的牙让山修筑工事和防空洞傣、汉族民工，仅有 1 人受伤后死里逃生[⑦]。日军在那目寨戕杀了 4 个农民；日军强拉芒市坝芒核、芒常、等相等村寨 192 人充当夫役，4 人死亡，逃跑生还的不足 10 人，其余下落不明[⑧]。据上述各项统计，潞西平民共死亡 188 人，伤 4 人，失踪 322 人。

盈江。1942 年，日军在旧城将花甲之年的老妇轮奸致死；在轩岗、芒满寨子将某家的新媳妇轮奸致死；在允门寨子将 1 个妇女拉到牛圈楼上轮奸；新城翁冷寨的青年妇女多人被日军糟踏；旧城被打死打伤街民各 1 人。日军在苏典地区杀死 6 名群众，日军枪杀了盏西旧城村的朗以信、李家山 4 个景颇族青年、金腊银的妹子 1 人；团坡、中义村各 1 人、芒冷关庙吃斋饭的 2 人、1 个山东挑夫；

① 芒市公路管理总段编：《德宏傣族景颇族自治州公路管理志》，云南民族出版社 2000 年版，第 13 页。
② 德宏州政协文史委编：《德宏州文史资料选辑》第 8 辑，德宏民族出版社 1991 年版，第 105—106 页。中共潞西市委宣传部、潞西市史志办编：《潞西抗日史实录》，2005 年印，第 123 页。
③ 中共潞西市委宣传部、潞西市史志办编：《潞西抗日史实录》，2005 年印，第 31—33 页。
④ 德宏州史志办编：《热血忠魂铸千秋》，2005 年印，第 67 页。李茂林、董晓梅调查，记录存中共德宏州委党史研究室。
⑤ 政协潞西文史委编：《潞西县文史资料选辑》第 2 辑，德宏民族出版社 1991 年版，第 108—122 页。
⑥ 德宏州政协文史委编：《德宏州文史资料选辑》第 8 辑，德宏民族出版社 1991 年版，第 55、225—229、236 页。
⑦ 德宏州政协文史委编：《德宏州文史资料选辑》第 8 辑，德宏民族出版社 1991 年版，第 226 页。
⑧ 中共潞西市委宣传部、潞西市史志办编：《潞西抗日史实录》，2005 年印，第 123、27—34 页。

朝鲜族挑夫1人①。日军在芒允镇枪杀了数名未及撤走的群众。敌在太平街杀害民众147人②，在昔马偏石房杀害12名群众③，在盏西关上街屠杀百姓10多人。日军血洗太平街、芒允街，杀害群众十余人④。日军捆走太平街80多人当脚夫，有30人被杀害⑤。驻蛮冷日军进入盈江县关上后，杀死无辜群众10人，团坡1人，关上汉族3人，旧城1人，弄坡3人，小辛街2人⑥。弄璋项下寨1农民在劳动中被日军毒打。1944年，驻盈江孟嘎日军用刺刀杀死1个哑巴，打死1个小孩⑦。日军派民工修筑腾盈公路，据调查，1985年时尚有数十位致残民工在世⑧。据上述各项统计，盈江共计伤亡人数为：被杀害256人，其中5女1童，其余不知性别；伤57人，其中女6人。

梁河县上报死亡614人，扣除轰炸等死亡，日军杀害的有592人。1942年日军进犯梁河县赖帕村，打伤壮丁2人⑨。日军进犯马仑、孙家寨、平地，杀死村民11人，伤6人；日军在河西杀死20余人，杀伤乡丁1人；在马仑村用重机枪向为预备第2师备饭盒的尹全忠家射击，打死7人，打伤6人，1女青年遭轮奸；日军夜袭河西芒东乡联会，杀害守夜民兵10人、伤2人⑩；日军在河东村打伤1名妇女，强奸多名妇女；驻赖帕村日军打死村民3人，伤2人，把乡长蔺其开拴在马尾巴上，拖得头破血流、奄奄一息⑪。1943年，游击队与日军在梁河蛮林村、丙赛村遭遇，游击队大队长段兴国等8人阵亡，伤10多人；日军在丝瓜坪强奸妇女3人⑫。计梁河受伤40人（包括被强奸人数）。

---

① 德宏州文联编：《盏西岁月》，2005年印，第30页。盈江县委党史研究室编：《纪念抗战胜利　弘扬民族精神》2005年，第13—20页。德宏州政协文史组编：《德宏州文史资料选辑》第8辑，德宏民族出版社1991年版，第252—253页。

② 政协云南省文史委：《云南文史资料选辑》第39辑，云南人民出版社1990年版，第395页。

③ 中共盈江县委党史研究室编：《纪念抗战胜利　弘扬民族精神》，第5页。盈江县志编纂委员会编：《盈江县志》，云南民族出版社1997年版，第17页。

④ 德宏州政协文史委编：《德宏州文史资料选辑》第11辑，德宏民族出版社1999年版，第312页。德宏州政协文史委编：《德宏州文史资料选辑》第8辑，德宏民族出版社1991年版，第226页。

⑤ 德宏州政协文史委编：《德宏州文史资料选辑》第8辑，德宏民族出版社1991年版，第226页。德宏州政协文史委编：《德宏州文史资料选辑》第11辑，德宏民族出版社1999年版，第312页。

⑥ 中共盈江县委党史研究室编：《纪念抗战胜利　弘扬民族精神》2005年，第22页。

⑦ 盈江县志编纂委员会编：《盈江县志》，云南民族出版社1997年版，第17页。

⑧ 中共盈江县委党史研究室编：《纪念抗战胜利　弘扬民族精神》2005年，第14页。

⑨ 梁河县志编纂委员会编：《梁河县志》，云南人民出版社1993年版，第574页。

⑩ 德宏州政协文史委编：《德宏州文史资料选辑》第8辑，德宏民族出版社1991年版，第200、201页。梁河县志编纂委员会编：《梁河县志》，云南人民出版社1993年版，第19、572页。

⑪ 云南省档案馆编：《日军侵华罪行实录·云南部分》，云南人民出版社2005年版，第636页。梁河县志编纂委员会编：《梁河县志》，云南人民出版社1993年版，第573页。

⑫ 梁河县志编纂委员会编：《梁河县志》，云南人民出版社1993年版，第576页。云南省档案馆编：《日军侵华罪行实录·云南部分》，云南人民出版社2005年版，第637页。

瑞丽市。瑞丽设治局上报死亡 592 人，伤 150 人。畹町（现属瑞丽市），1942 年日军煮死两位青年；1943 年日军在芒另村中轮奸一名 50 多岁盲人老妇，在回龙村轮奸五名妇女。有一对景颇族夫妇躲在山洞，被日军搜到，泼上汽油活活烧死；日军在畹町一道桥（地名）靠山脚一片草房，设立军妓院，里面有五六十个少女，几个月后就不见了；为躲避日军，住进山洞的回龙村村民因吃野果野菜中毒死亡 6 人，另有一产妇和孩子被饿死；1944 年法坡村、华俄村等地四名青年路过日军油库时，被日军吊打肢解致死。日军轰炸法坡村时，炸死在田间劳作的村民一人。回龙村村民二人在自家地里摘南瓜，被日军抓去吊死①。畹町死 69 人，伤 6 人。

据上述统计，瑞丽市共伤亡人数为 817 人。

陇川县上报人员死亡 504 人（含轰炸等死亡 6 人）；1943 年日军在陇川轮奸数名妇女②。陇川被轮奸数名妇女，按受伤 5 人统计。

根据上述资料统计，德宏州被敌杀死 2195 人，伤 262 人，失踪 322 人。

（3）怒江州

1942 年，日军在保山县上江乡（今属泸水县）白家寨，杀害从灰坡山下大弯子村抓去背东西的农民阿南狗。怒江栗柴坝惨案遇难同胞为 290 人（包括跳江死亡部分）③，其中三分之一为妇女和儿童，女性计为 90 人。同年被日军抓走失踪 3 人④。

1943 年 1 月，日军入侵泸水县丙贡大寨，杀害村民 7 人，伤 1 人；次日，日军放火焚烧泸水县河边寨，烧死 2 人；2 月，日军在上江乡火烧河边寨，烧死 2 人（女 1 人）、开枪打伤 1 名女青年；上江乡被日军掠去 20 人（计为失踪），被杀害男青年 23 人、妇女 2 人，被奸污 71 人。9 月，日军窜入泸水设治局登埂镇几个小村庄，将 7 人残杀于村中；10 月，驻片马日军到鲁掌镇古炭河村"扫

---

① 熊家斌总编：《话说畹町》，德宏民族出版社 2001 年版，第 59 页。胡蕾编：《畹町文史资料选辑》第 1 辑，德宏民族出版社 1998 年版，第 107 页。云南省档案馆编：《日军侵华罪行实录·云南部分》，云南人民出版社 2005 年版，第 633 页。畹町市史编纂委员会编：《畹町市志》，云南民族出版社 1995 年版，第 7 页。

② 德宏州政协文史委编：《德宏州文史资料选辑》第 8 辑，德宏民族出版社 1991 年版，第 237—239 页。

③ 《栗柴坝抗日遇难同胞纪念碑序》，政协怒江傈僳族自治州委员会、泸水县人民政府立（1995 年 8 月 15 日）。政协怒江傈僳族自治州委员会文史资料研究组：《怒江文史资料选辑》第 5 辑，1985 年印，第 50 页。

④ 《郭友珍的证言》，鲁掌镇党委刘礼平、李元庄 2005 年收集，原件存中共泸水县委党史研究室（失踪者为口述人的父亲郭建红、伯父郭京京，唐花狗）。

荡"，将 1 女村民蹂躏致死①。同月，日军在上江乡蛮云街后山上通往腾冲的交通要道灰坡山建立据点，制造无人区，前后杀害蛮云附近各村村民约 200 人，迫使 100 多户人家无家可归；在古炭河村活埋 1 名外地背夫；在排路坝村大攀枝花树下，杀害江防部队农民侦察员祝兴贵和从鲁掌镇古炭河村抓来的 11 个民夫，其中 4 名女青年遭到日军轮奸；在赖茂村杀害 1 个村民；在保山县练地乡（今属泸水县）煮吃 3 人（女 1 人）、杀害 4 人（女 2 人）；将古炭河 1 村民折磨致死，将 1 老妇轮奸致死②。12 月，日军抢掠并烧毁泸水设治局驻地鲁掌上寨、下寨、坝山村 3 寨，被烧死数人，杀死民夫 10 余人；当地居民被抓 40 余人，逃回 10 余人，另 30 人计为失踪；"扫荡"鲁掌的日军返回片马途中，将抓来的 20 名民夫在片马二道垭口当靶子刺杀，仅有乔金贵幸存，制造了"片马垭口惨案"。日军将鲁掌镇古炭河村村民刘绍虞折磨致死③。

1944 年泸水古炭河被日军抓走 2 人，计为失踪④。

根据上述资料统计，怒江州伤亡人数为：被杀死 594 人，伤 74 人，失踪 55 人。

（4）临沧市

1942 年日军入侵耿马孟定，百姓 3 人被枪杀，1 人被打伤；日军侵入镇康县

---

① 云南省档案馆编：《日军侵华罪行实录·云南部分》，云南人民出版社 2005 年版，第 638 页。泸水县志编纂委员会编：《泸水县志》，云南民族出版社 1995 年出版，第 378 页。《云南省民政厅为日寇蹂躏保山上江情形公函》，1943 年 6 月 12 日，云南省档案馆馆藏档案，档案号 44—3—423—187。《云南省第六区行政督察专员李国清为敌人蹂躏上江情形呈》，1943 年 4 月 23 日，云南省档案馆馆藏档案，档案号 11—7—181—51。《泸水设治局抗敌伤亡调查表》，1946 年 5 月 13 日至 10 日，云南省档案馆馆藏档案，档案号 11—5—1084—231。胡应元等五位老人 1995 年口述：《日军在古炭河轮奸妇女》，原件存中共泸水县党史研究室。

② 泸水县志编纂委员会编：《泸水县志》，云南民族出版社 1995 年出版，第 378 页。胡应元等五位老人 1995 年口述：《日军在古炭河的罪行》，胡应元等五位老人 1995 年口述：《日军在古炭河将毛丙新折磨致死》，原件存中共泸水县党史研究室。政协怒江傈僳族自治州委员会文史资料研究组：《怒江文史资料选辑》第 5 辑，1985 年印，第 53—62 页。政协怒江傈僳族自治州委员会文史资料研究组：《怒江文史资料选辑》第 2 辑，1984 年印，第 50 页。

③ 《1943 年 12 月 21 日泸水设治局局长鲁正璜呈报日寇暴行电》，云南省档案馆馆藏档案，档案号 11—7—15—31。《1943 年 12 月 14 日云南省第六区行政督察专员公署专员李国清呈报日寇在泸水暴行电》，1943 年 12 月 14 日，云南省档案馆馆藏档案，档案号 11—7—15—1。《1943 年 12 月 30 日泸水设治局报告日军暴行》，1943 年 12 月 30 日，云南省档案馆馆藏档案，档案号 11—7—15—64。政协怒江傈僳族自治州委员会文史资料研究组：《怒江文史资料选辑》第 5 辑，1985 年印，第 100—103 页。胡应元等五位老人 1995 年口述：《日军在泸水片马镇将村民刘绍虞百般折磨致死》，原件存中共泸水县党史研究室。

④ 《日军在古炭河的罪行》，中共泸水县委党史研究室李华龙记录，原件存中共怒江州委党史研究室（失踪者为蔡老八、赵光明）。

户板，杀害群众 3 人，在滚弄杀害 5 人①。1943 年日军及伪军 2000 余人入侵耿马县孟定，强奸妇女 8 人，打死打伤农民 6 人，其中怀孕妇女 2 人，河外乡栗子寨 20 多户没有来得及转移的群众，全被日军杀死②。日、伪军 700 余人到达沧源县南腊乡（今芒卡镇南腊村），抓到几个放牛的佤族要其带路，放牛的佤族不愿带路，被捆绑后捂着嘴打伤。占领龙陵的一部日军偷渡怒江，至镇康县横山梁子，杀害村民 6 人③。

根据上述资料统计，临沧伤亡人数为：被杀死 83 人，伤 14 人。

综上所述，统计云南抗战时期被日军屠杀、强征、奸淫造成的伤亡人数为：杀死 19851 人，致伤 1066 人，失踪 761 人。

滇西平民被日军屠杀伤亡统计表

类别＼地区	保山	德宏	怒江	临沧	合计
死亡	16979	2195	594	83	19851
伤	716	262	74	14	1066
失踪	384	322	55		761

4. 自卫和支前伤亡

全省在自卫和支前过程中伤亡惨重。按有关资料分列如下：

在德宏州，潞西抗日救亡团从成立到 1943 年 3 月，在日军重兵"围剿"下，牺牲 74 人；1942 年 7 月龙潞游击队阵亡 1 人，8 月阵亡 2 人，11 月阵亡 2 人；1943 年伤 28 人④。在梁河县，1942 年九保青年参战牺牲 5 人；龙潞游击队

① 中共临沧地委党史研究室编：《临沧地区抗日战争史料专辑》，1995 年印，第 255 页。《昌宁县长曾国才为日寇在镇康、龙陵、腾冲等地暴行及派便衣投毒等代电》，1942 年 6 月 20 日，云南省档案馆馆藏档案，档案号 11—7—12—137。云南省档案馆编：《日军侵华罪行实录·云南部分》，云南人民出版社 2005 年版，第 640 页。
② 云南省档案馆编：《日军侵华罪行实录·云南部分》，云南人民出版社 2005 年版，第 640 页。
③ 镇康县志纂委员会：《镇康县志》，四川民族出版社 1992 年版，第 730 页。中共临沧市委党史研究室编：《难忘的溅血岁月》，2005 年印，第 94 页。《采访李岩嘎、鲍三木保记录》，原件存中共沧源县委党史研究室。
④ 熊家斌总纂：《话说畹町》，德宏民族出版社 2001 年版，第 39—42 页。德宏傣族景颇族总自治州志编纂委员会：《德宏州志》，德宏民族出版社 1994 年版，第 27 页。云南省地方志编纂委员会编：《云南省志·卷首》，云南人民出版社 2004 年版，第 229—230 页。政协云南省文史资料委员会：《云南文史资料选辑》第 25 辑，云南人民出版社 1985 年版，第 188 页。政协云南省昆明市委员会文史资料研究委员会编：《昆明文史资料选辑》第 16 辑，1991 年印，第 189 页。

的段兴国大队与日军在梁河的大平子激战，阵亡 8 人①；日军在梁河与盈江交界的葫芦口与滇西边区自卫军刀京版部和预备第 2 师、赵宝忠部、南甸土司兵激战，中方阵亡 20 余人；日军进犯梁河浑水沟葫芦口，赵宝忠部牺牲 5 人；1944年腾龙人民自卫游击部队在梁河河西乡与日、伪军遭遇，伤 10 多人②。在陇川县，有游击队员 1 人受伤③。1943 年，盈江昔马寸时金自卫大队在公帮样寨与日军作战中牺牲 2 人，伤 1 人，莲山支队副司令员黄辅臣及司令部全体人员壮烈牺牲。盈江芒允自卫队在阻击日军战斗中牺牲 15 人，伤 7 人④。

在怒江州，1942 年 6 月至 8 月，各县为接送远征军派出大批民伕修便道、扎溜索、运输粮秣，仅福贡县伤亡 468 人，其中，死亡 56 人，受伤 412 人。同年泸水设治局支前民工牺牲 25 人；1943 年至 1944 年泸水设治局"全属壮丁 800余人轮番出夫支援国民党军反攻日军，少者出夫三四十人次，多者不下百余人次，死亡 208 名，伤 56 名"。加上在便衣侦察时牺牲的人数，泸水设治局鲁掌镇、六库镇、登埂镇（今属鲁掌镇）、老窝镇（今称杆乡和大兴地乡一部）和卯照镇（今大兴地乡）五司镇实际牺牲民夫 338 人⑤。同年参加运送物资的泸水县古炭河村民 1 人负重伤，3 月至 6 月支前民夫 4 人受伤⑥。给预备 2 师当向导的保山县上江乡（今属泸水县）农民凹帕赛等 4 人，与日军遭遇阵亡；兰坪县中排乡民夫 400 余名背运军粮，途经碧罗雪山浪庙子时遭遇大风雪，冻死 19 人⑦。

在保山，龙陵县参加滇西反攻战民工死亡 3854 人⑧；隆阳区民夫牺牲病故

① 德宏州政协文史组编：《德宏州文史资料选辑》第 8 辑，德宏民族出版社 1991 年版，第 107—108、166—167 页。
② 德宏州政协文史组编：《德宏州文史资料选辑》第 8 辑，德宏民族出版社 1991 年版，第 164、168 页。政协云南省文史资料委员会编：《云南文史资料选辑》第 25 辑，云南人民出版社 1985 年版。
③ 陇川县政协文史委编：《陇川县文史资料集》第 5 集，德宏民族出版社 1999 年版，第 99—100 页。
④ 中共盈江县委党史研究室编：《纪念抗战胜利 弘扬民族精神》2005 年，第 2—9 页。盈江县志编纂委员会编：《盈江县志》，云南民族出版社 1997 年版，第 17 页。
⑤ 《福贡设治局呈报抗战期间征用民工伤亡数目调查表》，1947 年 12 月 4 日，云南省档案馆馆藏档案，档案号 11—7—10—162～163。梁河县志编纂委员会编：《梁河县志》，云南人民出版社 1993 年版，第 575 页。《泸水设治局抗敌伤亡调查表》，1946 年 5 月 13 日—10 月，云南省档案馆馆藏档案，档案号 11—5—1084—218～236。政协怒江文史资料委员会：《怒江文史资料选辑》第 2 辑，1984 年印，第 38 页。政协怒江文史资料委员会：《怒江文史资料选辑》第 17 辑，1991 年印，第 114 页。泸水县志编纂委员会编：《泸水县志》，云南民族出版社 1995 年版，第 11、377 页。
⑥ 胡应元等五位老人 1995 年口述：《日军在古炭河的罪行》，泸水县委党史研究室李华龙记录，原件存中共怒江州委党史研究室。《泸水设治局抗敌伤亡调查表》，1946 年 5 月 13 日—10 月，云南省档案馆馆藏档案，档案号 11—5—1084—218～236。
⑦ 兰坪县人民政府编：《兰坪史料集》，云南大学出版社 1994 年版，第 463 页。泸水县志编纂委员会编：《泸水县志》，云南民族出版社 1995 年版，第 477—478 页。
⑧ 陈景东、张祖成主编：《龙陵县志》，中华书局 2000 年版，第 574 页。

3854 人①；腾冲县随军作战伤亡民众达 6953 人，其中伤残 407 人②。

在临沧，自卫支前民工死 244 人，伤 302 人。1942 年凤庆县运送军需物资民工死亡 8 人；1943 年，凤庆县奉令组建支前骡马运输支队，途中仅 1 个中队（35 人）就伤亡民夫 8 人③。1944 年，阿佤山游击队阵亡官兵 31 人；凤庆县凤梧乡（今雪山镇）到白沙水抢运军粮，民夫病、亡 359 名，其中死亡 74 名④。永德（镇康）县支前，三年死难百余人⑤。1943 年，耿马孟定土司罕万贤等领导的耿沧抗日自卫支队抵抗日军，死 5 人，伤 13 人⑥。沧源县班洪自卫游击支队在金厂坝协助远征军阻击日军战役中，牺牲 6 人，伤 4 人⑦。游击队指挥张万美在战斗中牺牲，占领龙陵的一部日军偷渡怒江，至镇康县横山梁子，杀死忙耿守备渡口的第 25 团 10 人⑧。

在西双版纳州的南峤县（今属勐海县）3 人奉驻军令到敌区探查敌情未回；在普洱市，江城县出动民工运送军粮至镇越，时值雨季，运粮民夫因病死亡 58 人；1945 年江城县政府发动民工协助受降部队运输，民工死亡 36 人⑨。

1940 年文山州西畴县维新小学校长雷光辅率部分师范班学生参加抗日自卫大队，到中越边境执行任务时牺牲⑩。

1944 年红河州金平县板板桥尖山村人唐老大在瑶山战斗中阵亡。

同年大理州云龙县运输军用物资民工亡 8 人⑪。

根据上述资料统计，云南省自卫及支前民工共死亡 15184 人，伤 1230 人。

① 保山市志编纂委员会编：《保山市志》，云南民族出版社 1993 年版，第 565 页。
② 《云南省第六行政区抗战期间总损失表》，1946 年，德宏州档案馆馆藏档案，档案号 1—1—65—12。保山地区地方志编纂委员会编：《保山地区志》上卷，中华书局 1999 年版，第 639 页。
③ 凤庆县政编：《凤庆县文史资料》第 10 辑，第 134—138 页。《郑县长向省政府及滇缅铁路征工处报告难承担修滇缅铁路劳工问题情况》，凤庆县档案馆，顺宁县政府建设科馆藏档案 144—36—12～18。
④ 《凤庆县凤梧乡报告到白沙水抢运军粮民工病和死亡名单》，凤庆县档案馆，顺宁县建设科档案 144—21—108～134。中共临沧地委党史研究室编：《临沧地区抗日战争史料专辑》，1995 年印，第 73 页。
⑤ 中共临沧地委党史研究室编：《临沧地区抗日战争史料专辑》，1995 年印，第 162 页。
⑥ 中共临沧地委党史研究室编：《临沧地区抗日战争史料专辑》，1995 年印，第 161、162 页。
⑦ 中共云南省委党史研究室编：《云南全民抗战》，云南大学出版社 1995 年版，第 226—229 页。
⑧ 中共云南省委党史研究室编：《云南全民抗战》，云南大学出版社 1995 年版，第 229 页。云南省镇康县志编纂委员会编：《镇康县志》，四川民族出版社 1992 年版，第 730 页。中共临沧市委党史研究室编：《难忘的溅血岁月》，2005 年印，第 94 页。
⑨ 南峤县长李景贤：《南峤县抗敌伤亡人员调查表》，云南省档案馆馆藏档案，档案号 11—5—1084—91～92。《江城县政府抗战期间间接损失汇报呈》，1947 年 12 月 17 日，云南省档案馆馆藏档案，档案号 11—7—10—129～130。
⑩ 政协西畴县文史办：《西畴文史资料》第 1 辑，1986 年印，第 99 页。
⑪ 金平县板板桥村志编纂小组编：《板板桥村志》，中国国际文化出版社 2007 年版，第 19 页。云龙县政协编：《云龙县文史资料》第 4 辑，1990 年印，第 29—33 页。

类别	德宏	保山	怒江	临沧	宁洱版纳	红河文山大理	合计
死	137	14254	442	244	97	10	15184
伤	48	407	473	302			1230

5. 滇军[①]、 驻滇军队及远征军等伤亡

（1）滇军伤亡

云南省先后组建第60、第58军和新3军出省抗战。据《云南省志》记载，云南出征伤亡官兵10万余人[②]。另1941年在山西中条山的战斗中，以滇军为主的老3军包括军长唐淮源、师长寸性奇在内数千官兵阵亡[③]；《云南省志·卷首》记载，此役阵亡官兵2800余人[④]。

第一方面军（1945年3月，驻防滇南的第1、第9集团军组成，辖第52、53、60、62、93军及3个师）在滇南防守作战32次，阵亡官兵120人，伤113人，失踪8人，另伤亡25人[⑤]。

---

① 滇军是云南实力派所辖军队的习称，民国时期一支有代表性的地方军阀势力。其前身主要为云南新军暂编陆军第19镇（辖第37、第38协）。辛亥革命前夕，蔡锷接任第37协协统，许多同盟会员担任该协中下层军官后，使这支部队成为反对清廷、发动昆明"重九"起义的骨干力量。在蔡锷将军的引领下，滇军率先反对袁世凯称帝，打响了护国战争的第一枪，成就了滇军最早的光荣。北洋军阀时代，滇军头目唐继尧大肆扩军混战，一度控制滇、黔、川等省，势力盛极一时。1927年，部将龙云、卢汉等发动政变，开启了新滇系时代。全国抗战爆发后，龙云将最精锐的部队调往前线。10万余滇军子弟为国捐躯，却未出现投降的将领和伪军，滇军也由此获得"国之劲旅"的美名。解放战争期间，滇军虽然参与东北内战，却有海城、长春起义之举。1949年卢汉以保安部队为基础，重组第93军，增建第74军。同年底，卢汉携滇军在昆明通电起义，部队编入人民解放军。

② 云南省地方志编纂委员会编：《云南省志·民政志》，云南人民出版社1996年版，第116页。

③ 谢本书著：《民国劲旅　滇军风云》，云南人民出版社2004年版，第277页。

④ 云南省地方志编纂委员会编：《云南省志·卷首》，云南人民出版社2004年版，第218页。

⑤ 云南省地方志编纂委员会编：《云南省志·军事志》，云南人民出版社1997年版，第257页。文山壮族苗族自治州地方志编纂委员会编：《文山壮族苗族自治州志》第1卷，云南人民出版社2000年版，第29页。云南省志编纂委员会办公室编：《续云南通志长编》上册，1985年印，第116—119页。云南省麻栗坡县地方志编纂委员会编：《麻栗坡县志》，云南民族出版社2000年版，第730页。

滇西沦陷后作战亡1996人，伤1682人，驻泸水部队疟疾病亡500人①。驻防在河口的中国军队因疟疾而亡107人②。驻在金平县的滇军1941年因疟疾死亡746人，1944年病亡96人，滇缅铁路士兵因疟疾亡10人③。

根据上述资料统计，滇军及驻滇军队伤亡数共为108203人。

（2）远征军伤亡

1942年2月，中国远征军第5、6、66军开始入缅作战，总兵力10万人，到8月初撤到印度及回国者仅4万余人④。根据保山市统计，中国援缅远征军共103000人，败退伤亡56480人，幸存兵员46520人，伤亡比例高达54.38%⑤。

远征军第6军93师退回国后，驻防勐海县一带。在勐海与侵略者日、泰军多次战斗，阵亡152人，伤96人，失踪、下落不明的96人⑥。

在1942年5月至1945年1月28日的滇西反攻战中，中国远征军参战16.21万人，经怒江牵制战、龙陵平戛围攻战、松山围攻战、龙陵作战、芒市遮放作战、畹町作战、反攻腾冲作战等，歼日军23332人⑦。按《云南省志·军事志》

———————————

① 吕文超主编：《腾冲县志》，中华书局1995年版，第732—733页。中共临沧地委党史研究室编：《临沧地区抗日战争史料专辑》，1995年印，第164页。德宏州政协文史委编：《德宏州文史资料选辑》第8辑，德宏民族出版社1991年版，第164页。梁河县志编纂委员会编：《梁河县志》，云南人民出版社1993年版，第575页。政协怒江傈僳族自治州委员会文史资料委员会：《怒江文史资料选辑》第2辑，1984年印，第36—38页。《日军侵占片马记实》，调查人：片马镇干部欧光顺、乔银秀，2005年11月。《陆军第六军第九十三师猛瓦景亢猛麻及南览河战斗详报》，1943年，云南省档案馆馆藏档案，档案号94—1—143。云南省镇康县志编纂委员会编：《镇康县志》，四川民族出版社1992年版，第730页。中共盈江县委党史研究室编：《纪念抗战胜利 弘扬民族精神》2005年，第22页。政协怒江傈僳族自治州委员会文史资料委员会：《怒江文史资料选辑》第13辑，1989年印，第104—105页。政协怒江傈僳族自治州委员会文史资料委员会：《怒江文史资料》第17辑，1991年印，第113页。泸水县志编纂委员会编：《泸水县志》，云南民族出版社1995年出版，第416页。

② 河口瑶族自治县地方志编纂委员会编：《河口县志》，生活·读书·新知三联书店1994年版，第5页。

③ 《滇军在金平为因守土抗日而染"瘴毒"死亡的官兵立纪念碑》，载政协金平苗族瑶族傣族自治县委员会编：《金平文史资料》第2辑，2001年印，第108—111页。政协金平苗族瑶族傣族自治县委员会编：《金平文史资料》第1辑，1994年印，第141、108—111、142页。禄丰县地方志编纂委员会编纂：《禄丰县志》，云南人民出版社1997年版，第20页。

④ 云南省地方志编纂委员会编：《云南省志·军事志》，云南人民出版社1997年版，第260页。

⑤ 云南省保山地区新闻中心、保山地区博物馆：《中国远征军滇西大战》，云南美术出版社1999年版，第165页。

⑥ 《陆军第六军第九十三师猛瓦景亢猛麻及南览河战斗详报》，1943年，云南省档案馆馆藏档案，档案号94—1—143。

⑦ 中国军队腾冲战役歼敌6065人，龙陵、松山等战歼日军17267人。据日本防卫厅战史室编纂、天津市政协编译委员会翻译的《日本军国主义侵华史料长编》（四川人民出版社1987年版），日军在龙陵、松山等地伤亡数为13200人。

记载，中国军队牺牲 28158 人，失踪 3336 人，受伤 35472 人，共计伤亡 66966 人[①]。《云南省志·民政志》记载，滇西反攻战中，伤亡失踪官兵 67364 人[②]，近 2.9：1。课题组采用《民政志》记载的数字。

从 1943 年 10 月 24 日起，中国驻印军对缅北地区的日军开展反击战役，至 1945 年 3 月 30 日结束，毙伤俘 30100 名日军，中国驻印军阵亡 4218 人，伤 10403 人，失踪 151 人[③]。

根据上述资料统计，远征军伤亡共计 138960 人。

（3）军队被轰炸

日机 1938 年 9 月 28 日轰炸昆明，造成中国军人 1 死 1 伤[④]。1939 年 4 月 8 日轰炸昆明，造成 15 名中国官兵伤亡[⑤]。1940 年 1 月 2 日轰炸滇越铁路白寨 82 条铁桥，炸死中国军人 1 名[⑥]；同年 5 月 9 日轰炸昆明造成 16 名中国军人受伤[⑦]；10 月 1 日，轰炸开远，炸死 1 名中国军人，伤数人[⑧]。1941 年 1 月 6 日轰炸砚山县，云南保卫第 20 营官兵受伤 3 人，被破瓦片震倒击伤者数人[⑨]；2 月 9 日，轰炸文山县，造成中国军人伤亡 10 余人[⑩]；2 月 26 日轰炸昆明，死 1 名中国军人[⑪]；3 月 10 日轰炸昆明，炸死干海子工兵团中国士兵 3 人，受伤 3 人[⑫]；4

① 云南省地方志编纂委员会编：《云南省志·军事志》，云南人民出版社 1997 年版，第 298、282 页。第 11 集团军（2、6、71、8 军，200、36 师，滇、康、缅特别游击部队）伤亡 47598 人（阵亡 18990 人，伤 25272 人，失踪 3336 人）；第 20 集团军（53、54 军）伤亡 19368 人（阵亡 9168 人，伤 10200 人）。

② 云南省地方志编纂委员会编：《云南省志·民政志》，云南人民出版社 1996 年版，第 116 页。

③ 云南省地方志编纂委员会编：《云南省志·军事志》，云南人民出版社 1997 年版，第 268 页。

④ 昆明市第四区区长：《昆明市人口伤亡调查表》，1938 年 9 月 28 日，云南省档案馆藏档案，档案号 11—7—154—153～160。

⑤ 《昆明市政府、省会警察局等查报被炸伤亡损失及救护情形呈》，1939 年 4 月 8 日，云南省档案馆藏档案，档案号 106—3—1621—181、182。

⑥ 《云南滇越铁道警察总局为敌机轰炸滇越铁路电》，1940 年 1 月 2 日，云南省档案馆藏档案，档案号 106—4—3861—114。

⑦ 《云南省政府为填报昆明市县被炸伤亡损失及抚恤事训令》，1940 年 6 月 17 日，云南省档案馆藏档案，档案号 11—7—167—31。

⑧ 《龙云就 1940 年 10 月 1 日开远被炸给省民政厅训令》，1940 年 10 月 9 日，云南省档案馆藏档案，档案号 11—7—167—68。

⑨ 《云南保卫第二十营为敌机袭炸砚山伤亡损失情形呈》，1941 年 1 月 6 日，云南省档案馆藏档案，档案号 44—4—435—124。

⑩ 政协文山州委员会：《文山州文史资料选辑》第 3 辑，1985 年 8 月印，第 73 页。

⑪ 《云南省振济会查报昆明被炸灾情及救济事呈》，1941 年 2 月 26 日，云南省档案馆藏档案，档案号 44—1—306—57。

⑫ 《昆明县县长高直青上报被炸伤亡损失情形请予抚恤的报告》，1941 年 3 月 14 日，云南省档案馆藏档案，档案号 11—7—170—141。

月 19 日轰炸蒙自县芷村，伤中国军人 2 人①；5 月 8 日轰炸昆明，中国军人死 2 人②；6 月 14 日，轰炸蒙自县蛮耗，炸伤中国军人 2 人③；6 月 15 日，轰炸沾益县飞机场，机场中国卫兵 2 人负伤④；8 月 15 日，轰炸大理州凤仪、下关，炸死中国方面宪兵、警戒兵、运输兵共 3 名⑤；11 月 28 日，轰炸曲靖北较场中国军队新营房，汽车团死 4 名驾驶兵、伤 1 名⑥。1942 年 3 月轰炸位于祥云县云南驿机场，炸死中国军人 2 人⑦；10 月 20 日，日机入侵蒙自，对东门外第一集团军总司令部进行攻击，炸伤中国军人 2 名⑧。1943 年 1 月，轰炸南峤县勐满乡，炸死军人 7 名，1 人伤⑨；4 月 27 日，日机袭击云南驿机场，中国驻守部队死 30 人⑩；5 月 15 日，轰炸昆明县，炸死中国军人 4 名，美军 3 人⑪；12 月轰炸昆明机场，炸死中国军队的特务团学兵 1 人⑫。

综上所述，在云南的中国部队被轰炸共伤亡 128 人。

（4）调防云南失踪

1944 年 1 月至 8 月，陆军第 6 军 93 师退守车佛南地区，先后从桂荣师管区、贵节师管区、成发师管区、惠龙师管区、梅揭师管区等地五次调兵补充，沿途死亡、逃跑、失踪达 9762 人⑬。

根据上述资料，军人共伤亡 257053 人。

———————————

① 滇越铁道警察总局长陈盛恩：《滇越铁路芷村车站被炸损失呈》，1941 年 4 月 21 日，云南省档案馆馆藏档案，档案号 11—7—171—192。

② 《云南省振济会上报 1941 年 5 月 8 日昆明被炸情形》，1941 年 5 月 8 日，云南省档案馆馆藏档案，档案号 44—1—306—65。

③ 《蒙自县县长刘珍致云南省民政厅电》，1941 年 6 月 14 日，云南省档案馆馆藏档案，档案号 11—7—173—163。

④ 沾益县长王庆宸：《沾益县被炸伤亡损失》，1941 年 6 月 22 日，云南省档案馆馆藏档案，档案号 44—4—6—50。

⑤ 欧阳炎勖：《凤仪县、下关等地被炸伤亡损失呈》，1941 年 8 月 16 日，云南省档案馆馆藏档案，档案号 11—7—174—45。

⑥ 曲靖县长林景泰：《曲靖被炸伤亡损失代电》，1941 年 11 月 28 日，云南省档案馆馆藏档案，档案号 11—7—174—144。

⑦ 政协祥云县委员会：《祥云文史资料》第 1 辑，1991 年印，第 119 页。

⑧ 蒙自县长赵道宽：《蒙自县、芷村镇等地被炸灾情》，1942 年 12 月 20 日，云南省档案馆馆藏档案，档案号 11—7—182—228。

⑨ 南峰县长张励辉：《敌机连轰炸南峤县伤亡损失》，1943 年 1 月 30 日，云南省档案馆馆藏档案，档案号 11—7—181—33。

⑩ 政协祥云县委员会：《祥云文史资料》第 1 辑，1991 年印，第 120 页。

⑪ 《昆明县长高直青 1943 年 5 月 15 日空袭紧急报告》，云南省档案馆馆藏档案，档案号 44—4—6—159。

⑫ 《昆明县长高直青上报 1943 年 12 月 22 日遭袭情况》，云南省档案馆馆藏档案，档案号 11—7—181—162。

⑬ 西双版纳地方志编纂委员会：《第 93 师补充兵员》，载西双版纳傣族自治州地方志编纂委员会编：《西双版纳傣族自治州州志》上册，新华出版社 2002 年版，第 1062 页。

〈三〉 间接伤亡

间接伤亡，主要指战争期间为修筑公路、铁路和修建机场造成的伤亡，饿死及失踪，病疫、误杀、误炸造成的伤亡，以及难民和灾民中的伤亡等。

1. 修路（公路、铁路）修机场造成的民工伤亡

修筑中国西南重要军事补给线滇缅公路时，每天上工人数最多时达 20 万余人，死于爆破、坠崖、土石方塌方、恶性疟疾者等不少 3000 人，曲靖招的修路泥水匠伤亡 45 人；修保顺路伤亡 19 人；保云路 182 人；弥遮路死亡 233 人，伤 7 人，修河底岗、勐简至四方井路段，死亡民工 133 人①。

修滇缅铁路时，上工人数最多时达 10 万余人，沿途经过的许多地方气候炎热潮湿，疟疾等病肆虐，致使民工病亡较重，姚安县病亡 703 人、昌宁县 4000 人、永仁县 178 人、镇康县 280 人、凤庆县 904 人、禄丰县 20 人②。

为适应抗战需要，云南在抗战时期共修建军用机场 39 个。仅 1942 年在修建巫家坝机场时，马龙县有 10 人患病死亡③。

抗战期间，漾濞县征用民工伤 106 人，亡 27 人。南洋机工回国赴滇途中伤

---

① 云南省地方志编纂委员会编：《云南省志·交通志》，云南人民出版社 2001 年版，第 139 页。白山：《血线——滇缅公路纪实》，云南人民出版社 2006 年版，第 80—81 页。凤庆县人民政府、凤庆县地方志办公室编：《顺宁府（县）志》五部，天马图书有限公司 2014 年版，第 568—569 页。顺宁县政府建设科：《邦平镇上报修保云路病、亡民工》，1940 年 12 月，凤庆县档案馆，顺宁县政府建设科档案 144—29—169～173。顺宁县政府建设科：《各乡镇修保顺公路死亡民工数及安葬费用报告》，1940 年 12 月，凤庆县档案馆，顺宁县政府建设科档案 144—31—88。顺宁县政府建设科：《各乡镇报告修滇缅铁路民工伤亡情况》，1944 年，凤庆县档案馆，顺宁县政府建设科档案 144—41—40～180。

② 云南省永仁县志编纂委员会编纂：《永仁县志》，云南人民出版社 1995 年版，第 21 页。鲁成旺：《永德县志》，云南人民出版社 1994 年版，第 15 页。霍士廉等修、由云龙等纂：民国《姚安县志·政典志》卷 20，云南人民出版社 1988 年版，第 270—274 页。顺宁县政府：《各民工中队报告修弥遮段铁路死伤人员情况》，1942 年，凤庆县档案馆，顺宁县政府建设科档案 144—41—94、97—98、108—110、115、183—191；144—167—169；144—17—18。顺宁县郑县长：《民工总队部两次报告修弥遮段铁路民工伤亡情况》，1943 年，凤庆县档案馆，顺宁县政府建设科档案 144—16—57、138、173、198、263。昌宁县政府：《昌宁县征派民工修筑滇缅铁路》，1942 年，昌宁县地方志编纂办公室档案 84 号，永久卷，第 158—160 页。禄丰县地方志编纂委员会编纂：《禄丰县志》，云南人民出版社 1997 年版，第 20 页。

③ 《马龙李树培的证言》，中共马龙县委党史研究室 2007 年采访，原件存中共马龙县委党史研究室。

亡 20 人。金沙江试航伤亡 6 人①。

根据以上统计，云南为抗战修路（公路、铁路）修机场等伤亡计 9873 人。这是极不完整统计，如修建机场 39 个只有一个机场有资料。

2. 饿死及失踪

1944 年，泸水设治局全属因饥荒死亡 272 人②。龙陵县沦陷期间，日军大肆烧杀龙陵县难民及当地民众，滇缅公路沿线许多村寨的百姓逃避入山林，造成 14000 人失踪和病饿死亡③。据上述两项统计，总计 14272 人。

3. 病疫伤亡

前面已经列有因日军使用生化武器造成的直接伤亡情况。这部分的病疫伤亡与前有所区别，主要是因为战争时期人员流动，鼠疫、霍乱、疟疾、伤寒、天花、痢疾等传染病肆虐，政府无力顾及，广大群众极为贫困，以致患病后不能及时医治，造成疾病流行，死亡率很高。故列为间接伤亡。

1938 年，勐海县勐宋区宝塘乡发生鼠疫，死亡人 2100 人④。1940 年，位于瑞丽县的雷允飞机制造厂有一印籍司机患鼠疫而死。是年二三月间先后死亡 50 人，患者 16 人；同年，河口县发生疟疾，死亡 851 人。1941 年蒙自县因病死亡 200 人⑤。

1939 年，云南 20 余县暴发霍乱。据《续云南通志长编》中册记载，抗战未兴，交通素不便利，真性霍乱尚不多见。全国抗战开始后，交通工具渐形发达，国内居民迁徙，兼之军运频繁，霍乱一症因得乘机而入。最初为 1938 年夏，昆明县发现霍乱患者 2 人，蒙自县死亡 13 人幸存 3 人。1939 年 7 月中，此症由西南运输处司机及贵州来滇的马夫先后传入云南省，而致蔓

---

① 黄恒蛟：《中国公路交通史丛书·云南公路运输史》第 1 册，人民交通出版社 1995 年版，第 144—147 页。丽江地区地方志编纂委员会编纂：《丽江地区志》下卷，云南民族出版社 2000 年版，第 235 页。漾濞县政协编：《漾濞县文史资料》第 6 辑，第 95 页。

② 泸水县志编纂委员会编：《泸水县志》，云南民族出版社 1995 年出版，第 330、495 页。

③ 陈景东、张祖成主编：《龙陵县志》，中华书局 2000 年版，第 576 页。

④ 勐海县地方志编纂委员会编纂：《勐海县志》，云南人民出版社 1997 年版，第 813 页。

⑤ 云南省志编纂委员会办公室编：《续云南通志长编》中册，1985 年印，第 237 页。河口县志编纂委员会编：《河口县志》，生活·读书·新知三联书店 1994 年版，第 5 页。蒙自县志编纂委员会编：《蒙自县志》，中华书局 1995 年版，第 917 页。

延，是年被祸之区达36县及昆明市，最强是9月至10月，11月已成强弩之末。据各卫生院防疫队及各机关报告，仅是5月中，27县市共发现霍乱3487人，死亡2515人，死亡率为74.2%[1]。据民国时期云南省卫生处统计，霍乱在昆明、宜良、华宁、建水、宾川、广通、河西、易门、嵩明、弥勒、马龙、陆良、路南、大理、昆阳、呈贡、安宁、寻甸、盐兴、蒙自、澄江、弥渡、曲靖、开远、墨江等25个市、县流行，发病4700余例，死亡3487人，病死率达74%；另，楚雄学桥街死亡300余人[2]。1942年从保山发起传遍全省70余县的霍乱是日军投掷细菌弹所致，课题组把这次霍乱伤亡归入直接伤亡。而1939年在云南20余县暴发的霍乱，是因为战争，因军队和难民的频繁流动传播开来，课题组把这次霍乱归为间接伤亡。

1942年，马龙县尹堡村及周边村被传染烧热、赤痢，成人死亡20多人，小孩出麻疹死亡80多人[3]。同年，凤庆县大兴镇暴发恶性疟疾，"全镇652户，死绝者230户，占35.28%，生者也面黄腹胀，奄奄一息，全镇中双全夫妇仅有3对，有田辍耕，有屋空闲，一片萧条，惨目伤心"，按每户3人计算，至少死亡690人[4]。同年，泸水县暴发疟疾，致使军人和民众死亡1000余人。第11集团军施奎宁4万片，治愈疟疾患者6000多人[5]。

1943年，个旧矿区流行霍乱，死亡20余人；马龙县雅口子村感染赤痢，死亡3人；云龙县天花流行，发病30余人，死亡20余人；伤寒流行死亡130余人[6]。

1944年红河县架车地区尼洛河一带及勐龙的多科、落恐的座洛等地流行鼠疫，仅合莫村22户就死亡28人。鲁仰普和浦次两村寨死的死，逃的逃，寨子空荡无人计失踪120人。云龙县因伤寒死亡146人[7]。梁河县勐科、永户村发生恶性疟疾，死亡57人[8]。

---

① 云南省志编纂委员会办公室编：《续云南通志长编》中册，1985年印，第233页。
② 云南省地方志编纂委员会编：《云南省志·卫生志》，云南人民出版社2002年版，第256页。楚雄市地方志办公室编：《楚雄市志》，天津人民出版社1993年版，第28—692页。
③ 《马龙盛小芝的证言》，中共马龙县委党史研究室2007年9月采访，原件存中共马龙县委党史研究室。
④ 凤庆县政协文史委编：《凤庆县文史资料》第10辑，第138页。
⑤ 泸水县志编纂委员会编：《泸水县志》，云南民族出版社1995年版，第416页。
⑥ 个旧市志编纂委员会编：《个旧市志》上册，云南人民出版社1998年版，第20页。《马龙赵海定的证言》，中共马龙县委党史研究室采访，原件存中共马龙县委党史研究室。云龙县志编纂委员会编纂：《云龙县志》，农业出版社1992年版，第504页。
⑦ 云南省红河县志编纂委员会编纂：《红河县志》，云南人民出版社1991年版，第13页。云龙县志编纂委员会编纂：《云龙县志》，农业出版社1992年版，第504页。
⑧ 云南省档案馆编：《日军侵华罪行实录·云南部分》，云南人民出版社2005年版，第638页。

1945 年，华宁县清水塘暴发鼠疫，全村死亡 85 人；盈江县传染病（鼠疫除外）致死 94 人，感染幸存者 143 人；6 月龙陵县暴雨成灾，江河两岸赤地数百里，平安山、腊勐、龙山一带遭受瘟疫，死亡 2000 余人；昆明郊县霍乱死亡 41 人；邓川鼠疫致死 155 人；勐海县勐满蚌塘村发生瘟疫（鼠疫），死 30 余人①。

据上述各项统计，云南因病造成的间接伤亡人数为 18607 人。

4. 误杀、误炸伤亡

1944 年 4 月，云县遭盟军飞机误炸，2 名居民受伤；5 月，盟军飞机与敌机空战，投下炸弹炸伤云县居民 2 人；同月，美军飞机误炸云县，伤 40 人；7 月 5 日，保山县城遭盟军飞机误炸，死亡 31 人，伤 63 人②。1944 年 11 月 15 日，美机误入陇川县境内盘旋扫射、投掷炸弹 6 枚，3 名村民遇难③。1945 年 9 月，盟军飞机前往凤县庆救护伤员，空投医士、医药和食品等，有两箱药、食品脱伞飞落围观人丛中，击死女中学生 2 名，伤 2 名④。1945 年 7 月，中印输油管爆炸，炸伤漾濞县 2 人⑤。

抗战期间，云南省因误杀、误炸造成的伤亡人数为：亡 36 人，伤 111 人。

5. 难民灾民伤亡

因日机轰炸，不仅造成大量人员伤亡，还造成不少难民；在沦陷区，日军的烧杀抢掠，也造成不少的灾民和难民。1940 年轰炸造成难民富宁县 555 人、开

---

① 《云南省卫生处关于云南省华宁县清水塘鼠疫防治报告书》，1945 年 8 月，云南省档案馆馆藏档案，档案号 21—3—204—125～133。陈景东、张祖成主编：《龙陵县志》，中华书局 2000 年版，第 17 页。昆明市地方志编纂委员会编：《昆明市志》第 9 分册，人民出版社 2002 年版，第 497 页。云南省洱源县志编纂委员会编纂：《洱源县志》，云南人民出版社 1996 年版，第 14 页。勐海县地方志编纂委员会编纂：《勐海县志》，云南人民出版社 1997 年版，第 6 页。

② 云县志编纂委员会：《云县志》上编，1983 年印，第 45—46 页；云南省凤庆县志编纂委员会编纂：《凤庆县志》，云南人民出版社 1993 年版，第 12 页。《民政厅、防空司令部呈报保山云县被误炸补助情形代电》，1944 年 9 月 28 日，云南省档案馆馆藏档案，档案号 106—1—778—105～107。《云南省振济会办理云县遭受敌机轰炸赈恤情形公函》，1944 年 7 月 29 日，云南省档案馆馆藏档案，档案号 11—7—45—222。

③ 陇川县志编纂委员会编：《陇川县志》，云南民族出版社 2005 年版，第 14 页。

④ 凤庆县人民政府、凤庆县地方志办公室编：《顺宁府（县）志》五部，天马图书有限公司 2014 年版，第 563—565 页。

⑤ 漾濞彝族自治县地方志编纂委员会编纂：《漾濞县志》，云南人民出版社 2000 年版，第 14 页。

远县 339 人、昆明 1259 人；1941 年昆明 7613 人；1942 年昆明 300 人、入滇难侨 20000、保山灾民 10000 人、难侨 10000 人、龙陵县 500 人；1943 年腾冲县沦陷灾民 1500 户、昆明 740 人、泸水县 300 人；1944 年云县 81 人、龙陵县 540 人；1945 年昆明 1490 人[①]。腾冲县因沦陷和日军屠杀，逃亡迁徙 3 万人[②]。

仅以所查到的文献记载统计，云南的难民灾民为 88217 人。

由于资料缺失，抗战期间云南难民灾民中的伤亡人数不详，有待进一步查证、研究。

抗战期间云南省平民间接伤亡表

项　　目	民工	病疫	病饿失踪	误杀误炸	合计
伤亡人数	9873	18607	14272	147	42899

综上所述，据不完全统计，抗战期间的云南：①平民直接伤亡 243156 人，其中日军飞机轰炸造成死伤 37755 人，占 15.6%；日军细菌战造成死伤 167309 人，占 69.11%；日军残杀造成死伤失踪 21678 人，占 8.53%；支前等死伤 16414 人，占 6.76%。②平民间接伤亡 42899 人。除以上两项外，云南的难民灾民为 88217 人，其中伤亡情况不详。

抗战期间，云南省籍军人及在云南滇西等地作战的外省军人、中国远征军等

---

① 《云南省振济会为富宁县被炸灾情及赈恤事公函》，1940 年 11 月 8 日，云南省档案馆馆藏档案，档案号 11—7—167—101。《1941 年 2 月 10 日云南省政府训令》，1941 年 2 月 10 日，云南省档案馆馆藏档案，档案号 44—4—435—242。《昆明市抗日战役敌机空袭轰炸损失表》，1948 年 4 月 28 日，云南省档案馆馆藏档案，档案号 11—7—27—192。《空袭救济处救济难民统计》，载《云南日报》1941 年 5 月 9 日，第 4 版。行政院：《关于送至昆侨胞回籍经费已饬财政部汇拨电》，1942 年 6 月 2 日，云南省档案馆馆藏档案，档案号 106—1—3057—146。昆明行营兵站总监部陈劲节：《为兵站总监部请转饬有关照料归侨事令昆明等县》，1942 年 5 月，云南省档案馆馆藏档案，档案号 106—1—3056—81。云南省志编纂委员会办公室编：《续云南通志长编》下册，1985 年印，第 182 页。保山地区地方志编纂委员会编：《保山地区志》上卷，中华书局 1999 年版，第 660 页。《侨务局难民总站积极救济归侨》，载《云南日报》1942 年 1 月 28 日，第 4 版。昆明县政府：《1943 年 11 月 8 日昆明县报被炸伤亡损失情形》，1943 年 11 月 8 日，云南省档案馆馆藏档案，档案号 11—7—181—141。泸水县志编纂委员会编：《泸水县志》，云南民族出版社 1995 年出版，第 378 页。《1943 年 12 月 30 日泸水设治局报告日军暴行》，1943 年 12 月 30 日，云南省档案馆馆藏档案，档案号 11—7—15—64。《1943 年 6 月 24 日李国清报腾冲情形电》，云南省档案馆馆藏档案，档案号 11—7—181—105。《昆明县长 1943 年 5 月 29 日呈》，云南省档案馆馆藏档案，档案号 44—4—6—136。陈景东、张祖成主编：《龙陵县志》，中华书局 2000 年版，第 574 页。中共临沧市委党史研究室编：《难忘的溅血岁月》，2005 年印，第 92—93 页。中国人民解放军云南省临沧军分区编：《临沧地区军事志》，第 18 页。《湘桂来昆难胞已有七百余人》，载《云南日报》1945 年 1 月 22 日，第 3 版。云南省地方志编纂委员会编：《云南省志·民政志》，云南人民出版社 1996 年版，第 283 页。《云南省卫生处为报滇西鼠疫防治委员会会议记录、工作报告备案》，1945 年 7 月 27 日，云南省档案馆馆藏档案，档案号 21—3—204—180～185。
② 吕文超主编：《腾冲县志》，中华书局 1995 年版，第 878 页。

共伤亡 257053 人。其中，云南籍军人出省作战伤亡 102800 人；在云南因轰炸死亡 85 人，伤 43 人；因疟疾死亡 1459 人；滇西沦陷后作战阵亡 1996 人，伤 1682 人，滇南等地作战伤亡 506 人，失踪 104 人；1942 年中国远征军伤亡 56480 人；中国军队在缅甸、印度作战伤亡 14772 人，在滇西反攻战中伤亡失踪 67364 人；从内地调往云南的军队途中失踪 9762 人。

（五）财产损失情况[①]

财产损失包括社会财产损失和居民财产损失两大部分，社会财产又分为直接损失和间接损失，居民主要统计财产损失。

在抗战胜利前夕和胜利后一段时期内，国民政府曾要求各地调查统计抗战时期人口伤亡和财产损失情况。据中国第二历史档案馆（南京）所存档案表明，抗战期间云南财产直接损失：法币（当时亦称为国币，下同）3587449.39 元；

[①] 财产损失中房屋一律按每间 1937 年 7 月法币 100 元价值折算，无间数但有物价的按《中华民国统计年鉴》（中华民国三十七年主计处统计局印）中《抗战期间全国零售物价总指数表》折算。币值标准：参照云南省有关资料，1937 年 7 月法币 1 元 = 1 银元 = 新滇币 2 元 = 半开银元 2 元 = 旧滇币 10 元。云南的 1 个村寨以 20 户计，1 户 3 间，1 院 7 间，1 幢 3 间。占用房屋，参照浙江省《实物折算参照值表》（中共浙江省委党史研究室 2007 年编）中 1937 年 7 月的标准每月房租为法币 0.186 元/间计算。根据云南省地方志编纂委员会编的《云南省志·土地志》记载的抗战前云南土地价格，园地、坟地、宅基地每亩法币 150 元；田每亩法币 100 元；山地每亩法币 20 元。按云南省志编纂委员会办公室编《续云南省通志长编》下册记载，稻谷年收成折算 1937 年 7 月法币价为 24.05 元；旱地每亩年收成折算为 14.53 元。铁路和公路国道、省道，以长度乘以 10 米宽；县级公路，以长度乘以 7 米宽；简易公路，以长度乘以 5 米宽；便道，以长度乘以 3 米宽——分别计算占地面积。参照云南省地方志编纂委员会编的《云南省志·粮油志》，大米以 1937 年昆明中白米 1 公石 8.8 元的标准计算，每公石为 75 公斤（《云南省粮政局为碾交军粮不敷情形电》，云南省档案馆馆藏档案，档案号 106—1—2574—55～57），每公斤米计 0.12 元。稻谷：按 75% 出米率计算；杂粮：依据 1943 年 3 月 26 日《保山县政府呈》（云南省档案馆馆藏档案，档案号 61—141—389—188），玉米每斤 5 元，蚕豆每斤 6 元，小麦每斤 10 元，折为 1937 年 7 月法币分别为 0.117 元/公斤，0.14 元/公斤，0.234 元/公斤。根据抗战时期云南省政府的有关规定，3 公石（或 2 京石）稻谷碾米 100 公斤，每大包米按 100 公斤换算。根据有关档案，按法币计，猪肉每百斤 13.1 元，菜油每百斤 27 元，盐每百斤 13.2 元。工程车按 803 元，商营汽车按 482 元计；服装 19.02 元/套，衣服 3.18 元/件，鞋 0.31 元/双，袜 0.17 元/双；寒衣 1 元/件；人工 0.36 元/工，牛马工 0.72 元/工；骡马 101.9 元/匹，骡马日需麸料 4.5 斤料豆，汽油每桶 57.24 元，电杆 2.47 元/根，园木 1.96 元/根，树 0.22 元/棵，竹 0.055 元/棵；铁轨每米 160.41 元，机车 3370786.52 元，车厢每节 113293.05 元。公路桥 480 元/座，鸡 0.5 元/只，牛 32.13 元/头，猪 16.67 元/头，羊按猪价计；柴 0.35 元/百斤，稻草 0.29 元/百斤，白菜 0.02 元/斤，黄豆 0.14 元/斤；面粉 1 袋 22 公斤，0.17 元/公斤，担架 1.3 元/付，棺木 294.1 元/具。草鞋 0.03 元/双。鸦片 6.96 元/斤。酒 0.1 元/斤，酒精 0.2679 元/磅，枪 4.1 元/支，子弹 0.01 元/粒，办公桌 7.92 元/张，垫被 4.53 元/条；棉被 7.55 元/条，寺庙 5000 元/座；奎宁 0.153 元/粒。军人抚恤标准，参照《国民政府军事委员会下发陆军抚恤暂行条例训令》计。以下未标明币种、以元为单位的货币数据均为法币；段中及引文中的数据均未折算，时间一般在段前、段尾和引文前后标明。

间接损失：法币 1811215.86 元[1]。国民政府统计局编制抗战中人口与财产损失资料表明，截至 1942 年 12 月底，云南"财产直接损失 381636308 元，财产间接损失 917604.08 元"（注：引文中数据为法币）。财产直接损失数中，机关 4666.14 元，学校 1345433.60 元，工业 1314154.98 元，公用事业 971963.76 元，商业 31000.00 元；财产间接损失数中，机关 924 元，工业 2341.11 元，公用事业 211412.97 元[2]（未折算过）。1947 年 5 月云南省社会处统计昆明 9 个单位损失，计被炸及焚毁房屋 35320 间，损失物资价值 997084460354 元[3]。

课题组认为，民国时期云南省的调查统计存在以下局限：（1）不完整。课题组所查资料中，国民政府统计局 1942 年所做的统计较为全面一点，涉及若干系统，但仍缺乏一些系统如农业的损失情况，且只统计到 1942 年 12 月底。云南省 1947 年所做的统计仅是昆明 9 单位的损失。（2）各地调查统计不一致。云南地处边疆，民族众多，文化较为落后，虽有布置，各地执行情况不一，有的认真做了调查，有的虚报，有的是应付，有的没有上报。（3）各地上报的损失有的以损失时价值上报，有的上报价值未注明时间。（4）云南的地理环境和民族习惯不同，各地的度量衡不一致。从滇西沦陷区腾冲和德宏来讲，德宏的一箩谷重 20 斤，腾冲的一箩谷重 30 斤，不能简单的统一汇总。（5）无汇总统计。有的系统做了统计，有的却没有做，全省也没有系统的汇总统计。

课题组除了查阅云南省档案馆保存的有关资料、中国第二历史档案馆的部分资料外，还查阅了有关的志书、当事人的回忆，各种资料表明，抗战期间云南省的财产损失决不仅仅只是上述数据。下面分别叙述这次调研结果（所有小节在汇总结算时，货币价值都统一折算为 1937 年 7 月法币值）。

〈一〉 社会财产损失

1. 直接损失

（1）工业，包括工厂企业、矿业等损失

云南的工业损失一是敌机轰炸造成，损失为工厂企业的厂房和车间。据课题

---

① 《抗战中人口与财产所受损失统计》总表四 1941 年 1 月，中国第二历史档案馆馆藏档案，全宗号四，案卷号 16728。

② 《统计局编抗战中人口与财产损失》，1943 年 1 月，中国第二历史档案馆馆藏档案，全宗号六 2，案卷号 237。

③ 云南省社会处《中日战争地方抗战史实》摘录，云南省档案馆馆藏档案。

组掌握的资料，1939 年 4 月日机轰炸造成昆明航校工厂、校舍等损失房屋 54 间①，1940 年 10 月轰炸造成中央造币厂昆明分厂损失建筑物 177430.57 元；器具 1913 元；仪器 27943.8 元；其他 182 元②。1941 年日机轰炸昆明，耀龙公司损失 25338 万元、郎家庄钢铁厂损失 11 间房屋、中央机器厂 280 万元、机器厂 2000 间房屋、金马寺公司 189 间房 6 辆车、云南纺纱厂 3 间房屋、电工器材厂 200 间房屋、永利化学公司 62 桶汽油、车 7 辆等③，有记载的被日军轰炸的财产共计损失折为 1937 年价为 775246 元。日军入侵云南前曾轰炸位于瑞丽县的雷允飞机厂，使之被迫停工一年之久。日军入侵时炸毁了雷允飞机厂在撤退中未能带走的设备和厂房，而飞机制造厂撤退到保山的人员及部分物资也因日军轰炸，损失殆尽，一个飞机制造厂就这样被日本侵华战争毁了。由资源委员会筹建的中央机器厂，以及云南纺织厂、云南电工器材厂等工厂，因轰炸多次被迫停工，停工时间长短不一。这些因无参照标准，故未统计损失价值。其他，如铝线、瓷瓶以及日军强迫沦陷区居民生产的长刀等，也因无参照物，故未折算。事实上，没有单价依据无法计算与没有明确记载而漏统的损失远不止这些。

二是因滇西沦陷，造成腾冲县工业、手工业、服务业损失较重。以农会渔会基层会员及农社生产合作社用民营农业渔业，工业公司行号及工业生产合作社，商业公司及交通运输业，银行业，县救济院，皮工业同业公会，火柴厂，茶业同业公会，珠宝同业公会，五金业同业公会，纸印业，土杂糕饼业，木器业同业公会，理发业，五保街商会，叠水河商会，百货同业公会，丝棉业公会，衣冠业公

---

① 《云南省会警察局 1939 年 4 月 8 日昆明被炸空袭情况报告表》，1939 年 4 月 8 日，云南省档案馆馆藏档案，档案号 106—3—1621—181、182。

② 《中央造币厂昆明分厂战时损失报表》，1945 年 1 月，中国第二历史档案馆馆藏档案，全宗号三六七，案卷号 277。

③ 《云南耀龙电力公司为报抗战期间损失呈》，1946 年 6 月 26 日，云南省档案馆馆藏档案，档案号 77—9—2173—45、49。《1941 年 1 月 3 日昆明市长报告被炸情形》，云南省档案馆馆藏档案，档案号 44—4—426—149。《1941 年 2 月 9 日昆明县县长高直青致云南民政厅呈》，云南省档案馆馆藏档案，档案号 11—7—171—152。《安宁县县长李士厚致云南省民政厅长呈》，云南省档案馆馆藏档案，档案号 11—7—171—83。《1941 年 4 月 26 日昆明空袭紧急救济联合办事处书记长樊汝平致于云南省赈济处呈》，云南省档案馆馆藏档案，档案号 44—1—306—70。云南省志编纂委员会办公室：《续云南通志长编》中册，1985 年印，第 394 页。《1941 年 8 月 10 日昆明空袭紧急救济联合办事处书记长樊汝平致云南省赈济会呈》，云南省档案馆馆藏档案，档案号 44—4—48—71。《1941 年 9 月 4 日云南省政府为填报昆明市县被炸伤亡损失及抚恤事训令》，云南省档案馆馆藏档案，档案号 11—7—174—57。《昆明县政府报日寇历年暴行调查表呈》，1944 年 4 月 8 日，云南省档案馆馆藏档案，档案号 106—5—1993—8。《1941 年 8 月 12 日昆明空袭紧急救济联合办事处书记长樊汝平报告被炸情形》，云南省档案馆馆藏档案，档案号 44—4—48—73。《1941 年 9 月 8 日云南省政府为填报昆明市县被炸伤亡损失及抚恤事训令》，云南省档案馆馆藏档案，档案号 11—7—174—61。

会等 1946 年上报的材料为依据①，损失折合 1937 年 7 月价值 53154420 元。

云南的矿业损失为敌机轰炸个旧锡矿和禄丰县一平浪盐矿等地造成。主要损失为矿山的厂房、车间、采矿机械等。1939 年轰炸蒙自开广边盐办事处盐仓，损失旧滇币 4363 元②，1940 年个旧锡矿被炸损失 55 万又 47 间房屋 2 辆车③，1941 年云锡被炸损失 879408.51 元又 247 间厂房及 5 座炉房，禄丰一平浪盐矿被炸损失电机 1 台、房屋 72 间、盐 100 担④，按现有资料统计，损失折合 1937 年 7 月价值为 56739 元。

有一些损失无法归入工矿企业，算作工业类的其他，如损失铜线 2700 公斤，折合为 918⑤ 元。还有无法折算的如铝线、瓷瓶、炉房等。

综上所述，云南省抗战时期工业包括工厂企业、矿业等损失，总计为 1937 年 7 月价 53987323 元。

（2）农业损失

粮食。敌机轰炸，烧毁南峤县（今属勐海县）粮食 1 万公斤，积谷 1500 京石⑥。日军入侵烧毁耿马县孟定和波乃寨粮食 10 万斤，孟定积谷 1026 石，孟定

---

① 《腾冲县各乡财产直接损失汇报表》，1946 年 7 月，云南省档案馆馆藏档案，档案号 44—4—317—221、222、248、249、250、251、252。《腾冲县财产直接损失汇报表》，1946 年，云南省档案馆馆藏档案，档案号 11—14—8—142、141、140、139、138、144、145、146、147、149、154、155、150、151、152、152、153、156、157、158、159、160。

② 《财政部云南开广边盐办事处请核销盐仓被炸损失开支临时费用呈》，1939 年 5 月 5 日，云南省档案馆馆藏档案，档案号 15—3—1237—29～31。《财政部云南开广边盐办事处请核发被炸死难人员灵柩运费呈》，1939 年 5 月 5 日，云南省档案馆馆藏档案，档案号 15—3—1237—34～36。

③ 《云南省个旧县历年遭受空袭灾损暨赈恤一览表》，1942 年 8 月 21 日，云南省档案馆馆藏档案，档案号 11—7—182—216。《1940 年 10 月 23 日个旧县县长董广布致云南省民政厅电》，云南省档案馆馆藏档案，档案号 11—7—167—158。《个旧县县长董广布为 12 月 1 日被炸致云南省民政厅电》，1940 年 12 月 1 日，云南省档案馆馆藏档案，档案号 11—7—167—180。

④ 《云南省个旧县历年遭受空袭灾损暨赈恤一览表》，1942 年 8 月 21 日，云南省档案馆馆藏档案，档案号 11—7—182—216。《1941 年 5 月 11 日个旧县县长董广布致云南省民政厅长呈》，云南省档案馆馆藏档案，档案号 11—7—173—96。《一平浪宦仓办事处报被炸伤亡损失并请防范代电》，1941 年 4 月 26 日，云南省档案馆馆藏档案，档案号 36—8—256—65。禄丰县志编纂委员会：《禄丰县志》，云南人民出版社 1997 年版，第 20 页。《云南省振济会办理个旧县被炸伤亡损失配发急振情形呈》，1941 年 6 月 11 日，云南省档案馆馆藏档案，档案号 106—1—739—200。《抗战时期云南矿产损失》，1942 年，中国第二历史档案馆馆藏档案，全宗号四，案卷号 32282。

⑤ 云南省志编纂委员会办公室编：《续云南通志长编》下册，1985 年印，第 186、188 页。

⑥ 《敌机连日轰炸南峤县伤亡损失》，1943 年 1 月 30 日，云南省档案馆馆藏档案，档案号 11—7—181—33。

积谷民粮 6 万公斤①。滇西沦陷后，日军在德宏地区摊派军粮 15 万包②，陇川多永安土司被派送大米数万斤③，在盈江派 3080 箩又 120 斗米，在潞西派米 50 箩；日军从德宏盈江、陇川、潞西溃退途中，将盈江县盏西坝、陇川坝和潞西的芒市坝、遮放坝等农田中的谷堆悉数焚烧，损失 1666.67 万公斤④；1944 年日军在腾冲征缴粮食及占有公谷等折为大米 8799120 公斤，在芒市烧毁粮食折为大米 236250 公斤⑤；龙陵损失稻谷 29763334 公斤，米 3000 公斤；腾冲损失稻谷 626897 箩，米 101503 斗（每斗 25 官斤），杂粮 17343 箩⑥。以上损失共计 8117134 元。

林业。因敌机轰炸造成苗圃中珍贵苗木被毁；而在沦陷区，则因日军建军事设施，大片的森林被破坏。1938 年 9 月敌机轰炸昆明，省建设厅农业改进所被炸毁苗木 5800 株，损失时价值法币 29 万元。1944 年轰炸又损失树木 232270 棵，价值 15835 万元⑦。敌机轰炸凤庆县内"青龙桥"时，炸毁两岸松树 50 棵⑧。1940 年 4 月一架日机坠毁在景谷县盐宝区（今永平镇）茂蒗芒翁村，毁坏林地 4 亩，损失 8000 元。1942 年 4 月一架日机被击落在景谷县和平区（今永平镇）昔俄村，毁坏林地约 4 亩，损失 8000 元⑨。滇西反攻战中毁坏龙陵腾冲森林

---

① 中共临沧地委党史研究室编：《临沧地区抗日战争史料专辑》，1995 年印，第 161、255 页。德宏州史志编委办公室编：《德宏史志资料》第 2 辑，德宏民族出版社 1986 年版，第 190 页。德宏州政协文史资料委员会编：《滇西抗战论文集》，德宏民族出版社 1999 年版，第 258 页。云南省档案馆编：《日军侵华罪行实录·云南部分》，云南人民出版社 2005 年版，第 640 页。

② 德宏州史志编委办公室编：《德宏史志资料》第 2 辑，德宏民族出版社 1986 年版，第 190 页。

③ 德宏州政协文史资料委员会编：《滇西抗战论文集》，德宏民族出版社 1999 年版，第 258 页。

④ 德宏州政协文史资料委员会编：《德宏州文史资料选辑》第 8 辑，德宏民族出版社 1991 年版，第 225—229 页。德宏州傣学会编：《德宏历史事迹编年》，2004 年印，第 174 页。德宏州政协文史资料委员会编：《德宏州文史资料选辑》第 11 辑，德宏民族出版社 1999 年版，第 256 页。云南省档案馆编：《日军侵华罪行实录·云南部分》，云南人民出版社 2005 年版，第 427—428 页。《勐板办事处为限期驮运米代电》，1943 年 12 月 20 日，德宏州档案馆藏档案，档案号 2—1—25—16。

⑤ 《1944 年 1 月 21 日云南省第六区行政督察专员李国表致民政厅代电》，云南省档案馆馆藏档案，档案号 11—7—15—79。张问德：《腾冲县政府反攻前后各种情形报告书》，1944 年 8 月 28 日，云南省档案馆馆藏档案，档案号 11—7—22—73。《1944 年 3 月 6 日腾冲县政府代电》，云南省档案馆馆藏档案，档案号 11—7—15—122。《李嘉祜呈报腾冲敌情报告书》，1944 年 4 月 10 日，云南省档案馆馆藏档案，档案号 11—7—15—158～221。德宏州政协文史资料委员会编：《德宏州文史资料选辑》第 8 辑，德宏民族出版社 1991 年版，第 117 页。

⑥ 《龙陵县财产直接损失汇报表》，1946 年 6 月 30 日，云南省档案馆馆藏档案，档案号 44—4—317—304。《云南省政府转发龙陵、腾冲县政府沦陷后灾情统计表致云南省振济会训令》，1945 年 2 月 17 日，云南省档案馆馆藏档案，档案号 44—4—45—139～140。

⑦ 《云南建设厅农业改进所为报抗战损失呈》，1947 年 10 月 18 日，云南省档案馆馆藏档案，档案号 77—9—2174—16～17。

⑧ 凤庆县人民政府、凤庆县地方志办公室编：《顺宁府（县）志》五部，天马图书有限公司 2014 年版，第 563—565 页。

⑨ 云南省景谷傣族彝族自治县志编纂委员会编：《景谷傣族彝族自治县志》，四川辞书出版社 1993 年版，第 17 页。

16292 亩①。日军入侵德宏造成损失竹 7460 棵，树木 6195 棵②。共折合为 1937 年价值 732325 元。

日军在沦陷区摊派造成的牧业损失。1943 年日军令盈江县盏西乡送 1 头猪，交 60 斤肉；令潞西县送配有全套鞍架的驮马 24 匹，潞西镇送鸡蛋 600 个；修腾盈路每天供应 450 斤肉③，1944 年日军向潞西县芒市派驮马 500 匹，2 月又派 8 匹④。折合 54309 元。档案上未明确记载为日军强令某地派送的，课题组经研究，归入居民损失中。

其他。1943 年日军令盈江县盏西送 100 斤菜 200 斤酒；令潞西送麻绳 2400 棵⑤；1944 年令潞西一个月内提供 1000 双草鞋；派送鸦片烟 300 砣⑥。折合 1937 年价 6316 元。

综上所述，云南省抗战时期农业损失总计为 1937 年 7 月价 8910084 元。

（3）交通损失

铁路。主要为敌机轰炸滇越铁路、个碧石铁路枢纽、重要车站等造成的损失。据不完全统计，1939 年 4 月轰炸损坏个碧石铁路房屋 9 幢，车兜 17 节，机车 2 辆，铁轨 215 米等，价值为 2190 万余元⑦；1940 年 10 月轰炸个碧石铁路，造成损失 1720 万；11 月炸毁个旧站房 1 间，炸毁蒙自站车兜 1 节，平房 1 间价值 900 万（以上为 1947 年 11 月价）；同月毁个碧石铁路 467 万；12 月轰炸个碧

① 杨文虎主编：《保山地区林业志》，云南教育出版社 1996 年版，第 10 页。龙陵县史志委 2007 年 10 月采访调研，采访记录原件存龙陵史志委。腾冲县林业局：《来凤山林木资产报告》，2007 年 10 月，原件存腾冲县史志委。

② 《云南省瑞丽设治局抗战期间人口伤亡及公私财产损失调查统计表》，1947 年 8 月 15 日，云南省档案馆藏档案，档案号 44—4—317—322。

③ 云南省档案馆编：《日军侵华罪行实录·云南部分》，云南人民出版社 2005 年版，第 427—428 页。德宏史志委编：《德宏史志资料》第 11 辑，1988 年印，第 246、247 页。潞西镇代镇长张觐伯：《1943 年 8 月 16 日日军命令》，德宏州档案馆藏档案，档案号 2—1—17—132。潞西镇代镇长张觐伯：《1943 年 12 月 27 日日军命令潞西送鸡蛋令》，德宏州档案馆藏档案，档案号 2—1—17—73。德宏州傣学会编：《德宏历史事迹编年》，2004 年印，第 172 页。

④ 《1944 年 1 月 28 日土司代办方克光代日军征马伕的命令》，德宏州档案馆藏档案，档案号 2—1—28—125。《1944 年正月 19 日潞西镇长呈》，1944 年 2 月 12 日，德宏州档案馆藏档案，档案号 2—1—17—36。

⑤ 德宏史志委编：《德宏史志资料》第 11 辑，1988 年印，第 246、247 页。《芒市司署事务所为催派竹麻绳票》，1943 年 11 月 17 日，德宏州档案馆藏档案，档案号 2—1—25—30。

⑥ 《1944 年 1 月 28 日土司代办方克光代日军征马伕的命令》，德宏州档案馆藏档案，档案号 2—1—28—125。《1944 年正月 19 日潞西镇长呈》，1944 年 2 月 12 日，德宏州档案馆藏档案，档案号 2—1—17—36。

⑦ 《云南个碧石铁路公司财产损失报告单》，1947 年 11 月 4 日，云南省档案馆藏档案，档案号 44—4—317—198。《云南个碧石铁路公司为报抗战损失呈》，1947 年 11 月 4 日，云南省档案馆藏档案，档案号 77—9—2174—9～11。

石铁路损失 289 万；1941 年 4 月轰炸个碧石铁路毁坏路轨 80 公尺价值 13 万①（以上为 1947 年 3—11 月价）；5 月轰炸建水县城时炸断个碧石铁路 50 公尺。损失计 1937 年 7 月价 13075026 元。

1940 年 2 月日机轰炸滇越铁路，造成损失 500 万元（1944 年 4 月价）；毁坏路轨 6 对 50 米，车兜 11 节；16 日至 17 日轰炸滇越铁路，毁路轨 13.5 对，电机房 1 间；4 月轰炸滇越铁路毁路轨 10 米；10 月轰炸昆明站，损失 650 元；12 月炸毁滇越路蒙自芷村站 3 所又 29 间房，250 米路，客货车 18 辆；同月毁 250 米路轨，5 间房；同月轰炸又造成损失 5400 万（1947 年 11 月价）②；1941 年 2 月轰炸蒙自站造成损失 5400 万（1947 年 11 月价）；4 月炸蒙自芷村站，损失 9900 万（1947 年 11 月价）；敌机轰炸呈贡车站时，炸毁一辆机车③。至 1944 年底滇越铁路财产直接损失 2873550 元，叙昆铁路直接财产损失 13660025 元（1945 年价）④。

铁路损失共计 1937 年 7 月价 29608601 元。

公路。日军为切断盟国援华的主要通道，从 1940 年 10 月下旬开始狂轰滥炸滇缅公路及沿线桥梁、渡口；并于 1941 年专门组成"滇缅路封锁委员会"，派

① 《云南个碧石铁路公司财产损失报告单》，1947 年 11 月 4 日，云南省档案馆馆藏档案，档案号 44—4—317—198。《建水县人民财产直接损失报告表》，1944 年 2 月，云南省档案馆馆藏档案，档案号 11—7—60—105。《云南个碧石铁路公司为报抗战损失呈》，1947 年 3 月，云南省档案馆馆藏档案，档案号 77—9—2174—9～10。个旧市志编纂委员会编：《个旧市志》下册，云南人民出版社 1998 年版，第 1272 页。《滇越铁路警察总局报 1940 年 12 月 22 日被炸电》，1940 年 12 月 22 日，云南省档案馆馆藏档案，档案号 11—7—167—248。《云南省蒙自县遭受敌机空袭财产损失统计表》，1947 年 11 月 20 日，云南省档案馆馆藏档案，档案号 11—7—10—86。《个碧石铁路公司财产损失报告单》，1947 年 3 月，云南省档案馆馆藏档案，档案号 77—9—2174—9～11。
② 《滇越铁路警察总局报 1940 年 12 月 22 日被炸电》，1940 年 12 月 22 日，云南省档案馆馆藏档案，档案号 11—7—167—248。《1940 年 11 月 4 日蒙自县县长刘珍致云南省政府主席电》，云南省档案馆馆藏档案，档案号 11—7—167—177。《路警总局长 2 月 19 日刘发良致云南省政府、防空司令部、民政厅电》，1940 年 2 月 19 日，云南省档案馆馆藏档案，档案号 11—7—154—167。《路警总局长刘发良 2 月 19 日致云南省政府、防空司令部、民政厅电》，云南省档案馆馆藏档案，档案号 11—7—154—169。《路警总局长刘发良 1940 年 2 月 22 日致云南省政府电》，云南省档案馆馆藏档案，档案号 11—7—154—166。《开远县长魏嘉善 2 月 17 日致云南省政府、防空司令部、云南民政厅电》，1940 年 2 月 17 日，云南省档案馆馆藏档案，档案号 106—4—3861—147。《路警总局长刘发良 1940 年 4 月 26 日致云南省政府、防空司令部、民政厅电》，云南省档案馆馆藏档案，档案号 11—7—154—221。《路警总局长刘发良 2 月 5 日致云南省政府、防空司令部、民政厅电》，1940 年 2 月 5 日，云南省档案馆馆藏档案，档案号 11—7—154—170。《云南省屏边县历年遭受空袭被灾损失情形表》，1944 年 4 月 6 日，云南省档案馆馆藏档案，档案号 44—4—399—196。
③ 《蒙自县参议会为造报敌机轰炸房屋损失人员伤亡统计表呈》，1947 年 11 月 20 日，云南省档案馆馆藏档案，档案号 11—7—10—86。《云南个碧石铁路公司财产损失报告单》，1947 年 11 月 4 日，云南省档案馆馆藏档案，档案号 44—4—317—198。建水县志办编：《建水古今》第 4 辑，1996 年印，第 177 页。《滇越铁路呈贡车站被炸伤亡损失代电》，1941 年 7 月 4 日，云南省档案馆馆藏档案，档案号 11—7—173—177。
④ 《滇越铁路和叙昆铁路损失》，1945 年 1 月，中国第二历史档案馆馆藏档案，全宗号六，案卷号 2742。

出日机 100 余架，拨款 100 万元，采取轰炸、夜袭、间谍等种种手段进行破坏。据日机轰炸的最初三个月统计，轰炸滇缅公路上的功果、昌淦、惠通三座桥达 500 余架次。10 月，炸功果桥，毁房 4 间 2 碉堡①。1941 年 1 月炸毁西南运输处汽车修理厂房屋 100 间，2 月安宁县城西 4 公里的青哨湾 3 辆卡车被击焚毁；炸毁昆明拓东运动场辎重队汽车 7 辆、盐务管理局运输处汽车 5 辆；8 月轰炸西南运输处下关分处及其修车厂，云南汽车公司车站被毁较重，毁修车厂及汽车公司房 20 间，汽车 6 辆②。1942 年日军入侵，捣毁潞西芒市第七工程段及所属的 4 个工段部分无法带走的设备，计损失压路机 12 台，轧石机 7 台，工程车 75 辆，汽车 36 辆③。1943 年各路局上报损失 3317 元，车 3330 辆，油料 658.5 吨，物资 41316184 吨，价值 4131618400 元，场站设备 2316530 元，电讯设备 7333040 元④。以上计 124 间房，5 座桥，36 辆商营汽车，115 辆工程车（压路机轧石机按工程车计），加上损失的设备及物资，折合 1937 年价 33271673 元。

航空。敌机 1940 年轰炸位于瑞丽的雷允机场毁飞机 3 架（运输教练等），10 月在沾益县境炸毁中航客机 1 架，12 月轰炸位于祥云云南驿机场，毁 21 架教练机 3 架运输机⑤；1941 年轰炸昭通县机场造成损失（1947 年 7 月价）2 亿⑥；1942 年初炸毁 1 架飞机，3 月驼峰航线开通，此后中国航空公司损失 46 架⑦；1943 年毁 3 辆车 5 桶油⑧。共毁各种机型飞机 75 架，因无参照标准，未折算。其余的折合 8890 元。

① 《云龙县县长沈啸霞致云南省民政厅呈》，1940 年 10 月 21 日，云南省档案馆馆藏档案，档案号 11—7—167—90。
② 《1941 年 2 月 7 日昆明县县长高直青致云南赈济会呈》，云南省档案馆馆藏档案，档案号 44—4—426—169。《1941 年 2 月 21 日安宁县县长李士厚致云南省民政厅长呈》，云南省档案馆馆藏档案，档案号 11—7—170—16。《1941 年 2 月 26 日昆明市市长裴存藩、兼省会警察局局长李鸿谟、副局长孙炽隆致云南省政府主席呈》，云南省档案馆馆藏档案，档案号 44—1—306—112。《凤仪县、下关等地被炸伤亡损失呈》，1941 年 8 月 16 日，云南省档案馆馆藏档案，档案号 11—7—174—45。《云南省振济会办理昆明及滇缅公路等处遭受空袭急振情形呈》，1941 年 11 月 30 日，云南省档案馆馆藏档案，档案号 106—1—779—12 ~ 13。
③ 芒市公路管理总段编：《德宏傣族景颇族自治州公路管理志》，云南民族出版社 2000 年版，第 13 页。
④ 《云南公路直接损失》，1943 年 11 月，中国第二历史档案馆馆藏档案，全宗号六2，案卷号 247。
⑤ 德宏州政协文史委编：《德宏州文史资料选辑》第 8 辑，德宏民族出版社 1991 年版，第 46 页。德宏傣族景颇族总自治州志编纂委员会编：《德宏志》，德宏民族出版 1994 年版，第 26 页。《沾益县被炸伤亡损失呈》，1941 年 1 月 4 日，云南省档案馆馆藏档案，档案号 44—4—435—208。祥云县政协编：《祥云文史资料》第 1 辑，1991 年印，第 117—118 页。
⑥ 《昭通县政府查报抗战期间公私直接间接财产损失及人员伤亡代电》，1947 年 7 月，云南省档案馆馆藏档案，档案号 11—7—2—219。
⑦ 昆明市对外经贸局：《昆明市对外经济贸易志》，云南民族出版社 2003 年版，第 76 页。
⑧ 泸水县志编纂委员会编：《泸水县志》，云南民族出版社 1995 年版，第 10 页。薛国荣：《驼峰航线上的祥云》，云南民族出版社 2006 年版，第 131 页。《正义报》1943 年 12 月 21 日，第 3 版。

其他。1940 年日军轰炸滇越铁路客车造成损失枪 6 支子弹 78 枚，服装 10 套，毡 8 床①；1941 年炸毁马关桥 1 座，价值 200 万（1946 年 6 月价）；1943 年轰炸南峤县毁木桥 1 座；日军入侵后破坏腾冲县铁桥 5 座，石桥 11 座，木桥 33 座，共 49 座（9230 万元，1945 年 2 月价）②。1945 年日军撤退时，为阻止中国远征军追击，对龙陵县松山至潞西县芒市、瑞丽县畹町段滇缅公路、桥涵进行大肆破坏，毁德宏境内畹町中缅界河石拱桥、果朗河桥③。被日军所毁有记载的桥共 56 座。折合 85494.65 元。日军屡次轰炸惠通桥、功果桥，均为江桥，所造成的破坏无具体记载，无法估算。1942 年 5 月，日军从缅甸的腊戍、八莫侵入中国瑞丽的畹町、滇缅公路沿线，资源委员会运务处损失家具、文具、杂物共合法币 59728966.10 元，损失材料 6672740.93 元④。折合 1937 年 7 月价值为 2010117 元。

综上所述，云南省抗战时期交通损失总计为 1937 年 7 月价 64899281 元。

（4）邮电损失

敌机轰炸造成邮电损失房屋 2 间、桌 2 张、办公设备及 1939 年邮务损失 20573 元，包裹损失 1210 元⑤，电杆 2 根⑥，到 1942 年底云南函件损失 1319 元，包裹损失 704 元⑦。折合 1937 年价值为 12974 元。其余大多因轰炸造成的损失已与其他损失合并统计。

综上所述，云南省抗战时期邮电损失总计为 1937 年 7 月价 12974 元。

（5）商业损失

1940 年 10 月，敌机轰炸昆明造成富华公司损失 245 元。因德宏沦陷，原有资本为银币 50 万元的"金光公司"和"真泰行"等各大中商行、商号被迫停

① 《路警总局长刘发良 2 月 5 日致云南省政府、防空司令部、民政厅电》，1940 年 2 月 5 日，云南省档案馆馆藏档案，档案号 11—7—154—170。《云南省屏边县历年遭受空袭被灾损失情形表》，1944 年 4 月 6 日，云南省档案馆馆藏档案，档案号 44—4—399—196。

② 《马关县财产直接损失汇报表》，1946 年 6 月，云南省档案馆馆藏档案，档案号 44—4—317—278。《云南省政府转发龙陵、腾冲县政府沦陷后灾情统计表致云南省振济会训令》，1945 年 2 月 17 日，云南省档案馆馆藏档案，档案号 44—4—45—139～140。南峤县长：《连日轰炸南峤县伤亡损失》，1943 年 1 月 30 日，云南省档案馆馆藏档案，档案号 11—7—181—33。

③ 芒市公路管理总段编：《德宏傣族景颇族自治州公路管理志》，云南民族出版社 2000 年版，第 72、73、76、98 页。

④ 《资源委员会运务处财产损失报告单》，1945 年 10 月 9 日，中国第二历史档案馆馆藏档案，档案号五二52，第 2、3 页。

⑤ 《邮务视察员马寿山致云南邮政管理局长呈》，1940 年 12 月 15 日，云南省档案馆馆藏档案，档案号 17—8—650—142。《云南省财产直接损失统计总表七》，1939 年，中国第二历史档案馆馆藏档案，全宗号四，案卷号 16728。

⑥ 《1941 年 2 月 23 日个旧电话分局长戴郁华致云南全省电话总局长呈》，云南省档案馆馆藏档案，档案号 19—1—348—79～80。

⑦ 《云南邮件和包裹损失》，1943 年，中国第二历史档案馆馆藏档案，全宗号二十2，案卷号 1281。

业。金光公司损失 437956 银元①。计损失 437993 元。

日军入侵腾冲，造成损失为：中和乡商业公司及交通运输业 6223.2 万元；珠宝同业公会 36562 万元；茶业同业公会 3100 万元；理发业 180 万元；五保街商会 185 万元；叠水河商会 550 万元；百货同业公会 29974.8 万元②。折合 1937 年价值为 22266531 元。

外贸损失，蒙自海关 1939 年损失 5913 元，日军入侵镇康，烧毁消费和海关两局，因无具体的损失记载③，课题组按每局 10 间房计算，损失 2000 元。共损失 5942 元。

其他。1940 年 6 月，因日军在越南海防登陆，越南当局不准滇越铁路运货到昆明，日军掠夺了中国滞留在越南的进口物资计 11 万余大件 10 余万吨，价值法币 2 千万元④。折合 1937 年价为 4291845 元。

由于日军入侵，资源委员会存放在畹町的物资 8000 吨，以及其他民用汽油、机油、大米、汽车、轮胎、棉纱、棉花、铁钉等物资 1 万吨以上，食盐 280 贯，部分兵工器材，因未来得及转移和销毁，均落入敌手⑤。因无计算依据，而无法统计。

综上所述，云南省抗战时期商业损失总计为 1937 年 7 月价 27002311 元。

（6）财政损失

1943 年 10 月腾冲抗日县政府撤退到怒江东岸后，日伪县政府征收耕地税，按法币 55 元、50 元、45 元三等收税，全县有田 40 余万亩，被伪县政府征去耕

---

① 《富华贸易公司云南分公司财产损失报告单》，1940 年，中国第二历史档案馆藏档案，档案号三〇九 8296。德宏傣族景颇族总自治州志编纂委员会编：《德宏州志》，德宏民族出版 1994 年版，第 26 页。

② 1946 年上报《腾冲县各乡财产直接损失汇报表》，云南省档案馆藏档案，档案号 44—4—317—248、249、250、251、252。《腾冲县小西乡、中和乡财产间接损失汇报表》，1946 年 7 月 8 日—24 日，云南省档案馆藏档案，档案号 44—4—317—221、222。《腾冲县人民团体机关公司行号合作社及私人通用财产间接损失汇报表》，云南省档案馆藏档案，档案号 11—14—8—142。《腾冲县财产直接损失汇报表》，云南省档案馆藏档案，档案号 11—14—8—141、140、139、138、144、145、146、147、149、154、155、150、151、152、152、153、156、157、158、159、160。

③ 《蒙自海关抗战期间损失统计表》，1940 年 4 月，中国第二历史档案馆藏档案，全宗号六七九（6），案卷号 208。《镇康县政府报告日寇在南伞、孟定等地蹂躏情形呈》，1942 年 9 月 16 日，云南省档案馆藏档案，档案号 11—7—7—60。云南省镇康县志编纂委员会编：《镇康县志》，四川民族出版社 1992 年版，第 729 页。临沧军分区：《临沧地区军事志》，第 15 页。

④ 昆明市对外经贸局编：《昆明市对外经济贸易志》，云南民族出版社 2003 年版，第 107 页。

⑤ 德宏州史志办编：《德宏州史志资料集》第 2 集，1985 年印，第 201 页。邓贤：《大国之魂》，人民文学出版社 1991 年版，第 155 页。

地税国币 2 千万元①。计损失 95877 元。

军费。日军曾在腾冲派款 40 万元作军饷②。折合 1937 年价值为 11601 元。

腾冲沦陷后，救济院损失 4988.7 万③，扣除已在粮食类计算过的 540 万和 3600 万元，其余 848.7 万元折合 1937 年价，损失 246143 元。

1943 年 5 月德宏肖光品部向户腊撒土司强征的 1 万多卢比、3 驮鸦片烟及其他重要物资 4 驮，均被日军截击④。算为财政损失，计 6438 元。

综上所述，云南省抗战时期财政损失总计为 1937 年 7 月价 360059 元。

（7）金融损失

因沦陷，腾冲中和乡银行业损失 1170.8 万元⑤。折合 1937 年价为 339559 元。

日军在怒江以西沦陷区强制发行"卢比军票"。德宏州民间索赔筹备小组 1999 年 6 月调查统计，仅在德宏区域内发行的军票额就达 1 亿多元，索赔筹备小组用米价和肉价对日军军票的掠夺作测算，日军占领期间仅通过这一行径，其剥削量已相当于 1937 年 7 月价值 1 亿法币或银元⑥。课题组根据日军在腾冲强征军粮以每箩稻谷 5 元军票计算⑦，平均每元军票可得米 4.5 斤；根据腾冲抗日县长张问德报告，1941 年 10 月腾冲每斤米价为 3 元，折算为 1937 年 7 月价值为每斤米 0.186 元，由此可得知每元军票兑换为 1937 年 7 月法币为 0.837 元。仅德宏州日军发行军票损失折合 1937 年 7 月价值为 83700000 元。

综上所述，云南省抗战时期金融损失总计为 1937 年 7 月价 84039559 元。

（8）文化损失

因轰炸造成文山县图书损失 248 万，仪器、医药用品、器具等损失 690.13

① 张问德：《腾冲县政府反攻前后各种情形报告书》，1944 年 8 月 28 日，云南省档案馆馆藏档案，档案号 11—7—22—73。《1944 年 3 月 6 日腾冲县政府代电》，云南省档案馆馆藏档案，档案号 11—7—15—122。

② 《昌宁县长曾国才为日寇在镇康、龙陵、腾冲等地暴行及派便衣投毒等代电》，1942 年 6 月 20 日，云南省档案馆馆藏档案，档案号 11—7—12—137。

③ 腾冲县救济院：《腾冲县财产直接间接损失汇报表》，1946 年 7 月 29 日，云南省档案馆馆藏档案，档案号 11—14—8—144。

④ 德宏州史志办编：《德宏州史志资料集》第 2 集，1985 年印，第 148 页。

⑤ 腾冲县中和乡：《腾冲县财产直接间接损失汇报表》，1946 年 6 月 15 日，云南省档案馆馆藏档案，档案号 11—14—8—138。

⑥ 云南省档案馆编：《日军侵华罪行实录·云南部分》，云南人民出版社 2005 年版，第 662 页。此数经云南省德宏州民间索赔筹备小组按当时米价肉价折算。

⑦ 《1944 年 1 月 21 日云南省第六区行政督察专员李国表致民政厅代电》，云南省档案馆馆藏档案，档案号 11—7—15—79。

万（1943 年 12 月价）①；因轰炸和沦陷，云南寺庙被毁坏 74 座②，按每座平均 5000 元计，损失 37 万元。

综上所述，云南省抗战时期文化损失总计为 1937 年 7 月价 408764 元。

（9）教育损失

1940 年 10 月敌机轰炸昆华中学，毁教室宿舍 93 间③。1941 年日机轰炸文山，造成开广中学 16 间房屋被毁④。同年 4 月日机轰炸建水，造成临安中学损失 310.6 万元⑤。中学共损失计 1937 年价 11829 元。

1941 年 4 月敌机轰炸，保山师范学校损失新币 17500 余元；8 月 14 日轰炸昆明，师范学院及附属中小学租借云南省立工业职业学校校舍被毁房屋 89 间，昆华中学校舍被毁房屋 48 间⑥。1945 年，昆华高级医事职业学校上报轰炸造成损失 50906 元，其中 1940 年 10 月 46960 元，1942 年 7 月 3946 元。1945 年 11 月昆华高级商业职业学校填报抗战损失调查表称损失 2500 万元，昆华师范损失 15926 万元⑦。中专共损失 1937 年价 81704 元。

云南大学被炸，1940 年 10 月损失 167 万元，1941 年 5 月损失 757757 元；8

---

① 《文山县财产直接（间接）损失报告表》，1946 年 9 月 30 日，云南省档案馆藏档案，档案号 21—3—37—6 ~ 8。

② 《云南省振济会为开远、蒙自遭受敌机袭炸损失及办理救济事呈》，1940 年 2 月 5 日，云南省档案馆藏档案，档案号 106—4—3861—27。《建水县被炸及伤亡损失代电（一）》，1941 年 4 月 19 日，云南省档案馆藏档案，档案号 11—7—172—29。中共盈江县委党史研究室编：《纪念抗战胜利　弘扬民族精神》2005 年，第 22 页。《文山县财产直接（间接）损失报告表》，1946 年 9 月 30 日，云南省档案馆藏档案，档案号 21—3—37—6 ~ 8。勐海县地方志编纂委员会编纂：《勐海县志》，云南人民出版社 1997 年版，第 6 页。陈茂云：《德宏州民族与地名志》，德宏民族出版社 1998 年版，第 9 页。张建章：《德宏宗教志》，德宏民族出版社 1992 年版，第 217 页。云南省档案编：《日军侵华罪行实录·云南部分》，云南人民出版社 2005 年版，第 640 页。

③ 《云南省立昆华中学查报校舍被炸毁情形呈》，1940 年 10 月 27 日，云南省档案馆藏档案，档案号 12—4—629—101。

④ 《云南省立开广中学为敌机轰炸伤亡损失呈》，1941 年 2 月，云南省档案馆藏档案，档案号 12—4—629—235。

⑤ 《云南省立临安中学报抗战损失致教育厅呈》，1946 年 4 月 10 日，云南省档案馆藏档案，档案号 12—4—355—410。

⑥ 《云南省教育厅转报省立保山师范学校"四二一"被炸伤亡损失情形请鉴核备案示遵呈》，1941 年 5 月 15 日，云南省档案馆藏档案，档案号 106—1—739—102 ~ 103。《西南联大电呈被炸情形》，1941 年，中国第二历史档案馆藏档案，全宗号 5，案卷号 849。

⑦ 《省立昆华高级医事职业学校填报抗战损失呈》，1945 年 10 月 19 日，云南省档案馆藏档案，档案号 12—4—559—246。《云南省立昆华高级商业职业学校填报抗战损失调查表呈》，1945 年 11 月 21 日，云南省档案馆藏档案，档案号 12—4—559—239。《云南省立昆华师范学校填报教育人员财产损失及伤亡呈》，1945 年 11 月 28 日，云南省档案馆藏档案，档案号 12—4—559—250。

月西南联大被炸，损失84.2万元①。大学共损失1937年价383252元。

1940年10月，敌机两次轰炸开远，造成教育系统财产损失550万元法币；10月13日，昆明被炸，教育系统损失461间房屋②。1942年敌机轰炸保山，造成教育系统损失950.41万元③。沦陷期间龙陵县龙山镇中心小学等藏书损失215柱，合损失时价法币4202500元。腾冲县教育机关及各级学校损失图书、仪器、器具估价837773000元。盈江县各级学校损失校舍、图书、仪器、器具等估价5308000元。1945年11月，昆明市上报教育系统因敌机轰炸损失36820万元；昆明县云卫乡学校教员被炸损失30万元。云南省抗战期间教育系统损失1945年8月价97126704180元④，扣除已计算的中学中专大学的损失，其余算作教育系统损失，计为1937年7月价34424846元。

综上所述，云南省抗战时期教育损失总计为1937年7月价34901631元。

（10）公共事业损失

机关损失516714元。1939年蒙自遭轰炸，公房等损失277间⑤；1940年昆明被炸，金碧路暨邮工会、建设厅等处被毁房464间；个旧被炸，法警住宅、中国银行、劝业银行房屋毁13间⑥；1941年个旧多次被炸，仅4、5两个月就炸毁行政机关用房100间，损失法币190万元；炸毁蒙自机关用房28间；7月14日

① 《国立云南大学为敌机轰炸校园暴行代电》，1940年10月14日，云南省档案馆馆藏档案，档案号11—7—167—59。刘兴育：《抗日战争中的云南大学》，载《云南文史资料》2006年第1期，第58页。《西南联大电呈被炸情形》，1946年，中国第二历史档案馆馆藏档案，全宗号5，案卷号849。

② 《开远县政府填报教育机关及各学校抗战损失致教育厅呈》，1945年11月21日，云南省档案馆馆藏档案，档案号12—4—559—249。《国立云南大学为敌机轰炸校园暴行代电》，1940年10月14日，云南省档案馆馆藏档案，档案号11—7—167—59。《昆明市政府呈报敌机空袭轰炸损失表》，1948年4月28日，云南省档案馆馆藏档案，档案号11—7—27—192。

③ 《保山县政府报教育人员伤亡调查表及财产损失调查表呈》，1944年6月，云南省档案馆馆藏档案，档案号11—7—9—26。

④ 《昆明县政府为教育机关学校因敌机轰炸损失呈》，1945年11月5日，云南省档案馆馆藏档案，档案号12—4—559—171。《学校及教育机关损失》，1946年，中国第二历史档案馆馆藏档案，全宗号五2，案卷号584。《龙陵县图书损失清册》，1945年12月6日，云南省档案馆馆藏档案，档案号12—4—559—266～280。《腾冲县教育机关及各级学校损失调查表》，1945年11月27日，云南省档案馆馆藏档案，档案号12—4—559—210。《云南省盈江各级学校财物损失情形调查表》，1945年11月28日，云南省档案馆馆藏档案，档案号12—4—559—245。

⑤ 《云南省蒙自县遭受敌机空袭财产损失统计表》，1947年11月20日，云南省档案馆馆藏档案，档案号11—7—10—86。

⑥ 蒙自县志编纂委员会编：《蒙自县志》，中华书局1995年版，第564页。《云南省防空司令部致云南省政府呈》，1940年10月2日，云南省档案馆馆藏档案，档案号44—4—435—77。《个旧县县长董广布致云南省民政厅长呈》，1940年12月17日，云南省档案馆馆藏档案，档案号44—4—435—117。《中央造币厂昆明分厂战时损失报表》，1945年1月，中国第二历史档案馆馆藏档案，全宗号三六七，案卷号277。

云南省民政厅被炸房 18 间，需修缮费 2 万元①；1942 年 2 月日军入侵烧毁耿马孟定土司衙门②；1943 年轰炸南峤县政府造成财产损失 202 万元；同年 2 月因敌机袭扰马龙县损失 518 万元；日军抢掠并烧毁泸水设治局驻地鲁掌，社会财产损失 80 万元（1944 年 2 月价）；文山县直接财产损失 17854300 元（1943 年 12 月）③。抗战期间云南司法部门损失 32187.15 万元，腾冲损失机关用房 142 所 397 间④。1942 年 1 月和 5 月，敌机两次轰炸保山，财政部云南直接税局保山分局损失办公用品、生活用品等计法币 3517 元、4318 元⑤。

团体损失 675337 元。敌机轰炸石屏会馆造成损失 302.16 万元（1940 年 12 月价）⑥；1941 年大理会馆被炸损失 155740.8 万元（1947 年 12 月价）；省立民众教育馆损失 46475 万元（1945 年 6 月价），个旧县公房 40 间⑦，腾冲中和乡公所乡农会损失器具 13.3 万元，现款 24 万元，农产品米 2620 石，林产品 60 万元（1943 年 9 月价）⑧。

① 《1941 年 4 月 27 日个旧县县长董广布致云南省民政厅长呈》，云南省档案馆藏档案，档案号 11—7—172—144。个旧市市志编纂委员会编：《个旧市志》下册，云南人民出版社 1998 年版，第 1272 页。《蒙自县参议会为造报敌机轰炸房屋损失人员伤亡统计表呈》，1947 年 11 月 20 日，云南省档案馆藏档案，档案号 11—7—10—86。《云南省政府为按照审计处查验被炸房屋修复情形办理训令》，1941 年 5 月，云南省档案馆藏档案，档案号 11—7—18—23～25。《民政厅办公楼 4 次被炸》，1941 年 8 月 28 日，云南省档案馆藏档案，档案号 11—7—18—29。

② 中共临沧地委党史研究室编：《临沧地区抗日战争史料专辑》，1995 年印，第 255 页。

③ 《南峤县政府人民财产直接损失报告表》，1944 年 1 月 20 日，云南省档案馆藏档案，档案号 11—7—60—99。《马龙县政府财产直接损失报告表》（表 1），1943 年 2 月，云南省档案馆藏档案，档案号 11—7—60—109。《泸水设治局呈报云南省民政厅之公私财产直接损失报告表》，1944 年 2 月 23 日，云南省档案馆藏档案，档案号 11—7—60—197。《文山县财产直接（间接）损失报告表》，1946 年 7 月 9 日，云南省档案馆藏档案，档案号 21—3—37—6～8。

④ 《云南司法部门财产直接损失》，1948 年，中国第二历史档案馆藏档案，全宗号七，案卷号 7036。《云南省政府转发龙陵、腾冲县政府沦陷后灾情统计表致云南省振济会训令》，1945 年 2 月 17 日，云南省档案馆藏档案，档案号 44—4—45—139～140。

⑤ 《中央造币厂昆明分厂战时损失报表》，1945 年 1 月，中国第二历史档案馆藏档案，全宗号三六七，案卷号 277。

⑥ 《个旧县石屏同乡会财产损失报告单》，1948 年 1 月，云南省档案馆藏档案，档案号 44—4—317—112。

⑦ 《1941 年 4 月 26 日个旧县县长董广布致云南省民政厅长呈》，云南省档案馆藏档案，档案号 11—7—172—216。《1941 年 4 月 27 日个旧县县长董广布致云南省民政厅长呈》，云南省档案馆藏档案，档案号 11—7—172—144。《昆明市大理会馆财产损失报告单》，云南省档案馆藏档案，档案号 44—4—317—174。《云南省立昆华民众教育馆被敌机轰炸损失物产报告表》，1945 年 6 月 30 日，云南省档案馆藏档案，档案号 12—4—559—187。

⑧ 《腾冲县财产直接间接损失汇报表》，1946 年 6 月 15 日，云南省档案馆藏档案，档案号 11—14—8—141。

其他损失 1391688 元。1939 年敌机轰炸蒙自造成麻风院等损失房 7 间[①]；1940 年 10 月轰炸昆明大渔镇马街一带，损失房屋 375 间，12 月轰炸个旧云庙、邮局、车站、大桥、街道等，损失 1520 万元[②]，1941 年轰炸蒙自造成公房等损失 145 间[③]；1942 年轰炸保山造成损失 18100 万元（1943 年 12 月价），保山汶上镇损失 15374 万元（1948 年 1 月价）；炸毁蒙自民众教育馆及财政局公产 25 间；敌机轰炸毁坏城垣 550.9 米[④]。陇川沦陷时公房被毁 5 栋，昆华民众教育馆损失 46475 万元[⑤]，龙陵县损失制服等 345 万元、医药品 2250 万元、武器弹药 470 万元（1943 年 9 月价）；瑞丽设治局被毁房屋 38 栋、陇川设治局损失 19 栋房屋。1947 年 6 月广南县上报 1941 年轰炸造成损失 14425 万元[⑥]。

综上所述，云南省抗战时期公共事业损失总计为 1937 年 7 月价 2583739 元。

（11）人力资源损失

滇西沦陷后，日军在盈江、莲山（今属盈江县）征集 1000 余人修筑工事，时间长达二年余，计 70 余万工日；腾冲沦陷后被敌强迫征去壮丁 5000 名及马夫 500 人，按一年计算；派潞西镇马及马夫 24 人按一年四月算；潞

①　《蒙自县长杨登廷致云南省政府主席、昆明难民总站电》，1939 年 12 月 30 日，云南省档案馆馆藏档案，档案号 11—7—154—142。

②　《云南省个旧县历年遭受空袭灾损暨赈恤一览表》，1942 年 8 月 21 日，云南省档案馆馆藏档案，档案号 11—7—182—216。《1940 年 11 月 19 日云南省政府为填报昆明市县被炸伤亡损失及抚恤事训令》，云南省档案馆馆藏档案，档案号 44—4—435—65。

③　《蒙自县参议会为造报敌机轰炸房屋损失人员伤亡统计表呈》，1947 年 11 月 20 日，云南省档案馆馆藏档案，档案号 11—7—10—86。

④　《保山县 1937 年 7 月 7 日至 1942 年 12 月 31 日被敌摧毁公私财产损失呈》，1943 年 12 月 15 日，德宏州档案馆馆藏档案，档案号 1—1—235—101。《保山县财产直接损失汇报表》，1948 年 1 月 10 日，云南省档案馆馆藏档案，档案号 44—4—317—292。蒙自县志编纂委员会编：《蒙自县志》，中华书局 1995 年版，第 543 页。《蒙自县参议会为造报敌机轰炸房屋损失人员伤亡统计表呈》，1947 年 11 月 20 日，云南省档案馆馆藏档案，档案号 11—7—10—86。

⑤　《云南省第六区行政督察专员公署转报陇川县沦陷灾情调查表代电》，1945 年 6 月 7 日，云南省档案馆馆藏档案，档案号 11—7—169—147。《云南省立昆华民众教育馆被敌机轰炸损失物产报告表》，1945 年 6 月 30 日，云南省档案馆馆藏档案，档案号 12—4—559—187。

⑥　《龙陵县财产直接损失汇报表》，1946 年 6 月 30 日，云南省档案馆馆藏档案，档案号 44—4—317—304。《云南省瑞丽设治局抗战期间人口伤亡及公私财产损失调查统计表》，1947 年 8 月 15 日，云南省档案馆馆藏档案，档案号 44—4—317—322。《陇川设治局抗战期间损失汇报表》，1947 年 10 月 2 日，云南省档案馆馆藏档案，档案号 44—4—317—323。《广南县财产直接损失汇报表一》，1947 年 6 月 29 日，云南省档案馆馆藏档案，档案号 44—4—317—253。《广南财产直接损失汇报表二》，1947 年 7 月 1 日，云南省档案馆馆藏档案，档案号 44—4—317—259。《广南财产直接损失汇报表三》，1947 年 7 月 1 日，云南省档案馆馆藏档案，档案号 44—4—317—268。

西县孟戛沦陷后派夫25人，按一年九月算；日军强迫40人修工事一年①。1944年，日军令潞西县芒市镇派夫62人伐柴薪30日；3月芒市司署事务所接到日军征调民夫千余名的命令，按9个月算；4月日军在芒市征用驮马80匹2个月；日军在腾冲强征劳工6291人，在龙陵强征服役人员20032人，年底日军强拉潞西芒市坝的芒核、芒常、等相等村寨192人，管马备草料，历时3个月25天②。沦陷期间，敌强迫陇川县应征服役300余人，服役800余日③。据现有资料，日军在云南强征民工达25654655个工日，马工16440个。根据1938年11月腾冲修建机场每工约需0.5元钱，折为1937年7月价为0.36元；"每牛工以二人工价计"④，课题组认为马工可等同牛工，每牛马工为0.72元，计损失9247513元。

综上所述，云南省抗战时期人力资源损失总计为1937年7月价9247513元。

直接损失中有一些是无法折算的，如1941年5座炉房，1台电机；1942年黄金96两，飞机46架，资源委员会存放在畹町的物资8000吨及在畹町的其他民用汽油、机油、大米、汽车、轮胎、棉纱、棉花、铁钉等物资1万吨以上，食盐280贯，部分兵工器材等，城垣550.9米；1943年4架飞机，长刀50把，麻绳2400棵，4驮物资；1944年柴500拿；1945年铝线3000公斤，瓷瓶2400个等。

① 《莲山设治局人民被敌征服劳役调查表》，1947年4月，云南省档案馆馆藏档案，档案号11—14—7—172。《孟晋（勐戛）沦陷节录》，1947年1月14日，德宏州档案馆馆藏档案，档案号1—1—65—52。《1943年12月12日潞西镇公所代日军派伕命令》，德宏州档案馆馆藏档案，档案号2—1—25—18。《敌寇暴行》，载《云南日报》1943年10月1日，第3版。云南省瑞丽市志编纂委员会编：《瑞丽市志》，四川辞书出版社1996年版，第27页。潞西镇代镇长张觐伯：《1943年8月16日日军命令》，1943年8月16日，德宏州档案馆馆藏档案，档案号2—1—17—132。

② 《1944年4月2日土司代办方克光代日军派驮马的命令》，德宏州档案馆馆藏档案，档案号2—1—28—115。《芒市安抚使司署办理日军夫马情况》，1944年1月9日，德宏州档案馆馆藏档案，档案号2—1—28—32。《1944年3月29日芒市安抚使司署办理食粮、伕马、公烟等日军军需》，1944年3月29日，德宏州档案馆馆藏档案，档案号2—1—28—114。《1944年5月9日芒市安抚使司署办理食粮、伕马、公烟等日军军需》，1944年5月9日，德宏州档案馆馆藏档案，档案号2—1—28—83。《腾冲县政府呈报被敌征用民工统计表代电》，1947年6月27日，德宏州档案馆馆藏档案，档案号1—1—65—182。《龙陵县政府为查报抗战期间被敌强征服役及苛待损失人数呈》，1946年9月24日，云南省档案馆馆藏档案，档案号11—14—7—9。中共潞西市委宣传部、潞西市史志办编：《潞西抗日史实录》，2005年印，第27—34页。

③ 《陇川设治局抗战期间损失》，1947年2月20日，德宏州档案馆馆藏档案，档案号1—1—65—65。

④ 《腾冲县政府为新机场估算书呈》，1938年11月27日，云南省档案馆馆藏档案，档案号9—6—241—26～28。《腾冲县政府为腾冲新机场工程说明呈》，1938年11月27日，云南省档案馆馆藏档案，档案号9—6—241—19～24。

依上述所列各项统计，云南省抗战时期社会财产的直接损失总计价值为286353238 元（1937 年 7 月价）。

2. 间接损失

日军入侵除对云南造成社会财产直接损失外，还造成了巨大的间接损失。间接损失包括因抗战而增加的开支、消耗的物资及减少的收入等。由于抗日战争胜利后统计不全面，档案文献资料也不系统全面，至今又过了 60 余年，当事人日渐稀少，课题组查找到的资料十分有限，仅就所查到的有关间接损失资料做分析和统计。

（1）工交运输损失

工业类

工业损失。1938 年，为了供应昆明的军需民用，特别是为了规避敌机轰炸，在嵩明县杨林镇修建喷水洞发电厂，到 1943 年 12 月共投资 25785994.89 元。全国抗战前，云南没有近代钢铁冶金业，考虑到战时生产需要大量钢铁，1939 年资源委员会、兵工署与云南省政府建云南钢铁厂，投资 114310000 元；经济部与云南省经济委员会和企业界共同投资修建电力制钢厂，投资 180 万元，为加强国防运输，同年国民政府交通部西南运输管理局在富源县驻汽车大队，设汽车大修厂，占房屋 20 间，损失 300 元法币；实业界投资大利公司 16 万元，生产硫酸、硝酸等供兵工厂。云南作为抗战后方重要基地，运输频繁，需要动力燃料较多。资源委员会与云南省经济委员会于 1941 年 4 月起，共同投资 500 万元建云南酒精厂，生产动力酒精，从 1941 年至 1945 年共生产酒精 667810 加仑，均供应军事机关及国营事业机关[1]。1943 年云南省企业局和实业界人士合资开办恒通酒精厂，到 1945 年 6 月共生产动力酒精 447640 加仑[2]；1945 年，中央造币厂上报1941 年度间接损失 458708.93 元，1942 年度损失 2077424.13 元[3]。

据上述各项统计，云南省工业类中工业的间接损失金额为 1937 年价

---

[1] 云南省志编纂委员会办公室编：《续云南通志长编》下册，1985 年印，第 370、394 页。《喷水洞电厂概略》，载昆明政协文史委编：《昆明文史资料选辑》第 13 辑，1989 年印，第 37—40 页。富源县政协编：《富源文史资料》第 10 辑，2006 年印，第 203 页。云南省地方志编纂委员会总纂：《云南省志·政府志》，云南人民出版社 2001 年版，第 224、230 页。

[2] 云南省地方志编纂委员会编：《云南省志·政府志》，云南人民出版社 2001 年版，第 230 页。

[3] 《中央造币厂昆明分厂补报战时损失》，1945 年 1 月，中国第二历史档案馆藏档案，全宗号四五 0，案卷号 136。

11899597 元。

矿业损失。为抗战所需，1938 年云南省政府投资 500 万元成立省营云南矿业公司，开采和冶炼锡；省政府与资源委员会共同投资 200 万元开办滇北矿务公司，生产军工迫切需要的铜、铅和锌。1940 年 9 月，云南省政府与资源委员会、中国银行共同组建云南锡业股份有限公司，公司股本增加到 5000 万元；同年，由资源委员会和云南省政府各投资 100 万元成立宣明煤矿有限公司；1942 年，省企业局与资源委员会又增加投资 500 万元[①]，所生产煤、焦供国防军需工业及钢铁厂。

据上述各项统计，云南省工业类中矿业损失为 1937 年价 14191065 元。

工业其他损失。陆良县为过往的中国军队提供铁锅 189 口[②]，折合 98 元。

据上述各项统计，云南省工业类间接损失金额为 1937 年价 26090760 元。

交通运输业

公路损失。全国抗战开始不久，中国沿海交通口岸均被敌人控制，云南不但成为后方的重要基地，还成为对外交通的重要通道。于是，修筑滇缅公路就成了迫切的任务。这条公路的修筑，90% 以上是征用民工。公路沿线的汉、彝、白、傣、回、景颇、阿昌、德昂、苗、傈僳等兄弟民族，组成劳动大军参与修筑滇缅公路，全线每天上工人数最高达 20 余万人。滇缅公路建成后，为了保障抗战物资的运输，云南省组织了专门队伍负责维修。此外，为保障军需物资的输送，云南省在抗战期间还修了若干省际、县际公路和乡村道路。计新修和续修公路 43 条段，并在省境外修建公路 3 条，累计建成公路 4643 公里（含省境外 412.9 公里）。公路损失为 1932 年，梁金山捐资 20 万盾卢比建滇缅公路惠通桥[③]。1937 年 12 月动工修建的滇缅公路耗资 320 万[④]。1938 年 10 月交通部滇缅公路运输管理局成立于昆明，该局掌管滇缅公路客货运输、工程改善和养护等事宜，共有主要修造机械 58 台，汽车 352 辆（含

① 云南省地方志编纂委员会编：《云南省志·政府志》，云南人民出版社 2001 年版，第 224、229 页。
② 《陆良县政府战时军队过往一切供应费计算表》，1948 年 1 月，云南省档案馆馆藏档案，档案号 11—7—27—91。
③ 保山地区地方志编纂委员会编：《保山地区志》下卷，中华书局 1999 年版，第 740 页。
④ 云南省地方志编纂委员会编：《云南省志·交通志》，云南人民出版社 2001 年版，第 139 页。昆明市对外经贸局：《昆明市对外经济贸易志》，云南民族出版社 2003 年版，第 74 页。《云南全省公路总局函送各段移交工程表册》，1939 年 7 月 14 日；云南省档案馆馆藏档案，档案号 55—3—753—63 ~ 67。

大小客车 37 辆)①。重庆军委会拨款 7148562.38 元（1944 年价）修滇黔南路上云兴桥②；1939 年修滇桂公路投资 3680 万；南洋华侨机工工资 8225000 元（以 1939 年 3 月每人 35 元，2500 名机工计算，算到 1946 年）、抗战胜利后政府发给机工返程费每人 500 美金，返南洋 845 人，共 422500 美金；黔滇公路接管费 88 万；川滇东路路面费 15 万；购水泥改善滇缅公路 1300 万；川滇东路补牛马津贴 104000 元；川滇东路改善费 40 万元；川滇公路路面费 84100 元③。1940 年 3 月，楚雄州姚安县奉令改善滇缅公路普淜段路面、路基工程，共用费 11889 元；同年，日军从越南逼近中国南部边境，为防日军入侵，驻金平部队炸毁了 1929 年冬由土司刀治国筹资 3690 银元建造的勐拉"庆良桥"，同期还炸毁了"瑶人桥""大都马桥"；为了解决急弯陡坡地段碎石路旱季松散、跳渣，雨天泥泞、滑车问题，在滇缅公路的一些急弯陡坡处铺弹石路面 60 余千米④。1941 年 1 月，交通部通知云南省停征公路捐，由交通部按月补助养路费 4 万元，从 9 月份起该项补助费增为按月 20 万元；5 月滇缅路订购 2300 吨柏油；5 月保顺公路派款 10 万元；9 月发铺修威昭公路民工津贴法币 269064 元，补助管理费 2000 元；9 月个旧鸡街至蒙自公

① 黄恒蛟编：《中国公路交通史丛书·云南公路运输史》第 1 册，人民交通出版社 1995 年版，第 148—149 页。

② 政协云南省文史委编：《云南文史资料选辑》第 37 辑，云南人民出版社 1989 年版，第 264—268 页。云南省地方志编纂委员会编：《云南省志·政府志》，云南人民出版社 2001 年版，第 213 页。

③ 政协云南省文史委编：《云南文史资料选辑》第 37 辑，云南人民出版社 1989 年版，第 242—259 页。云南省地方志编纂委员会编：《云南省志·政府志》，云南人民出版社 2001 年版，第 212—214 页。黄恒蛟编：《中国公路交通史丛书·云南公路运输史》第 1 册，人民交通出版社 1995 年版，第 144—147 页（南洋机工 3190 余人，陆续牺牲近千人，工资按 2500 人，每人法币 35 元/月，从 1939 年 3 月至1946 年底共 94 个月计算，为法币 8225000 元，依 1939 年 3 月物价指数折为 1937 年 7 月法币 4781976.74 元；遣返费每人美金 500 元，845 人，共 422500 元）。《云南全省公路总局请省府电催交通部迅发平昆段第三期接管费呈》，1939 年 8 月 28 日，云南省档案馆馆藏档案，档案号 106—1—4579—62～63。交通部：《为汇拨接收滇省公路干道三、四期款项致滇省电》，1939 年 12 月，云南省档案馆馆藏档案，档案号 106—1—4579—83。《交通部关于川滇东路宣威段民工款及民工牛马车津贴电》，1939 年 11 月 11 日，云南省档案馆馆藏档案，档案号 106—4—4512—20～21。云南省公路总局：《呈请省政府电交通部汇发宣威修路民工牛马车津贴由》，1940 年 1 月 30 日，云南省档案馆馆藏档案，档案号 106—4—4512—101～103。《交通部关于川滇东路宣威段工款及民工牛车津贴电》，1939 年 11 月 11 日，云南省档案馆馆藏档案，档案号 106—4—4512—20～21。《军委会拨款，补助兴修川滇公路》，载《云南日报》1939 年 12 月 9 日，第 4 版。

④ 文山壮族苗族自治州地方志编纂委员会编纂：《文山壮族苗族自治州志》第 1 卷，云南人民出版社 2000 版，第 27 页。云南省地方志编纂委员会编：《云南省志·经济综合志》，云南人民出版社 1997 年版，第 212 页。霍士廉等修、由云龙等纂：民国《姚安县志·卷二十·政典志·役政》，云南人民出版社 1988 年版，第 270—274 页。云南省金平苗族瑶族傣族自治县志编纂委员会编：《金平苗族瑶族傣族自治县志》，生活·读书·新知三联书店 1994 年版，第 11 页。金平县志办：《民国时期金平地情资料汇编》，云南民族出版社 2004 年版，第 119—120 页。

路路面费 176 万①。1942 年 1 月，为修筑玉峨公路，交通部拨款 100 万元②。1943 年 11 月，省府拨款修玉溪至建水、会泽至鲁甸公路 1000 万元③，元阳县稿吾镇（今元阳县逢春岭乡）缴纳修公路款半开 5000 元，修筑蒙自机场派工、派款，每人出半开 50 元。因沦陷及战事，九一八事变至 1943 年 6 月止，破坏云南公路 641 千米，每千米估价 15 万元，估价总值 9415 万元。1944 年 2 月，整修安丰至元谋及元谋至龙街公路，交通部拨整修公路款 24578.3 万元；9 月昆建段赶修通车工程款 17793399.42 元。1945 年 1 月，赶修玉建段改善工程计价 108409746 元；昆建段工务处补贴工程计价 20038950 元④；1945 年 2 月，军事委员会战时运输管理局致电云南省政府，拨给云南省公路局当年度改善昆明至陆良公路保养费及呈贡三得口起至罗平县城公路保养费 105681292 元⑤。

据上述各项统计，公路间接损失 16279621 元（1937 年 7 月价）又 422500 美金。

铁路损失。为适应战时军事运输的需要，由中央、云南和四川共同修建叙昆铁路，共投资 10800 万元⑥。1939 年，法国贷款 2 亿元修筑叙昆路；为修建滇缅铁路，投资 280 万元⑦；为防御日军借道越南进攻中国，1940 年 9 月 12 日滇越铁路司令部炸毁河口南溪河铁路大桥，随后又拆除河口至碧色寨铁轨 177.6 千米，滇越

① 《交通部停征公路捐电》，1941 年 1 月 29 日，云南省档案馆藏档案，档案号 106—4—4583—32～33。《运输统制局电》，1941 年 8 月，云南省档案馆藏档案，档案号 106—4—4583—109～110。《交通部致公路总管理处函》，1941 年，中国第二历史档案馆藏档案，档案号十五.255，第 29 页。永德县志办编：《永德县志》，云南人民出版社 1994 年版，第 15 页。《威宁县政府铺修威昭公路工作报告表及队长姓名表暨民工津贴分配表祈查核呈》，1941 年 9 月 7 日，云南省档案馆藏档案，档案号 1106—4—4433—93～97。蒙自县志编纂委员会编：《蒙自县志》，中华书局 1995 年版，第 491 页。
② 《交通部关于玉峨公路工款电报》，1942 年 1 月 14 日，云南省档案馆藏档案，档案号 1106—4—4459—18。
③ 云南省地方志编纂委员会编：《云南省志·卷首》，云南人民出版社 2004 年版，第 231 页。元阳县政协编：《元阳文史资料》第 5 辑，2005 年印，第 13 页。元阳县政协编：《元阳县文史资料》第 1 辑，第 66、87 页。《沦陷及因战事破坏公路里程计估价表》，1943 年 11 月，中国第二历史档案馆藏档案，全宗号六 2，案卷号 247。
④ 《云南公路管理局昆建段工程处赶修工程费价值统计》，1946 年，中国第二历史档案馆藏档案，全宗号十五，案卷号 2714。
⑤ 《关于云南省公路局呈报办理昆陆、昆罗公路保送工程费用事电》，1945 年 2 月 20 日，云南省档案馆藏档案，档案号 106—4—4527—114～115。
⑥ 云南省地方志编纂委员会编：《云南省志·铁道志》，云南人民出版社 1997 年版，第 133—134 页。云南省志编纂委员会办公室编：《续云南通志长编》中册，1985 年印，第 988 页。
⑦ 《加强滇缅公路运输，交通部拨国币 1300 万元改善路面》，载《云南日报》1939 年 9 月 24 日，第 4 版；《法国贷我巨款国币二万万元，完成叙昆铁路》，载《云南日报》1939 年 12 月 13 日，第 4 版。南华县年鉴编辑委员会编：《镇南州志》，德宏民族出版社 1996 年版，第 437 页。云南省南华县志编纂委员会编：《南华县志》，云南人民出版社 1995 年版，第 329 页。

国际交通阻断①。1941 年云南省公路总局呈报滇越铁路工款累计日报表，共支出新币 15180898.9 元②。1943 年 7 月至 1944 年底叙昆铁路间接损失 246730 元③。

据上述各项统计，云南省铁路间接损失金额为 84642583 元（1937 年价）。

航空损失。抗战期间，云南军民奉令新建和扩建了 39 个机场。1938 年，修建泸西机场，减免税收新币 32.59 元；同年 10 月，新修泸西玉林坡机场，迁坟286 冢，支出 1430 元；办公及杂费 410.5 元④。修祥云云南驿机场迁移坟墓 126 冢，补偿 2180 元⑤。扩修昆明机场，1943 年 9 月发地价、坟墓迁移费、青苗损失费法币 14378758 元，1945 年 6 月发拆迁费 238169320 元⑥。1938 年修潞西芒市机场，迁移费 340 元⑦。同年修缮昭通机场，耗资新滇币 355.9 万元⑧。修建广南机场付工具费 2400 元，拆迁费 757 元，拆迁房 2 户，6.2 亩，付法币 450元；迁移坟墓 37 冢，16.4 亩，发法币 1370 元⑨。修建保山机场，迁石坟 93 冢，土坟 509 冢，坟地 81.4 亩，支出 9392 元⑩。修建沾益机场，民房、坟墓迁移费，

① 红河州志办编：《红河州志》第 3 卷，生活·读书·新知三联书店 1997 年版，第 369 页。

② 《云南全省公路总局报表》，1941 年，中国第二历史档案馆馆藏档案，档案号十五.1423。云南省志编纂委员会办公室编：《续云南通志长编》中册，1985 年印，第 988 页（工款 15180898.9 元新币，折为 1937年法币 911218.42 元－民工工资 505440 元＝405778.42 元）。

③ 《云南交通业损失》，1945 年 8 月，中国第二历史档案馆馆藏档案，全宗号六，案卷号 2742。

④ 近卫第二团团长石崧龄：《泸西机场修建报告》，1938 年 2 月 1 日，云南省档案馆馆藏档案，档案号9－6－271－138～139。《泸西县政府造报修筑玉林坡机场工程经费预算书》，1938 年 10 月 13 日，云南省档案馆馆藏档案，档案号 9－6－272－36～38。

⑤ 祥云县县长聂思培：《云南驿机场地价数目表册》，1939 年 9 月 21 日，云南省档案馆馆藏档案，档案号 9－6－230－199～205。《思茅等二十二县境内历年因公征用田地亩积及发价情形简明表》，1945 年10 月 29 日，云南省档案馆馆藏档案，档案号 62－8－92－245。

⑥ 《云南省建设厅、公路管理局呈复奉令商定扩充昆明飞机场工程收用土地及给价办法由》，1943 年 6月 23 日，云南省档案馆馆藏档案，档案号 106－3－1549－65～68。《昆明县政府奉令代三十五工程处征用和甸营村发给各业主房屋拆迁费清册》，1945 年 6 月 29 日，云南省档案馆馆藏档案，档案号106－5－2095－50～96。

⑦ 空军军官学校：《为汇拨芒市机场地价及房屋拆迁费请查照转发县领》，1941 年 5 月 10 日，云南省档案馆馆藏档案，档案号 106－3－16－17。

⑧ 昭通县县长王凤瑞：《令昭通县转饬毛大华等查照办理费请速加发征地价案各情》，1941 年 3 月 20 日，云南省档案馆馆藏档案，档案号 9－1－237－427～428。昭通市志编纂委员会编：《昭通市志》，云南人民出版社 2000 年版，第 292 页。

⑨ 广南县县长刘彬文：《广南机场修筑各项津贴表、填挖数量表、拆迁费、工价表等各类表格》，1940 年 7 月 20 日，云南省档案馆馆藏档案，档案号 9－6－283－25。广南县县长刘彬文：《云南省广南县新修东外飞机场拆迁人民房屋及应需地价数目表册》，1940 年 7 月 20 日，云南省档案馆馆藏档案，档案号 9－6－283－46～48。广南县县长刘彬文：《云南省广南县新修东外飞机场迁移民间坟墓应给地价数目表册》，1940 年 7 月 20 日，云南省档案馆馆藏档案，档案号 9－6－283－49～56。

⑩ 《云南保山县扩修飞机场迁移民间坟墓应给地价数目表册》，1939 年 10 月 20 日，云南省档案馆馆藏档案，档案号 9－6－269－124～135。

交通路之桥梁涵洞工程费，石碾购置费等共 6985 元①。蒙自机场土方补助及测量监工费用等 2900 元，蒙自关圣宫校址迁移费、坟墓迁移费等 86 万元②。1940年，经政府核准发行航空券 500 万美金③。1941 年 12 月双柏县营救美军飞行员开支旅费 9000 元。为修建思茅飞机场，"思普区戒严司令部"令江城征调民工 200 名到思茅协修机场，因江城临敌前沿，民工不利再往外征调，经批准折款代征，共折银圆半开 2 万④。1942 年 2 月，保护机场的部队不慎将借住的陆良县西桥村房屋烧毁，计民房 8 间 9 耳⑤。1945 年修筑嵩明机场，迁坟补偿 300 万元，修建中被群众殴毙的杨天理县长抚恤费法币 600 万元，补偿嘉丽泽水利工程处费用法币 254 万元⑥。

据上述各项统计，云南省航空间接损失金额为 962112 元（1937 年价）又 500 万美金。

水运损失。国民政府经济部、交通部奉军事委员会关于打通金沙江航道、为抗日战争运输服务的命令，在永胜县金江街组织试航，试航船触礁沉没⑦。1944年云县修桥一座；滇缅路新建一孔 35 米下沉式钢桁桥；建滇缅路漾濞桥一座⑧。

据上述各项统计，云南省工业类中水运间接损失金额为 2042 元（1937 年 7月价）。

---

① 《沾益县政府请转航空委员会发放机场征地及工资遗漏款项呈》，1939 年 5 月 7 日，云南省档案馆馆藏档案，档案号 9—6—220—186～189。《中央航空学校为沾益机场工程余款发放事公函》，1939 年 5 月 31 日，云南省档案馆馆藏档案，档案号 9—6—220—128～129。

② 《蒙自县政府查报扩修蒙自机场地亩清册呈》，1945 年 7 月 25 日，云南省档案馆馆藏档案，档案号 62—8—56—59～60。《蒙自县政府关于草坝机场征地地价及青苗补偿等费造具清册呈》，1945 年 12 月 16 日，云南省档案馆馆藏档案，档案号 62—8—66—215～216。蒙自县志编纂委员会编：《蒙自县志》，中华书局 1995 年版，第 489 页。

③ 《我政府核准发行航空券五百万美金》，载《云南日报》1940 年 10 月 25 日，第 4 版。

④ 云南省双柏县地方志编纂委员会编纂：《双柏县志》，云南人民出版社 1996 年版，第 20 页。《云南省建设厅核办镇越县请准予豁免征工协修思茅机场新增工程折缴工资情形呈》，1944 年 8 月 24 日，云南省档案馆馆藏档案，档案号 106—1—2483—94。《呈覆江城县电请豁免折缴工资协修思茅机场新增工程余款办理情形祈鉴核备案由》，1944 年 8 月 18 日，云南省档案馆馆藏档案，档案号 106—1—2483—90。

⑤ 《陆良县政府为西桥村住民钱大志家因军队借住失火损失致云南省政府呈》，1942 年 2 月，云南省档案馆馆藏档案，档案号 106—3—1571—86。

⑥ 《省建设厅召开商讨处理嵩明盖山机场停建善后事宜会议记录》，1945 年 6 月，云南省档案馆馆藏档案，档案号 62—8—44—238～240。《杨林盖山机场征地办事处兼主任马异昇呈》，1945 年 7 月 23 日，云南省档案馆馆藏档案，档案号 62—8—44—238～242。《嵩明县政府呈》，1945 年 11 月，云南省档案馆馆藏档案，档案号 62—8—44—307～308。

⑦ 丽江地区地方志编纂委员会编纂：《丽江地区志》下卷，云南民族出版社 2000 年版，第 235 页。

⑧ 云县政协编：《云县文史资料》第 4 辑，1989 年印，第 65—68 页。漾濞彝族自治县地方志编纂委员会编：《漾濞县志》，云南人民出版社 2000 年版，第 14 页。杨镜：《大理百年要事录》上卷，云南出版社 2003 年版，第 154 页。

其他。1939 年为满足军需民用物资运输的需要，交通部拨专款 38 万元，调整叙昆线驿道，并整修云南原有驿道，用马帮驿运弥补其他运输的不足①。在修复被日军炸断的小龙潭铁桥过程中，不慎失火，烧毁车站旁 48 户村民的房屋、财产；9 月，为防止日军利用蒙自机场，蒙自县政府奉命破坏蒙自飞机场，挖土方 13408 立方，政府补助民工法币 6502.48 元；疏散用车，付汽油款新币 9900 元；为防日军入侵，江城县政府调全县 1000 多民工到边境地带，挖坑断路，伐木塞冲，在险要地段构筑防御工事，消耗粮食 8 万余斤，合 1.3 万银元半开②。1941 年 3 月修复被炸断的昌淦桥，费资 56.3 万元③。1942 年 1 月，一架飞机迫降于富源县多乐海子，冲毁飞机跑道，占耕地 5 亩，损失 215 元。④ 功果桥被日机轰炸破坏后，为保证滇缅公路畅通，在功果桥上游用 128 只汽油桶建成浮桥，长 88 米，可通行 10 吨的汽车⑤。1943 年开始架设中（国）印（度）输油管道，输油管经大理境内 200 余千米，设抽油站 15 处（含油池），抽油机 30 余台（未折算）⑥。1944 年 4 月在顺宁县（今凤庆县）营盘锡腊修建飞机场，锡腊、琼英两乡镇供盐菜费 127675 元；5 月，为保障反攻部队的粮秣供应，泸水设治局组织 95 名马夫、190 匹马投入运输，计输力费 912000 元；凤庆县协修云县机场，支食米、盐菜费计 80 万元；建输油管道龙陵过境段 112 千米（未折算），8 月，永平骡马大队运送军粮运费 41447091 元；9 月，姚安县运军粮运费 1929570 元⑦。

① 昆明市对外经贸局编：《昆明市对外经济贸易志》，云南民族出版社 2003 年版，第 79 页。

② 开远市政协编：《开远市文史资料》第 1 辑，1987 年印，第 58—62 页。蒙自县志编纂委员会编：《蒙自县志》，中华书局 1995 年版，第 489 页。《昆明市政府关于疏散购用汽油请准开支事项呈》，1940 年 11 月 28 日，云南省档案馆馆藏档案，档案号 106—1—1046—53～55。政协江城县委员会编：《江城文史资料》第 1 辑，2002 年印，第 148—149 页。云南省江城哈尼族彝族自治县志编纂委员会编纂：《江城哈尼族彝族自治县志》，云南人民出版社 1989 年版，第 8、253 页（民工根据每人每天消耗米约 1 斤推算）。

③ 《交通部致中央建设事业专款审核委员会呈》，1941 年，中国第二历史档案馆馆藏档案，档案号十五 280，第 22 页。

④ 政协富源县委员会文史资料委员会：《富源文史资料》第 10 辑，2006 年印，第 174 页。

⑤ 大理白族自治州地方志编纂委员会编纂：《大理白族自治州志》卷一，云南人民出版社 1998 年版，第 36 页。

⑥ 大理白族自治州地方志编纂委员会编纂：《大理白族自治州志》卷一，云南人民出版社 1998 年版，第 37 页。

⑦ 顺宁县建设科：《营盘机场征地预莫书及修机场民工数、支出食费等》，1944 年，凤庆县档案馆，顺宁县建设科 1944 年档案 144—1—170～176。陈景东、张祖成主编：《龙陵县志》，中华书局 2000 年版，第 17 页。政协怒江州委员会文史资料委员会编：《怒江文史资料选辑》第 13 辑，1989 年印，第 101—102 页。《协修云县机场征用民工数》，1944 年 5 月，凤庆县档案馆，顺宁县建设科档案 144—21—1～3。《永平县政府反映永平骡马大队 5 至 11 月份运送军粮情况》，1944 年，永平县档案馆藏档案，档案号 81—2—31。《姚安县奉令运送军粮》，民国姚安县档案，永久 265 卷第 73、80、197、198、207、208、211、212 页。

云南省交通运输类其他间接损失金额为 501157 元（1937 年 7 月价）。

据上述各项统计，云南省工业类中交通运输业的间接损失金额为 102387515 元（1937 年 7 月价）又 5422500 美金。

综上所述，依据相关统计，云南省抗战时期工交运输业类间接损失总计为 128478275 元（1937 年 7 月价）。

（2）农业损失

第一，粮食损失。云南地处云贵高原，山多田少，土地贫瘠，粮产不丰，平时自给就艰难，偶有灾歉，即须从越南采购大米以济民食。抗战开始后，云南逐渐形成后方反攻重要基地，大军陆续临境；机关、团体、学校及内迁同胞先后云集，人口增加，粮食消费数量激增。其中以军粮需要最为紧急，政府为掌握大量粮食供应军需起见，于 1941 年度开始实行田赋征实。1942 年度，云南省征实稻谷，并随赋征购稻谷，采购差额军粮米，征县级公粮稻谷 50 万市石。1943 年度，云南省灾歉迭乘，仍征实征购，并征县级公粮谷 50 万市石。各县民间灾后仅有的余谷，搜罗一空，而军粮所需仍感不足；云南省政府十余年督饬各县地方民众齿积所得的积谷也于此时挪去，达全省实储总额半数以上。1944 年度，另征县级公粮稻谷 70 万市石。云南社科界一度认为，云南省抗战期间，提供军粮为 5 万大包，每包 100 千克，即 500 万千克①。经课题组查阅档案，远远超过这一数字。具体如下：

1937 年华宁县交军粮 8695 京石②；1939 年广南县提交军粮谷 1720.6 京石，安宁县拨军米 300 京石，宁蒗县提拨军米 50 京石③。1940 年江城破路用粮 8 万斤，12 月军政部付云南征购军粮款 1025852200 元；西畴交军粮 4000 包，砚山交军粮 5000 包④。1941 年共交军粮 80569773 千克；其中屏边强征军米 48 万斤，镇沅县交军米 20078 斤，蒙自捐赠军米 15 万千克，佛海超交军米 339468 市斤，全省交军粮 80 万包，楚雄超购军米 23 万千克、马料 3 万斤，民工用粮 954353.34 千克；其中顺宁滇缅铁路 2520 千克，滇缅铁路临翔 11.85 万千克，元

① 马曜：《云南简史》，云南人民出版社 1991 年版，第 364 页。

② 华宁县地方志编纂委员会编：《华宁县志》，中华书局 1994 年版，第 12 页。

③ 云南省志编纂委员会办公室：《续云南通志长编》中册，1985 年印，第 374 页。

④ 政协江城县委员会：《江城文史资料》第 1 辑，2002 年印，第 148—149 页。云南省江城哈尼族彝族自治县志编纂委员会编纂：《江城哈尼族彝族自治县志》，云南人民出版社 1989 年版，第 8、253 页。《军政部驻滇军粮收支对照表》，1940 年 12 月 9 日—1941 年 1 月 12 日，云南省档案馆馆藏档案，档案号 106—1—2563—43/44。《西畴乡绅与民众代表给省政府函件》，1942 年 3 月 10 日，云南省档案馆馆藏档案，档案号 106—1—2564—26～28。《驻滇军粮局为令饬砚山新旧任县长办理欠交军粮事项呈》，1942 年 3 月 11 日，云南省档案馆馆藏档案，档案号 106—1—2564—15。

谋至武定运粮民工用粮米 333333.33 千克，公粮 672966.67 千克，其中武定县公粮 5189 石，双江滇缅铁路捐粮 50 万千克①。1942 年云南省提供军粮 1316492.93 包，米 36.749 石，面粉 21.9 万袋，2 月购军粮款 60 万元，县公粮 50 万石；民工粮 2026.98 包；马料豆类 52138.75 千克又玉米 30 石②。1943 年云南省提供军

① 《云南省政府为屏边县万泉乡民众代表乡长王天富等请制止 184 师采购军米并豁免此项军米情形请核示饬遵呈》，1941 年 5 月 22 日，云南省档案馆馆藏档案，档案号 106—1—2565—35~41。《镇沅县长呈复自九月以上后至本年四月止共购送军米二万零七十八斤并请准免购送乞鉴核》，1942 年 5 月 25 日，云南省档案馆馆藏档案，档案号 106—1—2565—78~79。《云南省粮政局为军粮集中地点、运输交拨、交拨时期呈》，1941 年 12 月 30 日，云南省档案馆馆藏档案，档案号 106—1—2563—52/54。蒙自县志编纂委员会编：《蒙自县志》，中华书局 1995 年版，第 293 页。临沧县政协编：《临沧县文史资料》第 2 辑，1995 年印，第 63 页。赵成龙：《双江县志》，云南民族出版社 1995 年版，第 14 页。《粮政局办理佛海县征购军米情形呈》，1943 年 6 月 3 日，云南省档案馆馆藏档案，档案号 106—1—2578—46。《粮食部查核云南省政府 1941 年度配购军粮情形咨》，1942 年 5 月 6 日，云南省档案馆馆藏档案，档案号 106—1—2578—60—61。云南省武定县志编纂委员会编：《武定县志》，天津人民出版社 1990 年版，第 20 页。凤庆县人民政府、凤庆县地方志办公室编：《顺宁府（县）志》五部，天马图书有限公司 2014 年版，第 568—569 页。楚雄市地方志办公室编：《楚雄市志》，天津人民出版社 1993 年版，第 27 页。元谋县志编纂委员会编纂：《元谋县志》，云南人民出版社 1993 年版，第 3 页。
② 《粮食部部长徐堪为汇拨借用军粮价款电》，1942 年 1 月 14 日，云南省档案馆馆藏档案，档案号 106—1—2574—110~111。《民政厅办理镇越县购谷填仓呈》，1943 年 2 月 22 日，云南省档案馆馆藏档案，档案号 106—1—2579—168/169。《西畴县各乡镇长及民众代表等为无从代办军粮请向其他产米县份购运呈》，1942 年 3 月 10 日，云南省档案馆馆藏档案，档案号 106—1—2564—26/28。《镇越县政府为驻军二大队取用军米数目请准拨碾交积谷并令向邻县购米呈》，1943 年 4 月 25 日，云南省档案馆馆藏档案，档案号 106—1—2576—175。《南峤县政府参议会战时军队过往一切供应费计算表》，1948 年 2 月 2 日，云南省档案馆馆藏档案，档案号 11—7—27—88。中共临沧地区党史研究室编：《临沧地区抗日战争史料专辑》，1995 年印，第 25、28、158—161 页。方国瑜主编：民国《保山县志稿》，点校本，云南民族出版社 2003 年版，第 101 页。《省政府下达江城县运粮任务》，载政协江城县委员会编：《江城文史资料》第 1 辑，2002 年印，第 152 页。政协怒江文史资料委员会编：《怒江文史资料选辑》第 13 辑，1989 年印，第 111—116 页。《镇南县奉令筹备远征军粮草》，南华县档案馆馆藏档案，档案号 0—8—85.1—118。《云龙县县长关于兵站强索积谷电》，1942 年 9 月 13 日，云南省档案馆馆藏档案，档案号 106—1—2588—53—57。《保山县政府关于购买马料困难电》，1942 年 9 月 9 日，云南省档案馆馆藏档案，档案号 106—1—2587—39。《剑川县关于接济返国部队动用积谷呈》，1942 年 9 月 18 日，云南省档案馆馆藏档案，档案号 106—1—2587—121—122。《呈报镇沅县垫发中央陆军第六军四九师一四五团官员兵食米数目请乞转饬付价补偿》，1942 年 10 月 15 日，云南省档案馆馆藏档案，档案号 106—1—2590—151~154。《征派鲁史镇民夫 1000 名修建八十四兵站医院》，1942 年，凤庆县档案馆，顺宁县政府建设科 1942 年档案 144—7—28。《何应钦关于借碾积谷交九三师食用电》，1942 年 10 月 26 日，云南省档案馆馆藏档案，档案号 106—1—2588—129—130。南华县粮食局：《南华县粮食志》，2002 年印，第 5 页。《云南省粮政局查报各县欠交军粮情形呈》，1944 年 3 月，云南省档案馆馆藏档案，档案号 106—1—2568—12~19。云南省志编纂委员会办公室编：《续云南通志长编》中册，1985 年印，第 724 页。玉溪县地方志编纂委员会办公室编：《玉溪县志资料选刊》第 2 辑，1983 年印，第 216—221 页。云南省红河县志编纂委员会编纂：《红河县志》，云南人民出版社 1991 年版，第 323 页。《姚安县奉令运交军粮数》，民国姚安县档案，第 265 卷第 73、80、197、198、207、208、211、212 页。凤庆县人民政府、凤庆县地方志办公室编：《顺宁府（县）志》五部，天马图书有限公司 2014 年版，第 569、722 页。临沧县政协编：《临沧县文史资料》第 2 辑，1995 年印，第 81 页。《广通、罗次两县征购军粮数》，禄丰县档案馆馆藏档案，档案号 M2—2—35、36、44、56，M3—2—51，M3—1—5。《广通县提供和帮助出境部队运送抗战军需品》，禄丰县档案馆馆藏档案，档案号 M2—2—36—43。云南省地方志编纂委员会编：《云南省志·政府志》，云南人民出版社 2001 年版，第 222 页。

粮 171814336.37 千克又米 42.047 公石，1943 年购军粮款 30 万元；民工粮 241 大包又 99 千克，公粮 50 万石，借放积谷 10565 石，误烧 175 京石，马料（豆、玉米、麸皮）34647684 斤①。1944 年，购买军粮款 30 万元，提供军粮 151548452 千克，公粮 70 万石，民工粮 32130 斤米，马粮 13162931 斤，黄豆

① 中共临沧地委党史研究室编：《临沧地区抗日战争史料专辑》，1995 年印，第 25、161、162 页。《滇西各县屯集作战部队三个月马粮品种数目表》，1943 年 3 月，云南省档案馆馆藏档案，档案号 61—14—408—21～23。《保山县政府呈腾龙指挥部勒索食米一案呈》，1943 年 5 月 11 日，云南省档案馆馆藏档案，档案号 61—14—389—209～210。中共南华县委党史研究室编：《中共南华地方史》第 1 卷，云南人民出版社 1995 年版，第 64 页。凤庆县人民政府、凤庆县地方志办公室编：《顺宁府（县）志》五部，天马图书有限公司 2014 年，第 570 页。《粮食部为速办理远征军战备马粮电》，1943 年 9 月 17 日，云南省档案馆馆藏档案，档案号 61—14—408—141。《奉部长申齐辰补代电关于三个月四千匹马战备马粮地点数量分配表》，1943 年 9 月，云南省档案馆馆藏档案，档案号 61—14—408—192～193；《远征军收复缅甸作战时期三个月分屯马粮地点数量表》，1943 年 9 月，云南省档案馆馆藏档案，档案号 61—14—408—157～158；《远征军兵站总监部收复缅甸三个月运屯战备马粮数量表》，1943 年 9 月，云南省档案馆馆藏档案，档案号 61—14—408—148～149。《蒋介石关于配拨 1943 年度军粮数量及相关事项电》，1943 年 9 月 28 日，云南省档案馆馆藏档案，档案号 106—1—2582—103～106。政协德宏文史委编：《德宏州文史资料选辑》第 11 辑，1999 年印，第 312 页。景洪县地方志编纂委员会编纂：《景洪县志》，云南人民出版社 2000 年版，第 460 页。凤庆县人民政府、凤庆县地方志办公室编：《顺宁府（县）志》五部，天马图书有限公司 2014 年版，第 569、722、740—741 页。临沧县政协：《临沧县文史资料》第 2 辑，1995 年印，第 81 页。玉溪县地方志编纂委员办公室编：《玉溪市志资料选刊》第 10 辑，第 208—209 页。《云南省粮政局转拨各县超征余粮拨作三十二年度差额运拨数量及运费预算表》，1944 年 8 月 22 日，云南省档案馆馆藏档案，档案号 106—1—2595—154～158。云南省志编纂委员会办公室编：《续云南通志长编》中册，1985 年印，第 724 页。《姚安县奉令运送军粮》，民国姚安县档案，永久 265 卷第 73、80、197、198、207、208、211、212 页。丽江地区地方志编纂委员会编纂：《丽江地区志》下卷，云南民族出版社 2000 年版，第 448 页。华坪县地方志编纂委员会编：《华坪县志》，云南民族出版社 1997 年版，第 12 页。《云南省粮政局、云南省田赋管理处请制止驻军强购军米呈》，1943 年 11 月 3 日，云南省档案馆馆藏档案，档案号 106—1—2583—96～99。《云南省粮政局三十二年度超征余粮数量》，1944 年 10 月，云南省档案馆馆藏档案，档案号 106—1—2596—146～149。政协金平县委员会：《金平文史资料》第 2 辑，2001 年印，第 117 页。

626000 市斤①。1945 年提供军粮 31510429.73 千克，招待伤兵等 718900 千克，民工用粮 2728 千克，公粮 621433 千克，马粮保山提供 446 万千克，龙陵提供 615 吨，凤庆提供 72240 千克，1000 匹马 120 天的料②。

据上述各项统计，云南省为提供军粮各属各项应征应购借稻谷折为大米高达 564713604.4 千克；有记载的民工粮折为米为 1240043.34 千克，公粮 57311750 千克，马料 16435736.25 千克，玉米 3014750 千克，黄豆 313000 千克，共 19763486.25 千克，加上有些有价无具体数字的军粮马料等，云南省粮食间接损失金额为 214818586.4 元③（1937 年价）。除此以外，云南各族民众还为过往和

---

① 《云南省民政厅转报屏边县尽力供应军食马粮负担情形呈》，1944 年 3 月 28 日，云南省档案馆馆藏档案，档案号 106—1—2568—106～108。《卫立煌、龙云关于在车佛南及澜沧各县购粮事来往电》，1944 年 3 月 3 日—4 日，云南省档案馆馆藏档案，档案号 106—1—2567—104～106。《营盘机场征地预莫书及修机场民工数、支出食费等》，凤庆县档案馆，顺宁县建设科 1944 年档案 144—1—170～176。梁河县志编纂委员会编：《梁河县志》，云南人民出版社 1993 年版，第 20 页。《陆军暂编第二十三师委托各县代办副食现品及马料分配数量表》，1944 年 5 月 26 日，云南省档案馆馆藏档案，档案号 106—1—2801—97～99。《兰坪县政府查报各部队勒派伕役军粮等征用民间输力供应情形呈》，1944 年 7 月 28 日，云南省档案馆馆藏档案，档案号 106—1—2596—60～70。吕文超主编：《腾冲县志》，中华书局 1995 年版，第 31、740 页。云南省地方志编纂委员会编：《云南省志·民政志》，云南人民出版社 1996 年版，第 119、123 页。云南省地方志编纂委员会总纂：《云南省志·政府志》，云南人民出版社 2001 年版，第 222 页。《车里县政府关于交清战备马粮呈》，云南省档案馆馆藏档案，档案号 61—14—430—9～12。《云南田赋粮食管理处为三十三年度军粮配定报销核示呈》，1945 年，云南省档案馆馆藏档案，档案号 106—1—2848—71～73。临沧县政协编：《临沧县文史资料》第 2 辑，1995 年印，第 81 页。中共临沧地委党史研究室编：《临沧地区抗日战争史料专辑》，1995 年印，第 25 页。云南省志编纂委员会办公室：《续云南通志长编》中册，1985 年印，第 724 页。《姚安县奉令运送军粮》，民国姚安县档案，永久 265 卷第 73、80、197、198、207、208、211、212 页。丽江纳西族自治县志编纂委员会编纂：《丽江纳西族自治县志》，云南人民出版社 2001 年版，第 424 页。西双版纳傣族自治州地方志编纂委员会编：《西双版纳傣族自治州州志》中册，新华出版社 2002 年版，第 902 页。
② 云南省马关县地方志编纂委员会编：《马关县志》，生活·读书·新知三联书店 1996 年版，第 17 页。方国瑜主编：民国《保山县志稿》，点校本，云南民族出版 2003 年版，第 96、111 页。保山市志编委员会编：《保山市志》，云南民族出版社 1993 年版，第 555、104 页。吕文超主编：《腾冲县志》，中华书局 1995 年版，第 740 页。陈景东、张祖成主编：《龙陵县志》，中华书局 2000 年版，第 574、323 页。临沧县政协编：《临沧县文史资料》第 2 辑，1995 年印，第 81 页。政协易门县委员会文史资料编辑委员：《易门县文史资料选辑》第 6 辑，1996 年印，第 12 页。云南省弥勒县志编纂委员会编纂：《弥勒县志》，云南人民出版社 1987 年版，第 16 页。《姚安县奉令征实征借军粮》，民国姚安县档案，永久卷第 265 卷第 73、80、195、196、197、198、211、212 页。凤庆县人民政府、凤庆县地方志办公室编：《顺宁府（县）志》五部，天马图书有限公司 2014 年版，第 570—571、740—741 页。凤庆县人民武装部编：《凤庆县军事志》，1994 年印，第 236 页。金平县志编纂委员会编：《金平苗族瑶族傣族自治县志》，生活·读书·新知三联书店 1994 年版，第 13 页。蒙自县志编纂委员会编：《蒙自县志》，中华书局 1995 年版，第 292 页。《云南省粮政局征实征借军粮》，1945 年，云南省档案馆馆藏档案，档案号 61—14—487—152～155。南华县粮食局：《南华县粮食志》，2002 年印，第 13 页。
③ 粮食价值已折算为 1937 年 7 月价。

参战的中国军队送饭。反攻战斗中，腾冲和顺乡长李德颖号召群众："宁可我人吃稀饭，也要给军队吃饱"，在攻打来凤山的十来天中，乡公所组织群众，冒着枪林弹雨把米饭蔬菜送到部队阵地，全乡支援部队费用达20万元①。参加滇西作战的中国军队指挥员明确指出：民众协助，在围剿残匪中，收效特大；在深山大壑中，亦能得到一部由各方输送之给养②。

第二，牧业损失。云南省支持抗战，损耗牛110086头，马797210匹，猪牛肉927000千克，猪85330头，猪油50千克，有些县还上交军马款等。具体为1938年美军飞机在楚雄撞死1牛③。1939年军政部到姚安县采购军马40匹，1940年又购32匹④。1941年个旧牛瘟死1354牛⑤。1942年凤庆、镇康、泸水、姚安、广通派军马和修路共损失马1074匹；易门派款购军马530575元（按当年8月和1944年6月各半折算）；南峤、泸水、永德、镇康、保山共提供猪牛肉81.6万斤；提供生猪3.8万头，肉牛5.84万头，鸡146万只，鸡蛋8760万枚⑥。1943年提供军马19999匹，猪10头，猪油100斤，8月绥江县交军马款4200元⑦。1944年保山、凤庆、通海、蒙自、易门县提供军马6411匹，保山提

① 吕文超主编：《腾冲县志》，中华书局1995年版，第740页。
② 云南省志编纂委员会办公室编：《续云南通志长编》上册，1985年印，第88页。尹明德：《滇西军民抗战概况》，载政协云南省文史委编：《云南文史资料选辑》第8辑，云南人民出版社1989年版。
③ 楚雄市地方志办公室编：《楚雄市志》，天津人民出版社1993年版，第27页。
④ 霍士廉等修、由云龙等纂：民国《姚安县志·政典志》卷20，云南人民出版社1988年版，第274页。
⑤ 个旧市志编纂委员会编：《个旧市志》上册，云南人民出版社1998年版，第18页。
⑥ 凤庆县人民政府、凤庆县地方志办公室编：《顺宁府（县）志》五部，天马图书有限公司2014年版，第563—565页。《南峤县政府参议会战时军队过往一切供应费计算表》，1948年2月2日，云南省档案馆馆藏档案，档案号11—7—27—88。中共临沧地委党史研究室编：《临沧地区抗日战争史料专辑》，1995年印，第159页。政协怒江州委员会文史资料委员会编：《怒江文史资料选辑》第13辑，1989年印，第111—116页。政协怒江文史委：《怒江文史资料选辑》第5辑，1985年印，第107页。民国《姚安县志·政典志》卷20，云南人民出版社1988年版，第274页。永德县政协编：《永德县文史资料》第1辑，1991年版，第31页。云南省地方志编纂委员会编：《云南省志·政府志》，云南人民出版社2001年版，第222页。《广通县提供和帮助过境部队运送抗战军需品》，禄丰县档案馆馆藏档案，档案号M2—2—36—43。政协易门县文史委：《易门县文史资料选辑》第6辑，1996年印，第51页。《广通、罗次两县征购军粮数》，禄丰县档案馆馆藏档案，档案号M2—2—35、36、44、56；M3—2—51，M3—1—5。
⑦ 中共临沧地委党史研究室编：《临沧地区抗日战争史料专辑》，1995年印，第161—162页。凤庆县政协编：《凤庆文史资料》第10辑，第134—138页。《军政部各部队（中央或本省）自抗战以来向各县征用马匹调查表》，1943年，云南省档案馆馆藏档案，档案号58—1—133—8～10。云南省祥云县志编纂委员会编纂：《祥云县志》，中华书局1996年版，第567页。《绥江县政府训令》，绥江县档案馆馆藏档案，档案号110—1—1943—62—90。

供驮牛1510头，玉溪、南峤提供肉103.8万斤①。1945年龙陵提供骡马4800匹、驮牛1500头，绥江提供军马20匹，盐津提供24匹，丽江地区因牛疫减少大牲畜141962头②。

据上述各项统计，云南省牧业间接损失金额为12696973元（1937年价）。

第三，林业损失。1941年修叙昆路宣威县砍树1000棵③。1942年南峤县支援过往军队50300根竹子④。1943年临沧、怒江、南华、祥云县为军队提供柴610550斤，草6.2万斤，木料30根，木板30丈又50块⑤。1944年临沧、蒙自、陆良、南峤、富宁县提供床凳和方凳共150个；圆木864根；棺木2具；3万根竹；柴146760斤；木具60份，木寸板140丈，床板50付，500拿柴⑥。1945年保山提供木柴1182.25万千克，棺木13350付，枋板7.93万米，家具等6.8万件，临沧提供木柴1500斤，凤庆提供柴500万千克，军队在陆良砍伐树木等

---

① 凤庆县人民政府、凤庆县地方志办公室编：《顺宁府（县）志》五部，天马图书有限公司2014年版，第570—571页。《第一集团军总司令带电（民国三十三年二月二十九日第三七零号令）》，1944年2月29日，通海县民国档案［军事民政类］，档案号3—1—126～159或175。《陆军暂编第二十三师委托各县代办副食现品及马料分配数量表》，1944年5月26日，云南省档案馆馆藏档案，档案号106—1—2801—97～99。《南峤县政府参议会战时军队过往一切供应费计算表》，1948年2月2日，云南省档案馆馆藏档案，档案号11—7—27—88。政协易门县委员会文史资料编辑委员：《易门县文史资料选辑》第6辑，1996年印，第43页。中共临沧地委党史研究室编：《临沧地区抗日战争史料专辑》，1995年印，第172页。保山地区地方志编纂委员会编：《保山地区志》上卷，中华书局1999年版，第674页。《凤庆县凤梧乡报告到白沙水抢运军粮民工病和死亡名单》，凤庆县档案馆，顺宁县建设科档案144—21—108～134。
② 陈景东、张祖成主编：《龙陵县志》，中华书局2000年版，第574、323页。《绥江县政府"本县应征购军骡20匹的训令"》，绥江县档案馆馆藏档案，档案号110—1—1945—208—73。越国臣、李德文：《民国盐津县志》，2001年印，第44页。丽江地区地方志编纂委员会编纂：《丽江地区志》下卷，云南民族出版社2000年版，第85页。
③ 《修筑叙昆铁路占用宣威田地情况》，宣威周兴然的证言，中共宣威市委党史研究室2007年10月采访，原件存中共宣威市委党史研究室。
④ 《南峤县政府参议会战时军队过往一切供应费计算表》，1948年2月2日，云南省档案馆馆藏档案，档案号11—7—27—88。
⑤ 中共临沧地委党史研究室编：《临沧地区抗日战争史料专辑》，1995年印，第161、162、167、168页。中共南华县委党史室编：《中共南华地方史》第1卷，云南人民出版社1995年版，第64页。政协怒江文史委编：《怒江文史资料选辑》第13辑，1989年印，第111—116页。祥云县志编纂委员会编纂：《祥云县志》，中华书局1996年版，第567页。
⑥ 蒙自县志编纂委员会编纂：《蒙自县志》，中华书局1995年版，第294页。中共临沧地委党史研究室编：《临沧地区抗日战争史料专辑》，1995年印，第170—171页。赵志鹏、刘冰册、韦思亮：《千年古镇——剥隘》，云南民族出版社2005年版，第56页。《南峤县政府、参议会战时军队过往一切供应费计算表》，1948年2月2日，云南省档案馆馆藏档案，档案号11—7—27—88。《陆良县政府战时军队过往一切供应费计算表》，1948年1月，云南省档案馆馆藏档案，档案号11—7—27—91。

1343290 元（1945 年 6 月价）①。

据上述各项统计，云南省林业间接损失金额为 4057921 元（1937 年 7 月价）。

第四，土地损失。因修建公路、机场等军事设施，占了不少的田地山林。1933 年修建丽江机场占地 500 亩②。1935 年滇缅公路禄丰段占地 1341.4 亩③。1936 年修砚山兵营占地 179.27 亩④。1937 年修滇黔南路占地 4306.31 亩；滇缅公路占地 13063.4 亩；易门修邑三公路占地 399.4 亩⑤。1938 年修泸西机场占地 1249.07 亩；祥云县云南驿机场占地 5675.57 亩；昆明机场占田 45.02 亩，地 305.91 亩；芒市机场占田 232 亩，地 170 亩；昭通机场占地 1087.5 亩；楚雄机场占田 60 亩，地 840 亩；广南机场占地 1220 亩、宅地 6.2 亩、坟地 16.4 亩；罗平机场占地 6416 亩；保山机场占田 1744.23 亩，坟地 81.4 亩，地 35.79 亩；沾益机场占田 1633.33 亩，地 1971.02 亩；蒙自机场占地 2476.25 亩；嵩明杨林机场占地 2238.06 亩；禄丰机场占地 371 亩；楚雄为美机修便道占地 99.1 亩；滇缅铁路占地 13213.21 亩；叙昆铁路占地 6306.31；龙陵公路占地 168.17 亩；川滇东路占地 3840.84 亩；修军官学校

---

① 中共临沧地委党史研究室编：《临沧地区抗日战争史料专辑》，1995 年印，第 172 页。陆良县政府：《呈报发放树价情形列表祈请鉴核核销备案指令祗遵由》，1945 年 6 月 6 日，云南省档案馆馆藏档案，档案号 106—4—4785—45～46。凤庆县人民政府、凤庆县地方志办公室编：《顺宁府（县）志》五部，天马图书有限公司 2014 年版，第 570—571、740—741 页。凤庆县人民武装部编：《凤庆县军事志》，1994 年印，第 236 页。

② 丽江地区地方志编纂委员会编纂：《丽江地区志》下卷，云南民族出版社 2000 年版，第 677 页。

③ 禄丰县地方志编纂委员会编纂：《禄丰县志》，云南人民出版社 1997 年版，第 366 页。

④ 砚山县志编纂委员会编纂：《砚山县志》，云南人民出版社 2000 年版，第 789 页。

⑤ 政协云南省文史委编：《云南文史资料选辑》第 37 辑，云南人民出版社 1989 年版，第 264—268 页。云南省地方志编纂委员会编：《云南省志·交通志》，云南人民出版社 2001 年版，第 139 页。昆明市对外经贸局编：《昆明市对外经济贸易志》，云南民族出版社 2003 年版，第 74 页。《云南全省公路总局函送各段移交工程表册》，1939 年 7 月 14 日，云南省档案馆馆藏档案，档案号 55—3—753—63～67。云南省志编纂委员会办公室编：《续云南通志长编》中册，1985 年印，第 990、993 页。沐德志：《易门县志》，中华书局 2006 年版，第 381 页。

及特种营房占田 2792.82 亩，地 35.79 亩①。1939 年修滇桂公路占地 8049.55 亩；雷武飞行场占地 376.56 亩；腾冲机场占园地 700 亩，田 1836.93 亩，地 820.93

① 近卫第二团团长石崧龄：《泸西机场修建报告》，1938 年 2 月 1 日，云南省档案馆藏档案，档案号 9—6—271—138～139。《泸西县政府造报修筑玉林坡机场工程经费预算书》，1938 年 10 月 13 日，云南省档案馆藏档案，档案号 9—6—272—36～38。《祥云县政府请发修整机场及扩修机场工资代电》，1939 年 5 月 2 日，云南省档案馆藏档案，档案号 9—6—230—181。祥云县政府：《地价数目表册》，1939 年 9 月 21 日，云南省档案馆藏档案，档案号 9—6—230—199～205。《思茅等二十二县境内历年因公征用田地亩积及发价情形简明表》，1945 年 10 月 29 日，云南省档案馆藏档案，档案号 62—8—92—245。中共临沧地委党史研究室编：《临沧地区抗日战争史料专辑》，1995 年印，第 157 页。《航空委员会空军第四总站恳饬办理收买土地登记等事并恳准先行兴工呈》，1938 年 8 月 11 日，云南省档案馆藏档案，档案号 106—3—77～78。《云南省建设厅请示空军军官学校在干海子征地修筑机场工程及发价处理办法呈》，1942 年 1 月 9 日，云南省档案馆藏档案，档案号 106—3—1548—12～14。《云南省政府令》，1942 年 1 月 13 日，云南省档案馆藏档案，档案号 106—3—1548—10。《据呈报北得邑公田被空军学校占用请检发执照并派员领款情鉴核备案》，1942 年 2 月 3 日，云南省档案馆藏档案，档案号 106—3—1548—12～14；《云南省建设厅拟准空军军官学校建筑推机道路征用民地呈》，1942 年 2 月 21 日，云南省档案馆藏档案，档案号 106—3—1548—74～76。《云南省建设厅为昆明县波罗村征地地价请准照议定事项办理呈》，1939 年 8 月 21 日，云南省档案馆藏档案，档案号 106—4—2401—13～15。《云南省建设厅、公路管理局呈复奉令商定扩充昆明飞机场工程收用土地及给价办法由》，1943 年 6 月 23 日，云南省档案馆藏档案，档案号 106—3—1549—65～68。《昆明县政府请函催发扩修巫家坝机场等工程尾款呈》，1943 年 9 月 3 日，云南省档案馆藏档案，档案号 106—3—1551—103～108。《军事工程会第八工程处第四期工程用地数量表》，1944 年 7 月 26 日，云南省档案馆藏档案，档案号 62—8—63～66。《为汇拨芒市机场地价及房屋拆迁费请查照转发县领》，1941 年 7 月 12 日，云南省档案馆藏档案，档案号 106—3—16—17。《令昭通县转饬毛大华等查照办理费请加发征地价案各情》，1941 年 3 月 20 日，云南省档案馆藏档案，档案号 9—1—237—427～428。昭通市志编委员会编：《昭通市志》，云南人民出版社 2000 年版，第 292 页。《楚雄县长邱天培扩修飞机场征用人民田地亩积及预算地价呈》，1938 年 4 月，云南省档案馆藏档案，档案号 9—6—267—40～42。政协云南省文史委编：《云南文史资料选辑》第 37 辑，云南人民出版社 1989 年版，第 225—241 页。云南省地方志编纂委员会编：《云南省志·政府志》，云南人民出版社 2001 年版，第 210—211 页。《云南省广南县扩修东外飞机场征用人民田地及应发地价数目表》，1940 年 7 月 20 日，云南省档案馆藏档案，档案号 9—6—283—44～45。《云南省广南县新修东外飞机场拆迁人民房屋及应需地价数目表册》，1940 年 7 月 20 日，云南省档案馆藏档案，档案号 9—6—283—46～48。《罗平县一区怀仁乡青草塘村被征用飞机场各号耕地亩积税额表》，1938 年 10 月，云南省档案馆藏档案，档案号 9—6—231—126～127。《方子瑞前往罗平会勘机场占用地亩暨议拟地价情形呈》，1945 年 1 月 14 日，云南省档案馆藏档案，档案号 62—8—54—33～38。《军事委员会工程委员会昆明办事处请查收办理机场建设征用田亩地价迁移费等相关图表清册公函》，1945 年 8 月 14 日，云南省档案馆藏档案，档案号 62—8—54—105。《军事委员会工程委员会昆明办事处请办理机场未发地价费等详细表及清单公函》，1945 年 8 月 22 日，云南省档案馆藏档案，档案号 62—8—54—108。《云南保山县扩修飞机场迁移民间坟墓应给地价数目表册》，1939 年 10 月 20 日，云南省档案馆藏档案，档案号 9—6—269—124～135。《保山县请发修筑机场征用地价及青苗损失等费呈》，1939 年 8 月 23 日，云南省档案馆藏档案，档案号 9—6—269—108。《沾益县政府请转航空委员会发放机场征地及工资遗漏款项呈》，1939 年 5 月 7 日，云南省档案馆藏档案，档案号 9—6—220—186～189。《蒙自县政府查报扩修蒙自机场地亩清册呈》，1945 年 7 月 25 日，云南省档案馆藏档案，档案号 62—8—56—59～60。楚雄市地方志办公室编：《楚雄市志》，天津人民出版社 1993 年版，第 27 页。昆明市对外经贸局编：《昆明市对外经济贸易志》，云南民族出版社 2003 年版，第 73 页。云南省地方志编纂委员会编：《云南省志·铁道志》，云南人民出版社 1997 年版，第 130—132、133—134 页。《思茅等二十二县境内历年因公征用田地亩积及发价情形简明表》，1945 年 10 月 29 日，云南省档案馆藏档案，档案号 62—8—92—245。《禄丰县奉令第三次扩修军用机场》，禄丰县档案馆藏档案，档案号 M1—2—259。

亩；腾、梁、盈、陇公路占地 1896.1 亩；戛雷简易公路占地 423.2 亩；会泽机场占地 1340.7 亩；芒市等高机场征地 2415 亩①。1940 年保顺公路占地 465.61 亩；牛师公路弥泸段占地 247 亩；西祥公路占地 4345.35 亩；巍山机场占地 587.1 亩；宾川统管机场占地 1651.6 亩；丽江航空导航站占地 600 亩；开远机场占地 33 亩②。1941 年，国民政府军事委员会在功果桥东山抢修一条炮道，配置高炮防空设备，以防御日机对功果桥的轰炸，占地 8.1 亩；垒嘛公路征田 1363.68 亩，地 47.8 亩；弥遮公路占地 3558.56 亩；保云公路顺云段占地 364.71 亩；金平平寇营便道占地 126.13 亩；金平县修便道占地 180.18 亩；思茅机场占田 141.059 亩，地 171.91 亩③。1942 年抢修中国空军飞机占地 30 亩；修云县至镇康驿道占地 390.4 亩；弥渡瓦仓机场占地 225.23 亩；呈贡机场占地

① 政协云南省文史委编：《云南文史资料选辑》第 37 辑，云南人民出版社 1989 年版，第 242—259 页。云南省地方志编纂委员会编：《云南省志·政府志》，云南人民出版社 2001 年版，第 212—214 页。政协瑞丽委员会：《瑞丽市文史资料选辑》第 1 辑，1994 年印，第 88—102 页，占地面积根据《中央雷允飞机制造厂全貌》图比例计算。云南省政府：《为腾冲县飞机场新旧征地亩积共有若干等因一案令云南省地政局知照》，1945 年 11 月 24 日，云南省档案馆馆藏档案，档案号 62—8—91—20～21。芒市公路管理总段编：《德宏傣族景颇族自治州公路管理志》，云南民族出版社 2000 年版，第 68 页。德宏州政协文史资料委员会、北京市政协文史资料委员会编：《滇缅抗战纪实》，中国文史出版社 2008 年版，第 345—347 页。云南省会泽县志编纂委员会编纂：《会泽县志》，云南人民出版社 1993 年版，第 410 页。云南省潞西县志编纂委员会编纂：《潞西县志》，云南教育出版社 1993 年版，第 314 页。

② 凤庆县人民政府、凤庆县地方志办公室编：《顺宁府（县）志》五部，天马图书有限公司 2014 年版，第 568—569 页。泸西县志委员会编：《泸西县志》，云南人民出版社 1992 版，第 14 页。云南省志编纂委员会办公室编：《续云南通志长编》中册，1985 年印，第 988 页。《张笃伦西祥公路应速彻底破坏电》，1942 年 1 月 6 日，云南省档案馆馆藏档案，档案号 106—4—4538—22～27。云南省地方志编纂委员会编：《云南省志·政府志》，云南人民出版社 2001 年版，第 211 页。政协云南省文史委编：《云南文史资料选辑》第 37 辑，云南人民出版社 1989 年版，第 232—241 页。大理白族自治州地方志编纂委员会编纂：《大理白族自治州志》卷一，云南人民出版社 1998 年版，第 35 页。宾川县志编纂委员会编纂：《宾川县志》，云南人民出版社 1997 年版，第 724 页。云南省开远市志编纂委员会编纂：《开远市志》，云南人民出版社 1996 年版，第 11 页。丽江地区地方志编纂委员会编纂：《丽江地区志》下卷，云南民族出版社 2000 年版，第 677 页。

③ 云龙县志编纂委员会编纂：《云龙县志》，农业出版社 1992 年版，第 426 页。《垒嘛公路工程总段长王之翰致公路总管理处呈》，1942 年，中国第二历史档案馆馆藏档案，档案号十五 898，第 35 页。《滇缅公路公务局弥遮段工程处工程决算书》，1941 年，中国第二历史档案馆馆藏档案，档案号十五 2896。凤庆县人民政府、凤庆县地方志办公室编：《顺宁府（县）志》五部，天马图书有限公司 2014 年版，第 568—569 页。政协金平苗族瑶族傣族自治县委员会编：《金平文史资料》第 2 辑，2001 年印，第 108—109、121 页（按 2 米宽）。《思茅等二十二县境内历年因公征用田地亩积及发价情形简明表》，1945 年 10 月 29 日，云南省档案馆馆藏档案，档案号 62—8—92—322。政协江城县委员会编：《江城文史资料》第 1 辑，2002 年印，第 51 页。云南省地方志编纂委员会编：《云南省志·政府志》，云南人民出版社 2001 年版，第 217 页。

4240.14 亩①。1943 年永德德党机场占地 63 亩；镇康撒马坝机场占地 306.31 亩；南峤机场占地 225.23 亩；寻甸羊街机场占地 3189.76 亩②。1944 年云县修飞机跑道占地 13.51 亩；营盘机场占地 120 亩；马龙修简易军用公路占地 211.8 亩；龙陵输油管理站占地 66.23 亩，龙陵机场占地 41.6 亩；腾冲古永机场占田 151.4 亩；中美联队在昭通修建营房占地 77.13 亩；美军在沾益建医院等占地 278.74 亩，田 8.5 亩③。1945 年中印输油管占禄丰地 131.1 亩；嵩明机场占地 90 亩；宁洱县历年修公路占田 570.79 亩；寻甸机场占地 3098 亩；中印输油管道爆炸毁田 10.1 亩；滇缅公路食宿站占荒地 38.4 亩；陆良机场占地 9000.205 亩；蒙自战壕占地 150.15 亩；富源县历年修公路等占田 45.9 亩，地 150.16 亩④。另，抗

① 新平县政协文史委编：《新平县文史资料》第 13 辑，2003 年印，第 22 页。中共临沧地委党史研究室编：《临沧地区抗日战争史料专辑》，1995 年印，第 161 页。大理白族自治州地方志编纂委员会编纂：《大理白族自治州志》卷一，云南人民出版社 1998 年版，第 36 页。云南省地方志编纂委员会编：《云南省志·政府志》，云南人民出版社 2001 年版，第 217 页。《思茅等二十二县境内历年因公征用田地亩积及发价情形简明表》，1945 年 10 月 29 日，云南省档案馆馆藏档案，档案号 62—8—92—245。

② 永德县志办：《永德县志》，云南人民出版社 1994 年版，第 16 页。中共临沧地委党史研究室编：《临沧地区抗日战争史料专辑》，1995 年印，第 26—27 页。勐海县地方志编纂委员会编纂：《勐海县志》，云南人民出版社 1997 年版，第 321 页。《思茅等二十二县境内历年因公征用田地亩积及发价情形简明表》，1945 年 10 月 29 日，云南省档案馆馆藏档案，档案号 62—8—92—245。

③ 政协云县文史委编：《云县文史资料》第 4 辑，1989 年印，第 65—68 页。《营盘机场征地预莫书及修机场民工数、支出食费等》，凤庆县档案馆，顺宁县建设科 1944 年档案 144—1—170～176。马龙县吴德跃的证言，中共马龙县委党史研究室 2007 年 9 月采访，原件存中共马龙县委党史研究室。吕文超主编：《腾冲县志》，中华书局 1995 年版，第 30 页。陈景东、张祖成主编：《龙陵县志》，中华书局 2000 年版，第 17 页。保山地区行政公署交通局：《保山地区交通志》，云南民族出版社 2001 年版，第 372—374、487 页。昭通县政府：《为呈报中美联队营房征地发价情形由》，1944 年 12 月 7 日，云南省档案馆馆藏档案，档案号 62—8—38—38～39。沾益县参议会：《为请求准予分头请发征用田地一案由》，1947 年 10 月 8 日，云南省档案馆馆藏档案，档案号 62—8—86—193～195。

④ 《禄丰县境铺筑中印输油管道占地和投工数》，禄丰县档案馆馆藏档案，档案号 M2—4—7，第 82—88 页（每亩 20 元）。《云南省地政局、建设厅修建盖山机场征地价款拨发人民具领令》，1945 年 5 月，云南省档案馆馆藏档案，档案号 62—8—44—169～174。《邓川、盐丰、宁洱、个旧、沾益、玉溪等县境内历年因公征用田地亩积及发价免赋情形简明表》，1946 年 2 月 15 日，云南省档案馆馆藏档案，档案号 62—8—92—322。云南全省公路总局：《为前颁修筑公路收用土地章程规定地价过低拟酌予增订祈鉴核示遵由》，1941 年 12 月 16 日，云南省档案馆馆藏档案，档案号 106—4—4517—97～98。《云南省修筑公路收用土地章程》，1941 年 12 月 16 日，云南省档案馆馆藏档案，档案号 106—4—4517。《云南省地政局关于寻甸机场征地的呈文》，1945 年 6 月 17 日，云南省档案馆馆藏档案，档案号 62—8—94—4～5。漾濞彝族自治县地方志编纂委员会编：《漾濞县志》，云南人民出版社 2000 年版，第 14 页。漾濞县政府：《呈报公务人在漾濞县境内修建食宿站及停车场被征用土地地价用途及免赋情形祈鉴核并请汇发价款由》，1945 年 8 月 22 日，云南省档案馆馆藏档案，档案号 62—8—62—122。《云南省政府为转函第十二工程处迅予拨发陆良县历次机场征地地价致地政局训令》，1945 年 9 月 15 日，云南省档案馆馆藏档案，档案号 62—8—54—215～216。蒙自县志编纂委员会编纂：《蒙自县志》，中华书局 1995 年版，第 300 页（按 50 千米长、2 米宽计算）。《核饬平彝县政府呈报清查因公征地各情一案由》，1945 年 4 月 5 日，云南省档案馆馆藏档案，档案号 62—8—94—37～39。

战中修建的云县、佛海（今属勐海县）、勐腊、麻栗坡、马关等5个机场及抗战前修建的18个机场无土地记载，课题组经研究，决定以简易机场计算，每个占地按60亩计，共1380亩。据《云南省志·交通志》记载，抗战中建成公路4643公里。以上公路便道等仅3681.18公里，还有961.82公里未算土地，其中中印公路占地4941.74亩，其他按简易公路算，占地为4750亩。修建机场，共征用（占用）水田6073.969亩，旱地54266.595亩，园地700亩，宅基地6.2亩，坟地97.8亩。修路占地34479.36亩，田3367.73亩；铁路占地9848.49亩；其他设施占地737.47亩，田18.6亩。合计109596.21亩。

据上述各项统计，云南省土地间接损失金额为10174120元（1937年7月价）。（折算标准见财产损失开始部分注释）

第五，其他损失。1941年元谋运粮民工菜金333333.33元；远征军第2军后勤部在凤庆县鲁史设立粮站，借民房3幢作仓库，时间4年另8个月[1]。1942年通海县提供180付担架；修滇缅铁路毁凤庆民房58间；支出稻草6.6万斤又马草1.5万元，草席300张，干柴20丈又2.84万斤；生产减少170万元（1946年3月价），减少稻谷395万千克、杂粮252万千克，支出350付门板；提供盐792千克，香油30万斤，蔬菜2054万斤，剑川供油盐等共5万元[2]。1943年支出盐1550斤，石灰4200斤，担架80付，稻草2000斤，菜10200斤，油15940斤[3]。1944年，蒙自、镇康、陆良提供草557470斤，凤庆提供食用油3万斤，

---

[1] 元谋县志编纂委员会编纂：《元谋县志》，云南人民出版社1993年版，第3页。凤庆县地方志办编：《鲁史镇志》，2001年印，第7页。

[2] 《通海县民众输送伤兵队筹措担架情况表〈民国三十一年一月〉》，1942年1月，通海县档案馆［民国档案军事民政类］，档案号3—1—170。凤庆县人民政府、凤庆县地方志办公室：《顺宁府（县）志》五部，天马图书有限公司2014年版，第563—565页。中共临沧地委党史研究室编：《临沧地区抗日战争史料专辑》，1995年印，第159、160页。《碧江设治局填报抗战期间人员伤亡和财产损失表》，1946年3月，云南省档案馆馆藏档案，档案号11—7—1—27。《碧江设治局民营事业财产损失报单》，1946年3月，云南省档案馆馆藏档案，档案号11—7—1—29。政协怒江文史委编：《怒江文史资料选辑》第13辑，1989年印，第111—116页。蒙自县志编纂委员会编：《蒙自县志》，中华书局1995年版，第294页。《抗战期间上江田地完全荒芜》，见孟立人著：《保山战时县政》，载《滇西抗日战争历史资料续辑》，1995年印，第108页。崔向弼：《泸水抗日战事访问纪零》，载政协怒江文史资料委员会编：《怒江文史资料选辑》第2辑，1984年印，第51页。泸水县志编纂委员会编：《泸水县志》，云南民族出版社1995年版，第109、114页。《广通、罗次两县征购军粮数》，禄丰县档案馆馆藏档案，档案号M2—2—35、36、44、56，M3—2—51，M3—1—5。《广通县提供和帮助过境部队运送抗战军需品》，禄丰县档案馆M2—2—36—43。永德县政协编：《永德县文史资料》第1辑，1991年印，第31页。《剑川县关于接济返国部队动用积谷呈》，1942年9月18日，云南省档案馆馆藏档案，档案号106—1—2587—121～122。云南省地方志编纂委员会编：《云南省志·政府志》，云南人民出版社2001年版，第222页。

[3] 中共临沧地委党史研究室编：《临沧地区抗日战争史料专辑》，1995年印，第161、162、167、168页。

镇康县提供担架 95 付、元谋生产减少 50000 万元①。1945 年保山提供马草 953 万千克，镇康提供稻草 1800 斤，马草 24990 斤，顺宁（今凤庆县）提供稻草 6.5 万千克，镇康提供小菜 1200 斤、清油 120 斤，凤庆提供香油 2000 斤，担架 62 付，昆明烧毁小麦 16 亩，江城民工误工 1001500 万元，生产减少 100 亿又 1500 万元②。因沦陷腾冲中和生产减少 300 万元，小西乡减少 3500 万元；因轰炸麻栗坡生产减少 510 万元，泸水生产减少 478 万元，梁河生产减少 900 万元，潞西生产减少 276250 万元，广南减少 10000 万元③。还有无法折算的牛车 440 辆，干柴 20 丈，草席 300 张；350 付门板；床板 50 付，木具 60 份，木寸板 140 丈；枋板 7.93 万米；家具等 6.8 万件。

据上述各项统计，云南省农业的其他损失金额为 15924600 元（1937 年 7 月价）。

综上所述，云南省抗战时期农业间接损失总计为 257672200 元（1937 年 7 月价）。

（3）财政损失

第一，税收损失。由于日本侵略者入侵中国，云南各地为了支持抗战，或是增加税赋，有的则是财政收入被迫减少。具体为 1937 年砚山财政收入减少

① 蒙自县志编纂委员会编：《蒙自县志》，中华书局 1995 年版，第 294 页。《交驻军食用香油》，1944 年，凤庆县档案馆，顺宁县建设科 1944 年档案 158—20—169 ~ 170。中共临沧地委党史研究室编：《临沧地区抗日战争史料专辑》，1995 年印，第 171、172 页。《元谋县抗战时期财产间接损失统计》，1947 年 4 月 19 日，云南省档案馆馆藏档案，档案号 11—7—10—53 ~ 244。《陆良县政府战时军队过往一切供应费计算表》，1948 年 1 月，云南省档案馆馆藏档案，档案号 11—7—27—91。

② 保山地区地方志编纂委员会编：《保山地区志》上卷，中华书局 1999 年版，第 674、666、710 页。方国瑜主编：《保山县志稿》，云南民族出版社 2003 年版，第 96、111 页。保山市志编纂委员会编：《保山市志》，云南民族出版社 1993 年版，第 104、555 页。中共临沧地委党史研究室编：《临沧地区抗日战争史料专辑》，1995 年印，第 172 页。《交驻军食用香油》，1944 年，凤庆县档案馆，顺宁县建设科档案 144—21—39。《昆明县政府为运输机降落机毁人亡及小春损失致民政厅呈》，1945 年 3 月 19 日，云南省档案馆馆藏档案，档案号 11—7—29—24。《江城县政府抗战期间间接损失汇报呈》，1947 年 12 月 17 日，云南省档案馆馆藏档案，档案号 11—7—10—129 ~ 130。《镇南县代美军购买马草》，南华县档案馆馆藏档案，档案号 0—1—4—016。《兵站医院令派民夫 600 名，担架 62 付》，1945 年，凤庆县档案馆，顺宁县秘书科 1945 年档案 132—21—23。临沧县政协编：《临沧县文史资料》第 2 辑，1995 年印，第 81 页。凤庆县人民政府、凤庆县地方志办公室编：《顺宁府（县）志》五部，天马图书有限公司 2014 年版，第 570—571、740—741 页。凤庆县人民武装部编：《凤庆县军事志》，1994 年印，第 236 页。

③ 《腾冲县小西乡、中和乡财产间接损失汇报表》，1946 年 7 月 8 日—24 日，云南省档案馆馆藏档案，档案号 44—4—317—221、222。《麻栗坡对汛督办公署呈报财产损失》，1946 年 6 月 19 日，云南省档案馆馆藏档案，档案号 44—4—317—163。《表式 7：人民团体机关公司行号合作社及私人通用财产间接损失呈报表》，泸水县档案馆馆藏（民国档案），档案号 9—4—1—45。《梁河县人民团体机关公私行号合作社及私人通用财产间接损失汇报表》，1946 年 9 月 20 日，云南省档案馆馆藏档案，档案号 44—4—317—138。潞西县志编纂委员会编：《潞西县志》，云南教育出版社 1993 年版，第 314 页。《广南县财产间接损失汇报表》，1947 年 6 月 29 日—7 月 21 日，云南省档案馆馆藏档案，档案号 44—4—317—244、245、246。

125.6万元①。1938年1月修泸西机场，因征地减税32.59元新币，同年江川县增附加税16924元，翌年征税30398元，比战前增加一倍多②。1939年凤庆交税款支援抗战46000元，因抗战特需费用增加，南华增加耕地税10490元，江城增加田赋税2500元③。1940年南华县再次提高税率5倍，每税额1元征稻谷1斗2升，合计征稻谷12924公石；凤庆征税款485182.48元④。1941年永平县在56522元的基础上改为征实稻谷6464石，而砚山财政收入则减为1936年251.25万元的一半⑤。1943年云南省超征稻谷3.6万石，凤庆县上交税粮米230万千克，稻谷45716.257石，云县交税粮4516578千克，折征法币20440元⑥。1944年昭通征收食盐附税917655元⑦。因修建机场和公路等占用田地，减免税粮：1941年减税1954.94元，粮243.674石；1942年减税8138.131元，粮1220.758石；1943年减税8099.95元，粮970.666石；1944年减税1628.86元，粮278.318石；计为12290元。另怒江以西沦陷，腾冲和龙陵未能收1942—1943年税，1944年国民政府鉴于沦陷区曾遭侵略者蹂躏，决定是年起对腾龙地区税收全免两年，减半收两年，计为397275元。

　　据上述各项统计，云南省税收损失金额为4589434元（1937年7月价）。

　　第二，军费损失。1940年以前，云南军队的军费都是云南省政府自己筹措。1937年全国抗战爆发，云南省两次购买军械支付新滇币15330346元。云南省支付军费1937年14003060元，1938年12930786元，1939年24850782元，1940年1月至6月21606078元⑧。1940年8月后，军费改由国库支付。课题组查证《云南省二十一年七月至二十九年六月历支经常军费表》及《民国二十六年至二

①　砚山县志编纂委员会编纂：《砚山县志》，云南人民出版社2000年版，第501页。
②　云南省江川县史志编纂委员会编纂：《江川县志》，云南人民出版社1994年版，第11页。《泸西机场修建报告》，1938年2月1日，云南省档案馆藏档案，档案号9—6—271—138～139。
③　凤庆县人民政府、凤庆县地方志办公室：《顺宁府（县）志》五部，天马图书有限公司2014年版，第722页。南华县财政局编：《南华县财政志》，1999年印，第223页。政协江城县委员会编：《江城文史资料》第1辑，2002年印，第152页。
④　南华县财政局编：《南华县财政志》，1999年印，第52页。凤庆县人民政府、凤庆县地方志办公室编：《顺宁府（县）志》五部，天马图书有限公司2014年版，第722页。
⑤　永平县政协：《永平文史资料》第1辑，1998年印，第164页。砚山县志编纂委员会编纂：《砚山县志》，云南人民出版社2000年版，第501页。
⑥　《本省征实征购现已超过定额》，载《云南日报》1943年3月6日，第3版。凤庆县人民政府、凤庆县地方志办公室：《顺宁府（县）志》五部，天马图书有限公司2014年版，第569、722、740—741页。政协云县文史委编：《云县文史资料》第4辑，1989年印，第28、34页。
⑦　《财政部云南盐务管理局电文单昆运字第190号》，昭阳区档案馆馆藏档案，档案号1—4—164卷。
⑧　云南省地方志编纂委员会总纂：《云南省志·军事志》，云南人民出版社1997年版，第582、584页。

十九年临时军费概数表》①，两表数据相加，基本与《云南省志·军事志》相同，故采用这些数据。但"军事志"未包含 7 月数据，故按《续云南通志长编》6 月的数据法币 1824644.8 元统计。另外不少地方在征兵时还缴了募兵费或是伙旅费等，也算作军费。抗战期间盐津县征兵费 2532992 元。1937 年，顺宁县交募兵费 2.64 万元，临沧县交募兵费 6200 元②。1938 年，云南省核定各县负担保卫营经费办法，全省 27 个保卫营年需经费新滇币 9 万元；云南省各县征补第 60 军补充第 654 团兵额 7240 名，从泸县雇木船运到重庆再以轮船运往前线，所有船费每兵给 0.3448 元；各县交伤兵服装费 37362.62 元，云南军队第 58 军开拔费 50 万元，临沧县交募兵费 5400 元③。1939 年 1 月，云南省政府筹新币 200 万元办自卫军，3 月县常备中队津贴等 61522 元，9 月玉溪征兵费新币 24966 元，通海送兵费 31.8 元，通海军费 95550 元，临沧募兵费 6.8 万元又 60 万元旧币④。1940 年 1 月起，昆明行营每月经费 10 万元，凤庆送兵费 2930 元，临沧县募兵费 68000 元，滇越边游击队长短枪 400 余支，军装 500 套，玉溪征兵及自卫团经费等 60361 元⑤。1941 年，凤庆交募兵费 1200 元，临沧县募兵费 10 万元⑥。1942

---

① 云南省志编纂委员会办公室编：《续云南通志长编》中册，1985 年印，第 641、652 页。

② 云南省盐津县修志局编：《民国盐津县志》，2001 年印，第 223—226 页。凤庆县人民武装部编：《凤庆县军事志》，1994 年印，第 107—110 页。临沧县政协：《临沧县文史资料》第 2 辑，1995 年印，第 80 页。

③ 云南省志编纂委员会办公室编：《续云南通志长编》中册，1985 年印，第 641、652 页。《署府另核订各县负担保卫营经费办法》，载云南日报 1938 年 2 月 2 日，第 4 版。《民国二十七年度征补第六十军补充第六五四团兵额一览表》，1938 年 5 月 7 日，云南省档案馆馆藏档案，档案号 11—5—1072—14～15。《顾祝同贺国光为运输补充兵员事电》，1938 年 7 月，云南省档案馆馆藏档案，档案号 106—1—2364—6。民政厅：《呈报奉令饬办伤病兵服装分配各县筹由》，1940 年 7 月 16 日，云南省档案馆馆藏档案，档案号 106—1—2746—41～43。《龙云为向军政部领取五十八军费用电》，1938 年 7 月，云南省档案馆馆藏档案，档案号 106—1—2364—97。《王吉甫为领获五八军军费电》，1938 年 6 月 16 日，云南省档案馆馆藏档案，档案号 106—1—2364—104。临沧县政协：《临沧县文史资料》第 2 辑，1995 年印，第 80 页。

④ 政协昆明文史委员会编：《昆明文史资料选辑》第 6 辑上，云南人民出版社 1982 年版，第 188 页。《1939 年通海县常备中队薪饷公费津贴表（一月～五月份）》，1939 年，通海县档案馆馆藏〔民国档案军事民政类〕，档案号 3—1—190—34、48、163、194。《通海县常备中队送兵费》，通海县档案馆馆藏民国档案〈军事民政类〉，档案号 3—1—190～45。《补充第四团第二营第八连发放通海壮丁津贴表》，通海县档案馆馆藏民国档案〈军事民政类〉，档案号 3—1—171。临沧县政协：《临沧县文史资料》第 2 辑，1995 年印，第 80 页。

⑤ 政协昆明文史委员会编：《昆明文史资料选辑》第 6 辑上，云南人民出版社 1982 年版，第 201 页。云南省志编纂委员会办公室编：《续云南通志长编》中册，1985 年印，第 641、652 页。凤庆县人民武装部编：《凤庆县军事志》，1994 年印，第 107—110 页。临沧县政协：《临沧县文史资料》第 2 辑，1995 年印，第 80 页。政协元阳委员会：《元阳县文史资料》第 1 辑，1992 年印，第 127 页。玉溪县地方志编纂委员会办公室编：《玉溪县志资料选刊》第 2 辑，1983 年印，第 205—206 页。

⑥ 凤庆县人民武装部编：《凤庆县军事志》，1994 年印，第 107—110 页。临沧县政协：《临沧县文史资料》第 2 辑，1995 年印，第 80 页。

年，绥江县交田赋作军费，兰坪、玉溪、临沧、凤庆交募兵费、泸水接待过往军队，福碧泸练游击队军费，共 2713440.48 元又 12000 元半开，7579 元大洋，280 石谷 84 万斤大米①。1943 年，绥江县交军服款 3000 元，送兵费 1.5 万元，募兵费 1400 元，送兵费 36 万元；临沧募兵费 14.5 万元；元阳募兵费 500 半开又 18000 元；金平负责驻军 1943 年至 1945 年给养粮草 90 万元②。1944 年，易门为过往军队提供副食等费用 2110510 元，为新兵家属提供安家费 391.5 石米，募兵费 276.06 万元；南峤为过往军队提供 150 万元；陆良提供 293.891 万元；缅宁募兵费 1100.5 万元；凤庆 126.9 万元；姚安骡马代役费 130.5095 万元③。1945 年，玉溪骡马代役费 5184 万元，过往军队费用 27.535 万元，募兵费缅宁 1130

① 《绥江县田赋管理处向云南省田赋管理处的呈报》，1942 年，绥江县档案馆馆藏档案，档案号 110—1—1942—63—200。《金顶镇长就筹交伙旅费及征送壮丁事给第九保保长的指令》，云南丽江档案馆馆藏档案，档案号 41—5—14 下。《云南省泸水设治局战时军队过往一切供应费计算表》，1948 年 4 月 1 日，云南省档案馆馆藏档案，档案号 11—7—27—95。《为呈报此次国军回国道经福贡供应粮秣食盐柴薪夫役各数目情形祈鉴核由》，福贡档案馆馆藏档案，档案号 1—1—73—112。《福贡设治局战时军队过往一切供应费计算表》，1948 年 3 月 3 日，云南省档案馆馆藏档案，档案号 11—7—27—177。《云南碧江设治局战时军队过往一切供应费计算表》，1948 年 3 月 28 日，云南省档案馆馆藏档案，档案号 11—7—27—178。玉溪县地方志编纂委员会办公室编：《玉溪市志资料选刊》第 10 辑，1985 年印，第 327—329 页。政协怒江文史资料研究组：《怒江文史资料选辑》第 5 辑，1985 年印，第 107 页。凤庆县人民政府、凤庆县地方志办公室编：《顺宁府（县）志》五部，天马图书有限公司 2014 年版，第 659—661 页。政协禄春委员会：《绿春县文史资料》第 2 辑，2002 年印，第 27—28 页。临沧县政协编：《临沧县文史资料》第 2 辑，1995 年印，第 80 页。

② 《绥江县政府训令》，绥江县档案馆馆藏档案，档案号 110—1—1943—67—12。《绥江县政府训令一》，绥江县档案馆馆藏档案，档案号 110—1—1943—62—91～94。《绥江县政府训令二》，绥江县档案馆馆藏档案，档案号 110—1—1943—62—90。临沧县政协编：《临沧县文史资料》第 2 辑，1995 年印，第 80 页。《绥江县政府发布 1943 年征兵及兵费收支训令》，1943 年，绥江县档案馆馆藏档案，档案号 110—1—1944—67—4～3。政协元阳县委员会编：《元阳文史资料》第 5 辑，2005 年印，第 13 页。政协元阳委员会：《元阳县文史资料》第 1 辑，1992 年印，第 66、87 页。政协金平县委员会：《金平文史资料》第 2 辑，2001 年印，第 117 页。

③ 沐德志：《易门县志》，中华书局 2006 年版，第 645 页。政协易门县委员会文史资料编辑委员会编：《易门县文史资料选辑》第 6 辑，1996 年印，第 43、44 页。《南峤县政府　参议会战时军队过往一切供应费计算表》，1948 年 2 月 2 日，云南省档案馆馆藏档案，档案号 11—7—27—88。《陆良县政府战时军队过往一切供应费计算表》，1948 年 1 月，云南省档案馆馆藏档案，档案号 11—7—27—91。临沧县政协编：《临沧县文史资料》第 2 辑，1995 年印，第 80 页。凤庆县人民武装部编：《凤庆县军事志》，1994 年印，第 107—110 页。霍士廉等修、由云龙等纂：民国《姚安县志·政典志》卷 20，云南人民出版社 1988 年版，第 274 页。

万元，凤庆96万元①。抗战期间宣威提供过往军队费用617882000元，昆明市提供13539500元②。

据上述各项统计，云南省军费间接损失金额为32172328元（1937年7月价）。

第三，抚恤费。课题组所查到云南省有关抚恤的资料不全，但从有关档案中得知政府对军人伤亡的抚恤有详细规定，课题组以有明确牺牲时间或是政府付抚恤费时间的，按牺牲时间计算，无牺牲时间的，以出省军人伤亡最少为10万人计算，加上老三军在中条山阵亡2800余人，减去已有抚恤的人数，其余伤亡按4年计算，以此为依据折算云南省在抚恤方面的损失，以及公务员等其他人员的抚恤。具体为1937年8月阵亡1个上尉，9月1个营长、1个副旅长，10月1少将旅长，11月1连长，年内1军人又1少校营长③。1938年阵亡1旅长4团长2营长2连长，22128名士兵，伤1129人④。1939年发邱崇寿171人恤金114500元，在江西南昌和安义以及日机对云南的轰炸中阵亡3个连长1879兵⑤。1940年1月恤10068人，政府恤第60军2326人，沙古岭阵亡71人，阵亡1少校2中校，南昌黄天贵营阵亡276人，河口伤亡107人，发昆明被炸军人1670元，绥署发恤金8550

① 玉溪市地方志编纂委员会编：《玉溪市志》，中华书局1993年版，第732页。《玉溪市志资料选刊》第25辑，1988年印，第118页。临沧县政协编：《临沧县文史资料》第2辑，1995年印，第80页。凤庆县人民政府、凤庆县地方志办公室编：《顺宁府（县）志》五部，天马图书有限公司2014年版，第659—661页。凤庆县人民武装部编：《凤庆县军事志》，1994年印，第107—110页。

② 《宣威县政府填报战时军队过往一切供应费、防空费支出计算表呈》，1948年10月30日，云南省档案馆馆藏档案，档案号11—7—27—279~281。《昆明市政府及所管附属机关战时军队过往一切供应费计算表》，1948年4月28日，云南省档案馆馆藏档案，档案号11—7—27—191。

③ 凤庆县人民武装部编：《凤庆县军事志》，1994年印，第324—331页。凤庆县人民政府、凤庆县地方志办公室编：《顺宁府（县）志》五部，天马图书有限公司2014年版，第680、934页。《关于抗日阵亡将士尉迟毓鸣同志追认为革命烈士的通知》，中共新平县委落实政策办公室，新落字〔1986〕12号。云县志编纂委员会编：《云县志》上编，1983年印，第299页。

④ 云南省地方志编纂委员会编：《云南省志·卷首》，云南人民出版社2004年版，第205、206页。政协云南省委员会文史资料委员会编：《云南文史资料选辑》第20辑，云南人民出版社1983年版，第128—140、144页。

⑤ 《抗战阵亡官佐邱崇寿等171人核发恤金数表》，1939年9月19日，云南省档案馆馆藏档案，档案号51—1—151—35~39。凤庆县志编纂委员会编纂：《凤庆县志》，云南人民出版社1993年版，第703页。《云南省会警察局1939年4月8日昆明被炸空袭情况报告表》，1939年4月8日，云南省档案馆馆藏档案，档案号106—3—1621—181、182。政协云南省委员会文史委员会编：《云南文史资料选辑》第20辑，云南人民出版社1983年版，第147—149页。凤庆县人民武装部编：《凤庆县军事志》，1994年印，第324—331页。凤庆县人民政府、凤庆县地方志办公室编：《顺宁府（县）志》五部，天马图书有限公司2014年版，第680页。云南省地方志编纂委员会编：《云南省志·军事志》，云南人民出版社1997年版，第251—252页。

元，国民政府发 38 人恤金，财政厅恤故员 2.17 万元，空袭殉职警员恤金 4820 元①。1941 年云南省在中条山等地阵亡等 3609 名军人另 1 军长 1 师长，给予其他军人恤金 4.88 万元，昆明被空袭的难民恤金 30 万元②。1942 年滇军在长沙会战中伤亡 1000 余人③。1943 年马龙抚恤阵亡将士 2500 万元，抚恤祥云云南驿机场被炸人员 60.8 万元，文山县付抚恤金 53.4 万元④。1944 年南峤支付抚恤金 200 万元，西畴 1400 元，巧家 22300 元，新平 5000 元，元谋

①《国民政府军事委员会颁发抗战故兵李廷芳等五千一百五十五名抚恤令》，1940 年 1 月 6 日，云南省档案馆馆藏档案，档案号 51—1—152—346。《国民政府军事委员会颁发抗战阵亡士兵李庶昌等四千五百五十三名抚恤令》，1940 年 1 月 11 日，云南省档案馆馆藏档案，档案号 51—1—152—344。《云南省政府分令各县核发六十军抗战阵亡兵李徽等二十三万二十六名恤令》，1940 年 1 月 15 日，云南省档案馆馆藏档案，档案号 51—1—151—184。政协云南省文史委编：《云南文史资料选辑》第 20 辑，云南人民出版社 1983 年版，第 156 页。《云南省政府为填报昆明市县被炸伤亡损失及抚恤事训令》，1940 年 6 月 17 日，云南省档案馆馆藏档案，档案号 11—7—167—31。《云南省政府发放通海吴正位抚恤金》，通海县档案馆馆藏〔民国档案军事民政类〕，档案号 3—1—175—61～62。《昆明黄营长天贵忠勇壮烈报国家》，载《云南日报》1940 年 8 月 7 日，第 2 版。《云南省军需局为安葬李炤昌训令》，1940 年 8 月 6 日，云南省档案馆馆藏档案，档案号 11—5—1205—101。河口瑶族自治县地方志编纂委员会编：《河口县志》，生活·读书·新知三联书店 1994 年版，第 5 页。《财政厅为办理故员方晋材等三十四员名一次恤金呈》，1940 年 8 月 23 日，云南省档案馆馆藏档案，档案号 51—1—155—83～84。《十一月份阵亡将士恤金》，载《云南日报》，1940 年 12 月 1 日，第 4 版。《呈报办理云南省会各界追悼防空殉职及慰问受伤宪警区坊保甲壮丁大会情形及事务抚慰费收支册报呈祈鉴核备案》，1941 年 3 月 6 日，云南省档案馆馆藏档案，档案号 106—1—738—30～37。《国民政府军事委员会发抚恤滇籍阵亡将士训令》，1940 年 12 月 20、21 日，云南省档案馆馆藏档案，档案号 11—7—213—89～92。

②《绥署转发阵亡将士恤金》，载《云南日报》1941 年 4 月 17 日，第 4 版。云南省地方志编纂委员会编：《云南省志·卷首》，云南人民出版社 2004 年版，第 218、219 页。《本省抗战阵亡将士颁发恤金及年抚金》，载《云南日报》1941 年 5 月 25 日，第 4 版。《烈士张国威家族状况调查表（领恤经过及处置方法）》，绥江县档案馆馆藏档案，档案号 110—1—1941—208—15。政协金平苗族瑶族傣族自治县委员会编：《金平文史资料》第 2 辑，2001 年印，第 108—111 页；《金平文史资料》第 1 辑，1994 年印，第 141 页。《建水县财产间接损失报告表》，1944 年 2 月，云南省档案馆馆藏档案，档案号 11—7—60—106。

③ 政协云南省文史委员会编：《云南文史资料选辑》第 20 辑，云南人民出版社 1983 年版，第 164、165 页。

④《马龙县政府财产间接损失报告表》（表 2），云南省档案馆馆藏档案，档案号 11—7—60—110。《1943 年 5 月 14 日祥云县长关于云南驿机场被炸情形呈》，云南省档案馆馆藏档案，档案号 11—7—181—76。《1943 年 7 月 5 日军事委员会委员长昆明行营令》，云南省档案馆馆藏档案，档案号 106—3—1549—160～161。《文山县财产直接（间接）损失报告表》，1946 年 9 月 30 日，云南省档案馆馆藏档案，档案号 21—3—37—6～8。

500 万元，凤庆和泸水阵亡 1 中校 2 排长 8 兵[①]。1945 年易门发 209 人恤金 176800 元，玉溪 4700 万元[②]。1946 年 5 月江城县发放死亡民工恤金 1800 万元，腾冲中和乡抚恤费 91000 元，小西乡 550 万元，梁河县抚恤费 19.2 万元，潞西抚恤费 2600 万元，广南抚恤费 29500 万元，泸水抚恤民工 7352 万元，云南省军队阵亡 58083 人抚恤费 4313243.58 元[③]。

据上述各项统计，云南省抚恤费金额为 9037513 元（1937 年 7 月价）。

第四，赈济损失。日军对云南的轰炸，造成人员和财产的重大损失，从中央到各级政府都给予灾民救济。具体为 1938 年，9 月昆明被炸付埋葬费 1100 元，12 月省政府赈 5000 元；10 月昆明被炸财政部赈 2 万元[④]。1939 年云南省赈贵阳被炸 1 万元，蒙自被炸赈 3 万元又 34352 元新币，嵩明出征军人救济费 10600 元，丽江救济征属米 11 石、麦 20 石，省政府向蒙自灾民发救济款

① 《南峤县政府财产间接损失报告表》，1944 年 1 月 20 日，云南省档案馆馆藏档案，档案号 11—7—60—97。《西畴县政府财产间接损失报告表》，1944 年 2 月 19 日，云南省档案馆馆藏档案，档案号 11—7—60—123。政协怒江文史委编：《怒江文史资料选辑》第 2 辑，1984 年印，第 52 页。泸水县志编纂委员会编：《泸水县志》，云南民族出版社 1995 年版，第 377 页。《云南省政府抚字第 233 号指令》，巧家县档案馆馆藏民国档案，县政府永久，19—1917—1948—120 ~ 121。凤庆县人民政府、凤庆县地方志办公室：《顺宁府（县）志》五部，天马图书有限公司 2014 年版，第 680 页。新平彝族傣族自治县志编纂委员会编：《新平县志》，北京生活·读书·新知三联书店 1993 年版，第 475 页。《元谋县抗战时期财产间接损失统计》，1947 年 4 月 19 日，云南省档案馆馆藏档案，档案号 11—7—10—53—244。

② 沐德智：《易门县志》，中华书局 1994 年版，第 698 页。《云南省地政局、建设厅修建盖山机场征地价款拨发人民具领令》，1945 年 5 月，云南省档案馆馆藏档案，档案号 62—8—44—169 ~ 174。《云南省地政局、建设厅呈》，1945 年 6 月，云南省档案馆馆藏档案，档案号 62—8—44—202 ~ 203。《省建设厅召开商讨处理嵩明盖山机场停建善后事宜会议记录》，1945 年 6 月，云南省档案馆馆藏档案，档案号 62—8—44—238 ~ 240。《杨林盖山机场征地办事处兼主任马运昇呈》，1945 年 7 月 23 日，云南省档案馆馆藏档案，档案号 62—8—44—238 ~ 242。《嵩明县政府呈》，1945 年 11 月，云南省档案馆馆藏档案，档案号 62—8—44—307 ~ 308。《江城县政府抗战期间间接损失汇报呈》，1947 年 12 月 17 日，云南省档案馆馆藏档案，档案号 11—7—10—129 ~ 130。

③ 《腾冲县小西乡、中和乡财产间接损失汇报表》，1946 年 7 月 8、24 日，云南省档案馆馆藏档案，档案号 44—4—317—221、222。《梁河县人民团体机关公私行号合作社及私人通用财产间接损失汇报表》，1946 年 9 月 20 日，云南省档案馆馆藏档案，档案号 44—4—317—138。潞西县志编纂委员会编：《潞西县志》，云南教育出版社 1993 年版，第 314 页。《广南县财产间接损失汇报表》，1947 年 6 月 29 日—7 月 21 日，云南省档案馆馆藏档案，档案号 44—4—317—244、245、246。《泸水设治局领款收据存根》［民恤字第 1 号］，泸水县档案馆馆藏民国档案，档案号 4—1—152—90。云南省地方志编纂委员会编：《云南省志·民政志》，云南人民出版社 1996 年版，第 116 页。

④ 《昆明市人口伤亡汇报表》，1939 年 12 月 4 日，云南省档案馆馆藏档案，档案号 11—7—154—153 ~ 160。《云南省政府关于炸灾赈款指令》，1938 年 12 月 10 日，云南省档案馆馆藏档案，档案号 106—3—1621—19 ~ 20。《中央银行昆明分行为派员领取救济费函》，1938 年 10 月 14 日，云南省档案馆馆藏档案，档案号 106—4—3861—16。

42140 元，云南省赈济费支出 24095.71 元①。1940 年赈济滇越铁路列车、昆明、富宁、开远、个旧、河口、蒙自、玉溪等地被炸灾民，共付救济金等145315.1 元；为救济难民，国民政府中央和云南拨付 90 万元，并投入 10 万元为空袭救济准备金，另 102.402 石米又 29546 石谷②。1941 年，云南省赈济昆明、保山、个旧、蒙自、西畴、建水、开远、昭通、沾益、马关、文山、广南以及云南大学等被炸地区 307510 元，收容 1404 民难民 13 天，拨 2 万元为

① 《云南省政府派员携带中央赈款前往蒙自办理善后训令》，1939 年 4 月 21 日，云南省档案馆馆藏档案，档案号 106—3—1621—88～90。云南省地方志编纂委员会编：《云南省志·民政志》，云南人民出版社 1996 年版，第 118 页。《蒙自县第一区"四·一三"被敌机轰炸毙命、重伤、轻伤发给第一、二次赈款清册》，1939 年 8 月 30 日，云南省档案馆馆藏档案，档案号 11—7—154—89～109。《蒙自县"四·一三"被敌机轰炸损失房产发给抚恤赈款数目表》，1939 年 9 月 1 日，云南省档案馆馆藏档案，档案号 11—7—154—89～109。蒙自县志编纂委员会编：《蒙自县志》，中华书局 1995 年版，第 255 页。《云南省财产直接损失统计总表七》，1941 年 1 月，中国第二历史档案馆馆藏档案，全宗号四，案卷号 16728。

② 《核准支给空军抗战受伤加给人员姓名表》，绥江县档案馆馆藏档案，档案号 110—1—1940—208—17。云南省志编纂委员会办公室编：《续云南通志长编》中册，1985 年印，第 394 页。《云南省振济会派员查勘滇越铁路一带沿途被炸灾情及救济呈》，1940 年 3 月 22 日，云南省档案馆馆藏档案，档案号 106—4—3861—92～96。《冬赈收支》，载《云南日报》1940 年 2 月 22 日，第 4 版。《云南省振济会为富宁县被炸灾情及赈恤事公函》，1940 年 11 月 8 日，云南省档案馆馆藏档案，档案号 11—7—167—101。《云南省政府为填报昆明市县被炸伤亡损失及抚恤事训令》，1940 年 6 月 17 日，云南省档案馆馆藏档案，档案号 11—7—167—31。《昆明空袭救济联合办事处 1940 年 9 月 30 日报告》，云南省档案馆馆藏档案，档案号 44—4—134—12。《振济委员会救济由越返国侨胞》，载《云南日报》1940 年 10 月 14 日，第 4 版。《云南省个旧县历年遭受空袭灾损暨赈恤一览表》，1942 年 8 月 21 日，云南省档案馆馆藏档案，档案号 11—7—182—216。政协昆明文史委编：《昆明文史资料选辑》第 6 辑上，云南人民出版社 1982 年版，第 210 页。《省府议决加拨国币十万，赈济本省被炸灾民》，载《云南日报》1940 年 11 月 9 日，第 4 版。《联大云大被炸，中赈会拨款救济》，载《云南日报》1940 年 11 月 9 日，第 4 版。《本市被炸灾民特赈补发完毕》，载《云南日报》1940 年 12 月 12 日，第 4 版。《省振会发放被炸各县赈款》，载《云南日报》1940 年 12 月 15 日，第 4 版。《个旧被炸，龙主席轸念灾黎》，载《云南日报》1940 年 12 月 24 日，第 4 版。丽江地方志委员会编：《丽江地区志》下卷，云南民族出版社 2000 年版，第 448 页。玉溪县志办公室编：《玉溪县志资料选刊》第 2 辑，1983 年印，第 205—206 页。

空袭救济准备金①。1942 年赈济被炸的昆明、建水、保山、河口、蒙自、祥云等

① 云南省志编纂委员会办公室编：《续云南通志长编》中册，1985 年印，第 394 页。《保山县县长刘言昌致龙云等呈》，1941 年 1 月 8 日，云南省档案馆馆藏档案，档案号 44—4—435—111。《省振济会拨款二万元》，载《云南日报》1941 年 1 月 11 日，第 4 版。《云南省个旧县历年遭受空袭灾损暨赈恤一览表》，1942 年 8 月 21 日，云南省档案馆馆藏档案，档案号 11—7—182—216。《西畴县被炸伤亡损失呈》，1941 年 4 月，云南省档案馆馆藏档案，档案号 11—7—173—1。《云南省文山县人口伤亡调查表》，1941 年 4 月 4 日，云南省档案馆馆藏档案，档案号 106—1—738—141～148。《全国慰问抗战将士委员会总会慰问救济昆明空袭被炸之军人家属及慰劳英勇服务之防护防空人员代电》，1941 年 3 月 8 日，云南省档案馆馆藏档案，档案号 106—1—737—166～168。《民政厅办理领取中央拨发昆明被炸空袭振款国币拾万元情形请鉴核备案示遵呈》，1941 年 4 月 18 日，云南省档案馆馆藏档案，档案号 106—1—738—163。《空袭救济处再请发救济准备金》，载《云南日报》1941 年 4 月 19 日，第 4 版。《民政厅长李培天为派员驰赴蒙自、建水、开远三县办理振抚呈》，1941 年 4 月 21 日，云南省档案馆馆藏档案，档案号 106—1—738—112～113。《1941 年 4 月 22 日保山县县长刘言昌致云南省民政厅呈》，1941 年 4 月 22 日，云南省档案馆馆藏档案，档案号 11—7—172—41。云南省防空司令部：《呈请核发慰劳金国币贰千元以便转发由》，1941 年 5 月 6 日，云南省档案馆馆藏档案，档案号 106—1—1057—121～122。《1941 年 5 月 25 日云南省振济会致云南民政厅函》，云南省档案馆馆藏档案，档案号 11—7—172—145。《建水县财产间接损失报告表》，1944 年 2 月，云南省档案馆馆藏档案，档案号 11—7—60—156。《云南省振济会为顺宁等地被炸伤亡及抚恤事公函》，1941 年 6 月 5 日，云南省档案馆馆藏档案，档案号 11—7—173—77。《云大再度被炸，龙主席拨振款两万》，载《云南日报》1941 年 5 月 18 日，第 4 版。《龙主席关怀各县灾黎，加拨十万办理特赈》，载《云南日报》1941 年 5 月 20 日，第 4 版。《1941 年 5 月 24 日蒙自县政府向民政厅呈》，云南省档案馆馆藏档案，档案号 11—7—173—110。《1941 年 9 月 5 日昭通县县长兼防空支会会长王凤瑞致云南省赈济会呈》，云南省档案馆馆藏档案，档案号 44—4—352—18。《云南省振济会为刘振先遭受空袭财物损失拟请救济案》，1942 年 2 月 6 日，云南省档案馆馆藏档案，档案号 106—1—779—139。《云南省振济会为刘永祺遭受空袭损失救济情形呈》，1942 年 3 月 2 日，云南省档案馆馆藏档案，档案号 106—1—780—69。《云南省振济会为杨中义遭受空袭损失救济情形呈》，1942 年 4 月 10 日，云南省档案馆馆藏档案，档案号 106—1—780—110～112。《云南省振济会为刘琪生遭受空袭损失救济情形呈》，1942 年 3 月 2 日，云南省档案馆馆藏档案，档案号 106—1—780—73。《云南省政府秘书处书记员赵文富房屋被炸损失请救济签呈》，1941 年 12 月 10 日，云南省档案馆馆藏档案，档案号 106—1—779—142。《云南省振济会为省府秘书赵文富炸灾救济案呈》，1942 年 4 月 30 日，云南省档案馆馆藏档案，档案号 106—1—780—119～121。《昭通县县长兼防空支会会长王凤瑞 9 月 15 日呈》，1941 年 9 月 15 日，云南省档案馆馆藏档案，档案号 44—4—352—31。《昭通县政府查报被炸伤亡损失呈》，1945 年 4 月 7 日，云南省档案馆馆藏档案，档案号 11—7—44—68～69。《昭通县政府查报抗战期间公私直接间接财产损失及人员伤亡代电》，1947 年 7 月 10 日，云南省档案馆馆藏档案，档案号 11—7—2—219。《八月份特振共发出一万八千余元》，载《云南日报》1941 年 11 月 1 日，第 4 版。《云南省振济会为万嵩等遭受空损救济情形呈》，1941 年 11 月 13 日，云南省档案馆馆藏档案，档案号 106—1—780—92～95。《云南省振济会为刘泽民遭空袭财物损失请照例救济呈》，1942 年 1 月 16 日，云南省档案馆馆藏档案，档案号 106—1—779—128。《云南省振济会调查于兰芬住所两次被炸损失情形请准发放救济数额呈》，1941 年 12 月 11 日，云南省档案馆馆藏档案，档案号 106—1—779—44。《云南省振济会查报胡廷璧等五员空袭受损情形拟发救济数额呈》，1941 年 12 月 15 日，云南省档案馆馆藏档案，档案号 106—1—779—66。《云南省振济会调查赵鸿勋等七员遭受空袭损害情形拟发救济数额呈》，1941 年 12 月 15 日，云南省档案馆馆藏档案，档案号 106—1—779—70。《云南省振济会发放十二月十八日昆明市东郊被炸灾民特振情形呈》，1942 年 2 月 6 日，云南省档案馆馆藏档案，档案号 106—1—779—146。《省会警察局为彭世雄之妻被炸死亡老母幼子均遭伤请赈恤呈》，1942 年 1 月 31 日，云南省档案馆馆藏档案，档案号 106—1—779—131～132。《云南省振济会为警察局人员炸灾救济案呈》，1942 年 4 月 30 日，云南省档案馆馆藏档案，档案号 106—1—780—122～124。《云南省振济会调查周鸿照郭从光遭受空袭损失情形拟发救济数额呈》，1941 年 12 月 19 日，云南省档案馆馆藏档案，档案号 106—1—779—104。《云南省振济会查报王天培等遭受空袭损失情形拟发救济数额呈》，1941 年 12 月 21 日，云南省档案馆馆藏档案，档案号 106—1—779—48。《云南省振济会调查李知荃两次被炸受损情形拟发救济数额呈》，1941 年 12 月 21 日，云南省档案馆馆藏档案，档案号 106—1—779—52。

地灾民 858615 元，其中保山 60 万元，河口两次被炸各赈 10 万元；另四川省赈保山 1 万元。云南省赈济战争中难民 10 万元，赈济保山伤兵、难民耗粮 377248 千克，经费 480146 元。救济难侨 450 万元。冬令社会救济 370 万元又 20900 石米；为救济永胜华坪难民放积谷 15149 石，丽江振恤谷 450 石米[①]。1943 年南峤、澜沧、昆明、勐连、文山、下关风仪赈济 69.74 万元；15 名公务员被炸赈济 2980 元，腾冲县抗日政府赈济灾民 100 万元；拨 10 石米救济昆明被炸难民，国民政府和省政府拨款 1030 万元、1500 石米、2000 套旧棉衣赈济贫民[②]。1944 年碧江、南峤、平彝、西畴、元谋赈款 581.118 万元，联大云大被炸赈款 40 万元；误炸保山和云县救济 101.16 万

① 《云南省振济会查报闻应贤等遭受空袭损害情形拟具救济额呈》，1942 年 1 月 6 日，云南省档案馆馆藏档案，档案号 106—1—779—112。《冬令救济会代款十万元，办理贫民食米平余》，载《云南日报》1942 年 1 月 25 日，第 4 版。《云南省振济会为杨亚宁遭受空袭损失情形请核发救济费呈》，1942 年 1 月 30 日，云南省档案馆馆藏档案，档案号 106—1—779—121。《云南省振济会为广南县被炸救济费呈》，1942 年 2 月 23 日，云南省档案馆馆藏档案，档案号 106—1—780—6。《云南省振济会为昆明空袭紧急救济联合处书记长樊汝平等救济费呈》，1942 年 2 月 25 日，云南省档案馆馆藏档案，档案号 106—1—780—56～57。《云南省振济会为核发本省公务员工被炸损失赈济款数额呈》，1942 年 3 月 3 日，云南省档案馆馆藏档案，档案号 106—1—780—60～61。《云南省振济会垫支二十九年炸灾急振款电呈》，1942 年 3 月 6 日，云南省档案馆馆藏档案，档案号 106—1—780—65。《云南省振济会为民政厅人员受损救济案呈》，1942 年 4 月 10 日，云南省档案馆馆藏档案，档案号 106—1—780—113～115。云南省志编纂委员会办公室编：《续云南通志长编》中册，1985 年印，第 394 页。《赈济委员会致云南省政府函》，1942 年 4 月 13 日，云南省档案馆馆藏档案，档案号 106—1—3057—22，143。《振济委员会关于增拨侨款电》，1942 年 4 月 13 日，云南省档案馆馆藏档案，档案号 106—1—3057—22。《云南省振济会呈复催报保山五月四、五、二十三、二十四日炸灾伤亡清册及振恤情形》，1942 年 8 月 29 日，云南省档案馆馆藏档案，档案号 106—3—1571—20。《四川省政府赈济保山炸灾国币壹万元公函》，1942 年 9 月 9 日，云南省档案馆馆藏档案，档案号 106—3—1571—25～26。《云南省振济会呈报卅一年度一月至四月续发本省公务员工空袭炸灾救济振款数目》，1942 年 9 月 30 日，云南省档案馆馆藏档案，档案号 106—3—1571—40。《云南省振济委员会转呈河口对讯督办三十一年十月二十四日炸灾伤亡人民振恤表册》，1944 年 1 月 28 日，云南省档案馆馆藏档案，档案号 106—1—777—65～67。《祥云县长报告 1942 年 12 月祥云机场被炸情形》，1943 年 1 月 9 日，云南省档案馆馆藏档案，档案号 11—7—181—62。云南省志编纂委员会办公室编：《续云南通志长编》下册，1985 年印，第 183 页。丽江地方志委员会编：《丽江地区志》下卷，云南民族出版社 2000 年版，第 448、557 页。
② 《省振济会呈报三十一年五至十月续发本省公务员工空袭炸灾救济振款数目清册》，1943 年 3 月 1 日，云南省档案馆馆藏档案，档案号 106—3—1571—127。云南省志编纂委员会办公室编：《续云南通志长编》中册，1985 年印，第 394 页。《1943 年 4 月 22 日李国清关于腾冲沦陷后情形给省民政厅代电》，云南省档案馆馆藏档案，档案号 11—7—181—97。《昆明县长呈请从优赈恤以惠灾黎事》，1943 年 5 月 29 日，云南省档案馆馆藏档案，档案号 44—4—6—136。《1943 年 7 月 15 日云南省振济会公函》，云南省档案馆馆藏档案，档案号 11—7—181—58。《文山县财产直接（间接）损失报告表》，1946 年 9 月 30 日，云南省档案馆馆藏档案，档案号 21—3—37—6～8。云南省志编纂委员会办公室编：《续云南通志长编》下册，1985 年印，第 183 页。

元，慰问远征军 105 万元，行政院和省政府赈灾民 200 万元，民政厅拨款 200 万元建救济院①。1945 年救济湘桂难民 70.1 万元，赈济被误伤的陇川灾民 10 万元；沦陷区收复后，不论城镇乡村，多数庐舍为墟，片瓦不存，百孔千疮，满目凄凉，灾区之广，损失之重，灾情之惨，难以笔墨形容，经有关人士奔走呼吁，筹款赈济沦陷的滇西灾民 1999 万元②。抗战期间，腾冲县中和乡救济费 41000 元，小西乡 550 万元；麻栗坡县救济费 100 万元；梁河县 15.4 万元；潞西县 900 万元；广南 16000 万元③。

据上述各项统计，云南省赈济损失金额为 1420435 元（1937 年 7 月价）。

第五，防空、疏散、迁移等费用。有档案称昆明市负担了全省的大部防空费用，课题组分析，昆明所负担的可能是省级部门在昆明的防空费用，所以课题组所统计的防空疏散等费用，一是中央财政所拨的，二是昆明市所负担的，三是各县所上报的。具体为，1939 年玉溪用于防空 2572 元新币④。1940 年财政部贸易委员会和勐腊县构筑防空设施支付 19647 元⑤。1941 年 3

① 《碧江设治局呈报该属紫竹村被炸伤亡情形一案请求拨款急振》，1944 年 3 月 30 日，云南省档案馆馆藏档案，档案号 106—1—777—98～99。《南峤县政府财产间接损失报告表》，1944 年 1 月 20 日，云南省档案馆馆藏档案，档案号 11—7—60—97。《平彝县政府财产间接损失报告表》，1944 年 2 月 17 日，云南省档案馆馆藏档案，档案号 11—7—60—104。《西畴县政府财产间接损失报告表》，1944 年 2 月 19 日，云南省档案馆馆藏档案，档案号 11—7—60—123。《云南日报》1944 年 4 月 14 日，第 3 版。《民政厅、防空司令部呈报保山云县被误炸补助情形代电》，1944 年 9 月 28 日，云南省档案馆馆藏档案，档案号 106—1—778—105～107。《云南省振济会办理云县遭受敌机轰炸赈恤情形公函》，1944 年 7 月 29 日，云南省档案馆馆藏档案，档案号 11—7—45—222。云南省地方编纂委员会编：《云南省志·民政志》，云南人民出版社 1996 年版，第 116、123 页。《赈委会奉行政院令，拨款两百万赈滇灾》，载《云南日报》1944 年 6 月 13 日，第 3 版。《龙主任再拨五十万慰劳滇西负伤将士》，载《云南日报》1944 年 7 月 23 日，第 3 版。《元谋县抗战时期财产间接损失统计》，1947 年 4 月 19 日，云南省档案馆馆藏档案，档案号 11—7—10—53—244。
② 云南省地方志编纂委员会编：《云南省志·民政志》，云南人民出版社 1996 年版，第 283 页。《云南省第六区行政督察专员公署转报陇川县沦陷灾情调查表代电》，1945 年 6 月 7 日，云南省档案馆馆藏档案，档案号 11—7—169—147。
③ 《腾冲县小西乡、中和乡财产间接损失汇报表》，1946 年 7 月 8 日—24 日，云南省档案馆馆藏档案，档案号 44—4—317—221、222。《麻栗坡对汛督办公署呈报财产损失》，1946 年 6 月 19 日，云南省档案馆馆藏档案，档案号 44—4—317—163。《梁河县人民团体机关公私行号合作社及私人通用财产间接损失汇报表》，1946 年 9 月 20 日，云南省档案馆馆藏档案，档案号 44—4—317—138。潞西县志编纂委员会编：《潞西县志》，云南教育出版社 1993 年版，第 314 页。《广南县财产间接损失汇报表》，1947 年 6 月 29 日—7 月 21 日，云南省档案馆馆藏档案，档案号 44—4—317—244、245、246。
④ 玉溪县地方志办公室编：《玉溪县志资料选刊》第 2 辑，1983 年印，第 205—206 页。
⑤ 《财政部贸易委员会驻滇专员办事处财产间接损失报告表 1944 年》，中国第二历史档案馆馆藏档案，档案号三〇九·8292，第 19 页。《云南省镇越县间接损失报告表》，1944 年 1 月 1 日，云南省档案馆馆藏档案，档案号 11—7—60—196。

月云南省防空疏散委员会拨款 40 万元建筑疏散厂棚和住宅，建水县防空和疏散等 148.5 万元，并以 10340 元为空袭准备金，勐腊县防空疏散费 73935 元①。1942 年疏散侨胞费 150 万元，迤西盐场防空费 1669 元②。1943 年马龙防空疏散费 600 万元，文山 1979.25 万元，师宗防空费 66 万元，泸水迁移费 60.07 万元③。1944 年南峤防空疏散费 380 万元，平彝 4.5 万元，西畴 1400 元，元谋 3150 万元④。1945 年陆良上报抗战期间防空费 82.4 万元，江城防空疏散迁移费 45 亿元⑤。抗战期间，腾冲中和乡迁移疏散费 31500 元，小西乡 3850 万元，县城五保街迁移费 75 万元，麻栗坡 300 万元，泸水 594 万元，梁河 35.6 万元，潞西 40100 万元，广南 2155 万元，昆明市机关单位迁移费 46479822350 元。腾冲防空设备费中和乡 1900 元，小西乡 360 万元，五保街 80 万元；麻栗坡防空费 100 万元，潞西 3600 万元，广南 100 万元，泸水 2000 元，宣威 65422800 元，另昆明市负全省防空经费 1940 年 427890.72 元，1941 年 1053480 元；1942 年 2346791 元，1943 年 5816513.31 元，1944 年 32312670.83 元，1945 年 116062278.46 元，昆明

① 《提款四十万元，建筑疏散厂棚住宅》，载《云南日报》1941 年 3 月 18 日，第 4 版。《建水县财产间接损失报告表》，1944 年 2 月，云南省档案馆馆藏档案，档案号 11—7—60—106。《云南省振济会为建水县造具遭受空袭伤亡人数清册及办理赈恤情形呈》，1942 年 1 月 10 日，云南省档案馆馆藏档案，档案号 106—1—779—107 及附页。《云南省镇越县间接损失报告表》，1944 年 1 月 1 日，云南省档案馆馆藏档案，档案号 11—7—60—196。
② 《关于送至昆侨胞回籍经费已饬财政部汇拨电》，云南省档案馆馆藏档案，档案号 106—1—3057—146。《迤西区盐场公署查报白井盐分署办理防空事项开支呈》，云南省档案馆馆藏档案，档案号 15—3—1151—10～14。
③ 《马龙县政府财产间接损失报告表》（表 2），1943 年 2 月，云南省档案馆馆藏档案，档案号 11—7—60—110。《师宗县政府财产间接损失报告表》，1943 年 11 月，云南省档案馆馆藏档案，档案号 11—7—18—146。《文山县财产直接（间接）损失报告表》，1946 年 9 月 30 日，云南省档案馆馆藏档案，档案号 21—3—37—6～8。《云南省泸水设治局战时迁移费支出计算表》，1948 年 4 月 1 日，云南省档案馆馆藏档案，档案号 11—7—27—138。
④ 《南峤县政府财产间接损失报告表》，1944 年 1 月 20 日，云南省档案馆馆藏档案，档案号 11—7—60—97。《西畴县政府财产间接损失报告表》，1944 年 2 月 19 日，云南省档案馆馆藏档案，档案号 11—7—60—123。《元谋县抗战时期财产间接损失统计》，1947 年 4 月 19 日，云南省档案馆馆藏档案，档案号 11—7—10—53、244。
⑤ 《陆良县政府财产间接损失报告表》，1945 年 7 月 5 日，云南省档案馆馆藏档案，档案号 11—7—9—95～97。《江城县政府抗战期间间接损失汇报呈》，1947 年 12 月 17 日，云南省档案馆馆藏档案，档案号 11—7—10—129～130。

市政府防空费 1098647683250 元①。

据上述各项统计，云南省防空、疏散、迁移等费用为 15670234 元（1937 年
7 月价）。

第六，军粮运费、民工工资等其他损失。1931 年，云南省抗日救国指导委
员会决定每月补助市抗日会经费 3000 元，由总部军务处发给学生义勇军毛瑟枪
2500 支②。1936 年砚山兵营建房 130 幢投资 100000 元；学生集训 900 人 3 个月，
每个学生每月生活费 5 元，共办 6 期；一个少将旅长因伤阵亡，抚恤金等
1008.39 元③。全省先后成立社会军事训练总队 20 个，训练一期两个月，经费由
省政府拨给，每期 28368 元。义勇壮丁集训共三期，每期支付法币 59460 元；国
民兵义勇壮丁集训两期，每期支付新币 102620 元；学生军事训练费 2060 元；宣
传征兵和劝募公债，政府补助新币 5000 元，贩运仇货罚款 5 万元④。1938 年云
南省慰藉阵亡人员家属 400 万新币⑤。1940 年 2 月补贴留滇学生 5 万元，奖励击
落敌机 2000 元；因昆明人口激增，加强消防力量费 37 万元，以后又加拨

① 《腾冲县小西乡、中和乡财产间接损失汇报表》，1946 年 7 月 8 日—24 日，云南省档案馆馆藏档
  案，档案号 44—4—317—221、222。《腾冲县五保街间接损失》，1946 年 7 月 29 日，云南省档
  案馆馆藏档案，档案号 11—14—8—143。《麻栗坡对汛督办公署呈报财产损失》，1946 年 6 月
  19 日，云南省档案馆馆藏档案，档案号 44—4—317—163。潞西县志编纂委员会编：《潞西县
  志》，云南教育出版社 1993 年版，第 314 页。《广南县财产间接损失汇报表》，1947 年 6 月 29
  日—7 月 21 日，云南省档案馆馆藏档案，档案号 44—4—317—244、245、246。《云南省泸水设
  治局战时防空费支出计算表》，1948 年 4 月 1 日，云南省档案馆馆藏档案，档案号 11—7—27—
  137。《宣威县政府填报战时军队过往一切供应费、防空费支出计算表呈》，1948 年 10 月 30 日，
  云南省档案馆馆藏档案，档案号 11—7—27—279—281。《昆明市负担全省公共防空经费计算
  表》，1948 年 4 月 28 日，云南省档案馆馆藏档案，档案号 11—7—27—183。《昆明市政府及所
  管附属机关战时防空费支出计算表》，1948 年 4 月 28 日，云南省档案馆馆藏档案，档案号 11—
  7—27—184 ~ 186。
② 《抗日会积极加紧工作，内部组织已另改组》，载《云南民国日报》1931 年 11 月 7 日，第 4 版。《总
  部军务处发给学生义勇军毛瑟枪二千五百支》，载《云南民国日报》1931 年 12 月 5 日，第 3 版。
③ 砚山县志编纂委员会编：《砚山县志》，云南人民出版社 2000 年版，第 789 页。凤庆县人民政府、凤
  庆县地方志办公室编：《顺宁府（县）志》五部，天马图书有限公司 2014 年版，第 934、680 页。《国
  民政府军事委员会下发陆军抚恤暂行条例训令》，1940 年 10 月，云南省档案馆馆藏档案，档案号
  51—1—159—399 ~ 410。
④ 云南省志编纂委员会办公室编：《续云南通志长编》下册，1985 年印，第 167、170 页。《本届集训学
  生定念日入营训练》，载《云南日报》1937 年 5 月 15 日，第 6 版。《省党部组宣传队分三队赴三迤各
  县工作》，载《云南日报》1937 年 10 月 21 日，第 3 版。《加紧征募棉衣，送六十军士兵运用》，载
  《云南日报》1937 年 10 月 26 日，第 3 版。
⑤ 《云南省政府为筹资特别抚恤本省阵亡人员咨》，1938 年 7 月 13 日，云南省档案馆馆藏档案，档案号
  11—7—213—16 ~ 17。

1262712 元①。1941 年国民政府奖励抢修滇缅公路保障通畅的员工 10 万，接待及派人拆运坠落盟军飞机费用 9000 元，姚安等地军粮运费 689 万元②。1942 年军粮运费 1622902 元又半开 19200 元，民夫伙食 5 万元，民工工资半开 10930 元，南峤和昆明慰问过往军队 120.04 万元，梁河保安会经费 8000 半开，为在福贡病逝的马石山购棺木 200 元③。1943 年军粮运费为 10930298771.8 元，运粮民工工资 11973 元；慰问第 58 军 10 万元，祥云掩埋被炸死亡人员 4.56 万元，受伤人员疗养费 15.25 万元，绥江筹集优待金 1 万元，印发壮丁名册耗资 3 万元；通海优待金 2.5 万元④。1944 年成立实验救济院，每月经费 60 万元，通海发给抗战

① 《龙主席关怀留滇勤苦学生，津贴国币伍万元》，载《云南日报》1940 年 2 月 8 日，第 4 版。政协昆明文史委编：《昆明文史资料选辑》第 6 辑上，1985 年版，第 203 页。云南省志编纂委员会办公室编：《续云南通志长编》中册，1985 年印，第 37 页。

② 《滇缅路员工努力抢修，委座发奖金十万元》，载《云南日报》1941 年 1 月 29 日，第 4 版。双柏地方志编纂委员会编纂：《双柏县志》，云南人民出版社 1996 年版，第 20 页。《云南省粮政局为军粮集中地点、运输交拨、交拨时期呈》，1941 年 12 月 30 日，云南省档案馆馆藏档案，档案号 106—1—2563—52/54。《姚安县征购和运送军粮数》，民国姚安县档案，永久卷第 265 卷，第 197—198 页。

③ 《云南省民政厅、云南省粮政局为彻查有无鲸吞军米情形令》，1942 年 1 月，云南省档案馆馆藏档案，档案号 11—15—121—71～74。《西畴县各乡镇长及民众代表等为无从代办军粮请向其他产米县份购运呈》，1942 年 3 月 10 日，云南省档案馆馆藏档案，档案号 106—1—2564—26/28。《蒙自县政府购买军米及运输分配情形呈》，1942 年 7 月 5 日，云南省档案馆馆藏档案，档案号 106—1—2585—185～186。政协江城县委员会编：《江城文史资料》第 1 辑，2002 年印，第 152 页。中共临沧地委党史研究室编：《临沧地区抗日战争史料专辑》，1995 年印，第 25 页。政协临沧县委员会编：《临沧县文史资料》第 2 辑，1995 年印，第 81 页。《南峤县政府参议会战时军队过往一切供应费计算表》，1948 年 2 月 2 日，云南省档案馆馆藏档案，档案号 11—7—27—88。云南省档案馆编：《日军侵华罪行实录·云南部分》，云南人民出版社 2005 年版，第 636 页。《关于九十六师五十五分队长马玉山在上帕病故的呈函及业务清单》，福贡县档案馆馆藏档案，档案号 1—1—76—56。《本市各界欢送征人》，载《云南日报》1942 年 10 月 28 日，第 3 版。

④ 《粮食部关于拨云南采购差额军米包装运费咨》，1943 年 9 月 18 日，云南省档案馆馆藏档案，档案号 106—1—2582—84～85。《云南省粮政局编具三十二年度征实征购军粮运输计划及运费预算呈》，1944 年 3 月 13 日，云南省档案馆馆藏档案，档案号 106—1—2567～2568。中共临沧地委党史研究室编：《临沧地区抗日战争史料专辑》，1995 年印，第 25 页。政协临沧委员会编：《临沧县文史资料》第 2 辑，1995 年印，第 81 页。《云南省粮政局编拟军粮运费预算请咨转追加呈》，1944 年 8 月 17 日，云南省档案馆馆藏档案，档案号 106—1—2595—154～158。《云南田赋管理处准前粮局咨交三十二年度差额动用积谷拨交行营远征兵站管区各属应拨数暨运费预算表》，1944 年 12 月 9 日，云南省档案馆馆藏档案，档案号 106—1—2841—23～26。《驻滇军粮局拟提借积谷电》，1942 年 10 月 6 日，云南省档案馆馆藏档案，档案号 106—1—2588—101。云南省地方志编纂委员会总纂：《云南省志·民政志》，云南人民出版社 1996 年版，第 123 页。《1943 年 5 月 14 日祥云县长关于云南驿机场被炸情形呈》，云南省档案馆馆藏档案，档案号 11—7—181—76。《1943 年 7 月 5 日军事委员会委员长昆明行营令》，云南省档案馆馆藏档案，档案号 106—3—1549—160～161。《绥江县政府训令》，绥江县档案馆馆藏档案，档案号 110—1—1943—70～85。《绥江县政府训令》，绥江县档案馆馆藏档案，档案号 110—1—1943—70～81。《通海县政府登记抗战军人家属举行优待记载册〔民国三十二年十二月三日发〕》，通海县民国档案，军事民政类 3—1—278～36。

军属优待金 44400 元；永平军粮运费 41447091 元，姚安军粮运费 1929570 元①。1945 年法越军全线崩溃，部分溃入中国境内，计 1700 多人在江城驻留长达 4 个月之久，由江城县政府提供食、宿，共花费 101999995 元。镇南县与驻军联办《镇南军民日报》，宣传抗日战争形势，县财政按月发给 20 公石公粮作办报经费，共拨公粮 80 公石。缅宁运粮民工工资 1374 银元，赔偿输油管爆炸 34.14 万元，姚安军粮运费 372900 元，云南省所属各县发放征属优待安家费 5954187731 元，优待金 218167906 元，优待谷 211324930 石，其他 17784500 元②。1946 年 1 月省抗战将士委员会派员慰劳抗战受伤官兵 85.3 万元③。另，泸水县每年向每户征收门户捐 2 箩粮，每保缴 3—5 石粮为常备队粮，因日军侵略未能收到。泸水县 1932 年共有 16698 人④，以每户 5.1 人计为 3274 户，1949 年时有 35 保，按此数推算，1942 年至 1945 年损失为 79411.6 元。

据上述各项统计，云南省军粮运费、民工工资等其他损失总计为 870541675 元（1937 年 7 月价）。

综上所述，云南省抗战时期财政间接损失总计为 933431619 元（1937 年 7 月价）。

（4）商业类损失

第一，商业损失。因轰炸，1940 年中国旅行社滇缅公路沿线旅店上年亏损应摊半数费用法币及追加预算半数计损失 23770.79 元⑤。1941 年富滇银行拨中国旅行社承办滇缅路沿线亏损食宿费应摊半数 27776.21 元⑥。抗战期间江城盈

① 云南省志编纂委员会办公室编：《续云南通志长编》下册，1985 年印，第 183 页。《通海县政府登记抗战军人家属举行优待记载册〈民国三十三年十二月三日发〉》，1944 年 12 月 3 日，通海县民国档案，军事民政类 3—1—278 ~ 36。《永平县政府反映永平骡马大队 5 至 11 月份运送军粮情况》，永平县档案馆馆藏档案，档案号 81—2—31。《永平县政府反映永平骡马大队 5 至 11 月份运送军粮情况》，永平县档案馆馆藏档案，档案号 81—2—31。《姚安县奉令运送军粮》，民国姚安县档案，永久 265 卷，第 73、80、197、198、207、208、211、212 页。

② 《云南省所属各县抗战以来征属优待概况调查统计表》，1948 年 4 月，云南省档案馆馆藏档案，档案号 11—5—1091—127 ~ 128。

③ 《云南省慰劳抗战将士委员会呈报年关慰劳伤病官兵名册及付款收据祈核销示遵》，1946 年 2 月 15 日，云南省档案馆馆藏档案，档案号 106—1—1061—101 ~ 157。

④ 泸水县志编纂委员会编：《泸水县志》，云南民族出版社 1995 年版，第 33 页。

⑤ 《富滇新银行关于与滇缅公路运输管理局结欠中国旅行社沿途管理费用呈》，1940 年 9 月 18 日，云南省档案馆馆藏档案，档案号 106—4—4609—11 ~ 14。《云南省政府关于准富滇新银行拨支中国旅行社应摊费用及追加预算令》，1940 年 9 月 28 日，云南省档案馆馆藏档案，档案号 106—4—4609—9。

⑥ 《富滇新银行关于已拨付中国旅行社承办滇缅路沿线应摊食宿费用呈》，1941 年 12 月 16 日，云南省档案馆馆藏档案，档案号 106—4—4609—26 ~ 28。

利减少 50 亿元①，元谋盈利减少 5000 万元②，腾冲县中和乡盈利减少 300 万元、小西乡减少 1000 万元，麻栗坡减少 830 万元，泸水减少 99.7 万元，潞西盈利减少 62430 万元，广南减少 5 亿元③。

据上述统计，云南省商业间接损失金额为 3842263 元（1937 年 7 月价）。

第二，外贸损失。九一八事变后，1932 年云南省外贸减少 149.8 万元④。1940 年河口中越大桥被炸毁、滇越铁路中断后，对外贸易随之停顿。蒙自海关停征关税，改征战时消费税。蒙自县每年损失关税达 1209822 元（1884903 关平两）⑤。因怒江以西沦陷，腾越关 1942 年至 1945 年未能征关税，以 1940 年所征税额 1817540 元计，损失关税 1234323 元。

据上述统计，云南省外贸间接损失金额为 3964739 元（1937 年 7 月价）。

第三，其他损失。1932 年昆明市抗日会拨义勇军训委会旧滇币 1 万元，提取仇货罚款旧滇币 1000 元为抗日宣传费⑥。1933 年云南省救国会派员会同公安局追缴各商历次欠缴仇货罚金新滇币 146000 元，以购买飞机抗日⑦。抗战开始至 1939 年 12 月，蒙自海关间接损失防空费 1245.92 元，疏散费 4249.36 元⑧。

据上述统计，云南省商业类其他损失金额为 78111 元（1937 年 7 月价）。

综上所述，云南省抗战时期商业类间接损失总计为 7885113 元（1937 年 7 月价）。

（5）邮电类损失

1939 年江川县政府向人民摊派 64737 元，架设电话线路。1941 年江川军事

① 《江城县政府抗战期间间接损失汇报呈》，1947 年 12 月 17 日，云南省档案馆馆藏档案，档案号 11—7—10—129～130。
② 《元谋县抗战时期财产间接损失统计》，1947 年 4 月 19 日，云南省档案馆馆藏档案，档案号 11—7—10—53、244。
③ 《腾冲县小西乡、中和乡财产间接损失汇报表》，1946 年 7 月 8 日—24 日，云南省档案馆馆藏档案，档案号 44—4—317—221、222。《麻栗坡对汛督办公署呈报财产损失》，1946 年 6 月 19 日，云南省档案馆馆藏档案，档案号 44—4—317—163。《表式 7：人民团体机关公司行号合作社及私人通用财产间接损失呈报表》，泸水档案馆馆藏（民国档案），档案号 9—4—1—45。潞西县志编纂委员会：《潞西县志》，云南教育出版社 1993 年版，第 314 页。《广南县财产间接损失汇报表》，1947 年 6 月 29 日—7 月 21 日，云南省档案馆馆藏档案，档案号 44—4—317—244、245、246。
④ 《蒙自海关抗战期间损失统计表》，1940 年，中国第二历史档案馆馆藏档案，全宗号六七九（6），案卷号 208。
⑤ 蒙自县志编纂委员会编：《蒙自县志》，中华书局 1995 年版，第 564 页。
⑥ 云南省地方志编纂委员会编：《云南省志·卷首》，云南人民出版社 2004 年版，第 191 页。《市抗日会召开第十四次执委会》，载《云南民国日报》1932 年 2 月 1 日，第 5 版；《云南省提支仇货罚金作慰劳宣传会费》，载《云南民国日报》1932 年 3 月 1 日，第 5 版。
⑦ 《催收本市仇货罚金购抗日号飞机》，载《云南民国日报》1933 年 3 月 28 日，第 3 版。
⑧ 《蒙自海关抗战期间损失统计表》，1940 年，中国第二历史档案馆馆藏档案，全宗号六七九（6），案卷号 208。

部门在江川设防空监视所，架设总长 50 千米的从澂江至江川的木杆铁质单线，费用由全县摊派，计新币 94700 元①。1942 年蒙自县摊派军用电杆 400 棵；南华县备电杆 50 根；禄丰修情报网架电线 7 条 22 万元②。1943 年元阳县稿吾镇缴纳电杆款半开 240 元③。1944 年永仁、蒙自提供电杆 2273 根④。1945 年保山、南华县支援滇西抗战电杆 7005 根，河口邮局员工撤退费 886409.05 元⑤。

综上所述，云南省抗战时期邮电类间接损失总计为 60161 元（1937 年 7 月价）。

（6）文化类损失

1944 年因远征军误炸，遮放风平等佛塔大部被损，芒市中华大佛殿（中华寺）房屋被炸垮，仅剩释迦牟尼佛的大铜像幸免⑥。

综上所述，云南省抗战时期文化类损失金额为 10000 元（1937 年 7 月价）。

（7）教育类损失

抗战时期，中学损失 7800 元。地方绅士及驻军出资修复被日机炸坏的蒙自中学费用 15 万元，1945 年蒙自县上报蒙自中学因被轰炸，修复损伤礼堂、门楼、围墙等，所需工料费 1200 万元以上⑦。

中专损失 30067 元。1937 年昆华农校迁移损失 120 万元，1938 年损失 163 万元，1940 年损失 585 万元，1942 年损失 140 万元，1943 年损失 57 万元⑧。

大学损失 11345 元。1938 年 4 月富源支付联大迁移经费 1.35 万⑨。

其他损失 1009 元。1942 年为宣传抗日，分别建金平阿得博学校、妈卡坡学

① 江川县史志编纂委员会编纂：《江川县志》，云南人民出版社 1994 年版，第 11、269 页。

② 蒙自县编纂委员会编：《蒙自县志》，中华书局 1995 年版，第 293 页。《镇南县奉令筹备电话线木杆》，南华县档案馆藏档案，档案号 0—8—85.1—128。《禄丰奉令投资修建第二期空军作战电话线路》，禄丰县档案馆藏档案，档案号 M1—2—258，第 102—103 页。

③ 元阳县政协编：《元阳文史资料》第 5 辑，2005 年印，第 13 页。元阳县政协编：《元阳县文史资料》第 1 辑，1992 年印，第 66、87 页。

④ 永仁县志编纂委员会编纂：《永仁县志》，云南人民出版社 1995 年版，第 22 页。蒙自县志编纂委员会编：《蒙自县志》，中华书局 1995 年版，第 294 页。

⑤ 《河口邮局员工撤退旅费损失》，1947 年 2 月，中国第二历史档案馆藏档案，全宗号一三七（5），案卷号 2778。

⑥ 云南省保山地区新闻中心、保山地区博物馆编：《中国远征军滇西大战》，云南美术出版社 1999 年版，第 132、135 页。《远征军误炸致使遮放土司衙门与遮放、风平等佛塔情况》，2007 年德宏州、潞西市课题组调查的口述记录整理，记录原件存德宏州史志办。

⑦ 蒙自县志编纂委员会编：《蒙自县志》，中华书局 1995 年版，第 818 页。《云南省立蒙自中学查报敌人罪行代电》，1945 年 12 月 8 日，云南省档案馆藏档案，档案号 12—4—559—258。

⑧ 《云南省立昆华高级农业职业学校查报教育人员财产损失代电》，1944 年 3 月 21 日，云南省档案馆馆藏档案，档案号 12—4—1947—3。

⑨ 富源县政协文史委编：《富源文史资料》第 10 辑，2006 年印，第 101 页。

校。当地群众提供 40 中石谷子为阿得博学校任教教师伙食及笔墨纸张之用；捐给妈卡坡学校办学稻谷 80 驮（每驮 130 斤），独家村何汝高老人出 20 驮粮支付课桌椅费①。为修复 1939 年 4 月日机轰炸蒙自市区时炸毁的蒙自县教育局办公楼（三转弯附近）和修理武庙以便教育局用房，蒙自县支付法币 1245000 元②。

综上所述，云南省抗战时期教育类间接损失总计为 50221 元（1937 年 7 月价）。

（8）公共事业类损失

第一，机关损失。1937 年至 1945 年，财政部盐政总局云南区财产间接损失合计 24699 元，其中防空设备费 2000 元，疏散费 4500 元，救济费 2910 元，抚恤费 15289 元。其中 1939 年抚恤费 11466.75 元；1941 年疏散费 2000 元；1944 年疏散费 2500 元，救济费 2910 元，抚恤费 3822.25 元；遮放土司衙门在滇西反攻战中被炸毁③。

据上述统计，云南省公共事业类机关损失金额为 6809 元（1937 年 7 月价）。

第二，其他损失。1938 年云南省卫生实验处向富滇银行借款新币 10 万元，以便预备防疫药品④。1939 年省政府拨治霍乱卫生所经费每月 3500 元，防疫大队 4820 元，昆明市建两所难童收容所，开办费每所新币 200 元；经常费，每所设所工三名，每名月支薪新币 30 元，医药费新币 50 元，办公费每所每月新币 50 元⑤。1941 年霍乱防治费新币 14460 元（1940 年价），1941 年 30460 元⑥。1942 年为治疗泸水县暴发的疟疾，用去奎宁 4 万片⑦。1942 年陆军总司令部后方勤务司令部在凤庆县旧城街龙泉小学设立第 36 后方医院，占用民房 3 幢，收容医治腾冲、龙陵等地抗日伤员；远征军第 2 军部占用民房 3 幢，时间 3 年另 8 个月。第 2 军情报站在鲁史、营盘各占用民房 1 幢，华严庵军械所占用民房 2

① 政协金平县委员会编：《金平文史资料》第 2 辑，2001 年印，第 128 页。
② 蒙自县志编纂委员会编：《蒙自县志》，中华书局 1995 年版，第 819 页。
③ 《云南统计抗战期间财政部盐政总局云南区财产间接损失》，1948 年 5 月，中国第二历史档案馆馆藏档案，全宗号二六六，案卷号 7473。云南省保山地区新闻中心、保山地区博物馆编：《中国远征军滇西大战》，云南美术出版社 1999 年版，第 132、135 页。
④ 《卫生实验处向富行借款十万元》，载《云南日报》1938 年 10 月 14 日，第 4 版。
⑤ 《各地霍乱统计》，载《云南日报》1939 年 9 月 16 日，第 4 版。《市小服务团筹设难童收容所》，载《云南日报》1939 年 6 月 1 日，第 4 版。
⑥ 《云南省卫生处防疫霍乱经费呈》，1941 年 4 月 7 日，云南省档案馆馆藏档案，档案号 21—3—66—1～2。
⑦ 泸水县志编纂委员会编：《泸水县志》，云南民族出版社 1995 年版，第 416 页。

幢，时间均为 3 年另 8 个月。滇缅铁路施工中火药爆炸，毁坏房屋 58 间[1]。1943 年易门县向各户摊派抗日经费法币 159240 元[2]。1944 年，盟军飞机误炸云县，损失 120 间民房；误炸保山，损失 533 间[3]。1944 年省卫生处派出防疫队前往腾龙边区防治鼠疫，并拨款 10 万元。1945 年省财政厅拨腾冲、龙陵鼠疫防治费 500 万元。盈江鼠疫流行，省卫生处当即电汇经费 100 万元；8 月间芒市鼠疫流行，省卫生处派人前往防治，由省府拨经费 500 万元，中央拨款 600 万元[4]。1945 年美军飞机在路南县兴隆乡失事，造成 9 间房屋倒塌[5]。

据上述统计，云南省公共事业类其他损失金额为 244132 元（1937 年 7 月价）。

综上所述，云南省抗战时期公共事业类间接损失总计为 246049 元（1937 年 7 月价）。

（9）人力资源损失

云南初为抗战大后方，后为抗战最前线，在人力资源的支出方面具有两重性，即后方支援同前线支援并存。

提供兵员。据国民政府国防部史政编译局档案记载，抗战期间，中央分配到云南的征兵任务为 370496 人，实际征兵超额 11097 人，达到 381593 人，加上抗战前原有的第 60 军 4 万余人，全国抗战 8 年期间，云南以一个仅有 1200 多万人口的省份，为抗战输送兵力至少 42 万余人[6]。抗战期间，云南人口 1000 多万，占全国人口的 2.87%，甲级壮丁（1939 年）达 1327879 人，参军入伍者占

① 《陆良县政府为西桥村住民钱大志家因军队借住失火损失致云南省政府呈》，1942 年 2 月，云南省档案馆藏档案，档案号 106—3—1571—86。凤庆县地方志办编：《凤山镇志》，1996 年印，第 14—15 页。鲁史镇人民政府编：《鲁史镇志》，2001 年印，第 7、8 页。《征用华严庵民房 2 幢作军械库用》，凤庆县档案馆，顺宁县建设科档案 144—25。凤庆县政协编：《凤庆文史资料》第 10 辑，第 86—88 页。凤庆县人民政府、凤庆县地方志办公室编：《顺宁府（县）志》五部，天马图书有限公司 2014 年版，第 563—565 页。

② 政协易门文史委编：《易门县文史资料选辑》第 6 辑，1996 年印，第 43 页。

③ 云县志编纂委员会编：《云县志》上编，1983 年印，第 45—46 页。政协云县文史委编：《云县文史资料》第 4 辑，1989 年印，第 59—62 页。《民政厅、防空司令部呈报保山云县被误炸补助情形代电》，1944 年 9 月 28 日，云南省档案馆藏档案，档案号 106—1—778—105～107。《云南省振济会办理云县遭受敌机轰炸赈恤情形公函》，1944 年 7 月 29 日，云南省档案馆藏档案，档案号 11—7—45—222。

④ 云南省财政厅：《准函：关于奉令拨垫专款五百万元防治腾龙及边区鼠疫等因一案请查照转补由》，1945 年 2 月 27 日，云南省档案馆藏档案，档案号 21—3—203—109～110。云南省志编纂委员会办公室编：《续云南通志长编》中册，1985 年印，第 235 页。保山地区地方志编纂委员会编：《保山地区志》上卷，中华书局 1999 年版，第 344 页。

⑤ 路南县长谭熙春：《路南县政府呈》，1945 年 4 月 5 日，云南省档案馆藏档案，档案号 11—7—44—194～196。

⑥ 云南省地方志编纂委员会编：《云南省志·政务志》，云南人民出版社 2001 年版，第 208 页。孙代兴、吴宝璋：《云南抗日战争史》，云南大学出版社 2005 年版，第 67 页。

31.63%。按征召入伍的时间计算到抗战胜利止（第 60 军 4 万兵力从 1937 年 7 月计算），共损失 645444880 个工。

兵员准备。学生军训、壮丁训练等共 24640664 工，其中 1931 年训练 75000 个工，1934 年 430000 个工，1936 年云南省高中以上学生集中军事训练，训练时间 3 个月，共训练 486000 个工，1937 年训练 19041299 个工①。1937 年组成妇女战地服务团随第 60 军奔赴前线，共 16920 个工②，滇西干训团 2000 工，1939 年司机训练 4589145 工，云县训练民兵 300 人③。

各地游击队、救亡团、担架兵等用工。1940 年建滇越边区游击队 400 余人，计用工 73 万个④。麻栗坡组织弩弓手 30 余人集训一个多月。昆明行营处在田蓬、董干、铁厂一带组织抗日游击队，共 300 余人来回巡逻于中越边境一线，以防日军进犯。云南省第二区行政督察专员公署派熊庆（文山县马塘人）为麻栗坡特别区自卫大队长，集中千余名壮丁日夜操练，以备调遣使用⑤。1942 年成立龙潞游击队，队员从 1700 人发展到 1943 年 7 月 2000 人⑥。1942 年 6 月泸水组织 500 余人的鲁掌游击队，计 586170 工，潞西成立 400 余人抗日救亡团，计工 12 万个；兰坪县在兔峨乡组建澜沧江江防支队，有 120 人武装，抗战胜利后撤销，计工 36000 个⑦。通海县征调 70 名担架兵，计 21000 工⑧。腾冲抗日政府征调

① 《总部军务处发给学生义勇军毛瑟枪二千五百支》，载《云南民国日报》1931 年 12 月 5 日，第 3 版。云南省地方志编纂委员会编：《云南省志·军事志》，云南人民出版社 1997 年版，第 99 页。会泽县志编纂委员会编纂：《会泽县志》，云南人民出版社 1993 年版，第 407 页。昆明市政协编：《昆明文史资料选辑》第 7 辑下，1985 年印，第 73—76 页。云南省志编纂委员会办公室编：《续云南通志长编》下册，1985 年印，第 167、170 页。蒙自县志编纂委员会编：《蒙自县志》，中华书局 1995 年版，第 297 页。《本届集训学生定名日入营训练》，载《云南日报》1937 年 5 月 15 日，第 6 版。政协丽江市委员会编：《丽江市文史资料》第 1 辑，第 72—73 页。砚山县志编纂委员会编纂：《砚山县志》，云南人民出版社 2000 年版，第 785 页。

② 《抗日战争时期昆明大事记（资料）》，载政协昆明文史委员会编：《昆明文史资料选辑》第 6 辑上，云南人民出版社 1982 年版，第 179 页。

③ 黄恒蛟：《中国公路交通史丛书·云南公路运输史》第 1 册，人民交通出版社 1995 年版，第 142—143 页。大理白族自治州地方志编纂委员会编：《大理白族自治州志》卷一，云南人民出版社 1998 年版，第 36 页。云县政协编：《云县文史资料》第 5 辑，1991 年印，第 55—57 页。

④ 元阳县政协编：《元阳县文史资料》第 1 辑，第 127 页。

⑤ 文山壮族苗族自治州地方志编纂委员会编纂：《文山壮族苗族自治州志》第 4 卷，云南人民出版社 2000 版，第 338 页。麻栗坡县地方志编纂委员会编纂：《麻栗坡县志》，云南民族出版社 2000 年版，第 730 页。

⑥ 德宏州史志办编：《热血忠魂铸千秋》，第 86—87 页。

⑦ 云南省地方志编纂委员会编：《云南省志·卷首》，云南人民出版社 2004 年版，第 224 页。熊家斌总编：《话说畹町》，德宏民族出版社 2001 年版，第 39—42 页。德宏傣族景颇族自治州志编纂委员会编：《德宏州志》，德宏民族出版社 1994 年版，第 27 页。李嘉郁：《兰坪白族普米族自治县志》，云南民族出版社 2003 年版，第 785 页。

⑧ 《通海征调 70 名担架新兵》，通海县民国档案［军事民政类］，档案号 3—1—191—7～14 或 15～19、46。

1000 余壮丁到预备 2 师进行军事训练，计工 114 万个①。蒙自县政府征调民工 1400 人，组成 7 个担架队，配属第一集团军司令部调遣，计 1428000 个工②。福碧泸练游击队 600 余人计 657000 工，耿马和沧源、勐董的土司武装联合起来，建立抗日"耿沧支队"，共 600 余人 594000 工。沧源县成立班洪自卫队 500 人，阿佤山游击队 600 人，计 1204500 工，抗战胜利后撤销③。双江 200 余人的抗日游击队，在沧源县边境一带与日军展开斗争，历时两年多，计工 146000 个，缅宁游击队 3020 人三年，计 3306900 工④。以上资料统计 11335290 个工。

工程修建。修建公路、便道、输油管等用工。其中滇黔南路用工 200 万工⑤，滇缅路 38086940 工⑥，1941 年滇缅路铺柏油用 6575895 工⑦。修建川滇东公路用 300 万工；保云公路用 285 万工⑧。修滇桂公路用 952 万工⑨。修西祥公

---

① 云南省地方志编纂委员会编：《云南省志·卷首》，云南人民出版社 2004 年版，第 225 页。
② 蒙自县志编纂委员会编：《蒙自县志》，中华书局 1995 年版，第 294 页。
③ 《怒江抗日战争大事记》，载政协怒江州委员会文史资料委员会编：《怒江文史资料选辑》第 17 辑，1991 年印，第 104 页。耿马傣族佤族自治县志编纂委员会编：《耿马傣族佤族自治县志》，云南民族出版社 1995 年版，第 566 页。中共临沧地委党史研究室编：《临沧地区抗日战争史料专辑》，1995 年印，第 28、25 页。
④ 赵成龙：《双江县志》，云南民族出版社 1995 年版，第 622 页。中共临沧地委党史研究室编：《临沧地区抗日战争史料专辑》，1995 年印，第 25 页。
⑤ 云南省地方志编纂委员会编：《云南省志·政府志》，云南人民出版社 2001 年版，第 213 页。
⑥ 云南省地方志编纂委员会编：《云南省志·交通志》，云南人民出版社 2001 年版，第 139 页。昆明市对外经贸局编：《昆明市对外经济贸易志》，云南民族出版社 2003 年版，第 74 页。《云南全省公路总局函送各段移交工程表册》，1939 年 7 月 14 日，云南省档案馆藏档案，档案号 55—3—753—63 ~ 67。杨曦晖：《百年风云录》，云南人民出版社 1995 年版，第 220 页。云南省志编纂委员会办公室：《续云南通志长编》中册，1985 年印，第 990、993 页。
⑦ 政协云南省文史委编：《云南文史资料选辑》第 37 辑，云南人民出版社 1989 年版，第 14 页。《各工程段铺筑柏油路面工程逐月应出民工人数表》，1941 年 8 月 11 日，云南省档案馆藏档案，档案号 106—4—4610—52。
⑧ 保山市志编纂委员会编：《保山市志》，云南民族出版社 1993 年版，第 552 页。昌宁县地方志编纂办公室档案，永久卷 84 号，第 311 页。凤庆县人民政府、凤庆县地方志办公室编：《顺宁府（县）志》五部，天马图书有限公司 2014 年版，第 568—569 页。《顺宁县征工修筑保云公路顺云段出工及民工伤病残情况》，顺宁县政府建设科档案，144—29 卷第 169—173 页，144—31 卷第 88 页。政协云南省文史委：《云南文史资料选辑》第 37 辑，云南人民出版社 1989 年版，第 225—241 页。云南省地方志编纂委员会编：《云南省志·政府志》，云南人民出版社 2001 年版，第 210—211 页。
⑨ 政协云南省文史委编：《云南文史资料选辑》第 37 辑，云南人民出版社 1989 年版，第 242—259 页。《滇越公路的建设》，载云南省地方志编纂委员会编：《云南省志·政府志》，云南人民出版社 2001 年版，第 212—214 页。

路用 10411000 工①。修保腾公路用 1233 万工②。修中印公路用 474 万工。修弥遮公路 252 万工③。镇康修路用 1666951 工④。修腾、梁、盈、陇公路用 1 万工⑤。修保顺路用 916178 工⑥。修蒙河公路用 135237 工⑦。姚安修路用 60764 工⑧。修顺云公路 3 万工⑨。凤庆修路用 84 万工，永平修路用 10 万工，修楚雄便道用 32000 工⑩。修泸水驿道用 7 万工，保山驿道用 4 万工，缅宁路用 5018 工，玉溪用路 344093 工，协修滇越公路用 1404000 工⑪。镇康县出民伕 13130 人 15 天，负责修筑云县至阿八地（文化）、阿八地至镇康（今永德）两段共 130 千米驿道⑫。根据抗战期间云南省建成 4643 公里路记载，占地面积没有记载的共 961.82 公里，因中印公路有人工记载，余下 632.7 公里按简易公路计算，计用 12559222 工。

在修建中印公路同时，还铺修了中印输油管，共用 138000 工，其中漾濞民

① 云南省志编纂委员会办公室编：《续云南通志长编》中册，1985 年印，第 988 页。政协云南省文史委编：《云南文史资料选辑》第 37 辑，第 232—241 页。《张笃伦西祥公路应速彻底破坏电》，1942 年 1 月 6 日，云南省档案馆馆藏档案，档案号 106—4—4538—22～27。云南省地方志编纂委员会编：《云南省志·政府志》，云南人民出版社 2001 年版，第 211 页。

② 保山市志编纂委员会编：《保山市志》，云南民族出版社 1993 年版，第 282 页。

③ 凤庆县人民政府、凤庆县地方志办公室编：《顺宁府（县）志》五部，天马图书有限公司 2014 年版，第 568—569 页。大理白族自治州地方志编纂委员会编纂：《大理白族自治州志》卷一，云南人民出版社 1998 年版，第 38 页。云南省地方志编纂委员会编：《云南省志·政府志》，云南人民出版社 2001 年版，第 214—215 页。

④ 中共临沧地委党史研究室编：《临沧地区抗日战争史料专辑》，1995 年印，第 157 页。

⑤ 芒市公路管理总段编：《德宏傣族景颇族自治州公路管理志》，云南民族出版社 2000 年版，第 68 页。德宏州政协文史资料委员会、北京市政协文史资料委员会编：《滇缅抗战纪实》，中国文史出版社 2008 年版，第 345—347 页。

⑥ 《测量保顺公路派民工 40 人》，凤庆县档案馆，顺宁县政府建设科档案 144—26—31。凤庆县人民政府、凤庆县地方志办公室编：《顺宁府（县）志》五部，天马图书有限公司 2014 年版，第 568—569 页。顺宁县政府建设科档案 144—41—40～180。《镇康县摊派协修保顺公路工款》，载永德县志办：《永德县志》，云南人民出版社 1994 年版，第 15 页。

⑦ 蒙自县志编纂委员会编：《蒙自县志》，中华书局 1995 年版，第 490 页。

⑧ 民国《姚安县志·政典志》卷二十，云南人民出版社 1988 年，第 270—274 页。

⑨ 凤庆县人民政府、凤庆县地方志办公室编：《顺宁府（县）志》五部，天马图书有限公司 2014 年版，第 568—569 页。

⑩ 楚雄市地方志办公室编：《楚雄市志》，天津人民出版社 1993 年版，第 27 页。江逢僧纂：《永平县志稿》（民国），1998 年内部出版，第 32 页。

⑪ 《云南全省公路总局报表》，1941 年，中国第二历史档案馆馆藏档案，档案号十五.1423。云南省志编纂委员会办公室编：《续云南通志长编》中册，1985 年印，第 988 页。政协怒江傈僳族自治州委员会文史资料研究组：《怒江文史资料选辑》第 5 辑，1985 年印，第 113 页。保山市志编纂委员会编：《保山市志》，云南民族出版社 1993 年版，第 552—553 页。临沧市政协编：《缅宁县志》，第 187—190 页。玉溪县地方志编纂委员会办公室编：《玉溪县志资料选刊》第 2 辑，1983 年印，第 174—175 页。

⑫ 中共临沧地委党史研究室编：《临沧地区抗日战争史料专辑》，1995 年印，第 161 页。

工协修输油管用工 3 万①，禄丰县 9 万个工，南华县 18000 工②。

据上述统计，修建公路便道输油管等共用工 110444248 工。

为加强运输能力，云南曾动工修建滇缅铁路，用工 1740 万个，凤庆县协修滇缅铁路弥遮段忙贵至大罗闸，用工 84 万个③；叙昆铁路用工 360 万个④。计 2184 万工。

修建机场。从 1938 年起，云南军民奉令新建和扩建了昆明、呈贡、云南驿、沾益等 39 个机场（含 10 个简易军用机场），以满足运输、防空、训练、军事的需要，并随着战争形势变化不断改造扩修。据课题组掌握资料，修建呈贡机场、楚雄机场、泸西机场、祥云云南驿机场、芒市机场、昭通机场、广南机场、罗平机场、沾益机场、蒙自机场、腾冲机场、保山机场、宾川机场、思茅机场、勐海县南峤机场、凤庆县营盘机场、永德县德党机场、镇康县撒马坝机场、云县机场、寻甸县羊街机场、禄丰机场、麻栗坡机场、马关飞机跑道等用工 19695975 个工⑤。昆明机场无人工记载，参照云南驿机场计算，其余的 15 个机场按营盘机场的一半人工计算⑥，计用工 9517270 工，修机场用工 29213245 个工。

另驼峰航线有地勤人员 26000 名，民工 47000 多人，三年半时间，计机场勤杂工 93257500 个⑦。

修建军营军事设施等。1936 年修建砚山兵营，用工 438 万个，1938 年玉溪修建碉堡征工 3122 个⑧。1939 年修建第 52 兵工厂用工 4106250 个⑨。为了抵御日军的进攻，云南省破坏了一些边沿战略要点的公路、机场，后为了反攻需要又修复了部分道路，计共用 450231 工。1940 年，江城县政府紧急调动 1000 多民

① 漾濞彝族自治县地方志编纂委员会编：《漾濞县志》，云南人民出版社 2000 年版，第 14 页。
② 《禄丰县境铺筑中印输油管道占地和投工数》，禄丰县档案馆藏档案，档案号 M2—4—7，第 82—88 页。《镇南县奉令征召修路民工》，1945 年 6 月，云南省档案馆藏档案，档案号 106—1—1083—33～34。
③ 昆明市对外经贸局编：《昆明市对外经济贸易志》，云南民族出版社 2003 年版，第 73 页。云南省地方志编纂委员会：《云南省志·铁道志》，云南人民出版社 1997 年版，第 130—132 页。云南省志编纂委员会办公室：《续云南通志长编》中册，1985 年印，第 988 页。凤庆县人民政府、凤庆县地方志办公室编：《顺宁府（县）志》五部，天马图书有限公司 2014 年版，第 796 页。
④ 云南省地方志编纂委员会编：《云南省志·铁道志》，云南人民出版社 1997 年版，第 133—134 页。云南省志编纂委员会办公室编：《续云南通志长编》中册，1985 年印，第 988 页。
⑤ 参见本书专题调研报告《云南抗战机场的建设及其损失》的注释。
⑥ 因营盘机场面积为 120 亩，课题组推算简易机场占地为 60 亩，故按营盘机场投工的一半计算。
⑦ 昆明市对外经贸局编：《昆明市对外经济贸易志》，云南民族出版社 2003 年版，第 76 页。
⑧ 砚山县志编纂委员会编纂：《砚山县志》，云南人民出版社 2000 年版，第 789 页。玉溪县地方志编纂委员会办公室编：《玉溪县志资料选刊》第 2 辑，1983 年印，第 174 页。
⑨ 昆明市政协文史委编：《昆明文史资料选辑》第 13 辑，1989 年印，第 36—39 页。

工到边境地带，不分昼夜挖坑断路，伐木塞冲，在险要地段构筑防御工事，用工8万①。蒙自县破坏机场用工8939个②。1941年在功果桥东山抢修1条跑道，投工24万余工③。1942年，保山破路用工283292个，镇康破路48000工，凤庆县鲁史镇民工1000名协建第84兵站医院，历时3个月④。1943年为滇西反攻战，保山征工3万修复公路，泸水县老窝出工3000为驻军修工事⑤。1945年江城协助军队破坏公路用30000工⑥。据上述资料，修建军事设施共用工9752834工。

支前运输。为了支持滇缅反攻战，云南各族群众积极支前，或运送伤员、军粮、弹药，或修路架桥。1939年马帮驿运人工计26953250个，马工46479750个⑦。1940年呈贡伤兵运送队用工2000个⑧。蒙自驮队用工533个，牛马工730个⑨。墨江运送伤兵5400个工，富宁400个工⑩。1941年蒙自县征调牛车320辆运军需品，征调民夫50人组成担架队运送伤病员⑪。江城县民工运粮计3万个工⑫。1942年蒙自征调民夫运军米1000包（每包50千克）至保姑，用工1250个，运到芒村用工688个，征调牛车121辆由碧色寨运军需物资至芒村⑬。通海县组织360人的担架队支援前方⑭，保山出民工4160324人次，骡马1193652匹

① 政协江城县委员会编：《江城文史资料》第1辑，2002年印，第148—149页。江城哈尼族彝族自治县志编纂委员会编纂：《江城哈尼族彝族自治县志》，云南人民出版社1989年版，第8、253页。

② 蒙自县志编纂委员会编：《蒙自县志》，中华书局1995年版，第489页。

③ 云龙县志编纂委员会编纂：《云龙县志》，农业出版社1992年版，第426页。

④ 方国瑜主编：《保山县志稿》，云南民族出版社2003年版，第101页。保山市志编纂委员会编：《保山市志》，云南民族出版社1993年版，第552页。鲁成旺：《永德县志》，云南人民出版社1994年版，第15页。《征派鲁史镇民夫1000名修建八十四兵站医院》，1942年，凤庆县档案馆，顺宁县政府建设科1942年档案144—7—28。

⑤ 《保山县征调3万余民工抢修被破坏的公路》，载保山市志编纂委员会编：《保山市志》，云南民族出版社1993年版，第552页。政协怒江州文史委编：《怒江文史资料选辑》第13辑，1989年印，第111—116页。

⑥ 《江城县政府抗战期间间接损失汇报呈》，1947年12月17日，云南省档案馆馆藏档案，档案号11—7—10—129～130。

⑦ 昆明市对外经贸局编：《昆明市对外经济贸易志》，云南民族出版社2003年版，第79页。

⑧ 《呈贡县关于组织伤兵运送队呈》，1940年8月18日，云南省档案馆馆藏档案，档案号106—1—2749—17～18。

⑨ 蒙自县志编纂委员会编：《蒙自县志》，中华书局1995年版，第478页。

⑩ 《墨江县组织伤兵运送队呈》，1940年，云南省档案馆馆藏档案，档案号106—1—2749—30（参照呈贡按每队200人计算）。《富宁县关于组织伤兵运送队呈》，1940年，云南省档案馆馆藏档案，档案号106—1—2749—26～27。

⑪ 蒙自县志编纂委员会编：《蒙自县志》，中华书局1995年版，第293页。

⑫ 《江城县政府查报抗战期间间接损失呈》，1947年12月17日，云南省档案馆馆藏档案，档案号11—7—10—129～130。

⑬ 蒙自县志编纂委员会编：《蒙自县志》，中华书局1995年版，第293页。

⑭ 《通海县民众输送伤兵队筹担架情况表〈民国三十一年一月〉》，1942年1月，通海县档案馆〔民国档案军事民政类〕，档案号3—1—170。

次，驮牛 323197 头次，临时民伕 55375 名，临时驮马牛 380478 匹；栽电杆用工 18900 个①，凤庆征派驮马 100 余匹，运送物资 15 天；顺宁（今凤庆县）7000 匹驮马支前 20 天②。双江县派遣浦世民组织全县爱国青年 200 人赴阿佤山抗日前线，配合远征军作战 1 年零 3 个月③。南峤县（今属勐海县）支前 31000 个工④。腾冲杨绍贵等 31 人伏击敌军⑤。为接送远征军，泸水设治局出夫 4000 余人，碧江设治局（今属泸水县）出夫 1500 人，福贡设治局出夫 3866 人，贡山设治局出夫 253 人⑥。梁河县天宝乡组织 40 余人的便衣队搜集日军活动情报，共活动了 4 个月；远征军驻梁河九保两个月，九保青年 150 人参加作战，计 13800 工⑦。云龙县老窝乡（今属泸水县）组织 100 人的民工中队，参与预备第 2 师组织的"瓦（窑）漕（涧）公路"工程和"漕（涧）石（干河）马路"工程施工，历时 1 年，约计花费 36500 个工日⑧。镇康县德党天池镇派驮马 100 匹支援部队，镇康派出 33 人把守忙渡口及班老一带要道。永平县共征用骡马 4980 余匹，调派 9960 多人支前 3 年，计 10906200 人工 5450100 马工⑨。镇沅县支前派 1000 个工，姚安运送军粮计 70740 工，凤庆支前 15000 人工 30000 马工，缅宁（今临翔区）运送军粮计 10830 工⑩。巍山县运送军粮及军工物资计 43000 工，马工 84240 个，广通县（今属禄丰县）派出民工 385 名骡马 851 匹支前 3 年，计

① 云南省地方志编纂委员会编：《云南省志·民政志》，云南人民出版社 1996 年版，第 123 页。《保山县政府为遭敌惨炸、霍乱流行、军事负担繁剧等伤亡损失惨重恳予救济呈》，云南省档案馆馆藏档案，档案号 1021—3—301—78 ~ 80。
② 凤庆县人民政府、凤庆县地方志办公室编：《顺宁府（县）志》五部，天马图书有限公司 2014 年版，第 570 页。
③ 中共临沧市委党史研究室：《难忘的溅血岁月》，2005 年印，第 138—139 页。
④ 《南峤县政府参议会战时军队过往一切供应费计算表》，1948 年 2 月 2 日，云南省档案馆馆藏档案，档案号 11—7—27—88。
⑤ 吕文超主编：《腾冲县志》，中华书局 1995 年版，第 733 页。
⑥ 《云南省泸水设治局战时军队过往一切供应费计算表》，1948 年 4 月 1 日，云南省档案馆馆藏档案，档案号 11—7—27—95。《为呈报此次国军回国道经福贡供应粮秣食盐柴薪夫役各数目情形祈鉴核由》，福贡县档案馆馆藏档案，档案号 1—1—73—112。《云南碧江设治局战时军队过往一切供应费计算表》，1948 年 3 月 28 日，云南省档案馆馆藏档案，档案号 11—7—27—178。
⑦ 德宏州政协文史委编：《德宏州文史资料选辑》第 8 辑，德宏民族出版社 1991 年版，第 168 页。
⑧ 政协怒江州文史资料委员会：《怒江文史资料选辑》第 13 辑，1989 年印，第 111—116 页。
⑨ 中共临沧地委党史研究室编：《临沧地区抗日战争史料专辑》，1995 年印，第 159 页。杨镜：《大理百年要事录》上卷，云南民族出版社 2003 年版，第 138 页。
⑩ 《呈报镇沅县垫发中央陆军第六军四九师一四五团官兵食米数目请乞转饬付价补偿》，1942 年 10 月 15 日，云南省档案馆馆藏档案，档案号 106—1—2590—151 ~ 154。《姚安县奉令运交军粮数》，民国姚安县档案，第 265 卷第 73、80、197、198、207、208、211、212 页。凤庆县人民政府、凤庆县地方志办公室编：《顺宁府（县）志》五部，天马图书有限公司 2014 年版，第 570 页。中共临沧地委党史研究室编：《临沧地区抗日战争史料专辑》，1995 年印，第 25 页。

工 421575 个，马工 931845 个①。1943 年永德支前 206 人 32 马，镇康支前 210 工，马 200 匹；镇康日出民夫 2000 人，役畜 3000 匹（头），组织常年军运，历时 3 年，计 2190000 人工，3285000 马工；顺宁县支前用工 588121 个，马 1176242 工②。镇康运粮 3750 工 7500 马工，运军需 9195 工，牛马工 1590 个，20 人 40 匹马运弹药，625 人 1250 马工运军粮，江城出动 3000 民工运粮，云龙县出工 1 万个运粮两个月③。南华县救援盟军飞行员用工 80 个，凤庆运送军需品 210 工，丽江救援盟军飞机用 1000 工，姚安运军粮用工 103039 个，祥云组织驮马 62 匹，民工 180 余人为驻军服务④。1944 年兰坪县运粮用 6900 个工，镇康县支前 17500 工，马 35000 个工；凤庆运送军粮 113000 工，运弹药 112320 工；金平援越军 200 人 9 个月；泸水组织 95 名马夫、190 匹马以保障反攻部队的粮秣供应⑤。南峤县支援过往军 2 万个工，镇康运送伤兵 600 人，支前 70 工马 15 工；腾冲支前民工 420 万工；龙陵支前 22080 工⑥。麻栗坡救援盟军飞机 1 万个工，

① 巍山彝族回族自治县交通志编纂组编：《巍山彝族回族自治县交通志》，云南人民出版社 1989 年版，第 120 页。《广通县提供和帮助过境部队运送抗战军需品》，禄丰县档案馆馆藏档案，档案号 M2—2—36～43。

② 中共临沧地委党史研究室编：《临沧地区抗日战争史料专辑》，1995 年印，第 161、162、168 页。凤庆县政协编：《凤庆文史资料》第 10 辑，第 134—138 页。凤庆县人民政府、凤庆县地方志办公室编：《顺宁府（县）志》五部，天马图书有限公司 2014 年版，第 570 页。

③ 中共临沧地委党史研究室编：《临沧地区抗日战争史料专辑》，1995 年印，第 163、166、168 页。《江城县政府抗战期间间接损失汇报呈》，1947 年 12 月 17 日，云南省档案馆藏档案，档案号 11—7—10—129～130。《云龙县参议会恳请免征缓征兵役电》，1943 年 9 月 20 日，云南省档案馆藏档案，档案号 106—1—2412—25～26。

④ 中共南华县委党史研究室编：《中共南华地方史》第 1 卷，2012 年印，第 66—67 页。中共临沧地委党史研究室编：《临沧地区抗日战争史料专辑》，1995 年印，第 166 页。《丽江儿女精忠报国、英勇抗战永载青史》，载《丽江日报》2005 年 8 月 6 日，第 3 版。《姚安县奉令运送军粮》，民国姚安县档案，永久 265 卷第 73、80、197、198、207、208、211、212 页。祥云县志编纂委员会编纂：《祥云县志》，中华书局 1996 年版，第 567 页。

⑤ 兰坪县人民政府编：《兰坪史料集》，云南大学出版社 1994 年版，第 463 页。凤庆县人民政府、凤庆县地方志办公室编：《顺宁府（县）志》五部，天马图书有限公司 2014 年版，第 570—571 页。《第 4 支部电令派民夫 2000 人运军粮》，1944 年，凤庆县档案馆，顺宁县政府秘书科 1944 年档案 132—19～23。金平县板板桥村志编纂小组：《板板桥村志》，中国国际文化出版社 2007 年版，第 19 页。政协怒江州文史委编：《怒江文史资料选辑》第 13 辑，1989 年印，第 101—102 页。《1944 年 9 月运送军粮械弹征民夫情况》，1944 年 9 月，凤庆县档案馆，顺宁秘书室档案 132—26—98～100。《第二军留守处令派夫马运弹》，1945 年，凤庆县档案馆，顺宁县建设科 1945 年档案 144—21—170～171。《兰坪县政府查报各部队勒派伕役军粮等征用民间输力供应情形呈》，1944 年 7 月 28 日，云南省档案馆藏档案，档案号 106—1—2596—60～70。《第二军令凤庆县政府派民夫转运军部留守处械弹》，1944 年，凤庆县档案馆，顺宁县建设科 1944 档案 132—26—8～9。

⑥ 《南峤县政府参议会战时军队过往一切供应费计算表》，1948 年 2 月 2 日，云南省档案馆藏档案，档案号 11—7—27—88。中共临沧地委党史研究室编：《临沧地区抗日战争史料专辑》，1995 年印，第 171、172 页。云南省地方志编纂委员会编：《云南省志·政府志》，云南人民出版社 2001 年版，第 222 页。保山地区地方志编纂委员会编：《保山地区志》上卷，中华书局 1999 年版，第 701、674 页。

顺宁运粮 6000 人工 6000 个马工，永平运粮 301650 工，陆良支前 2190 工。滇西战役期间，云龙县派出民工 2500 多名，骡马 2000 余匹运送军用物资，人工 75 万个马工 60 万个①。泸水支前 584000 工，缅宁运粮 26036 工，凤庆支前 810 人，马 1620 工，姚安运粮用工 47845 个②。1945 年龙陵县支前民工 421 万，马牛工 192 万，昌宁 15000 工③。凤庆为驻军运盐 3580 工，运弹药 100 工，派往兵站医院民工 600 个，运粮 354648 工，耿马支前民工 60 个，马工 60 个，顺宁运军粮 1000 个工，云县运军需品 9000 工④。顺宁运弹药 9600 工，缅宁运粮 5456 个工，开远运粮 135000 个工⑤。1946 年文山支前 16 万工，顺宁运弹药 1800 工，运炮弹 19920 工，运弹药 186 工，运枪弹 30880 工⑥。江城运军品 3800 工⑦。据不完

① 麻栗坡县地方志编纂委员会编纂：《麻栗坡县志》，云南民族出版社 2000 年版，第 11 页。《永平县政府反映永平骡马大队 5 至 11 月份运送军粮情况》，永平县档案馆藏档案，档案号 81—2—31。《陆良县政府战时军队过往一切供应费计算表》，1948 年 1 月，云南省档案馆藏档案，档案号 11—7—27—91。云龙县政协编：《云龙县文史资料》第 4 辑，1990 年印，第 29—33 页。

② 政协怒江州文史资料委员会：《怒江文史资料选辑》第 17 辑，1991 年印，第 114 页。临沧县政协编：《临沧县文史资料》第 2 辑，1995 年印，第 81 页。凤庆县人民政府、凤庆县地方志办公室编：《顺宁府（县）志》五部，天马图书有限公司 2014 年版，第 570—571 页。《姚安县奉令运送军粮》，民国姚安县档案，永久 265 卷第 73、80、197、198、207、208、211、212 页。

③ 《龙陵人民对滇西反攻作战的支援》，载陈景东、张祖成主编：《龙陵县志》，中华书局 2000 年版，第 574、323 页。保山地区地方志编纂委员会编：《保山地区志》上卷，中华书局 1999 年版，第 674、666、710 页。《昌宁人民对滇西反攻作战的支援》，昌宁县地方志编纂办公室档案，120 号·永久卷，第 68—78 页。

④ 《第二军留守处副官通知白塔镇征民夫 380 人运送食盐》，凤庆县档案馆，顺宁县建设科档案 144—21—158。《第一兵站派民夫到华严庵运弹药至凤庆县城》，1945 年，凤庆县档案馆，顺宁县秘书科 1945 年档案 132—21～41。《兵站医院令派民夫 600 名，担架 62 付》，1945 年，顺宁县秘书科 1945 年档案 132—21～23。《第一兵站支部令派民夫运粮到保山》，1945 年，凤庆县档案馆，顺宁县秘书科 1945 年档案 132—21—53。中共临沧地委党史研究室编：《临沧地区抗日战争史料专辑》，1995 年印，第 172 页。《第四前进仓库令顺宁县政府派民夫运粮到保山新街》，1945 年，凤庆县档案馆，顺宁县秘书科 1945 年档案 132—21～39。《明新乡派民夫搬运云县哨街军品》，1945 年，凤庆县档案馆，顺宁县秘书科 1945 年档案 132—21—44～45。

⑤ 《第一兵站支部令派民夫运弹药到昌宁》，1945 年，凤庆县档案馆，顺宁县秘书科 1945 年档案 132—21、26～27。临沧县政协编：《临沧县文史资料》第 2 辑，1995 年印，第 81 页。弥勒县志编纂委员会编纂：《弥勒县志》，云南人民出版社 1987 年版，第 16 页。

⑥ 文山州战区善后工作基金会编：《文山州战备支前志》，第 26 页。《第一兵站支部令派民夫运械弹》，1945 年，凤庆县档案馆，顺宁县建设科 1945 年档案 144—21—192。《十九前进仓库令派民夫运送顺宁库存械弹至云县》，1945 年，凤庆县档案馆，顺宁县建设科 1945 年档案 144—21—194～195。《独立第一兵站支部令派民夫运送库存械弹》，1946 年，凤庆县档案馆，顺宁县建设科 1946 年档案 144—21—206。《兵站一部电令顺宁县征雇民夫分赴大寨、勐勇、营盘赶运库存械弹到云县》，1946 年，凤庆县档案馆，顺宁县建设科 1946 年档案 144—21—196。

⑦ 《江城县政府抗战期间间接损失汇报呈》，1947 年 12 月 17 日，云南省档案馆馆藏档案，档案号 11—7—10—129～130。

全统计，支前运输共投入人力 57619020 工，马工 62050834 个。

抗战期间，云南省一些县建立了防空哨或是递步哨：1938 年弥勒县建立 9 个防空监视哨，麻栗坡建 1 个防空监视哨，泸西县设立 14 个防空观察点①。1939 年蒙自建两个防空哨 1 个防护团，共 78 人，用工 185055 个②。1941 年勐腊县建防空哨，用工 4380 个③。1942 年凤庆县设立递步哨，损失人力 161250 个工④。泸水设递步哨 6 个共 57 人，计工 66690 个⑤。镇康设瞭望哨用工 3240 工⑥。据上述资料，建防空哨等共用工 946219 工。

因战争需要，在一些地方架设电话线路，在人口密集的昆明加强了警务、防疫和宣传等工作。1938 年云南省艺术师范学校派出 6 名学生，利用暑假，组成话剧小队，深入市县宣传，动员群众抗日救亡，计 240 个工⑦。省防空司令部在漾濞设无线电台，有收发报机 1 台，设台长 1 人、报务员 2 人、机工 4 人⑧。1940 年云南省加强警务机构，计 738090 工⑨。云南省电政管理局架设昆明至广南、广南至逻村口、邱北至文山、麻栗坡至西畴、曲靖至邱北、文山至马关、文山至麻栗坡 7 条报话线，全长 1211.1 千米，共雇用民工 51530 人，历时 9 个月⑩。省防疫队到泸西开展防治霍乱工作用工 960 个⑪。宣威至会泽电信线路大修完工，共雇用民工 1290 人工⑫。1943 年镇康架电话线路 1000 人，1944 年永仁换电杆 1686 人，顺宁架电线 390 工⑬。据上述资料，用于警务、防疫和宣传等用

① 弥勒县志编纂委员会编：《弥勒县志》，云南人民出版社 1987 年版，第 14 页。麻栗坡县地方志编纂委员会编纂：《麻栗坡县志》，云南民族出版社 2000 年版，第 19 页。泸西县志委员会编：《泸西县志》，云南人民出版社 1992 年版，第 14 页。

② 蒙自县志编纂委员会编：《蒙自县志》，中华书局 1995 年版，第 301 页。

③ 《云南省镇越县间接损失报告表》，1944 年 1 月 1 日，云南省档案馆馆藏档案，档案号 11—7—60—196。

④ 《顺宁县依滇西警备司令部令在本县设立递步哨所》，1942 年，顺宁县政府建设科 1942 年档案 144—44，第 8—10 页。

⑤ 泸水县志编纂委员会编：《泸水县志》，云南民族出版社 1995 年出版，第 10、195 页。

⑥ 中共临沧地委党史研究室编：《临沧地区抗日战争史料专辑》，1995 年印，第 160 页。

⑦ 政协省昆明市文史委编：《昆明文史资料选辑》第 6 辑上，1985 年版，第 164—165 页。

⑧ 漾濞彝族自治县地方志编纂委员会编：《漾濞县志》，云南人民出版社 2000 年版，第 13 页。

⑨ 云南省志编纂委员会办公室编：《续云南通志长编》中册，1985 年印，第 37 页。

⑩ 云南电政管理局：《电信线路雇用民工数目表》，1943 年 1 月，云南省档案馆馆藏档案，档案号 58—1—133—21～31。

⑪ 泸西县志委员会编：《泸西县志》，云南人民出版社 1992 版，第 104 页。云南省志编纂委员会办公室编：《续云南通志长编》中册，1985 年印，第 235 页。

⑫ 《电信线路雇用民工数目表》，1943 年 1 月，云南省档案馆馆藏档案，档案号 58—1—133—21～31。

⑬ 中共临沧地委党史研究室编：《临沧地区抗日战争史料专辑》，1995 年印，第 164 页。永仁县志编纂委员会编纂：《永仁县志》，云南人民出版社 1995 年版，第 22 页。《第二军司令部征民夫 130 名协助通信兵送物资》，1944 年，凤庆县档案馆，顺宁县政府秘书科 1944 年档案 132—20—9。

工 14777701 个。

以上共用人工 1019409601 个，牛马工 62050834 个。根据 1938 年 11 月腾冲县修机场民工每工约需 5 角钱，"每牛工以二人工价计"，课题组研究后确定牛、马工均于 2 人工计，民工工资折算为 1937 年 7 月价为 0.3597 元，以 0.36 元计，牛马工以 0.72 元计。

综上所述，云南省抗战时期人力资源间接损失总计为 411664057 元① （1937 年 7 月价）。

（10）捐献

从 1931 年九一八事变起，云南即开展捐献活动。1937 年全国抗战爆发后，在亡国灭种的危急关头，云南的各个阶层，上至云南省府主席龙云，下至普通百姓，不分性别、年龄、职业、信仰、民族、党派，在救亡的旗帜下，慷慨解囊。初步统计，云南募捐形式在 10 种以上。为打击日军的空中力量，云南人民捐款购买的飞机在 200 架以上。"七七献金"是抗战时期在云南持续时间最长（1938 年至 1945 年抗战结束）、规模较大的一场捐献运动。据有关资料统计，全省"七七献金"共募获法币 2767 万余元。全省各剧院、电影院、话剧团，举行过多次义演献金，即将当日售票所得，悉数捐献。此外，云南还组织各种形式的义卖活动。为筹措抗日经费和赈灾救灾，发行公债、债券和基金。八路军总司令朱德在 1938 年 8 月 21 日给龙云的信中就说道：抗战军兴，滇省输送 20 万军队于前线，输助物资，贡献于国家民族者尤多。

所捐献的物资款项等，有参照标准的进行折算。具体为 1931 年底昭通县（今昭通市昭阳区）人民捐资计 1 万元大洋，汇往前方支持抗日②。1932 年云南

---

① 据 1938 年 11 月《腾冲县政府为新机场估算书呈》（云南省档案馆馆藏档案，档案号 9—6—241—26 ~ 28）载："每牛工以二人工价计"；每人工约需 5 角钱，折算为 1937 年 7 月价 0.3597 元。课题组研究后决定，每人工以 0.36 元计，每牛、马工以 0.72 元计。
② 昭通市政协编：《昭通文史资料选辑》第 1 辑，1985 年印，第 155 页。

捐 267945.8 元又沪币 1000 元白银 14000 两，百宝丹、虎力散等药丸 150 瓶[①]。1933 年捐 527350 又 71 架飞机[②]。1934 年捐 70330 元，白银 5000 两，飞机 1 架[③]。1935 年捐 381519.5 元又英洋 2 万元[④]。全国抗战开始后，云南省捐献可折为 1937 年价的为 1937 年捐 3761013.17 元；1938 年 5773701.82 元；1939 年 432671.43 元；1940 年 2015169.85 元；1941 年 186593.31 元；1942 年 126488.8 元又法银 2500 元；1943 年 178611.85 元；1944 年 150541.41 元；1945 年 34.938.45 元[⑤]。还有许多无法折算的，如 1937 年泰铢 100 万铢；飞机 1 架；金手镯 3 支，金戒指 5 枚，戒指 3 枚；百宝丹 50 罐零 8000 瓶，圣灵水 30320 小瓶；白药 1000 瓶零 1000 包；保险丹 200 瓶零 1000 包，白药精 10 斤装 3475 瓶；头痛丹 1000 瓶零 1200 包，万效丹 2000 瓶；身特灵 1500 瓶；八卦丹 940 小包，各种丸散 15690 包；狐皮袍 1 件；手套 4 双；针线包 23250 个，剪子 1500 把，针 10 扎；卫生材料三角包、绷带各 3 万件；颜料 1 箱。1938 年奇灵丹 300 瓶；百宝丹 2 万盒；银手镯 5 支。1939 年港镍币 0.15 元，新加坡币 0.1 元；百仙丹 3000 粒，百仙丹粉剂 200 瓶，保险子 6300 粒，甲种金刚散 20 打，黑膏药 790 张。旧银器 18 件，银练 1 条。1940 年金鸡纳霜 5 万粒，奎宁丸 10 瓶，平胃散 500 包；外用药 2 箱；弹药 100 余箱。1941 年白药 200 箱；卫生药皂 1 箱、大小

① 和金星主编：《滇西抗日战争史》，云南民族出版社 2005 年版，第 104 页。保山地区地方志编纂委员会编：《保山地区志》下卷，中华书局 1999 年版，第 740 页。《市抗日会召开第十四次执委会》，载《云南民国日报》1932 年 2 月 1 日，第 5 版。云南省地方志编纂委员会编：《云南省志·卷首》，云南人民出版社 2004 年版，第 192 页。《省指委会召集募捐慰劳前敌将士大会》，载《云南民国日报》1932 年 2 月 16 日，第 5 版。《路南县抗日会慰劳前敌将士》，载《云南民国日报》1932 年 2 月 19 日，第 5 版（"千数百元"按 1500 元计）。《慰劳前敌将士大会电汇国币五千元慰劳前敌》，载《云南民国日报》1932 年 3 月 3 日，第 5 版。《乔井民众捐款慰劳讨日前敌将士》，载《云南民国日报》1932 年 11 月 3 日，第 3 版。《昆明市抗日救国会历次支出款项表》，载《云南民国日报》1932 年 12 月 27 日，第 5 版。楚雄市地方志办公室编：《楚雄市志》，天津人民出版社 1993 年版，第 26 页。《娱乐捐截至三月十日停止加征》，载《云南民国日报》1932 年 3 月 10 日，第 5 版。云南省地方志编纂委员会编：《云南省志·卷首》，云南人民出版社 2004 年版，第 192 页。昭通市政协编：《昭通文史资料选辑》第 1 辑，1985 年印，第 156 页。

② 《本省教育界自动认捐救国捐壹百万元》，载《云南民国日报》1933 年 2 月 9 日，第 3 版。《中央秘书处电复省指委会慰劳前敌将士购物捐款》，载《云南民国日报》1933 年 2 月 14 日，第 3 版。政协易门文史委编：《易门县文史资料选辑》第 6 辑，1996 年印，第 41 页。《陆财厅长谈财务人员自动捐款购机》，载《云南民国日报》1933 年 2 月 24 日，第 3 版。《省会各机关筹商分担救国捐》，载《云南日报》1933 年 3 月 25 日，第 3 版。

③ 保山地区地方志编纂委员会编：《保山地区志》下卷，中华书局 1999 年版卷，第 740 页。

④ 禄丰县地方志编纂委员会编纂：《禄丰县志》，云南人民出版社 1997 年版，第 366 页。《市救国会议决积极催收救国捐款》，载《云南日报》1935 年 10 月 26 日，第 7 版。《华侨梁金山捐资修建惠通桥》，载《云南日报》1935 年 12 月 4 日，第 6 版。

⑤ 出处见各年度统计表。参见本书专题调研报告：《从捐献看云南抗战承受的损失》。

皮箱 9 只、赤金戒指 1 只、越币 10 角、港币 3 角，其赤金戒指计重 1 钱 5 分；飞机 30 架。1942 年法银 2500 元。

抗战期间，云南人民积极购买救国基金和公债。全省 1933 年购买救国基金 20200 元①。1934 年 121180 元②。1935 年 77000 元，公债 75000 元③。1936 年救国基金 416632.88 元，公债 4000 元④。1937 年救国公债 6666666.67 元⑤。1940 年基金 6773.18 元，建国储金 4244482.17 元⑥。1941 年战时公债 2194586.69 元。历年各种储蓄券 63976.28 元⑦。1942 年购买战时公债 3071.01 元，同盟公债 124609.42 元又美金 2587730 元⑧。1943 年基金 1972.29 元，同盟胜利公债 178850.54 元。1944 年同盟胜利公债 5372372.57 元⑨。1945 年公债 1284.59 元⑩。不明年份基金 229.01 元⑪。

① 《卸任楚雄县长卢迪身慷慨捐助救国基金二千四百元》，载《云南民国日报》1933 年 2 月 23 日，第 3 版。《救国不愿后人》，载《云南民国日报》1933 年 3 月 1 日，第 3 版。华坪县地方志编纂委员会编：《华坪县志》，云南民族出版社 1997 年版，第 11 页。

② 政协云县文史委编：《云县文史资料》第 4 辑，1989 年印，第 33 页。凤庆县人民政府、凤庆县地方志办公室编：《顺宁府（县）志》五部，天马图书有限公司 2014 年版，第 740—741 页。陈一得主编：民国《盐津县志》，2001 年印，第 298—299 页。巧家县志编纂委员会编纂：《巧家县志》，云南人民出版社 1997 年版，第 333 页。

③ 《市救国继解第十五批救国捐旧币三万元》，载《云南日报》1935 年 11 月 17 日，第 6 版。保山地区地方志编纂委员会编：《保山地区志》上卷，中华书局 1999 年版，第 17 页。

④ 昆明市政协：《昆明文史资料选辑》第 7 辑下，1985 年印，第 73—76 页。《救国基金结束详情》，载《云南日报》1936 年 6 月 19 日，第 6 版。政协云县文史委编：《云县文史资料》第 4 辑，1989 年印，第 33 页。

⑤ 《全省公债分配情形》，载《云南日报》1937 年 12 月 6 日，第 3 版。

⑥ 《残废工厂基金妇女界募获二万余元》，载《云南日报》1940 年 5 月 11 日，第 4 版。《全国节储竞赛，本省有冠军希望》，载《云南日报》1940 年 12 月 20 日，第 4 版。

⑦ 《本省募债成绩已获国币三千余万》，载《云南日报》1941 年 8 月 5 日，第 4 版。云南省志编纂委员会办公室编：《续云南通志长编》中册，1985 年印，第 710 页。

⑧ 《沾益县政府第二科经收战时救国公债已收未收统计表》，沾益县档案馆馆藏档案，档案号 69—6—132—14 ~ 15。江川县史志编纂委员会编纂：《江川县志》，云南人民出版社 1994 年版，第 11 页。巧家县志编纂委员会编纂：《巧家县志》，云南人民出版社 1997 年版，第 333 页。霍士廉等修、由云龙等编纂：民国《姚安县志·政典志》卷 17，云南人民出版社 1988 年版，第 240 页。云南省志编纂委员会办公室编：《续云南通志长编》中册，1985 年印，第 709 页。

⑨ 丽江地区地方志编纂委员会编纂：《丽江地区志》下卷，云南民族出版社 2000 年版，第 549 页。政协丽江文史委编：《丽江文史资料》第 1 辑，1998 年印，第 79—80 页。政协云县文史委编：《云县文史资料》第 4 辑，1989 年印，第 28、34 页。

⑩ 丽江地区地方志编纂委员会编纂：《丽江地区志》下卷，云南民族出版社 2000 年版，第 549 页。凤庆县人民政府、凤庆县地方志办公室编：《顺宁府（县）志》五部，天马图书有限公司 2014 年版，第 570—571、740—741 页。凤庆县人民武装部编：《凤庆县军事志》，1994 年印，第 236 页。

⑪ 巍山彝族回族自治县志编纂委员会编纂：《巍山县志》，云南人民出版社 1993 年版，第 519 页。凤庆县人民政府、凤庆县地方志办公室编：《顺宁府（县）志》五部，天马图书有限公司 2014 年版，第 570—571 页。

综上所述，云南省抗战时期捐献包括购买救国基金和公债金额总计为 33498426 元（1937 年 7 月价）。

依上述各类统计，云南省抗战时期社会财产的间接损失总计价值为 1773001013 元（1937 年 7 月价）。

云南省抗战时期社会财产直接和间接损失情况，谨列下表加以说明：

云南省抗战时期社会财产损失统计表 单位：元（法币）

项目 \ 类别		直接损失		间接损失		合计（折合1937 年 7 月法币元）	共计（折合1937 年 7 月法币元）	备注
		数量	价值	数量	价值			
工业	工业		53929666		11899597	65829263	80078083	
	矿业		56739		14191065	14247804		
	其他		918		98	1016		
农业	土地				10174120	10174120	266582284	
	粮食		8117134		214818586.4	222935720		
	林业		732325		4057921	4790246		
	牧业		54309		12696973	12751282		
	其他		6316		15924600	15930916		
交通	铁路		29608601		84642583	114251184	167286796	美金 5422500元，其中机工返程 422500元，航工卷500 万元
	公路		33271673		16279621	49551294		
	航空		8890		962112	971002		
	水运				2042	2042		
	其他		2010117		501157	2511274		
邮电	邮电		2239		6662	8901	73135	
	电讯		10735		53499	64234		
商业	商业		22704524		3842263	26546787	34887424	
	外贸		5942		3964739	3970681		
	其他		4291845		78111	4369956		
财政	税收		95877		4589434	4685311	933791678	
	军费		11601		32172328	32183929		
	抚恤				9037513	9037513		
	振济		246143		1420435	1666578		

项目 \ 类别		直接损失		间接损失		合计（折合1937年7月法币元）	共计（折合1937年7月法币元）	备注
		数量	价值	数量	价值			
财政	防空疏散				15670234	15670234	933791678	
	其他		6438		870541675	870548113		
金融	银行		339559			339559	84039559	
	其他		83700000			83700000		
文化	图书		10247			10247	35370616	
	古迹		370000		10000	380000		
	其他		28517			28517		
	中学		11829		7800	19629		
	中专		81704		30067	111771		
	大学		383252		11345	394597		
	其他		34424846		1009	34425855		
公共事业	机关		516714		6809	523523	2834680	
	团体		675337			675337		
	其他		1391688		244132	1635820		
人力资源			9247513		411664057		420911570	
其他（捐献）					33498426		33498426	同盟公债美金2587730
小计			286353238		1773001013			
总计		2059354251元又美金8010230元以及大批无法折算的飞机、药品、金银首饰、外币等						

〈二〉 居民财产损失

居民财产损失，主要是指由于敌机轰炸，或是由于沦陷，日军烧杀掠夺所造成的损失。在云南，居民财产损失的时间是从 1938 年至 1945 年初。若按时间先后，大致可有以下统计：

1938 年 9 月，敌机轰炸昆明，炸死牛、马各 1 头；毁房屋 72 间价值 25000元；毁器具价值 1000 元；损现款 1500 元；存货 1000 元；运输工具款 500 元；其他 2000 元；10 月炸个旧，毁房 36 间①。

1939 年，4 月 8 日敌机轰炸昆明，炸毁房屋 9 户、震倒 61 户、焚毁一部，炸死牛 1 头，毁谷仓 2 所，损失稻谷 80 京石。4 月 13 日轰炸蒙自，毁民房 1490间价值 1611 万元，云南开广边盐办事处员工物品被炸，损失 2567 元旧币。10月 13 日日机轰炸昆明，市政府主任秘书庆汝廉平房 10 间被炸毁，11 月轰炸昆明，龙泉巷徐汝炯家房屋震倒，各项用具，古董、书籍等被毁，照 1939 年计价，损失洋 49800 余元②。

1940 年，敌机轰炸文山、昆明、开远、个旧等地，7 月造成富宁损失房272 间，器具损失价值法币 2006 万元（1946 年 7 月价），现款 50 万元、图书 25 万元、衣物 31 万元、粮食稻谷等 5 万旧斤，其他 25.1 万元。9 月 30日炸昆明，王丽生、周世钟损失 61.73 亿元。10 月炸开远毁房屋 295 间、猪 18 口、耕牛 1 条。10 月炸昆明毁 219 间房，周钟岳家损失 50 亿元；同月，个旧职工宿舍被毁 15 间。12 月 13 日炸个旧，炸毁铺屋 420 余间，炸毁民房 600 余间，损失法币 320 万元；12 月 22 日炸个旧房 1050 间，损失

---

① 《昆明市人口伤亡汇报表》，1939 年 12 月 4 日，云南省档案馆馆藏档案，档案号 11—7—154—153～160。《云南防空情报处关于敌机首次袭昆报告表》，1938 年 9 月 28 日，云南省档案馆馆藏档案，档案号 111—1—15—1。个旧市志编纂委员会编：《个旧市志》，云南人民出版社 1998 年版，上册第 18 页，下册第 1564—1566 页。

② 《昆明县政府查报被炸伤亡损失情形请予抚恤呈》，1939 年 4 月 14 日，云南省档案馆馆藏档案，档案号 11—7—154—8。《昆明市巫家坝黑甸营一带空袭情况报告表》，1939 年 4 月 8 日，云南省档案馆馆藏档案，档案号 11—7—154—79。《云南省蒙自县遭受敌机空袭财产损失统计表》，1947 年 11 月 20 日，云南省档案馆馆藏档案，档案号 11—7—10—86。《财政部云南开广边盐办事处查报员工物品被炸损失请赈恤呈》，1939 年 5 月 3 日，云南省档案馆馆藏档案，档案号15—3—1237—100～115。昆明市第三区长：《庆汝廉房屋被炸毁事实调查》，1947 年 11 月，云南省档案馆馆藏档案，档案号 44—4—317—400。云南省志纂委员会办公室编：《续云南通志长编》中册，1985 年印，第 394 页。《云南省社会处抗战期间私人损失报告表三》，1947 年 11月 18 日，云南省档案馆馆藏档案，档案号 44—4—317—377。

1200 万元，杨时昌损失 49300 元，钟彩廷 57695 元，孙月先 1071.06 万元，段秀生 10500 万元，周宝荣 87130 元；汤庆仁 40 万元，钟文炳 112.7 万元，李毅武 508.6 万元，涂世俊 110053500 元①。

1941 年，敌机轰炸造成云南居民损失 20013 间房及 518035.59 元；马 19 匹猪 2 口牛 15 头，700 石粮食，服饰 47302.3 元，生活用品 2927.6 元，其他 6890.68 元

① 《1940 年 10 月 26 日昆明县县长高直青呈云南省民政厅的报告》，1940 年 10 月 26 日，云南省档案馆馆藏档案，档案号 11—7—167—96。《1940 年 11 月 21 日云南省政府为填报昆明市县被炸伤亡损失及抚恤事训令》，云南省档案馆馆藏档案，档案号 44—4—435—61。个旧市志编纂委员会编：《个旧市志》下册，云南人民出版社 1998 年版，第 1272 页。《云南省蒙自县遭受敌机空袭伤亡人数报告表》，1947 年 11 月 20 日，云南省档案馆馆藏档案，档案号 11—7—10—86。《个旧电话分局长戴郁华致云南全省电话总局呈》，1940 年 12 月 13 日，云南省档案馆馆藏档案，档案号 19—1—348—6。《邮务视察员马寿山致云南邮政管理局长呈》，1940 年 12 月 15 日，云南省档案馆馆藏档案，档案号 17—8—650—142。《1940 年 12 月 17 日个旧县县长董广布致云南省民政厅长呈》，1940 年 12 月 17 日，云南省档案馆馆藏档案，档案号 44—4—435—117。《云南省个旧县历年遭受空袭灾损暨赈恤一览表》，1942 年 8 月 21 日，云南省档案馆馆藏档案，档案号 11—7—182—216。《个旧县县长董广布致云南省民政厅长呈》，1940 年 12 月 22 日，云南省档案馆馆藏档案，档案号 44—4—435—1。《个旧电话分局关于 1940 年 12 月 22 日被炸情况呈》，1940 年 12 月 26 日，云南省档案馆馆藏档案，档案号 19—1—348—87。《昆明市市呈报敌机空袭轰炸损失表》，1948 年 4 月 28 日，云南省档案馆馆藏档案，档案号 11—7—27—192。《1940 年 10 月 31 日云南省政府为填报昆明市县被炸伤亡损失及抚恤事训令》，1940 年 10 月 31 日，云南省档案馆馆藏档案，档案号 44—4—435—73。《周钟岳房屋器具被炸毁事实调查》，1947 年 10 月 15 日，云南省档案馆馆藏档案，档案号 44—4—317—394。《王丽生房屋器具被炸毁事实调查》，1947 年 12 月 16 日，云南省档案馆馆藏档案，档案号 44—4—317—391。《周世钟财产损失报告单》，1947 年 12 月 10 日，云南省档案馆馆藏档案，档案号 44—4—317—179。《邮务视察员马寿山致云南邮政管理局长呈》，1940 年 12 月 15 日，云南省档案馆馆藏档案，档案号 17—8—650—142。《富宁县财产直接损失汇报表》，1946 年 7 月，云南省档案馆馆藏档案，档案号 44—4—317—284。《杨时昌商号财产损失报告单》，1947 年 12 月 31 日，云南省档案馆馆藏档案，档案号 44—4—317—19。《钟彩廷财产损失报告单》，1947 年 12 月 31 日，云南省档案馆馆藏档案，档案号 44—4—317—21。《孙月先财产损失报告单》，1947 年，云南省档案馆馆藏档案，档案号 44—4—317—101。《段秀生财产损失报告单》，1948 年 3 月 17 日，云南省档案馆馆藏档案，档案号 77—9—2174—67。《周宝荣财产损失报告单》，1948 年 1 月 14 日，云南省档案馆馆藏档案，档案号 77—9—2174—144。《汤庆仁财产损失报告单》，1948 年 3 月 17 日，云南省档案馆馆藏档案，档案号 77—9—2174—103。《钟文炳财产损失报告单》，1948 年 1 月 12 日，云南省档案馆馆藏档案，档案号 77—9—2174—108。《李毅武财产损失报告单》，1948 年 1 月 13 日，云南省档案馆馆藏档案，档案号 77—9—2174—117。《涂世俊财产损失报告单》，1948 年 1 月 13 日，云南省档案馆馆藏档案，档案号 77—9—2174—140。

（已折算）①。

① 《1941 年 1 月 3 日昆明市长报告被炸情形》，1941 年 1 月 3 日，云南省档案馆藏档案，档案号 44—4—426—149。《昆明市第六区公所报 1941 年被炸伤亡损失》，1941 年 1 月 9 日，云南省档案馆藏档案，档案号 44—4—426—143。《1941 年 2 月 13 日保山县政府致省民政厅呈》，云南省档案馆藏档案，档案号 11—7—170—95。《云南省政府为填报昆明市县 1 月 5 日被炸伤亡损失及抚恤事训令》，1941 年 1 月 18 日，云南省档案馆藏档案，档案号 44—4—435—180。《昆明市市长裴存藩、兼省会警察局局长李鸿谟、副局长孙炽隆致云南省政府主席呈》，1941 年 1 月 22 日，云南省档案馆藏档案，档案号 44—4—435—203。《1941 年 2 月 7 日昆明县县长高直青致云南赈济会呈》，云南省档案馆藏档案，档案号 44—4—426—169。《1941 年 1 月 29 日昆明市市长裴存藩、兼省会警察局局长李鸿谟、副局长孙炽隆致云南省政府主席呈》，云南省档案馆藏档案，档案号 44—4—406—57。《1941 年 2 月 9 日昆明县县长高直青致云南民政厅呈》，云南省档案馆藏档案，档案号 11—7—171—152。《1941 年 3 月 20 日呈贡县长查报被炸伤亡损失及救济情形呈》，云南省档案馆藏档案，档案号 11—7—171—12。《西畴县被炸伤亡损失呈》，1941 年 4 月，云南省档案馆藏档案，档案号 11—7—173—1。《马关县政府报被炸伤亡损失情形恳乞救济呈》，1941 年 2 月 25 日，云南省档案馆藏档案，档案号 11—7—170—158。《云南省文山县人口伤亡调查表》，1941 年 4 月 4 日，云南省档案馆藏档案，档案号 106—1—738—141～148。《1941 年 2 月 23 日个旧电话分局长戴郁华致云南全省电话总局长呈》，云南省档案馆藏档案，档案号 19—1—348—79～80。《1941 年 2 月 22 日个旧县县长董广布致云南省民政厅长呈》，云南省档案馆藏档案，档案号 11—7—170—18。《1941 年 2 月 26 日昆明市市长裴存藩、兼省会警察局局长李鸿谟、副局长孙炽隆致云南省政府主席呈》，云南省档案馆藏档案，档案号 44—1—306—112。《马关县财产直接损失汇报表》，1946 年 7 月，云南省档案馆藏档案，档案号 44—4—317—278。《1941 年 3 月 9 日安宁县县长李士厚致云南省民政厅长呈》，云南省档案馆藏档案，档案号 11—7—171—83。《云南省赈济会值日员刘仁、孙裕值日报告昆明被炸伤亡损失》，1941 年 4 月 7 日，云南省档案馆藏档案，档案号 44—1—306—63。《1941 年 4 月 21 日云南省政府为填报昆明市县被炸伤亡损失及抚恤事训令》，云南省档案馆藏档案，档案号 11—7—171—176。《昆明 30 年 4 月 8 日空袭被灾概况》，1941 年 4 月 8 日，云南省档案馆藏档案，档案号 44—1—306—102～110。个旧市志编纂委员会编：《个旧市志》下册，云南人民出版社 1998 年版，第 1272 页。《建水县被炸及伤亡损失代电（一）》，1941 年 4 月 19 日，云南省档案馆藏档案，档案号 11—7—172—29。《蒙自县参议会为造报敌机轰炸房屋损失人员伤亡统计表呈》，1947 年 11 月 20 日，云南省档案馆藏档案，档案号 11—7—10—86。云南省志编纂委员会办公室编：《续云南通志长编》中册，1985 年印，第 394 页。《1941 年 4 月 22 日保山县县长刘言昌致云南省民政厅呈》，云南省档案馆藏档案，档案号 11—7—172—41。《保山县政府查报四二一被敌机轰炸死伤人民及毁损房屋清册》，1941 年 4 月 24 日，云南省档案馆藏档案，档案号 106—1—738—182～189。《昆明市政府呈报敌机空袭轰炸损失表》，1948 年 4 月 28 日，云南省档案馆藏档案，档案号 11—7—27—192。《云南省各市县区历年遭受空袭灾损暨振恤一览表》，1942 年 1 月 7 日，云南省档案馆藏档案，档案号 44—4—48—46。《建水县人民财产直接损失报告表》，1944 年 2 月，云南省档案馆藏档案，档案号 11—7—60—105。《建水县政府报被炸伤亡损失呈》，1944 年 3 月 23 日，云南省档案馆藏档案，档案号 44—4—399—174。《建水县政府填报人民团体机关私人通用财产直接损失汇报表》，1946 年 4 月 16 日，云南省档案馆藏档案，档案号 11—7—10—233。《1941 年 6 月 7 日云南省政府为填报昆明市县被炸伤亡损失及抚恤事训令》，云南省档案馆藏档案，档案号 11—7—173—42。《昆明市第一区公所市民何去非房屋被炸毁证明书》，1941 年 7 月，云南省档案馆藏档案，档案号 44—4—317—384。《1941 年 5 月 11 日

1942 年，日军炸毁及烧毁蒙自、昆明、景洪、耿马等地房屋计 894 间，敌机轰炸损毁粮食价值445.17 元，进犯梁河芒东，抢走稻谷 500 箩又 300 斗，进犯镇康南伞抢走大牲畜 140 头，进犯梁河抢走 20 匹骡马，轰炸保山镇康等地炸死 7 头牛马，炸佛海损失价值 1335.51 元，大牲畜、服饰、生活用品、现款 1446.79 元，保山被炸私人损失 84148588.9 元[②]。

1943 年，敌机轰炸造成损失 2514 间房屋及 463452.87 元；猪 447 头、牛 402 头、马 390 匹，鸡等 865 只；损失服饰 1114506.43 元；生产工具 4379.98 元又 10175 件，生活用品 444826.83 元又 195 件，现款 1841827.89 元；古物书籍

个旧县县长董广布致云南省民政厅长呈》，云南省档案馆藏档案，档案号 11—7—173—96。《1941 年 5 月 31 日云南省政府为填报昆明市县被炸伤亡损失及抚恤事训令》，云南省档案馆藏档案，档案号 11—7—173—35。《云南省振济会办理个旧县被炸伤亡损失配发急振情形呈》，1941 年 6 月 11 日，云南省档案馆藏档案，档案号 106—1—739—200。个旧市志编纂委员会编：《个旧市志》上册，云南人民出版社 1998 年版，第 206—207 页。《小东城脚慢性炸弹爆炸》，载《云南日报》1941 年 7 月 14 日，第 4 版。《云南省振济会为刘永祺遭受空袭损失救济情形呈》，1942 年 3 月 2 日，云南省档案馆藏档案，档案号 106—1—780—69。《1941 年 9 月 13 日云南省政府为填报昆明市县被炸伤亡损失及抚恤事训令》，云南省档案馆藏档案，档案号 11—7—174—70。昆明市第三区区长：《李澍住宅被炸毁事实调查》，1947 年 12 月 5 日，云南省档案馆藏档案，档案号 44—4—317—397。《云南省财政厅为职员刘振先住房遭受轰炸损失呈》，1941 年 11 月 11 日，云南省档案馆藏档案，档案号 106—1—780—102～109。《云南省财政厅为本厅书记杨中义住房被炸救济呈》，1942 年 1 月 22 日，云南省档案馆藏档案，档案号 106—1—780—49～53。《凤仪县、下关等地被炸伤亡损失呈》，1941 年 8 月 16 日，云南省档案馆藏档案，档案号 11—7—174—45。《1941 年 9 月 8 日云南省政府为填报昆明市县被炸伤亡损失及抚恤事训令（二）》，云南省档案馆藏档案，档案号 11—7—174—51。昆明市第二区区长：《周轩住房被炸毁事实调查》，1947 年 12 月 31 日，云南省档案馆藏档案，档案号 44—4—317—388。《云南省财政厅为职员刘泽民住房被炸损失救济情形呈》，1941 年 12 月 1 日，云南省档案馆藏档案，档案号 106—1—780—96～101。《1941 年 12 月 30 日云南省政府为填报昆明市县被炸伤亡损失及抚恤事训令》，云南省档案馆藏档案，档案号 44—4—48—122。

② 中共临沧地委党史研究室编：《临沧地区抗日战争史料专辑》，1995 年印，第 158、255 页。《佛海县财产直接损失报告表》，1946 年 7 月 25 日，云南省档案馆藏档案，档案号 44—4—317—288。《保山县政府报敌各次暴行致云南省第六区行政督察专员公署呈》，1943 年 1 月 16 日，德宏州档案馆藏档案，档案号 1—1—235—12。《思茅县被炸伤亡损失呈》，1942 年 6 月 16 日，云南省档案馆藏档案，档案号 44—4—456—41。《镇康县政府报告日寇在南伞、孟定等地蹂躏情形呈》，1942 年 9 月 16 日，云南省档案馆藏档案，档案号 11—7—7—60。《云南省蒙自县 31 年度遭受空袭伤亡人数报告表》，1943 年 3 月，云南省档案馆藏档案，档案号 11—7—181—27。梁河县志编纂委员会编：《梁河县志》，云南人民出版社 1993 年版，第 19、575、572 页。保山地区地方志编纂委员会编：《保山地区志》上卷，中华书局 1999 年版，第 656 页。云南省镇康县志编纂委员会编：《镇康县志》，四川民族出版社 1992 年版，第 729 页。中国人民解放军云南省临沧军分区编：《临沧地区军事志》，第 15 页。《保山县 1937 年 7 月 7 日至 1942 年 12 月 31 日被敌摧毁公私财产损失呈》，1943 年 12 月 15 日，德宏州档案馆藏档案，档案号 1—1—235—101。

191766.09 元；其他 817711.32 元，泸水上江乡 500 石米、2000 石又 4500 公斤谷，泸水 23000 箩谷及无具体数量只有价值的粮食，共 5593884.82 元①。

---

① 《敌机连日轰炸南峤县伤亡损失》，1943 年 1 月 30 日，云南省档案馆馆藏档案，档案号 11—7—181—33。云南省档案馆编：《日军侵华罪行实录·云南部分》，云南人民出版社 2005 年版，第 638—640、427—428、640 页。泸水县志编纂委员会编：《泸水县志》，云南民族出版社 1995 年版，第 378 页。西双版纳傣族自治州地方志编纂委员会编：《西双版纳傣族自治州州志》上册，新华出版社 2002 年版，第 962 页。口述资料——景洪市勐龙镇曼康湾村岩亮 2007 年 9 月口述，中共景洪市委党史研究室祁春玲采访，记录原件存中共景洪市委党史研究室。中共临沧地委党史研究室编：《临沧地区抗日战争史料专辑》，1995 年印，第 161 页。《澜沧县长聂晶品为敌人纵火烧南溪板电》，1943 年 3 月 18 日，云南省档案馆藏档案，档案号 11—7—7—109。《1943 年 6 月 8 日云南省政府报昆明市县被炸伤亡损失及抚恤事训令》，云南省档案馆馆藏档案，档案号 44—4—6—156。云南省志编纂委员会办公室：《续云南通志长编》中册，1985 年印，第 394、398 页。《李守基等报黑甸营村等地被炸伤亡损失呈》，1943 年 4 月 28 日，云南省档案馆藏档案，档案号 44—4—6—93。《1943 年 5 月 15 日空袭紧急报告》，1943 年 5 月 15 日，云南省档案馆藏档案，档案号 44—4—6—159。巍山县志编委会编：《巍山彝族回族自治县县志》，云南人民出版社 1993 年版，第 671 页。中国人民解放军云南省临沧军分区编：《临沧地区军事志》，第 277—278 页。陈荣华：《追赶太阳的阿佤山》，云南民族出版社 2004 年版，第 74 页。中共临沧市委党史研究室编：《难忘的溅血岁月》，2005 年印，第 94、114 页。《敌寇暴行》，载《云南日报》1943 年 10 月 1 日，第 3 版。《1943 年 10 月 26 日云南保卫第 11 营呈报凤仪县被炸情形》，云南省档案馆藏档案，档案号 11—7—181—136。《振济委员会运送配置难民昆明总站下关分站金星村被炸灾情伤亡人数调查表》，1943 年 12 月 26 日，云南省档案馆藏档案，档案号 44—4—426—197。《1943 年 12 月 18 日昆明空袭紧急救济联合办事处呈报被炸伤亡损失及救恤情形》，云南省档案馆藏档案，档案号 44—4—406—208。《昆明县政府报日寇历年暴行调查表呈》，1944 年 4 月 8 日，云南省档案馆藏档案，档案号 106—5—1993—8。《昆明县关于 1943 年 12 月 22 日被炸灾情呈》，1943 年 12 月 22 日，云南省档案馆藏档案，档案号 11—7—181—162。德宏州政协文史委编：《德宏州文史资料选辑》第 8 辑，德宏民族出版社 1991 年版，第 228 页。2007 年 9 月采访李岩嘎，鲍三木保记录，记录原件存中共沧源县委党史研究室。《车里县属猛笼乡及景德镇人民财产直接损失报告表》，1943 年 12 月 24 日，云南省档案馆藏档案，档案号 11—7—60—113。《1943 年 1 月 28 日澜沧县报告被炸伤亡损失》，云南省档案馆藏档案，档案号 44—4—426—209。《1943 年 1 月 27 日澜沧县报告被炸伤亡情形》，云南省档案馆馆藏档案，档案号 44—4—426—211。《1943 年 6 月 8 日云南省政府报昆明市县被炸伤亡损失及抚恤事训令》，云南省档案馆馆藏档案，档案号 44—4—6—156。《1943 年 5 月 15 日空袭紧急报告》，1943 年 5 月 15 日，云南省档案馆藏档案，档案号 44—4—6—159。2007 年 9 月采访李岩嘎，鲍三木保记录，记录原件存中共沧源县委党史研究室。《龙云关于 1943 年 9 月 20 日敌机轰炸昆明给赈济会令》，1943 年 10 月 6 日，云南省档案馆馆藏档案，档案号 44—4—426—105。《1943 年 11 月 8 日昆明县报被炸伤亡损失情形》，云南省档案馆馆藏档案，档案号 11—7—181—141。《敌寇暴行》，载《云南日报》1943 年 10 月 1 日，第 3 版。《1943 年 12 月 18 日昆明空袭紧急救济联合办事处呈报被炸伤亡损失及救恤情形》，云南省档案馆藏档案，档案号 44—4—406—208。《昆明县政府报日寇历年暴行调查表呈》，1944 年 4 月 8 日，云南省档案馆藏档案，档案号 106—5—1993—8。《潞西镇公所办理驮马、食米等日军军需》，1943 年 12 月 19 日，德宏州档案馆藏档案，档案号 2—1—17—69。《昆明县关于 1943 年 12 月 22 日被炸灾情呈》，1943 年 12 月 22 日，云南省档案馆馆藏档案，档案号 11—7—181—162。《云南省第六行政区抗战期间总损失表》，1946 年，德宏州档案馆馆藏档案，档案号 1—1—65—12。《广南县人民财产直接损失报告表》，云南省档案馆藏档案，档案号 11—7—60—267。《文山县财产直接（间接）损失报告表》，1946 年 9 月 30 日，云南省档案馆藏档案，档案号 21—3—37—6～8。《文山县财产直接（间接）损失报告表》，1946 年 9 月 30 日，云南省档案馆藏档案，档案号 21—3—37—6～8。《马龙县人民财产损失报告表》（表4），1943 年 2 月，云南省档案馆馆藏档案，档案号 11—7—60—112。《马龙县公务员私人财产损失报告表》（表3），1943 年 2 月，云南省档案馆馆藏档案，档案号 11—7—60—111。《敌寇暴行》，载《云南日报》1943 年 10 月 1 日，第 3 版。《泸水设治局呈报云南省民政厅之公私财产直接损失报告表》，1944 年 2 月 23 日，云南省档案馆藏档案，档案号 11—7—60—197。

1944 年，敌机轰炸损失 214 间房屋及有价值的建筑物 12713.2 元；牛 1 头猪 2 口，个旧市教育人员私人损失 4112288.05 元[①]。

1945 年 3 月，云南省第六区行政督察专员公署上报沦陷期间，陇川 6 乡镇毁私房 1495 栋。1947 年 10 月，陇川设治局上报 4 乡镇损失，其中拉线乡是 1945 年上报时未报过的，其损失是私房 163 栋。禽畜损失牛 13402 头，马 281 匹，猪 30333 口，鸡 11714 只，其他损失 6723.46 元[②]。

各地还有许多没有确切年份的财产损失统计，按居民财产大致分类列下：

房屋：龙陵毁大殿 94 间，瓦草平房 9922 间，店铺 60 栋，价值 9655013 万元（1946 年 6 月价）；潞西上报被炸 1724 所房，沦陷时损失 248160 万元；梁河损坏房 889 栋价值 4460 万元（1943 年 9 月价），腾冲 1946 年 10 月上报损坏房 2447 所，5941 间，价值 773647 万元；铺户损失 1631 间，价值 24044 万元；盈江损坏房 1098 栋；瑞丽损坏房 907 栋；个旧 1947 年 11 月上报损坏房 3610 间，焚烧房屋 367 间（前面已记载统计 3329 间）；保山损坏房 3640 栋。

粮食：1943 年 9 月潞西上报损失 60090 万元；1946 年 10 月腾冲上报损失稻谷 626897 箩，米 101503 斗，杂粮 17343 箩，价值 108855 万元；1945 春瑞丽损失 296959930 元（谷 28328 箩，米 5478 箩）。

禽畜：龙陵损失牛 11104 头、骡马 9568 匹、羊 18597 只、猪 22703 口、鸡 192770 只，价值 1494701 万元（1946 年 6 月价）。潞西财产及牲畜损失 1200 亿元（1946 年 8 月价）。腾冲损失骡马 10960 匹、牛 6795 头、羊 4313 只、猪 38090 口、鸡鸭 138402 只，价值 154353 万（1946 年 10 月价）。梁河损失牲畜

① 《（碧江设治局）财产损失报告单》，1946 年 3 月，云南省档案馆馆藏档案，档案号 11—7—1—29。中共临沧市委党史研究室编：《难忘的溅血岁月》，2005 年印，第 92～93 页。中国人民解放军临沧军分区编：《临沧地区军事志》，第 18 页。《西畴县政府公务员私人财产损失报告表》，1944 年 2 月 19 日，云南省档案馆馆藏档案，档案号 11—7—60—124。《西畴县政府人民财产直接损失报告表》，1944 年 2 月 19 日，云南省档案馆馆藏档案，档案号 11—7—60—125。《呈报 1944 年 6 月 14 日蒙自被日机轰炸情形》，1944 年 6 月，蒙自县档案馆馆藏档案，档案号 036—9—330—39。勐海县地方志编纂委员会编纂：《勐海县志》，云南人民出版社 1997 年版，第 6 页。云南省档案馆编：《日军侵华罪行实录·云南部分》，云南人民出版社 2005 年版，第 637 页。《个旧县政府报教育人员被敌轰炸所受损失报告表致教育厅呈》，1944 年 5 月 31 日，云南省档案馆馆藏档案，档案号 12—4—1947—8～10。
② 《云南省第六区行政督察专员公署转报陇川县沦陷灾情调查表代电》，1945 年 3 月 18 日，云南省档案馆馆藏档案，档案号 11—7—169—147。《陇川设治局抗战期间损失汇报表》，1947 年 10 月 2 日，云南省档案馆馆藏档案，档案号 44—4—317—323。德宏州史志编委办公室编：《德宏史志资料》第 2 集，德宏民族出版社 1986 年版，第 157 页。

7186 头。盈江损失牲畜 19172 头。瑞丽损失水牛 27 头、黄牛 93 头、猪 6564 口、骡马 12020 匹。保山损失牲畜 43380 头。

服饰：潞西损失 144100 万元（1943 年 9 月价），梁河 233 万元。

生产工具：龙陵 1946 年 6 月上报损失 224822500 元；腾冲中和乡 257.9 万元；小西乡 1100 万元；勐连镇 1000 万元；河西乡 641 万元；新华乡 820 万元；潞西 83830 万元，梁河 150 万元（1943 年 9 月）。

现款：龙陵 1946 年 6 月上报损失 7 万元；腾冲中和乡 1754.6 万元、小西乡 600 万元、勐连镇 1000 万元、河西乡 871 万元；潞西 4810 万元，梁河 4.9 万元。

其他，1946 年 6 月龙陵县上报损失棉纱 5797 亿元，图书、仪器、医药用品、制服被垫、武器弹药 16418.8 万元；腾冲中和图书 103.5 万元、医药用品 150 万元、衣物 1368.2 万元、棉织品等 640 万元；小西乡图书 1 万元、仪器 55 万元、医药用品 33 万元、衣物 600 万元、棉纱等 1120 万元；勐连镇图书 50 万元、仪器 100 万元、文卷 100 万元、医药用品 100 万元、衣物 2500 万元；河西乡图书 637 万元、仪器 486 万元、文卷 253 万元、医药用品 632 万元、衣物 1300 万元；新华乡图书 260 万元、文卷 60 万元、衣物 850 万元；潞西图书 1200 万元、仪器 700 万元、医药用品 60 万元，其他 147460 万元；梁河 1946 年 9 月上报损失 1040 万元。1946 年 10 月腾冲上报铺户财物损失价值 2273631 万元；各商损失 411505400 元（1942 年价），凤仪县公务员及人民损失 855 万元（1944 年 2 月价），开远 928 万元（1944 年 2 月价），李云龙等 79.41 万元（1941 年 2 月价），广南 139.5 万元（1943 年 12 月价），思茅 356800 元（1944 年 2 月价），个旧县私人损失 418.8 万元（1944 年 4 月价），河口 1328 万元（同前），耀龙员工损失 14.58 万元（1944 年 6 月价），保山教职员工 166975 万元（1946 年 3 月价），省邮政管理局职工金谷 89065 元，朱海润 36775905 元，金敦福 24285 元，王思成 393400 元，陈瑞祥 1768300 元，张继垲 1643500 元，黄廷魁 72500 万元，金继明 1350 万元，牛凤鸣 14 万元，齐前谋 87346 元，施雨田 2400 元，邢海峰

11500 元，吴锡光 100 万元①。

根据此次调研查找到的不完全资料，抗战期间云南居民房屋因轰炸和日军毁坏，以每栋最少为 3 间计算，有数字可查的达 79387 间，无间数但有损失价值的，折算为 1937 年 7 月价值，两项合计为 43775798 元。云南居民禽畜损失鸡鸭等 341537 只，猪 97827.5 头，马 33275 匹，牛 101489.5 头，羊 22910 只，加上没有禽畜损失的具体数字，只有损失价值的，经折算为 1937 年 7 月价值为 35866378 元。粮食损失为 9999694 元。损失服饰为 8381569 元。损失生产工具 445114 元又 10175 件；生活用品 454376 元又 195 件；现款 2295290 元；存货 192518 元；其他 320217105 元。

另外，云南旅居缅甸 8 名华侨，因缅甸、滇西沦陷和被日机轰炸，造成其动产损失 6223825.58 元和不动产损失 380257.98 元。另有 4 名旅居缅甸的华侨因战事被迫遗弃，以及在缅甸和滇西被日军炸毁、焚烧、劫掠财物，损失 1423336.98 元。2 名旅居缅甸华侨因缅甸沦陷无法携带，在滇西被日军抢劫，损失 195085.95 元。1 名旅居泰国华侨在缅甸被炸毁财物价值 25365 元。1 名旅居

① 《云南省第六行政区抗战期间总损失表》，1946 年，德宏州档案馆馆藏档案，档案号 1—1—65—12。保山地区地方志编纂委员会编：《保山地区志》上卷，中华书局 1999 年版，第 639 页。《陇川设治局抗战期间损失汇报表》，1947 年 10 月 2 日，云南省档案馆馆藏档案，档案号 44—4—317—323。《腾冲县抗敌伤亡人数及财产损失报告表》，1946 年，德宏州档案馆馆藏档案，档案号 1—1—65—40。《腾冲县各乡财产直接损失汇报表》，1946 年 7 月，云南省档案馆馆藏档案，档案号 44—4—317—248、249、250、251、252。《腾冲县商会造报市街各商沦陷损失货品价值数目一览表》，1947 年，云南省档案馆馆藏档案，档案号 44—4—317—332。《腾冲县小西乡、中和乡财产间接损失汇报表》，1946 年 7 月 8 日—24 日，云南省档案馆馆藏档案，档案号 44—4—317—221、222。《梁河设治局财产直接损失汇报表》，1946 年 9 月 23 日，云南省档案馆馆藏档案，档案号 44—4—317—287。《龙陵县财产直接损失汇报表》，1946 年 6 月 30 日，云南省档案馆馆藏档案，档案号 44—4—317—304。《潞西设治局财产直接损失汇报表》，1947 年 7 月 19 日，云南省档案馆馆藏档案，档案号 44—4—317—291。《个旧县政府为调查抗战损失呈》，1947 年 11 月 6 日，云南省档案馆馆藏档案，档案号 77—9—2174—5。《瑞丽设治局报沦陷时期人民损失调查表呈》，1947 年 2 月 20 日，保山市档案馆馆藏档案，档案号 11—1—65—79。瑞丽市志编纂委员会编：《瑞丽市志》，四川辞书出版社 1996 年版，第 28 页。《云南省瑞丽设治局抗战期间人口伤亡及公私财产损失调查统计表》，1947 年 8 月 15 日，云南省档案馆馆藏档案，档案号 44—4—317—322。《抗战期间云南省邮政管理局职工损失统计》，中国第二历史档案馆馆藏档案，全宗号一三七（5），案卷号 2777。《凤仪县所属各机关及公务员役私人财产损失报告表》，1944 年 2 月 20 日，云南省档案馆馆藏档案，档案号 11—7—60—114、115。《云南省思茅县人民财产直接损失报告表》，1944 年 2 月 26 日，云南省档案馆馆藏档案，档案号 11—7—60—204；《云南省社会处李云龙等损失报告表》，1947 年 11 月 6 日、12 日，云南省档案馆馆藏档案，档案号 44—4—317—364、368。《保山县教育人员财产损失报告表》，1946 年 3 月 20 日，云南省档案馆馆藏档案，档案号 11—7—10—203、213、217。《开远县人民财产直接损失报告表》，1944 年 2 月 29 日，云南省档案馆馆藏档案，档案号 11—7—60—215～216、221。《河口县人民财产损失表》，1944 年 4 月 30 日，云南省档案馆馆藏档案，档案号 11—7—60—235、236。《广南县人民财产损失报告表》，1943 年 12 月 7 日，云南省档案馆馆藏档案，档案号 11—7—60—267。《耀龙员工损失》，1944 年 6 月 7 日，云南省档案馆馆藏档案，档案号 11—7—60—231、232。

越南的华侨被日军抢夺财物价值 18018000 元。1 名越侨在广西损失 167600 元。据有限资料统计，华侨损失为 26433471 元（以上数字均为 1937 年 7 月法币价值）。

据上述各资料统计，云南省抗战时期居民财产损失总计价值为 452067411 元（1937 年 7 月价）。各类财产损失情况谨列下表加以说明：

云南省抗战时期居民财产损失统计表　　单位：元（法币，1937 年 7 月价）

年份	房屋	禽畜	粮食	服饰	生产工具	生活用品	现款	存货	华侨	其他	合计
1938	22397	134			376	752	1128	752		1504	27043
1939	252046	32	480								252558
1940	395784	846	3360		14	4757				16305937	16710698
1941	2519336	2451	2800	47302		2928				6891	2581708
1942	89400	13050	1375	223		1113	111		8247871	84148589	92501732
1943	714853	60541	5637740	1114506	4380	444827	1841828	191766		817711	10828152
1944	34113	65							18185600	4112288	22332066
1945		970748								6723	977471
不计年份	39747869	34818509	4353939	7219538	4446444		452223			214817461	305855983
合计	43775798	35866376	9999694	8381569	4451214	454377	2295290	192518	26433471	320217104	452067411

（六）结论

日军野蛮侵略，给云南带来了严重的灾难，其影响持久而深远。

1. 造成了云南人口巨大的伤亡

根据此次调研结果统计，日本帝国主义的侵略战争造成了云南军民巨大伤亡，伤亡总数达 481767 人。其中平民直接伤亡 243156 人，间接伤亡 42899 人。难民及灾民达到 88217 人。

云南籍军人伤亡 104997 人。另有远征军 142294 人伤亡于滇西、缅甸及印度，部队补充兵员中病亡、失踪等 9762 人。

这仅仅是课题组所查找到的资料数字。实际上，因战争的原因，云南省人口锐减。全省总人口 1937 年为 12390477 人，1947 年全省人口为 9028761 人，减少 3261415 人，达 26.3% 还多。如果以 1919 年到 1936 年增长幅度 1.2073% 计算，1947 年全省人口应为 13374475 人，而实有人口数却减少 4345714 人。而且男、女比例发生倒置。以保山市为列，历史上的男女性别比一直是男高于女一个百分点之上，抗战时期保山伤亡人口中，男性青壮年占多数，以致第一次出现了男女性别比的倒错，使劳动力失衡，影响了云南省长期的社会发展。

除了伤亡以外，云南省在兵员准备方面也投入较大。1936 年社会军事训练为 48 万个工，1937 年至 1938 年军事训练达 1904 万余个工，1939 年司机训练近 459 万个工。1938 年全省有甲级壮丁 32.9 万名，乙级壮丁 19.7 万名。1939 年全省各县普遍成立保卫队，进行预备役军事训练。每县组成 1 个中队，每个中队 100 人左右，保卫队一般 6 个月退伍补充 1 次，后缩短到一年退补 3 次。这样，每年又要投入众多的青壮年劳力，以 7 年估计，至少损失达 3000 万个工日。

2. 迟滞了云南的经济发展

抗战期间，云南省损失 2511421662 元（法币，1937 年 7 月价值，下同）又美金 8010230 元以及大批无法折算的飞机、药品、金银首饰、外币等，其中社会财产直接损失 286353238 元，间接财产损失 1773001013 元，居民财产损失 452067411 元。云南省 1945 年省级和县级财政支出计 410.52 万元[①]，抗战期间，云南省损失是 1945 年全省财政支出的 611.77 倍，其中社会财产直接损失是其 69.75 倍，居民财产损失是其 110.12 倍，社会财产间接损失是其 431.89 倍。由此可见，日军入侵中国，造成云南损失十分惨重。

日机轰炸功果桥，中断滇缅公路，即切断了国际对中国的抗日物资援助，又切断了云南、特别是滇西地区重要的商业运输线，各大商号纷纷将资金投向缅甸、印度、香港，严重影响了云南和滇西地区社会经济发展。日军入侵前，保山、腾冲是云南重要的对外商贸城市之一，腾冲是云南最早对外开放的地区之一，贸易对象为东南亚、南亚地区，保山、腾冲和龙陵的资本主义工商业已发展到一定规模，以腾冲商人为主的腾冲商帮跨国贸易做到了缅甸、印度、泰国、香港等国家和地区，并在国内的上海、武汉、重庆、昆明设有商号或工厂，有的商号拥有上千万大洋的资本，亦工亦商，在国内外有很大的影响。日军发动的侵略

---

① 李珪主编：《云南近代经济史》，云南民族出版社 1995 年版，第 536 页。

战争使怒江以西变成一片废墟，保山、腾冲、龙陵、潞西、瑞丽等地作为南方丝绸之路中心城市积累的物质财富被彻底毁灭，商业受到了自古以来最严重的破坏。

日军轰炸重点之一是云南的工业基地。除了昆明外，重点轰炸了云南锡矿重要产地——个旧，据《云南省经济资料》统计，因日军的轰炸和滇越铁路的中断，个旧锡的生产呈直线下降趋势，1945年到了最低点，仅为1938年的10.7%。95%以上的厂商宣告破产或停业，伙房、坑道口长满了青草，仅有几千工人也只是为了看守伙房等而留下来①。

抗战期间，日军对滇越铁路、车站、沿线的城镇实施轰炸破坏，造成沿线各族人民生命财产的重大损失，破坏了滇越铁路作为中国云南通向越南、沿海的重要纽带的格局，使滇南的经济发展受到严重影响，多年持续倒退。

3. 严重地破坏了云南的农业生产，导致物价飞涨，人民生活水平急剧下降

抗战期间，云南以一个1200多万人口的省份，为抗战输送兵力42万余人。这对于地广人稀、劳动力缺乏的云南来说是一项沉重的负担。诚然是为民族的生死存亡去抗战，但客观上对农业的影响极大。无论是征调民工或征兵，应征自然是农村中身强力壮的主要劳动力，农民家庭中留下者多是老弱妇孺，要耕作求生，还要支付各种费用摊派，其困难程度可以想见。有些地方的人口因此减少。西南联大教授张印堂在调查滇西地区之后说：滇省农工，向感不足，抗战以来，愈趋困难……所征兵和劳工，均系农作经验丰富之农民，致人工益感缺乏，而生产亦渐减少。

日军的侵略，持续不断地轰炸交通要道和居民聚集区，特别是保山"五四"被炸后致霍乱流行，一方面使云南众多的平民百姓家破人亡，大批民众背井离乡，流离失所，农村大量劳动力丧失，云南种植业受到有史以来最大的破坏；另一方面大量田地在战争中被毁坏，或是修占为军事基地，或是被炸坏，或是长期无人耕种而荒芜，农业生产在资金、人力和畜力方面缺乏，陷入日益萎缩的境地，造成农业生产衰退。

怒江以西区域沦陷两年多，农业经济遭到空前的破坏与摧残。1945年9月

---

① 李珪主编：《云南近代经济史》，云南民族出版社1995年版，第501页。云南大学历史系、云南历史研究所编：《云南冶金史》，云南人民出版社1980年版，第182页。

云南省财政厅督导员在"督导筹设腾冲县银行工作总报告"中陈述了腾冲"沦陷后之两年来，所有田地，大部分均属荒芜，未能栽插"。沿边被敌侵扰的10多个县、设治局，也不能进行正常的农业生产、生活，人民或是弃耕，或是流亡，所造成的间接损失也是难以数计的。在日军侵略的3个年头，保山粮食产量下降一半，以1947年保山粮食总产1.27亿千克计，3年间保山损失粮食3.81亿千克。全保山粮食产量只及日本帝国主义侵略前的一半弱，直到20世纪50年代中期，保山农业生产才逐渐恢复到战争前的水平。

一面是农业萎缩，一面是云南大量驻军，大批企业、商业、文化教育单位的迁入，大批难民的涌入，支前负担沉重，物资紧缺，致使物价飞涨，涨幅高于全国平均水平。昆明市白米1937年7月1石8.8元法币，1944年12月高达7466元法币，为848.41倍，而全国仅为750.95倍①。云南人民生活水平下降到无以复加的程度。

4. 严重破坏了云南的教育文化事业，影响了社会发展

云南省抗战前文化教育欠发达，而日本帝国主义对云南的轰炸特别是占领滇西后，毁坏了上千所学校和寺院，大批儿童失去就学机会，严重破坏了云南文化教育事业，造成云南国民素质下降。日军轰炸、烧抢，毁坏了大批中小学校园，在后来的几十年间，云南多数地方中小学教学不得不在简易房或庙宇中进行。因日军对云南教育基础设施的破坏，对云南的教育造成的负面影响，不可避免地影响到社会的发展。

5. 细菌战给云南人民的生命和健康造成了长期的威胁

日军对云南实施细菌弹轰炸，造成云南霍乱爆发，死亡及感染15万余人。霍乱病大流行，致使保山和繁华而享有滇缅路上"小昆明"之称的下关十室九闭，其他霍乱流行地，也是满目凄凉。日军在腾冲、龙陵等地用鼠疫残害人民，造成了上千人死亡。而且在战后十多年内还一直危害滇西人民。滇西成为中国鼠疫的重灾区，时有爆发，中国政府不得不加大人力、物力的投入，用于疫情防治。如1946年，云南省政府投入鼠疫菌苗40万毫升，药品80多种；并借支保

---

① 余世：《云南物价调查》，云南人民出版社1957年版，转引自李珪主编：《云南近代经济史》，云南民族出版社1995年版，第575页。

山县预防专款 5 万元，开设鼠疫防治训练班。7 月，保山县在施甸水长、功果桥、霁虹桥设立检疫站。当年，省卫生处派出 4 个鼠疫防治队到保山开展防疫。1947 年 5 月，省卫生处又增派 3 个防疫队到保山，携疫苗、药品两卡车到保山防疫，省政府从美国给云南的 60 亿元救济款中拨出 16 亿元给保山用于鼠疫防治。为防治鼠疫，腾冲县于是年发起"节食一日救灾运动"，共捐得法币 29.88 万元用于鼠疫防治。中华人民共和国成立后，又投入了大量人力、财力，才基本控制住了疫情。

6. 给云南人民造成了极大的精神伤害

日军在滇西沦陷区任意强奸中国妇女，使之承受精神和肉体的双重折磨。日军将"慰安所"建在祠堂、教堂、佛寺和中国人的祖房，极大地伤害了中国人民的宗教信仰和精神寄托。日军所到之处，将中国民众的粮食、财物搜抢一空，还将人肉扔到中国老百姓的铁锅、甑子、橱内，在铁锅、碗盆上拉屎、拉尿。日军灭绝人性的做法，给云南人民造成了永远无法弥补的精神伤害。

根据截至目前所掌握的资料和进行的相关研究，我们得出了云南省抗日战争时期人口伤亡和财产损失的以上若干数据。由于年代久远、搜集资料困难等客观原因，应该说，我们得出的这些数据还只是初步的和尚不完整的数据，并不是研究的最终结果。今后，我们将继续推进本课题调研工作，以期在掌握更多资料和取得研究新成果的基础上对有关数据再做出修订和补充。

（中共云南省委党史研究室审定，卓人政主持，李继红执笔）

二、专题调研报告

（一）侵华日军细菌战所致云南人民受害与死亡情况调研报告

陈祖樑

1. 概　述

在第二次世界大战太平洋战争爆发后，日本南方军于1942年攻占了缅甸。日军为了切断中国当时的唯一国际交通补给线——滇缅公路，实行了"断"作战方案，日军以第56师团6个联队与第2师团及第18师团各一部，于1942年5月3日，进犯中国西南边疆云南省，从此，滇西怒江以西地区惨遭日军铁蹄蹂躏达两年零八个半月之久。1944年5月11日，中国远征军发动滇西反攻，历时八个半月，歼灭日军22000余人，终将盘踞滇西的日军大部歼灭，并将残敌驱逐出境，于1945年1月20日收复了滇西失地。

日军盘踞滇西期间，烧、杀、抢、奸淫无恶不作，最为严重的是日军悍然违反国际法，在云南进行细菌战，大量残杀中国无辜老百姓。

笔者接受调研任务后，历时近两年，先后到南京、昆明、保山、芒市等地查阅了大量档案资料，检索了大量历史文献，并先后多次深入隆阳、施甸、腾冲、龙陵、潞西、畹町、瑞丽、盈江、梁河等日军施行过细菌战的地区进行实地调查采访，调查足迹遍及滇西数百个村寨，收集了大量群众证言证词。通过调查，发现了当年侵华日军在滇西进行鼠疫试验的村庄，寻访到日军进行鼠疫人体试验并实施活体解剖的受害幸存者，还寻访到日军投放的细菌弹的目击者，基本查清了侵华日军在云南实施细菌战的罪行。

日军把对华细菌战的重点放到了滇缅国际交通线和浙赣前线各机场方面，并把云南省的保山和昆明作为细菌战的第一重点攻击目标，由日军731部队与南方军冈9420部队所属各部防疫给水部共同行动，有准备有计划有步骤地进行细菌战。

1942 年 5 月，日军开始对保山、昆明实施霍乱细菌战攻击。日军一方面向城市、集镇空投细菌弹，一方面派出日本间谍，或收买缅奸、汉奸沿滇缅公路沿线的水沟、水井、水池中投放霍乱病菌，导致云南省 72 个县（市）霍乱暴发流行，在短短的两个半月内，霍乱在云南发病总人数达 15 万人以上，死亡人数达 13 万多人。根据调查，保山市隆阳区死亡 6 万多人；大理州死亡 41601 人；原丽江县发病 5064 人，死亡数 2161；华坪、永胜两县死亡 1403 人；楚雄州死亡 2834 多人。这仅只是有案可查的数据①，而实际发病及死亡人数还不止此数，据中国著名历史学家方国瑜先生当年到滇西实地考察后指出，仅保山县（含今隆阳区和施甸县）就"死亡 6 万余人，然处此离乱之世，调查不甚周详，数字恐不止此。""霍乱自保山发作，而保山人民向滇西各县逃难，疫症流行日广，滇西数十县为此症而死者数十万人。"②

日军在滇西发动的霍乱细菌战被中国人民扑灭后，日军 731 部队与冈 9420 部队驻滇西的防疫给水部，又在准备鼠疫细菌战。日军盘踞滇西期间利用各种办法征集老鼠、饲养老鼠，培养鼠疫杆菌，进行人体实验。当日军面临失败前夕，就在芒市、瑞丽的遮放、梁河、腾冲等地投放感染鼠疫的老鼠，传染鼠疫，再次实施细菌战，致使滇西 16 个县发生鼠疫流行。自 1944 年日军在滇西实施鼠疫细菌战后，直至 1953 年滇西流行不断，仅德宏州就死亡 50000 多人，全省鼠疫患病死亡七八万人③。现据实地调查获得的大量事实及证言证词，结合档案、文献史料，加以初步整理研究，以揭露日军在云南进行细菌战的罪恶事实真相。

2. 背景调查

侵华日军细菌战的研究与实施是以设在中国东北哈尔滨市东南约 20 公里的平房"关东军防疫给水部"——即"731 部队"为中心进行的。

---

① 见保山市"抗损"课题调研组：《保山市抗日战争时期人口伤亡和财产损失调研报告》，2008 年 12 月调查完成；大理州"抗损"课题调研组：《大理州抗日战争时期人口伤亡和财产损失调研报告》，2008 年 11 月调查完成；丽江市"抗损"课题调研组；《丽江市抗日战争时期人口伤亡和财产损失调研报告》，2008 年 12 月调查完成；楚雄州"抗损"课题调研组：《楚雄州抗日战争时期人口伤亡和财产损失调研报告》，2008 年 10 月调查完成；上述调研报告存中共云南省委党史研究室资料室。

② 方国瑜：《抗日战争滇西战事篇》，载政协云南省文史委编：《云南文史资料选辑》第 19 辑，云南人民出版社 1987 年版，第 168、169 页。

③ 综合滇西各县县志、政协文史资料及陈祖樑实地调查所得并见德宏州"抗损"课题调研组 2008 年 9 月完成的《德宏州抗日战争时期人口伤亡和财产损失调研报告》（德宏州调研报告存中共云南省委党史研究室资料室）。

731部队有5个支部，并与各地防疫给水部在组织、人员、物资和工作等方面保持着密切的联系和合作关系。日军南方军防疫给水部（细菌战部队），代号为"冈9420部队"，于1942年4月1日在新加坡爱德华七世医科大学医院设置，其首任部队长北川正隆军医大佐，早在担任军医学校防疫研究室教官时就与731部队长石井四郎共同行动；第二任部队长羽山良雄军医少将，也是从背阴河时期就与石井四郎从事同一事业。该部有内藤良一、市川内一、贵宝院秋雄、早川正敏等人员约200人。该防疫给水部与石井四郎密切合作，进行细菌战研究，并指使滇缅各地防疫给水部共同进行细菌战。

经调查得知，日军在缅北、滇西均驻有南方军"冈9420部队防疫给水部"①。在云南邻近的缅北密支那，驻有日军第18师团防疫给水部一部和第56师团防疫给水部一部；在中国滇西的龙陵县腊勐，驻有第56师团防疫给水部1个小队，部队长是冈崎正尚大尉军医（系日本佐贺县小城郡人），还有吉田好雄准尉等，约40人；在腾冲，驻有第56师团防疫给水部1小队，队长是野田军医中尉，有队员约45人；第56师团防疫给水部本部则驻在芒市②。这些防疫给水部队，在缅北，在滇西，均与731部队密切配合从事细菌战研究，大量征集老鼠、饲养老鼠、培养细菌，并进行人体实验，实施细菌战。

1943年3月，原日军华中防疫给水部代部长增田知贞，名义上到缅甸疟疾防疫班工作，实际是到滇缅战场指导细菌战的实施。增田知贞早在1940年任华中防疫给水部队代部长时，就曾和日军参谋本部作战课的荒尾兴功、日本中国派遣军作战主任参谋井本熊男共同策划制订了浙江省细菌战实施计划。1942年12月，增田知贞总结他在中国进行细菌战经验的基础上，撰写了《细菌战》一书。在《细菌战》书中，他详细论述了如何进行细菌污染，提出了给水污染，食物污染，河流、海岸、公共场所和铁路、家畜和军用动物等具体污染方法，并指出"进攻性战术可采用降雨法撒布细菌，投下炸弹，引爆充填细菌的炮弹，派遣间谍撒布等形式。"③ 日军在云南的细菌战，实际上就是按增田知贞的这些指导方法实施的。

在日军中国派遣军作战主任参谋井本熊男中佐的业务日志（简称《井本日志》）第十八卷中，1942年4月12日日志记载着《昭和十七年"保号"指导计划》。该计划明确指出，1942年日军细菌战的第一个攻击目标就是云南省会昆

---

① 陈祖樑实地调查并参见中日两方有关战史资料和公私著述。

② ［日］森山康平主编：《フーコン·云南の战い》，月刊冲绳社，昭和59年6月1日初版发行，第71、123、140页。

③ 解学诗、松村高夫等主编：《战争与恶疫》，人民出版社1998年版，第24、25页。

明。《计划》写道："攻击目标：1. 昆明；2. 丽水、玉山、衢县、桂林、南林（沿飞行基地）；3. SAMOA（撤退时）；4. DH、AD、AK；5. 澳州要塞；6. 加尔各答。"① 关于这一计划的实施，曾经于 1942 年 3 月至 1943 年 1 月在日军 731 部队林口支队服役的上野笔供中也得到证实，上野笔供说："在昆明方面使用细菌炸弹时，731 的飞机被击落，驾驶员柳懒大尉战死。"② 据美国"世界二战史实维护会"主席尹集钧先生等调查，当年日军在芒市为柳懒大尉举行了追悼会。

那么，日军在云南实施细菌战的情况究竟如何呢？

日军在云南主要推行了两次大规模的细菌战，一次是 1942 年 5 月实施的霍乱细菌战，一次是 1944 年日军败退前夕实施的鼠疫细菌战。

3. 霍乱细菌战的实施与受害情况调查

1942 年 5 月初，日军一方面派遣日本间谍和缅奸、汉奸化装潜入中国云南，向滇缅公路沿线村寨的水沟、水井等水源投放霍乱病菌，一方面于 5 月 4 日轰炸保山，投放细菌弹，引起霍乱暴发流行。

云贵监察使李根源先生亲临保山，目睹了日军罪行，并于 6 月 7 日通电全国指出："自腊戌不守，倭窥滇西，突于五月四日正午十二时，先以寇机五十四架，分两批袭击保山，因境界毗近，情报被断，疏散不及，一城同尽，敌投空中爆炸、烧夷、病菌等弹三四百枚，狂炸之后，继以机枪扫射，历数十分钟，死伤万余。……十三日，敌机炸附廓各农村，并以机枪扫射，我辛勤农民死伤尤重。兽机肆虐之后三日，城乡各处发现霍乱，迄今日环保山周围平坝，死亡已五六千人。"③ 在这份通电中，李根源先生明确指出，"保山霍乱流行是由于日机空投细菌弹引起的"。投弹的时间、地点、数量以及发病时间等都有比较明确的记录。值得注意的是霍乱病的潜伏期一般为 1—3 天，短者仅几小时，长者可达 5—6 天。而这次霍乱暴发流行是在"兽机肆虐后三日，城乡各处发现霍乱"。这就充分说明这次由保山开始的霍乱暴发流行，毫无疑问的是由日军投放细菌弹引起的。

据方国瑜、冯友兰先生 1944 年主编的民国《保山县志稿》卷五记载，日机"炸后数日，保山城乡到处发生霍乱传染病，猖獗一时。罹病者，上吐下泻，朝

---

① 解学诗、松村高夫等主编：《战争与恶疫》，人民出版社 1998 年版，第 136 页。

② 中央档案馆、中国第二历史档案馆、吉林省社会科学院合编：《日本帝国主义侵华档案资料选编·细菌战与毒气战》，中华书局 1989 年版，第 45 页。

③ 李根源主编：《永昌府文征·保山惨变乞赈通电》，（文）卷三十附录二，昆明版，中华民国 31 年版。

发夕死。持续数月，全县约死亡五六万人之多。尔后连年鼠疫，死亡相继，惨无可言。此与炸后暴尸太多，更与敌投掷细菌弹极为有关。"①

在调查采访中，有一位细菌弹目击者林毓樾先生说："1942 年，我在施甸由旺乡文昌宫教书。保山'五·四'被炸后不几天，又有 3 架飞机来空袭，在由旺街子后面的少保山下投了许多炸弹。当时太阳当顶，我和本校苏志增老师、郑永康老师、还有一位姓张的老师正好路过少保山下，就躲在一条大埂子下面。一阵爆炸之后，日机飞走了，我们站起来往被炸的地方走去，没有发现人员死亡，看见一头水牛被炸死了。这时，看见一颗奇怪的炸弹。弹内附着蜡一样的黄色物质，里面装满不可计数的苍蝇，苍蝇正在爬动，扇翅膀，还飞不起来，经太阳晒后才慢慢的飞动。我当时意识到'这是细菌弹'，大伙就惊慌地跑开了。当天日机究竟投了多少这样的炸弹，我不知道。此后不几天，（施甸坝子）就发生了霍乱。蔓延至保山坝了，感染很严重，死亡率很高，保山成了一个恐怖的悲惨世界。"② 林毓樾老先生现年已 92 岁，是至今健在的日军所投细菌弹的目击者，是日军在滇西进行细菌战的见证人之一。笔者曾多次采访他，他反复陈述了上面的证词。日军投放细菌弹数日之后，施甸县境内即暴发霍乱。

霍乱病主要是借水源传播，当霍乱菌污染水源后，就极易引起霍乱暴发流行。霍乱菌在外界环境中能存活一定的时间，在沟水或浅水井中平均可存活 7.5 天，在深水井中可存活 13 天。因此，日军一方面投放细菌弹，一方面派出日本间谍，或收买缅奸、汉奸向水源投放细菌。据 1942 年 6 月 20 日《昌宁县长曾国才为日寇在镇康、龙陵、腾冲等地暴行及派便衣投毒等代电》称："……据各组队报称，敌人便衣队及间谍无孔不入，散布谣言，下毒药（按：老百姓称投放细菌为'下毒药'），扰乱地方，是其惯技。现有 30 多名完全假借乞丐模样，身带镜子和药盒，已分赴顺、昌两县工作……"③。据隆阳区瓦房乡的群众说，当年在瓦房乡抓到了一名化装成乞丐向水井投放细菌的日本间谍，经公审后，将他就地枪决了。据当年国民党军战士李家茂说："日军丧心病狂地用重金收买丧尽天良的缅奸与汉奸，在滇西公路沿线的水沟、水池、水井中投放传染很快、死亡率很高的霍乱病细菌"，"（1942 年）4 月 28 日深夜，我们从前线退下来，过了腊戌，行将抵达畹町时，忽听逃难的人说：缅奸与汉奸在水井中投放霍乱细菌，

① 方国瑜主编：《保山县志稿》卷五，中华民国 33 年原稿本，第 29 页。
② 陈祖樑 1997 年、1998 年、1999 年、2000 年、2001 年曾多次采访，除了笔录，还曾经录像、录音。陪同采访者有"中国细菌战原告团"团长王选、中央电视台记者郭岭梅。
③ 《云南省民政厅为腾冲县呈报将受日寇细菌战灾害并请求医药救济事函》，1944 年 5 月 26 日，云南省档案馆馆藏档案，档案号 44—4—45—5。

大家不要随便喝生水与乱吃生冷食物，严防感染霍乱。消息传开后，在人群中引起很大的震动。我想日军是最残忍的敌人，它为了灭亡中国是什么罪恶勾当都干得出来的，一个月前在同古战役中，它就使用了灭绝人性的糜烂毒气。""过了功果桥进入永平镇后，公路两旁因患霍乱而死的尸体时有发现，特别是到了永平车站后，使我大吃一惊，只见所有店铺都门户大开，室内杂乱不堪，整个车站除过路者外，无一本地人影，路旁的尸体至少不下于10具。""黄昏时分到达下关大街口时，只见迎面抬来两三口棺材，送葬者仅三五人，又使我大吃一惊！原来下关也在数日前暴发霍乱，每天至少死数十人至上百人。后来听说滇西这次霍乱浩劫……下关死两三千人，永平死一千多人。"[①]

出生在滇西北剑川县的张荫楠女士说："当年，霍乱蔓延流行到了剑川县，死人无计其数。老百姓互相传说，这次霍乱流行，是因为有人装扮成叫花子走村串寨，一路向水井中投放病菌而来。因此，全县人心惶惶，家家紧闭门户，防止陌生人混进家来。但是霍乱早已流行开了，天天死人，非常凄惨和恐怖。"[②]

大理州抗战课题组提供的《抗战时期大理地区人口伤亡和财产损失调研报告》指出："1942年5月，日军轰炸保山，投放数百枚细菌弹，造成霍乱暴发。由于撤离保山的军队和难民涌向大理地区，造成霍乱病大流行。该疫发病急，死亡率高，一旦感染，十有九死，灭门之户各地均有发生。云龙的漕涧紧邻保山，兵民死于霍乱2000多人，全县死于霍乱3000多人。永平县将龙马乡柏油路民工编组为掩埋队，对沿路暴露尸体1000余具进行掩埋，并责成县医院积极配合驻永平的军事医疗机构实施防疫。……弥渡县的熊家营、大营乡、武邑村、高旗营、大海埂流行霍乱，死亡481人。宾川县发生霍乱，死亡2000多人。漾濞县境内滇缅公路沿线的太平、河西、蒙光村、柏木街、金牛、马厂、平坡、合江等地霍乱流行患病165人，死亡96人。洱源县发病4228人，死亡4228人。其中，银桥村有62户死绝3户。鹤庆县因霍乱而死亡7796人。剑川县因霍乱等死亡3105人左右。"1942年霍乱在大理地区流行，各县死亡严重。大理县死亡14000人，全家死绝的有300余户[③]。巍山县死亡枕籍，耕耘失时[④]。永平县死亡1000

① 刘家茂：《霍乱为何蔓延滇西》，载中共云南省委党史研究室编：《抗战纪实》，云南人民出版社1996年版，第84、85页。

② 陈祖槩2005年10月采访张荫楠女士。

③ 杨镜：《大理百年要事录》上卷，云南人民出版社2003年版，第113页。大理市志编纂委员会：《大理市志》，中华书局1998年版，第15页。

④ 巍山县志编纂委员会编：《巍山县志》，云南人民出版社1993年版，第17页。

余人①。云龙县死亡3000多人②。祥云县死亡130人③。弥渡县死亡481人④。宾川县1月内死亡2000多人⑤。漾濞县患病165人，死亡96人⑥。洱源县患病4228人，死亡4228人⑦。剑川县死亡无数人⑧。加上邓川、蒙化、凤仪等地的死亡数，大理地区因霍乱死亡35488人。

保山市汉庄镇沙河办事处，一些七八十岁的老人纷纷控诉了日军细菌战的罪行。72岁的朱华老人说："1942年5月4日，我和哥哥进城挑粪，遇上日机轰炸保山，有的人头炸没了，有的肠子炸出来了，只见血肉横飞，城内的上下水河成了血水河，到处是横七竖八的尸体，惨不忍睹。更为悲惨的是，日机轰炸过后十来天，保山城乡到处发生霍乱症，村里有些人家死光了，连死人都无人抬埋。"81岁的艾发珍老人说："我父亲当天在城里被炸掉了小腿，第二天家里人进城在死人堆里找到他，还活着，把他背了回来，不料父亲染上了霍乱，几天后吐泻死了。家里的祖母、姑姑也相继染霍乱死去了。邻居艾满家7口人，死了5人；艾和家夫妇两人同天死去，双棺材出门；施八爷家5口人，死了4人，只剩下1个4岁的小姑娘；妇女褚杜氏死时，她的女儿正在吃着奶，还不满周岁。村里染霍乱死的人真是太多了，不计其数。后来找不到棺材了，就用草席包着埋葬，有的就光着身子埋了。惨呀！真惨呀！"老人们点着惨死者的姓名一个一个地回忆，扳着手指头一个一个地计数，仅汉庄镇就死了1500多人。老人们还说："当年染霍乱死的最多的是妇女和儿童，可是老百姓说'死儿不算数'，死了就送往乱坟堆埋了，至今已记不得了，现在能回忆得起来的大都是些当家的男人。"人死得太多没有办法了，村民们无可奈何地用耙田的耙来抬死人，"送葬时，将死尸放在耙上，边走边喊：'犁死你（指死神），耙死你！'""在（隆阳）的海棠、廖官等村寨相继出现了妇女抬棺送葬之千古奇闻。"⑨

隆阳区金鸡乡金鸡村30多位七八十岁的老人们说："保山'五四'被炸后，退休回村闲居的老士绅张笏告诉村民们说'日本人投了细菌弹，放了病毒，大

① 江逢僧纂：民国《永平县志稿》，1998年印，第132页。
② 云龙县志编纂委员会编：《云龙县志》，农业出版社1992年版，第504页。
③ 中国人民政治协商会议祥云县委员会编：《祥云文史资料》第2辑，1992年印，第186—188页。
④ 弥渡县志编纂委员会编：《弥渡县志》，四川辞书出版社1993年版，第687页。
⑤ 宾川县志编纂委员会编：《宾川县志》，云南人民出版社1997年版，第11页。
⑥ 漾濞县志编纂委员会编：《漾濞县志》，云南人民出版社2000年版，第14页。
⑦ 洱源县志编纂委员会编：《洱源县志》，云南人民出版社1996年版，第13页。
⑧ 剑川县志编纂委员会编：《剑川县志》，云南人民出版社1999年版，第19页。
⑨ 陈自祥：《千古奇闻——妇女抬棺送葬》，载保山市政协文史委编：《保山市文史资料》第4辑，1987年印，第103页。

家要小心。'几天以后，村中便有人染霍乱死了，村边和枇杷园两处死人最多，全村先后死了 300 多人。"91 岁的张信德老人说："邻居张锡元的母亲小丙，妻子董阿焕、兄弟媳妇李氏，染上霍乱在一天之内相继死去，3 口棺材同天抬出门。"78 岁的张炳善老人说："我家一门 30 多人，染上霍乱死了 11 人。最初得霍乱死的是祖母张段氏，叔父张保福帮做棺材，第二天张保福、张保立相继死去，双棺材出门。接着是另一位祖母张孟氏、叔母张杨氏和她的一个孩子、弟弟张阿砍、姑妈张丫头相继死了。张照寿家先后死了 3 人。"张发聪老人说："我家同一个天井住着 7 户人家 30 几口人，染霍乱死了 10 人。母亲张阿招、伯父张体纲相继死了；接着是张顺、张留凤、张杨氏一家 3 口死绝了；同院子住的还死了 5 人。我们天天抬死人出门，有时一天要抬几人。"77 岁的刘阿贞老人哭诉说："'五·四'被炸全家逃难躲飞机，母亲杨阿老、丈夫段阿才和 3 个儿子在几天之内相继染上霍乱了，一家 7 人死了 5 人，没有棺材，用稻草包裹掩埋。"张人纲老人说："日本人的细菌战很厉害，传染上霍乱的人，上吐下泻，腿一转筋就死了。全村死了 300 多人，人心惶惶，活着的活得一天算一天，当时流行着这样的民谣：'今晚脱了鞋和袜，不知明早八字八'。"他说："张立荣死的那天，把棺材放在耙田用的耙上，由几个妇女抬着棺材，由小孩杨名义牵着一只戴孝的狗送葬，一个老妇人扶着耙，拿着算盘，边走边摇算盘边哭喊：'老天爷呀，男人们死光了，送葬的人也没有，罢了嘛，罢了嘛，算了嘛，算了嘛。'还有一个老妇人拿着扫帚，跟在棺材后面，边走边说：'病魔扫光了，病魔扫光了'。其情其境，凄惨万状，亘古未闻。"[1]

隆阳区北汉庄、廖官屯、海棠村等地村民们反映的情况一村比一村严重，一寨比一寨凄惨。根据北汉庄村民方可任造册登记，该村在 1942 年 5 月 8 日，被霍乱夺去生命的有 71 人。廖官屯"五·四"被炸后有 200 多人被传染上霍乱死的有 70 多人；海棠村有 200 多户 800 多人，在短短的两个多月内，染霍乱死了 300 多人[2]。村民们哭诉的一件件惨案，即使在事隔 70 年后的今天，听了也不寒而栗，毛骨悚然。

4. 鼠疫细菌战的实施与受害情况调查

经调查确认，日军 1942 年侵占滇西后不久，开始在滇西各地征集老鼠、饲

---

① 1999 年 5 月 25 日，陈祖樑采访笔录。
② 1999 年 5 月，陈祖樑第一次采访笔录。以后又曾多次到上述村寨调查采访。

养老鼠，培养鼠疫杆菌，进行人体活体细菌实验，有预谋有计划地进行细菌战准备。1944 年，日军面临失败境地，竟然又一次对滇西老百姓实行鼠疫细菌战。这次细菌战，鼠疫传播流行区域达 16 个县，流行时间自 1944 年日军被歼灭前夕开始，一直延续到 1953 年才得到控制。

潞西县芒市镇为日军第 56 师团驻地，并驻有其防疫给水部，日军曾在芒市附近的等相等村寨进行过各种鼠疫实验，是日军鼠疫细菌战的重灾区。据实地调查，鼠疫流行地点有芒市、芒海、风平、等相、那目、芒波、项允、遮放、三角岩、勐嘎、八家寨等 30 多个村寨。据不完全调查统计，1944 年该地区发生鼠疫 117 例，死亡 60 例。1945 年发生鼠疫 752 例，死亡 381 例，1944 年以后，今德宏州区域内有 200 多个村寨流行鼠疫病，发病人数达 8981 例，死亡 4149 人①。

德宏州潞西县公安局离休干部姜兴治说："当年，日军命令芒市的老百姓，每户每天缴一只活老鼠，由老帆把活老鼠送到等相寨子，交给日本人。等相寨有 30 多户人家，一天之内就有 35 人害了鼠疫，日本人就把这些人拖到村外帐篷里进行解剖，并把他们的心肝脾取出装进玻璃瓶内带走了。""日本人在等相寨搞鼠疫试验，给其中几个人打了防疫针。有一个日军里的军医悄悄的告诉这几个打过防疫针的人说'你们不要怕，我是中国福建人，他们搞鼠疫试验，你们打过防疫针，你们不会死的。'"②

在离芒市不远的等相寨进行实地调查时，一位 88 岁高龄的傣族老人冯帕夏野象说："当年日军占领芒市后，等相寨驻进了 10 多个日军，驻了一段时间，有一天突然撤走。然后又来一伙日军，严密封锁了村寨，还用半腰高的钢板将全村 40 来户人家包围起来，不准任何人出进这个寨子。几天后，寨子里发现了死老鼠，接着寨子里开始流行鼠疫，短期内相继死亡 40 多人。病死的人被日军拖到寨子外竹棚边的日军帐篷内进行解剖，有些人的内脏肝脾被割下装进玻璃瓶内带走了。过了 10 多天，这伙日军就撤走了。"冯帕夏野象老人还带我看了至今仍放置在他家小门外边巷道里的当年日军包围等相寨子遗留下来的一块生了锈的钢板，钢板长约 2 米，宽约 1 米，厚约 2 毫米③。

等相寨另一位被日军抓进帐篷搞鼠疫试验后幸存下来的傣族老大娘叶岩恨说："当年我还是一个小姑娘，被日军抓进了帐篷，同时被抓进日军帐篷的有 30 多人。日军在帐篷内的大铁桶里养着许多老鼠，被关在帐篷里的人都患鼠疫病死

---

① 根据文献记录和笔者实地调查，综合整理统计。
② 1997 年 8 月 9 日，陈祖樑到潞西县公安局姜治洲家采访笔录。
③ 1997 年 8 月 10 日，陈祖樑对冯帕夏野象进行第一次采访。以后又曾多次采访。

了，日军将咩岩吞海、咩岩喊凹等 3 人的心肝脾割了放在玻璃瓶里。我和牙叶散保、岩哏保因痒子（淋巴结）化脓被日军放了出来，幸免一死。"梁河县的滕家兴说："1944 年夏天，驻腾冲县荷花的日军，到邻近的梁河县九保镇一带命令老百姓缴活老鼠，傣族妇女曹依秀等被迫向日军缴过活老鼠，并看到日军给老鼠打针后就放了。后来梁河县有 1 个村寨传染上鼠疫。"潞西市三角岩村的谷宗保说："日军饲养着一种白老鼠。当他们要败逃时，日本人告诉老百姓，这种白老鼠会咬死本地的老鼠，叫老百姓带回家去放了。不久，全村就发现死老鼠，接着就死人，当时全村 34 户 101 人，死了 73 人，死绝了 13 户。"①

在芒市，一位叫方祥龙的傣族老人说："1944 年秋天，日军败退前夕，日本人叫土司方化龙通知老百姓给日军缴活老鼠，不要死老鼠。每户每天缴一只。同时，日军还用盐巴向老百姓换取活老鼠，交一只活老鼠给一火柴盒盐巴，这样搞了一两个月的时间，还给一些老百姓打了'防疫针'，凡打过针的人就在手中指点一个红点。有一位日军军医悄悄告诉我说'我是中国福建人，他们搞鼠疫试验，你打过防疫针，不会害鼠疫，你不会死的。'"② 另一位名叫方正绍的 77 岁的傣族老人说："日本人败退前，有一天，我家院子内忽然发现了两只断尾巴的老鼠，一个跟一个的死了。我用手去拾老鼠，当天就发高烧，大胯根痒子（淋巴结）肿大，昏迷不醒。我大哥方武亭向日军报告家中发生了鼠疫。日军就用钢板把我家包围起来，不准任何人出进。第二天，我外婆也得鼠疫死了。日本人就将她拖到寨子前面的大青树下进行解剖，至今还不知我外婆尸首的下落。同时，日本人把我拖去，在一辆大卡车上，活生生的解剖我，割去了我大胯根上的痒子（淋巴结）。"方正绍说时非常气愤，他脱掉裤子让我们看了他身上的刀疤。他大骂日本鬼子搞鼠疫试验，太没良心。他愤怒谴责日本人的罪行，并亲笔写下了《我要向日本国讨还血债》的血泪控诉书③——

我要向日本国讨还血债

我是一个堂堂正正的傣族老人，今年 76 岁了，从不撒谎，我们傣家人以忠厚善良诚实为美德，视不仁和撒谎为可耻。现在我以亲身经历和受日本侵略军残害的事实控诉如下：

1942 年日本侵略军占领潞西时，我正处于长身体长知识的黄金年华，由于日本的侵略，剥夺了我在这个年龄段应该得到的一切，损失惨重，无法弥补。为

① 1999 年上旬，陈祖樑到潞西县勐戛镇采访，曾与数十名受害人及家属座谈。
② 1997 年 8 月 10 日陈祖樑第一次采访，1999 年 7 月第二次采访。
③ 受害人方正绍向陈祖樑讲述，并亲笔写了控诉书《我要向日本国讨还血债》。此控诉书存陈祖樑处。

了躲避日本侵略军的残酷迫害，我全家人和其他乡亲一样，扶老携幼，弃家逃难，人去家空，辍学废耕，流离失所，凄惨万分，使我幼小的身心受到严重摧残。日本侵略军所到之处，"三光"盛行，烧、杀、掠、抢、奸、毒无所不用其极，让我亲眼看见日本侵略军杀害中国无辜良民，强奸妇女、烧房子、烧谷堆……给我幼小的心灵留下严重创伤，一派乌烟瘴气。他们侵略到哪里，就给哪里的人民带来深重灾难，把一个好端端的潞西，变成了人间地狱。他们在潞西修"慰安所"多处，强逼民女做"慰安妇"，如在芒市设立的"慰安所"（即现在芒市一小学和民贸公司所在地）就是其中之一。在"慰安所"内，将住房隔成每人一小格，门上编号，写上"慰安妇"姓名，供侵略军肆意蹂躏。"慰安所"内经常传出惨叫声，痛哭声，令人不忍卒闻。芒市坝子产水稻，秋季收割要晒干堆成谷堆，然后慢慢入库，这是农民一年辛苦的成果，视为养家糊口的命根子，可恶的日本侵略军竟然在光天化日下纵火烧谷堆，烧得火焰冲云霄，他们还放声高歌。纵火烧老百姓住房，更是他们的家常便饭。当时傣家住房多系竹篱草盖，遇火即着，一片火海，许多房子顷刻之间被夷为平地。他们还进行文化侵略，实行奴化教育，在芒市大搞日语会话学校等等，日军罪行罄竹难书。

更为可恶的是，他们不把我们中国人当人，就在他们临败退前的 1944 年，在芒市施行细菌战，残害我们潞西人。这年初，由日本侵略军自上而下，下达命令，逼老百姓交给他们活老鼠，每村每户都有任务。他们要活鼠做什么？吃吗？否。同时又强迫一些人打针，美其名曰"预防针"，但谁知道日军打的是什么针？我被强迫打针后，打针部位即变成紫黑色，不日我即发病，高烧不退，日本侵略军用钢板把我家团团围住，严密封锁。高烧使我昏迷不醒，日本侵略军把我抬到他们的军用卡车上，在我的大腿根部与胯部连接部位上，切开一个大口子，割取走了一大块紫黑色肉，足有半公斤重，刀口有 20 多厘米，呈两个刀口状，刀痕至今还在。这是干什么？这次害鼠疫死的人很多，有不少人全家死绝，我们外婆也是在这次细菌战大难中死去，日本侵略者还把她的尸体拖去解剖。进行尸体解剖，违犯死者意愿，是我们傣家人最忌讳的。我外婆被解剖后，尸体丢在何处，至今无人知晓。自从日军搞细菌战后，就留下了严重灾难，鼠疫持续蔓延，流行，连年不断，这就是日本侵略军给我们带来的大灾大难。

以上是我亲眼所见和亲受其害的一部分事实，是日本国侵略军欠下的血债之一，我坚决严正向日本政府讨还这笔血债，按国际惯例进行受害赔偿 5 万美元。

我向日本国讨还血债，有事实有根据，是讨回公道，讨回人权，决不是祈求。

受害赔偿，讨还血债，欠债还账，天经地义。

我们是愿意与日本人民世代友好下去的，就看日本政府有无诚意了。

难民　方正绍

据当年侵华日军松山守备部队第56师团113联队补充兵品野实说："当时，师团防疫给水部带有培养出来的鼠疫杆菌，这些杆菌放在玻璃培养缸里。""当时石井少将亲自出马，利用鼠疫杆菌做武器，污染环境，危害中国老百姓的生命。""在战场上使用细菌最长的是1942年。当时，当众下命令让久垣兵长去炸毁腊戌的水源地，而实际上是他去施放细菌。"[①] 1999年8月，品野实作为游客来到滇西。8月5日，保山市有关人员陪同品野实等一行人经过松山抗日战场，行经大垭口附近时，品野实忽然要求停车，他指着前面的一处坡地说："日军曾在这里搞过活体解剖，进行人体实验。这是我亲眼目睹的事实。"这是亲自参加过滇西战役的日本军人的见证。

在芒市勐嘎实地调查时，村民们说："勐嘎三角岩村原有34户101人，死去74人，死绝了13户，尹玉魁家在几天之内，夫妻双亡，母亲也死了，只剩下一个6岁的小女孩；许发有家7口人，死了6人。"村民张乃煜声泪俱下地控诉说："日本人叫我们把他们饲养的白鼠带回家咬家老鼠，几天后，老祖母杨重英突然患鼠疫死了，接着父亲张孝贤和母亲杨平秀又传染上了鼠疫死了，帮抬埋我父母的人从坟场回来刚坐下，我姐姐张乃芹又死了，几天后妹妹乃兰也害鼠疫死了，就剩下9岁的我和6岁的弟弟。亲友邻居来帮助料理丧事，二舅爹、大姨兄、大姨姐和两位邻居回家后，又相继传染上鼠疫惨死了。日军细菌战的滔天罪行真是说不清诉不完呀！"[②] 据《潞西县志》记载，日军侵占潞西县后，全县传染上鼠疫病的有1608人，死亡840人，病死率为52.24%[③]。

据我们调查，1944年梁河鼠疫最为猖獗，四五月份，芒东、小红坡两村首先发现死鼠，到7月份有9个村寨发现人间鼠疫，那勐9例全部死亡；小红坡24例，死亡14例；李索28例，死亡24例；小芒9例，全部死亡；胡东5例，全部死亡；齐卯6例，死亡4例；金勐2例，全部死亡；芒东50例，死亡35例；芒曹3例，均死亡。七八月间共发病136例，死亡105例。当年仅九保、遮岛、芒东、红坡等11个村寨就发生鼠疫388例，死亡240例。邦读村在10天内染鼠疫死亡40多人。傣族景正兴家5口人，全部死光。

---

① ［日］品野实：《中国拉孟决战揭秘——异国的鬼》，群众出版社1991年版，第151、152页。

② 1999年1月，陈祖樑实地采访笔录。1999年8月4日，陈祖樑再次到潞西县勐戛镇与受害人及其家属十人座谈采访。

③ 潞西县志编纂委员会编：《潞西县志》，云南教育出版社1993年版，第401页。

· 145 ·

日军投放的鼠疫种菌在后来的十多年间一直威胁着边疆人民的安全，据解放初期曾任梁河县防疫站站长的滕家兴调查统计："1945 年，梁河县有 18 个村寨鼠疫流行，染鼠疫者 2488 例，死亡 1359 人。"据《梁河县志》记载："民国 35 年（1946），九保、曩宋关、马茂等 30 多个村寨发生鼠疫，患者和死亡数居历年之首。民国 36 年（1947），九保、马茂等 14 个村发生鼠疫，云南省第六区行政督察专员公署致电省卫生处，梁河鼠疫患者 114 人，死亡 33 人。……民国时期梁河共发生鼠疫 7 个年头，疫点有九保、遮岛、芒东、红坡、那勐、茂福、麻栗坝、勐宋、芒法、上芒东、下芒东、上芒杏、下芒杏、红茂、里掌、马茂、曩宋关、沙沟、赖帕、永海、勐蒙、邦读、赖福、小芒东、翁冷、罗岗、芒冷、湾中、大坪子、羊角酸、大窝子、马鹿塘、罗新寨、党良（芒里）、芒燕、椿头塘、弄么、那线、户允、凰街、芒岗、常寨、曩小宋、丙寨、东碑、大地等 50 来个。"①

　　盈江县鼠疫流行情况也异常惨烈。弄璋南永寨原有 27 户 140 人，仅 1945 年就染鼠疫死亡 50 余人；弄璋丙午寨 120 户，1945 年有 80 户患鼠疫死亡；贺蚌寨原有 300 余人，仅死剩 40 余人；蛮旦奘房的 8 个佛爷（和尚），全部死于鼠疫。芒璋、沙坡等村寨因死人太多，只得由妇女抬埋死人，有的村寨甚至无人抬埋尸体。全县有 200 多户人家死绝，有些村寨十室九空，有 7 个村寨消踪绝迹，至今虽还剩残垣断壁，却再也找不到居民了。据《盈江县志》记载："全县共患鼠疫 5563 例，死亡 3018 例，死亡率 55.2%。"②

　　据盈江县新城刀安济、刀安永、龚玉贤等 8 位七八十岁的傣族老人讲述："日寇撤退之前，给维持会里的每个办事人员发了一小贴证明。因为日寇每逢街天就封住所有的路口，给赶街人每人注射一针黑药水，给有证明的人注射一针白药水；跑得快的群众就免遭一针。王茂才是土司署的傣文文案（师爷），后来成为傣族作家，又是维持会的成员。他平日不愿对日寇凑捧献媚，为人耿直，日寇就给他注射了一针黑药水。不久，王茂才全家 6 口人染上鼠疫病，都死去了。后来，盈江全县鼠疫大流行，凡是注射过黑药水的十有九死……。这次鼠疫流行，全县共死亡几千人。"刀安禄又说："日寇施放鼠疫毒杀人民。他们把八至十岁的儿童哄来。叫大家捉活老鼠来卖给日军。日寇得到了活老鼠后，用鼠疫病菌注射在老鼠身上，再把老鼠放走，老鼠中疫死后，到处传播鼠疫，人体传染到鼠疫

---

① 梁河县志编纂委员会编：《梁河县志》，云南人民出版社 1993 年版，第 704 页。

② 盈江县志编纂委员会编：《盈江县志》，云南民族出版社 1997 年版。

后，无法救护而死，盈江县因鼠疫流行而死亡的群众数以千计。"① 盈江县的李生荣也讲述了与上述情况类似的话，他说："日寇在盈江期间，用军票哄骗小孩子捉活老鼠卖给他们，每只老鼠五元至十元军票。日寇买到活老鼠后，用细菌毒液注射在老鼠身上，又把老鼠放掉，让老鼠传播鼠疫，利用细菌杀害无辜的人民。日寇施放细菌不久，盈江全县发生了鼠疫流行。"②

据中共德宏州委史志委《德宏是传播鼠疫和霍乱的重灾区》一文说："沦陷期间，据不完全统计，全州死于鼠疫5万多人。"③

腾冲县的董廷森、黄槐荣等说："施放细菌，日本侵略军灭绝人性。除了在我国东北用数千中国人做细菌战的试验品外，在梁河、腾冲他们施放了鼠疫细菌。1943年，南甸克家巷突然发生鼠疫，一天当中李仲发父子相继死亡。接着发生婆媳死的，母女死的，整个巷内凄惨。跟着萝卜坝小黄坡张姓不到半月死了11人。鼠疫蔓延到河西、勐来、曩宋，腾冲被鼠疫害死的为一万四五千人。"④ 腾冲县荷花乡驻过日军的1个大队，大队长江藤。据群众介绍，日军命令当地老百姓缴活老鼠，用盐巴换取活老鼠，一只活老鼠给一火柴盒盐巴。当地老百姓曾看见日军投放活老鼠。日军强迫老百姓打"绝种针"，老百姓听说日本人要给中国人打"绝种针"就四处逃避。日军把守住寨门，进行追捕，反抗的就用皮鞭、竹板狠命抽打。后来朗蒲、朗烟、羡多等村寨相继发生了鼠疫，并传播到和顺、城关、绮罗、团田一带，计有47个村寨发生了鼠疫。据调查当年鼠疫发病人数为1840人，死亡400多人⑤。

两年后，鼠疫蔓延到保山、施甸。据当时的保山县长孟立人说："35年6月，人和桥（今属施甸）一带发生鼠疫，情形相当严重，……自6月下旬至11月中，保山境内发现鼠疫246例。""最为严重的是民国35、36两年，全县发病556例，死亡193例。"⑥ 又据《施甸县志》记载："先后在西平街、仁和桥、大楼、城关等33个自然村多次流行鼠疫，共发病604例，死亡206例。"⑦ 保山县疫区广泛，尤以城关、廖官、老营、辛街、板桥、下村、蒲缥等乡镇最为严重。

① 刀安禄：《盈江维持会及日寇罪行——新城访问记》，载德宏州史志委编：《德宏史志资料》第1辑，德宏团结报社1985年印。
② 同上。
③ 见中共德宏州史志办：《德宏是传播鼠疫和霍乱的重灾区》，原件存德宏州史志办。
④ 董廷森、黄槐荣：《日军罪行录》，载腾冲县政协文史资料编辑委员会编：《腾冲县文史资料选辑》第1辑，德宏民族出版社1988年版，第226页。
⑤ 1999年、2000年、2005年，笔者曾多次采访当地群众尹培义等数十人。
⑥ 保山市志编纂委员会编：《保山市志》，云南民族出版社1993年版，第572页。
⑦ 施甸县志编纂委员会编：《施甸县志》，新华出版社1997年版，第496页。

据上述文献记载和滇西老百姓提供的情况，与原日军731部队第643支队长尾上正男军医少佐的供词有许多类同的地方，尾上正南说，他为了执行石井四郎命令他们大批繁殖跳蚤的任务，到"仓库内领到了大约200个从前装汽油的空桶来繁殖跳蚤。"繁殖跳蚤的方法是"先把切得很碎的干草放到桶底上，然后把一只或两只老鼠放进桶里，将其固定住，接着便把跳蚤放到老鼠身上。""当时支队内的白家鼠和白田鼠很少，因而就从哈尔滨第731部队供给部那里领到白家鼠和白田鼠各500只来开始大批繁殖。"① 他们还成立了捕鼠队，捕捉灰色田鼠和家鼠以繁殖跳蚤，培养鼠疫杆菌。而日军在云南使用的细菌，很可能一部分是驻在当地的各防疫给水部自己培养的，一部分是由731部队提供的。据731部队细菌制造部长川岛清的供词："该部在1个月之内可制造出：鼠疫菌300公斤或伤寒症细菌800—900公斤，炭疽热细菌500—700公斤，霍乱症细菌达一吨。"② 关于这些细菌的去向，据原731部队雇员田村良雄证实："生产的细菌逐次由航空班用飞机运往中国关内去，为细菌战使用。"③

5. 结 论

抗日战争时期，侵华日军在云南发动的细菌战，给云南人民造成了极为惨痛的伤害，在云南爆发了自古未有的霍乱，据民国时期云南省卫生处的不完全统计，有58个市县流行霍乱，各县市发病及死亡人数详见下表：

1942年云南省霍乱患病、死亡人数及地点分布表④

地点	患者人数	死亡人数	地点	患者人数	死亡人数
昆明市	1048	319	曲靖	902	416
昆明县	450	206	楚雄	150	46
下关	385	293	镇南	129	21
鹤庆	12658	7749	泸西	788	481
呈贡	142	142	邓川	4774	2243
安宁	36	36	云县	200	15

---

① 佛洋：《伯力审判》，吉林人民出版社1997年版，第288—290页。
② 佛洋：《伯力审判》，吉林人民出版社1997年版，第202页。
③ 中央档案馆、中国第二历史档案馆、吉林省社会科学院合编：《日本帝国主义侵华档案资料选编·细菌战与毒气战》，中华书局1989年版，第60页。
④ 原表合计患者人数49413人，死亡人数21740人，统计有误，现为修正后的数据。云南省志编纂委员会办公室编：《续云南通志长编》中册，1985年印，第235页。

地点	患者人数	死亡人数	地点	患者人数	死亡人数
禄丰	130	130	永胜	1465	130
牟定	211	172	晋宁	75	20
寻甸	623	469	潞南	18	10
开远	199	112	元谋	340	32
平彝	1	1	盐兴	16	4
沾益	135	135	广通	70	36
姚安	407	112	澄江		
蒙自	28	28	宜良	128	97
易门	116	54	玉溪	231	62
嵩明	2	2	元江		190
富民	548	158	宾川	1873	36
禄劝	282	128	大理	187	
武定	87	39	石屏	50	8
富宁	68	30	建水	187	
昆阳	91	15	会泽	5	
丽江	5064		凤仪	419	96
弥勒	85	42	祥云	69	24
剑川		3105	昭通	46	20
永平	69	54	洱源	4228	4228
漾濞	615	96			
蒙化	38	20	合计	39868	21862

由于当时战火纷纷，兵荒马乱，统计根本无法周详。当时日军细菌战的攻击重点隆阳区和施甸县发病最为严重，两地染霍乱死亡6万多人，表中竟无统计；丽江患病人数5064人，竟无死亡人数统计；宾川患病人数1873人，仅死亡36人，亦不完全；剑川没有统计患者人数，只统计死亡人数3105人。据查大理死亡14000人[1]，巍山县死亡枕籍，耕耘失时[2]。永平县死亡1000余人[3]。云龙县

---

[1] 大理市志编纂委员会编纂：《大理市志》，中华书局1998年版，第15页。

[2] 巍山县志编纂委员会编纂：《巍山县志》，云南人民出版社1993年版，第17页。

[3] 民国《永平县志稿》，1998年印，第132页。

死亡 3000 多人①。祥云县死亡 130 人②。弥渡县死亡 481 人③。宾川县一月内死亡 2000 多人④。大理地区因霍乱死亡 35488 人，而不是表中所统计的 17944 人。丽江死亡 2151 人⑤。泸西 5831 人死亡⑥。1942 年末至 1943 年的兰坪霍乱病大流行，人民死亡惨重，全县共减少 12 保、161 甲、2295 户、男 8428 丁，女 6295 口，即共减少（死亡）11723 人。⑦ 以上合计死亡达 59155。由此可知，这个统计表中的患者人数、死亡人数很不完全。表中统计了 1942 年云南 54 个县市的霍乱流行情况，加上这次调研得知的还有 23 个被遗漏的县（包括发病最为严重而未统计在内的隆阳、施甸、昌宁、龙陵 4 县），至少可以确认，当年云南省共有 73 个县局发生霍乱流行，患病人数至少在 15 万人以上，死亡人数达 13 万人以上。这确实是一场惨绝人寰的细菌战。

1944 年夏秋之间，盘踞滇西的日军再次丧心病狂地实施细菌战，这次主要是鼠疫细菌战。通过驻芒市、腾冲等地的防疫给水部，饲养和投放染菌疫鼠，引起鼠疫流行。鼠疫沿滇缅公路由西向东蔓延，从瑞丽、畹町、陇川、潞西、龙陵、盈江、梁河、腾冲一带向施甸、隆阳、永平、大理、下关、巍山、弥渡、祥云等地传播，导致云南省 16 个县市鼠疫流行。流行时间自 1944 年延续到 1953 年，因档案不全，很难进行全面准确的统计。

附：侵华日军细菌战所致云南部分县鼠疫发病、死亡人数抽样调查统计表

县名	发病村寨数	发病人数	死亡人数	病死率	备注
隆阳		556	193		1946 年、1947 年
施甸	33	604	206		
腾冲	47	1840	400 多		
潞西		1608	840	52.24%	
梁河	18	2488	1359		1945 年
盈江		5563	3018	55.2%	

① 云龙县志编纂委员会编纂：《云龙县志》，农业出版社 1992 年版，第 504 页。
② 中国人民政治协商会议祥云县委员会编纂：《祥云文史资料》第 2 辑，1992 年印，第 186—188 页。
③ 弥渡县志编纂委员会编纂：《弥渡县志》，四川辞书出版社 1993 年版，第 687 页。
④ 宾川县志编纂委员会编纂：《宾川县志》，云南人民出版社 1997 年版，第 11 页。
⑤ 丽江调研结果。
⑥ 红河州调研结果。
⑦ 《黄守义就户口问题给民政厅的报告》，云南省档案馆馆藏档案，档案号 11—12—1113，载兰坪县人民政府编：《兰坪史料集》，云南大学出版社 1994 年版，第 245 页。

综上所述，侵华日军在云南实施的霍乱、鼠疫两次大规模的细菌战，导致云南省 73 个县霍乱大流行，16 个县鼠疫流行，死于细菌战的人数达 14 万人以上。

实地调查的大量事实和历史档案、地方文献资料、群众口碑等，首次系统地揭露了日军在云南进行霍乱、鼠疫细菌战犯罪的事实真相及其严重后果。面对侵华日军细菌战的犯罪事实，必须指出，日军在云南实施细菌战，是有组织有计划有步骤地进行的，但同时又是极其机密地进行的。因此，日军不可能留下实施细菌战的档案资料，由于战争原因和时间的消逝，可能存在的一些人证物证也越来越少了，但在调查中，还是找到了不少人证、物证。日军细菌战，事实俱在，证据确凿，无庸置疑。

有两种错误的说法，必须给予批判。一种是所谓"大灾之后必有大疫"说。这种说法认为，1942 年云南霍乱大流行，是因为保山"五四被炸"死人太多而引起。这种说法，在上述事实面前已经不攻自破了。还有一种是所谓"滇西是鼠疫自然疫源地"说。难道在所谓"鼠疫自然疫源地"，日军就不会进行鼠疫细菌战了吗？事实上，日军更可以借"鼠疫自然疫源地"之说为幌子，遮盖其进行鼠疫细菌战的犯罪事实。因此，这两种说法有意无意地为日军在云南实施细菌战开脱了罪责。但是，在日军的犯罪事实面前这两种说法都是站不住脚的。以腾冲为例，虽然历史上鼠疫曾在这里流行过，但从 1908 年到 1940 年，这里没有发生鼠疫传染病。而 1941 年 5 月腾冲沦陷后，鼠疫传入瑞丽、陇川、梁河，再传至腾冲，流行腾冲 47 村。直至 1953 年才被扑灭。

细菌战是人类历史上最为残酷的严重违反人道主义、严重违反国际法的战争犯罪。侵华日军在云南实施霍乱、鼠疫两次大规模细菌战，严重地污染了云南的人类生存环境，残酷地虐杀了云南 20 万以上的无辜老百姓，给云南人民造成了严重的灾难，这是侵华日军在中国犯下的各种战争犯罪中最为严重最为残酷的罪行。

（作者单位：中共保山市委史志委员会）

（二）日军在滇西实施"慰安妇"制度的调研报告

沙必璐

1942 年 5 月，日军侵入滇西后，在滇西占领区建立起有案可查的 20 所"慰安所"和大批临时"慰安所"，从中国各地及朝鲜、缅甸等国抓来数以百计的年轻妇女充当"慰安妇"，并在滇西抓了大批当地中国妇女入"慰安所"，以满足日军兽欲①。

1942 年 5 月 3 日，日军从缅甸自我国西南国门畹町侵入芒市、龙陵，5 月 10 日占领腾冲。德宏全部沦陷，保山的腾冲、龙陵被占领，保山县城（当时保山县辖区为今隆阳区和施甸县，下同）城被轰炸。隆阳区的怒江以西（即现在的潞江镇、芒宽乡）被占领。日军占领怒江以西的滇西后，大肆在占领区建"慰安所"。

"慰安妇"制度是日本军国主义在二战期间的发明。"慰安所设立的目的，是为了提供日军官兵强奸女性以及预防军队的性病，慰安妇在非志愿的、毫无生命权利的状况下被作为性奴隶使用。"② 亚洲相关国家的妇女在这一制度的残酷摧残下，身心受到严重伤害。

日军占领滇西期间，在占领区建起有据可查的"慰安所"23 个③，分别是：德宏州潞西市芒市镇的三棵树"慰安所"、菩提寺（当地人称树包塔佛寺）"慰安所"、勐嘎"慰安所"；盈江县新城刀光如家"慰安所"、畹町一道桥"慰安所"；龙陵县镇安街"慰安所"、董家沟"慰安所"、龙山卡"慰安所"、白塔"慰安所"、平嘎"慰安所"、腊勐"慰安所"；保山市隆阳区潞江乡禾木树"慰安所"、芒岗"慰安所"；腾冲县城南门街熊龙家的"慰安所"、黉学街孔子庙后宫"慰安所"、顺城街蔡家的"慰安所"、南门外陈国珍家"慰安所"、明朗村荷花池村尹加令家"慰安所"、界头乡朱家寨朱诚明家"慰安所"、勐连街"慰

---

① 和金星主编：《滇西抗日战争史》，云南民族出版社 2005 年版，第 70 页。

② 陈丽菲、苏智良主编：《追索——朝鲜"慰安女"朴永心和她的姐妹们》，广东人民出版社 2005 年版，第 10 页。

③ 陈丽菲、苏智良主编：《追索——朝鲜"慰安女"朴永心和她的姐妹们》，广东人民出版社 2005 年版，第 14 页。

安所"、飞凤山"慰安所"等①。另还有一些临时"慰安所"。如潞西允门村民的牛圈楼上，畹町混板村下的战壕里。据不完全统计，日军在滇西用作性奴隶的女性约有 800 名，其中 500 名是被日军抓来的滇西妇女，300 人是从亚洲朝鲜、缅甸、中国广州掳来的，还有数千名滇西妇女被奸淫②。长期研究"慰安妇"问题的中共保山市委史志委退休干部陈祖樑在其《血雾迷茫》一书中也这样说："侵华日军在滇西怒江以西的数县建立了这么多的'慰安所'，'慰安妇'达数百人之多，其中绝大多数是日军用武力强拉来的中国妇女……其次还有朝鲜、日本、缅甸等亚洲国家妇女。"③

据潞西市公安局离休干警姜兴治回忆：解放初期他任公安员时，听目击者讲，1942 年 8 月的一个晚上，日军突然包围了芒市的广姆、芒黑、等项 3 个村子，抓走了两车小卜少（姑娘），约五六十人。这些被抓姑娘，多数都有去无回。有 3 个返回家的，其中家住芒黑的一人本来已向人述说了她当年的遭遇，被儿孙知道了，横加指责，以后她就缄口不语。姜兴治也去采访过她，她仍是不说，直到离开人世。姜兴治还回忆到：1945 年他在楚雄车站当材料员时，见到中国远征军押解俘虏路过楚雄（坐车），有几十名是外面穿着军大衣的姑娘。第二天这些姑娘在远征军长官司令部球场上晒太阳，有好些人去看，我本来也想去看，听人说不是日本女人是一些摆夷（旧时"傣族"称谓），我就没再去。"1942 年 5 月，日军在中缅边境俘虏了 12 名中国女兵，也被送进'慰安所'，被迫沦为'慰安妇'。"④

1942 年 5 月中旬，日军从中国广州和缅甸运到滇西第一批"慰安妇"，在芒市三棵树、树包塔寺庙和龙陵镇安街首先建立了"慰安所"⑤。接着，日军在畹町、遮放等地也陆续建立了不少"慰安所"。"日军在滇缅前线建立起了一批'慰安所'，要求后方将""慰安妇""运往前线"。据《新东亚》记载，1942 年 4 月，由于南方派遣军的要求，包括南京"慰安所"的一批"慰安妇"由军队押送，分配到缅甸的部队里⑥。缅甸和滇西同为日军第 56 师团守备，这批"慰安妇"中的相当部分后来送到了滇西"慰安"。除外地运入的"慰安妇"外，日军还在滇西抓了大批中国妇女充为"慰安妇"。"为掩人耳目，日军给'慰安所'

---

① "慰安所"名录及"慰安妇"人数系笔者和研究日军"慰安妇"制度的中国大批学者实地调查结果。
② 以上数据系上海、保山等多名学者（含笔者）和史志部门的实地调查结论。
③ 陈祖樑主编：《血雾迷茫》，云南美术出版社 2004 年版，第 102 页。
④ 陈祖樑主编：《血雾迷茫》，云南美术出版社 2004 年版，第 100 页。
⑤ 和金星主编：《滇西抗日战争史》，云南民族出版社 2005 年版，第 71 页。
⑥ ［日］西野瑠梅子主编：《战场上的"慰安妇"》，明石书店 2003 年版，第 36 页。

取的名字往往冠以俱乐部、娱乐部等字样。"①

日军把"慰安妇"分成几等，日本籍"慰安妇"为上等，是专门"慰安"将佐级军官，朝鲜籍"慰安妇"次之，"慰安"低级军官；中国籍、缅甸籍"慰安妇"被列为最下等，供所有士兵淫乐，必须来者不拒，提供全日"慰安"。"（1943年），在滇西有日军23000多人，约有'慰安妇'300人，每个'慰安妇'平均要为七八十个日军泄欲，'慰安妇'中流行着一首歌《我的肉体是橡皮做的》，诉说了这些被迫以灵肉为战争服务的性奴隶的悲惨生活。"② 日军对中国"慰安妇"极为残暴，上海师范大学教授苏智良于2001年采访保山市隆阳区潞江乡80岁老人张正孝时，张正孝作出证言："院子（指红木树'慰安所'）里有本地被抓去的妇女，大多是汉族，押在房子里供日本鬼子奸淫，被称为'花姑娘'。常有人从这里面逃出去，逃出去抓回的就被打死，杀死的就丢在山洼里，据我所知，30个妇女只多不少。"③

"在滇西沦陷区，凡有日军师团、联队部、大队部的地方都开办有'慰安所'，甚至一个中队到某地暂驻一段时间也要拉几个姑娘来建立临时'慰安所'。没有条件建立'慰安所'的地方，日军就用武力逼迫附近村寨供应'花姑娘'，平时准许她们在家居住，听候召唤，随叫随到。如有延误就将附近村寨烧光杀光。"④

傣族人民全民信仰佛教，日军在庙宇内设"慰安所"，是肆意践踏中国人民信仰。日军在芒市镇树包塔佛寺设立了一个"慰安所"，目击者告诉笔者，在日军占领期间，附近的住户常听到里面传来凄惨的女性的哭叫声。"腾冲县的文庙颇具规格，（日军）'慰安所'设在大殿的后面。"⑤

在修筑芒市飞机场地下长廊时，日军强行拉走一些白天在工地上做活的疲惫不堪的傣族姑娘，将她们送到地下长廊日本小队长那里供日军玩弄。直到寨子的代表坦范弄去求情才放回来。

1943年7月12日，住德宏勐嘎的日本宪兵队长中岛竟宣布："年龄在16岁以上的女子，无论是否婚配与人，一经本部官兵选中，即应与本部官兵结婚。"⑥

---

① 和金星主编：《滇西抗日战争史》，云南民族出版社2005年版，第72页。

② 陈祖樑主编：《血雾迷茫》，云南美术出版社2004年版，第101页。

③ 陈丽菲、苏智良主编：《追索——朝鲜"慰安女"朴永心和她的姐妹们》，广东人民出版社2005年版，第126页。

④ 和金星主编：《滇西抗日战争史》，云南民族出版社2005年版，第73页。

⑤ 陈丽菲、苏智良主编：《追索——朝鲜"慰安女"朴永心和她的姐妹们》，广东人民出版社2005年版，第139页。

⑥ 潞西市政协文史委编：《潞西市文史资料选辑》第3集，2001年印，第153页。

据德宏畹町芒满村老支书曼映回忆：日军侵占畹町时，在一道桥（地名）靠山脚的地方有一片草房曾是日军的军妓院，门口有日本兵站岗把守着，里面住着五六十个十七八岁、二十岁左右的少女，在日本人手下过着暗无天日被糟蹋的悲惨生活。她们不得穿衣服，赤条条的，身上裹着一条军毯，见人就讨吃的。少女只有五六十人，可日本兵成百、几百地进去奸淫她们。天长日久、夜以继日，常常一天半天的下不了床。她们当中，又多是过了几个月就不见了，多半是折磨死了。过不多久，不知日本兵又从何处拉来一些新的少女供其继续玩乐。混板村的曼相说：那时混板村下有一片开阔地，日本兵在那里横七竖八挖了一些战壕，战壕里的日本兵不知从哪里拉来些小卜少供他们玩乐。

日军曾在腾冲光华街熊家设过"慰安所"，由 10 多个日军负责看守。日军将熊家和后面杨家的隔墙拆开打通，成了一个很宽绰的"慰安所"。据当时的目击者讲，日军排着队在大门外等候，每人拿着一个序号牌，叫到某号，某号就进去。远征军收复腾冲时，日军将这里的几个"慰安妇"丢到井里淹死了。

日军看中了腾冲洞山村的尹老焕，扬言不将她送到驻地，就要杀光、烧光洞山。万般无奈，当地维持会只好将她打扮了送到日军驻地。在日军撤退时，尹老焕回到了洞山，成了一个木讷人。解放后一直由生产队作为五保户供养到去世。曾被日军抓去在腾冲荷花池"慰安所"里做饭的尹培荣老人回忆，当年荷花池"慰安所"有 12 个朝鲜"慰安妇"，日军又武力胁迫本村姑娘尹某某和邻村姑娘张某某到"慰安所""慰安"江藤队长，致使两个姑娘怀了孕。第二年，江藤大队北上救援高黎贡山据点的日军，"慰安妇"随军转移，途中尹某某和张某某伺机逃跑。尹某某逃亡到了缅甸，至今生死不明；张某某逃到勐蚌大山上，嫁给了那里的山民。

腾冲城里有一个叫柴冷蕙的姑娘，模样秀美。被日军"腾越行政班本部长"田岛看中，田岛据为个人单独占有，后生下一男孩。中国远征军收复腾冲时，柴冷蕙母子和日军翻译白炳璜等人一起当了俘虏，后来在被押送往保山途中，把这个正在吃奶的男孩遗弃给了当地一个彭姓山民家。这个男孩后被山民养育成人，现在腾冲城是一名个体工商户，提到当年他感慨万千①。

中国远征军老兵许国钧回忆："1944 年 9 月 14 日早晨，我们攻进腾冲县城时，只见到处是日军尸体，在日军'慰安所'里，我亲眼看到有 17 个中国'慰安妇'和几个婴儿被日军刺死在那里，有一个'慰安妇'死了还紧紧的抱着一

---

① 陈丽菲、苏智良主编：《追索——朝鲜"慰安女"朴永心和她的姐妹们》，广东人民出版社 2005 年版，第 99—110 页。

个血肉模糊的婴儿，真是惨不忍睹！"

当年参战的日军吉野孝公在《腾越玉碎记》中提到腾冲城被攻破前"慰安妇"（外来）的遭遇：吉野孝公和几个日军撤退时遇到了二三十个"慰安妇"，她们戴着钢盔穿着军服身姿显得很威武，但脸上却充满胆怯和恐怖，要求官兵们带她们走。其中一个还流着眼泪说道：士兵先生们，我有很多钱。说着卸下背着的袋子，抓出一大扎军票。当时军票已一文不值，她却一无所知，还小心翼翼带在身上。最后她们还是被这几个官兵将她们全部枪杀了。

1944年2月3日《新华日报》的一则报道说："敌寇去岁（1943）屡次犯我腾北，遭打击后，大部敌兵都感觉厌战，敌酋无法可想，只得以强拉民间妇女供士兵娱乐，来提高情绪。又在腾冲西华街设立俱乐部一所，由汉奸强拉我妇女同胞14人，凡敌兵入内取乐，每人每时收军票5元，战地负伤者免费。该妇女等不堪蹂躏，多忿而自杀。"

1944年9月26日的《扫荡报》（该报纸的日期距腾冲光复仅有12天），刊有战地记者潘世徵的一篇题为《腾冲城内一群可怜虫》的报道载：当腾冲城门尚未打开的时候，国民党军都知道城内尚有五六十个敌人的随军营妓被包围在里面。到了9月14日上午，国民党军攻克腾冲城最后一个据点，在防空洞里发现一个10岁左右的中国小女孩，她报告说，她是被日军抓来替"慰安妇"们打洗脸水的。当时，她们全都躲在一个大防空洞里，一天黎明的时候，忽然来了一个日本军官用枪逐个结束了营妓们的生命，一共13人。小女孩吓昏过去，捡了一条性命。这篇报道还说，"又在一处城墙缝里，发现了十几具女尸，她们都被蒙上了眼睛，死得非常整齐，这些可怜的女人，生前为敌人泄欲，最后又被判处残忍的死刑，她们犯了什么罪呢？"潘世徵还报道：中国远征军刚攻下腾冲城，他就在城南参观了几处"慰安所"。有的叫营妓公馆。一个院子有几十间房子，每间房门上都贴着"慰安妇"的花名以及卫生检查合格证。这种合格证每星期换一张，上面签有日本军医的名字、印章。"慰安所"房内的陈设，有如日本式家庭，大约是想造成"这里就是家乡"的气氛，以提高士兵的战斗情绪。日军为掩人耳目，给众多的"慰安所"取了各种各样的名字，或叫某某俱乐部，或叫某某娱乐部，或叫某某庄，如"翠明庄""清明庄"等等。

日军占领龙陵不久，就让龙陵的维持会给他们供应600名"花姑娘"。因龙陵县城小，老百姓大都逃到深山去了，于是日军就组织大"扫荡"，四处搜找"花姑娘"，搜到后先强奸又送到"慰安所"去长期供日军发泄兽欲用。日军第146联队进占龙陵平达后，立即包围了平达街子以及大寨、河尾、陈回寨等村镇，抓了二十几个年轻妇女当"慰安妇"。在街子赵殿试家开设了"慰安所"，后来又从别的地方拉来一些"慰安妇"，供日军发泄兽欲。据当地人回忆，隔几天，日军就要将一个当地较风骚的女人用滑竿抬到驻地专门供一个日军军官享用。后来这女人还生下一个儿子，这人一直被当地人称为"日本人"。

龙陵松山腊勐大丫口的一块山坡地上，设有一个为松山守军提供性服务的"慰安所"。据目击者讲，这个"慰安所"是用竹子搭起的简单房子，里面用报纸糊起。一个"慰安妇"一小格，随时准备犒劳打战下来的日军。她们多是日本女性和朝鲜女性。皮肤很白，个子也挺高。

有个叫朴永心的韩国老人，当时就是被日军从她的祖国掠到这里当"慰安妇"的，并且还怀了孕。身为孕妇的她也毫不例外的每天要被日军无数次的蹂躏。2004 年老人重走故地，到她曾被蹂躏过的腊勐大丫口"慰安所"遗址进行了指证。

滇西有许多被日军强迫当"慰安妇"的女性，但由于封建道德的束缚，都不肯站出来指证日军在滇西实施的野蛮的"慰安妇"制度。只有唯一的一人勇敢地站出来指证，因为她知道这不是她一人的灾难和耻辱，而是中华民族的灾难和耻辱。她就是李连春老人。李连春是龙陵腊勐白泥塘人，日军占领她的家乡后，她在割、卖马草的途中，多次被日军强奸。出嫁后因失过身被夫家看不起出逃，途中被日军抓到腊勐"慰安所"当了"慰安妇"。在"慰安所"，她一天要被几个或几十个日军蹂躏，她天天以泪洗面，每天吃一片药用以避孕，遇到接待不恭时还要挨领班的打。一天，一个日军在蹂躏她时兽性大发，在她的肩上狠狠地咬了一大口。她多次想逃跑，都因日军岗哨看管严未成功。约一年后，在"慰安所"打工的同胞帮助下，她才逃出了虎口。笔者曾多次到她家看望和采访她。她因年老多病，记忆力已严重减退。2003 年采访她时，她回忆起了这个伤疤，并将它亮给我们看了，在胳臂上还清晰可见。可惜这位深明大义、苦难深重的老人在 2004 年 1 月 10 日因脑溢血去世了。

就在李连春待过的腊勐"慰安所"里，还有二十来个中国"慰安妇"，大多数也是被日军武力强拉去的当地妇女，还有 15 个朝鲜"慰安妇"（据说有的是中国东北人）和三四个缅甸妇女，此外还有几名日本"慰安妇"。这些"慰安妇"各人的结果不尽相同，但都是悲惨的。中国"慰安妇"在滇西反攻战役打响后不久多数被日军杀害了。有一个"慰安妇"是被用拐杖从嘴里塞进肚子杀害的。龙陵县文史资料《松山作证》中载：沦陷区妇女被敌人奸污的难以数计。难民村的杨从顺，先后被 2 个日兵奸污，后因争风吃醋，一天早晨被敌人枪杀在街子上。开饭馆的女人被敌人大白天搂抱玩耍。猛冒街子上居住的尹姓女人，怀孕 7 个月。在一个冷街天，突然来了 20 多个日军，将她轮奸到下身流血，胎儿堕地才停止。

当地汉奸黄召其为了献媚敌人，答应带领日军去各山寨搜集 100 个女人来给敌人玩乐，后被马通译（复兴公司经理，留日 8 年，在潞江西岸被俘，被迫来龙陵沦陷区当翻译）将黄召基大骂一顿才取消了这回事。后来日军正式送来营妓（朝鲜、台湾姑娘），住在董家沟董、田两家。

驻腊勐松山的日军为发泄兽欲，除了建"慰安所"外，还到处寻找"花姑娘"，强暴奸淫糟蹋妇女。有的当着丈夫的面强奸其妻子，有的当着父母的面强奸女儿，有的当着子女的面强奸他们的母亲。这些被日军强奸的妇女中有 80 岁以上的老人，有八九岁的幼女。有的被强奸、轮奸致死，有的被强奸后患上严重的妇科病，痛苦终生。

龙陵腊勐小水沟的李正维被一群日军抓到，用刺刀指着他的胸膛，逼他去找"花姑娘"，李正维心想宁肯自己受罪，决不能将同胞姐妹送往虎口，他故意领着日军往没人的地方到处乱转，因找不到"花姑娘"，日军用刺刀一会儿割他的耳朵，一会儿戳他的身子，接连戳了十几刀，使他一身鲜血直流。松山寨子一个 16 岁小姑娘李筛弟，一时疏忽被日军发现，立即被穷追不舍，小姑娘吓坏了，拼命跑，直至吓死去。当地一个 70 多岁的老人被日军强奸后，日军又强令一个 20 多岁的农民青年去奸污她，那青年坚决不肯，几个日军将他拖在老人身上，再用脚往青年的臀部用力蹬。

1997 年 4 月的一个阴雨天，在龙陵县政协的帮助下，我们采访了龙陵白塔的一位张姓老太太。她向我们讲了她看到的日军在龙陵犯下的许多罪行，她因到"慰安所"做过活，也亲眼看到了"慰安所"的很多事，但一谈到自己是否被蹂躏一事，她就用其他的话岔开了去。把同行的留日研究生、国际"慰安妇"研究志愿者班忠义急得向她下跪，她都坚持说自己没有受侮辱。她的难言之隐我们自然是心知肚明的。

在隆阳区潞江坝湾回族队我们采访了 80 多岁高龄的马德沛老人。他向我们讲述了日军在潞江蒲满哨犯下的罪行。那时日军一进村就挨家挨户搜找"花姑娘"。谁家不小心忘了藏女人的鞋，日军一看到就要追问"花姑娘"的下落。一天，日军进了他们村，他忙叫家里的女眷藏到后院去。他在前面与日军软缠硬磨，挨了日军的几个耳光，最后是送了几块红糖后才将日军打发走，保护了家里的女眷。但我们村头的母女两个（汉族）却遭了殃。妈叫刘招弟，女儿叫张丫头。日本人进村那天，有人听见她家惨叫，一夜灯光不灭。第二天看那两人的眼睛都红肿，肯定是被日本人糟蹋了。

潞江新寨线小德的母亲到碾房碾米时被日军轮奸后，两个月都起不了床。隆阳区潞江芒岗有一个"慰安所"。日军为方便席地而坐，特意将房主的桌子脚锯短。现在桌子还保留着。隆阳区潞江禾木树是当年日军一个小队的驻地。日军抓当地的姑娘到他们驻地糟蹋。隆阳区潞江乡禾木树85岁的张正孝老人说：（1942年日军占领潞江后），将妇女拿到营房玩弄是少数，多数是在路上、坡上脱了妇女的衣服玩弄。这些妇女活着的有，她们也有子孙，不好说，农村有忌讳。（日军）不管老少，上到60多岁，小到10多岁的都强奸。还叫中国男性跪着瞧，这事发生在刺竹窝。张正孝还回忆到当时他当甲长到过日军驻潞江官长神谷太君那里好几次，看见土司的下属官杨福春的两个女儿被日军抓到与另外约十多个姑娘关在一起，其他姑娘不知道，但这俩人张老人知道。他也知道她们现在还活着，家住潞江坝禾木树旁某村，考虑到她们已经老了，也是儿孙成群了，说了影响不好，不再说了。

综上所述，云南是日军性侵犯比较严重的地区之一，日军在滇西建起了23所"慰安所"和一批临时"慰安所"，大批中国妇女沦为日军性奴隶，并有数千名滇西妇女被日军强奸。日本军国主义者施行的极其野蛮的"慰安妇"制度给滇西沦陷区女性的摧残达到了登峰造极的地步，给那些强抓为"慰安妇"的中国妇女造成了肉体和精神的重大伤害，日军在滇西的"慰安所"大多建在当地人的祖屋、祠堂、寺院，给了滇西人民带来了永远无法弥补的精神伤害，除了他们丧失人性的性侵害外，践踏了滇西人民的灵魂。侵华日军的行为是违反人类公德，他们犯下的是反人类罪、反文明罪。

（作者单位：保山市隆阳区政治协商委员会）

（三）日军对云南的空袭轰炸

李继红

云南省位于祖国西南边陲，毗邻东南亚和南亚，战略地位十分重要。抗战时期，云南不仅是中国正面战场的大后方和战略基地，还是中国与国际反法西斯同盟国联结的结合部。1942 年 5 月，日军占领了怒江以西的滇西国土，云南又成为抗日最前线的一部分。从 1938 年 9 月开始，云南连续 6 年遭受了日军的空袭轰炸，造成了全省巨大的人员伤亡和财产损失，对地方经济造成了毁灭性的破坏，使人民蒙受了空前的灾难。

1. 日军空袭轰炸云南的战略目的

全国抗战爆发后，香港、广州、海南岛等海域被封锁，西南成为抗战的大后方，云南的战略地位变得尤为重要。这里有抗战赖以维系的滇越铁路、滇缅公路国际运输线，以及空中运输线，有内迁的国民政府中央机关、高等院校、科研单位、工厂企业及大批百姓。由此，云南成为中国抗战的战略后方，成为连接中、越、缅的重要交通运输孔径，成为中美空军的重要基地，成为中国抗战的后方物资生产、供应基地和兵员补充基地，简单地说，成为中国抗日战争的重要战略基地、交通枢纽。

日军为迅速灭亡中国，将具有重要战略地位和作用的云南省列为空袭的重要目标之一。其轰炸云南的战略目的很明确。一是完全封锁中国。日军轰炸云南的重点之一是滇越铁路、滇缅公路上的桥梁、隧道等及云南境内的机场等，企图切断中国与盟国之间互相联结和支持的军事纽带——对外联结的交通要道，切断国外援华军需物资运进中国的交通要道，对中国政府形成经济压力。二是摧毁支撑中国抗战的物资基础。随着沿海和内地大量企业、资金、设备、人才流进云南，云南成为大后方的工业中心区之一。日军轰炸云南境内的重要厂矿，企图摧毁支持国民政府抗战的重要经济支柱和工业支柱。三是从心理上摧毁大后方人民的抗日决心和信心。日军轰炸昆明、保山、蒙自等居民聚集区域，企图通过大量杀害平民，造成人心恐慌，瓦解大后方人民抵抗侵略者的士气。

2. 日军空袭轰炸云南简况

1938 年 9 月 28 日，昆明遭受日本军国主义空军首次空袭。1940 年下半年日军占领越南后，加强了对云南的打击。由于云南驻军防空体系薄弱，不掌握制空权，使日军轰炸云南如入无人之地。日军重点轰炸了滇越铁路、滇缅公路上的桥梁、隧道等及机场、重要厂矿，特别是位于昆明及郊区的工业区和位于个旧生产战略物资的锡矿等；轰炸了昆明、保山、蒙自等 40 余个县区城镇等居民聚集区域，制造了昆明"二·二六"、"四八"、蒙自"四一三"、滇越铁路"二·一"、保山"五·四"等重大惨案。随着日机频频空袭，云南省政府制定防空信号，在许多地方设置了瞭望台，发布空袭警报，很多单位修筑了一些防空设施。1941年 12 月以后，美国航空志愿队（民间称之"飞虎队"）进驻云南，配合中国空军抗击入侵日机，逐渐掌握了制空权，入侵日机逐渐减少。直至 1945 年初，中国军队在印缅战场取得胜利，再没有日机入侵云南空袭的事件。

抗战期间，据不完全统计，日军共出动各类飞机 4520 架次对云南省进行了600 次空袭，投弹 9024 枚（其中燃烧弹 48 枚）。

（1）轰炸交通要道

交通运输是国家的动脉，一个国家经济的发展，国防的巩固，商品的运输，无不与交通事业密切相关。1937 年 8 月，日本海军宣布封锁中国沿海，阻止其他国家援助中国抗战物资进入中国。随着华南国际运输线被封锁，国际援华物资运输重心从沿海转向了西南地区。云南滇越铁路、滇缅公路的运输畅通，英美等国援华物资源源不断地运入中国，增强了中国抗日的物质力量，对日本迅速灭亡中国的企图，无疑是一个巨大的障碍。因此，日本把阻止"第三国"对中国的援助作为"摧毁重庆政权的抗战意志，迅速使其屈服"的一个重要手段。为了尽快"解决中国事变与切断援蒋路线"，日本陆军省、参谋部多次命令日军必须"切断蒋政权的主要补给线"，"努力切断敌方残余的对外联络线，特别是输入武器的路线"①。

最初，日机从中国沿海等地及武汉飞来轰炸云南。1940 年，日军占领越南，并把之作为前方基地，轰炸滇越铁路和滇缅公路。1940 年 9 月，日本侵略军截断滇越铁路后，遂将目标移向滇缅公路，企图断绝当时美英等盟国援华的唯一通

---

① 复旦大学历史系编译：《日本帝国主义对外侵略史料选编（1931—1945）》，上海人民出版社 1975 年版，第 310、274、286 页。

道。日军频繁派飞机轰炸滇缅公路保山段，包括被称为运输咽喉的功果桥、惠通桥。1942 年 5 月 4 日，日军沿滇缅公路攻入滇境畹町，进占龙陵和腾冲等地。1942 年至 1944 年间，为扫除南进的障碍，日军更加猖狂地派出飞机，对云南内地的航空基地、对滇缅公路沿线的重要城镇、桥梁、隘口进行了狂轰滥炸。

轰炸滇越铁路。 云南省与越南山水相连，有滇越铁路、红河水路相通。从 1939 年到 1941 年间，日军屡派空军轰炸红河州内滇越铁路上的桥梁与车站，仅对蒙自县车站、蒙自芷村车站、开远县小龙潭铁桥、屏边县白寨铁桥、腊哈地白鹤桥、落水洞和戈姑附近的两座石桥、湾塘段隧道、老范寨段桥和铁路等地轰炸就达 20 余次，滇越铁路多次被炸断，造成大量无辜平民伤亡和财产损失。滇越铁路沿线的屏边县境白寨铁桥所遭受的空袭，其惨烈程度，可列入世界铁路运输史上罕见的惨案。1940 年 2 月 1 日，一列从中越边境河口前往开远的列车正在通过白寨大桥，即将进入与大桥相连的隧道时，36 架日机集中轰炸了这列满载客货的列车。炸弹落入车厢内并在隧道内爆炸，将隧道南端洞口炸塌，堵塞洞口。列车上一时秩序大乱，旅客争相挤入洞内躲避，结果反进入因轰炸引发的大火中；而敌机在隧道上空继续轰炸，又将北端石土炸塌，阻塞洞口，使洞内人员无逃生之路，致使客车全毁，死亡 153 余人、伤 71 人。洞内掘出的尸体，有的面部被烧焦；有的全身烧焦，漆黑一团，四肢无法辩认；有的只剩骨头，其状惨不忍睹，"尚有被完全烧化尸体无存者不知凡几"[①]。此外，1941 年 6 月至年底，日军飞机 7 批 40 架共投弹 120 余枚轰炸蛮耗渡口，致使通往越南的红河航道断航。

轰炸滇缅公路。 1938 年 8 月，云南举全省之力修通的滇缅公路，是战时中国西南大后方一条运量最大的国际通道，被誉为中国抗战的"输血管"。美、苏、英等国的援华物资，爱国华侨巨额捐款购买的支持中国抗战的物资，大部分是由滇缅公路运往大后方的。滇缅公路刚通车不久，1938 年 9 月 19 日，日军下达"大陆命第 201 号"，决定以驻中国南海的日军第五舰队航空兵派机轰炸昆明，威胁中国西南军事补给线滇缅路。9 月 28 日，日军轰炸了作为大后方的重要城市、抗战支前的重要基地、滇缅公路的起点——昆明，造成无辜居民死伤 300 余人[②]。此后，日本侵略军一直把截断中国云南与外界联系的主要交通作为

---

① 《云南全省防空司令部调查滇越铁路客车被炸惨案代电》，1940 年 2 月 19 日，云南省档案馆馆藏档案，档案号 11—7—154—193。

② 《昆明市政府呈报敌机空袭轰炸损失表》，1948 年 4 月 28 日，云南省档案馆馆藏档案，档案号 11—7—27—192。

战略目标。1939 年 10 月，日军发出"大陆命第 582 号"文，提出要"强化截断滇越铁路和滇缅公路补给线之航空作战"。1940 年 7 月 20 日，日本政府通过的《国策纲要》称"帝国将继续沿着解决中日事变的方向前进，攻取缅甸的目的就是要截断中国与外界的最后一条交通线"①。1940 年 8 月 12 日，日军大本营对中国派遣军下达的"大陆命第 529 号"称："中国派遣军总司令官应负责……特别加强对敌封锁，粉碎敌抗战企图"②。1940 年 10 月 7 日，成立"滇缅公路封锁委员会"，由侵华海军司令部参谋长大川内传七少将指挥，调集 100 架飞机，以越南河内机场为基地，对滇缅公路沿线村镇、桥梁实施毁灭性的轰炸。怒江上的惠通桥和澜沧江上的功果桥，是滇缅公路的咽喉要道，从 1940 年 10 月 18 日至 1941 年 2 月 27 日，在 123 天的时间里，日军出动 22 批飞机 401 架次，侦察、袭击、轰炸澜沧江上的桥梁，投弹 1000 余枚，致使这些桥梁受损严重，滇西交通命脉多次中断③。特别值得一提的是昌淦桥。滇缅公路通车后，因原跨澜沧江的功果桥设计通过能力过低，且防空需要备用桥梁，国民政府交通部桥梁设计处处长钱昌淦，领导设计了新功果桥（为纪念乘军用飞机被日机击落而牺牲的钱昌淦先生，后命名为昌淦桥）。日军飞机 10 余次狂轰滥炸昌淦桥，把这座建成后仅 42 天的大桥彻底炸断。

轰炸机场。抗战期间，国民政府在云南境内修筑了数十个军用机场，许多机场既是空军基地，又是盟国援华物资空运的中转站。因此，这些机场也成为日军打击的重要目标。其中，尤以位于祥云县的云南驿机场被炸损失严重。从 1940 年至 1944 年间，日军轰炸云南驿机场 15 次，造成修建机场的民工伤亡惨重，财产损失最重——损失飞机 50 余架。1940 年 12 月 12 日，日军对云南驿机场轰炸扫射，造成国民政府的 21 架菲聿梯教练机和 3 架运输机全被炸毁④。1943 年 4 月 26 日，日军 54 架飞机袭击云南驿机场，扩修机场的 2 万余民工误认为是美军航空队调来增补的飞机，依然埋头干活，没有及时疏散，被炸弹炸死炸伤和被机枪扫射而打死打伤的民工数以千计。幸存下来搬运尸体的民工说，附近村庄死去的民工在各家各户认领抬走后，外地民工的尸体则成堆成片留在机场扩修的工地上，拉大碾的民工八九十人一堆、一二百人一片死得最惨。这些死难的民工，有的被投下来的炸弹炸死，有的被低空扫射的枪弹打死；有的血肉飞散，肢体分

---

① ［法］亨利·米歇尔：《第二次世界大战史》上册，商务印书馆 1980 年版，第 392 页。
② 日本防卫厅战史室编纂、天津市政协编译委员会译校：《日本军国主义侵华史料长编——大本营陆军部》上卷，四川人民出版社 1987 年版，第 666—669 页。
③ 保山地区地方志编纂委员会编：《保山地区志》上卷，中华书局 1999 年版，第 654 页。
④ 祥云县政协编：《祥云文史资料》第 1 辑，1991 年印，第 117—118 页。

离；有的死后，拉大碾的绳子还套在身上。其中一组 80 人，仅有 1 人还活着，其余的全死在一起。拉死尸的车有 10 余辆，每辆搬运的民工为七八人，每辆拉过 20 多次；开始搬运时，多是二三十具尸体一车，后来是五六十具一车，这些死难的民工，全拉入北边蚂蝗菁里掩埋。起初还挖一挖坑，后来全堆放在低洼处。这一天，日本飞机轰炸扫射云南驿机场的暴行和民工在扩修工地上伤亡的惨景目不忍睹[①]。4 月 27 日，日军 25 架飞机再次袭击云南驿机场，炸毁美军航空机队驱逐机 3 架，伤 5 架，毁运输机 1 架。

抗战期间，日机还多次轰炸了昆明巫家坝机场、蒙自机场等地，均造成较大的伤亡和损失。

（2）轰炸重要的经济和军事设施

抗战期间，内迁昆明的工交企业数量仅次于重庆和川中区，居西南第三位。加上大量的资金、设备和人才流入云南，国家资源委员会也在昆明等地投资办厂，使云南这个曾是中国交通困难、经济不发达的地区，很快发展成为大后方的工业中心区之一。

轰炸昆明的重要经济设施。 据国民政府经济部统计，1940 年，昆明地区主要工厂企业达 80 个。其中兵工行业 6 家，有生产望远镜、瞄准镜等光学器材的，有生产轻重两用机枪的，有制造弹药的，有飞机制造厂，这些厂矿企业大多位于海口、安宁和昆明郊区；有一定规模的机械制造业有 11 家，主要分布在昆明近郊海口、马街、黑林辅和茨坝，其中又以设在马街的中央电工器材厂和设在茨坝的中央机器厂最为著名；钢铁冶金业 6 家，主要是位于安宁的中国电力制钢厂和云南钢铁厂，位于马街的昆明电冶厂（昆明炼铜厂）；化工业 25 家，主要有位于马街镇普坪村的化工材料厂，位于东郊大板桥的云南酒精厂；电器业 7 家。位于海口的昆明水泥厂，为修建滇缅公路和机场跑道提供优质水泥；位于马街的昆湖发电厂及其他多家发电厂，为内迁机关、企业和居民提供能源等。由于内迁人员的大量涌入，各种生活品奇缺，昆明的轻工业应运而生，出现了较为齐全的行业，与原有的地方手工业一起成为战时的支柱产业。这些工矿企业的发展，确保了大后方抗战的军需民用，支撑着国民政府的抗战决心。然而，这些工矿企业也成为了日军重点轰炸重要目标。

从 1940 年 9 月 30 日到 1943 年 4 月 28 日，日军共出动飞 21 批 422 架次，投弹 480 多枚，轰炸昆明滇越铁路车站及附近铁路、昆明巫家坝机场等交通设施；

① 《1943 年 5 月 14 日祥云县长关于云南驿机场被炸情形呈》，云南省档案馆馆藏档案，档案号 11—7—181—76。

多次轰炸昆明南区云南纺纱厂、飞机制造厂、昆明华山西路电力公司、昆明市茨坝中央机器厂等，致使厂房机械毁坏殆尽，被迫停工，损失惨重。其中尤以轰炸西郊马街工厂区、第22兵工厂、石龙坝发电厂为甚。1940年10月17日，敌机在马街上空投弹，中央电工器材厂总办事处第一厂——电线厂均被轰炸，遭受巨大损失，铜线厂厂房中弹，被毁一角，机器设备损坏一部分，第一厂办公室中弹，房屋全毁，运输处汽车房被炸毁，冶炼车间全炸垮，生产全部停顿。此次轰炸，厂房、民宅损毁多栋，人员伤亡惨重。1941年8月10日，日机28架轰炸昆明西山区马街厂区：中央电工器材厂（今昆明电缆厂址）、第四厂（今昆明电机厂老厂）、昆湖电厂（今云南电力配件厂）、炼钢厂（今昆明冶炼厂）、马街南路街道、大渔村路头、苏家村路头（今马街东路）、黄坟、沙沟埂（今昆明电池厂辗粉车间）、马街老医院、哈蚂地等处。投炸弹百余枚，炸死28人，炸伤41人，炸毁房屋200余间，工厂被燃烧弹延烧甚烈，工厂即日停工①。昆明附近的石龙坝水电站是1912年正式建成投产的中国第一座水电站。抗战期间，石龙坝水电站为支援前线抗战，电站职工加班工作，全力保证供应兵工、纺织、五金、机械等工厂的生产用电，是抗日后方的动力基地。日军多次对石龙坝电站及海口军工厂进行轰炸，电站住房被损毁多栋，电站车间厂房被炸毁，机械设备损毁殆尽。1940年至1941年，日军对昆明西郊的海口工业集中区轰炸百余架次。特别是1941年的轰炸，兵工厂建盖的临时铁皮厂房及总办公厅、职员宿舍等全部被炸毁，致使工厂停工，只好把机器设备迁进未竣工的山洞厂房中，直到10月份才陆续复工，所造成的损失无法估算。

轰炸个旧市。个旧市是世界上最早生产锡的地区之一。从1909年至1939年的31年间，平均年产锡7840吨，锡产量占全国同期锡产量的90%。这31年间共出口锡238221吨，占全国同期出口量的89.2%，个旧市因此闻名中外，有"锡都"之称。锡是重要的战略物资。抗战期间，个旧市共生产精锡5.5万余吨交资源委员会，其中供美国精锡10708吨，供前苏联精锡13162吨。个旧市作为重要战略物资的生产基地，因而成为日军飞机轰炸个旧地区的重要原因。据不完全统计，从1940年10月18日至1941年9月11日，日军共出动飞机30批共194架次轰炸个旧市，投弹398枚。个旧锡务公司的老厂、锡业公司、锡矿工程处、马拉格厂区等地均被轰炸，锡务公司化学配药房，锡务公司洗沙厂，炼锡公司炼锡厂、熔锡厂、老厂、锡业公司、锡矿工程处、动力厂等厂的机器被毁，受

---

① 《1941年8月10日昆明空袭紧急救济联合办事处书记长樊汝平致云南省赈济会呈》，云南省档案馆馆藏档案，档案号44—4—48—71。

损巨大；矿区索道被炸断1段，钨锑公司被炸停产；铁路公司、正在建设中的云锡公司南桥水电站等处也遭轰炸；个旧——碧色寨——石屏县铁路公司机车、车厢、车场岔道、房屋、厂房、职工宿舍被炸毁。轰炸使个旧市矿山的生产绝大部分停产。

轰炸瑞丽县雷允中央飞机制造厂。抗战初期，国民政府将仅有的两个飞机制造厂迁到云南，其中的空军第一飞机制造厂迁到昆明，而杭州中美合资创办的中央飞机制造厂则迁到云南德宏州瑞丽县的雷允，由美国提供原材料，组装霍克式、莱茵式战斗机，并负责检修陈纳德"飞虎队"和英国驻缅皇家空军的战斗机。从1939年7月建成投产到1940年10月，仅15个月，共制造装修飞机104架。该厂员工最多时2929人，是当时中国规模最大的飞机制造厂。虽该飞机制造厂位于中缅边境，也未能幸免日机的轰炸。1940年10月26日，27架日机轰炸雷允飞机制造厂，投弹110枚，厂房被毁严重，跑道被炸坏多处，两架刚组装完毕的莱茵式教练机和正在修理的蒋介石座机被毁坏[①]。

（3）轰炸城镇居民聚居区

抗战初期，随着华东、华南、华中的沦陷，大批沿海和内地的机关、学校、厂矿企业迁入云南，并有大批难民涌入云南。整个抗战期间，从内地迁来的人员、加上驻军，云南增加了100多万人口，而这当中相当数量是集中于省会昆明市。因而，昆明市不仅是西南抗战的重心之一，也是人口较为集中的地区之一。各族各界人士为支援抗战，努力工作，虽然生活艰辛，但还较为安定。1938年9月28日，日军首次轰炸了昆明，从此，生活在云南的人们再也没有了安全感。

轰炸昆明居民区。据云南防空司令部编印的《云南防空实录》记载，从1938年9月28日到1944年12月24日止，6年零3个月的时间里，云南省会城市昆明共发出预行警报207次，空袭警报173次，紧急警报77次；日军共出动飞机1311架次入侵昆明市上空142次，共投弹3043枚，炸死无辜民众2099人，炸伤2402人，损毁房屋25029间，造成难民732人无家可归。炸得昆明城千疮百孔，弹坑累累。在空袭最频繁的时期，如1941年8月10日至15日，每天都有警报，有时一天几次。1940年5月9日至1941年12月28日，敌机袭昆达到高潮，计31次，或每天几批，或连日滥炸，每次来袭的敌机多在27架以上。日军轰炸了昆明市区龙翔街、凤翥街、文林街、钱局街、文化巷、小西门、武城路、翠湖东路、翠湖南路、翠湖西路、翠湖北路、翠湖中路、文庙街、文庙东

---

① 德宏傣族景颇族总自治州志编纂委员会编：《德宏州志》，德宏民族出版社1994年版，第26页。

巷、文庙横街、华山东路、华山西路、正义路、如安街、威远街、青云街、福照街、胜因寺、顺城街、瓦仓庄、近日公园、宝善街、南屏街、高山铺、护国路、庆云街、大柳树巷、云兴巷、文星巷、教子巷、荩忠寺坡、中和巷、吉云巷、海潮巷、竹安巷、水晶宫、先生坡、玉龙堆、老君殿、富春街、敬节巷、西仓坡、象眼街、光华街等几乎所有的大街和小巷；轰炸了昆明市郊海源寺、黄土坡、麻园、北教场、莲花池、大小虹山、西站、菱角塘、潘家湾、赵家堆、梁家河、小菜园、圆通山北门外、交三桥、席子营、栗树头村、拓东路、茨坝、岗头村、苜蓿村、沙沟埂湾子、龙泉公路东边、大涵洞、香条村、石龙坝、海口、干海子；昆明巫家坝机场附近村庄和甸营、阮家村、香条村、土桥村等城郊。还轰炸了呈贡县、安宁市北地哨、南部丘家庄、西山区海口镇等地。

轰炸红河州居民区。滇越铁路途经的红河州所属县城，也遭到日机569架次的空袭。据不完全统计，日机投弹2249枚，炸死无辜平民957人，炸伤727人，炸毁房屋5017间。其中，1939年4月13日至1944年6月14日，日机先后27次，共出动飞机292架次，投弹1627枚，轰炸蒙自县城、附近村庄、蒙自县境内车站和蒙自机场，炸死无辜平民421人，炸伤354人，3365间房屋被毁。1940年1月至1941年4月期间，红河州的开远县城遭受日机11次轰炸，特别是1940年10月1日，日机竟向这个县城投下百余枚炸弹。滇越铁路警察总局、开个运输公司汽油库、中央护路高射炮队驻地、省立农校、黎明医院等遭轰炸。1940年10月起，日机多次轰炸个旧县城、村庄及个旧县的矿山马拉格等；数次轰炸建水县、屏边县。

轰炸保山居民区。滇缅公路上的重要城市保山，地处澜沧江和怒江之间，地理位置十分重要，古有"扼滇西之门户，居两江之要津"誉称；历史上是中国南方丝绸之路的边关重镇，商贾云集。1941年1月3日，日机首次轰炸保山城，之后日机轰炸保山城乡近30次。最为惨重的莫过于1942年的"五四"大轰炸，杀害了成千上万的保山民众。时值中国远征军入缅作战失利，退回国内，腊戌失守后，缅甸落入日军之手，逃难的大量难民，南洋、泰、缅等地难侨、伤兵昼夜不息地从缅甸逃到保山，还有上万从内地各省沦陷区逃来的难胞，数以千计的车辆涌入，保山城内及城外的公路上一时拥塞不堪，一片混乱。白天到处是因盘缠不够设摊出售随身衣物的难民，晚上随处可见无处安歇露宿于车子下面或街头、田边的难民。保山人口净增10万。当天城中保岫（帕）公园举办大型学生运动会，有数万人观看，是保山有史以来场面最大、参加人数最多的一次。这一天，又因是街天，四乡八寨的前来赶街的农民加上难民、侨胞，保山城人山人海，热闹非凡，几乎所有的大街小巷都挤满了人。是日，日军54架飞机分两批飞临保山县城上空狂轰滥炸。日机投完弹后，又进行低空扫射，并投下燃烧弹。整个城区尘烟蔽日，火光四起，房倒屋塌，血肉横飞。此次日机轰炸保山县城，全城除东北角外，被炸区域有90多处，所有繁华街道、机关、学校、文化设施无一幸免，到处是废墟，满眼是瓦砾；断臂残肢，尸陈满街，城南的上、下水河被鲜血染红，数日不见清澈底。"断头零足，纵横河堤；心肝肺脏，呈列道路河身两旁。……只见黄沙漠漠，尸体模糊，……而觅母寻父，哭儿号女之声，惨不忍闻。"夜晚，保山城内哀鸿四野，幸存者在绝望地寻找轰炸中失散的生死未卜的亲人。有的背着已经死去或被炸断手脚的亲人，有的则在亲人的尸体前哀嚎不已。据抗战后期任保山县长的孟立人在所撰《保山战时县政》称："计此次轰炸，至为惨痛，死亡人数有主掩埋经查明者有2800余人，无全尸首，而为地方派人掩埋者6000余人。"[①] 还有不少埋压在倒塌的房屋之下未能挖出者。据云南著名历史学家方国瑜先生《抗日战争滇西战事篇》记载，"五四"日军轰炸保山城，死伤约万余人，几近当时全城一半人口。

轰炸文山州各县。据课题组统计，从1940年2月起，日机多次轰炸文山州西畴县、马关县、富宁县、文山县、广南县，在上空低飞投弹，特别是1941年2月21日，日机在文山县投弹、在马关县城投弹和机枪扫射，全城顿时烈火熊熊，无法扑救，一直烧到第二天。据现有资料统计，日机轰炸文山州炸死居民347人，炸伤300人，毁屋500余间。

轰炸大理州各县。1941年7月8日，日机袭击大理下关。1942年12月26、27日，日机袭击大理所属祥云县云南驿飞机场。1943年1月16日，日机袭击祥云县云南驿机场。4月26日，日机袭击祥云机场。10月25日，日机袭击大理凤仪之金星村。仅此6次日机轰炸大理，大理州就被炸死458人，炸伤409人，毁屋60余间。

此外，日军还多次轰炸了德宏州、曲靖市、普洱市、昭通市、楚雄州、临沧市、西双版纳州的部分县区。

城市是和平居民聚集区，日机的肆意轰炸，使富庶的城乡血流成河，街道上躺满了死尸，城市变成一片瓦砾，房屋被炸坍塌，商店关门，学校停课，工厂停产，使已受尽折磨的人民，在日军的轰炸之下，失去了最后一块容身之地。

---

① 和金星主编：《滇西抗日战争史》，云南民族出版2005年版，第64页。

（4）轰炸云南的教育、医疗及民生设施

日机多次轰炸闻名世界的西南联合大学及附近的云南大学。1940年10月13日，日机27架飞入昆明市区，投弹百余枚。这次轰炸主要以联大和离联大较近的云南大学为目标，联大师范学院男生宿舍全毁，该院办公处及教员宿舍也多震坏。该院校舍系租自省立昆华中学之一部分，其中昆华中学北院中数十弹，损毁甚巨，南院也有震坏。此次轰炸中，清华大学在西仓坡设的办事处、办事处后院中用于存储重要卷宗的防空洞被炸损坏和震塌。1941年8月14日的轰炸所致损失比上次更为严重。"新校舍被炸毁房屋64间，震坏房屋210余间。……房屋部分按照时价，损失35万元，家具部分损失11万元，电料等项损失15万余元，共计62万元。图书及仪器部分……不过22000余元。又师范学院及附属中小学系租借云南省立工业职业学校校舍，此次被炸毁房屋89间，女生宿舍系租借昆华中学校舍，此次被炸，倒毁房屋48间，上述两处被震毁者共约190余间，倘照原样修复，所费必更不赀，但即简单修葺，俾可勉强应用亦需20余万元。"[①]

此外省立个旧、蒙自高级工业职业学校、建水中学等均被日机反复轰炸。日军还多次轰炸了昆明的惠滇医院、宝善医院、洗马河军分校、云南大学、联大女生宿舍、昆华中学、昆华小学、翠湖小学等教育及医疗设施；多次轰炸了云南省政府、昆明市政府、参议会、浙江墓地、云津市场、锡安圣堂、市中心近日公园等政府及民生设施。

日军飞机轰炸云南的总体情况统计表

年　　度	次　　数	敌机数（架）	投弹（枚）
1938	2	24	81
1939	6	126	460
1940	151	1492	2924
1941	238	1528	2844
1942	117	628	758
1943	62	559	1402

① 云南大学校长熊庆来：《国立云南大学为敌机轰炸校园暴行代电》，1940年10月14日，云南省档案馆馆藏档案，档案号11—7—167—59。昆华高级工业职业学校校长毕近斗：《云南省立昆华高级工业职业学校查报被炸损失呈》，1940年10月15日，云南省档案馆馆藏档案，档案号12—4—629—10。《国立西南联合大学师范学院滇籍学生为敌机轰炸损失惨重请予救济呈》，1940年10月15日，云南省档案馆馆藏档案，档案号12—4—629—6。《中央振济委员会运送配置难民昆明总站职员李晋为西南联大、云南大学等被炸损失请予救济电》，1940年10月18日，云南省档案馆馆藏档案，档案号44—4—456—8。

年　度	次　数	敌机数（架）	投弹（枚）
1944	21	154	534
1945	1	8	20
不明年份	1	1	1
合计	600	4520	9024

3. 日军空袭轰炸云南造成的损失和影响

日军飞机的狂轰滥炸，给云南的经济社会发展造成了极大的损失和影响。

（1）人口死伤严重，并带来疫病大流行，云南省人口急剧下降

据云南防空司令部统计，8 年全国抗战中，敌机来袭"日数：280 天。批数：508 批。机数：入境机数共 3599 架次，内中侦察机 293 架，驱逐机 750 架，轰炸机 2556 架，被击落者共 82 架。"① 据不完全统计，日军空袭了云南省的 40 余个县区：昆明市、昆明县（抗战时的昆明市和昆明县地域为今昆明市五华、盘龙、官渡、西山区）、呈贡、安宁；保山市的保山（今隆阳区）、施甸、龙陵；红河州的蒙自、开远、个旧、屏边、建水、河口；大理州的下关、祥云、云龙、巍山；曲靖市的麒麟区、沾益、会泽；德宏州的梁河、瑞丽、畹町；临沧市的凤庆、镇康；普洱市的思茅、澜沧、孟连；文山州的西畴、广南、文山、马关、砚山、麻栗坡、富宁；昭通市的昭阳区；楚雄州的禄丰；西双版纳州的景洪、勐海等，日军空袭造成一次死伤在百人以上的轰炸有 30 次，死伤最多的是保山"五四"大轰炸，死 8800 余人，伤 1200 余人。

日军空袭云南造成人员伤亡损失统计表

类别	1938	1939	1940	1941	1942	1943	1944	1945	不明	8 年
死亡人数（人）	124	197	767	1159	9220	3730	1065	17	2539	18818
受伤人数（人）	234	211	777	1618	1390	702	14004	1		18937
毁房屋数（间）	108	2104	4720	24915	3663	1198	166			36874

---

① 郑崇贤：《滇声》，1946 年香港有利印务公司印刷出版。

日军轰炸中，不顾国际法，在保山投掷细菌弹，导致保山霍乱暴发，并迅速向周边地区蔓延，以至在云南58个县流行，被感染者15万余人，死亡13万多人，仅保山县就因此死亡6万人。轰炸迫使人民流离失所，或逃亡外地，或疏散到乡下。云南省人口也在此时锐减，1936年云南全省有12047157人，1943年只有9281227人。许多城镇异常凄凉，部分地区人口急剧下降。如个旧，1938年有92660人，为防日机轰炸，70%的民众疏散到外地，1945年人口减少到41257人，不到1938年的一半；个旧城区仅有几千人。

（2）财产损失惨重

日军飞机对云南的轰炸，使城市、乡村、工厂、学校、医院、铁路、矿山、商店、民房等公产私产等都遭受到严重损失。据所掌握的资料统计，损失总额折算为1937年7月价值为241127551元（法币，下同），为1945年云南省省县两级财政支出410.52万元[①]的58.74倍。对滇越铁路、滇缅公路、云南各机场的轰炸，其直接损失和因轰炸致使这些交通中断所造成的间接损失已难估计，因轰炸造成的雷允飞机制造厂、中央机器厂、昆湖电厂、耀龙公司、云南纺纱厂、个旧锡矿等工矿停工等，更是难以估算。

日军飞机轰炸云南造成财产损失表[②]　　　　　　（单位：法币元）

项目	房屋	牲畜	粮食	林业	工业	矿业	公共事业
	4914383	23076	5635470	486172	776164	56739	2424874
项目	交通	商业	古迹	教育文化	邮电	居民其它	合计
	29648939	3979	370000	35725881	12974	161048899	241127550

日军的轰炸一方面严重破坏和摧毁了云南的房屋、工矿企业、交通、教育文化古迹、公共事业及其他公用基础设施；另一方面也破坏了昆明的正常社会秩序，造成了社会混乱，增加了云南各方面的经济负担，包括修建防空设施的投入，救灾赈民的经费投入及人力损失等。

从1937年开始，为掌握空情，云南建立了防空指挥通信、防空警报网络；成立了疏散委员会，由民兵、警察等成立了各种防护队伍，建立避难指导、尸体掩埋等各种组织；设置善后救济机构，处理空袭的善后工作。由于日军的轰炸，

---

① 李珪主编：《云南近代经济史》，云南民族出版社1995年版，第536页。

② 已全部折算为1937年7月价值。房屋有间数的按每间100元计，无间数有上报建筑损失的，按指数折算到1937年7月价值；其余各项，具体数目又有价格参照的就按数目折算，无具体价格，只有上报损失数的按上指数折算。另有飞机74架无法计算。

防空设施遭到极大的破坏，但为尽量保护人民的生命财产，政府不得不投入大量的人力、物力、财力进行防空设施的修建。档案记载，仅1940年到1945年的昆明市防空经费分别为427890.72元、1053480元、2346791元、5816513.31元、32312670.83元、116062278.46元。昆明市的防空设施支出为支出126661328元（1948年1月价）①，全省各地均投入了大量的人力财力物力于防空疏散。据现有资料统计，全省抗战期间防空迁移疏散费折合1937年7月价值为12956176元。

由于空袭灾情严重，政府不得不组织资金进行赈灾。6年多的空袭中，投入大量赈灾的资金，仅保山"五四"被炸，中央和省政府就拨振款25万元，6月军委会又拨40万元赈款，据不完全统计，全省用于被炸后赈济款物等，折合1937年价值为1350748元。

（3）影响了云南社会发展进程

云南所处的地理位置使云南在抗战时期获得了发展的大好机遇。云南修建了滇缅公路、中印公路及一批省、县、乡公路，内迁、新建和扩建了一批工矿企业。但是敌机的轰炸造成滇缅公路、滇越铁路多次中断，昆明、保山、云南驿、沾益、蒙自等机场多次被炸，工矿企业频繁遭轰炸，给中国抗日战争带来了巨大的影响，也极大地影响了云南的经济运行和发展。不仅财政损失严重（见前一小节），而且日军轰炸造成生产力的主要元素——"劳动力"大量伤亡、逃亡他乡，特别是日军投掷霍乱细菌弹，导致霍乱在云南58个县大流行，致使云南人口急剧减少，大量劳动力的丧失，使农村种植业受到有史以来最大的破坏。许多地方连简单再生产也不能维持，云南全省有几百万亩土地荒芜，无数村庄人烟稀少，近乎灭绝。1945年，全省粮食产量还不足本省消费的60%，许多饥民以草籽树皮麸糠苟延残喘，结队乞讨者比比皆是。而被炸伤残的人员，大都因眼睛被炸瞎、脚手被炸断，丧失劳动能力，沦为乞丐，加重了社会的负担，深深地影响云南经济社会的发展。

轰炸云南因时间长，次数多，惨绝人寰，使云南省富庶乡村变成荒原，许多县市繁华城镇成为废墟。保山、昆明、个旧、蒙自等地经多次轰炸，到处是弹坑，满眼断壁残垣，到处是瓦砾，原有的经济社会发展成果被毁坏。如将南方丝绸之路的重要商业中心保山城夷为一片平地，千年财富积累损毁殆尽，保山从此丧失了滇西商业中心的地位。更为严重地是轰炸破坏了云南发展的经济基础，破

---

① 《昆明市负担全省公共防空经费计算表》，1948年4月28日，云南省档案馆馆藏档案，档案号11—7—27—183。《昆明市政府及所管附属机关战时防空费支出计算表》，1948年4月28日，云南省档案馆馆藏档案，档案号11—7—27—184～186。

坏了生产力。云南的许多工厂因轰炸被迫多次停工，有的停工达10余月。以世界闻名的锡都个旧为例，战争期间，国民政府加大对云南生产重要战略物资"锡"的投资，锡的产量呈稳步发展态势。据《云南省经济资料》统计，抗战开始后个旧锡总产量1937年至1940年为9187、10731、10050、9094吨；此后，因日军的轰炸和滇越铁路的中断，生产呈直线下降趋势，1941年至1945年分别为5094、4641、3096、1613、1150吨，1945年到了最低点，仅为1938年的10.7%。1938年生产锡的户数为5000户，人数为10万余人。到1941年降为1852户，25707人，1943年673户2230人。此时，终年不断开炉熔炼的炉子已经根本没有了。时断时续开工生产的炉子不到10座，因此，当时对私矿倒闭的荒凉景象的报道，屡见不鲜。95%以上的厂商宣告破产或停业，伙房、坑道口长满了青草，仅有几千工人也只是为了看守伙房等而留下来①。

（4）导致物价飞速上涨

日机轰炸除了直接的物质损毁和人员伤亡以外，还造成了物价飞速上涨，市民的生活状况恶化。云南物价初次显著上涨，发生在敌机首次轰炸昆明以后，乡下人不敢进城，菜场中的蔬菜和鱼肉随之减少。店家担心存货的安全，于是提高价格以图弥补可能的损失。若干洋货的禁止进口也影响了同类货物以及有连带关系的土货的价格。煤油禁止进口以后，菜油的价格随之提高。菜油涨价，猪油也跟着上涨。猪油一涨，猪肉就急起直追。一样东西涨了，别的东西也跟着涨。物价不断上涨，致使市场上出现了许多囤积居奇的商人。囤积的结果，物价问题变得愈加严重。

（5）精神摧残

相比有形的损失，"疲劳轰炸"对市民的精神摧残同样严重。在昆明，一有警报，别无他法，民众都往郊外跑，叫做"跑警报"。为了"跑警报"，人们饮食无常，席不暇暖，正常的生活作息完全被打乱。躲避空难时，在防空洞里一躲就是2小时，最长达9小时，洞内人多空间狭小，空气浑浊，潮湿难耐。时间一长，再有耐心的人都会烦躁不安。联大学生汪增祺在《跑警报》中写道：昆明警报很多，"我刚到昆明的头二年，1939、1940年，三天两头有警报。有时每天都有，甚至一天有两次。昆明那时几乎谈不上防空力量，日本飞机想什么时候来就来。"西南联大常委、清华大学校长梅贻琦的夫人回忆道：日本飞机来轰炸时，从容飞来，从容飞走，可以说是畅通无阻，如入无人之境。在日本飞机的空

① 李珪主编：《云南近代经济史》，云南民族出版社1995年版，第501页。云南大学历史系、云南历史研究所编：《云南冶金史》，云南人民出版社1980年版，第182页。

袭下，"跑警报"成了昆明市民的"家常便饭"，也成为当时昆明的流行语。有时一天来回跑两三次警报。在日本飞机空袭昆明最频繁期间，昆明市民天天过着朝不保夕的恐惧生活。时时响起的防空警报，使人闻之如惊弓之鸟，成为人们生活中挥之不去的阴影。朱自清曾写道："警报比轰炸多，警报的力量其实还比轰炸大。与其说怕轰炸，不如说怕警报更确切些。轰炸的时间短，人都躲起来，一点儿自由没有，只干等着。警报的时间长，敌机来不来没准儿，人们都跑着，由自己打主意，倒是提心吊胆的。"正如汪增祺指出的"日本人派飞机来轰炸昆明，其实没有什么实际的军事意义，用意不过是吓唬昆明人，施加威胁，使人产生恐惧"①。在日机轰炸昆明期间，昆明共发出预行警报 207 次，空袭警报 173 次，紧急警报 77 次。空袭对和平居民是一种残酷的精神折磨和煎熬，警报声声，人心惶惶，被炸地区的人民无日不在惶恐状态之下，度其奔走劳碌的生活，废时失事，而这种精神的打击，无从计算损失。

总之，日军对云南的大轰炸，极大地伤害了云南人民，搅乱了云南人民的正常生活秩序，造成了云南社会及居民财产的损失，破坏了云南的自然生态环境。日军轰炸造成的不仅是人员伤亡，交通、企业的瘫痪，而且给云南经济社会发展带来了无法估量的损失和巨大的灾难，阻碍了云南经济社会发展的进程，使云南的经济严重倒退。

（作者单位：中共云南省委党史研究室）

---

① 《跑警报》，载《汪增祺文集·散文卷》，江苏文艺出版社 1993 年版。

（四）云南抗战机场的建设及其损失

周朝民

全国抗战爆发后，云南作为战略大后方，是国际援华抗战物资的重要甚至唯一的中转站。1940年日军侵占越南，1942年日军又侵占缅甸，进而侵占我滇西怒江以西的国土，云南又成为抗日最前线。国际援华物资的陆路通道——滇越铁路和滇缅公路先后被切断。

但是，抗战运输生命线一天也不能停止，于是中美又开辟新的空中运输线——"驼峰航线"，继续运输国际援华物资。同时，中国也通过"驼峰航线"运送部队到印度进行训练并组建中国驻印军。此外美国退役军人陈纳德受中国政府委派，于1941年8月组建"中国空军美国志愿队"（俗称"飞虎队"）。为此，云南扩建、新修了大批飞机场。

大批机场的修扩建，不仅直接支持了抗战，而且促进了云南航空业的基础设施建设。有的机场战后乃至现在仍在使用，对云南的经济社会发展发挥了一定的作用。但是，也耗费了大量人力、财力和土地等资源，加上日军对昆明、雷允、保山、云南驿、沾益、蒙自等机场的轰炸，对沦陷区的等高、腾冲等机场的占用、破坏以及国民政府为防备日军进犯被迫对蒙自、保山等机场的破坏，造成了重大的财产损失。这些都给云南人民带来了沉重的负担。

1. 机场建设的基本情况

1930年前，云南已有昆明、蒙自、文山、富宁、泸西、婆兮（华宁）、澄江、昭通、曲靖、寻甸、杨林（嵩明）、马龙、楚雄、大理、保山、祥云、鹤庆、丽江、元谋、永仁、武定、禄丰、思茅、腾冲等机场24个[①]。抗战爆发后，云南军民根据抗战的急需，除了对这些机场中的大部分进行了扩修外，又新修了呈贡、陆良、沾益、羊街（寻甸）、罗平、雷鸟（不详，疑为瑞丽雷武飞行场）、撒马坝（临沧）、大屯（个旧）、南峤（勐海）、广南、会泽、建水、勐定、佛海（勐海）、巍山、雷允（瑞丽）、橄榄坝（景洪）、龙陵、镇康、江水池（不详）、宾川、弥渡、芒市、开远、下关、干海子（昆明）、景洪、路南（石林）、

---

① 云南省地方志编纂委员会编：《云南省志·交通志》，云南人民出版社2001年版，第668页。

嵩明等 28 个机场①。抗战期间，云南扩建和新修机场共达 52 处。此外根据有关记载，在临沧的德党镇、云县的瓶罐窑、凤庆县的营盘镇也建了机场②。这样，抗战期间，云南新建机场为 31 个，加上扩建的老机场则共达 55 个。

在扩修和新建的机场中，有属于大、中型空军基地的昆明、昭通、云南驿、陆良、沾益等机场，也有属于小型机场和前进基地的芒市、嵩明、楚雄等机场，还有部分简易机场或飞机跑道③。从 1938 年初到 1945 年上半年日本战败投降前夕的近八年中，有史料明确记载的新修和扩修的机场有 39 个，其简要情况详见附表一。其余 16 个机场，仅在有关资料中记载了机场的名称，而机场的具体位置、规模、修扩建时间以及使用等情况都未查到史料记载。

2. 机场建设的主要特点

抗战时期云南的机场建设，是在抗日战争全面爆发，举国抗战、共赴国难的艰难时期，根据作战需要，组织民众进行突击修建的应急工程。工程建设呈现出 4 个明显的特点：

（1）分布范围广。抗战期间云南先后新建和扩建的机场（含简易机场、飞机跑道），是根据战时需要逐步选点建设、不断完善布局的，其中滇中地区有昆明、呈贡、羊街、沾益、嵩明、杨林、陆良、罗平、楚雄等机场；滇东北有昭通机场；滇南有泸西、蒙自、广南、思茅、南峤等机场；滇西有云南驿、保山、腾冲、芒市、丽江等机场，覆盖了云南省的重要地域和战略要点，适应和满足了抗战期间空战和空运的急需。新建和扩建的机场中，昆明、云南驿、保山等机场先后三次扩修，呈贡、泸西、罗平、蒙自、腾冲等机场先后两次扩修。在短短的七年多时间里，进行如此集中的机场建设，再加上大批公路、铁路建设，造成云南土地资源和人力财力的极度紧缺。

（2）建设工期短。各机场的新建和扩建都是时间紧急，工期很短。1943 年 6 月下旬，昆明、羊街、呈贡、沾益、云南驿机场奉令扩修，要求月底完成，仅 10 几天时间，"工艰期迫，刻不容缓"。泸西机场 1938 年 1 月 10 日开工，20 日即完工，工期仅 10 天。德党简易机场 5 昼夜即告完成。广南机场新修工程，从

① 云南省地方志编纂委员会编：《云南省志·交通志》，云南人民出版社 2001 年版，第 669—670 页。

② 临沧地方史编纂委员会，李明三、刘世胤：《临沧地区志》中，北京燕山出版社 2004 年版，第 307 页。

③ 云南省地方志编纂委员会编：《云南省志·政府志》，云南人民出版社 2001 年版，第 216—217 页。

1938 年 4 月 24 日开工，次年 2 月 18 日竣工，不到一年时间。罗平机场 1945 年初重修时，美驻华空军司令员陈纳德要求云南省政府主席龙云"尽速征集工人 2 万，60 天内完成"。其他机场均在 2 个月至 1 年内完成。其中，云南驿机场从 1938 年初开工到 1939 年 9 月完工，虽然用了近两年时间，但其间曾两次扩大工程计划，并增修了白屯机场。由于时间紧、工期短，只有大量征集民工加班加点、"昼夜兴工"。广大民工在国难当头的危急时刻，为了抗战的胜利，不怕艰辛和疲劳，不怕流血牺牲，忍饥挨饿，奋力抢修，保证了机场如期竣工，投入使用。

（3）政府投资少。由于战时经济十分困难，政府对机场建设的投入十分有限。不论是征地费用还是民工补贴都是压了又压、减了又减。1943 年 6 月，云南省建设厅、公路管理局对昆明飞机场扩充购地，会同工程处、昆明县县长高直青及有关的杨方凹、白得邑两村绅民代表等开会商讨，并于 1943 年 7 月 8 日云南省政府秘交字第 2055 号指令建设厅、公路局准予照办的征地办法规定：收用土地应根据清丈执照按其等则分为甲乙丙 3 等，甲等每亩给价 20000 元，乙等 16000 元，丙等 10000 元，青苗每亩给价 3000 元，坟地迁移费石坟每冢 2000 元，土坟每冢 1500 元①。上等地每亩 20000 元，折合 1937 年 7 月的法币币值仅为每亩 119.09 元。楚雄机场 1939 年 8 月征用土地每亩法币 23 元，折为 1937 年 7 月的法币币值仅为 10.6 元。沾益机场 1938 年 9 月征用土地每亩法币 15 元，折为 1937 年 7 月的法币币值仅为 11.28 元。而据《云南省志·土地志》记载，1934 年昆明中则田就达每亩 100 元；1937 年至 1943 年，每亩田大理树楼乡 3607 元，玉溪普舍镇 2659 元，曲靖 1490 元；祥云祥城镇 2805 元②。如果以 1937 年至 1943 年的折中时间 1940 年 6 月物价指数折算，相当于 1937 年 7 月每亩分别为 774.03 元、570.6 元、319.74 元和 601.93 元。可见，当时政府征购民田民地的价格远远低于市价。征用的大量民工，也仅发给一点生活补贴。1938 年前后修机场的民工补贴每工发法币 0.1 至 0.3 元。其中，楚雄、云南驿、沾益机场为每工 0.15 元；广南机场每工 0.1 元；泸西机场为每工 0.3 元。而 1937 年 7 月云南大部分地区每公斤大米为法币 0.12 元。即民工苦干一天得到的补贴仅能买约 1 公斤大米。不仅定价很低，而且对工程预算核减很严格。昭通机场共征用民工 213452 个工，征用民地 1087.5 亩，预算经费法币 87669 元；后工程处工程师刘

---

① 《云南省建设厅、公路管理局呈复奉令商定扩充昆明飞机场工程收用土地及给价办法》，1943 年 6 月 23 日，云南省档案馆馆藏档案，档案号 106—3—1549—65 ~ 68。

② 云南省地方志编纂委员会编：《云南省志·土地志》，云南人民出版社 1997 年版，第 124 页。

俊峰到昭通实地勘测后，核减为 45300.95 元。楚雄机场共预算法币 64000 元，只发了 53000 元。

（4）民众负担重。政府对机场建设不仅投入少，而且往往不能按时付款。处在物价飞涨的时期，延期支付民工工资和土地征用费进一步增加了人民负担。如昭通机场 1938 年 10 月即竣工，经费拖到 1940 年才付了 25000 元。1940 年昭通县政府的报告中说：是时，每国币（即法币）1 元，合镍币 5 元（昭通市面以镍币为本位），现刻每国币 1 元，只合镍币 1.6 元，无形中又减少三分之二，故办理极困难，除奉发国币 25000 元，以一部分暂发民工津贴，以一部分预发田地价值外，其余 20300.95 元，应请赶日补发，以济急需，而资结束①。其他机场的情形大多如此。由于政府投入很少，给农民的补偿经费又不能如期、足额兑现，使失地农民进一步处于艰难困苦之中。1942 年 8 月，《昆明县政府请照原定数额发放空军军官学校征用土桥村耕地地价呈》中说："此次空军军官学校建筑特种营房征用土地，……当日会同议价亦蒙斟酌至再，劝谕交加，民等恪遵国家兴亡，匹夫有责之明训，对于地价不敢多求，经一致议决，并分别呈奉行营，省府建设厅核准各在案……今乃事隔经年，地价分文未给，……币制低落，物价激涨无已，照原议地价发给，仅合市价五分之一，村民等自耕地被占后，地价未蒙发给，衣食断绝，老弱死于沟壑，壮者逼走他方，所余人户，离死不远，……村民等自抗战以后，因修筑机场，建盖营房油库，举凡建设民等已尽国民之天职，忍痛牺牲，此次若不维持原案，对于政府之威信尽失，殊违中央体恤民艰之德意，为此一致呼吁，恳请钧长俯念民艰，迅予转呈省府、行营主持公道，仍照原案，所定地价，早日发给，俾民等多活一命，则抗战多加一分力量。"② 1943 年 8 月《云南省建设厅转呈沾益县为照现价补发扩修机场及交通路线征用田地价款呈》也说："沾益地瘠民贫，务农为本，在昔之国防工作已多勉力支持，及二十九年之扩修机场及交通路等计被征用沿河良田约四百九十亩，熟地约一千零数亩，铲除成熟之禾苗，拆毁栖身之庐舍，凄风苦雨谁怜之，子无家，啼饥号寒，熟念流亡载道，甚至有壮丁在抗战前方，仅遗孤儿寡妇，一旦田地被征，生机断绝，情形尤为惨痛，早应呈请发价免赋。"③

① 《昭通县政府为呈飞机场测绘情形恳祈核转事案》，1939 年 8 月 10 日，云南省档案馆馆藏档案，档案号 9—1—237—312～313。

② 《昆明县政府请照原定数额发放空军军官学校征用土桥村耕地地价呈》，1942 年 8 月 8 日，云南省档案馆馆藏档案，档案号 106—3—1548—172～177。

③ 《云南省建设厅转呈沾益县为照现价补发扩修机场及交通路线征用田地价款呈》，1943 年 8 月 7 日，云南省档案馆馆藏档案，档案号 106—3—1551—4～6。

在征地过程中，地方官员贪污克扣应发给群众的经费的情况也时有发生。如1946年9月26日、1947年2月21日，云南省政府两次发文督办的昆明县政府秘书兼财政科长李铭等舞弊昆明机场征地费一案，揭露了李铭伙同县政府科员曹美、云卫乡保长吴铨、周明光上下串通，克扣侵吞征地费数百万元年余未能认真查处的恶行①。

上述情况说明，抗战时期云南的机场，是云南各族人民用血汗堆出来的。抗战时期云南的机场建设和公路、铁路等其他建设一样，既为抗战胜利发挥了重要作用，也耗费了大量人力、财力资源，尤其是多数机场属于因战争需要而临时修建的应急工程，其中嵩明、杨林、泸西、广南、罗平、腾冲、芒市、思茅、南峤等机场战后即停用，丽江、巍山、宾川、会泽、云县、德党、营盘、勐撒等机场修建后基本没有使用，这又导致了资源的极大浪费，造成了重大经济损失。

3. 机场建设消耗的人力、 财力及土地资源

抗战时期的云南机场建设在人力、物力、财力和土地资源等方面造成巨大消耗，给云南各族人民带来沉重负担。从查到的档案、文献资料看，记载确凿的消耗主要包括以下几个方面：

（1）土地资源耗费。明确记载征用、占用土地的有34个机场，但记载都不完整（云县、佛海、勐腊、麻栗坡机场和马关飞机跑道等5个机场占用土地面积没有查到明确的记载）。抗战中修建的云县、佛海、勐腊、麻栗坡、马关等5个机场及抗战前修建的18个机场无土地记载，笔者以简易机场计算，每个占地按60亩计，共1380亩。共征用（占用）水田6073.969亩，旱地54266.595亩，园地700亩，宅基地6.2亩，坟地97.8亩。按照1937年前后云南田地转让价格和产量的一般情况，园地、宅基地、坟地按征用每亩法币150元计算，耗费法币折为1937年7月价值120600元②；水田、旱地按1937年前后云南一般农田产量计算占用年限的粮食损失，按水田每亩年产值24.05元，旱地每亩年产值14.53

① 《云南省政府为查办扩修昆明机场征地补偿费等舞弊案令》，1946年9月26日—1947年2月21日，云南省档案馆馆藏档案，档案号62—8—86—252～257。《云南省政府关于补发扩修昆明机场征地补偿令》，1947年2月21日，云南省档案馆馆藏档案，档案号62—8—86—286～289。

② 云南省地方志编纂委员会编：《云南省志·土地志》，云南人民出版社1997年版，第124页。

元计算①，耗费价值折为 1937 年 7 月法币 3893182.61 元。共计法币 4110280 元。详见附表二。

（2）人力资源耗费。各机场新修和扩修工程，主要是征用机场所在县和邻县民工完成的。从有人力资源消耗资料记载的 23 个机场统计，昆明机场无人工记载，按云南驿机场计算，其余的 15 个机场按营盘机场的一半人工计算②，计用工 9517270 工，修机场用工 29213245 个工。按照 1937 年前后每工工资法币 0.36 元计算③，耗费人力资源费法币 10516768 元。详见附表三。

（3）房屋、坟墓搬迁补偿费。机场建设搬迁的民房、坟墓，国民政府给予了一定的经费补偿。据有记载的机场统计：芒市、广南、沾益、保山等 5 个机场共搬迁民房 975 间合 857.168 英方，付迁移费法币 109994.83 元（1937 年 7 月币值）；昆明、泸西、云南驿、广南、嵩明、保山、蒙自等 7 个机场搬迁坟墓 1246 冢，补偿法币 9259.59 元（1937 年 7 月币值）。合计开支法币 119254 元。详见附表四。

（4）其他支出。各机场建设中，除支付上述三个方面的大项经费开支外，还有一些其他开支，但在档案文献资料中查到的数量不多。计有 1938 年 8 月修泸西机场办公及杂费 410.5 元，按当年 10 月物价指数折为 1937 年 7 月法币为 299.64 元④；1938 年 4 月修广南机场开支工具费法币 2400 元，撤迁费 757 元，按当年 9 月物价指数折算为 1937 年 7 月法币为 2373.68 元⑤；1938 年 9 月修沾益机场开支桥梁涵洞工程费法币 1800 元，石碾购置费法币 150 元，公务人员津贴费及办公费法币 1200 元，零星购置及消耗费法币 400 元，共 3550 元，按 1939

---

① 田，按云南省志编纂委员会办公室编纂的《续云南通志长编》下册（1985 年印）第 251 页记载，稻谷每季 276.28 斤，每年两季，百分之七十五的出米率，每斤米 0.06 元，年收成折算为 1937 年 7 月价 24.05 元；旱地按玉米（每季每亩 149.83 斤，每斤 0.0585 元）、荞麦（每亩 141.1 斤，荞麦按 1.1∶1 折为稻谷，见 1944 年 6 月 23 日《云南省粮政局请准罗茨县就地收军粮代电》，云南省档案馆馆藏档案，档案号 106—1—2571—21～22）两季计算，每亩每年收成折算为 14.53 元。

② 因营盘机场面积为 120 亩，课题组推算简易机场占地为 60 亩，故按营盘机场投工的一半计算。

③ 根据 1938 年 11 月 27 日《腾冲县政府为新机场估算书呈》（云南省档案馆馆藏档案，档案号 9—6—241—26～28），每工约需 5 角钱，折算为 1937 年 7 月价为 0.3597 元，以 0.36 计。

④ 《近卫第二团团长石崧龄代呈》，1938 年 2 月 1 日，云南省档案馆馆藏档案，档案号 9—6—271—138～139。《泸西县政府造报飞机场征用县属第一区南华镇耕地统计册图请祈分别函转航空委员会核发地价及转饬财政厅照章免完耕税并祈示呈》，1938 年 5 月 31 日，云南省档案馆馆藏档案，档案号 9—6—271—156～158。

⑤ 《云南省广南县民国二十七年扩修东外飞机场征用民工及工作进度简明表》，1939 年 9 月 10 日，云南省档案馆馆藏档案，档案号 9—6—283—16～17、25。

年 1 月物价指数折为 1937 年法币币值为 2246.84 元①；1938 年 9 月修蒙自机场开支测量监工费 2900 元，折为 1937 年 7 月法币 2248.06 元②；1939 年昭通机场开支新币 3559000 元补修完善，折为 1937 年 7 月法币为 747689.08 元③；1942 年 11 月修营盘机场派两个乡镇食米 6094 斤，按每斤 0.06 元计算为法币 365.64 元，盐菜费法币 127675 元，折为 1937 年 7 月法币币值为 2151.95 元；1943 年 9 月昆明县扩充巫家坝机场，征用上首蓿、阿角村、白得邑、晓东村、主桥村、和甸营、元宝村、大羊方凹、大麻苴等村民耕地及青苗损失，迁移坟墓，共发地价坟墓迁移费、青苗损失费共计法币 14378758 元，④ 折为 1937 年 7 月法币 71922.56 元等；1944 年修云县机场派凤庆县食米、盐菜费法币 800000 元，按 1944 年 9 月物价指数折为 1937 年 7 月法币币值为 1343.09 元⑤；1945 年嵩明机场修建中被群众殴毙的杨天理县长抚恤费法币 6000000 元，补偿嘉丽泽水利工程处费用法币 2540000 元，共 8540000 元，按 1945 年 6 月物价指数折为 1937 年 7 月法币币值为 3843.35 元⑥。合计法币 834484 元。

上述各项耗费总计折合 1937 年 7 月法币币值为 15580786 元。

实际上，修建机场的消耗远比资料记载的多得多。一是由于年代久远、资料缺失，多数机场都未查到完整的资料，现在统计的财物消耗只是实际消耗的一部分。比如有的机场只记载了征用民工的情况，有的机场只记载了征用土地的情况，有的机场只记载补发尾款的情况，没有一个机场查到完整的修建、扩建经费决算书。二是由于处在举国抗战的危难时期，征用民地、民工、搬迁房屋、坟墓等价格压得很低，与正常的市场价相差甚远，资料记载的经费开支不能准确反映实际耗费。三是所有机场都未查到地面附属建筑物如办公室、指挥控制设施设备等的经费开支资料，而这部分开支在整个机场建设中所占比重是很大的。四是对

① 《沾益县政府请转航空委员会发放机场征地及工资遗漏款项呈》，1939 年 5 月 7 日，云南省档案馆馆藏档案，档案号 9—6—220—186 ~ 189。《中央航空学校为沾益机场工程余款发放事公函》，1939 年 5 月 31 日，云南省档案馆馆藏档案，档案号 9—6—220—128 ~ 129。

② 《蒙自县政府关于扩修机场进度电》，1938 年 9 月，云南省档案馆馆藏档案，档案号 9—6—232—271 ~ 277。

③ 昭通市志编纂委员会：《昭通军用机场扩建情况》，载昭通市志编纂委员会编：《昭通市志》，云南人民出版社 2000 年版，第 292 页。

④ 《昆明县政府请函催发扩修巫家坝机场等工程尾款呈》，1943 年 9 月 3 日，云南省档案馆馆藏档案，档案号 106—3—1551—103 ~ 108。

⑤ 《营盘机场征地预算书及修机场民工数、支出食费等》，1944 年，凤庆县档案馆，顺宁县建设科 1944 年档案 144—1—170 ~ 176。

⑥ 《省建设厅召开商讨处理嵩明盖山机场停建善后事宜会议记录》，1945 年 6 月，云南省档案馆馆藏档案，档案号 62—8—44—238 ~ 240。《杨林盖山机场征地办事处兼主任马运昇呈》，1945 年 7 月 23 日，云南省档案馆馆藏档案，档案号 62—8—44—238 ~ 242。

征用、占用土地后的税收损失只查到泸西机场有零星记录；而对抗战胜利后停止使用的机场，其恢复生产的费用则无从计算。

4. 日军对云南机场轰炸、破坏造成的损失

云南机场由于在抗战中所处的地位和作用极为重要，一直被日军视为眼中钉，列为打击破坏的重要战略目标。根据掌握的史料记载，从 1939 年 10 月到 1944 年 3 月，日军先后出动飞机 21 次、497 架次对昆明、雷允、保山、云南驿、沾益、蒙自等 6 个机场进行狂轰滥炸，致使这些机场遭到严重破坏。共被炸死军民 4888 人（其中国民政府军人 30 人，美军 7 人），炸伤 14572 人（其中美军 5 人）；国民政府开支抚恤、安葬等经费法币 8423.82 元（1937 年 7 月价值）。被炸毁飞机 62 架，房屋 431 间；卡车 3 辆；军马 2 匹以及跑道、厂房、机房、汽油等其他一些重要的物资和设施设备。详见附表五。

同时，1942 年 5 月日军入侵我滇西后，占用我等高、腾冲等机场；并于 1943 年强征大量民工对等高机场进行扩修，强迫芒市芒转寨 7 户人家全部搬走，派民工挖修长达数公里的地下长廊，运输土木、砍柴挖竹，部分村民致残致伤[1]。1944 年日军败退时，又将占领区的机场破坏殆尽，造成了严重损失。

此外，国民政府为防日军入侵后利用蒙自机场，在日军占领越南后的 1940 年 9 月 12 日，令蒙自县政府征集民工 10433 名，挖土方 13408 立方，补助民工法币 6502.48 元，将蒙自飞机场破坏[2]；1942 年 7 月，保山县政府奉命征调民工 5000 余人组成破路队，用 100000 工日破坏 707 至惠通桥滇缅公路和保山飞机场[3]。以上损失巨大，但很难精确计算。

附表一：1938 年初到 1945 年有史料记载新修扩修的 39 个机场简表

机场名称	机场位置	机场类别	新建时间	扩修时间
昆明机场	昆明市城东南巫家坝	大型机场		1938—1945 年多次扩修
呈贡机场	昆明市呈贡县城南	中型机场	1942.8	1943；1944.5
楚雄机场	楚雄彝族自治州楚雄市	小型机场	1938.3	

---

① 政协潞西文史委：《潞西县文史资料选辑》第 2 辑，德宏民族出版社 1991 年版，第 164 页。
② 蒙自县志编纂委员会编：《蒙自县志》，中华书局 1995 年版，第 489 页。
③ 保山市志编纂委员会编：《保山市志》，云南民族出版社 1993 年版，第 552 页。

机场名称	机场位置	机场类别	新建时间	扩修时间
泸西机场	红河哈尼族彝族自治州泸西县	小型机场	1929	1938.1；1938.10
云南驿机场	大理白族自治州祥云县云南驿	大型机场		1938.1；1938.11
芒市机场	德宏傣族景颇族自治州潞西市	小型机场	1938.11	
昭通机场	昭通市朝阳区	中型机场		1938.13；1939
广南机场	文山壮族苗族自治州广南县	小型机场		1938年两次扩修
罗平机场	曲靖市罗平县	小型机场	1938.4	1945.1
陆良机场	曲靖市陆良县	中型机场	1944	
沾益机场	曲靖市沾益县	中型机场	1938.9	1941
杨林机场	昆明市嵩明县杨林镇	小型机场		1938
嵩明机场	昆明市嵩明县盖山	小型机场	1945.春	
蒙自机场	红河哈尼族彝族自治州蒙自县	中型机场		1938.8；1939.春；1945
腾冲机场	保山市腾冲县水田坝	小型机场		1939.4；1945
保山机场	保山市隆阳区	中型机场		1938.5；1940.7；1942.2；1944.8
会泽机场	曲靖市会泽县华泥乡鸡咀坪	预备机场	1939	
巍山机场	大理白族自治州巍山彝族回族自治县	预备机场	1940.12	
宾川机场	大理白族自治州宾川县	预备机场	1940.12	
丽江机场	丽江市玉龙县	小型机场	1933	1940
瓦仓机场	大理白族自治州弥渡县	临时机场	1942	
思茅机场	普洱市思茅区	小型机场	1941	1943.9
南峤机场	西双版纳傣族自治州勐海县	空军前进着陆场	1943.10	
营盘机场	临沧市凤庆县	小型机场	1942.11	
德党机场	临沧市永德县	简易机场	1943.5	
撒马坝机场	临沧市镇康县	简易机场	1943.6	
云县机场	临沧市云县	简易机场	1944	
羊街机场	昆明市寻甸县	盟军重型轰炸机基地	1943.6	

机场名称	机场位置	机场类别	新建时间	扩修时间
开远机场	红河哈尼族彝族自治州开远市	简易机场	1940	
禄丰机场	楚雄彝族自治州禄丰县	简易机场	1938	
龙陵机场	保山市龙陵县	简易机场	1944.7	
古永飞机投掷场	保山市腾冲县古永乡	投掷场	1944.8	
佛海机场	西双版纳傣族自治州勐海县	小型机场	1942	
勐腊机场	西双版纳傣族自治州勐腊县	简易机场	1942	
雷武飞行场	德宏傣族景颇族自治州瑞丽市	飞行场	1939.春	
等高机场	德宏傣族景颇族自治州潞西市	小型机场	1939	
寻甸机场	昆明市寻甸县	小型机场	1945	
麻栗坡机场	文山苗族自治州麻栗坡县	简易机场	1945	
马关飞机跑道	文山苗族自治州马关县	飞机跑道	1945	

附表二：云南抗战机场建设征用、占用土地及其损失统计表

机场名称	修建时间	水田（亩）	旱地（亩）	园地（亩）	林地（亩）	宅基地（亩）	坟地（亩）	价值（1937年法币元）	粮食损失年限（年）	备注
昆明机场	1938		25					2906	8	①
	1942	45.02	20					5493.32	4	②
	1944.7		260.91					5686.53	1.5	③

---

① 《航空委员会空军第四总站恳饬办理收买土地登记等事并恳准先行兴工呈》，1938年8月11日，云南省档案馆馆藏档案，档案号106—3—77—78。

② 《云南省建设厅请示空军军官学校在干海子征地修筑机场工程及发价处理办法呈》，1942年1月9日，云南省档案馆馆藏档案，档案号106—3—1548—12～14。《云南省政府关于空军军官学校征地修筑机场事项指令》，1942年1月13日，云南省档案馆馆藏档案，档案号106—3—1548—10。《据呈报北得邑公田被空军学校占用请检发执照并派员领款情鉴核备案》，1942年2月3日，云南省档案馆馆藏档案，档案号106—3—1548—12～14。《云南省建设厅拟准空军军官学校建筑推机道路征用民地呈》，1942年2月21日，云南省档案馆馆藏档案，档案号106—3—1548—74～76。

③ 《昆明县政府奉令代三十五工程处征用和甸营村发给各业主房屋拆迁费清册》，1945年6月29日，云南省档案馆馆藏档案，档案号106—5—2095—50～96。

机场名称	修建时间	水田（亩）	旱地（亩）	园地（亩）	林地（亩）	宅基地（亩）	坟地（亩）	价值（1937年法币元）	粮食损失年限（年）	备注
呈贡机场	1942		4240.14					246436.94	4	①
楚雄机场	1939.8	60	840					88713.3	6.5	②
泸西机场	1938.1		434.07					50456.3	8	③
	1938.10		815					88814.63	7.5	④
祥云云南驿机场	1938.1~12		5675.57					618495.24	7.5	⑤
潞西芒市机场	1938.3	232	170					64397.6	8	⑥
昭通机场	1938.3		1087.5					126411	8	⑦

① 云南省地方志编纂委员会编：《云南省志·政府志》，云南人民出版社2001年版，第217页。《思茅等二十二县境内历年因公征用田地亩积及发价情形简明表》，1945年10月29日，云南省档案馆馆藏档案，档案号62—8—92—245。

② 《楚雄县长邱天培扩修飞机场征用人民田地亩积及预算地价呈》，1938年4月，云南省档案馆馆藏档案，档案号9—6—267—40~42。

③ 《近卫第二团团长石崧龄代呈》，1938年2月1日，云南省档案馆馆藏档案，档案号9—6—271—138~139。《泸西县政府造报飞机场征用县属第一区南华镇耕地统计册图请祈分别函转航空委员会核发地价及转饬财政厅照章免完耕税并祈示呈》，1938年5月31日，云南省档案馆馆藏档案，档案号9—6—271—156~158。

④ 《泸西县政府造报修筑玉林坡机场工程经费预算书》，1938年10月13日，云南省档案馆馆藏档案，档案号9—6—272—36~38。

⑤ 《思茅等二十二县境内历年因公征用田地亩积及发价情形简明表》，1945年10月29日，云南省档案馆馆藏档案，档案号62—8—92—245。

⑥ 《潞西第一区区长克光呈》，1938年3月18日，云南省档案馆馆藏档案，档案号9—6—271—81~82。《修筑芒市机场地价及撤迁费预算表》，1938年3月18日，云南省档案馆馆藏档案，档案号9—6—271—52~54。潞西县志编纂委员会编：《潞西县志》，云南教育出版社1993年版，第314页。《为汇拨芒市机场地价及房屋拆迁费请查照转发县领》，1941年7月12日，云南省档案馆馆藏档案，档案号106—3—16—17。

⑦ 《昭通县政府关于核发占地费呈》，1938年3月15日，云南省档案馆馆藏档案，档案号9—1—237—36~37。《昭通县查报修筑机场人数呈》，1939年5月31日，云南省档案馆馆藏档案，档案号9—1—237—154~155。《滇黔绥靖公署电》，1938年3月26日，云南省档案馆馆藏档案，档案号9—1—237—39~40。《令昭通县转饬毛大华等查照办理费请加发征地价案各情》，1941年3月20日，云南省档案馆馆藏档案，档案号9—1—237—427~428。昭通市志编纂委员会编：《昭通市志》，云南人民出版社2000年版，第292页。

机场名称	修建时间	水田(亩)	旱地(亩)	园地(亩)	林地(亩)	宅基地(亩)	坟地(亩)	价值(1937年法币元)	粮食损失年限(年)	备注
广南机场	1938.4		1220			6.2	16.4	145202.8	8	①
罗平机场	1945.1		6416					93224.48	1	②
陆良机场	1945.7		9000.21					65386.49	0.5	③
沾益机场	1938.9	525.11	1971.02					309508.62	7.5	④
	1941	1108.22						133263.46	5	⑤
嵩明杨林机场	1938		2238.06					260152.09	8	⑥
嵩明机场	1945.春		90					1307.7	1	⑦
蒙自机场	1938.8		1500					163462.5	7.5	⑧
	1945.3		976.25					14184.91	1	⑨

① 《云南省广南县民国二十七年扩修东外飞机场征用民工及工作进度简明表》，1939年9月10日，云南省档案馆馆藏档案，档案号9—6—283—16～17。《广南机场修筑各项津贴表、填挖数量表、拆迁费、工价表等各类表格》，1940年7月20日，云南省档案馆馆藏档案，档案号9—6—283—25。《云南省广南县扩修东外飞机场征用人民田地及应发地价数目表》，1940年7月20日，云南省档案馆馆藏档案，档案号9—6—283—44～45。《云南省广南县新修东外飞机场拆迁人民房屋及应需地价数目册》，1940年7月20日，云南省档案馆馆藏档案，档案号9—6—283—46～48。《云南省广南县新修东外飞机场迁移民间坟墓应给地价数目册》，1940年7月20日，云南省档案馆馆藏档案，档案号9—6—283—49～56。

② 《工人完成罗平飞机场由》，1945年3月，云南省档案馆馆藏档案，档案号106—1—2483—135。《罗平旧机场划定军事管理区说明报告》，罗平县人民武装部文件，人武字（1991）第030。

③ 《云南省政府为转函第十二工程处迅予拨交陆良县历次机场征地地价致地政局训令》，1945年9月15日，云南省档案馆馆藏档案，档案号62—8—54—215～216。

④ 《沾益县电滇黔绥靖公署机场估价核减各情事》，1938年9月3日，云南省档案馆馆藏档案，档案号9—1—234—143～147。《沾益县政府请转航空委员会发放机场征地及工资遗漏款项呈》，1939年5月7日，云南省档案馆馆藏档案，档案号9—6—220—186～189。《中央航空学校为沾益机场工程余款发放事公函》，1939年5月31日，云南省档案馆馆藏档案，档案号9—6—220—128～129。

⑤ 《为请求准予分头请发征用田地一案由》，1947年10月8日，云南省档案馆馆藏档案，档案号62—8—86—193～195。

⑥ 《思茅等二十二县境内历年因公征用田亩积及发价情形简明表》，1945年10月29日，云南省档案馆馆藏档案，档案号62—8—92—245。

⑦ 《杨林盖山机场征地办事处兼主任马运昇呈》，1945年6月，云南省档案馆馆藏档案，档案号62—8—44—238～242。

⑧ 《军委会第四十四工程处为扩建蒙自机场征地事致函云南省地政局》，1945年3月12日，云南省档案馆馆藏档案，档案号62—8—56—1。

⑨ 《蒙自县政府查报扩修蒙自机场地亩清册呈》，1945年7月25日，云南省档案馆馆藏档案，档案号62—8—56—59～60。《蒙自县政府关于草坝机场征地地价及青苗补偿等费造具清册呈》，1945年12月16日，云南省档案馆馆藏档案，档案号62—8—66—215～216。

机场名称	修建时间	水田（亩）	旱地（亩）	园地（亩）	林地（亩）	宅基地（亩）	坟地（亩）	价值（1937年法币元）	粮食损失年限（年）	备注
腾冲机场	1939.4	1016						171043.6	7	①
	1945	820.93	820.93	700				136671.48	1	②
保山机场	1938.5	842.5					81.4	174307	8	③
	1942.2	600						57720	4	
	1944.8	301.73						10884.91	1.5	④
会泽机场	1939		1340.7					146102.78	7	⑤
巍山机场	1940.12		587.1					42652.82	5	⑥
宾川机场	1940.12		1651.6					119988.74	5	⑦
丽江机场	1933		500					61752.5	8.5	⑧
	1940.12		600					43590	5	⑨
弥渡县瓦仓机场	1942		225.2					13088.62	4	⑩
思茅机场	1941	141.059	171.91					29451.6	5	⑪

---

① 吕文超主编：《腾冲县志》，中华书局1995年版，第28、342页。
② 《为腾冲县飞机场新旧征地亩积共有若干等因一案令云南省地政局知照》，1945年11月24日，云南省档案馆馆藏档案，档案号62—8—91—20～21。
③ 《保山县呈报机场竣工函及相关表册》，1939年9月6日，云南省档案馆馆藏档案，档案号9—6—269—112；《保山县请发修筑机场征用地价及青苗损失等费呈》，1939年8月23日，云南省档案馆馆藏档案，档案号9—6—269—108。
④ 《保山县政府呈报扩修保山机场征地民地议价情形由》，1945年6月18日，云南省档案馆馆藏档案，档案号62—8—54—273～274。《空军第五路司令晏玉琮请饬保山政府速派工赶办保山机场工程函》，1944年8月28日，云南省档案馆馆藏档案，档案号106—1—2483—101。
⑤ 会泽县志编纂委员会编纂：《会泽县志》，云南人民出版社1993年版，第410页。
⑥ 大理白族自治地方志编纂委员会编纂：《大理白族自治州志》卷一，云南人民出版社1998年版，第35页。
⑦ 宾川县志编纂委员会编纂：《宾川县志》，云南人民出版社1997年版，第724页。
⑧ 丽江地区地方志编纂委员会编纂：《丽江地区志》下卷，云南民族出版社2000年版，第677页。
⑨ 丽江地区地方志编纂委员会编纂：《丽江地区志》下卷，云南民族出版社2000年版，第677页。
⑩ 大理白族自治州地方志编纂委员会编纂：《大理白族自治州志》卷一，云南人民出版社1998年版，第36页。
⑪ 《思茅等二十二县境内历年因公征用田地亩积及发价情形简明表》，1945年10月29日，云南省档案馆馆藏档案，档案号62—8—92—322。

机场名称	修建时间	水田（亩）	旱地（亩）	园地（亩）	林地（亩）	宅基地（亩）	坟地（亩）	价值（1937年法币元）	粮食损失年限（年）	备注
勐海县南峤机场	1943.10		225.2					8180.39	2.5	①
凤庆县营盘机场	1944.4		120					3487.2	2	②
永德县德党机场	1943.5		63					2746.17	3	③
镇康县撒马坝机场	1943.6		306.31					11126.71	2.5	④
寻甸羊街机场	1943.6		3189.76					115868.03	2.5	⑤
开远机场	1940		33					2876.94	6	⑥
禄丰机场	1938		371					43125.04	8	⑦
龙陵机场	1944.3		41.6					1208.9	2	⑧
腾冲古永飞机投掷场	1944.8	151.4						5461.76	1.5	⑨
瑞丽雷武飞行场	1939		376.56					38299.92	7	⑩

---

① 勐海县地方志编纂委员会编纂：《勐海县志》，云南人民出版社1997年版，第321页。

② 《营盘机场征地预莫书及修机场民工数、支出食费等》，1944年，凤庆县档案馆，顺宁县建设科1944年档案144—1—170～176。

③ 鲁成旺：《永德县志》，云南人民出版社1994年版，第16页。

④ 中共临沧地委党史研究室编：《临沧地区抗日战争史料专辑》，1995年印，第26—27页。《耿马县勐撒镇芒枕村金国良老人的回忆》，原件存中共耿马县委党史研究室。

⑤ 《思茅等二十二县境内历年因公征用田地亩积及发价情形简明表》，1945年10月29日，云南省档案馆馆藏档案，档案号62—8—92—245。

⑥ 开远市志编纂委员会编纂：《开远市志》，云南人民出版社1996年版，第11页。

⑦ 《禄丰县奉令扩修时军用机场》，禄丰县档案馆馆藏档案，档案号M1—2—259。

⑧ 保山地区行政公署交通局编：《保山地区交通志》，云南民族出版社2001年版，第372—374页。

⑨ 同上。

⑩ 政协瑞丽市委员会：《瑞丽市文史资料选辑》第1辑，1994年印，第88—102页。占地面积根据《中央雷允飞机制造厂全貌》图比例计算。

机场名称	修建时间	水田（亩）	旱地（亩）	园地（亩）	林地（亩）	宅基地（亩）	坟地（亩）	价值（1937年法币元）	粮食损失年限（年）	备注
潞西市等高机场	1939		2415					245629.65	7	①
寻甸机场	1945		3098					45013.94	1	②
佛海机场	1942	10	10		40			3122	4	
勐腊机场	1942	10	10		40			3122	4	
云县机场	1944	10	10		40			2350.4	2	
麻栗坡机场	1945	10	10		40			1964.6	1	
马关机场	1945	10	10		40			1964.6	1	
抗战前18个机场		180	180		720			83973.6	8	
合计		6073.969	53346.595	700	720	6.2	97.8	4110279.81		

附表三：云南抗战机场建设征用民工及人力资源消耗统计表

机场名	修建时间	征用工日（个）	按每工0.36元计算，为1937年7月法币币值（元）	备注
呈贡机场	1942.8	4253600	1531296	③
楚雄机场	1939.8	104495	37618.2	④
泸西机场	1938.1	80000	151511.76	⑤
	1938.10	340866		

---

① 潞西县志编纂委员会编：《潞西县志》，云南教育出版社1993年版，第314页。

② 《云南省地政局关于寻甸机场征地的呈文》，1945年6月17日，云南省档案馆馆藏档案，档案号62—8—94—4～5。

③ 云南省地方志编纂委员会编：《云南省志·政府志》，云南人民出版社2001年版，第217页。《思茅等二十二县境内历年因公征用田地亩积及发价情形简明表》，1945年10月29日，云南省档案馆馆藏档案，档案号62—8—92—245。

④ 《楚雄县长邱天培电呈机场做工人数》，1939年5月，云南省档案馆馆藏档案，档案号9—6—267—172。

⑤ 《少校参谋赵道宽报告》，1938年1月24日，云南省档案馆9—6—271—120～121。《泸西县政府造报修筑玉林坡机场工程经费预算书》，1938年10月13日，云南省档案馆馆藏档案，档案号9—6—272—36～38。

机场名	修建时间	征用工日（个）	按每工 0.36 元计算，为 1937 年 7 月法币币值（元）	备注
祥云县云南驿机场	1938	132270	47617.2	①
	1943	7300000	2628000	
潞西市芒市机场	1938.3	277750	99990	②
昭通机场	1938.3	213452	76842.72	③
广南机场	1938.4	1700000	612000	④
罗平机场	1938.4	3060	433101.6	⑤
	1945.1	1200000		
沾益机场	1938.9	257302	92628.72	⑥
蒙自机场	1938.8	370000	133200	⑦
腾冲机场	1939.4	360000	129600	⑧

① 《祥云县政府请转咨核发修建机场工价呈》，1938 年 11 月，云南省档案馆藏档案，档案号 9—6—230—110～111。《祥云县政府请发修整机场及扩修机场工资代电》，1939 年 5 月 2 日，云南省档案馆馆藏档案，档案号 9—6—230—181。《1943 年 5 月 14 日祥云县长关于云南驿机场被炸情形呈》，1943 年 7 月 5 日，云南省档案馆馆藏档案，档案号 11—7—181—76。《1943 年 7 月 5 日军事委员会委员长昆明行营令》，1943 年 7 月 5 日，云南省档案馆馆藏档案，档案号 106—3—1549—160～161。中国人民解放军大理军分区编：《大理军分区军史·大事记》，1992 年内部出版，第 29 页。

② 《修筑芒市机场地价及撤迁费预算表》，1938 年 3 月 18 日，云南省档案馆馆藏档案，档案号 9—6—271—52～54。潞西县志编纂委员会：《潞西县志》，云南教育出版社 1993 年版，第 314 页。《为汇拨芒市机场地价及房屋拆迁费请查照转发县领》，1941 年 7 月 12 日，云南省档案馆馆藏档案，档案号 106—3—16—17。

③ 《昭通县查报修筑机场人数呈》，1939 年 5 月 31 日，云南省档案馆馆藏档案，档案号 9—1—237—154～155。

④ 《云南省广南县民国二十七年扩修东外飞机场征用民工及工作进度简明表》，1939 年 9 月 10 日，云南省档案馆馆藏档案，档案号 9—6—283—16～17。《广南机场修筑各项津贴表、填挖数量表、拆迁费、工价表等各类表格》，1940 年 7 月 20 日，云南省档案馆馆藏档案，档案号 9—6—283—25。

⑤ 《罗平县政府办理机场建设费用发放情形呈》，1947 年 2 月 19 日，云南省档案馆馆藏档案，档案号 62—8—54—124～125。《美驻华空军司令官陈纳德少将请令罗平县政府供给充分工人修筑机场公函》，1945 年 2 月 6 日，云南省档案馆馆藏档案，档案号 106—1—2483—136。

⑥ 《沾益县政府请转航空委员会发放机场征地及工资遗漏款项呈》，1939 年 5 月 7 日，云南省档案馆馆藏档案，档案号 9—6—220—186～189。

⑦ 《蒙自县政府查报扩修蒙自机场地亩清册呈》，1945 年 7 月 25 日，云南省档案馆馆藏档案，档案号 62—8—56—59～60。

⑧ 《腾冲县呈机场动工人员经费到位案》，1939 年 3 月 20 日－4 月 30 日，云南省档案馆馆藏档案，档案号 9—6—241—69，83。

机场名	修建时间	征用工日（个）	按每工0.36元计算，为1937年7月法币币值（元）	备注
保山机场	1938.5～1944.8	860080	309628.8	①
宾川机场	1940.12	3000	1080	②
思茅机场	1944.8	116000	41760	③
勐海县南峤机场	1944.10	11000	3960	④
凤庆县营盘机场	1942.11	278100	100116	⑤
永德县德党机场	1943.5	15000	5400	⑥
镇康县撒马坝机场	1943.6	27000	9720	⑦
云县机场	1943	50000	18000	⑧
寻甸县羊街机场	1943.6	1500000	540000	⑨
禄丰机场	1938	210000	75600	⑩
麻栗坡机场	1945.7	3600	1296	⑪
马关县飞机跑道	1945	29400	10584	⑫

① 《保山县政府办理保山扩场工程征工赶修情形电》，1942年4月17日，云南省档案馆馆藏档案，档案号106—3—1548—89～90。《航空委员会军政厅续发保山扩场工款电》，1942年5月15日，云南省档案馆馆藏档案，档案号106—3—1548—79。保山市志编纂委员会编：《保山市志》，云南民族出版社1993年版，第282、553页。方国瑜主编：《保山县志稿》点校本，云南民族出版社2003年版，第85页。

② 宾川县志编纂委员会编纂：《宾川县志》，云南人民出版社1997年版，第724页。

③ 政协江城县委员会编：《江城文史资料》第1辑，2002年印，第51页。云南省地方志编纂委员会总纂：《云南省志·政府志》，云南人民出版社2001年版，第217页。《呈覆江城县请豁免折缴工资协修思茅机场新增工程余款办理情形祈鉴核备案由》，1944年8月18日，云南省档案馆馆藏档案，档案号106—1—2483—90。

④ 《南峤县政府为美方请求雇工修理南峤机场电》，1944年10月20日，云南省档案馆馆藏档案，档案号106—1—2483—128～129。勐海县地方志编纂委员会编纂：《勐海县志》，云南人民出版社1997年版，第321页。

⑤ 《营盘机场征地预莫书及修机场民工数、支出食费等》，1944年，凤庆县档案馆，顺宁县建设科1944年档案144—1—170～176。

⑥ 鲁成旺：《永德县志》，云南人民出版社1994年版，第16页。

⑦ 中共临沧地委党史研究室编：《临沧地区抗日战争史料专辑》，1995年印，第26—27页。《耿马县勐撒镇芒枕村金国良老人的回忆》，记录原件存中共耿马县委党史研究室。

⑧ 《协修云县机场征用民工数》，凤庆县档案馆，顺宁县建设科档案144—21—1～3。

⑨ 《思茅等二十二县境内历年因公征用田地亩积及发价情形简明表》，1945年10月29日，云南省档案馆馆藏档案，档案号62—8—92—245。

⑩ 《禄丰县奉令扩修时军用机场》，禄丰县档案馆馆藏档案，档案号M1—2—259。

⑪ 麻栗坡县军事志编纂委员会编：《麻栗坡县军事志》，云南科技出版社1989年版，第12页。

⑫ 马关县地方志编纂委员会编：《马关县志》，生活·读书·新知三联书店1996年版，第17页。

机场名	修建时间	征用工日（个）	按每工 0.36 元计算，为 1937 年 7 月法币币值（元）	备注
昆明机场		7432270	2675617	
15 个机场		2085000	750600	
合计		29213245	10516768	

附表四：云南抗战机场建设房屋、坟墓搬迁补偿费统计表

机场名称	修建时间	搬迁民房		搬迁坟墓		合计（折合 1937 年法币元）	备注
		数量间	补偿（法币）元	数量冢	补偿（法币）元		
昆明机场	1942.2	50					①②
	1945.6	瓦房 492.828 英方；草房 364.34 英方；房屋 670；厕所 88	238169320（107185.95）			107185.95	
泸西机场	1938.10			286	1430（1043.8）	1043.8	③
祥云县云南驿机场	1937.12 ~ 1939.3			126	2180（1772.36）	1772.36	按 38.6 折算④
潞西市芒市机场	1941.7	50	340（26.46）			26.46	
广南机场	1938.4	2	450（338.35）	37	1370（1030.08）	1368.43	按 38.9 折算⑤

① 《云南省建设厅请示空军军官学校在干海子征地修筑机场工程及发价处理办法呈》，1942 年 1 月 9 日，云南省档案馆藏档案，档案号 106—3—1548—12 ~ 14。

② 《昆明县政府奉令代三十五工程处征用和甸营村发给各业主房屋拆迁费清册》，1945 年 6 月 29 日，云南省档案馆藏档案，档案号 106—5—2095—50 ~ 96。

③ 《泸西县政府造报修筑玉林坡机场工程经费预算书》，1938 年 10 月 13 日，云南省档案馆藏档案，档案号 9—6—272—36 ~ 38。

④ 《祥云县政府请转咨核发修建机场工价呈》，1938 年 11 月，云南省档案馆藏档案，档案号 9—6—230—110 ~ 111。《祥云县政府请发修整机场及扩修机场工资代电》，1939 年 5 月 2 日，云南省档案馆藏档案，档案号 9—6—230 ~ 181。《祥云县地价数目表册》，1939 年 9 月 21 日，云南省档案馆藏档案，档案号 9—6—230—199 ~ 205。

⑤ 《广南机场修筑各项津贴表、填挖数量表、拆迁费、工价表等各类表格》，1940 年 7 月 20 日，云南省档案馆藏档案，档案号 9—6—283—25。《云南省广南县扩修东外飞机场征用人民田地及应发地价数目表》，1940 年 7 月 20 日，云南省档案馆藏档案，档案号 9—6—283—44 ~ 48。《云南省广南县新修东外飞机场迁移民间坟墓应给地价数目表册》，1940 年 7 月 20 日，云南省档案馆藏档案，档案号 9—6—283—49 ~ 56。

机场名称	修建时间	搬迁民房		搬迁坟墓		合计（折合1937年法币元）	备注
		数量间	补偿（法币）元	数量冢	补偿（法币）元		
沾益机场	1938.9		3435（2174.05）			2174.05	①
嵩明机场	1945.6				3000000（1350.12）	1350.12	按45.6折算②
蒙自机场	1945.6		600000（270.02）		260000（117.01）	387.03	③
保山机场	1938.5			602	9392（3946.22）	3946.22	④
	1940.7	144		145			
	1945.9	21					
合计		975；857.168英方	109994.83	1246	9259.59	119254.42	
备注	表中除注明者外，均为法币；均按修建时物价指数折算；括号内的数据和汇总数据均为1937年7月法币币值。						

① 《沾益县电滇黔绥靖公署机场估价核减各情事》，1938年9月3日，云南省档案馆藏档案，档案号9—1—234—143～147。《沾益县政府请转航空委员会发放机场征地及工资遗漏款项呈》，1939年5月7日，云南省档案馆藏档案，档案号9—6—220—186～189。《中央航空学校为沾益机场工程余款发放事公函》，1939年5月31日，云南省档案馆藏档案，档案号9—6—220—128～129。

② 《云南省地政局、建设厅修建盖山机场征地价款拨发人民具领令》，1945年5月，云南省档案馆藏档案，档案号62—8—44—169～174。《省建设厅召开商讨处理嵩明盖山机场停建善后事宜会议记录》，1945年6月，云南省档案馆藏档案，档案号62—8—44—238～240。《杨林盖山机场征地办事处兼主任马运昇呈》，1945年7月23日，云南省档案馆藏档案，档案号62—8—44—238～242。《嵩明县政府呈》，1945年11月，云南省档案馆藏档案，档案号62—8—44—307～308。

③ 《蒙自县政府查报扩修蒙自机场地亩清册呈》，1945年7月25日，云南省档案馆藏档案，档案号62—8—56—59～60。《蒙自县政府关于草坝机场征地地价及青苗补偿等费造具清册呈》，1945年12月16日，云南省档案馆藏档案，档案号62—8—66—215～216。

④ 《保山县呈报机场竣工函及相关表册》，1939年9月6日，云南省档案馆藏档案，档案号9—6—269—112；《保山县请发修筑机场征用地价及青苗损失等费呈》，1939年8月23日，云南省档案馆藏档案，档案号9—6—269—108。《航空委员会军政厅续发保山扩场工款电》，1942年5月15日，云南省档案馆藏档案，档案号106—3—1548—79。

附表五：日军飞机轰炸云南部分机场人员伤亡和财产损失统计表

机场名称	轰炸时间	日机数量（架次）	伤亡人数			抚恤（法币，元，括号内为1937年7月币值）	毁飞机	其他损失	备注
			亡	伤	难民				
昆明机场	1943.5.15	36	70	120	310	30000（263.04）	2	房屋273间，死军马2匹	①
	1943.9.20	27	11	9	430	20000（100.04）	1	机场加油站汽油数大桶及汽车修理厂厂棚旁停放的小卡车3辆被炸毁，毁民房51间	②
	1943.12.18		20	30				毁房屋80间	③
	1943.12.22	42	17	13			2	炸毁民房26间	④
雷允飞机制造厂	1939.10.26	36		12				机房被毁	⑤
	1941.10.26	27	50	50				厂房设施被毁	⑥
	1942.4							设备、厂房等全部炸毁。撤走的物资和人员到保山时，又遭日机轰炸	⑦

① 《1943年5月15日空袭紧急报告》，云南省档案馆馆藏档案，档案号44—4—6—159。《昆明县长1943年5月29日呈》，云南省档案馆馆藏档案，档案号44—4—6—136。《民国28年至33年各属空袭灾情赈济表》，载云南省志编纂委员会办公室编：《续云南通志长编》中册，1985年印，第398—398页。

② 《龙云关于1943年9月20日敌机轰炸昆明给赈济会令》，1943年9月20日，云南省档案馆馆藏档案，档案号44—4—426—105。《1943年11月8日昆明县报被炸伤亡损失情形》，云南省档案馆馆藏档案，档案号11—7—181—141。云南省志编纂委员会办公室编：《续云南通志长编》中册，1985年印，第398页。

③ 《1943年12月18日昆明空袭紧急救济联合办事处呈报被炸伤亡损失及救恤情形》，云南省档案馆馆藏档案，档案号44—4—406—208。《昆明县政府报日寇历年暴行调查表呈》，1944年4月8日，云南省档案馆馆藏档案，档案号106—5—1993—8。

④ 《昆明市政府为和甸营等地被炸灾情呈》，1944年1月13日，云南省档案馆馆藏档案，档案号11—7—181—144。《昆明县关于1943年12月22日被炸灾情呈》，1943年12月22日，云南省档案馆馆藏档案，档案号11—7—181—162。《昆明县政府报日寇历年暴行调查表呈》，1944年4月8日，云南省档案馆馆藏档案，档案号106—5—1993—8。

⑤ 瑞丽市志编纂委员会编：《瑞丽市志》，四川辞书出版社1996年版，第26页。

⑥ 云南人民革命斗争史丛书编委会编：《云南百年风云录》，云南人民出版社1995年版，第210—211页。

⑦ 瑞丽市志编纂委员会编：《瑞丽市志》，四川辞书出版社1996年版，第26页。

机场名称	轰炸时间	日机数量（架次）	伤亡人数			抚恤（法币，元，括号内为1937年7月币值）	毁飞机	其他损失	备注
			亡	伤	难民				
保山机场	1942.5.20	3						机场被炸坏	①
祥云云南驿机场	1940.12.12	18		2			24		②
	1942.3	36	252						③
	1942.10.28	20		1					④
	1942.12.26、27	25	12			1860（29.86）			⑤
	1943.1.16	2	4					毁房1间	⑥
	1943.3	18	2700				20		⑦
	1943.4.26	58	304	326		806100（8024.09）	4		⑧
	1943.4.27	25	200，军人30，美军7	美军5			9		⑨
	1943.12.18	58						机场严重受创	⑩
	1944.3.26	54	1000	14000					⑪

① 保山地区地方志编纂委员会编：《保山地区志》上卷，中华书局1999年版，第656页。

② 政协祥云县文史委员会编：《祥云文史资料》第1辑，1991年印，第117—118页。

③ 政协祥云县文史委员会编：《祥云文史资料》第1辑，1991年印，第119页。

④ 祥云县长：《祥云县云南驿机场被炸伤亡损失》，1942年11月3日—1943年5月26日，云南省档案馆馆藏档案，档案号11—7—182—242。

⑤ 《祥云县长报告1942年12月祥云机场被炸情形》，1943年1月9日，云南省档案馆馆藏档案，档案号11—7—181—62。

⑥ 《1943年1月23日祥云县长报告云南驿机场被炸情形》，云南省档案馆馆藏档案，档案号11—7—181—67。

⑦ 薛国荣编：《驼峰航线上的祥云》，云南民族出版社2006年版，第117页。

⑧ 《1943年5月14日祥云县长关于云南驿机场被炸情形呈》，云南省档案馆馆藏档案，档案号11—7—181—76。《1943年7月5日军事委员会委员长昆明行营令》，云南省档案馆馆藏档案，档案号106—3—1549—160～161。

⑨ 政协云南文史委编：《云南文史资料》第8辑，云南人民出版社1989年版，第158页。

⑩ 薛国荣编：《驼峰航线上的祥云》，云南民族出版社2006年版，第131页；又见《日轰炸机和战斗机袭击云南驿机场》，载《正义报》1943年12月21日，第3版。

⑪ 中国人民解放军大理军分区编：《大理军分区军史·大事记》，1992年内部出版，第29页。

机场名称	轰炸时间	日机数量（架次）	伤亡人数			抚恤（法币，元，括号内为1937年7月币值）	毁飞机	其他损失	备注
			亡	伤	难民				
沾益机场	1940.10.29		9	2					①
	1941.6.15	10		2		80（6.79）			②
蒙自机场	1940.1.4	2	2						③
合计		497	4888	14572	740	858040（折为37年7月为法币8423.82元）	62	房431间；卡车3辆；军马2匹	

（作者单位：中共云南省委党史研究室）

---

① 沾益县长：《沾益县被炸伤亡损失呈》，1941年1月4日，云南省档案馆馆藏档案，档案号44—4—435—208。

② 《沾益县县长王庆宸致中央赈济委员会昆明难民总会电》，1941年6月22日，云南省档案馆馆藏档案，档案号44—4—6—50。云南省志编纂委员会办公室编：《续云南通志长编》中册，1985年印，第394—398页。

③ 云南省志编纂委员会办公室编：《续云南通志长编》中册，1985年印，第394页。

（五）抗战时期滇越铁路及沿线地区遭受损失情况

余 红

滇越铁路是云南省的第一条铁路，建成之时也是全国第二条国际铁路，为中国与东南亚连接的主要通道。抗战初期，滇越铁路成为中国重要国际通道，在运输国际援华军事物资方面发挥重要作用。为阻断滇越铁路交通运输，日军对铁路及沿线城镇、车站进行了轰炸和破坏，造成中方人员和财产巨大损失。

1. 滇越铁路概况

滇越铁路由法国殖民当局强迫与清政府签订的不平等条约而修建。滇越铁路云南段于1903年动工修建，1910年全线完工正式通车。这条铁路因为起于原法属殖民地越南的海防，经中越边界老街进入云南河口，向北延伸到昆明，故称滇越铁路。滇越铁路轨距为1米，全长854公里，其中越南段长389公里，滇段长465公里，全线建筑费用近1.65亿法郎，比标准轨距（1.435米）的铁路建筑费高约1倍。云南段沿线有隧道150处，桥梁425座，平均每1公里有1座桥梁，每3公里有1处隧道，足见工程之浩大。

滇越铁路中国段自云南河口经蒙自碧色寨、开远、华宁盘溪、宜良、呈贡抵昆明，沿途山峦起伏，线路多处跨越深涧峭壁，迂回曲折，工程艰巨，在铁路修筑过程中，法国殖民者对中国筑路工人进行了极其野蛮的奴役、压迫。仅在滇段修筑过程中，法国殖民者除役使云南各族人民外，还从河北、山东、广东、广西、福建、四川、浙江等省招募大量民工，前后7年间，总数不下二三十万，使用劳力3720万工日①。修建期间中国工人死亡不下六七万人。当时人称："此路实吾国人血肉所造成矣！"也有人说滇越铁路可谓"一根枕木一条人命，一个道钉一滴鲜血"。

滇越铁路建成后，按照1903年清政府和法国修订的《滇越铁路章程》的规定，中国政府不能干涉铁路运输及行政工作，滇越铁路由法国滇越铁路公司管

---

① 云南省地方志编纂委员会编：《云南省志·铁道志》，云南人民出版社1994年版，第34页。

理，在昆明设分公司，并在蒙自芷村设机务总段，在开远设工务总段，芷村站为中心站。总段、分段及较大车站的负责人均为法国人。滇越铁路中国段沿途设45个车站，从南到北分别为河口、蚂蝗堡、南溪、马街、老范寨、大树塘、腊哈地、白寨、湾塘、波渡箐、保姑寨、戈菇、落水洞、芷村、黑龙潭、碧色寨、大庄、大塔、开远、小龙潭、巡检司、大龙潭、拉里黑、西扯邑、热水塘、婆溪、小河口、西洱、糯租、禄丰村、徐家渡、滴水、狗街、羊街、宜良、可保村、前所、水塘、七甸、呈贡、獭猫珠、西庄、九门里、索珠营、昆明。滇越铁路通车后，云南对外贸易主要通过滇越铁路，全省对外贸易总额的85%以上通过滇越铁路运输出境。但该路由于属法国管辖，运费比国内铁路高，且一律以越南货币核算，再加上货物经过越南时，法方在海关、车站、码头等地征收过境税、过关税、统计税、手续费等各种税费，使云南的对外贸易不堪重负。中国人民用血汗筑成的滇越铁路，却成了法国殖民者的掠夺工具。法国殖民者凭借这条铁路，控制了云南的交通，掌握了云南对外贸易的命脉，操纵了云南的金融，支配了云南的邮政和电讯。法国人柏顿在考察云南后曾说："滇越铁路不独云南全省商务为法人所掌握，而云南政府也在巴黎政府掌握之中。"滇越铁路成为"插在云南的大吸血管"，吮吸着云南人民的膏血，它是殖民者侵略、掠夺云南人民的历史见证。

全国抗战前，滇越铁路是云南唯一的国际通道。抗日战争全面爆发后，北平、天津、上海、南京、广州、武汉等城市相继沦陷，各沿海主要港口被日军占领，云南成为抗战后方。沿海及内地的工厂、学校、机关大批内迁，滇越铁路成为进入云南及西南各省最便捷的通道，客货运量剧增。1939年，滇越铁路公司拥有机车97辆，客车207辆，货车1049辆。滇越铁路全线（海防至昆明）运量为52.4万吨，售出客票454.2129万张，收入银元1174.6649万元[①]。其中，滇段运输旅客340余万人次，货运量为40余万吨[②]。滇越铁路的运量达到通车以来的最高峰。货运物资主要增加了抗战所需的汽油、钢材、水泥、军械、修路机械以及由沦陷区拆迁搬运至后方的机械设备，其次还包括部分生活资料；其中，政府货物占40%，商货占20%。为保证抗战军事运输的需要，1940年9月10日，国民政府军事委员会在滇越铁路滇段成立了川滇铁路线区司令部，以战时军事管制的名义宣布直接指挥滇越铁路军事运输和铁路抢修工作。川滇铁路线区司

① 昆明市政协文史委编：《昆明文史资料选辑》第10辑，1987年印，第38页。中国人民政治协商会议西南地区文史资料协作会议编：《抗战时期西南的交通》，云南人民出版社1992年版，第384页。
② 云南省志编纂委员会办公室编：《续云南通志长编》中册，1985年印，第1000页。

令部成立后，即通知法国铁路公司昆明分公司负责人巴杜，凡有关军事物资运输、铁路抢修工作，均应服从司令部安排，否则以违反抗战治罪。之后，滇越铁路运输更加繁忙，政府公用物资占50%以上。

2. 受损情况

（1）日军对滇越铁路沿线空袭轰炸造成的损失

为了实现侵略占领中国的目的，日本千方百计欲切断滇越铁路运输，日军飞机对滇越铁路重点桥梁、隧道、车站和沿线城镇进行了疯狂轰炸。无辜居民被炸死炸伤，房屋、车站被炸毁、烧毁，路轨、桥梁多次被炸断，交通被迫数次中断。

1939年4月13日，日机19架分两批轰炸滇越铁路中心站蒙自芷村车站及蒙自县城，投弹百余枚，造成蒙自县城大量房屋被毁、人员伤亡的重大惨案。此次轰炸是日军对滇越铁路的首次轰炸，共炸死186人，伤182人。毁坏民房1790间，公房、寺庙等277间、厂房9幢。另外，蒙自火车站中弹2枚，炸断路轨两条，车兜被炸倒10余个①。4月14日，经云南省政府会议决定拨款2万元新滇币，派省政府袁参军长前往蒙自办理抚恤事宜②。轰炸发生后，为加强蒙自的防空、消防等方面设施，4月23日，云南省政府再派省政府委员丁兆冠携带国民党中央振济委员会所发赈款法币2万元，前往蒙自督导救灾。该笔经费专作地方善后之用，包括充实消防器材，增辟民众公共防空壕，改善医疗设备等③。4月29日，华侨机工回国服务团为蒙自遇难同胞举行募款技术表演大会，共募集捐款法币1525元2角9分、港镍币1角5分、新加坡币1角。由云南全省各界抗敌后援会转交蒙自县政府用于赈灾④。6月21日，广西省政府主席黄旭初给云南省政府电汇法币5000元，赈济被炸蒙自灾民⑤。个旧、建水、石屏等县也先后

① 《振济委员会运送配置难民昆明总站28年4月份抚恤费支出报告表》，1939年4月19日，云南省档案馆馆藏档案，档案号44—4—297—103。《云南省蒙自县遭受敌机空袭财产损失统计表》，1947年11月20日，云南省档案馆馆藏档案，档案号11—7—10—86。

② 《云南省政府、滇黔绥靖公署办理蒙自救济抚恤事训令》，1939年4月15日，云南省档案馆馆藏档案，档案号106—3—1621—71～72。

③ 《云南省政府委员丁兆冠办理蒙自被炸抚恤善后情形签呈》，1939年5月2日，云南省档案馆馆藏档案，档案号106—3—1622—4～47。

④ 《云南全省各界抗敌后援会请转发华侨机工为蒙自被难同胞捐款呈》，1939年5月15日，云南省档案馆馆藏档案，档案号106—3—1622—59～60。

⑤ 《云南省政府秘书处检送广西赈济蒙自灾情汇款致滇黔绥靖公署经理处函》，1939年6月21日，云南省档案馆馆藏档案，档案号106—3—1622—72～73。

捐款共计新滇币 45708 元 4 角寄往蒙自赈济灾民①。以上款项共计 39380 元，折合 1937 年 7 月法币 13533 元。

1939 年 12 月 30 日，日军轰炸机 12 架，分两批由广西方向飞袭蒙自县城、飞机场和滇越铁路，在机场附近投下 500 磅炸弹 20 余枚、蒙自县城 36 枚（1 枚未爆）。炸弹使地面炸成深 3—4 公尺、直径约为 10 公尺的坑。由于预先发出警报，县城和机场损伤轻微。3 人轻伤，毁房屋 5 间②。

1940 年 1 月开始，日军加大对滇越铁路的破坏力度和轰炸频率，每天出动飞机 30 余架，分批轰炸滇越铁路下段河口附近的白寨、腊哈地等处③。1 月 2 日，日机 35 架分 3 批对白寨段铁路进行轰炸，将 82 条处的铁轨炸飞，桥头中弹，炸死守桥士兵 1 名，将连桥岸路轨炸毁，桥身铁板炸破 6 处，炸塌山上岩石将铁路覆盖 300 多公尺。随后又有 27 架轰炸腊哈地，第 8 号工房被炸毁，并毁基罗牌 1 面，路轨被炸成深坑。火车停运 2 日④。1 月 4 日，日机 32 架飞到白寨段内 83 条铁桥轰炸，投弹百余枚，致使铁桥遭受损伤，火车无法通行四五日。同日，日机轰炸蒙自飞机场，死 2 人，重伤 1 人，轻伤 1 人⑤。1 月 5 日，日机 36 架侵入开远上空，随后飞至弥勒附近的小龙潭铁桥投弹百余枚，铁桥北端的桥墩被炸毁，桥面铁轨落入河中，南端的铁轨被炸毁数丈。布沼坝村民放于桥边的 2 头水牛被炸死⑥。1 月 7 日，日机轰炸了蒙自城、机场、火车站及铁路等。1 月 24 日，日机窜入蒙自县城上空轰炸飞机场，炸弹在机场附近爆炸，炸伤 3 人，炸毁房屋 2 间，庙宇 1 间⑦。

1940 年 2 月 1 日，日机轰炸滇越铁路屏边境内的滇越铁路上最长的钢架桥

① 《蒙自县政府为发给第二次赈款数目情形呈及云南省政府指令》，1939 年 6 月 16 日—8 月 18 日，云南省档案馆馆藏档案，档案号 106—3—1622—99～101。

② 蒙自县长：《呈报 1939 年 12 月 30 日蒙自被敌机轰炸情形》，1939 年 12 月 30 日，云南省档案馆馆藏档案，档案号 11—7—154—142。蒙自县长：《补充呈报 1939 年 12 月 30 日蒙自被敌机轰炸情形》，1939 年 12 月 31 日，云南省档案馆馆藏档案，档案号 44—4—297—143。《个碧石铁道补助防空监视队调查滇越铁路蒙自车站及县城等地被炸伤亡损失呈》，1939 年 4 月 14 日，云南省档案馆馆藏档案，档案号 26—5—93—57。

③ 云南省档案馆编：《日军侵华罪行实录·云南部分》，云南人民出版社 2005 年版，第 269 页。

④ 《龙云关于 1940 年 1 月 2 日滇越铁路被炸情形电》，1940 年 1 月 2 日，云南省档案馆馆藏档案，档案号 106—4—3861—103。《滇越铁道警察总局为 1940 年 1 月 2 日被炸情形电》，1940 年 1 月 2 日，云南省档案馆馆藏档案，档案号 106—4—3861—114。

⑤ 云南省档案馆编：《日军侵华罪行实录·云南部分》，云南人民出版社 2005 年版，第 269 页。

⑥ 云南省档案馆编：《日军侵华罪行实录·云南部分》，云南人民出版社 2005 年版，第 270 页。《云南省振济会为开远、蒙自遭受敌机袭炸损失及办理救济事呈》，1940 年 2 月 5 日，云南省档案馆馆藏档案，档案号 106—4—3861—27。

⑦ 《云南省振济会为开远、蒙自遭受敌机袭炸损失及办理救济事呈》，1940 年 2 月 5 日，云南省档案馆馆藏档案，档案号 106—4—3861—27。

（136 米）白寨大铁桥，造成重大人员伤亡和财产损失。是日午后 2 时，日机 27 架飞至滇越路白寨北段 83 基罗大铁桥上空实施轰炸，当时正有昆明与河口两个方向上下行的 2 辆客运火车在此会车，当下行车通过桥梁后，上行车驶上大桥，客车车头及车厢前段过桥后刚进入前面的山洞，后段还在桥上行驶时，日机炸弹随即而至，命中列车后半部分，受伤列车继续行驶进入山洞后发生强烈爆炸。日机继续在铁路隧道洞口前后投掷炸弹，使露出北端的火车前段部分再次遭受轰炸，洞口两端被炸塌，火车上的乘客有的被炸死炸伤，有的被烧死烧伤，一部分跑进山洞躲避日机的乘客因洞口坍塌被掩埋在山洞内。日机飞离后，经当地驻军警及地方团队挖掘抢救，共救出 94 人，其中重伤 62 人，轻伤 32 人，后因医治无效死亡 23 人，在事发地点找到 130 余具尸体，许多尸体已面目全非，肢体残缺，不能辨认。这次轰炸死伤 224 人，其中死亡 153 人，在死伤的人员中包括法国人 5 名，越南人 24 名。白寨铁路大桥及附近山洞都遭到严重破坏，一辆客车全毁，且炸毁七九步枪 6 枝、子弹 78 发、刺刀 1 把、子弹盒 5 个及 18 件衣被等。3 时后，日机又轰炸湾塘段 94 条铁桥，仅 95 条 500 尺中一弹，损坏铁轨 6 对，约 50 公尺。这次轰炸，由于 83 条隧洞损坏严重，使河口上行车仅通至腊哈地、开远，昆明至河口的下行车仅通至芷村。需 10 天后才能修复通车，财产损失价值 500 万元以上（1944 年 4 月）①。惨案发生后，云南省赈济会紧急拨款新滇币 5000 元给河口对汛督办，办理善后慰问、抚恤事宜②。折合 1937 年 7 月法币 731 元。

1940 年 2 月 3 日，日机 25 架分 3 批轰炸滇越铁路开远境内小龙潭段内铁桥，投弹 160 余枚。由于中方 3 架飞机起飞驱逐，地面防守部队亦以高射炮射击，铁桥未被炸中，仅有靠小龙潭方向的临时浮桥被飞落的岩石损坏数块木板。炸死 1 人，伤 7 人③。2 月 13 日，日机 27 架再次轰炸小龙潭铁桥，在中方飞机追击和高射炮分头射击下，日机匆匆投下几枚炸弹后逃逸，由于炸弹落于荒郊，未造成

① 《云南滇越铁路总局呈报 1940 年 2 月 1 日列车被炸情形》，1940 年 2 月 5 日，云南省档案馆藏档案，档案号 11—7—154—170。《屏边县政府报被炸伤亡损失呈》，1944 年 4 月 6 日，云南省档案馆藏档案，档案号 44—4—399—196。《报告视察一日由河口开往开远客车被炸情形由》，1940 年 2 月，云南省档案馆藏档案，档案号 44—4—142~4~5。云南省志编纂委员会办公室编：《续云南通志长编》中册，1985 年印，第 394 页。

② 《云南省振济会为办理湾塘客车被炸伤亡赈济事呈》，1940 年 2 月 15 日，云南省档案馆藏档案，档案号 106—4—3861—32。

③ 云南省档案馆：《日军侵华罪行实录·云南部分》，云南人民出版社 2005 年版，第 270 页。《云南滇越铁道警察总局呈报 1940 年 2 月 3 日被炸情形》，1940 年 2 月 4 日，云南省档案馆藏档案，档案号 11—7—154—179。《报告视察一日由河口开往开远客车被炸情形由》，1940 年 2 月，云南省档案馆藏档案，档案号 44—4—142—4~5。

人员伤亡和财产损失。2 月 16 日，日机 26 架轰炸滇越铁路戈姑、落水洞一带铁桥及石桥，投弹六七十枚，136 条基罗 500 尺和 137 条基罗处各中弹 1 枚，炸毁路轨 3 根，铁路附近的电线被震断①。2 月 17 日，日机 27 架第三次轰炸小龙潭铁桥，中方守桥部队立即以高射炮射击，同时派 3 架飞机追击，迫于中方炮火，日机慌乱投弹百余枚，多数落于山野，铁桥未被损伤，仅炸毁铁桥附近的临时电报房和部分中轨浮桥，电线亦被震断②。2 月 18 日，日机 27 架在老范寨铁桥附近的 45 条基罗投弹百余枚，企图炸毁铁桥。铁桥未被损伤，但路轨炸毁数处，炸断铁轨 12 对、铁枕 32 块，部分路轨被土石掩埋，炸坏电杆、电线两处。经100 多名从河口连夜赶来的民工昼夜赶修，于 21 日修复通车③。

　　1940 年 4 月 25 日，日机轰炸小龙潭铁桥，使桥北面的桥墩炸塌，后历时半年才将桥修复。在修桥过程中，民工不慎失火，将车站旁村庄 48 户村民的房屋、财产烧毁④。按每户 3 间房屋计算，共毁房屋 144 间。4 月 26 日，日机 18 架轰炸白寨段 83 条基罗铁桥，投弹 30 余枚，铁桥未损，仅炸坏路轨 10 余公尺。4 月 30 日，日机再次出动轰炸 83 条基罗铁桥，因中方事先接到警报，在铁桥周围施放烟幕，日机在空中盘旋 4 次而无法找到轰炸目标，加上中方地面高射炮部队发起射击，日机只好盲目投下炸弹数枚离去，路、桥均未受损。同日，日机还对74 条基罗白鹤桥进行轰炸，投弹 10 余枚，炸弹均落于路边荒山，对铁桥和路轨未造成损坏⑤。

　　1940 年 10 月 1 日，日机 27 架对开远进行了半个小时的大轰炸，向县城投下百余枚炸弹。是日适为街天，城内人多。日机由城外自东及西、城内自北而南投掷炸弹，造成当地人员和财产损失惨重。滇越铁路警察总局、开远运输公司汽油库、中央护路高射炮队驻地、省立农校、黎明医院等遭轰炸。共有受灾户 113户，炸死 42 人，炸伤 28 人。炸死耕牛 1 头、猪 18 头，炸毁房屋 295 间。其中，开远铁道警察总局有 115 间房屋被炸坏，简单修理需工料费 13851 元。灾后政府拨救济赈款法币 1700 元。据 1945 年开远县政府向云南省教育厅报告，仅开远教

①　云南省档案馆编：《日军侵华罪行实录·云南部分》，云南人民出版社 2005 年版，第 273 页。
②　云南省档案馆编：《日军侵华罪行实录·云南部分》，云南人民出版社 2005 年版，第 273 页。
③　云南省档案馆编：《日军侵华罪行实录·云南部分》，云南人民出版社 2005 年版，第 274 页。
④　开远市政协编：《开远市文史资料》第 1 辑，1987 年印，第 58—62 页。
⑤　云南省档案馆编：《日军侵华罪行实录·云南部分》，云南人民出版社 2005 年版，第 274 页。

育系统财产损失就达 550 万元法币①。

　　1940 年 11 月 14 日，日机 2 架从河口方向窜入蒙自上空，用机枪俯冲扫射并向北门及火车站投弹 6 枚，后沿铁路方向窜去。共炸死 3 人、受伤 1 人，炸死黄牛 6 头；炸毁车兜 1 辆、房屋 1 间，站内铁路 50 公尺，损失 70000 元。云南省振济会拨款 400 元赈灾②。

　　1940 年 12 月 3 日，日机 9 架轰炸蒙自芷村火车站，共投弹 8 枚，同时以机枪扫射，由于事前未得到情报疏散人群，又正值早饭时间，造成较大人员伤亡及财产损失。车站员工及平民死亡 26 人，伤 32 人。炸毁客货车 18 辆，炸毁房屋 46 间，价值法币 39000 元。省振济会拨款 5460 元赈灾③。12 月 18 日，日机轰炸屏边境内滇越铁路，死亡 150 人，受伤 150 人④。12 月 22 日，日机 9 架袭击芷村火车站，共投弹 11 枚，炸毁铁轨 250 公尺，围墙 10 余丈，芷村路警及钨锑公司房屋略有损伤⑤。12 月 24 日，日机再次轰炸蒙自芷村火车站和民房，炸毁房屋 6 间，炸毁车兜 5 辆、站内铁轨 30 米等车站财物⑥。

　　1941 年 2 月 9 日，日机 1 架袭击蒙自县芷村镇及火车站。在迷拉地路警局

①　《开远县被炸灾情》，1941 年 2 月 10 日，云南省档案馆馆藏档案，档案号 44—4—435—242。《开远县长上报 1940 年 10 月 1 日被炸情形》，1940 年 10 月 1 日，云南省档案馆馆藏档案，档案号 11—7—167—3。《龙云就 1940 年 10 月 1 日开远被炸给省民政厅训令（一）》，1940 年 10 月 19 日，云南省档案馆馆藏档案，档案号 11—7—167—68。《龙云就 1940 年 10 月 1 日开远被炸给省民政厅训令（二）》，1941 年 2 月 10 日，云南省档案馆馆藏档案，档案号 44—4—435—242。《开远县政府填报教育机关有各学校抗战损失致教育厅呈》，1945 年 11 月 21 日，云南省档案馆馆藏档案，档案号 12—4—559—249。云南省志编纂委员会办公室编：《续云南通志长编》中册，1985 年印，第 394 页。

②　《蒙自县、芷村镇等地被炸伤亡损失及救济》，1940 年 11 月 14 日，云南省档案馆馆藏档案，档案号 11—7—167—177。《呈报 1940 年 11 月 14 日蒙自被敌机轰炸情形》，1940 年 11 月 14 日，云南省档案馆馆藏档案，档案号 11—7—167—177。《督导蒙自县振务报告书》，1941 年 10 月 9 日，云南省档案馆馆藏档案，档案号 106—1—779—17～24。《云南省振济会派员调查开蒙两县振务情形呈》，1941 年 12 月 1 日，云南省档案馆馆藏档案，档案号 106—1—779—17～24。云南省志编纂委员会办公室编：《续云南通志长编》中册，1985 年印，第 394 页。

③　《蒙自县财产损失报告表》，1946 年 3 月 27 日，云南省档案馆馆藏档案，档案号 44—4—317—190。云南省档案馆编：《日军侵华罪行实录·云南部分》，云南人民出版社 2005 年版，第 278 页。《督导蒙自县振务报告书》，1941 年 10 月 9 日，云南省档案馆馆藏档案，档案号 106—1—779—17～24。

④　《云南省抗战损失调查督促委员会填送本省遭受敌机轰炸伤亡人数及房屋损失统计表函》，1948 年 11 月 9 日，云南省档案馆馆藏档案，档案号 11—7—27—270～272。

⑤　云南省档案馆编：《日军侵华罪行实录·云南部分》，云南人民出版社 2005 年版，第 279 页。

⑥　《蒙自县财产损失报告表》，1946 年 3 月 27 日，云南省档案馆馆藏档案，档案号 44—4—317—190。《呈报 1940 年 12 月 24 日芷村车站被日机轰炸情形》，1940 年 12 月，蒙自县档案馆馆藏档案，档案号 036—9—330—24。

附近投弹 1 枚，炸死 6 人，炸伤 3 人。炸毁车站房屋 6 间。发放急赈款 240 元①。
4 月 18 日，日机 8 架空袭蒙自县城，在菜市街西门投弹 30 余枚。随后，27 架日机分 3 批再度入侵蒙自，9 架向东飞去，9 架向西飞去，其余 9 架在县城内外各街巷投弹数十枚。炸死 16 人，重伤 4 人，轻伤 15 人。炸毁县城积谷、米仓各 1 个，房屋 1369 间。云南省振济会发放赈款 14000 元。同日，日机 27 架轰炸开远县城，炸死 28 人，其中警察 5 人，重伤 27 人。共计房屋炸毁 228 间。灾后政府救济赈款 14000 元②。4 月 19 日，日机 6 架轰炸蒙自芷村火车站，投弹 12 枚，炸死 2 人，炸伤 2 人。钨锑公司及路警营房被炸，毁房屋 11 间，价值法币 33000 元③。

1941 年 5 月 7 日，日侦察机 1 架由越南入侵河口、蒙自芷村进行侦察后，日机分两批对蒙自进行轰炸。第一批轻轰炸机 8 架、侦察机 1 架，对县城北门及车站一带进行轰炸。第二批 3 架对蒙自城区进行轰炸，共投弹 20 余枚。炸死 1 人，伤 5 人。于车站外炸死黄牛 8 头，伤 1 头。炸毁房屋 138 间，并在新坝及大沙地投弹数枚及用机枪扫射，此次轰炸共投弹数百枚。政府发急赈款 380 元④。

---

① 《呈报 1941 年 2 月 9 日蒙自被敌机轰炸情形》，1941 年 2 月 23 日，云南省档案馆馆藏档案，档案号 11—7—170—32。云南省志编纂委员会办公室编：《续云南通志长编》中册，1985 年印，第 394 页。《蒙自县财产损失报告表》，1946 年 3 月 27 日，云南省档案馆馆藏档案，档案号 44—4—317—190。《督导蒙自县振务报告书》，1941 年 10 月 9 日，云南省档案馆馆藏档案，档案号 106—1—779—17 ~ 24。

② 《呈报 1941 年 4 月 19 日芷村车站被敌机轰炸情形》，1941 年 4 月 20 日，云南省档案馆馆藏档案，档案号 11—7—171—189。《补充呈报 1941 年 4 月 19 日芷村车站被敌机轰炸情形》，1941 年 5 月 21 日，云南省档案馆馆藏档案，档案号 11—7—171—192。《蒙自县参议会为造报敌机轰炸房屋损失人员伤亡统计表呈》，1947 年 11 月 20 日，云南省档案馆馆藏档案，档案号 11—7—10—86。《呈报 1941 年 4 月 18、19 日蒙自被敌机轰炸情形》，1941 年 4 月 22 日，云南省档案馆馆藏档案，档案号 11—7—172—140。《开远县长上报 1941 年 4 月 18 日被炸情形》，1941 年 6 月 19 日，云南省档案馆馆藏档案，档案号 11—7—173—194。《云南省振济会派员调查开蒙两县振务情形呈》，1941 年 12 月 1 日，云南省档案馆馆藏档案，档案号 106—1—779—17 ~ 24。云南省志编纂委员会办公室编：《续云南通志长编》中册，1985 年印，第 395 页。开远市志编纂委员会编纂：《开远市志》，云南人民出版社 1996 年版，第 11 页。《云南省振济会为派员携赈前往开、蒙、建两地恤并调查灾情呈》，1941 年 5 月 14 日，云南省档案馆馆藏档案，档案号 106—1—739—44 ~ 54。

③ 云南省档案馆编：《日军侵华罪行实录·云南部分》，云南人民出版社 2005 年版，第 279 页。《蒙自县财产损失报告表》，1946 年 3 月 27 日，云南省档案馆馆藏档案，档案号 44—4—317—190。《云南省蒙自县遭受敌机空袭伤亡人数报告表》，1947 年 11 月 20 日，云南省档案馆馆藏档案，档案号 11—7—10—86、120。

④ 蒙自县长：《呈报 1941 年 5 月 7 日蒙自被敌机轰炸情形》，1941 年 5 月 7 日，云南省档案馆馆藏档案，档案号 11—7—172—71。蒙自县长：《呈报 1941 年 4 月 18 日和 5 月 7 日、8 日蒙自被敌机轰炸详细情形》，1941 年 6 月 16 日，云南省档案馆馆藏档案，档案号 11—7—173—142。《蒙自县参议会为造报敌机轰炸房屋损失人员伤亡统计表》，1947 年 11 月 20 日，云南省档案馆馆藏档案，档案号 11—7—10—86。云南省志编纂委员会办公室编：《续云南通志长编》中册，1985 年印，第 396 页。

5月8日，日机9架再度轰炸蒙自县城北门、车站及县政府一带，投弹数十枚，炸伤1人，炸毁民房120间①。日机轰炸蒙自后，飞向屏边新现上空，在距新现街2里的煤炭洞投下4枚炸弹，炸死马1匹，炸伤1匹②。

1941年7月3日，日机9架轰炸芷村车站，在站内投弹2枚，在车站附近安南房投弹20余枚，死伤军民30余人，车站附近的房屋被烧毁62间，损失法币186000元③。当日机轰炸芷村后，在返回途经呈贡火车站时，用机枪进行扫射，打伤1人，损坏1辆火车头④。8月13日，日机轰炸呈贡，伤1人，毁房屋1间。政府发赈灾款55元⑤。

1942年5月24日，日机袭击河口，致使50人重伤，云南省政府特赈10万元⑥。10月20日，日机9架入侵蒙自。对东门外第一集团军总司令部进行攻击，俯冲机枪扫射并投下4枚炸弹后向东南方向飞去。共炸毁房屋3间，炸伤军人2名⑦。10月24日，日机15架由河口方向入侵蒙自，在东郊盲目投下6枚炸弹。后又二批18架在蒙自上空盘旋后向东南方飞去⑧。同日，日机8架轰炸河口，市区成一片废墟，毁房屋153所，死亡39人，重伤7人，轻伤11人⑨。10月25日，日机在蒙自县城东门外进行轰炸，死亡10人，重伤3人，炸毁房屋122间。省府命令拨出急赈款2万元⑩。10月27日，日机轰炸蒙自草坝，草坝乡蚕业公司、垦殖局等遭受轰炸，共炸死10人，重伤9人，轻伤7人。炸毁民房90余间

① 《蒙自县财产损失报告表》，1946年3月27日，云南省档案馆藏档案，档案号44—4—317—190。
② 《云南省蒙自县遭受敌机空袭伤亡人数报告表》，1947年11月20日，云南省档案馆藏档案，档案号11—7—10—86。《蒙自县长1941年6月16日致省民政厅电》，云南省档案馆藏档案，档案号11—7—173—142。
③ 云南省档案馆编：《日军侵华罪行实录·云南部分》，云南人民出版社2005年版，第279页。《蒙自县财产损失报告表》，1946年3月27日，云南省档案馆藏档案，档案号44—4—317—190。
④ 云南省档案馆编：《日军侵华罪行实录·云南部分》，云南人民出版社2005年版，第280页。
⑤ 云南省志编纂委员会办公室编：《续云南通志长编》中册，1985年印，第394页。
⑥ 云南省志编纂委员会办公室编：《续云南通志长编》中册，1985年印，第394页。
⑦ 蒙自县长：《呈报1942年10月20日蒙自被敌机轰炸情形》，1942年10月20日，云南省档案馆藏档案，档案号11—7—182—228。
⑧ 蒙自县长：《呈报1942年10月24日蒙自被敌机轰炸情况》，1942年10月24日，云南省档案馆藏档案，档案号11—7—182—223。
⑨ 河口瑶族自治县地方志编纂委员会编：《河口县志》，生活·读书·新知三联书店1994年版，第5页。《云南省振济会呈》，1942年，云南省档案馆藏档案，档案号11—7—155—229～230。
⑩ 《云南省蒙自县31年度遭受空袭伤亡人数报告表》，1943年3月，云南省档案馆藏档案，档案号11—7—181—27。《蒙自县参议会为造报敌机轰炸房屋损失人员伤亡统计表呈》，1947年11月20日，云南省档案馆藏档案，档案号11—7—10—86。云南省志编纂委员会办公室编：《续云南通志长编》中册，1985年印，第397页。

（公司及垦殖局未计）。省府拨发赈灾款法币 2 万元，英国领事馆捐赠法币 1 万元①。11 月 28 日，敌机轰炸蒙自市区②。

1943 年 1 月 27 日，9 架日机窜入蒙自县草坝乡上空轰炸，炸死 1 人，炸伤 1 人③。9 月 20 日，日机轰炸机 21 架在 30 余架战斗机的掩护下轰炸昆明，在昆明市东南郊投弹数枚，炸毁滇越铁路 459 条基罗铁轨 7 对和部分电线④。

1944 年，日机轰炸呈贡，炸伤 11 人⑤。

据档案记载，自 1937 年至 1940 年 4 月 17 日，蒙自海关遭日机轰炸共计损失 5913 元⑥。1939 年至 1943 年 4 年间，仅蒙自一地遭受日机轰炸死亡 375 人，伤 340 人，房屋全毁 3752 间，半毁 2562 间⑦。

综合上面材料，从 1939 年 4 月至 1944 年 5 年内，日军飞机共出动 555 架次，对滇越铁路进行 43 次轰炸，造成重大人员伤亡和财产损失。炸死 686 人，炸伤 652 人，其中重伤 479 人，轻伤 173 人，炸毁、烧毁房屋 4899 间，炸毁火车 20 余辆，炸死马牛猪 28 匹（头），损毁铁路桥梁、隧道、轨道、电线数处，迫使铁路运输数度中断。政府支付抚恤金、赈灾款合法币 23709 元（1937 年 7 月币值），防空设备费 3436 元法币（1937 年 7 月币值）。仅 1943 年 7 月至 1944 年底，滇越铁路财产直接损失 2873550 元法币⑧。除此之外，日机在对昆明的轰炸中，对滇越铁路部分地段造成的零星损失无法统计。

面对日机对滇越铁路的狂轰滥炸，为保障抗战物资的运输，川滇铁路线区司令部采取了积极的应对措施：一方面呈请军事委员会加强重点桥梁和地段的防空力量，另一方面饬令滇越铁路公司将部分设施迁移疏散，并积极组织铁路职工抢修被炸毁的铁路及设施。为保证铁路畅通，铁路随炸随修，耗时一二日或三五日不等。如 1940 年 2 月 3 日，小龙潭大桥昆明端钢梁被日机炸毁坠入河中后，中

① 《云南省蒙自县 31 年度遭受空袭伤亡人数报告表》，1943 年 3 月，云南省档案馆馆藏档案，档案号 11—7—181—27。
② 《呈报 1942 年 11 月 28 日蒙自被日机轰炸情形》，1942 年 11 月 28 日，蒙自县档案馆馆藏档案，档案号 036—9—330—33。
③ 《呈报 1943 年 1 月 27 年蒙自被日机轰炸情形》，1943 年 1 月 27 日，蒙自县档案馆馆藏档案，档案号 036—9—330—35。
④ 云南省档案馆编：《日军侵华罪行实录·云南部分》，云南人民出版社 2005 年版，第 281 页。
⑤ 《云南省抗战损失调查督促委员会填送本省遭受敌机轰炸伤亡人数及房屋损失统计表函》，1948 年 11 月 9 日，云南省档案馆馆藏档案，档案号 11—7—27—270～272。
⑥ 《云南蒙自海关财产损失》，中国第二历史档案馆馆藏档案，档案号 679（6）—208。
⑦ 《云南省抗战损失调查督促委员会填送本省遭受敌机轰炸伤亡人数及房屋损失统计表函》，1948 年 11 月 9 日，云南省档案馆馆藏档案，档案号 11—7—27—270～272。
⑧ 《云南铁路财产损失》，中国第二历史档案馆馆藏档案，档案号 6—2742。

国西南联运公司与滇越铁路法国公司联合抢修，临时修筑便线 1.5 公里，架设 10 孔 10 米钢板梁及 2 孔 6 米工字梁便桥 1 座，维持火车通行。正桥于当年秋修复。具体投工投料数据无法统计。

滇越铁路及沿线遭受轰炸损失统计表

时间	地点	日机架次	死亡人数	重伤人数	轻伤人数	损毁房屋（间）	其他财物损失	抚恤费、赈灾款（括号内数字为1937年7月法币值）（元）	防空设备费（括号内数字为1937年7月法币值）（元）
1939.4.13	蒙自	19	186	79	103	2094	路轨两条，车兜被炸倒10余个	39380 (13532.6)	10000 (3436.4)
12.3	蒙自	12			3	5			
1940.1.2	滇越铁路	62	1			1	路轨多处		
1.4	蒙自机场、滇越铁路	32	1	1	1		路桥受损		
1.5	开远	36					死水牛2头，毁铁桥一座		
1.7	蒙自	不详	不详						
1.24	蒙自	不详		3		3			
2.1	滇越铁路	27	153（其中外国人29名）	39	32		火车1辆、隧道、路轨及其他财物价值法币500万元（1944年价）	2500 (731)	
2.3	滇越铁路	25	1	7			临时浮桥受损		
2.13	滇越铁路	27							
2.16	滇越铁路	26					毁部分路轨、电线		
2.17	滇越铁路	27				1	毁浮桥、电线		
2.18	滇越铁路	27					毁路轨12对、路枕32块		
4.25	滇越铁路	不详				144	炸塌一桥墩，历时半年修复		
4.26	滇越铁路	18					毁路轨10余米		

时间	地点	日机架次	死亡人数	重伤人数	轻伤人数	损毁房屋（间）	其他财物损失	抚恤费、赈灾款（括号内数字为1937年7月法币值）（元）	防空设备费（括号内数字为1937年7月法币值）（元）
4.3	滇越铁路	18							
10.1	开远	27	42	28		295	死牛1头，猪18头	1700（256.8）	
11.14	蒙自	2	3	1		1	死牛6头，车兜1辆，铁轨50米	400（55.4）	
12.3	蒙自	9	25	31		46	毁火车18辆	5460（714.7）	
12.18	屏边		150	150					
12.22	蒙自	9					毁路轨250米，围墙10余丈		
12.24	蒙自	不详				6	毁车兜5辆、路轨30米		
1941.2.9	蒙自	1	6	3		6		240（26.3）	
4.18	蒙自	17	16	4	15	1369	粮仓2个	14000（1382）	
4.18	开远	27	28	27		228		14000（1382）	
4.19	蒙自	6	2	2		11			
5.7	蒙自	12	1	5		138	死牛8头、伤牛1头	380（37.8）	
5.8	蒙自、屏边	9	2			120	死马1匹、伤马1匹		
7.3	蒙自、呈贡	9	15	15	1	62	损坏1辆火车头		
8.13	呈贡			1		1		55（4）	

208

时间	地点	日机架次	死亡人数	重伤人数	轻伤人数	损毁房屋（间）	其他财物损失	抚恤费、赈灾款（括号内数字为1937年7月法币值）（元）	防空设备费（括号内数字为1937年7月法币值）（元）
1942.5.24	河口	不详		50				100000（2900.2）	
10.2	蒙自	不详		2		3			
10.24	蒙自	33							
10.24	河口	8	39	7	11	153		100000（1790.8）	
10.25	蒙自	不详	10	3		122		20000（358.2）	
10.27	蒙自	不详	10	9	7	90		30000（537.2）	
11.28	蒙自	不详							
1943.1.27	蒙自	9	1	1					
9.2	滇越铁路	21					铁轨7对和部分电线		
1944	呈贡		1	11					
合计		555	686	479	173	4899		328115（23709）	10000（3436.4）

（2）滇越铁路停运损失

滇越铁路停运的损失分为三个方面：

第一，日军掠夺中国滞留在越南的物资造成的损失。

1938年10月，广州、武汉沦陷后，滇越铁路成为中国对外联络的唯一通道，国际援华物资大多赖此路运抵中国后方，战略地位非常重要。日本政府为打击重庆国民政府，多次压迫法国政府封闭滇越路。

1940年6月，法国在对德国交战中失利，向德国投降并签订了《德法停战协定》。与德国同属协约国的日本要求法国政府停止滇越铁路运输，并派人监视封锁中越边境。法国当局迫于压力，接受了日方的要求，不准滇越铁路运货到昆明，滇越铁路于同年 6 月 20 日停运。由于法国殖民者在日军的压力下阻止滇越铁路货运，致使中国政府大批军用物资被迫滞留在越南境内。8 月，日军在越南海防登陆并向河内推进，并企图沿滇越铁路入侵云南。日本占领越南后，掠夺了中国滞留在越南海防、西贡等地的进口物资 10 余万吨，总计有 11 万余大件，价值在法币 2000 万元以上，折合 1937 年 7 月法币 3636364 元[①]。

第二，停运造成的运输损失。

滇越铁路货运自 1940 年 6 月停运，直到 1943 年 8 月 1 日中国政府接管滇越铁路运营。在停运的 3 年多时间内，滇越铁路的运输损失按 1939 年客货运量计算，少运货物 120 余万吨、旅客 1020 万人次。

第三，河口至碧色寨段轨道拆出后减少的运输损失。

1943 年，法国维琪政府与日军订立《越南军事及经济协定》，允许日军将越南作为侵略中国的根据地，中国政府宣布与法国维琪政府断交，同时，川滇铁路线区司令部奉命对滇越铁路实行接管。所有法籍管理人员、技术人员全部回国。据 1943 年中国政府接管铁路时的设备清单中记载，接管时有各型蒸汽机车 36 台，各型客、货车 449 辆[②]。之后，中国政府成立了滇越铁路滇段管理处，对铁路规章制度以及客货运价作了改革和调整。

中国政府接管滇越铁路后，利用滇越铁路未被破坏的碧色寨到昆明段，加强运输管理和运力。据统计，1943 年 8 月至 12 月，滇越铁路滇段客货运输营业收入为 113483600 元法币，折合 1937 年 7 月法币 468921 元；1944 年为 674053423 元，折合 1937 年 7 月法币 897601 元；1945 年为 3817231291 元，折合 1937 年 7 月法币 1532877 元[③]，呈大幅度上升态势。以平均每月营业收入看，1944 年比 1943 年增加 1 倍多，1945 年相当于 1944 年的近 6 倍。期间营业收入的增加，主要是抗战逐渐进入反攻阶段，军事运输进一步加大。滇越铁路被破坏的路段占全路的 36.8%，按当时客货运输的营业收入平均数计算，1943 年 8 月至 1945 年 2 年半时间内，至少损失运费 502937 元（1937 年 7 月币值）。

（3）为阻止日军入侵拆毁和后来修复铁路的损失

1940 年 8 月，日军占领越南后，为防止日军沿滇越铁路入侵云南，国民政府军事委员会一面作军事上的部署，命令部队将河口铁路大桥炸毁，一面急电川滇铁路线区司令部将河口至芷村段路轨拆除（最后延长至碧色寨南端岔道）。9

---

① 昆明市对外经贸局编：《昆明市对外经济贸易志》，云南民族出版社 2003 年版，第 107 页。
② 云南省地方志编纂委员会编：《云南省志·铁道志》，云南人民出版社 1997 年版，第 40 页。
③ 云南省志编纂委员会办公室编：《续云南通志长编》中册，1985 年印，第 1003 页。

月 12 日，中国军队将河口至越南老街间的铁路大桥炸毁，随后又将紧接大桥的河口 1 号隧道炸毁。10 月，中国宣布封锁滇越边境，并炸毁滇越铁路部分桥涵和路基。

随即，滇越铁路拆轨工作从河口隧道开始向昆明方向延伸。西南运输处铁路运输组工务科长翁筱舫担任拆轨队长，他组织召集有精湛技术的铁路工人成立滇越铁路拆轨队，迅速开赴河口，开始了艰巨的拆轨工作。川滇铁路线区司令部的明确指令，所有能拆除的轨道、桥梁、通讯设施、行车设备甚至房屋的门窗都要全部拆除，运至后方准备铺设叙（永）昆（明）铁路。拆轨队员既要面临恶劣的自然条件和地理环境所带来的困难，又要躲避日机的轰炸袭扰，还要克服许多技术上的难题。由于铁路建设于崇山峻岭，许多桥梁横跨于高山峡谷之上，工作位置狭窄而山谷风速很大，拆轨队员随时有生命危险。在拆除距河口 83 公里至95 公里间的 6 座钢塔架谷架桥时，拆轨队只好采取清晨、夜间和黄昏风速较小的时间，以 300 支光汽灯照明进行拆除。工程技术人员用最简陋的工具以抬、撬、拖滚、滑各种办法将拆下的钢梁钢轨等全数装车后运到后方基地。1941 年 1月，当铁轨拆到人字桥时，工程队对是否拆除人字桥有不同意见，队长翁筱舫认为拆桥容易建桥难，待日军入侵进一步深入时再炸毁也不迟。经急电请示上级同意后不予拆除，才使人字桥这一堪称路桥建筑史上奇迹的建筑得以保留至今。1941 年 2 月，拆轨工程到达碧色寨南端道岔外，历时 4 个多月的拆轨工作结束。总共拆除了 177 公里线路的铁路设施。按破坏公路 1095.21 元/公里的破路费算，共计 193852 元（1937 年 7 月法币）。

拆轨后滇越铁路仍由法国滇越铁路公司管理，昆明至碧色寨间 287 公里铁路维持通车，运输工作均听命于线区司令部，以适应军事运输需要。客货运量较以前在所减少，但仍不失为云南的运输大动脉。

抗日战争胜利后，为使滇越铁路全线恢复通车，1945 年 9 月，国民政府开始滇越铁路河碧段的修复工作。经勘察设计，修复投资需法币 85 亿元[①]。1946年 2 月 28 日，中法两国于重庆签订《中越关系之协定》，中国政府赎回滇越铁路滇段的路权，成立了滇越铁路河碧段修复工程委员会，集中了川滇、滇越两路人力、物力，修复工程正式开工。但由于向国外订购的钢梁、钢轨等材料到不了位，加之国民党一心打内战，致使经济恶化，法币贬值，修复工作被迫于 1947年 5 月停工，仅完成路基土石方及部分桥涵施工。直到新中国成立后的 1956 年

---

① 云南省地方志编纂委员会编：《云南省志·铁道志》，云南人民出版社 1997 年版，第 35 页。

6月，在铁道部、云南省人民政府的主持下，经过铁道兵一年多的艰苦施工，1958年，滇越铁路才正式修复通车。修复费用为人民币1946万元（当年币值），共用113.7万工日[①]。

3. 受损特点

（1）遭受破坏严重

滇越铁路自1910年通车，正常运营了29年。在日本帝国主义侵华战争中，铁路遭受了严重的破坏。首先，日军飞机对滇越铁路实施了数十次轰炸，桥梁、隧道、路轨数处被毁，火车、车站、电线等财产损毁严重，迫使铁路运输多次中断。为恢复交通，滇越铁路公司和中国政府派出大批工程技术人员和民工，抢修被毁路段。修路工期短则数日，长则半年。其中投入的人力和物资等间接损失，无法计算。其次，为防止日军沿滇越铁路侵入中国，国民政府被迫炸毁河口大桥和1号隧道，继而派出工程队拆出河口到碧色寨177公里长的铁路，滇越铁路只有部分路段可以运营，直到新中国成立后的1958年才正式修复通车。由于日军侵略及破坏，滇越铁路名存实亡，其对云南甚至中国交通运输的制约和影响自抗日战争至解放战争，并延至中华人民共和国成立后10年间，全程运输中断长达18年。

（2）以轰炸和停运造成的损失为主

抗战中，滇越铁路是中国连接外部世界的主要通道，是中国运输英美盟国援华物资的重要交通线。为了达到切断中国西南后方抗战运输的大动脉，日军对铁路沿线实行了狂轰滥炸，据不完全统计，炸毁铁路桥梁2座、浮桥3座、隧道1个、路轨数百米，炸毁或烧毁火车20余辆、车兜15个，车站房屋等财产也受到不同程度损失。在轰炸中，仅抚恤金、赈灾款及防空设备费就合1937年7月法币27343元。另外，因日军占领越南，迫使法国政府禁止滇越铁路运输中国货物，加上中国政府为防止日军从滇越铁路侵入云南，下令拆除部分路段轨道，在一段时期内造成铁路全部或一部分路段停止运营，该路客运、货运及中国在越南境内滞留物资的损失达法币3636364元，破路费损失193852元（1937年币值）。

（3）遭受损失惨痛

抗战期间，滇越铁路虽然属于法国政府管理，但因它修建在中国的领土上，

[①] 云南省地方志编纂委员会编：《云南省志·铁道志》，云南人民出版社1997年版，第37页。

日军为达到切断铁路运输和打击中国人民抗战信心的目的，在对滇越铁路、车站实施轰炸破坏的同时，对铁路沿线的城镇进行了多次轰炸，造成沿线各族人民生命财产的重大损失。特别是对铁路沿线两个中心车站驻地蒙自和开远的轰炸次数多，破坏程度深。据档案记载，日军对云南的轰炸中，对蒙自一地的轰炸次数仅次于昆明。1938年底至1942年间，日机轰炸云南共127次，在全省被轰炸的21县中，遭受日机进袭次数最多者为昆明，计41次；其次为蒙自，计27次。进袭机数最多者为昆明，计849架次；其次为蒙自，计292架次。投弹最多者亦为昆明，计2606枚；其次为蒙自，计1627枚[①]。据所统计日军对滇越铁路沿线的43次轰炸中，除昆明外，铁路沿线军民被炸死686人，重伤479人，轻伤173人，炸毁、烧毁和震毁房屋4899间。在历次轰炸中，绝大多数伤亡人员为当地居民，绝大多数房屋等财产损失属于当地百姓。此外，还有部分居民的家畜被炸死炸伤。

（作者单位：中共云南省委党史研究室）

---

① 《抗战期间日机袭滇伤亡损失总计》，载云南防空司令部编：《云南防空实录》（上编），1945年12月，第329页。

（六）从捐献看云南抗战承受的损失

解 菲

抗日战争是中国近代史上第一次取得完全胜利的民族解放战争。在这场艰苦卓绝的反侵略战争中，云南各族人民为支援抗战，参军参战、修路、修机场、捐献、积谷等等。在云南抗战巨大消耗的背后，是云南人民倾囊为国，鼎力支前，为中国抗日战争和世界反法西斯战争的胜利作出了不可磨灭的贡献。从 1931 年九一八事变，云南即开始开展捐献活动，到 1937 年全国抗战爆发，捐款数额达到顶峰（当年捐款额为法币 10436343.39 元），直到战争结束。抗战期间，云南人民捐献活动的热情达到了前所未有的高度。根据所收集到的捐献资料统计，从九一八事变开始至抗日战争胜利的 14 年中，云南为支援抗战，累计捐献 33500394.49 元（已折为 1937 年 7 月法币价值）及大量物件①，募捐形式多种多样，为抗日战争的胜利作出了巨大贡献。

1. 捐献形式

抗战爆发后，在亡国灭种的危急关头，云南人民不分性别、年龄、职业、信仰、民族、党派，开展了形式多样的募捐活动。

（1）献机运动

抗战一开始，日军即对我国领土实行疯狂轰炸。随着战局的发展，我军在空中的劣势更加明显。为打击日军的空中力量，全国救亡团体决议发起筹款购买飞机运动。1933 年 2 月 24 日，云南省财务行政机关及禁烟局职员，决定自动捐款购买飞机 1 架，支持航空救国②。3 月 1 日，云南民众救国会在民政厅召开各省级机关代表会议，准备募捐购买飞机 70 架，省会各机关负担 14 架，购机经费由机关职员各捐薪俸 1 月③。8 月 9 日，旅滇"两广"同乡在昆明昌生园聚会，发

---

① 根据此次课题调研中捐献专题的最终统计结果。
② 《云南民国日报》1933 年 2 月 24 日，第 3 版。
③ 《云南日报》1933 年 3 月 25 日，第 3 版。

起献机 2 架报国活动，目标 15 万元已募足。献机定名为"司机号"和"商人号"①。1941 年初，抗敌后援会在全国发起捐款购买飞机抗日，云南各族各界人民热忱踊跃。在重庆珊瑚坝飞机场举行的献机典礼上，云南以捐献飞机 30 架的数量，名列全国第一②。因成绩突出，云南受到了著名爱国将领、国民政府军事委员会副委员长冯玉祥的表彰。抗敌后援会云南分会副主席杨西圆作为云南献机代表在大会上讲了话，通报了云南人民积极支援抗战的决心和昆明各地热忱捐助的情况③。此后，1943 年 5 月 4 日，云南省滑翔分会在昆明举行滑翔运动周献机典礼，昆明市各界认购捐献 93 架滑翔机，至 6 月 3 日，共收到滑翔机代金1061664 元④。7 月 11 日，腾冲商人捐献 110.02 万元购买飞机⑤。初步统计，抗战期间，云南捐献的飞机在 200 架以上⑥。

（2）七七献金

七七献金是抗战时期云南持续时间最长（从 1938 年开始，一直持续到 1945年抗战结束）、规模较大的一场捐献运动。1938 年 7 月 7 日，云南全省举行壮烈纪念。龙云致祭，数万人大游行。省抗敌后援会组织七七献金运动，各界踊跃献金，当日收旧币 2 万余元⑦。7 月 10 日，云南各界七七献金运动结束，共计募集旧币（旧滇币）73000 余元⑧。此后，每年 7 月 7 日至 9 日 3 天，全省各市、县都要在大街上高搭献金台，由机关、学校、工厂、团体、人民群众，集体或个人到台前慷慨献金，数额多少不一。1939 年 7 月 7 日，七七抗战两周年，昆明召开纪念会，组织植树、献金、画展及宣传。龙云领导献金，募获法币 16000 余元⑨。据统计，1939 年，云南省第二届七七献金运动共募法币 32000 余元⑩。

① 《云南日报》1941 年 8 月 10 日，第 4 版。
② 杨西圆：《抗战时期云南献机记略》，载政协昆明市委文史资料研究委员会编：《昆明文史资料选辑》第 6 辑，云南人民出版社 1982 年版，第 14—15 页。
③ 杨西圆：《抗战时期云南献机记略》，载政协昆明市委文史资料研究委员会编：《昆明文史资料选辑》第 6 辑，云南人民出版社 1982 年版，第 15 页。
④ 《云南日报》1943 年 5 月 5 日、6 月 3 日，第 3 版。
⑤ 《云南日报》1943 年 7 月 12 日，第 3 版。
⑥ 杨西圆：《抗战时期云南献机记略》，载政协昆明市委文史资料研究委员会编：《昆明文史资料选辑》第 6 辑，云南人民出版社 1982 年版，第 16 页。
⑦ 云南省地方志编纂委员会编：《云南省志·卷首》，云南人民出版社 1997 年版，第 207 页。
⑧ 《云南日报》1938 年 7 月 11 日，第 4 版。
⑨ 《抗日战争时期昆明大事记（资料）》，载政协昆明市委文史资料研究委员会编：《昆明文史资料选辑》第 6 辑，云南人民出版社 1982 年版，第 195 页。
⑩ 《云南日报》1939 年 7 月 10 日，第 4 版。

1940 年，获法币 100452.84 元①。1941 年，获法币 212454.2 元②。1942 年，收到法币 100 余万元，其中昆明 53 万余元，外县 48 万余元③。1943 年，全省各界献金达 120 余万元④。1944 年，收获献金法币 6118430.62 元⑤。1945 年，获捐款约 1900 万元，打破历届七七献金捐款数记录⑥。8 年抗战中，全省七七献金共募获法币 2767 万余元。

（3）征募寒衣

随着抗日战线的拉长，物资供应也越显困难，特别是寒冬来临时，前方将士更需御冻寒衣。在全国征募寒衣委员会的号召下，云南先后展开征募寒衣运动、布鞋代金和鞋袜代金。

1937 年 10 月 19 日，云南省抗敌后援会组织捐寒衣慰劳前方将士运动。此后，每年春夏之交，各级政府均组织捐献活动，有的捐实物，有的捐献代金。每年收到捐献衣物等二三十万件，共约 200 万件以上⑦。1938 年 10 月 10 日，《云南日报》以显著位置报道说："抗敌会发起大规模棉衣捐献。"1941 年 7 月初，在省民政厅厅长张邦翰主持下，云南募鞋劳军委员会成立，龙云要求"不能让三迤健儿冻着脚冲锋杀敌，一定要在半年内完成百万双布鞋劳军的任务"。1941 年 9 月 6 日，云南省各界劝募布鞋劳军委员会拨款 25.8 万元，汇给曲靖等 13 县赶制布鞋。同时，收到马龙分会布鞋 499 双，云南邮务工会布鞋代金 44822.09 元，永平县政府 1500 元⑧。9 月 19 日，云南募鞋劳军委员会开第 4 次常会，报告先后收获布鞋代金款总数，截至 9 月 13 日，共合法币 376179.59 元，收到鞋子 38094 双⑨。当年秋末，首批布鞋 30 多万双出省运往前线。年底，百万双以上的布鞋劳军任务圆满完成⑩。

除募捐寒衣外，云南还从 1943 年开始启动开展劝募鞋袜代金捐款。1944 年

---

① 《云南日报》1940 年 7 月 12 日，第 4 版。

② 《云南日报》1941 年 7 月 11 日，第 4 版。

③ 《云南日报》1942 年 9 月 11 日，第 3 版。

④ 《云南日报》1943 年 7 月 10 日，第 3 版。

⑤ 《云南省政府办理 1944 年度七七献金运动款项情形电》，1944 年 12 月，云南省档案馆馆藏档案，档案号 106—9—1033—5～8。

⑥ 《云南日报》1945 年 7 月 10 日，第 3 版。

⑦ 邹硕儒：《云南人民支援抗战简况》，载政协昆明市委文史资料研究委员会编：《昆明文史资料选辑》第 6 辑上，云南人民出版社 1982 年版，第 48—49 页。

⑧ 《云南日报》1941 年 9 月 6 日，第 4 版。

⑨ 《云南日报》1941 年 9 月 19 日，第 4 版。

⑩ 邹硕儒：《三迤黎庶拯危难》，载中国人民政治协商会议西南地区文史资料协作会议编：《西南民众对抗战的贡献》，贵州人民出版社 1992 年版，第 211 页。

9月，平彝（今富源）、姚安、晋宁、罗茨（今属禄丰）、屏边、双江、禄丰7县募得鞋袜代金452138元，上缴省慰劳抗战将士委员会；西畴、澜沧、车里（今景洪市）、思茅、六顺（今属思茅）、佛海（今勐海）、南峤（今属勐海）7县募得布鞋3225双，鞋袜代金152461元，拨交当地驻军第2师、93师接收①。1946年1月28日，云南省慰劳抗战将士委员会副会长陈廷璧向云南省政府报告，自1943年6月至1946年1月，共收到全省各县上缴的劳军鞋袜捐款法币2386300元②。

据估计，抗战"8年中滇人献出寒衣总数""最少也在200万件以上，军鞋100余万双"③。

（4）义演义卖

抗战期间，全省各京剧院、滇剧院、电影院、话剧团，爱国不落人后，举行过多次义演献金，即将当日售票所得，悉数捐献。1937年11月30日，云南省抗敌后援会召开第25次常务会议，报告：新滇戏院北平童子团联合献艺募捐举行4次，募获旧币11919.5元④。1939年2月23日，云南大学附中学生深入农村公演抗日救亡戏剧、歌舞，募集捐款1000元寄重庆八路军办事处，慰问八路军抗日将士⑤。6月11日，中华基督教全国联合会云南分会为空袭救济，连续两日举办音乐大会，获门票收入法币1300元，作救济之用⑥。云南邮务工会为响应募药运动，于8月11、12两日公演平剧，收入票价法币7399元，除开支费用外，余5593.33元，移交军管区政治部⑦。1941年春节期间，兰坪县为了支持抗战，举行学校师生义演和狮灯会，募集银元200余元汇至滇军60军军部⑧。1943年10月30日，《云南日报》报道：在国庆献机活动中，昆明娱乐界举行公演，募获法币20万元⑨。1944年5月9日，云南省抗敌后援分会发动昆明市各剧场

---

① 云南省地方志编纂委员会编：《云南省志·民政志》，云南人民出版社1996年版，第123页。
② 《云南省慰劳抗战将士委员会呈报捐款收支情形并请示结束事宜》，1946年1月28日，云南省档案馆馆藏档案，档案号106—1—1061—61～75。
③ 邹硕儒：《三迤黎庶拯危难》，载中国人民政治协商会议西南地区文史资料协作会议编：《西南民众对抗战的贡献》，贵州人民出版社1992年版，第211页。
④ 《云南日报》1937年11月30日，第3版。
⑤ 《抗日战争时期昆明大事记（资料）》，载政协昆明市委文史资料研究委员会编：《昆明文史资料选辑》第6辑上，云南人民出版社1982年版，第190页。
⑥ 《云南日报》1939年6月16日，第4版。
⑦ 《云南日报》1940年8月17日，第4版。
⑧ 兰坪县调研资料，见中共兰坪县委党史研究室：《兰坪县抗日战争时期人口伤亡和财产损失综合卷"口述资料"》，第132—133页。原件存中共兰坪县委党史研究室。
⑨ 《云南日报》1943年10月30日，第3版。

影院义演 1 天，以票价总收入法币 5 万余元购买药品，赶运到湘赣抗日前线①。

除义演外，还组织各种形式的义卖活动。1939 年 1 月 15 日，《云南日报》组织义卖活动，各界踊跃购买，获旧币 4 万余元，拟解汇前线②。2 月 8 日，昆明市商界义卖活动结束，所得超过旧币 30 万元以上③。11 月 16 日，《云南日报》报道：昆明市发布义卖《国民守则》，市长到电台演讲动员，义卖成绩较佳，普通义卖获法币 1 万元，荣誉义卖不日亦可结束④。1940 年 1 月 10 日，《云南日报》报道：西南联大学生去年九一八期间，自动举行义卖，募获滇币 15670 元，汇军委会作军用，军委会来函致谢并予嘉许⑤。1941 年，昆明市女青年会职业妇女会于 8 月 10 日举办的茶点义卖账目清理就绪，共获法币 3520 余元，全数购债还本作救济金⑥。1942 年 4 月，著名画家徐悲鸿从缅甸回国来到大理，先住大理古城云南腾大师管区司令部，后住下关知名人士马丽生家。4 月 29 日，徐悲鸿到三月街，到了最热闹大牲畜市场看着壮观的场面，万分激动，当即打开画板调换着不同角度奋笔画了起来。他不顾风吹日晒，接连在三月街牲口市场素描写生数日，回到马家将素描写生画出的形态各异、栩栩如生的各种牛马画，一并交给马丽生在"和兴昌"铺义卖，得银元 1 万多元。离开大理时，徐悲鸿要马丽生代他把银元全寄给云南抗敌后援会⑦。9 月 1 日记者节，云南新闻界义卖报纸以捐寒衣，支援抗战将士，共得款 57000 余元⑧。

（5）公债、债券、基金

抗战时期，国民政府为筹措抗日经费和赈灾救灾发行公债、债券和基金，对支持抗战发挥了重要作用。

1933 年 3 月 1 日，云南省党部指导委员会全体工作人员各捐 1 月生活费，昆明市第 8 区分部举行第 4 届第 13 次委员大会的 50 名国民党员捐款 500 余元，作为救国基金⑨。同年，云南省征收"救国基金"，分配华坪县新滇币 3.75 万元⑩。

---

① 邹硕儒：《云南人民支援抗战简况》，载政协昆明市委文史资料研究委员会编：《昆明文史资料选辑》第 6 辑上，云南人民出版社 1982 年版，第 47—48 页。
② 《云南日报》1939 年 1 月 16 日，第 1 版。
③ 《云南日报》1939 年 2 月 9 日，第 4 版。
④ 《云南日报》1940 年 11 月 17 日，第 4 版。
⑤ 《云南日报》1940 年 1 月 10 日，第 4 版。
⑥ 《云南日报》1941 年 8 月 20 日，第 4 版。
⑦ 杨镜：《大理百年要事录》上卷，云南民族出版社 2003 年版，第 133 页。
⑧ 《抗日战争时期昆明大事记（资料）》，载政协昆明市委文史资料研究委员会编：《昆明文史资料选辑》第 6 辑上，云南人民出版社 1982 年版，第 208 页。
⑨ 《云南民国日报》1933 年 3 月 1 日，第 3 版。
⑩ 云南省华坪县志编纂委员会编：《华坪县志》，云南民族出版社 2000 年版，第 11 页。

七七事变后的同月 30 日，云南即在昆明组成云南各界抗敌后援联合会。1937年 8 月 16 日，国民政府宣布发行救国公债 5 亿元。于是该会成立不满 1 个月的头一件事，就是在 8 月 21 日开会作出倡购救国公债的决议。9 月 1 日，在后援会的倡议下，又组成云南各界救国公债劝募分会，向全省人民劝募救国公债。经过广泛深入的宣传活动，至 12 月，全省共认购救国公债 500 万元。其中，昆明认购 250万元，个旧 100 万元，其他各县 150 万元。云南省曲靖县（今麒麟区）专门成立救国公债劝募委员会曲靖支会，下设总务股、宣传股、经募股、会计股、保管股等，并组织了 7 个劝募队分赴各区开展劝募工作，县政府还公告了《为劝募救国公债告民众书》。经过认真细致的宣传动员，全县人民行动起来，纷纷认购救国公债。至 11 月底，共劝募救国公债法币 7000 元，全部上交省劝募委员会，支援抗战[1]。麻栗坡特别区各界抗敌后援会发出《为劝募救国公债告全区民众书》，号召大家为抗日救国购买公债，全区人民积极响应，共劝募法币 1 万元[2]。

1941 年 7 月 7 日，全省热烈纪念七七全国抗战 4 周年。在昆明召开的纪念大会上，各界当场认购 2600 余万元抗战债券，并献金 11.3 万余元[3]。云南省劝募抗战债券最后目标为 3600 万元[4]。

1931—1945 年云南抗战捐献统计表　　　　单位：法币元

年份	数　　额
1931	10000
1932	267945.80
1933	547550
1934	191510
1935	533519.50
1936	420632.88
1937	10436343.39
1938	5773701.82
1939	436639.68
1940	6266425.2

[1]　《曲靖县劝募救国公债》，曲靖市麒麟区档案馆馆藏档案，档案号 2—1—247—28～30。

[2]　胡兴义著：《文山州战备支前志》，文山州战区善后工作基金会 2003 年印，第 24 页。

[3]　云南省地方志编纂委员会编：《云南省志·卷首》，云南人民出版社 2004 年版，第 219 页。

[4]　《云南日报》1941 年 7 月 13 日，第 4 版。

年份	数　额
1941	2445156.28
1942	254169.23
1943	359434.68
1944	5522913.98
1945	36223.04
不分年份	229.01
合计	33500394.49

备注：1. 所有数据都是折合 1937 年 7 月法币元；

2. 所列数据不包含总表中所列零散物件数据。

2. 募捐特点

（1）形式多样

募捐形式除前所述献机运动、征募寒衣、献金等主要形式外，还有绝食捐献、药品捐献、游艺捐献、象棋赛捐献等多种方式。如 1936 年 11 月 27 日，云南大学学生为捐资慰劳前方将士，绝食一天，将绝食的伙食费全部寄往前方。此外，每人还捐法币 10 元，一同寄出[1]。1937 年全国抗战爆发，曲焕章将 3 万瓶百宝丹捐献给前线抗战将士，在"血战台儿庄"战役中发挥了救治枪伤的非凡功效。1939 年 7 月 5 日，军委会西南运输处定期举办募捐游艺，募法币 45000 余元[2]。9 月 27 日，昆明举办首届象棋募捐大会，各界人士踊跃捐款捐物，募获法币 4000 元，交后援会，悉数寄到前方[3]。1940 年 3 月 31 日，云南省各界妇女为筹集残废士兵工厂抗战家属工业合作社基金，于 3 月 27 日起，举行游艺会 5 日，全部收入法币 24451.18 元，除支出 3857.7 元外，悉数作为基金[4]。7 月，云南军管区政治部因炎夏将至，蚊虫出现，为维护士兵健康，发起征募蚊帐、药品，各界踊跃捐输，收到法币 1220 元[5]。8 月 11 日，云南军管区政治部发起的募药

① 云南省地方志编纂委员会编：《云南省志·卷首》，云南人民出版社 2004 年版，第 201 页。

② 《云南日报》1939 年 7 月 5 日，第 4 版。

③ 《云南日报》1939 年 9 月 28 日，第 4 版。

④ 《云南日报》1940 年 5 月 11 日，第 4 版。

⑤ 《云南日报》1940 年 7 月 26 日，第 4 版。

运动，又获银行界捐款 21 注，法币 10014 元，奎宁丸 10 瓶，平胃散 500 包。省后援会收到各界捐款（法币）：元谋县 1356.15 元，富民县 768.65 元，石屏县 970.1 元，菲律宾侨民曾修成 10 元①。同日，昆明市南宁药房经 1 个月义诊，共义诊病人 427 人，收获法币 213.5 元，是日送交空袭救济处充作救济灾民之用②。1941 年 1 月 10 日，西南联大组织的献机运动结束，师生竞买竞卖踊跃，总数达法币万元③。1944 年 1 月 12 日，《云南日报》报道：腾南自卫军第三路司令赵金台捐献稻谷 600 箩援助游击队④。

（2）组织有方

在整个募捐过程中，为了支援抗战，广大人民激于民族义愤，捐款多以自发为主，但也得到了各种抗战团体的支持和政府的协作。九一八事变发生后，云南即开始出现群众性自发组织的抗战团体开展募捐活动。1937 年全国抗战爆发后，各种形式的抗战后援团体纷纷涌现，如抗敌后援会、慰劳抗战将士委员会、文化劳军运动委员会、女青年会、抗敌总会等。在这些组织的指导下，形式多样的募捐活动开展得有声有色、有理有节、有条不紊。他们刷写标语、散发传单、设立募捐台所，宣传募捐的意义，开展募捐竞赛。如 1941 年 7 月上旬，云南捐布鞋劳军委员会成立，由省党政领导机构商定并通令全省各市县，立即发动人民捐献布鞋，11 日在昆明召开宣传认捐大会，当即认捐 7 万多双布鞋。广大新闻媒体也积极配合，发表社论，发出号召。半年后，云南人民捐献百万双布鞋的任务超额完成⑤。

与此同时，政府也为募捐采取有效措施。其一，募集公债时，由省府向各县分配任务，各县县政府和群众团体组成征募委员会，依靠群众团体的赞助，依靠政治上的动员，严格执行劝募方式，并运用各种形式宣传公债的性质和意义，借助有利时机和场合，如庙会、演戏和集会等积极宣传。为便于群众购买，规定不限于现金，凡布匹、粮食等均可折价购买。人们认识到民族的利益即个人的利益，多买一份公债就是增加一份抗日力量，认购公债的行动非常踊跃，许多妇女变卖结婚首饰购买公债。其二，政府为鼓励捐献，针对专门捐款活动制定办法。如 1932 年 2 月 28 日，在云南省筹募救国基金委员会第一次会议上，决定筹募办

---

① 《云南日报》1940 年 8 月 10 日，第 4 版。

② 《云南日报》1940 年 12 月 15 日，第 4 版。

③ 《云南日报》1941 年 1 月 11 日，第 4 版。

④ 《云南日报》1944 年 1 月 12 日，第 3 版。

⑤ 邹硕儒：《云南人民支援抗战简况》，载政协昆明市委文史资料研究委员会编：《昆明文史资料选辑》第 6 辑上，云南人民出版社 1982 年版，第 53—54 页。

法：1. 资产捐分为动产不动产二种，不动产捐款由 5% 至 6%，动产捐款 1% 至 10%；2. 收入捐，全省公务员均一律捐薪俸 1 月；3. 户口捐，每人捐半开银币 5 角①。在七七献金活动中，还专门颁布了《云南省各界抗敌后援会七七献金运动指导员策动献金办法》，对献金的各环节进行了详细的规定。可以说，政府对每一项捐献活动，都制定了严格的办法，以便于活动的组织实施。其三，及时通过各种载体公布捐款情况。如七七献金活动中，为使社会各界人士明了云南省抗敌后援会经办此项工作的情形及献金数额，云南全省抗敌后援会将献金单位、个人名称、金额及有关文件汇齐，编辑出版《征信录》②，并在报刊上及时登载捐献进展情况。第四，采取严厉的奖惩措施。为鼓励群众捐献，使捐献活动取得明显成效，政府制定了积极的奖励政策，同时，对认捐但没有兑现的组织或个人也有严厉的惩罚措施。在 1940 年度的七七献金活动中，西南运输处以 3381186 元高居献金榜首，获赠银盾，并呈请民国政府奖励，其余大部分获赠锦旗，并在各大报纸通报表扬。云南省会泽县抗敌后援分会因积极募捐各种抗战物资、经费，曾组织义演 3 天，开展"捐献半架飞机"等募捐活动，募款数额突出，受到省各界抗敌后援会和省政府表彰，获赠银盾 1 块，现由会泽文物馆珍藏。对于已认捐却一时未兑现的单位和个人，则予以一定惩罚。在档案《云南省富滇新银行为市民胡光庭抵押房产还救国公债事致省民政厅函》③ 中记载了昆明市民胡光庭因欠缴已认购的救国公债法币 1000 元，后经省府核准，将胡光庭所押的房产拍卖，即以拍卖所得，按照应缴数额拨收债款。由于宣传有力、组织有方，云南的抗战募捐取得了巨大成功。

（3）参与广泛

参与捐献的人员几乎涵盖了当时的各个阶层。上至云南省府主席龙云，下至平民百姓都参与捐献。1939 年 6 月 24 日，云南省府龙云主席捐款滇币 15 万元，购买云南白药、金鸡纳等送往战斗在中条山第 3 军④。1932 年 2 月 12 日，云南华安机器厂工友 59 人，鉴于第 19 路军英勇杀敌，特自由捐资慰劳，共捐滇票 4561 元，折合申洋 616. 26 元，由省党部指导委员会电汇上海慰劳，并通电各

---

① 《云南民国日报》1932 年 3 月 1 日，第 5 版。
② 《云南各界抗敌后援会付印七七献金〈征信录〉祁鉴核备查呈》，1941 年 3 月，云南省档案馆馆藏档案，档案号 106—1—1044—49～138。
③ 《云南省富滇新银行为市民胡光庭抵押房产还救国公债事致省民政厅函》，1943 年 10 月 4 日，云南省档案馆馆藏档案，档案号 1011—15—26—65～67。
④ 《云南日报》1939 年 6 月 24 日，第 4 版。

方，解囊相助①。1937 年 12 月 2 日，云南省镇雄县民妇陇余氏，捐助 150 石地租作抗日战费，折合镍洋 22500 元，新滇币 7500.2 元。省府将其转红十字会作为基金②。1940 年 4 月 8 日，云南省大理儿童剧团演抗战剧募捐，寄《云南日报》社新币 100 元，请代转前方劳军③。6 月 16 日，云南省抗敌会收到云南大学教职员工捐款法币 332 元，用于为第 58 军购买药品④。1941 年 12 月 24 日，云南个旧商人李恒生捐法币 2000 元，救济当月 18 日昆明被炸灾民⑤。爱国不让须眉，1942 年 3 月 4 日，云南妇女界积极参加献金竞赛，共献法币 61 万余元⑥。在募捐运动中，最感人至深的有两个人物：第一是在七七献金运动中，有一挑夫老马，衣服褴褛，形容憔悴，捐纸币 5 元。他说："我自 7 日起，即自动节食，每日仅购粑粑充饥，至今积得工资 5 元，贡献国家，聊表爱国微忱。"⑦ 以后每到 7 月 7 日这一天，他都要把一年省下来的苦力钱捐献。当年昆明各大小报纸都争以醒目的标题报道。第二是陆军第 12 师师长唐淮源的太夫人，将儿子为其准备的棺椁 1 具变卖得旧滇币 2 万元捐作军用⑧。

（4）爱国华侨慷慨解囊

华侨具有爱国的光荣传统。抗战期间，云南籍爱国华侨团体纷纷组织捐款献物活动，支援祖国的抗日战争。

一·二八淞沪抗战开始后，经旅缅腾冲爱国华侨董效文、寸嗣徽等人积极倡议和参与，组织成立了"缅甸华侨航空救国协会"，广泛动员华侨捐资。两年时间共募捐得缅币 42280 盾（折合法币 47590 元），购得战斗机 1 架，命名为"缅甸号"⑨。1934 年，身为缅甸华侨总会会长的梁金山先后将白银 9000 两、汽车 80 辆和 1 架飞机捐献给祖国抗战。1935 年，云南省龙陵县修建惠通桥时，梁金山又捐助英洋⑩20000 元，省府转呈国府予以褒扬⑪，同时，他还按月捐卢比 100 盾用于抗战。当时，国民政府派给云南全省的救国公债，梁金山一人就认购了总

① 云南省地方志编纂委员会编：《云南省志·卷首》，云南人民出版社 2004 年版，第 192 页。
② 《云南日报》1937 年 12 月 2 日，第 3 版。
③ 《云南日报》1940 年 4 月 9 日，第 4 版。
④ 《云南日报》1940 年 6 月 17 日，第 4 版。
⑤ 《云南日报》1941 年 12 月 25 日，第 4 版。
⑥ 《云南日报》1942 年 3 月 4 日，第 4 版。
⑦ 《云南日报》1938 年 7 月 10 日，第 1 版。
⑧ 《云南日报》1939 年 4 月 27 日，第 4 版。
⑨ 和金星主编：《滇西抗日战争史》，云南民族出版社 2005 年版，第 104 页。
⑩ 此处英洋，即鹰洋，墨西哥银元，因币面花纹有鹰鸟，俗称鹰洋，误称为英洋。1854 年流入中国，英洋迅速成为各大中城市的标准货币。
⑪ 《云南日报》1935 年 12 月 4 日，第 6 版。

额的一半。1943 年，他筹集 1500 万元在昆明南屏街建立"中国侨民银行"，广泛筹集抗日资金。缅甸沦陷后，梁金山立即变卖全部家产，辗转回到保山蒲缥，将带回的 7 箱金银珠宝全部捐给国家抗日事业。正是因为这一系列资助抗战之举，梁金山被国民党中央授予"模范党员"称号①。1938 年，以陈嘉庚为首的爱国侨领积极向各地华侨倡导捐款，所得巨款购买了 1000 辆"道奇"等汽车捐给国家，用于抗战。1940 年 3 月，南洋华侨筹赈总会及陈嘉庚先生，缅甸救灾总会捐赠汽车 310 辆，担任滇缅公路抗战运输任务，其中，缅甸爱国华侨捐赠百辆。捐赠华侨机工寒衣物品（蚊帐、卫生衣、线衫、棉背心、制服、毛毡、袜子、胶鞋）12378 件，金鸡纳霜 5 万粒。同时，陈嘉庚还率南洋侨胞组织慰问团 50 余人赴昆明、贵阳、重庆慰劳华侨机工②。此外，由爱国华侨所开的金光公司还捐献出 80 辆美制道奇大货车，帮助运送抗战物资③。

可以说，抗战期间，在错综复杂的形势下，以陈嘉庚、梁金山等为代表的爱国华侨倾囊相助，为中华民族的解放事业作出了不可磨灭的贡献，在抗战史和华侨史上写下了光辉的一页。

（5）少数民族积极响应

当日本入侵，国难当头之际，为了抗日大计，为了国家民族生存，无论是修路还是抗日，无论是要人还是要钱，云南少数民族都义无反顾，尽力支持。1934 年 6 月 18 日香港《大公报》报道：继杨文炳土司之后，耿马土司罕裕卿、孟定土司罕万贤亦来大理，将赴渝晋谒中枢当局致敬。并合并献金 100 万元。一行十余人，一部将投考军校。按耿马为滇西南之大土司，辖五千户，盛产茶米棉花。孟定始祖与木邦始祖为同胞兄弟，明永乐时……受封为孟定左都督府，现辖八百户。今春一度沦陷，地方饱受蹂躏。罕等跋涉两月，方抵大理。边胞拥护中央之忠诚，感人至深。电文中所指耿马土司罕裕卿，为耿马 21 世土司罕华基第五子，1933 年承袭为耿马宣抚司末代土司官。孟定土司罕万贤，系罕裕卿之外甥，时年 19 岁④。

① 保山地区地方志编纂委员会编：《保山地区志》下卷，中华书局 2003 年版，第 740 页。
② 顾金龙：《陈嘉庚与南阳华侨机工》，载政协云南文史委编：《云南文史资料选辑》第 37 辑，云南人民出版社 1989 年版，第 150—161 页。
③ 云南省保山地区新闻中心、保山地区博物馆编：《中国远征军滇西大战》，云南美术出版社 1999 版，第 9 页。
④ 吴泽、张良兵：《耿马土司捐献抗日军费百万元》，载云南省档案馆编：《云南档案》2005 年第 1 期，第 15—16 页。

（6）数额巨大

1941 年 2 月 13 日，云南省节约建国储蓄运动共计储款法币 2400 余万元，尚有认定储款未及报缴的 700 余万元，超出原定目标 1000 万元，竞赛名列全国第二，仅次于陪都重庆[①]。1942 年 3 月 13 日，云南省新运献金竞赛圆满结束，募获法币 1708482.78 元[②]。1943 年 11 月，云南伤兵之友社举行募捐竞赛，第一次社友 150100 人捐款法币 47 万元，第二次 42600 人捐款法币 63.7 万元[③]。1943 年 5 月 18 日，云南省文化劳军运动委员会收入捐款共计法币 2029777.84 元[④]。1945 年，为慰劳抗日伤残官兵，云南省政府发动各界募捐法币 2500 万元[⑤]。1941 年至 1944 年，全省捐献法币高达 1560 万元[⑥]。

抗战时期的云南募捐，不仅数额巨大，而且意义深远，成为云南乃至中国抗战史上浓墨重彩的一笔。云南人民的慷慨捐献，有力地支持了云南以至全国的抗战，为中国抗日战争乃至整个世界反法西斯战争的最后胜利提供了有力的经济支撑。

（作者单位：中共云南省委党史研究室）

---

① 《云南日报》1941 年 2 月 13 日，第 4 版。
② 《云南日报》1942 年 3 月 14 日，第 4 版。
③ 《云南日报》1943 年 11 月 28 日，第 3 版。
④ 《云南省文化劳军运动委员会捐款收支清册》，1943 年 5 月 8 日，云南省档案馆馆藏档案，档案号 44—3—248—2～6。
⑤ 云南省地方志编纂委员会编：《云南省志·民政志》，云南人民出版社 1997 年版，第 123 页。
⑥ 政协昆明市委文史资料研究委员会编：《昆明文史资料选辑》第 6 辑上，云南人民出版社 1982 年版，第 54 页。

三、资 料

（一）档案、文献、回忆资料

〈一〉 日军飞机的轰炸

1. 云南防空情报处关于敌机首次袭昆报告表

（1938 年 9 月 28 日）

日期	27 年 9 月 28 日　　　星期三　　　经过时间 1 小时 50 分		
空袭情报	8 时 30 分接桂省情报，敌机 9 架经邕宁、万岗、乐里、田西、西林、西隆向滇飞；8 时 40 分由江底入境，经罗平各哨、陆良、杨林、板桥；9 时 14 分由市郊东北侵入市空；9 时 20 分由呈贡、宜良、弥勒、泸西、邱北、广南、富宁出境。		
处置情形	8 时 40 分空袭警报，9 时 50 分紧急警报，10 时 30 分解除警报。		
空袭略况	1. 巫家坝机场中弹 80 余枚。2. 昆明市西门外潘家湾、凤翥街、苗圃等地中弹 23 枚，毁师校 1 部，炸民房 37 间、震民房 29 间，死 94 人，伤 47 人，牛、马各 1 头。3. 我空军击毁敌机 1 架，焚毙敌空军 5 名，生获俘虏池岛 1 名。		
联络员	王仲　郝炬		
值班人员	李正和　马绍华　陈兰芳　褚德新		

（云南省档案馆馆藏档案，档案号 1111—1—15—1）

2. 云南防空情报处填报敌机二次袭昆报表

(1939 年 4 月 8 日)

日　期	28 年 4 月 8 日　　星期六　　经过时间 3 小时另 10 分
空袭情报	12 时 47 分，敌机 28 架由那马分两批向西飞；12 时 38 分敌机 28 架由乐里、西林向云南飞；13 时 50 分敌机 28 架由广南向西飞，经楷甸、溥兮、弥勒、路南、宜良、呈贡、安宁，15 时到昆明市东郊投弹后分两批，一由马龙、曲靖、师宗、罗平出境，一由呈贡、宜良、路南、弥勒、泸西、师宗、罗平出境。
处置情形	13 时 30 分空袭警报，14 时 38 分紧急警报，16 时 40 分解除警报。
空袭略况	1. 巫家坝机场中弹。2. 市郊和甸营、香条村中弹，炸毁民房 47 户（90 余间），死 7 人，伤 8 人，牛 1 头。
联络员	王仲　郝炬
值班人员	李正和　余翠仙　曾韵涛

（云南省档案馆馆藏档案，档案号 1111—1—15—2）

3. 蒙自县、芷村镇等地被炸伤亡损失及救济呈（节录）

（1939 年 4 月 19 日）

云南全省防空司令部公函迳启者。查此次敌机轰炸蒙自，本部曾经派员前往调查灾情。兹据蒙自县县长李宝鉁铣代电报称："急。云南全省防空司令官禄钧鉴：元日敌机轰炸蒙自，略情业经元电呈报在案。现查是日敌机在城内外所投炸弹，除航校及机场之弹数该校自行呈报外，兹就县属痕迹显著者，查有 166 枚，每枚系 100 磅至 500 磅之炸弹，死伤人数计伤男女 228 人，死 131 人，炸毁及烧去房屋公私约计 400 余间，损失约在国币 30 余万元，灾情惨重，目不胜【忍】睹。现人民现【已】疏散十分之九，全城异常凄凉，商店闭门，食米及日用必需品均无从购买，情形至为严重。职正督饬地方机关赶办善后，先将死者掩埋，伤者医治，并将第 1 区公所被炸之仓内存谷碾米救济，竭力维持治安，恢复秩序。惟是职县遭此浩劫，人民流离失所，被害者之生活已将断绝，亟待救济，而地方财力困难，半【一】筹莫展，实深伤痛。谨将调查伤亡损失统计表随电附呈，恳请钧座鉴核，特予抚恤，以救灾黎，而安人心，不胜迫切待命之至。又，查县属遭此大故，善后一切头绪纷繁，致呈报稍缓，合并呈明。蒙自县县长李宝鉁叩。铣。印。"等情。据此，查此次蒙自被炸灾情惨重，本省政府曾经派员前往抚恤，但地方财力困难，灾民嗷嗷待哺。窃查贵站来滇，亦即为救济灾民而设，相应抄同灾情统计表送请贵站从速设法抚济，以免灾民流离失所，并希将救济办法见示，是为至荷。此致中央赈济会昆明难民总站。

附抄被灾伤亡损失统计表 1 份。（后略）①

（云南省档案馆馆藏档案，档案号 1044—4—297—49）

---

① 此表为 4 月 14 日县警察局长和文焕呈报，其备考栏说明：1. 城内外共投炸弹 166 枚，内有烧夷弹 2 枚。2. 男负伤 143 人，女负伤 85 人；男死亡及烧毙共 93 人，女死亡及烧毙 38 人。惟自作［昨］日空袭后，城内外居民均出外疏散，故死伤者姓名多未详悉。3. 机场及航校之损伤，系属空军范围，未便调查列报，合并申明。4. 本表系仓卒查填，如有遗漏，一俟查明，再行补报。5. 本表所列被炸烧房屋，约共 400 余间。据 1939 年 9 月 18 日《赈济委员会运送配置难民昆明总站 28 年 4 月份抚恤费支出报告表》（云南省档案馆馆藏档案，档案号 44—4—297—103）统计，云南省赈济会赈济蒙自 4 月 13 日被炸伤亡损失数为：死亡 186 人，重伤 94 人，轻伤 86 人，毁屋 1033 间。

4. 云南省政府委员丁兆冠办理蒙自被炸抚恤善后事宜签呈

（1939年5月2日）

为签请鉴核备案事。窃职昨奉钧命办理蒙自县被敌机轰炸抚恤善后事宜，遵于4月23日率秘书处科长郭晟、民政厅主任科员王子祜首途，24日午前11时抵蒙自，即赴灾区逐一巡视，并分别抚慰受灾民众，宣达钧座轸念意旨，该灾民等疮痛之余，极加感奋，是日午后6时，就蒙自县商会官绅举行会议，商定抚恤及善后各办法，旋据县赈济会造报受灾伤亡损失清册经逐一核查，尚属实在，计炸死男126丁、女60口，共186人；重伤男58丁、女38口，共96人；轻伤男49丁、女37口，共86人。综计共遭敌机约投杀伤、爆炸弹100余枚之谱。兹将办理此案情形，缕陈如次：

（一）关于抚恤方面：昨袁参军长赉发急赈新币2万元，职到时此款尚由李县长宝鋆保存，当即责成李县长会同县赈济会于25日开始散放，以惠灾黎。其施放数目，即参照赈委会何主任崇傑所拟标准办理，计死亡国币30元，重伤20元，轻伤10元。至房屋一项，原标准系分全毁、半毁两种。兹查每院房屋受灾情形，既有轻重之别，复有多寡之分，若以全毁、半毁概括，似觉失平。故决定以间计算，而每间又再分别全毁、半毁，全毁者给恤国币2元2角，共计519间；半毁者给恤1元，共计514间。此项变通办法虽与标准稍有出入，但实际上较为公允。此办理赈恤之大略情形也。

（二）关于善后方面：查蒙自为不设防城市，积极防空，固不易办，消极防御，亟应加强力量。蒙自事前防御，甚为简单。今痛定思痛，为亡羊补牢之计，自应积极充实防御力量，以减少无谓牺牲。职此次所带往赈款国币2万元，即遵照钧令，专作办理地方善后之用，其分配数目如下：（甲）消防方面，充实器材暨增筑水池，拨用1万元。（乙）医药方面，总额计划6千元，今由赈款内拨发3千元，其余不敷之数，由县政府呈报民厅，就该县自治附捐内挪补支用，取据报核。（丙）增辟民众公共防空壕，拨用2千元。（丁）补助地方对于急需修理公共建筑物拨用5千元，总共国币2万元。此款已如数交由李县长宝鋆暂存，俟后分别转发地方负责各机关支用，并饬核实开支，取据报查。此办理善后情形也。

（三）关于灾后之处置：敌机炸蒙后，蒙城人心惶惶，上自机关职员，下至贩夫走卒，纷纷逃避，废时愤事，影响甚大。职就开会之便，道德即以镇定2字相劝诫，并责成警察局迅速掩埋尸体，以免污秽狼藉。因而发生疫症，并饬由常备队及保安队兵清扫市街瓦砾及一切障碍物，以利通行，统限3日内办毕，一面再饬县府督饬公私医院，减费和免费赶速治疗轻重伤灾民。上述批示办理事项，旋经复查，均已分别办毕或进行。现在人心略定，市面秩序渐已恢复。此事后之处置情形也。

抚恤及善后各事，大体既经决定，地方官绅，已在分头工作中。职无久驻必要。兹于29日起程，30日返省。理合将办理情形，并检具被灾伤亡统计表及李县长宝鉁收到赈款印领、发赈收据式样一并呈请钧座俯赐鉴核备案。谨签呈主席龙。

附呈统计表2本、印领1张、赈款收据式样1张并奉发何主任崇杰原拟赈恤办法1份。

职丁兆冠

中华民国28年5月2日

印　　领

具印领蒙自县县长今于与印领事实领到云南省政府委员丁发交中央赈济委员会抚恤蒙自县城被敌机轰炸赈款国币2万元正，中间不虚。所具印领是实。

民国28年4月26日蒙自县县长李宝鉁

（云南省档案馆馆藏档案，档案号1106—3—1622—4）

5. 路警总局长刘发良调查滇越铁路被炸惨案致云南省政府代电①

(1940 年 2 月 5 日)

主任龙、防空司令官禄、民政厅长李、外交特派员王钧鉴。东日敌机在 83 条（前电呈误录为 82 条，已为惩处，请予更正）轰炸客车，曾将大概情形于冬午电呈在案。当派督察长郭鑫前往详查并办理拯救去后。兹据该督察长回局报告称：遵于 2 日晨与铁路公司路工监督伊士那乘坐小车到达白寨车站，随即偕同该站分局巡长万福来前往客车被炸地点详加查看。缘是日上行客车于午后 2 时 40 分行抵 83 条基罗之铁桥上，即遇敌机轰炸，是列客车共系车头两个接拉（因前次铁桥被炸，迄今尚未修理完善，故须以两车头牵引而过），后带 4 等客车 5 辆、1、2、3 等客车 1 辆、货兜 3 辆，先是满载洋纱之 4 等客车 1 辆中 1 慢性炸弹，司机以为发生空袭，欲将车开入紧接铁桥之 门身 硐内躲避，不料车尚未完全进入 门身 硐，尚有 4 等车半辆、1、2、3 等车 1 辆、货车 3 辆在于桥上，该载洋纱之 4 等客车所中炸弹即行爆发，将 门身 硐南端上面石土震倒，壅塞硐口，所有车中乘客、货件以及押车队警俱被焚烧在内。又 1、2、3 等车中乘客及公司职员因发生空警，共争趋入 门身 硐内隐避炸弹，讵反进入火窟，亦同时遇难。同时，敌机并在钻硐上空滥肆轰炸，并将铁桥南端石砌码头炸坏约 1 公尺，于桥无碍，门身 硐北端山巅石土亦被炸倒，壅填硐口，遂使硐内遇难人等两无逃生之路，伤毙人数之多，职是之故。查是日被敌机轰炸轻重伤者 82 人，当日已运往老街医治。即时被烧炸毙命者，截至 3 日止，已经该站警团督率民伕挖掘，现已掘出尸体 83 具，内有铁路公司驻波渡菁法节长夫妇及其子之尸体 3 具，又驻呈贡法节长之妻及其子尸体 2 具，俱属焦头烂额，或缺肢体，或仅存身部，不忍目睹。尚有被完全烧化、尸体无存者不知凡几，须俟该硐完全挖开，再由钧局令饬各方调查及布告晓谕搭乘此列客车者之家属自行具报登记，庶得伤亡确数。至此次遇炸伤毙之多，尚有间接原因：一因废历②年关已届，所有蒙、建、开、马等属人民大多赶往河口等处购办年货，再因是日适值白寨街期，各处来白寨赶街者均搭此车返家，故伤毙之多，尚有应待调查者。其是日派往押车之巡缉第 3 区队

---

① 代电，即"快邮代电"，为民国公文形式之一，其递送速度要求较快，仅次于电报。
② 废历，即农历。

官警共9员名①，除分队长1名及队警汤武雄、黄生民、李文锦3名在3等车内未曾受伤外，其余5名，伤毙郑兴、杨天禄2名；重伤黄贵、钟汝为2名，已送老街医治；轻伤王忠元1名，已回该队医治。其该队警等之枪弹、服装，计被烧坏七九步枪6支、子弹78发、刺刀1把、子弹盒5个、呢外套5件、青制服5套、灰毡8床，除枪骨已捡出由该区队呈验外，其余子弹盒、刺刀等业均烧化无存。至烧化尸灰，已责饬白寨分局于挖出后用瓦缸多只检装，择地瘗成大冢，立石纪念，以免暴露，而资凭吊。理合将查办情形备文报请钧核施行。等情，并据白寨分局报同前情。随又据河口分局电报，东夜运河送往老街医院医治者，计重伤14人、轻伤68人（内有安南人17人），现因伤重在院死亡者8人。白寨分局长夏龙陞亦受伤送院医治，惟伤势较轻。并据湾塘分局电报，东日午后3时，该段94条铁桥亦被投弹，未伤，仅95条500尺处中1弹，损坏路轨6对，约长50公尺；湾塘车站对面山上投弹3枚，站后老阴山投弹数枚，均无伤损。各等语。现河口上行车仅通至腊哈地、开远，下行车仅通至芷村。95条500尺路轨即日修复。83条门身碉损坏太甚，约10日始可通车。所有死亡人数及棺殓掩埋等，除仍派督察长郭鑫会同公司人员办理及调查登记续报外，谨电呈核。职刘发良叩。微午。印。

（云南省档案馆馆藏档案，档案号1011—7—154—170）

---

① 原文如此。

6. 云南全省防空司令部调查滇越铁路客车被炸惨案代电

（1940 年 2 月 19 日）

云南省民政厅长李勋鉴。本月东日敌机袭滇轰炸滇越铁路客车 1 案，兹据滇越路警总局、河口对汛督办及本部派赴灾区调查员报告称：一、是日午后 2 时，敌机 27 架飞至滇越路白寨北段 83 基罗大铁桥上空，适值该路上、下行车在该处会车，上行车先在桥南待下行车推出机口后，乃渡桥上驶，车刚过桥，一段驶入 门身 洞（ 门身 洞在桥北头，离桥不远），一段尚在桥上，敌机随即投下炸弹，命中列车，一时秩序大乱，群趋 门身 洞逃避，殊车受伤进入 门身 洞即行爆炸燃烧，而北头露出列车（ 门身 洞短，列车长）复遭轰炸，洞口两端圮陷，因之死伤甚大。二、当时由该地现驻军警、地方团队发掘施救，计救护重伤 62 人、轻伤 32 人，经该铁路公司派车运至老街谷柳（法属安南）医院医治，先后数日，因伤死者 23 人，已由河口督办着购棺舁葬。三、灾区先后掘出尸体共计 130 余具，或则焦头滥【烂】额，或则断体残肢，不能分辨。除经亲属认领外，余均就地浅厝。现正由本部路警总局分别调查并布告登记，一俟得有确数，再行补报。四、法人死 5 名、安南人死伤 24 名。五、是日难民由省外入滇者约 40 余人，多粤闽籍，其余大部分系由河口以内沿途搭车者。又，是日已近废历年关，又值白寨街期，以致死伤如此之大。六、一切善后已责成路警总局、河口督办独立大队负责办理，并已商得省赈委会分别照章给赈。七、白寨铁桥无恙。谨闻。云南全省防空司令禄国藩叩。皓。印。

（云南省档案馆馆藏档案，档案号 1011—7—154—193）

7. 云南省政府为昆明市县被炸伤亡损失及救护抚恤事训令（一）

（1940 年 6 月 17 日）

令民政厅。案据防空司令官禄国藩 29 年 5 月 27 日呈称："为转请鉴核示遵事。案准昆明空袭紧急救济联合办事处公函开：窃查本月 9 日昆明县属香条村、和甸营惨遭敌机轰炸，本处当即领导救护队即时赶往灾区施救，将伤者分别担送各重伤医院治疗，由处派员前赴各院慰问，详细登记调查，计共伤 60 人，刻决酌量伤民经济情形，分别代付医药费用。至被炸死亡者，亦经于当晚发给棺木，交掩埋队掩埋。其余因房屋家具被炸流离失所之难民，本应分别予以收容，奈以各该难民多属乡居，务农本业，不愿抛弃田园，且伊等平素生活检【俭】朴，自可随遇而安，当据一致请求核发相当赈款，以资救济。本处核以该难民等所请尚属近理，当即派员切实调查，分别列具一览表，并于次日（5 月 10 日）携款前往发放，计香条后村共 41 户、香条前村共 13 户、和甸营共 13 户，按照灾情轻重分为 4 等：其房屋家具全毁、人亦伤亡者列为 1 等，每户发国币 40 元；房屋家具全毁，人无伤亡者列为 2 等，每户发国币 30 元；房屋家具毁 1 部或人有轻伤者列为 3 等，每户发国币 20 元；其房屋家具微伤者列为 4 等，每户发国币 10 元。总计 3 村共 67 户，共发赈款国币 1670 元整。相应将受赈人姓名、被灾损失情形、核发赈款数目及受伤人数分别造具清册，备函送请贵部查核备案。等由，并清册 4 本。准此，除函复外，理合据情呈报，请祈钧府鉴核备案。"等情。附呈清册 4 本。据此，除指令准予备案，并分令财政厅、赈济会、审计处外，合将附件抄发，令仰该厅知照。此令。（后略）

主席　龙　云

（云南省档案馆馆藏档案，档案号 1011—7—167—31）

8. 国立云南大学为敌机轰炸校园暴行代电

（1940 年 10 月 14 日）

　　中央党部、国民政府军事委员会、中央各院部会、各级党部、各省政府、各机关、各大学、各报馆、各法团暨全国人士公鉴。本月 13 日午后，敌机 30 余架进袭昆明，狂施轰炸，其惨烈为前数次所未有。计在本校范围内投弹大小近 30 枚，校舍泰半破坏，有历史价值之至公堂（即本校现在大礼堂）中弹全毁；实验科学工作所在之科学馆崩裂，不可复用；落成未久之医学院屋宇大部夷为平地；巍峨宏壮之会泽院屋詹【檐】亦中弹，并 4 面被弹片损伤，其他各屋宇仰【抑】尘门窗多已残破，教职员及学生宿舍与零星房屋被震化为瓦砾场者，约计五六十间。图书仪器大部分虽已疏散，而存校部分亦颇有毁损。〈损失〉总计建筑约在 150 余万元①，图书仪器约在 10 余万元，校具约在 7 万余元，其他私人损失尚未计入。幸本校全体员生闻警报迅速疏散，尚属无恙。观察敌机轰炸情形，系以本校为主要目标，作有计划之摧残。查本校系一纯粹学术机关，并无军事设备，而敌机滥施轰炸至于此极，其出于暴日蓄意摧毁我文化、阻挠我学术进步之一贯政策。毫无疑义，此种野蛮暴行实为有文化民族所不容。本校创设廿载，经营惨淡，今乃疮痍满目，实深痛心。惟全体师生经此激刺，当愈益奋励，以为我前线抗战将士之后盾而谋于建国前途有所贡献。除将被炸详情另电呈我最高领袖及主管机关外，特电奉闻。国立云南大学校长熊庆来率全体师生叩。寒。印。

　　　　　　（云南省档案馆馆藏档案，档案号 1011—7—167—59）

---

① 指法币，下同。

9. 云南省政府为昆明市县被炸伤亡损失及救护抚恤事训令（二）

（1940 年 10 月 19 日）

令民政厅。案据云南全省防空司令部 29 年 10 月 2 日呈称："为呈请鉴核事。查 9 月 30 日敌机空袭昆市，所有市民被灾伤亡数及房屋损毁数，当经职部派员前往各灾区及轻重伤医院、收容所详细调查，计城内外被炸死亡男女人数共 84 名、受伤男女人数共 172 名，房屋被炸毁及震毁数共 464 间，均分别填列成表。至于发给赈恤款项事，属于各区因公殒命各职员当为另案呈报核办，属于各市民自当会同云南赈济委员会及昆明空袭救济联合办事处商定办法，从速办理。理合备文连同空袭损害各表一并呈请钧座鉴核示遵。"等情，附呈空袭死亡市民暨损毁房屋表各 1 份。据此，除以"呈表均悉，已饬民政厅遵照中央前颁空袭损失调查表式样另行缮呈，以凭转报行政院鉴核矣，仰即知照。此令。"等语指令外，合将原附调查表抄发，令仰该厅遵照办理具报。此令。

计抄发原表各 1 份。（缺）

主席　龙　云

（云南省档案馆馆藏档案，档案号 1044—4—435—76）

10. 云南省政府为昆明市县被炸伤亡损失及救护抚恤事训令（三）（节录）

（1940 年 10 月 31 日）

令民政厅。案据云南省会警察局 29 年 10 月 7 日报告称："案据区局队报称：本日午前 11 时 40 分，防部发出预行警报。午正 12 时 5 分，发空袭警报。至 12 时 20 分〈发〉紧急警报，计有敌机 25 架侵入市空。除职 1、2、3、4、6 区并未发生异状外，在第 5 区管内柳坝村、土桥村、柿花桥、西岳庙、纺纱厂、22 兵工厂等处均被投弹，炸毁房屋 107 间、震倒 15 间、焚毁 5 间，死亡 21 人、受伤 22 人。并查是日军分校学生在殷家箐靶场实弹射击，被敌机发现，投弹 1 枚，幸无损伤，各等情。据此，当经复查无异，理合列表具单报请钧府鉴核。"等情，附呈空袭报告表 1 份。据此，除以"报告及表均悉，准予备查。除分令民政厅将'九·卅'、'十·一'、'十·七'各次空袭损害情形依照中央前颁表式详细缮呈以凭转报外，仰即知照。此令。表存。"等语指令外，合将原表抄发，令仰该厅遵照，迅将各次空袭损害情形依照前颁表式缮呈，以凭转报。此令。

计抄发原表 1 份。（后略）

主席 龙 云

（云南省档案馆馆藏档案，档案号 1044—4—435—73）

11. 云南省赈济会为富宁县被炸灾情及赈恤事公函

（1940 年 11 月 8 日）

案据富宁县长马镇呈内称："窃查职县于 7 月 14、15 两日被敌机 8 架轰炸，计烧毁民房 115 户，实焚茅屋 85 间、瓦房 25 间，计全毁 105 间、半毁 4 间、微毁 1 间，受灾成年男子 189 丁、男孩 81 丁、成年女子 215 口、女孩 70 口，伤毙成年男 2 丁、女 2 口，又女孩 1 口。除临时募赈由联合办事处负责办理外，理合造具清册，备文呈请鉴核给赈，并祈示遵。"等情。据此，查该县两日被炸，总计死亡平民 5 人，照章应给赈款国币 150 元①，业经如数汇交，并指令饬知给赈具报。除分呈报省政府暨赈济会并分函防部外，相应函请查照为荷。此致民政厅。

兼主任委员　龙　云

（云南省档案馆馆藏档案，档案号 1011—7—167—101）

---

① 数字不清，疑如此数。

12. 云南省政府为昆明市县被炸伤亡损失及救护抚恤事训令（四）（节录）

（1940 年 11 月 14 日）

令民政厅。案据省会警察局 29 年 10 月 13 日呈称："案据各区局队报称：本日午前 11 时 14 分，防部发出预行警报。至 11 时 19 分，发出空袭警报。12 时 25 分，发出紧急警报。至午后 1 时 50 分，再发紧急警报，敌机分 2 批，1 批 5 架，1 批 27 架，先后侵入市空，向大西城附近及环城马路、纺纱厂附近施行轰炸，约计投爆炸弹 90 余枚，炸毁房屋 400 余间、震倒 300 余间，死亡 30 余人，其余尚在挖掘中。除轻伤外，约计受伤 50 余人。直至 4 时 10 分钟始行解除警报。各等情。据此，除饬工务大队清除市街交通及赓续发掘被炸尸体另案详细统计具报外，理合据情先将被炸大略情形填表备文报请钧府鉴核。"等情。附空袭情况报告表 1 份。据此，除指令准予备查外，合将原表抄发，令仰该厅遵照中央颁发表式另缮呈核，以凭转报。此令。

计抄发原表 1 份。（后略）

主席　龙　云

（云南省档案馆馆藏档案，档案号 1044—4—435—69）

13. 云南省政府为昆明市县被炸伤亡损失及救护抚恤事训令（五）（节录）

(1940 年 11 月 19 日)

令民政厅。案据昆明市市长裴存藩及省会警察局局长李鸿谟报告称："案据各区局队报称：本日①午前 9 时 50 分钟，防部发出空袭警报。至午后 1 时 20 分，发出紧急警报。5 时 10 分解除警报。当紧急警报发出后，计有敌侦查机、驱逐机 9 架于 1 时 35 分侵入市空。继于 2 时 10 分复有轰炸机 27 架赓续发现，在本市文庙街、威远街口、金碧路、宝善街、临江里等处投掷炸弹 26 枚，炸毁房屋 319 间、震倒 43 间、焚毁 13 间，死亡 5 人、受伤 8 人。各等情。据此，查内有文庙街 5 号张祝三家在警报发出后未将厨房内余火灭熄，以致敌机投弹后发生火警，延及街邻，当经职等督饬消防队及宪警壮丁人等竭力扑救，幸未扩大。除将该户主张祝三传局惩处，并布告居民铺户以后遇有空袭，务须小心戒备外，其时闻有马街子方面工厂被炸起火，经职等拨派消防队驰往救护，随即亲往会同查看，系电工器材厂被弹② 50 余枚（内有 20 余枚未炸），炸毁房屋 100 余间、焚毁草房 40 余间，受伤机工 3 人，已分别饬由救护大队送往医院治疗。理合将被炸情形列表备文报请钧府鉴核。"等情，附呈表 1 纸。据此，除指令准予备查外，合将原附表抄发令仰该厅遵照，按照中央颁发表式另缮呈复，再凭核办。此令。

计抄发原附表 1 张。（后略）

主席 龙 云

（云南省档案馆馆藏档案，档案号 1044—4—435—65）

---

① 指 10 月 17 日。
② 原文如此。

14. 个旧县县长董广布呈

(1940 年 12 月 17 日 ①)

为呈报事。本月 13 日敌机轰炸县属城内受灾各情，曾于即日先行电陈在案。查此次敌机窜袭，系第 1 批 8 架，于上午 11 时 20 分，由县境东南窜入市空，使用机群投弹；第 2 批 8 架，于 11 时 35 分窜入，亦系盲目投弹。当第 1 批敌机出境时，县长立即率同本府秘书亲赴灾区视察。计在县府中 2 弹，毁法警住宅 8 间，死法警家属 18 人；云庙内中 4 弹，震毁中国银行、劝业银行房屋数间，其他如云庙坡、大桥、米店街、单边街、党部门口、邮政局、电报局、朝阳街、草桥坡、车站大站、钨锑公司、救济院、铁路公司、宝华门内等处均被炸，共投弹 34 枚。就中云庙内兴文银行附近立即起火，经派团队抢救，当即扑灭；草桥坡起火 1 处，焚毁房屋 1 院，即行扑灭；至云庙大桥之大吉祥所起之火，火势汹涌，经县长亲身督率团警消防队壮丁抢救，于午后 3 时半扑灭，焚毁铺面房屋 58 间。此外，炸毁铺屋 420 余间，稍有损坏者 600 余间，死壮丁平民 65 人，负轻重伤团警平民 86 人，满目疮痍，灾情惨重。县长除立即冒险亲往督率救火外，并亲往灾区逐一抚慰。又以大灾当前，救死扶伤、收容灾民、清理街道、掩埋死亡各项，均属刻不容缓，复于是晚召开防空紧急会议，从事救灾各项紧急救济措施，死亡者已给棺掩埋，带伤者则送医院免费诊治，无家可归者则分别集中建水、石屏、四川会馆，设收容所予以救济，给予伙食。惟查此次被炸，灾情惨重，情殊可悯，倾家荡产者比比皆是，犹幸人民闻警报后疏散较多，致伤亡仅如上数，否则以县属人口之密，不知。除积极办理善后暨分呈外，理合具文呈请钧厅鉴核，从优特予给赈，以惠灾黎，实为公便。谨呈云南民政厅长李。

个旧县县长　董广布

(云南省档案馆馆藏档案，档案号 1044—4—435—117)

---

① 据个旧县县长董广布 12 月 26 日致云南省政府电称，13 日连伤重毙命者共死 85 人，伤 58 人 (云南省档案馆馆藏档案，档案号 44—4—426—60)。

15. 个旧县警察局长王宝云呈

(1940 年 12 月 23 日①)

厅长李公钧鉴。前日函禀个市被炸情形，计早登钧鉴也。前日之灾情未已，而第 1 次之祸殃续临，于 12 月 22 日，敌重轰炸机 12 架于午后 2 时 50 分钟侵入市空，盘旋 3 次，高空投弹轰炸县府、党部、警察局、警察 1 分局、邮政局、电报局、抬锡巷、江川巷、中正大街、老衙门街、吉安街、荣禄街、李氏宗祠、大坟坝等处，计投爆炸弹及烧夷弹 40 余枚，烧毁铺房 10 余间，炸毁及震毁房屋千余间，死亡民众 10 余人、轻重伤 20 余人，巡警重伤 1 名、轻伤 1 名。此次灾情较之前次甚重，死伤人数比较前次较少，观其盲目投弹，意在摧毁市容，不令生产，昔日繁荣之区一旦变为瓦砾丘墟，一片荒凉，目击心伤。除详情另行列表续呈外，先将灾情函呈，恳祈鉴核，并叩崇安。

个旧县警察局长　王宝云　谨上

（云南省档案馆馆藏档案，档案号 1011—7—167—232）

---

① 据个旧县县长董广布 12 月 26 日致云南省政府电称，22 日共炸死 17 人，伤 41 人（云南省档案馆馆藏档案，档案号 44—4—426—60）。

16. 云南省政府为昆明市县被炸伤亡损失及救护抚恤事训令（六）

（1941 年 1 月 18 日）

令民政厅。案据昆明市政府暨省会警察局 30 年 1 月 5 日报告称："顷据各区局队报称：本日午前 10 时零 5 分钟，防部发出预行警报，50 分发出空袭警报，55 分发出紧急警报，至午后 3 时零 5 分解除警报。当紧急警报发出后，有敌驱逐机 3 架、轰炸机 9 架分批侵入市空，在五华山政训处投弹 2 枚、华山东路及黄河巷口投弹 2 枚、皇城角投弹 1 枚、圆通街投弹 2 枚、平政街投弹 1 枚、华山东路卫生材料厂投弹 1 枚、新民巷投弹 2 枚、圆通山投弹 1 枚，共计投弹 12 枚，死亡男女 9 人、受伤男女 23 人，炸毁房屋 120 余间，震倒 420 余间，其他各处尚未发生异状，理合报请鉴核。各等情前来。当经复查无异，理合备文列表报请钧府鉴核。"等情，计呈空袭情况报告表 1 份。据此，除分令外，合将原表抄发，令仰该厅知照。此令。

主席　龙　云

（云南省档案馆馆藏档案，档案号 1044—4—435—180）

17. 云南省政府训令（节录）

（1941 年 2 月 10 日）

令民政厅。查 29 年 10 月 1 日开远县城内外被敌机轰炸 1 案，前据该县暨滇越铁道警察总局先后呈报到府，当以双方所报情形略有不同，经令饬会同详查具报并分令知照在案。兹据该县、局等会呈称："亟应遵办。职等遵即会同另行详查明确，统计城内宁远镇及城外落云镇共有灾户 113 户，死亡 42 人，受伤 28 人，炸毁房屋 295 间、猪 18 口、耕牛 1 条。除造具灾情调查表随文附呈外，奉令前因，理合备文会衔呈报，请祈钧府鉴核汇办。"等情。附呈调查表 1 份。据此，查遵办各节，尚与案符。除准予备查外，合将原表抄发，令仰该厅知照。此令。

计抄发原表 1 份。（后略）

主席 龙 云

（云南省档案馆馆藏档案，档案号 1044—4—435—242）

18. 云南省政府为敌机轰炸教育文化机构情形饬缮表呈报指令

（1941 年 2 月 25 日）

令民政厅。案据教育厅厅长龚自知 30 年 2 月 15 日呈称："窃查倭寇自侵入越南以后，时以飞机侵入滇境轰炸肆虐，对于文化教育机关蓄意摧毁破坏。数月以来，滇中大中小学、民众教育场所以及文化团体均多受其毒害，致使积年经营一旦化为灰烬，其中尤以本年 1 月 29 日昆华民众教育馆被炸受灾为巨。查该馆系设于省会文庙大成殿（即孔子庙）之建筑，在文化上历史上均具伟大之价值，尊重护惜，人所同情，乃竟被寇机摧毁无遗，可慨孰甚！计自 29 年 9 月 30 日起至 30 年 1 月 29 日止，被敌轰炸之教育文化机关共计 11 处，其机关名称及损害情形另行列表呈核。且幸各校学生早已分头疏散，其图书校具等项亦多移往安全地带，校舍虽被轰炸，而学业不辍，照常上课，又蒙钧座躬亲巡视抚慰，教部驰电慰问，所有教育文化机关人员及学生等莫不感激奋勉，各守岗位，以尽抗建职责。至于被敌轰炸学校及文化机关之舍宇已分别清除，略加修葺，惟其受灾最重部分之恢复，应俟另案统筹。除已先后据情转报暨汇报教育部外，理合将本省教育文化机关最近被敌轰炸情形汇选 1 表备文呈报钧府鉴核备案示遵。"等情。计呈云南省教育文化机关被敌机轰炸简表 1 份。据此，除指令准予备案外，合将原表抄发，令仰该厅遵照院颁表式另行缮呈，以凭转报。此令。

计抄发原表 1 份。

主席　龙　云

云南省教育厅填报之《云南省教育文化机关被敌机轰炸简表》
（1941 年 2 月）

云南省教育文化机关被敌机轰炸简表　　　　　　　　　　　民国 30 年 2 月造报

机关名称	机关原地	敌机轰炸年月日	损害情形			附　记
			死亡或受伤人数	毁坏房屋	毁坏器物	
私立求实中学	昆明市双塔寺	29 年 9 月 30 日	无	宿舍房屋 2 间。	图书仪器标本器物及化学药品等类	该校学生疏散于昆明北乡竹园村
省立开远农业职业学校	开远县城内	29 年 10 月 1 日	无	中山纪念堂及课室宿舍被炸震动，损失不重。	蜂房被毁	该校学生疏散于布治乡

机关名称	机关原地	敌机轰炸年月日	损害情形			附 记
			死亡或受伤人数	毁坏房屋	毁坏器物	
省立昆华高级工业职业学校	昆明市大西门外	29年1月13日	无	石图【围】墙炸倒8丈，新教室寝室破坏在全数三分之二。	零星器物	该校学生疏散于呈贡县可乐村及乌龙浦【铺】
省立昆华中学	昆明市文林街	29年10月13日	无	该校旧址南北两院屋舍中弹，毁坏大小共70余间。	桌凳木器等类	该校学生已疏散于澄江县旧城。又该校新建校舍系在西门外学校区。
省立昆明女子初级实用职业学校	昆明市敬节堂巷	29年10月13日	无	主房3间及门窗墙壁被波及，屋顶瓦片震毁。		该校学生疏散于昆明县东乡白龙寺
省立昆华女子师范学校	昆明市永宁宫坡	30年1月5日	无	礼堂厕所1间、厨房3大间、学生宿舍24间、储藏室5间震倒。	零星校具	该校学生疏散于昆阳县
省立昆华民众教育馆	昆明市文庙街	30年1月29日	无	孔子庙屋顶全部炸毁，民众茶园房屋全毁，鼓楼及庶务室房屋2间、储藏室1间全毁，尊经阁各阅览室陈列室办公室等被震倒塌。	零星什物桌凳、疏散剩余之陈列物品及少数书画图表	该馆重要陈列品及图书等迁移昆明东乡十里铺

机关名称	机关原地	敌机轰炸年月日	损害情形			附　记
			死亡或受伤人数	毁坏房屋	毁坏器物	
省立昆明初级实用职业学校	昆明市福照街	30 年 1 月 29 日	无	校舍楼上下共 58 间，毁损震损住房 5 院，铺面 6 间炸毁。	各项大小桌凳教台及木器零星什物	该校学生疏散于昆明北乡范竹乡尹家村
省立昆华小学	昆明市兴隆街	30 年 1 月 29 日	无	图书室、办公室、训导室、宿舍、礼堂及教室一部等被毁。	桌凳器物	该校学生疏散于晋宁县
云南省教育会	昆明市绥靖路	30 年 1 月 29 日	无	楼房上下 13 间。	木器等类	
备考	自 29 年 9 月 30 日起至 30 年 1 月 29 日止，教育文化机关被敌轰炸，考计 11 处。					

（云南省档案馆馆藏档案，档案号 1011—7—172—72～74）

19. 空袭情况报告表

（1941 年 2 月 26 日）

日期	月日	2 月 26 日
	时分	午后 1 时 35 分
空袭	地点	昆明市
	次数	1 次
敌机架数		27 架
警告【报】时间	空袭	午后 1 时 10 分
	紧急	午后 1 时 25 分
	解除	午后 4 时 20 分
袭击状况	着弹地点	文明街、正义路、高山铺、庆云街、启文街、东城脚、护国门城头、南昌街、青龙巷、威远街、象眼街、劝学巷、大柳树巷、护国路、大东月城、东升街、如意巷、花园巷、龙泉巷、红庙村、拓东路、唐家营、苏家村、金牛街、绥靖路。
	炸弹种类	爆炸弹
	炸弹数目	102 枚
损害情形	房屋	炸毁	944 间
		震倒	1277 间
		焚毁	15 间
	人口	死	78 人
		伤	45 人
其 他		启文街未爆炸弹 1 枚，威远街未爆炸弹 2 枚。
备 注		查拓东运动场炸毁辎重队汽车 7 辆、盐务管理局运输处汽车 5 辆，合并申明。

（云南省档案馆馆藏档案，档案号 1044—1—306—112）

20. 云南全省防空司令部转报保山县 1 月 3 日被炸伤亡损失及赈恤情形呈（节录）

（1941 年 3 月 21 日）

案据保山县长刘言昌呈称："呈为呈请鉴核转报事 1 月 26 日案，奉钧座有电开保山刘县长览奉航委会电开江日轰炸该县应将情报概况、警报发放时间、防护实施情形、损失详细数目具报等因，仰即刻具报，一凭转报勿得违延，致干军法等因。奉此，遵查职县情报系依据航委会情报台之消息为主，电报局及长途电话局之消息为辅，每于敌机入滇时，经情报台或电报局由电话通知，即分别准备发预行空袭紧急各种警报，以便疏散。至预行警报系由警察局派警 4 名，手执红旗分头沿街指示。空袭警报系由县府鸣炮 5 响，紧急警报鸣炮 3 响，解除警报鸣炮 4 响。是日，也于 9 点 10 分据情报台由电话通知，屏边耳机声方向及架数不明，同时沅江耳机声甚大向西北飞，职县即发预行警报。10 时 40 分，敌机 1 架在职县上空侦查后向东北飞去，同时又据情报台通知，河口发现敌机九架向西飞，职县即发空袭警报。10 时 55 分据电报局情报台先后通知，石屏宝秀街发现敌机九架向西北飞，职县即发紧急警报。14 时 50 分，敌重轰炸机 9 架由职县北方飞入市空，从容投弹数十枚，折而向东方飞去，所有繁盛街市如通商巷、丁巷街、上巷街、珠市街、袁市街、关庙街、朱子街、旧县街、二府街、酒街、仓巷等处均被炸毁。查本日于空袭警报发出后，关于市内治安及交通管制系由自卫队警察局负担，消防队系由特务营及五城镇各保甲长负担，救护队系以省师学生及县中学负担，诊疗所即以保山卫生院及西运分处保山医院负担。查职县防空组织，系于 29 年 2 月职到任后，即召集各有关机关长官开会组织就绪，各负专责并经切实演习在案。故于警报发出后，各司其事，而职县因居滇缅公路之间且有惠通功果两桥，自 29 年 10 月 18 日滇缅公路开放后，即常受敌机之滋扰，其最近两月，空袭之举不下数十次，但未投弹，仅到惠通或功果桥投弹而已。故一般人民于空袭警报后，胆小谨慎者则出城疏散，胆大玩疲者则隐匿家中，致此次之伤亡较多。当敌机投弹后，县长亲往视查，见房屋震倒，多处起火，即亲率员警前往督促。自卫队官兵、警察局员警一面救火一面挖救房屋倒埋之人，当时西运处员工及驻军张营长官兵及侨中学生亦大部出动，帮助挖掘救护。其救出受伤之人即送医院治疗。在此期间并派县府职员会同五城镇长、警察局长等分头调查人民伤亡、房屋毁坏，以便紧急救济。并恭请住保各机关长官于是日午后8时到县府开紧急会议，筹商善后办法及加紧防空设备。经议决关于灾民紧急救济，每名先发食米50斤新币50元，由杨科长国昌、徐镇长成孝、王县仓协助员纲负责办理。款项暂由县府筹措5千元，食米则由杨科长、王协助员私人措垫，以后由乐捐款、米项下归还。至炸死各人，漏夜备棺装殓待尸亲认领。关于以后情报管制及救护等事宜，情报仍由航委会情报台及电政局负责，惟电报话线于发出预行警报后须派员巡查，并须隔20分钟试问1次，以免发现敌机时话线骤断影响防空；关于疏散纠查龙泉门一带，请侨中刘校长石心负责组织。关于东南北门一带，请西运处检查科王科长功鎏负责组织；关于宣传指导请丁书记长智初负责办理；城内交通管制仍由自卫队、警察局负责办理，又游动巡回强迫疏散队请张营长负责组织；关于救护担架，应再补充50付绷带，药品应补充数目由萧院长斟酌需要，以便筹款添购。临时看护人员两院既不敷用，请侨中女生添组20名，由会分别函聘纪录在卷。当晚11时得到调查大概情形，城内共毁民房约一百数十所，受伤民众约80余人，已救护在院医治。其死亡人数除未掘获者现有70余人，概由其家属收殓。其修街民工等13人已由职县派人暂行收殓，待家属认领。受灾人民已由职县设法每户先发食米50斤新币50元暂资救济。至机关被毁者以兴文银行为最重，西运分处较轻，并炸毙中队长1人，馀均无恙。郊外重要地点概未投弹。功果桥据报投弹数枚尚无损伤，惠通桥敌机未去。对于善后事宜正积极办理，至详细情形另文呈报。曾于江日亥时具文请住保中国分银行电台呈报主席龙、民政厅长李暨钧座在案。1月6日案奉主席歌日覆电赐予赈款新币4万元，当即会同有关各机关并召集地方绅耆开会商讨赈济办法。经提会议决，分为甲、乙、丙、丁4种赈济。（甲）：（一）房屋被炸、人丁死亡并受重伤者；（二）人丁死亡、家境赤贫仅遗老弱或幼小不能生活者，每户发给新币300元。（乙）：（一）人丁死亡者；（二）房屋全毁者，每户发给新币150元。（丙）：人丁受伤者，房屋震毁1部分者，每户发给新币70元。（丁）：房屋墙壁及什物震坏者，每户发给新币30元。死亡村乡民工9名，每名发给恤金新币200元。合计甲等12户、乙等99户、丙等146户、丁等309户，共发新币4万馀元。兹经详细调查，共死人民106名、重伤51人、轻伤90人，房屋全毁者273间，半毁者102间，震毁1部分者522间。奉电前因除分报外，理合将人民伤亡姓名及房屋毁坏数目分别造具清册备文，呈请钧部鉴核转报。"等情，附人民伤亡姓名及房屋损坏数目清册各2份。据此，除由职部将清册留存1份汇办并电复航委会鉴核及指令知照外，理合据情备文转请钧府鉴核备案。谨呈云南省政府主席龙。

附呈人民伤亡姓名及房屋毁坏数目清册各 1 本（后略）。

云南全省防空司令部司令官禄国藩

（云南省档案馆馆藏档案，档案号 1106—1—738—41）

21. 云南省政府为另行填报昆明市被炸伤亡损失情形训令（七）（节录）

（1941 年 4 月 21 日）

令民政厅。案据昆明市政府暨省会警察局 30 年 4 月 8 日报告称："案据各区局队报称：本日上午 9 时 30 分，防部发出预行警报。至 10 时 20 分，有敌侦查机 1 架侵入市空盘旋数周，旋即逸去。于 12 点 10 分发出空袭警报，12 时 45 分发出紧急警报。后查有敌轰炸机 27 架侵入市空，在南城脚、交通警察队、龙井街、华兴巷、龚家村巷、民政厅、军需局、光华街、光华体育场、庸【甬】道街、景星街、正义路、南屏街、大井巷、威远街、青龙巷、绥靖路、如意巷、卫家巷、华山街、武成路、民生街、福照街、劝业场、景虹街、三棵树巷、法国医院、翠湖南路、中和巷、小富春街、翠湖东路、翠湖北路、军分校、滇黔监察使署左侧、海潮巷、青莲街、青云街、崇仁街、顺城街等处，共投爆炸弹 79 枚、燃烧弹 3 枚，炸毁房屋 891 间，震倒房屋 1740 间，焚毁房屋 1830 间，死亡 23人、受伤 27 人。至午后 4 时 35 分解除警报。各等情前来。当经复查无异。除分饬漏夜扑灭各处火场余火、救护死伤、整理交通、戒备宵小窃盗以免发生情事外，理合列表备文报请钧府鉴核。"等情。计呈空袭情况表 1 份。据此，除转报行政院鉴核并分令省赈济会外，合将原表抄发，令仰该厅依照院颁表式另缮呈候核转。此令。（后略）

主席 龙 云

（云南省档案馆馆藏档案，档案号 1011—7—171—176）

22. 云南省赈济会为派员前往开、 蒙、 建赈恤并调查灾情呈（节录）

（1941 年 5 月 14 日）

为签复事。案奉本年 4 月 19 日钧谕开："查昨日敌机分批轰炸蒙自、建水、开远 3 县被炸详细情形虽尚未据各该县呈报，惟人民之伤亡定必不少。着由省赈济委员会拨国币 4 万元，并派委员携款前往，会同各该县地方官分别照章给赈。"等因，奉此，遵即指派省赈济会总务组长桓【杜】式桓携款国币 4 万元，克日起程前往办理。具报去后兹据签复称："职于 4 月 19 日晚 10 时奉令复【后】，即于翌日率同组员杨维翰、助理员侯琮搭乘滇越铁路夜车南下，21 日晨抵达开远，即会同县长魏嘉惠视察灾区慰问灾民。并召集宁远、落云两镇地方自治人员及防护人员暨地方慈善团体在县党部谈话，由职宣达主关怀地方轸念灾民之德意，并指示救护、收容、发赈、善后等项手续。2 月 22 日、23 日两日指导查灾填册及监放赈款。即晚事毕，夜车赴蒙，24 日视察蒙自灾区，并召集城区地方自治人员及防护团体在县府内谈话，宣达主座关怀地方轸念灾民之德意，并指示救护、收容、发赈、善后等项手续。25 日指导查灾造册及监放赈款，26 日离蒙赴建，中途车轨发生故障，27 日始得到建。28、29 两日视察灾区慰问灾民，指导查灾造册。30 日监放赈款，同时对领款灾民宣达主座关怀地方轸念民众之德意。5 月 1 日离建，3 日返抵昆明。此次炸灾，开远 1 地死亡 28 人、重伤 27 人，蒙自 1 地死亡 16 人、重伤 4 人、轻伤 15 人，建水 1 地死亡 18 人、重伤 26 人、轻伤 34 人。3 处合计死亡 62 人、重伤 57 人、轻伤 49 人。依照中央规定，已发急赈款国币 3160 元（尚有一部分灾民未到领）。查此次南下查赈，奉谕携款国币 4 万元，除已发之数外，尚馀 36000 馀元。先后据各该县士绅请求，以地方每遭袭炸，恤死救伤立需巨款。事后请赈辄感不能因事机。疑【拟】请援照个旧、保山往例将赈馀款项酌留若干，以作地方炸灾救济准备金之用等语，已着另行备文申请候核。除各种发赈表册应俟各该县政府造呈再行呈核外，理合将遵办经过情形检同工作日记、灾情统计表等具文呈报，仰祈鉴示遵。"等情。据此，核查办理赈恤情形尚无不合，〈理〉合检件据情签呈，仰祈钧府鉴核示遵。谨呈云南省政府主席龙。

计检呈原附工作日记、灾情统计表各一份。

云南省赈济会常务委员、民政厅长李培天

中华民国 30 年 5 月 4 日

（工作日记略）

开、蒙、建4月18日炸灾伤亡损毁统计（民国30年5月6日制）

（一）开远

死亡：28人　重伤：27人　毁房：300馀间　发放急赈1380元

（二）蒙自

死亡：16人　重伤：4人　轻伤：15人　毁房：百馀间　发放急赈590元

（三）建水

死亡：18人　重伤：26人　轻伤：34人　毁房：630馀间　发放急赈1190元

总计：死亡：62人　重伤：57人　轻伤：49人　毁房：1100馀间　发放急赈3160元

（云南省档案馆馆藏档案，档案号1106—1—739—44~54）

23. 云南省政府为照章办理昆明市被炸伤亡损失赈恤事训令（八）（节录）

（1941 年 5 月 21 日）

令云南省赈济会。案据昆明市政府暨省会警察局 30 年 4 月 29 日报告称："案据各区局队报称：本日午前 9 时 40 分钟，防部发出预行警报后，有敌侦查机 1 架侵入市空，盘旋数周，旋即逸去。于午正 12 时 58 分发出空袭警报，午后 1 时 12 分发出紧急警报。至 1 时 50 分，查有敌轰炸机 27 架侵入市空，在甘公祠街、石盘巷、福照街、如安街、军需局、军管区政治部、华兴巷、南城脚、龚家村巷、景星街、文庙街、才【财】盛巷、护国路、东城脚、大柳树巷、庆云街、南屏街、景虹街、翠湖南路、华山西路、华山南路、报国街、东升街、咸宁巷、如意巷、双龙巷、左家巷、大绿水河、黄河巷、布珠巷、民生街、汲水巷、平安街、武成路、小富春街、警察第 2 分局、海心亭、磨盘山、沈官坡、中和巷、民权街、绥靖路、男子感化院、华山东路、水晶宫、后营门、青云街、园【圆】通小学、马家巷、北门街、北城外运动场附近、滇缅路外田内、青莲街、海潮巷、外交办事处、洗马河军分校、瓦仓庄、顺城马路、顺城街、木行街、永和巷、祥云街、公安巷、尚义街、法国领事馆、拓东路、滇越车站外、临江里、珠玑街、小东门外、一窝羊、珍珠塘等处共投弹 127 枚，炸毁房屋 786 间，震倒房屋 289 间，死亡 61 人、受伤 72 人。至 4 时 40 分解除警报。各等情前来。当经复？查无异。除督饬各防护部队加紧救护及整理交通外，理合列表备文报请钧府鉴核。"等情。附空袭情况报告表 1 份。据此，除转报并分令外，合将原表抄发，令仰该会遵照照章赶办赈恤具报。此令。（后略）

主席 龙 云

中华民国 30 年 5 月 21 日

（云南省档案馆馆藏档案，档案号 1044—1—306—41～44）

24. 云南省政府为遵照表式另行填报昆明市区被炸伤亡损失训令（九）（节录）

（1941 年 9 月 13 日）

　　令民政厅。案据昆明市政府、省会警察局 30 年 8 月 13 日会报称："案据各区局队报称：本日午前 8 时，防部发出预行警报。后有敌侦察机 1 架侵入市空，旋即逸去。于 9 时 15 分发出空袭警报。9 时 45 分发出紧急警报。至 10 时 20 分，查有敌机 27 架侵入市空，在如安街、军需局、军管区、特别党部、华兴巷、五福巷、南城脚、龙井街、光华街、兴隆街、文庙街、正义路、富滇新银行、旧藩署、菜市、劝学巷、昆安巷、福照街、武城【成】路、丰乐街、三转湾、景虹街、翠湖南路、保和巷、受福巷、劝业场、义生巷、中和巷、民生街、民权街、宽巷、物华巷、平安街、文庙横街、顺城河埂、大西门外、凤翥街、金顶山、大小红山、西南运输处等处共投爆炸弹 132 枚，炸毁房屋 1074 间、震倒房屋 641 间、焚毁房屋 16 间，炸死 37 人、受伤 35 人。至午后 2 时解除警报。各等情前来。当经复查无异。除饬各防护人员分别上紧挖掘掩埋救护外，理合列表具单，报请钧府鉴核。"等情。计呈空袭情况报告表 1 份。据此，除指令暨分令并转报外，合将原表抄发，令仰该厅遵照院颁表式另缮呈候核转。此令。

　　计抄发原表 1 份。（后略）

主席　龙　云

（云南省档案馆馆藏档案，档案号 1011—7—174—70）

25. 云南省政府为照章办理昆明市被炸伤亡损失赈恤事训令（十）（节录）

（1941 年 12 月 30 日）

令云南省赈济会。案据昆明市政府暨省会警察局 30 年 12 月 18 日会报称："案据各区局队报称：本日午前 9 时 30 分，防部发出预行警报，9 时 37 分发出空袭警报。至 9 时 40 分发出紧急警报后，查有敌机 10 架入侵市空，在麻园、交三桥、席子营、北沙【河】埂、吹箫巷、环城东路一带投爆炸弹共 23 枚，炸毁房屋 16 间，震倒 30 间，焚毁草房 3 间，炸死 147 人（内有宪兵 2 名），马 9 匹，猪 2 口，受伤 218 人。又小西门月城内因疏散市民异常拥挤，有民生街 14 号住民张孔氏及武成路 102 号李姓小孩均被蹈死，又武成路 209 号丁姓小孩被蹈伤。至午后 2 时 30 分解除警报。各等情前来。当经复查无异。除督饬办理善后外，理合列表具单，报请钧府鉴核"。等情。附呈空袭情况报告表 1 张。据此，除分令并转报外，合将附表抄发，令仰该会照章赶办赈恤具报！此令。

计抄发原表 1 份（后略）。

主席　龙　云

（云南省档案馆馆藏档案，档案号 1044—4—48—122）

26. 昆明空袭紧急救济联合办事处呈报云南省赈济会之全省历年遭受空袭灾损暨赈恤表

（1942 年 1 月 7 日）

云南省各市县区历年遭受空袭灾损暨赈恤一览表

空袭日期	被炸县区			灾情调查					赈恤情形					
	市县别	落弹		死亡人数	重伤人数	轻伤人数	毁屋间数		办理经过简述	实际领款人数			实发赈款数（国币元）	
		地	数				炸毁	烧毁		死亡	重伤	轻伤	急赈	
民国29年5月9日	昆明县	香条村和甸营	数十枚	7人	轻重伤合计62人		80余〈间〉	9〈间〉	伤者送入医院，死者发棺敛埋，并按被灾轻重分为4等发给急赈，款数自10元至40元。	合计67户，1等5户，2等37户，3等11户，4等14户。			1670元正	
9月30日	昆明市	东南区	百余枚	125人	170人	80人	451间		仝上办理外，其无家可归者收容入所，急赈则分5等，自10元至50元。	1等38户，2等33户，3等129户，4等54户，5等40户，共294户，发款8570元正。				
10月7日	仝右	西南区	数十枚	41人	15人	38人	156间		除仝上次办理外，赈恤款改照中央规定办理。	31人	12人	31人	800元	
10月13日	仝右	西北区	百余枚	67人	13人	127人	319户		仝右①	54人	13人		2180元	
10月17日	昆明市县	市东南区及县属马街子	仝右	4人	2人	4人	52户	马街子焚毁数十间	仝右				并于1月3日发	
10月26日	昆明县	东北区	击落欧亚机1架		3人				伤者已由处送入医院治疗				仝	
10月28日	昆明市	市东北区小菜园	数十枚	16人	7人		34户		伤者送入医院治疗，死者发棺掩埋，难民送所收容，并照中央规定核发赈恤。				仝	

① 意为同上。下同。

258

续表

空袭日期	被炸县区			灾情调查					办理经过简述	赈恤情形			
	市县别	落弹		死亡人数	重伤人数	轻伤人数	毁屋间数			实际领款人数			实发赈款数（国币元）
		地	数				炸毁	烧毁		死亡	重伤	轻伤	急赈
民国30年1月3日	昆明市	市南区养济院一带及金马寺	仝	41人	36人	65人	61户		仝右	29人	15人	59人	1760元
1月5日	仝	市中心区	百余枚	12人	24人	15人	40余户		仝右	9人	19人	9人	740元
1月22日	仝	凤翥村	数十枚	27人	14人	30人	50余户	焚30余间	仝右	14人	10人	11人	730元
1月29日	仝	市东南区	百余枚	54人	45人	37人	600余间		仝右	38人	31人	37人	2130元
2月26日	仝	市中心区及东庄	仝	103人	45人	46人	百余间		仝右	85人	36人	25人	3520元
4月8日	仝	1、2、3区	仝	26人	17人	21人	千余间	武成、正义、护国路焚数百间	仝右	26人	17人	21人	1330元
4月26日	仝	5区南岳庙	数十枚	14人	15人	11人	百余间		仝右	7人	6人	3人	360元
4月29日	仝	市中心区及瓦草庄	百余枚	78人	53人	46人	毁420所、震780所		仝右	27人	17人	4人	1190元
5月8日	仝	沙沟埂	数十枚	68人	14人	55人	毁15间		仝右	38人	20人	15人	3305元
5月11日	仝	席子营	数枚	11人					仝右	7人			420元
5月12日	仝	市东南区	数十枚	3人	9人	8人	百余间		仝右	无人	9人	4人	420元
8月10日	昆明县	马街子	百余枚	6人	21人	4人	200余间		仝右				
8月12日	仝	黄土坡、茨坝	70余枚	12人	12人	1人	数百余〈间〉		仝右	12人	5人	1人	935元

空袭日期	被炸县区			灾情调查					赈恤情形			
	市县别	落弹		死亡人数	重伤人数	轻伤人数	毁屋间数	办理经过简述	实际领款人数			实发赈款数（国币元）
		地	数				炸毁	烧毁		死亡	重伤	轻伤	急赈
8月13日	昆明市县	市1、2、4区、县小虹山	百余枚	28人	27人	4人	752间		仝右	17人	7人	3人	1345元
8月14日	仝	市3、4、6区、县金汁河	仝	17人	14人	22人	228间		仝右	17人	14人	22人	1910元
8月17日	昆明市	1、2区	仝	15人	10人	16人	1148间		仝右	15人	10人	16人	1260元
12月18日	仝右	市东区交三桥	数十枚	117人	85人	73人	数间		仝右	117人	85人	73人	11727元

（云南省档案馆馆藏档案，档案号 1044—4—48—46）

27. 个旧县政府呈报云南省民政厅之 《云南省个旧县历年遭受空袭灾损暨赈恤一览表》

（1942 年 8 月 21 日）

云南省个旧县历年遭受空袭灾损暨赈恤一览表

| 空袭日期 | 被灾县区 | | | 灾情调查 | | | | | | 办理经过简述 | 赈恤情形 | | | | |
| | 市县区 | 落弹 | | 死亡人数 | 重伤人数 | 轻伤人数 | 毁屋间数 | | 损失全计（国币） | | 实际领款人数 | | | 实发赈款数（国币元） | |
		地	数				炸毁	烧毁			死亡	重伤	轻伤	例赈	特赈
（29年）10月18日	市区	绿春花、锡务公司	7	5人	无	无	11间	无	150000元	照章分别赈恤	5人	无	无	150元	300元
10月20日	厂区	老厂	6	无	无	无	7间	无	85000元						
10月23日	厂区	老厂	5	无	2人	无	无	无	120000元	全	无	2人	无	40元	
12月1日	厂区	老厂	5	无	无	无	13间	无	100000元						
12月2日	厂区	老厂	6	无	无	无	15间	无	170000元						
12月13日	市区	云庙、大桥、米店街、邮局、车站大街	约数十枚	112人	94人	19人	600余间	70余间	3200000元	照章分别赈恤	112人	94人	19人	5430元	10860元
12月22日	市区	正街、荣禄街、木行街、单边街等	约数十枚	39人	29人	8人	约千余间	50余间	12000000元	全	39人	29人	8人	1830元	3660元
（30年）1月19日	市区	锡业公司、卫生院等	7枚	1人	无	无	9间	无	70000元	全	1人	无	无	30元	60元
2月27日	厂区	马拉格	11枚	6人	3人	无	15间	无	100000元	全	6人	3人	无	240元	480元
3月22日	市区	绿春花、锡业公司	16枚	无	2人	5人	90余间	3间	1200000元	全	无	2人	5人	90元	180元

261

空袭日期	被灾县区			灾情调查						赈恤情形					
	市县区	落弹		死亡人数	重伤人数	轻伤人数	毁屋间数		损失全计（国币）	办理经过简述	实际领款人数			实发赈款数（国币元）	
		地	数				炸毁	烧毁			死亡	重伤	轻伤	例赈	特赈
4月21日	市区	绿春花	21枚	无	无	无	74间	56间	800000元						
4月26日	市区	县政府、绿春花、上河沟	20余枚	3人	8人	6人	150余间	无	1900000	照章分别赈恤	3人	8人	6人	230元	460元
5月7日	外区	乍甸	9枚	1人	无	无	无	无	无	全	1人	无	无	30元	60元
5月11日	市区	绿春花	15枚	无	5人	无	无	无	50000元	全	无	5人	无	100元	200元
总　计			约200余枚	167人	143人	38人	约2000余间	约200余间	19945000元		167人	143人	38人	8170元	16260元

附记（1）以上计发赈款国币24430元。

（2）本表损失是以现在物〈价〉估计。

（云南省档案馆馆藏档案，档案号1011—7—182—372~375）

28. 云南省政府为核办4月8日昆明县遭敌袭炸赈恤事致云南省赈济会训令（节录）

（1943年6月8日）

（前略）

昆明县境空袭灾情报告表

受灾地点	死亡人数	重伤人数	轻伤人数	财物损失	备 考
莲德镇官庄村何家院		孙文贵之子及孙太氏2丁口		震伤房屋10余间，豆麦数亩。	
	王曹之女1口			炸毁豆麦数亩	
云卫乡土桥村和甸营村	男女20余人	5人	7人	焚毁房屋10余间	死者及受伤人姓名正调查中
	男女90人	30余人	20余人	焚毁房屋百余间，什物杂粮牲畜完全烧毁。	仝右
义和乡阮家村羊方凹村牛街庄	男女20余人	4人	7人	焚毁房屋40余间	仝右
		袁志华、杨华2人	2人		仝右
		何福之母、何李清之妻2人	张福、张高2人		
合计	约130余丁口	约40余丁口	约30余丁口	伤毁民房约160余间	

民国32年4月　　　　　　　　　　　昆明县县长高直卿【青】　填报

（云南省档案馆馆藏档案，档案号1044—4—6—156）

29. 昆明县政府空袭紧急报告

（1943 年 5 月 15 日）

午后 5 时于昆明县政府。事由。于本日上午 9 时许，敌机 36 架侵入空袭，在县境首蓿村一带投弹。敌机投弹后，被我机截击分头窜逃。职于投弹后即赶赴被炸地点，督属救护，并详细调查。计敌机于县属云卫乡首蓿村投弹百余枚，死何光有之妻及女，又杨曹之母、何灿夫妇、张老瘦，又无名中国军官 4 人、无名工人 6 人、老妇 1 人，约炸死 17 人，轻重伤者 40 余人，姓名不详，已分别送院救治。所投之弹内带有燃烧弹，焚毁草瓦房 160 余间。又茶菴村落弹 20 余枚，焚毁民房 27 间，重伤甘遇来、徐徐氏及沈开元之妻等数人，炸死甘老丙、杨小定、徐永福、巫荣之母等 4 人。该处铁路两旁田中落弹 20 余枚，无损伤。又，巫家坝机场边炸坏我方 4 头重轰炸机 1 架、教练机 1 架，死美籍人员 3 人。又义和乡朱、刘二村附近落下炸弹 4 枚，死军马 2 匹，内有 1 枚尚未爆炸。至我机截击情形，曾询据玉案、西碧两乡电话报告，玉案乡汉人营落下敌机 2 架，1 架已全毁，另 1 架坠毁，仅余两发动机及机翅 1 支，死敌机师 3 人，1 人尸体尚全，2 人仅余头脚，全尸者裤包内带有胸章，上书名为"五前路"。又西碧乡灰湾海中距岸约 2 公里落机 1 架，上有敌国太阳国徽。九甲河尾附近海中落机 3 架，因落入水中，国徽尚未查明。除督饬该地乡保长确切探捞查报，并电饬玉案乡速将落毁汉人营之敌机残骸与一切物件妥为列单解运到城另行转送并呈报主席鉴核外，理合将本日空袭情形报请钧鉴。谨呈云南省赈济会。

昆明县县长　高直青

（云南省档案馆馆藏档案，档案号 1044—4—6—159）

30. 昆明县政府请饬从优赈恤被炸伤亡难民呈（一）（节录）

（1943 年 5 月 29 日）

为呈请鉴核转饬市县空袭联合救济会从优赈恤以惠灾黎事。案据职县云卫乡〈乡〉长李发明呈称："呈为敌机肆虐轰炸平民灾情惨重恳请迅赐赈济以惠灾黎事。窃于 4 月 28 日午前 11 时，职乡第 10 保和甸营及附近义合乡属阮家村被敌机投弹轰炸。当时起火，烟雾腾腾，瞭望情势，异常严重，当即派饬所属第 4 分队长副张云、邓彬调集全部壮丁携带救火消防器具飞赴灾区抢救，并一面电话通报罗中队长、毕督导员加派官渡、珥琮两乡镇壮丁前来协助扑救，因风烈物燥，燃烧甚炽，壮丁等均不避危险，尽力抢救，始行扑灭，未致延烧。彼时人民疲于奔命，分头逃窜，或当时毙命，或因受创过重捣【倒】卧满地，睹其惨状，殊堪浩叹。随即督饬队长壮丁召集保甲人员将受伤未死难民舁于红十字会救护汽车送往昆华医院，其属美籍人士送于小板桥空军医院医治，并一面清查已死及轰散人民报请赈济，并商请毕督导员、罗中队长设法救济。正拟办间，即蒙钧长驾诣灾区勘查灾黎，当即报以难民收容临时处所即以该村大寺及炸遗民房为暂时收容所，并拟筹备救济食米以乡仓所存县级公粮暂行拨借 10 公石，以作旁【傍】晚发给难民食用。当蒙钧长面饬'照准办理，事后报销'等谕。奉此，当即分派仓管高彩、李树德等将米先行运到 5 公石，会同昆明市县空袭紧急救济联合办事处赵队长章萧、队副邦俊眼同将米发给难民领用，翌日继续又运 5 公石分发领用，一面分【吩】咐分队长召集保甲长认真调查被炸烧毁房屋、粮食、财物及死亡受伤难民，分别抚慰、掩埋。兹已调查办理完毕，计死老少男女共计 70 余丁口、带重伤送医院者 120 余丁口，炸毁草瓦楼房共合 273 间，烧死猪马合计数十头，分别造具清册，备文呈报。复查该村住民百余户，计 500 余丁口，除被炸死亡外，遗生者已变为倾家荡产、无衣无食、无家可归、流离失所之难民也。应请政府迅赐赈救，以惠灾黎，请祈钧长鉴核，并祈奖给出力人员，以资鼓励，而示体恤。"等情，附呈被炸死亡及受伤姓名清册 1 份、被炸烧毁房屋家具财物及难民清册 1 份、救护出力分队长及壮丁〈姓〉名表 1 份。据此，查此案职于是日敌机离境后，曾亲往灾区指挥办理各项善后事宜，所呈各节，尚属实在。除饬县赈济会设法筹赈并由县将在事出力人员先行嘉奖外，理合缮具清册，备文呈请钧会俯念灾情惨重，迅予转饬昆明市县空袭联合救济会从优赈恤，以惠灾黎，实沾德便。谨呈云南省赈济会主任委员龙。

附呈被炸死亡受伤姓名清册 1 份、被炸损毁房屋财物及难民清册 1 份。（后略）

昆明县县长　高直青

（云南省档案馆馆藏档案，档案号 1044—4—6—136）

31. 云南省公路管理局查报云南驿机场被炸伤亡民工抚恤情形呈

（1943 年 7 月 10 日）

呈报云南驿机场被炸民工伤亡抚恤金情形由。

查关于云南驿飞机场民工被炸伤亡一案，职局为明瞭真［相］并与工程处妥筹善后办法起见，特派工务科主任梅开第前往实地调查去后，旋据调查后呈复略称："职遵于 5 月 8 日驰抵云南驿，到后先即分访各方面，以备参考，嗣即调查此次修筑机场出工县份，计有祥云，弥渡、大姚、姚安、蒙化、楚雄、镇南等 7 县，各该县出工组织、系成立 1 民工大队，设大队长 1 人，出工数目，各县不一，大约每县以 1200 人至 1500 人为限，大略情形计有端倪，乃往祥云军政联合办事处，分访该处负责人，请由处通知修筑机场出工各县驻民工大队长，于 5 月 9 日各将此次被炸伤亡民工数目开列会商，是日晨各县民工大队长，除蒙化民工已撤退无人到会参加外；余均按时出席，职当将此次奉派来驿义意宣布，并宣示层峰关怀此次死难同胞之德意及慰问死难家属情形，所有列席人员，均感激动容，随即检查统计各县死伤人数，计弥渡死 1 人，伤无；蒙化死 128 人，伤 105 人；祥云死 89 人，伤 38 人；大姚死 1 人，伤无；姚安死 96 人，伤 173 人；镇南死 1 人，伤 3 人；楚雄死 1 人，伤无；共计民工死 317 人，伤 318 人（姚安先报死 87 人，伤 178 人，后又查出被伤 3 人，共伤 181 人，继因伤重死 9 人，故死为 96 人，伤 173 人）。其善后处置办法，系当日被炸死亡，除有亲属领回安葬外，余均由工程处代行掩埋，其轻重伤者，亦经由工程处分别送医院疗治，或自行医治，至于抚恤办法，工程处以事出仓卒，而且事关抚恤，未便擅专，对于死亡者每名先行暂发急恤款国币 2000 元，掩埋费国币 150 元，负伤而不愿住院自行疗治者，每人发给医药费国币 500 元，所有各款由工程处制订表式，发给伤亡家属具领盖章，以昭郑实，其未伤民工于次日放假 1 日，并就出工人数由工程处每县各发慰劳金国币 1 万元，2 千元不等，以资安慰，职即席将本局令饬各县公文交各民工大队长，并征询对于抚恤意见，当时镇南、楚雄、大姚、弥渡等 4 县，因民工伤亡甚少，未表示意见（但弥渡尚有雇工 43 名死难，请求工程处照民工抚恤）其姚安、蒙化、祥云 3 县，已将暂定之恤款先后领去，故亦无何表示，旋即散去，职约同祥云县郎县长前往工程处交涉，据吴处长祥騹云，此次机场被炸，事出不幸，刻下所发各项恤款，均系暂时垫发，以济急用，至于如何抚恤，事关重大，本处未敢擅专，业已请示工程委员会从优议恤，一俟确定，再行正式分别通知补发，职以吴处长所云确属实情，未便再与接谈，旋又分赴受慰问伤民工，同声感激，医院内一切卫生饮食，尚属周到，对待受伤民工，亦颇尽心，刻下各县修筑机场工程，除蒙化炸后即行解散外，余均渐次竣工，惟祥云尚有少数未完，自炸后改作夜工，约再需4、5日亦可全数告竣，此次最感困难者，即已雇工人之抚恤问题，按照工程处发包细则，伤亡工人应由包商自理，惟此次被炸，内中亦有包商，现在包商即【既】死，一般雇工因无知识，只知做工，不知包商姓名或公司名称，而驻驿公司又多，此事发生，彼此互相推诿，此种情形，工程处若不负责，一般死伤雇工，势必白白牺牲，职因其情可悲，曾经与吴处长一再争执，始蒙允如能调查明白，由工程处令包商或公司抚恤，否则工程处设法办理。此项情事，拟请再由局正式函知工程处照办，至包雇工人之死伤者；计祥云县死84人，弥渡死43人，姚安死约20人，大姚伤约50余人，共计死约150人，伤约110人（姚安、大姚两县包雇工人死伤数，系据各该县大队长口述，确数已面嘱由各乡村调查后汇送工程处）此外复当面请吴处长于工程竣工后开1追悼会，并于机场与公路侧，竖立1纪念碑，将伤亡工人姓名刊载于上，以资永久纪念，吴处长已允予照办，又包商之死亡者，计员司死7人，伤5人，工人死342人，伤196人，（此项多系各公司自行招雇之外省籍工人）司机死2人，工程处员司死1人，伤1人，职工死32人，此系根据工程处调查者，合并陈明除将工程处原函附呈鉴核，并附呈民工统计表及赈恤登记表各1张外，理合将调查及办理情形，签请钧核！"等情：附呈公文1件，据此，查关于伤亡民工抚恤各费，应由工程处派员会同各民工队长办理，以期实惠及民，而免流弊，又关于包雇伤亡民工之抚恤，照规定虽由包商自理，惟包商情形复杂，亦应由工程处主持办理，认真监督。除函请云南驿飞机场工程处分别照办外，理合抄全工程处之公文1件，具支呈请钧府俯赐鉴核！谨呈云南省政府主席龙。

计抄呈工程处公文1件

云南省公路管理局局长　杨文清

副局长　杨石生

照抄工程处公函　处总字第773号　32年5月11日

案准。贵局本年5月5日总字第138号函节开以此次云南驿机场被炸死伤民工八九百人，嘱将一切经过及办理情形见复以凭转报等，由准此查上月26日敌机偷袭云南驿机场当时本处员工包商工人及民工等在机场工作者为数颇众，以事出仓卒除大部份员工及民工等幸赖预筑之防空设备安全脱险外，尚有小部份员工及民工等不及避免惨遭伤亡，至为痛悼出事后即督率本处全体医护及运务人员持红十字旗帜驾车于警报尚未解除声中冒险驰赴机场奋力救护，当将受伤员工及民工等运回医院及各诊疗所急救医治除包商工人已函饬遵照合同着由各包商自行妥为抚恤及料理外，同时指派各县民工大队会同乡保长将死亡民工妥为掩埋，一切费用由本处负担，所有受伤民工经救治后重伤者留院医治，现留院医治之民工计71名良好，轻伤而愿自行医治者由本处暂发疗养费每名国币500元，其死亡者之抚恤费业已呈请工程委员会优予议恤在未奉批示前暂发急恤费每名国币2千元，交由各民工大队主管人员分发各家属制据具领并饬民工大队调查伤亡确数列表具报各在案，近据具报者计姚安县民工死亡87名，伤178名；祥云县民工死亡89名，伤38名；蒙化县民工死亡128名，伤105名；镇南县民工死亡1名，伤3名；弥渡、大姚、楚雄等县民工死亡各1名，无受伤者，总计各县民工死亡共308名，伤324名。截至今日止，本处发生出急恤费国币608000元，疗养费国币153500元，掩埋费国币45600元，准函前由相应将此次办理救伤恤亡民工情形函请查照为荷！此致！云南省公路管理局。

处长　吴祥祺

（云南省档案馆馆藏档案，档案号1106—3—1549—177～182）

32. 昆明县政府查报敌机空袭伤亡损失情形呈（二）

（1943 年 9 月 20 日）

窃查本日午前 8 时 25 分，敌机 27 架由西南方侵入市空，于昆明机场附近投弹，谨将查获实情分别呈报，敬祈鉴核：

一、昆明机场毁运输机 1 架。①

二、云卫乡之上下苜蓿村投弹 20 余枚，毁民房 56 间，死村民梁小和等 6 名、伤 30 余人，已送往医院救治。又滇越铁道炸断数公尺。

三、龙泉镇之麦冲村属黑妈山击落敌机 1 架，人机俱毁，机师 4 人毙命，机上尚有机枪 4 挺、20 响手枪 3 支，被二百师特务连派武装士兵百余名取去。同时，防空司令部亦派员到达该地，会同该部长官办理。

四、板桥镇之大东冲击落敌机 1 架，机身全毁，驾驶员 4 人毙命，遗皮包 1 个，内装敌死者陆军中尉樱井孝一名片、领队单等文件。又，任家山击落 1 架，人机俱毁，机师 5 人毙命，遗废小枪 2 支。又大麦地击落 1 架，人机俱毁，机师 2 人亦毙命。以上该镇发现被击落敌机共 3 架。

五、三合乡第 3 保小河嘴击落敌机 1 架，落于水中，仅浮出敌机师携带之日文证 1 纸，并捞得太阳徽 1 片，不全尸体 1 具。

六、西碧乡大倒山海面捞获油箱 1 只。

以上共在境内发现被击落敌机 5 架，共有毙命机师 14 人。除分呈主座暨防空司令部、省赈济会外，理合具文报请钧厅俯赐鉴核办理示遵。谨呈云南省民政厅厅长陆。

再，机上所遗各物，已呈缴主座核收，谨此呈明。

昆明县县长 高直青

（云南省档案馆馆藏档案，档案号 1011—7—47—42）

---

① 据昆明市政府、省会警察局会报称："被炸毁运输机 1 架，汽油数大桶，小卡车 3 辆。"（云南省档案馆馆藏档案，档案号 106—1—776—33）

33. 昆明县政府查报敌机轰炸苜蓿村伤亡
损失情形呈（三）（节录）

（1943 年 11 月 8 日）

案据职县云卫乡长呈称："呈为敌机肆虐轰炸平民灾情惨重恳祈迅赐赈济以惠灾黎事。窃于 9 月 20 日午前 9 时余钟，职乡第 4 保上苜蓿村 2 次复遭敌机投弹轰炸，当时烟雾冲霄，继则起火，瞭望情势，异常严重。当即率领所属分队长张云、邓彬调集全部壮丁携带救火消防器具飞驰灾区抢救，罗中队长鸿书闻讯，即时调集官渡、珥琮、普自各乡镇壮丁亲身率领前来救护，又莲德镇赵镇长亦派丁协助。斯时各级职员壮丁均奔驰灾区，不避危险，竭力抢救，即将火势扑灭，未致波及延烧。当时受灾难民疲于奔命，或受创穿胸洞复【腹】断臂折肘当时毙命，或受伤卧地者，睹其形状，无不惨然。当即召集保甲人员将受伤未毙难民舁交红十字会救护汽车送往昆华医院诊治，被炸死亡者分别收检【殓】备棺掩埋。惟查受灾难民流离失所，当饬就该村寺内及未受灾人家藉作难民临时收容所，并予以安慰。自当呈请上峰援照上次被炸救济食米适值贷放积谷期间，拟请即以该村应贷放积谷拨借食米 2 公石，饬由该管保仓协助员具领转发各难民。查该村计有 150 余户，前于 5 月 15 日惨遭轰炸，悲痛未息，此次复遭狂炸，死亡损伤实属惨荡【淡】已极。兹经详细调查，计毁草、瓦房屋 51 间，被炸受轻伤者计 3 人、重伤者计 7 丁口、死亡者共 11 人，烧死牲畜马 7 头【匹】、牛 3 头、猪 4 口，炊【烧】毁粮食谷米家具什物，倾刻化为灰烬，遗生人民骤然变为倾家荡产、无衣无食、无家可归、流离失所之难民矣。兹已调查完竣，分别造具名册备文报请钧长轸念灾黎迭遭惨炸迅赐赈济，俾惠灾黎，并请分别给奖在事出力人员，以资鼓励，而示体恤。"等情。〈附〉损失伤亡清册 1 本。据此，查 9 月 20 日敌机袭昆时，于县属苜蓿村投弹，炸伤平民房舍及击落敌机情形，业经呈报有案。兹据该乡长所报清册，尚系实情。除分呈外，理合抄同原册随文附呈，请祈钧厅俯赐鉴核，迅予给恤，以惠灾黎，实沾德便。谨呈云南省民政厅厅长李。

附呈清册 1 本（后略）。

昆明县县长　高直青

（云南省档案馆馆藏档案，档案号 1011—7—181—141）

34. 昆明县政府查报敌机空袭伤亡损失情形呈（四）

（1944 年 1 月 6 日）

案查 12 月 22 日敌机袭昆肆虐，谨将县境内实情分别详报，请祈鉴核。

一、昆明机场落弹 10 余枚，毁运输、驱逐机各 1 架。

二、和甸营村面落弹 5 枚，毁草房 20 余间，死吴张氏及吴正学之妻暨特务团学兵 1 人，共 3 人，死马 2 匹。村东落弹 10 余枚，死马 2 匹及妇人小孩各 1 人，该村共死 5 人、马 4 匹。

三、陈家院村东落弹 10 余枚，毁刘飞草房 1 间，伤周光明 1 人，内有 3 枚未爆炸。

四、黑土凹村附近落弹 20 余枚，伤小孩 1 人。

五、黄土坡堰塘田间拾获敌机抛下油压系统表 1 匣，计 11 张。

六、官渡后所村刘宝家被机枪打死大猪 1 口。又，梅写腊之舅被手榴弹炸伤右膝。又，季官村附近被投弹 2 枚，未有损伤。

七、普自乡傅家营落弹 5 枚，震坏傅辉瓦房 2 间、草房 3 间，伤牛 1 头、马 1 匹，内中 1 枚未爆炸。

八、西碧乡普坪村山后落敌机油箱 1 只，事后被美空军直接运回。

九、东波乡金刀营村界内捡获破坏木箱 1 只。

十、玉案乡第 8 保起台村文苇山、昆安交界处落下敌战斗机 1 架，机翼、机身全部烧毁，血肉横飞，难以辨认。只看清烧毁炮 1 挺，并捡获东京中岛（昭和 1877 年）证 1 枚、大日本镍币 1 钱，日本钞票 60 元零 3 角（共 9 张），机翼 1 块，钢炮弹 7 颗。

以上各情，除将捡获证物呈送主座龙公核收办理并分报云南全省防空司令部外，理合具文呈请钧厅俯赐鉴核示遵。谨呈云南民政厅厅长陆。

昆明县县长　高直青

（云南省档案馆馆藏档案，档案号 1011—7—181—162）

35. 昆明县政府呈报云南省政府之昆明县属各乡镇历年内遭受日寇暴行证据统计表

（1944 年 4 月 8 日）

昆明县属各乡镇历年内遭受日寇暴行证据统计表

时　期	地　点	被炸房屋及财产	死亡人数物数
民国 30 年 1 月 23 日	灵源乡沙沟尾村、梁家河村	落手榴弹 2 枚，毁董亮瓦屋半间。	伤 2 人、死 1 人
2 月 26 日	东坡乡苏家村	落炸弹 5 枚，计毁陈应草房 3 间，余德瓦房 3 间，范锐瓦房 2 间。	伤 17 名、死 10 人
同时〔日〕	灵源乡红庙村；赵家堆	落炸弹 1 枚河堤炸断；落手榴弹 1 枚。	伤 2 人
4 月 8 日	苍竹乡殷家箐	中弹 1 枚	
4 月 29 日	白马乡瓦草庄村	中弹 10 数枚	伤 67 人、死 20 余人
5 月 11 日	东波乡席子营村	中弹 6 枚	伤 2 人、死 5 人
5 月 12 日	北新乡沙朗村；玉案乡龙潭村	中弹 3 枚；中弹 2 枚。	伤 3 人、死 5 人
7 月 5 日	北新乡茨坝中央机器厂	中弹 10 枚，毁厂房共百余间①，损失千万元。	
8 月 10 日	大渔镇马街子电工器材厂、炼铜厂等	中弹 100 余枚，毁工厂房舍 200 余间，损失数千万元。	伤 20 余人、死 30 余人
8 月 12 日	灵源乡黄土坡村	共中弹 50 枚，盐管局损失汽油约 1200 余加仑。	伤 10 余人，死 80 余人
同日	苍竹乡、花渔沟中央机器〈厂〉共 20 余厂	中弹共 70 余枚，毁厂方房舍约 200 余间，损失不详。	伤 10 余人，死 60 余人
8 月 13 日	灵源乡小陆山；义合乡大麻苴村	中弹 27 枚，毁防空洞 1 个；落 1 弹。	伤 2 人、死 5 人

---

① 　一说为 "200 余间"。

时　期	地　点	被炸房屋及财产	死亡人数物数
8月14日	东坡乡金刀营、三竹营、栗家湾	共落弹 3 枚、手榴弹 1 枚。	伤1人、死5人
8月17日	莲德镇栗牙村	落弹 1 枚，损坏夏自秦禾苗 7 工①，附近落手榴弹多枚。	
民国32年 4月28日	莲德镇官庄村	中弹 10 余枚，手榴弹 10 余枚，毁房屋 10 余间，毁豆苗 10 余亩。	伤3人、死2人
同日	云卫乡土桥村	中弹 20 余枚，毁房屋 30 余间，财产不计数。	伤 20 余人、死 50 余人
同日	云卫乡和甸营	中弹 30 余枚，毁房屋 300 余间②，财产 3 千万元以上。	伤 140 余人、死 200 余人
同日	义合乡阮家村；牛街庄	中弹 19 枚，毁民房 30 余间；中弹 5 枚，毁民房 10 余间。	共伤 28 人、死41人
同日	义合乡羊方凹川滇路车站；小石坝。	中弹 7 枚；中弹 3 枚。	共伤 16 人、死9人
5月15日	云卫乡上、下苜蓿村；茶庵村	中弹百余枚；中弹 30 余枚。2 共毁民房 200 余间。	共伤 117 人、死 250 余人
同日	机场四周	落弹约 130 余枚	伤约 70 余人、死约 120 余人
32 年9月 20 日	云卫乡上、下苜蓿村	中弹 30 余枚，毁民房 56 间。	伤50余人、死10人
同日	机场附近及铁路边	共落弹 200 余枚，毁民房 20 余间。	
12月18日	云卫乡黑［和］甸营村及附近	中弹 20 余枚，毁民房 80 余间。	伤 30 余人、死 20 余人

① 原文如此。

② 一说为"中弹20余，焚毁房屋140余间"。

时　　期	地　　点	被炸房屋及财产	死亡人数物数
同日	〈云卫乡〉林家围村、东耦［藕］塘村	共落弹 4 枚	死马 8 匹、伤 2 匹
32 年 12 月 22 日	云卫乡黑［和］甸营村及四周	共中弹 20 余枚①，毁民房共 20 余间。	伤 10 余人，死马 4 匹，死 12 人
同日	黑土凹村及附近	中弹 30 余枚	伤 3 人，死 5 人

（云南省档案馆馆藏档案，档案号 1106—5—1993—8）

---

① 一说为 "10 余枚"（云南省档案馆馆藏档案，档案号 44—3—121—35、44—4—317—386）。

36. 云南省赈济会办理云县遭受敌机轰炸赈恤情形公函

（1944 年 7 月 29 日）

案准贵厅民肆三字第 793 号暨同字第 848 号公函略开：案据云县县长杨天柱呈报，该县县城于本年 5 月 13 日遭受敌机轰炸，轻重伤人民共 40 名，毁屋 400余间，嘱会办理赈恤等由。准此，经查该县被炸，本会于据呈灾情后，当即遵照赈济委员会规定，所有轻重伤民赈恤事宜，由会汇发急赈赈款 1600 元，饬即照重伤每名 80 元、轻伤每名 30 元之数发给具领。至被毁房屋，并饬该县长就该县救灾准备金项下拨款 1 万元办理救济。除呈报云南省政府、赈济委员会鉴核暨将赈款汇发该县令饬遵办外，准函前由，相应将办理情形函复，即希查照为荷。此致云南省民政厅。

（云南省档案馆馆藏档案，档案号 1011—7—45—222）

37. 云南省立昆华民众教育馆填报敌机轰炸损失物产价值表呈

（1945 年 6 月 30 日）

为呈报事。案奉钧厅中 2 字第 389 号训令内开："查关于调查抗战损失 1 案，自敌人发动攻势，我方公私财产损失甚巨，急【亟】应调查呈报，以凭汇编，仰即遵照。此令。"等因。奉此，遵查职馆自 30 年 1 月 29 日起至 8 月 17 日止，被敌机轰炸 6 次，先后中弹数百枚，统计房物损失照现时之估价，约值国币 464750000 元，理合分别缮具报告表 1 份，备文呈请钧厅鉴核汇办。谨呈云南省教育厅厅长龚。

附呈表 1 份。

云南省立昆华民众教育馆馆长　何少诚

云南省立昆华民众教育馆被敌机轰炸损失物产报告表　34 年 7 月 2 日

损失项目	单位	合计	被敌机轰炸时
大成殿 7 间	＄15000000	105000000	
尊经阁楼房 10 间	6000000	60000000	
东西两庑房屋 10 间	6000000	60000000	
大成门前东西陈列室 14 间	8000000	112000000	
钟鼓亭 1 座	5500000	5500000	
节孝祠 5 间	3500000	17500000	
碑亭 3 座	5000000	15000000	
大小平房 46 间	3000000	130 [8] 00000	民国 30 年 1 月 29 日、2 月 26 日、4 月 8 日、4 月 29 日、8 月 13 日、8 月 17 日
石栏杆 12 排	800000	9600000	
墨石丹墀 1 块	1600000	1600000	
各室陈列品 3600 件	5000	18000000	
农业陈列品 6200 件	5000	31000000	
各室木器橱具 340 件	5000	1700000	
杂用器 500 件	800	400000	
各种花木 300 株	1500	450000	
魁星楼被震坏	4000000	4000000	
明伦堂被震坏	4000000	4000000	
崇圣祠正殿被震坏	4000000	4000000	
道冠古今牌坊被震坏	1000000	2000000	
总计值国币：464750000 元，系照民国 34 年 6 月币价计算。			

（云南省档案馆馆藏档案，档案号 1012—4—559—187）

38. 资源委员会昆湖电厂抗战期间直接损失汇报表（节录）

（1945 年 9 月 25 日）

国营事业财产直接损失汇报表（表式8）
公用事业部分

事件：敌机轰炸

日期：民国 30 年 8 月 10 日

地点：云南昆明县石咀村昆湖电厂

填送日期 34 年 9 月 25 日

分类	价值①
房屋	$ 598700.00
器具	$ 44265.00
现款	
机械及工具	
运输工具	
其他（材料）	$ 185387.00
共计	$ 828352.00

附财产损失报告单　张

（略）

报告者：资源委员会昆湖电厂

（云南省档案馆馆藏档案，档案号 1088—1—85—14～15）

---

① 价值为法币，单位为元。

39. 昆明县政府呈报云南省民政厅之文物损失报告表

（1946 年 4 月 4 日）

昆明县文物损失报告表

损失项目	数量	价值①（元）	损失时间	损失地点	损失原因	备考
楼房铺面	4 间	16000000	30 年 10 月	正义路	敌机轰炸	
住房 2 院	16 间	50000000	30 年 10 月	东城脚	仝上	系平房
住房 1 院	10 间	25000000	29 年 3 月	永宁宫坡	仝上	仝上
楼房	2 间	8000000	30 年 11 月	威远街	仝上	
昆师附小校舍 1 所	楼房 5 大间 平房 16 间	100000000	29 年 3 月、 30 年 10 月	象眼街	仝上	
楼房铺面	7 间	7000000	30 年 10 月	福照街	仝上	四周被炸被波及约计修理费如上数
楼房铺面	8 间	8000000	30 年 11 月	光华街	仝上	
楼房铺面	5 间	4000000	30 年 11 月	景星街	仝上	
楼房铺面	34 间	10200000	29 年 3 月、 30 年 10 月	象眼街	仝上	
昆明县立师范学校校舍	楼房 3 大间， 平房 21 间	25000000	30 年 10 月	劝学巷	仝上	
楼房铺面	2 间	4000000	30 年 10 月	正义路	仝上	
住宅平房	20 间	20000000	30 年 11 月	大柳树巷	仝上	
仝上	17 间	68000000	30 年 10 月	文庙西巷	仝上	
仝上	23 间	23000000	仝上	仝上	仝上	
项 目②	数量	价格	损失时间	损失地点	损失原因	备考
书桌	25 张	250000	28 年 4 月	云卫乡第 10 保中心分校	敌机轰炸	
大黑板	2 块	50000	28 年 4 月	仝上	仝上	

（云南省档案馆馆藏档案，档案号 1011—7—2—167～168）

---

① 价值为法币。

② 该表原文如此。

40. 潞西设治局查报敌机轰炸灾情呈

（1946 年 8 月 23 日）

案查前奉钧厅本年 5 月 7 日民叁三字第 10551 号训令，饬职查报所属辖境内被敌机轰炸灾情，以凭核转 1 案。等因。奉此，遵即派员会同各土司署详为调查，但以各乡镇对此项被炸灾情均无详确之统计。兹所得结果大概如次：（一）查人民被轰炸伤亡者约 2539 人。（二）炸毁燃烧房屋约计 1724 所。（三）财产及牲畜等损失估计约值国币 1200 万万元，如按此时市价精确估计，尚不止此数。以上各项系职局所辖境内人民遭受敌机残酷轰炸之结果，以故目前人民十室九空，贫苦不堪言状。兹奉前因，理合将调查所得实情具文报请鉴核，并乞转请层峰责令敌寇赔偿，转发受害人民，以苏【纾】民困为祷。谨呈云南省民政厅长张。

潞西设治局长　李　鲲

（云南省档案馆馆藏档案，档案号 1021—3—301—140）

41. 蒙自县参议会查报敌机轰炸房屋损失人员伤亡统计表呈①

（1947 年 11 月 20 日）

为呈请事。案查本县在战时被敌机轰炸，公私财产损失业经统计造册呈报层峰鉴核有案。兹《正义报》本年 11 月 3 日报载，××政府饬速查报战时公私财产损失，以为向敌国索取赔偿之依据。兹谨将本县实地调查战时公私财产损失，依照现在物价，造缮统计表 3 份，一并随案呈报，敬祈钧厅鉴核抽转国民政府行政院赔偿委员会鉴核，向日本索取赔偿，实为德便。谨呈云南省民政厅厅长杨。

附蒙自县遭受敌机轰炸房屋损失统计表 3 份。

蒙自县参议会议　长　王继林

副议长　侯奉瑄

（1）云南省蒙自县遭受敌机空袭财产损失统计表②

日期			地点	房屋名称	损失情形						备注
					全毁		损伤		毁伤合计		
年	月	日			间数	估价	间数	估价	间数	估价	
28	4	13	市区	民　房	1790	1611000			1790	1611000	
		13	仝	文　庙	8	7200	13	3900	21	11100	1. 本表损失估价栏系以万元为计算单位。
		13	仝	文昌宫	15	13500	6	1800	21	15300	
		13	仝	鹿苑寺	12	10800			12	10800	
		13	仝	道尹公署	30	27000			30	27000	
		13	仝	县党部	14	12600	7	2100	21	14700	2. 炸毁每间估价 750 万元。
		13	仝	电话局			11	3300	11	3300	
		13	仝	警察局	4	3600	7	2100	11	5700	3. 损伤每间估价 300 万元。
		13	市区	省立蒙自中学	4	3600	7	2100	11	5700	
		13	仝	东林寺	5	4500			5	4500	

---

① 据 1947 年 11 月 20 日蒙自县参议会呈报：1939 年 4 月 13 日至 1942 年 1 月 27 日，蒙自县被敌机轰炸 13 次，炸死 247 人，重伤 121 人，轻伤 128 人；炸毁房屋 3677 间，损伤 263 间。另外，敌机入境投弹而未造成人员伤亡、财产损失者 10 多次，经过蒙自上空而未投弹者若干次，均未列入。

② 表中估价为法币。

日期			地点	房屋名称	损失情形						备注
					全毁		损伤		毁伤合计		
年	月	日			间数	估价	间数	估价	间数	估价	
		13	仝	四川会馆	3	2700	17	5100	20	7800	
		13	仝	个碧石铁路蒙自车站	6	5400	14	4200	20	9600	
		13	仝	江西会馆	3	2700	16	4800	19	7500	
		13	仝	普益娶生所	3	2700	5	1500	8	4200	
		13	仝	天主堂			4	1200	4	1200	
		13	仝	武庙	10	9000	10	3000	20	12000	
		13	仝	大寺	12	10800			12	10800	
		13	仝	文澜镇中心学校			8	2400	8	2400	1. 本表损失估价栏系以万元为计算单位。
		13	市区	保安寺			3	900	3	900	
		13	仝	财政局东门公产	3	2700	3	900	6	3600	
		13	仝	教育局			13	3900	13	3900	
		13	仝	军装局	1	900			1	900	2. 炸毁每间估价750万元。
29	11	14	仝	个碧石铁路蒙自车站	1	900			1	900	
	12	3	芷村镇	滇越铁路芷村车站民房	13	11700			13	11700	3. 损伤每间估价300万元。
		24	仝	仝右	6	5400			6	5400	
30	2	9	市区	个碧石铁路蒙自车站	6	5400			6	5400	
	4	18	仝	民房	1164	1047600			1164	1047600	
		18	仝	县政府			15	4500	15	4500	
		18		教育局	30	27000			30	27000	
		18	仝	武庙	20	18000			20	18000	
		18	仝	玉皇阁	9	8100			9	8100	

日 期			地点	房屋名称	损失情形						备注
					全毁		损伤		毁伤合计		
年	月	日			间数	估价	间数	估价	间数	估价	
		18	仝	体育会	10	9000			10	9000	
		18	仝	卫生院	11	9900			11	9900	
		18	仝	民众教育馆	13	11700			13	11700	
		18	仝	文澜镇中心学校	20	18000			20	18000	
		18	仝	文庙	1	900			1	900	1. 本表损失估价栏系以万元为计算单位。
		18	仝	民教馆播音台			3	900	3	900	
		18	仝	城隍庙			14	4200	14	4200	
		18	市区	东门城楼	2	1800			2	1800	
		18	仝	天主堂			6	1800	6	1800	
		18	仝	文昌宫	3	2700	7	2100	10	4800	
		18	仝	县党部	3	2700	9	2700	12	5400	2. 炸毁每间估价750万元。
		18	仝	军装局			20	6000	20	6000	
		18	仝	军火局			3	900	3	900	
		18	仝	东门娶生所			6	1800	6	1800	3. 损伤每间估价300万元。
4	9①	芷村镇	滇越铁路芷村车站民房	11	9900			11	9900		
5	7	市区	警察局			11	3300	11	3300	
	7	仝	民房	110	99000			110	99000	
	7	市区	军装局	11	9900			11	9900	
	7	仝	毗鹿寺	6	5400			6	5400	
	8	仝	民房	120	108000			120	108000	
6	14	冷泉镇蛮耗街	民房	25	22500			25	22500	

---

① 原表如此，疑为19。

日 期			地点	房屋名称	损失情形						备注
年	月	日			全毁		损伤		毁伤合计		
					间数	估价	间数	估价	间数	估价	
30	7	3	芷村镇	滇越铁路芷村车站民房	62	55800			62	55800	1. 本表损失估价栏系以万元为计算单位。
31	10	25	市区	民房	97	87300			97	87300	2. 炸毁每间估价750万元。
		25	仝	民众教育馆			22	6600	22	6600	3. 损伤每间估价300万元。
		25	仝	财政局公产			3	900	3	900	
总 计					3677	3309300	263	78900	3940	3388200万元	

附注：1. 表内所列炸毁房屋每间由被炸后查照现实物价，以平房楼房平均最低估价750万元，炸伤者每间300万元计算。

2. 本表均照省府34年2月2日秘编字第4号令附件检发敌人罪行调查类表（附件1）第20、21两条所指之罪行填列。

3. 本表所列损失以现实物价而论，其数尚不止此，合并声明。

（2）云南省蒙自县遭受敌机空袭伤亡人数报告表

被炸日期	被炸地点	伤亡人数			备　注
		死亡	重伤	轻伤	
28 年 4 月 13 日	市　区	173 人	53 人	103 人	省府发给、邻县捐赈22850 元，由县府领转防护团分发。
29 年 1① 月 14 日	蒙自个碧车站	3 人	1 人		已遵省令照发例特赈款，外炸毙黄牛 6 头
29 年 12 月 3 日	县属芷村车站	21 人	31 人	1 人	已遵照发例特赈款
30 年 2 月 9 日	仝右	4 人	3 人		因人事复〔变〕迁，无法发赈款。
30 年 4 月 18 日	市区	16 人	14 人	14 人	已遵照发赈款
30 年 4 月 19 日	芷村车站	2 人	2 人		
30 年 5 月 7 日	蒙自车站	2 人	3 人	1 人	照发急赈
30 年 5 月 8 日	仝右	1 人			仝右
30 年 6 月 14 日	县属蛮耗街	2 人			人事变迁未发赈款
30 年 7 月 3 日	芷村车站	5 人	2 人	2 人	仝右
30 年 9 月 11 日	蛮耗街		2 人		人事变迁未发赈款
30 年 10 月 25 日	蒙自东门外	9 人	3 人		遵照急赈
31 年 1② 月 27 日	草坝乡	9 人	8 人	7 人	仝右
总　计		247 人	121 人	128 人	
附记	1. 表内所列数字，系敌机空袭后伤亡实数，空袭而未伤亡者未列入。 2. 本表系根据省府 34 年 2 月 2 日秘编字第 49 号令附发敌人罪行调查种类表（附件）第 20、21 两条之罪行填列。 3. 本表所列赈款，系本省府临时急赈及邻县捐款赈济会急赈等，数目不大，以后未获救济者死及残废者，惨状难以形容，急待救济。				

（云南省档案馆馆藏档案，档案号 1011—7—10—86、120）

---

① 原表如此，疑为 11。
② 原表如此，疑为 10。

42. 昆明市政府呈报敌机空袭轰炸损失表[①]

(1948 年 4 月 28 日)

昆明市抗日战役敌机空袭轰炸损失表

被炸年月	敌机架数	被炸区域	被炸损失概况								
			人口伤亡数			难民人数	房屋损毁数				
							全毁		半毁		微毁
			死亡	重伤	轻伤		炸毁	焚毁	炸毁	焚毁	炸毁
27.9.28	9	潘家湾、苗圃、长耳街	119	173	60						
29.9.30	27	本市1、2、3、5、6区地段内	12	170	80	294	286		123		56
29.10.7	18	本市西南柳坝村	41	15	38	66	114		31		11
29.10.13	27	本市西北大西门文林街钱局街一带	67	13	127	899	236		147		78
29.10.17	18	本市东南区	4	2	4		21	17	32	7	13
29.10.28	9	本市东北小菜园	16	7			12		9		13
30.1.3.	18	本市东南养济院一带	41	36	65	85	61		24		12
30.1.5.	9	本市中心圆通街平政街一带	12	24	15	172	43		21		9
30.1.22	18	本市凤翥村玉皇阁附近	27	14	30		21	37		6	8
30.1.29.	15	本市2、3区民生民权街福照街文林街一带	54	45	37	267	432		189		115
30.2.26	27	本市中心及临江里大东门东庄一带	103	45	46	168	85		43		21

---

① 原表中敌机架数单位均为"架",人口伤亡数、难民人数单位均为"人",房屋损毁数单位均为"间",此略。

被炸年月	敌机架数	被炸区域	被炸损失概况								
			人口伤亡数			难民人数	房屋损毁数				
							全毁		半毁		微毁
			死亡	重伤	轻伤		炸毁	焚毁	炸毁	焚毁	炸毁
30.4.8.	18	本市1、2、3区所属正义路武城[成]路劝业场一带	26	17	21	1600	368	793	125		159
30.4.26	18	本市南岳庙	14	15	11	20	84	16	23		37
30.4.29	18	本市中心区及瓦仓庄等处	78	53	66	1026	483		643		192
30.5.8.	18	本市北郊沙沟埂、湾子埂	68	14	55		3	13			
30.5.11	9	本市南郊席子营	11								
30.5.12	9	本市东南区一带	3	9	8	665	87		46		13
30.8.10	18	本市1、2、3、4区大西门内外及小虹山等处	28	37	4	1262	598		136		52
30.8.17	27	本市1、2两区一带	15	10	16	651	899		343		156
30.12.18.	10	本市交三桥	111	85	73		6		2		
总计20次	340架		850	784	765	7175	3839	876	1937	13	945
附记	本表调查登记者，系指进袭时业已投弹蒙受损失之实况，至于业已进袭而未投弹损害者，则未予登记。又，本表所列损失数字并未计出价值，亦未列入总表统计，合并声明。										

中华民国37年4月28日

（云南省档案馆馆藏档案，档案号1011—7—27—192）

43. 云南省抗战损失调查督促委员会检送省政府统计室之全省被敌轰炸伤亡损失统计表

（1948 年 11 月 9 日）

本省遭受敌机轰炸伤亡人数及房屋损失统计表

县局别	日期	伤亡人数		房屋损失（间）		备注
		受伤	死亡	全毁	半毁	
沾益县	29 年 11 月 29 日	4	8			袭击中航机
碧江局	33 年 1 月 16 日		4			路经过弹落
屏边县	29 年 12 月 18 日	150	150			轰炸火车
昆明市县	27 年至 34 年	1892	1044	2178	4835	
蒙自县	28 年至 32 年	340	375	3752	2562	
建水县	30 年	60	18	630		
个旧县	29 年至 30 年	181	161	300	2100	
保山县	30 年至 31 年			665	230	伤亡人数不明
大姚县	32 年	42	268			祥云机场民工
安宁县	30 年	3				
呈贡县	33 年	11				

（云南省档案馆馆藏档案，档案号 1011—7—27—270~272）

44. 敌机在顺宁投弹

（1941 年 5 月 28 日）

本月 11 日，敌机在顺宁投弹，鲁史镇孤巴拉被炸，死伤挖茶工人数名。

5 月 11 日 12 时 30 分，敌机 6 架在本县鲁史镇孤巴拉地方投弹 23 枚，弹落茶地，炸死挖茶工男女共 3 人，牛马数头，伤数人。

（《云南日报》1941 年 5 月 28 日，第 4 版）

45. 保山"五四""五五"大轰炸

1942年5月4日（农历3月21日），天气晴朗，溃兵难侨，纷至沓来，车辆拥挤，人声嘈杂，扰攘沸腾，充街盈巷，繁华一时。正午12时许，忽敌重轰炸机54架，分两批自南窜入县境，突然袭至市空。用重磅炸弹，狂炸县城，另6架攻击机，低空扫射，人民死伤惨重，房屋炸毁震毁无数，惨状空前。是日，闻敌之少数快速部队，已窜越惠通桥，幸我守桥工兵部队，及时将惠通桥炸断，始阻住敌之后继部队前进。5月5日，午后一时许，敌重轰炸机27架，再次轰炸县城，毁屋愈多，民众俱已疏散四乡，只死数人。此日，敌军四五百人，由惠通桥上游用快艇偷渡过江，与36师106团发生遭遇战，战斗激烈，嗣经我军陆续增援，始将敌大部歼灭，少数逃回西岸。

此时因缅战失利，敌空军已占领仰光机场。前方中央机关人员竟相撤逃，而伤兵难侨，又纷向县境涌来，社会情况，非常复杂，守军"熄烽"，放弃警备职责，坐守太保山上置之不理。前方情况中断，县府主管又复失于警惕，延不施放警报。以致骤不及防，敌机群袭至上空，尚不知为我机敌机，人群犹昂首仰数飞机，直至炸弹轰响，始惊骇逃避。顷刻之间，烟雾冲天，尘土弥漫，到处血肉横飞，死伤枕籍。上、下水河，被尸体填塞，顿成血流。尤以上、下巷口，吴家石坊中弹震倒，在袁氏街南洋大旅社门口，又中一巨型炸弹，死伤甚众，多为归国难侨，俱为逃生而来，仍不免于难。死者横尸街渠，伤者呻吟呼救，而生者四奔逃命，此情此景，惨绝人寰。尚有保岫公园内，是日省立中学师生，正举行"五四"运动纪念会之际，师生数百人，惨遭炸死者亦甚多。省、县两中学校，均中炸弹，省中校长段子玉，县中主任雷子荫殉职。县党部、马里街、华侨中学等处中烧夷弹，烧毁房屋甚多。太保山下，有军车被炸，弹药爆炸声一小时许始停。

按，华侨中学校址，原借龙泉门外腾越会馆庙宇办理，并就营盘山下添盖草屋数十间，作为校舍。"五四"被炸中烧夷弹，毁草屋多间，及校内二门牌坊，死伤学生多人，后即奉令全校移往大理办理。保山县立中学，则因被炸毁屋甚多，学生四散不能回城学习，经县府决定暂分两处复课，一在金鸡村，由戈大和领导学习；一在石龙坪，由顾璇璧领导学习。至1943年委薛铮为保山县立中学校长，召回全部师生，仍就华侨中学（腾越会馆）原址，继续上课。薛铮去职，由耿光鑫继任校长。1945年12月71军东调，将其所办之"中正中学"及"中正小学"移交地方，并入保山县立中学，校址亦移入白鹤观、报国寺一带。省立保山中学则因被炸校舍损坏甚大，校长段子玉及学生伤亡甚多，无人主持。直至1943年，始由专员李国清兼任校长主持复课事宜，先就小北门外白衣寺略加修缮，委万寿康为校务主任，召集全校师生回校恢复上课。1945年，城内校舍大体修缮完毕，始全部移回原校址内，正式复课，并委万寿康任校长。至县党部内中烧夷弹，屋舍烧毁殆尽，后将县党部移驻节孝祠内。

炸后，经县府调查统计，伤者因各逃散，无法得知其数，死者有主收尸掩者约2800多人；无主收尸由县府发动附城8镇派工掩埋者6000多人。另有屋塌墙倒压死未经挖出者，尚不知为若干，全城公私房屋全毁1967间，半毁349间，震坏715间，微受震损者，则属普遍现象，至于其他家俱什物衣服粮食等等，则属无法统计。呜呼，不设防和平城市，居民何辜遭此屠杀，世界各国，有如是之法理乎？

此际，担任"畹漾段警备指挥"之龙奎垣，平时作威作福，滋扰人民，对防空设施无动于衷；敌机狂炸之时，不知匿避何处，无所作为。畹町、龙陵边境线上，并未派有一兵防守，即惠通桥上，亦只驻有少数兵力，与中央少数宪兵，仅足以维持交通秩序。以致使敌军长驱直入，窜过惠通桥；又不敢率师前往阻击。据闻曾有敌之少数先锋部队，混入溃兵难民中，窜越至707公里处，闻惠通桥已毁，始下车由蒲缥经惠人桥去腾冲与敌寇会合。于"五四"炸后，敌机远去多时，龙始敢露头，跃马持枪，尾随大队新老手枪卫队，威风凛凛，冲下太保山，至三牌坊十字路口，左右上下，来回驰骋，大呼小叫："敌人来了，赶快疏散！"故意制造紧张气氛，大肆恐吓群众，时有一老华侨周存厚（原在宪兵连工作）叩马质问，竟被龙奎垣开枪将其打死于牌坊下街旁，继又闯进县府，正值县府召开绅首紧急会议，商讨善后之时。一见之下，龙又大喝："敌人已经过江，你们不怕死吗？还在开会，有何用处，想当汉奸吗？"顿使会议中止，惊慌而散。事后始知，其举止原为其抢掠放火准备溃逃创造条件。

5月5日晚，逃过惠通桥之溃兵难侨车辆互相争先。南自大官市坡，北至北庙，数十里上，车灯如星光，形似长龙。因无人指挥。拥挤不堪，前车发生故障，后车被阻，并排四五辆，公路反为阻住，日行数里，及至群起将坏车掀弃路旁，始得通行，但被掀汽车到处皆是，乱极一时，至于未逃过江者，则纷纷弃车盲目乱逃，沿怒江西岸，东突西奔，被挤落江中淹死者，不可胜计。被筏渡及泗渡过江者不多。

5月6日，闻龙陵沦陷。36师部队已全部在潞江东岸，与敌激战，敌军大部被歼灭，并取得制敌据点，局势基本扭转。而龙奎垣则于是日晚，将城中闹市先抢后烧，南自五桂桥，北至卫照壁，东自通商巷口，西至袁家巷口，烧成焦土，一片瓦砾，更形凄惨。烧抢后，于7日率部向东而逃。此时由于中央军政机关自行撤退，竟相销毁器材、汽油，城内城外火光冲天，数日不熄，保山县长刘言昌，原拟自瓦房街出云龙，行至郎义遇俞部长鹏飞，得悉前方战况，仍留郎义村办公，旋即回城，遂令附城8镇征派民工入城掩埋死尸，并令各乡镇开积谷仓碾米招待溃兵难侨，并供自卫壮丁食用。

炸后数日，保山城乡到处发生霍乱传染病，猖獗一时。罹病者，上吐下泻，朝发夕死，持续数月，全县约死亡五六万人之多。尔后，连年鼠疫，死亡相继，惨莫可言，此与炸后暴尸太多，更与敌投掷细菌弹极为有关。

（方国瑜、冯友兰主编：《保山县志稿》，云南民族出版社2003年版，第88—90页）

46. 抗战八年云南遭空袭损失情况

云南防空司令部统计，抗战 8 年之间，本省遭敌机进袭共 127 次，机数 1968 架，投弹 7588 枚，内烧夷弹 48 枚。民众被炸死亡者 4210 人，受轻重伤者 2964 人，损毁房屋 29904 间。在全省被炸地区之 21 县中，其遭受敌机进袭次数最多者，厥为昆明，计 41 次；其次为蒙自，计 27 次；个旧 10 次，云龙 8 次，龙陵 6 次，保山、安宁各 5 次。进袭机数最多者为昆明，计 849 架；其次为蒙自，计 292 架；龙陵 140 架，云龙 144 架，祥云 53 架。投弹最多者亦为昆明，计 2602 枚，其次为蒙自，计 1627 枚；保山 355 枚，云龙 794 枚，龙陵 805 枚，祥云 12 枚。被炸死亡最多者为保山，计 2335 人；其次为昆明，计 916 人，蒙自 421 人。被炸受伤最多者为昆明，计 1514 人；其次为祥云，计 482 人，蒙自 354 人，保山 322 人。炸毁房屋最多者为昆明，计 22316 间；其次为保山，计 3711 间。并开远、云龙、龙陵、安宁、建水、昆阳工厂、沾益、富宁、砚山、昭通、大理、下关、广南、西畴、文山、禄丰、玉皇阁等处统计，伤损概数如附表：

抗战时期本省被袭损失情形表（一）

区分 县别	进袭次数	机数	投弹 爆炸	投弹 烧夷	人口 死	人口 伤	房属 炸毁	房属 燃烧	公物损失 机件	公物损失 工房	公物损失 飞机	公物损失 汽车	建筑物损失 铁路	建筑物损失 公路	建筑物损失 桥梁	外侨损失 人口	外侨损失 房属	外侨损失 国籍
昆明	41	849	2588	14	916	1514	20018	2288	5	120	9	3		144	1	29	32	德国 美国 法国
蒙自	27	292	1617	10	421	354	1552	403				1	785			7	10	法国
个旧	10	91	345	8	27	42	118	22										
保山	5	93	313	42	2335	322	2531	1180										
祥云	3	53	121		338	482					3					8		美国
开远	3	46	177		45	67	438	37										
昆阳工厂	2	16	83				8											
大理下关	1	27	108		6	18	124											
安宁	5	65	127		7	16	64			3		20						
沾益	2	18	44		6	6												
建水	3	19	80		32	43	291											
富宁	2	7	16		19	19	136											
禄丰	1	3	4		10	17	55											

区分\县别	进袭次数	机数	投弹		人口		房属		公物损失				建筑物损失			外侨损失		
			爆炸	烧夷	死	伤	炸毁	燃烧	机件	工房	飞机	汽车	铁路	公路	桥梁	人口	房属	国籍
云龙	8	144	794												2			
龙陵	6	140	805															
砚山	2	16	84		10	17	254											
西畴	1	11	58		4	6	116											
广南	1	9	12		18	16	177											
玉皇阁	1	9	18		8	10	38											
昭通	2	47	133		2	5												
文山	1	8	16				56											

又：昆明损失马13匹，牛8头，铜线2700公斤，铝线2400公斤，瓷瓶1800个，木杆120根；蒙自损失铝线380公斤，瓷瓶600个，木杆32根。

抗战各年本省被袭损失统计表（二）

年度\类别	自27年9月28日起	28年	29年	30年	31年	32年	33年	34年
进袭次数	1次	6次	34次	61次	15次	8次	1次	1次
进袭机数	9架	57架	603架	786架	259架	232架	13架	8架
投弹数量	23枚	379枚	2870枚	2907枚	894枚	463枚	38枚	20枚
死亡人数	119人	190人	434人	583人	2481人	375人	11人	17人
受伤人数	233人	179人	493人	874人	630人	522人	12人	1人
毁房屋数	66间	1319间	2418间	22318间	3604间	179间		

其中，间接受损失之县区，如蒙化县人民奉派修筑云南驿机场，于32年4月26日敌机投弹扫射，死亡120人，伤90人。

被炸之文化慈善机构，如国立云南大学、西南联合大学、昆华民众教育馆、昆华医院、云南陆军医院、惠滇医院、兽医院等，损失甚大，为敌人罪行之不可磨灭者。

（云南省志编纂委员会办公室编：《续云南通志长编》下册，1986年印，第186—190页）

47. 1939年至1944年各属空袭灾情赈济表

日期	灾区		灾情（调查数）				急赈款（元）	备考
	县别	受灾地	死亡（人）	重伤（人）	轻伤（人）	毁屋间数		
28年12月4日	蒙自	县城	186	96	86	1280		省府令富行垫款20000元，派丁委员又亲赴抚赈
	蒙自	机场			3	5		
29年2月1日	滇越路	湾塘车站	124	62	32	客车全毁	2500	
1月4日	蒙自	机场	2	1	1			动支救济准备金
7月14及15日	富宁	文华镇	5			105	150	
10月1日	开远	县城	42	23	5		1700	
10月18日	个旧	县城	5				150	
10月23日	个旧	锡厂		2			40	
11月14日	蒙自	县城	3	1			110	
12月3日	蒙自	芷村车站	25	31		23	1820	
12月13日	个旧	县城	112	94	19	1078	3000	
30年1月3日	昆明市	东南区	41	36	65	196	1760	
1月3日	保山	县城	106	52	89	120	5130	
1月5日	昆明市	东北区	12	24	15	574	740	
1月9日	个旧	县城绿春花		2		93		
1月22日	昆明市	南区	24	14	30	156	730	
1月23日	昆明县	海源寺		2			40	
1月29日	昆明市	东北区、西区	54	45	37	760	2130	
2月9日	蒙自	迷拉地	6	3			240	
2月21日	文山	县城	11	4	9	90	500	
2月21日	马关	县城	6	8		130	340	

日期	灾区		灾情（调查数）				急赈款（元）	备考
	县别	受灾地	死亡（人）	重伤（人）	轻伤（人）	毁屋间数		
2月21日	安宁	北地哨	1	6	1		110	
2月22日	个旧	绿春花		2	5	92	90	
2月26日	昆明市	东南区	103	45	46	1920	3520	
2月27日	个旧	马格拉	6	6	3		240	
3月9日	安宁	邱家庄		3	9	11	150	
4月8日	昆明市	中心区	26	17	21	1321	1330	
4月16及18日	建水	县城	19	31	34	120	1400	
4月18日	开远	县城东门	28	27		394	1380	
4月18日	蒙自	车站	16	4	15	110	590	
4月21日	保山	县城	17	15		109	810	
4月26日	昆明	西岳庙	7	6	3	159	360	
4月26日	广通	一平浪	16	11		72	700	
4月26日	个旧	县城	5	11	6	150	350	
4月29日	昆明	市中心区	78	53	46	1000	3390	
5月7日	昆明	北郊	68	24	45		3345	
5月7日	个旧	甸村	1	2		5	40	
5月7日	建水	东郊	4	5	3		470	
5月7日	蒙自	车站	3	5			380	
5月7日	顺宁	甸西茶山	4	5			440	
5月11日	昆明	东郊	11				420	
5月11日	个旧	县城		1	5		115	
5月12日	昆明	南区	3	9	8	120	465	
6月1日	昭通	机场	2	5		32	320	
6月15日	沾益	机场		2			80	
6月16日	广南	县城	46	36	40	274	4720	
7月5日	昆明	茨坝	4	6		2000		由资源委员会给恤

日期	灾区		灾情（调查数）				急赈款（元）	备考
	县别	受灾地	死亡（人）	重伤（人）	轻伤（人）	毁屋间数		
7月15日	凤仪	下关	8	11		50		由西南运输处给恤
8月10日	昆明	茨坝、马街子	21	25		200		由资源委员会给恤
8月12日	昆明	茨坝、黄土坡	28	5	1	100	935	
8月13日	昆明	市中心区	43	19	3	935	2615	
8月13日	呈贡			1		1	55	
8月14日	昆明	市东南区	17	15	22	288	1880	
8月17日	昆明	市中心区	8	11	16	2000	1520	
8月21日①	昭通	机场	1	2			100	
11月28日	曲靖	北较场	3		2			由汽车大队给恤
12月18日	昆明	东郊	147	176	42	49	9825	
31年4月18日	建水	县城	18	26	34		1400	
5月3及4日	保山	县城	3758	263		1976		特赈100000元
5月7日	建水	县城	4	5	3		250	
5月24日	思茅	县城	3	6				
5月24日	河口			50				特赈100000元
10月25日	蒙自	东门外	10	3				省令拨发20000元
10月27日	蒙自	草坝	10	9	7			
12月26及27日	祥云	机场	25	12			1860	
32年1月16日	祥云	云南驿	2	4				

① 表中个别日期或数字有误，如8月21日应为"31日"。原文如此。

日期	灾区		灾情（调查数）				急赈款（元）	备考
	县别	受灾地	死亡（人）	重伤（人）	轻伤（人）	毁屋间数		
1月15日	南峤	县城	5					
1月22日	南峤	勐满乡		17	7	100		
1月24日	南峤	县城	10	9	7	42	5000	恤发急赈除安存外，救济准备金①
1月25日	澜沧	县城	10	9	4		5000	作准备金，遇灾照案恤赈
1月25日	南峤	顶真	14	8				
4月26日	祥云	机场	398	200	171			除工程处给恤外，特赈70000元
4月28日	昆明	机场附近村庄	57	44		273	30000	
5月15日	昆明	蓿村②	24	3	40	207		特赈30000元
9月20日	昆明	蓿村	9	15	11		20000	
10月3日	保山	县城	2	4				
10月25日	凤仪	金星村	8	8	3	16	2000	
12月18日	昆明	机场	7	3				
12月22日	昆明	机场	5	3	5	56		
33年1月16日	碧江	娃底村	4				480	
5月13日	云县	县城		8	32	46	1600	
28年起至33年止	总计		5901	1824	1102	18988	149765	

（云南省志编纂委员会办公室编：《续云南通志长编》中册，1985年印，第394页）

---

① 疑有误，原文如此。

② 蓿村，疑为"苜蓿村"之误。

〈二〉 日军的烧杀奸淫和抢掠

48. 龙陵县政府呈报日军在龙陵征工、"清乡"、
开设妓院等活动快邮代电

（1942 年 6 月 28 日、9 月 9 日）

6 月 28 日代电　云南省民政厅厅长李钧鉴。职移驻三江口后，敌伪压迫日甚一日，四山枪声昼夜不停。职从人既少，壮丁无几，更乏武器，不得不相机移动，于 6 月 20 日徙至半坡岩。沿途宣传人民勿为敌伪利用，充当汉奸走狗。所有能资敌之物资如公家积谷、私人米粮必要时务须焚毁完尽，凡妇女壮丁于敌人到达前尤须远道避匿，勿为捕捉，以免枪杀凌辱，民众皆为感动，奋激异常。兹将所得情报胪陈如后：（1）敌人正规军近来自缅境增加者已有一部分杂色部队，现约增至一二千人，内中份子复杂，戛拉、缅人、山头、汉奸均在其内。（2）敌人近来大做清乡工作，凡公务人员及壮丁妇女被其捕获者无不枪杀凌虐，备极惨酷。因龙陵为潞江及龙川江将境地包围，形成绝路，在境内之人民运动不便，迁移较难，故能逃过潞江者十无一二。（3）敌人已积极赶修龙腾公路，强征两县民工约 2 万左右，不久即可完工。（4）敌人田原联队长常奔驰于腾龙之间，策划一切，其部队番号亦用臂章表示，如金刚佛法等字项。所有以上各情形，理合报请××查核。龙陵县长杨立声叩。6 月 28 日于平安乡之半坡岩。

（云南省档案馆馆藏档案，档案号 1011—7—12—164）

9 月 9 日代电　云南民政厅厅长李钧鉴。龙陵敌人最近仍分兵 3 路扫荡边境，直达龙陵、镇康交界之罕乘渡口后，方始分头各返原地。我游击部队在此情况之下已化整为零，散伏各地，待机活动。闻因腾冲方面我军攻击猛烈，龙陵、芒市敌兵已大多开往增援，现在驻扎龙、芒人数不甚为多。在敌人占领区内，德、意军官亦随时有往来考查或参加工作者，可见轴心强盗互相勾结之严密。龙陵伪县长现正在幕后装扮中，将来粉墨登场者，究竟是何傀儡，再为探报。敌人已自台湾一带运来妓女约数十人，设一妓院于某氏祠堂及张姓宅内，以供军人之逸乐。又，敌人开一百货公司于街旁空宅之内，将所有市中搜集得来之物品陈列该公司内交易售卖。所

有以上各情形，理合报请鉴核。龙陵县长杨立声叩。9 月 9 日于龙属思喇分乡之思喇寨。

（云南省档案馆馆藏档案，档案号 1011—7—7—62）

49. 镇康县政府呈报日寇在南伞、 孟定等地蹂躏情形

(1942 年 9 月 16 日、1943 年 3 月 11 日)

1942 年 9 月 16 日呈　呈为呈明近日敌情请祈鉴核事。窃职府据明朗镇长鲁德梁报告称："顷据甘塘朱新盛来函内开：顷据轩岗镇长杨文和由长林岗来函内开：敌人于阴历 7 月 27 日到达南伞，将消费、海关两局烧却。28 日又退回老街，即放火遍烧，所有铺面及民房都付之一炬，只存大庙一隅。凡该敌所到之处，派粮米、派猪牛、派伕役，沿途蹂躏，凄惨万状。现在敌人已由老街分两路完全退却，一部份由原路转回滚弄，一部分由大水井过山头寨出孟定。该敌在山头寨时，勒令民众修回破坏之公路，以利通行坦克车，如违，即行剿办。"等情。据此，查敌窜向职县属孟定镇之大水井，并勒令山头寨一带居民，修复运输便道，其企图似有由沿公路线进攻之模样，除请 39 师驻防部队戒备外，并飞令孟定、明朗两镇长派遣自卫队及壮丁严密布防，勿使窜入。惟职县接近果敢怒江之孟定、明朗、芹塘、双河、勐捧、天池，各乡镇居民惊惶，迁移一空，镇定无方，已成战时状态。一切行政事项皆停顿，无法办理。理合将情报所得，呈请鉴核备查。谨呈云南民政厅厅长李。

镇康县县长　杨世英　呈

中华民国 31 年 9 月 16 日

(云南省档案馆馆藏档案，档案号 1011—7—7—60)

1943 年 3 月 11 日电　昆明分送云南省政府主席龙、昆明行营主任龙、民政厅长李、粮政局长段钧鉴。据职属孟定镇长罕万贤报称：敌自 2 月敬日强占孟定后，奸淫烧杀，死亡军民念[1]余人，焚毁房屋 30 余所，积谷及征实征购米谷完全被焚，财物掳掠一空。念五日撒【撤】退回滚弄。等语。查此案前经迭电，并分报驻军各长官请求派兵追剿在案。除再派员前往宣慰办理善后，一俟呈复，另案呈请抚恤外，谨此电呈。镇康县长杨世英叩。

(云南省档案馆馆藏档案，档案号 1011—7—7—105)

---

① 念，即廿，20 之意。

50. 第六区行政督察专员公署转报腾冲敌情快邮代电（一）

（1943 年 4 月 22 日）

云南省民政厅厅长李钧鉴。据腾冲县长张问德 4 月 14 日报告称："职于寅月 24 日奉调到榆①谒见陈司令长官暨宋总司令，垂询地方情形，逗留 4 日。公毕，卯月 6 日回抵漕涧，现预 2 师部暂在漕涧，于桥头设 1 指挥所。职定于寒日率领职员由漕赴桥头择一地点办公，因界头县府完全被敌焚毁，民居灰烬。4、5 两区调查，共烧毁民房 1300 余户、杀死百余人，灾情甚惨。职昨由下关筹获国币 1 百万元，先行散赈，一面造册呈报，再请中央赈委会拨款救济。惟敌人在城欲打通八募【莫】路，故昨突破蛮允，又将蛮允民房烧焚殆尽。顷派民伕将大盈江河水汲引进城，在西练、大坡头一带加紧筑工事，意在坚守。敌在城数约万人，内中东北人、台湾人、印度人及摆夷闲杂人居多数，真日本人不过十之一耳。军事反攻设备不及，看来暂难推进。惟老百姓在沦陷中有知识者心尚未死，日望国军，而被其怀柔易志依附者亦复不少，生活日见腾翔，百物百倍高昂，深用杞虑。"等情前来。除指令嘉勉并饬妥为安抚固结民心外，谨电请××鉴核。职李国清。卯养。叩。

（云南省档案馆馆藏档案，档案号 1011—7—181—97）

---

① 榆，即大理县的简称。

51. 云南省第六区行政督察公署转报敌人蹂躏上江情形呈

(1943 年 4 月 23 日)

云南省民政厅厅长李钧鉴。据 71 军特党部派往保山县属大塘子、上江一带工作之宣抚队朱领队长昌洪返来谈称：遭敌人蹂躏过之村庄，满目凄凉，被其杀戮之妇孺尸首遍地皆是，惨不忍睹。宣抚队到后，即发动乡民收殓掩埋，免其暴露于地，臭气四扬。据调查统计，上江乡 6 保于今年正月间被敌掠去者逾 20 人，青年男子被杀者 23 人、妇女 2 人，被奸污者 71 人。房屋被焚者 8 村 39 户共 109 间，牛马被劫去 95 匹，食米损失 500 石以上，谷子约 2000 石以上，财物损失约值国币 29 万余元。该队除竭力帮助民众抢运积谷外，并会同镇保长积极办理地方善后事宜，并决定在高黎贡山间之×处恢复小学校 1 所，经费 1 部为其校产，1 部则由该队请中党部按月酌予津贴，教职员均聘当地素具资望热心教育之青年男女担任，现正积极筹备，不日即可招生授课。等情。谨电呈鉴核。职李国清。卯梗。叩。

（云南省档案馆馆藏档案，档案号 1011—7—181—51）

52. 第六区行政督察专员公署转报腾冲敌情、灾情等快邮代电（二）

（1943 年 6 月 24 日）

云南省民政厅厅长陆钧鉴。顷据腾冲县长张问德巳灰代电报称："职冬日离府前往固东、碗窑一带视察，业经呈报在卷。经于冬晚抵达固东附近召集第 4 区所属各乡镇长会谈，江日即与各乡镇举行会议，关于抚辑流亡、破坏道路、协力耕种、组织便衣、辅助军事各项，均有决定。江日察勘固东、碗窑两镇被难灾情，当以碗窑接近前线，未能久留。马站逼近敌主阵地带，未克前往。支日由碗窑附近前往固东以西之后甸，处理固东附近各乡镇人民纠纷，均谕令和平了结，协力相处。微日由后甸前往阿幸街视察灾情，鱼日由阿幸街前往滇滩、营盘街视察灾情，虞日由滇滩前往班瓦哑口、姊妹山脚、核桃园一带抚慰夷民，齐日由核桃园前往明光、营盘街视察灾情，佳日由明光、营盘街经小辛街返桥头。县府此次出巡，历时 8 日，各处民众渴望反攻甚殷，惟民生凋敝，颇呈难支之势。自本年 2 月敌人突破以来，县府力能控制之区，界头、桥头、瓦甸、碗窑、固东、阿幸、滇滩、营盘各街全毁，仅余曲石、江苴及明光、营盘 3 街尚能完整，被毁灾户达 1500 左右，而精华所萃，又皆毁荡无余。现由下关商号筹集赈款 1 百万元，仅领到半数散发，其余尚在催缴中。又，今年春季干旱，数月不雨，荞麦几至无望，而禾苗亦臻枯槁。所幸东日以来，大降时雨，职于途次催督耕种，民情欢忭。倘秋获不受暴敌扰害，则虽减成，似犹可望。齐日拂晓，敌五六百向碗窑、固东一带进犯，战事刻尚在进行中。除情形如何另行呈报外，谨电鉴核。"等情。据此，除电饬妥为安抚固结民心，并将敌情随时具报外，谨电呈××鉴核。职李国清叩。巳。迥【迴】。

（云南省档案馆馆藏档案，档案号 1011—7—181—105）

53. 潞西镇公所办理驮马、食米等日军军需

(1943 年 8 月 16 日—1944 年 2 月 12 日)

1943 年 8 月 16 日命令① 卅二年八月十六日。案奉芒市司署顷准日军部通知：“潞西镇应代雇驼〔驮〕马 100 匹，马伕 100 名，准于 8 月 17 日备齐送署验收勿误为要。此令。”等因。奉此，自应遵办。除分令外，合行令仰该保长照养马者尽量派送驼〔驮〕马 24 匹、鞍架全套、马伕 24 名，遵期送往。事关军用急须，勿得延宕时刻为要。此令第 2 保长刘广荣遵照。

代镇长 张觐北〔伯〕

（德宏州档案馆馆藏档案，档案号 2—1—17—132）

1943 年冬月 22 日②函 明仁、顺泰乡长均照：今于 22 日晚 12 点，承高岛大队长面示，饬于今晚飞信到旺，由 23 日起，每日送猪 1 口到戛，不得延误。倘有不遵违误等情，一定在 5 日内烧灭勐旺。等因。奉此，相应星夜函达，即希查照。（收信后祈给收条）

张觐伯 刘广荣 具

民国 32 年冬月 22 日晚 3 点

（德宏州档案馆馆藏档案，档案号 2—1—17—69）

1943 年 12 月 27 日呈 为呈缴事。于阴 11 月 30 日案奉事务所条谕开：“日方需要鸡蛋数千个，除分配外，潞西镇应派送鸡蛋 600 个，限阴 12 月初 2 日如数送交来所，不得因循为要！切切此谕。”等因。奉此，自应遵办，当即分配各保甲长星夜分头购办，现已遵期购就，专伕子郑老五、高黑 2 人挑解送署，至时请乞派伕转解事务所，实叨德便，理合具文呈报，伏乞鉴核。谨呈代办方③。

再呈者，除缴事务所 600 个外，其余 50 个敬奉代座核收。

潞西镇代镇长张觐伯、副镇长刘广荣

民国 32 年阴十二月初一日④

（德宏州档案馆馆藏档案，档案号 2—1—17—73）

1944 年 2 月 5 日函⑤ 兹奉大日本军宪兵工作队高岛大队长命令，要新寨、

---

① 此命令盖有“潞西第一区潞西镇公所图记”印章。
② 疑为阴历，即公历 1943 年 12 月 19 日。
③ 指云南芒市宣抚使司署代办方克光。
④ 应为公历 1943 年 12 月 27 日。
⑤ 作者不详，疑为潞西镇公所。日期不清，疑为 12 或 13。

蚂蝗沟、南碧必三寨乡长务于本月 15 日到戛候训，不得违误，等因。奉此，相应函达各乡长务于本月 15 日一律到戛候训，幸勿违延为盼。此上大新寨、蚂蝗沟、南碧必三乡长查照。

阴正月 12 日上

（德宏州档案馆馆藏档案，档案号 2—1—17—74）

1944 年 2 月 12 日[①]**呈** 为呈请事。现奉钧署紧急命令，饬职将前办之驮马 30 匹克期送署，等因。奉此，自应遵办。职等当即召集各保甲长仍将前办获之驮马 25 匹送到公所，职即报请高岛大队长检验。适蒙盼示，老弱瘦小者不用解送外，实查有可以充用者 8 匹，解送前缴，务求原谅。上列各情，倘若未蒙允准，再乞示下，即当补送。是否有当，理合具文呈请，伏乞鉴核！谨呈代办方。

镇长　张觐伯　刘广荣

33 年正月 19 日呈

（德宏州档案馆馆藏档案，档案号 2—1—17—36）

1944 年正月 19 日函[②]迳启者。顷奉驻勐戛大日本军高岛宪兵队长命令，要新寨、三角岩、八家寨、蚂蝗沟 4 寨乡长率各甲长于明日一律到戛开会，有要事面谕，勿得藉故推辞，等令。相应函达，希各贵乡长暨各甲长届期到达候训。事关军令，乞勿违延为盼。此上各乡长查照。

阴正月 19 日上

（德宏州档案馆馆藏档案，档案号 2—1—17—37）

---

① 疑为阴历，即公历 1944 年 2 月 12 日。下同。

② 作者不详，疑为潞西镇公所。

54. 南峤县政府呈报敌人动向及鼓励种植鸦片等情形代电

(1943 年 11 月 24 日)

云南省民政厅厅长陆钧鉴。案据本县蛮兑乡长刀永坎报称："据奉令派往敌方密探回报称：（一）刻间敌方正征调大批民工修筑公路，以大勐养为起点，经色勒、恩养、蛮港等处直达我方交界处之河边。（二）恩养驻有敌 300 余人，色勒 400 余人，蛮港 200 余人，大勐养人数未详，其与我方蛮马、蛮邦、蛮撒、蛮蚌各据点对峙之敌均有增加。勐麻之敌闻已增至 1 团以上。（三）据当地头人云，下面之飞机续有增加，农历冬月内将不断来沿边各县侦查或轰炸。（四）敌方军官告当地头人，开年之后，定要大举进攻，非达到占领 12 版纳之目的不止。（五）敌方正施其怀柔阴谋，所有敌军给养全部以大象由下面运来接济，并不责令地方人民负担，并鼓励人民大种鸦片，而以高价收买运至泰京一带，一般无知夷民见利忘义，多中毒计。（六）敌方军官人名提拉松坎、召竜哈泣坦麻哈暖、召竜披温宋坎、召曰曰松坎、竜底、公推、公彭、公盘。等情，谨报请鉴核。"等情到府。据此，除飞令该乡长继续探报，关于第 1、第 2、第 3、第 4、第 6 各项已函驻军注意，并飞饬各乡防范外，其第 5 项关系尤为要重，业派熟谙土语之干员多人分赴各乡宣传，并加意抚绥，俾一般土民了解敌人阴谋。谨电请××鉴核示遵，并祈通令沿边各县注意为祷。南峤县长张励辉叩。戌。1124。印。

（云南省档案馆馆藏档案，档案号 1011—7—14—229）

55. 云南省第六区行政督察专员公署专员李国清
呈报日寇在泸水暴行代电

(1943 年 12 月 14 日—1944 年 1 月 12 日)

1943 年 12 月 14 日代电 云南省民政厅兼厅长陆钧鉴。顷据泸水设治局局长鲁正璜戌迥【迴】代电报称：顷据密报称：（1）六库对岸之敌大部已向栗柴坝移动。（2）敌武装兵数十名、驮马 140 余匹，由明光运输弹药与粮秣由鲁掌属之古炭河经登埂等地直达栗柴坝。（3）此项人马蓬回时，沿途人民被其杀毙者不计其数，逃避于鲁掌登埂附近深山者，财物均被搜抢。（4）沿途田地稻谷亦被抢运驮回明光。（5）鲁掌人民于铣日被拉去 40 余名，现逃回仅 10 余人。余容续报。等情。除电饬安抚人民、继续侦报外，仅【谨】电呈报。职李国清叩。亥寒。秘。印。

(云南省档案馆馆藏档案，档案号 1011—7—15—1)

1944 年 1 月 6 日电 滇黔绥靖主任、云南省政府主席龙，民政厅长陆钧鉴。生密。顷据沪【泸】水设治局长鲁正璜亥巧代电报称："顷据职属鲁掌镇长茶【茶】光周报，以（一）灰日晚 6 时，敌百余窜达古炭河头道桥宿，真日晨向六曰方向前进。（二）又一部百余，附炮 2 门，齐日抵大怕地河。（三）据报敌 400 余现驻明光茶岐河，大肆奸淫、苛派、强拉人民。（四）（略）。"除饬妥为应付详察随时具报外，谨电报呈。职李国清叩。子鱼。午。秘情。印。

(云南省档案馆馆藏档案，档案号 1011—7—15—41)

1944 年 1 月 12 日代电 云南省民政厅兼厅长陆钧鉴。顷据泸水设治局长鲁正璜报称：亥灰敌一部约数十人又窜至新村对岸，用机枪击伤人民，一部窜至扒木柯，距大兴地约八九十华里。此后对岸敌情更不易明确。等情。据此，除饬力为侦查随时具报外，谨电驰呈。职李国清叩。子文。秘。印。

(云南省档案馆馆藏档案，档案号 1011—7—15—69)

56. 泸水设治局呈报日寇暴行代电

(1943 年 12 月 21 日、30 日)

12 月 21 日快邮代电 云南省民政厅厅长陆钧鉴。顷据探报，本月 14 日午后，敌寇 200 余人突然窜至鲁掌，将设治局、土司署与该地上下村一概用火烧净，百姓烧死数人。该敌烧后，仍向古炭河方向退去。余容续呈，谨电奉闻。职泸水设治局局长鲁正璜。亥马。叩。

（云南省档案馆馆藏档案，档案号 1011—7—15—31）

12 月 30 日快邮代电 云南民政厅厅长陆钧鉴。顷据密报称：1. 本月删日午后，敌寇 200 余人附迫炮 2 门，分数股窜至鲁掌勾留 1 夜，人民财物粮谷等项被其搜抢一空。2. 铣晨用迫炮向 4 处威力搜索后，乃将设治局及附近村寨一概用火烧净。3. 该敌至鲁掌属之坝汉山哑口时，被我预 2 师 5 团叶排长伏兵 1 排在该地截击，当场击毙敌寇 40 余人，伤者 30 余人。4. 该敌退至片马哑口后，谓民伏不报中央军驻在地，乃怒杀民伏 10 余人。5. 此次敌寇窜至片马与明光时，该处首人率民众跪地欢迎。6. 腾属明光之敌饬当地人民每日呈缴谷米 20 石，以 10 石作价购买，每石给予伪钞 100 元，又牛 1 条、猪 3 只、妇女 10 余名。送去时，姿色差者，即被杀戮，现被逼死与杀毙者约 30 余人，该地首人无法，乃报请派队同往搜山自行寻觅，敌未允许。现该地人民默祝我军早日反攻。7. 敌现用种种阴谋手段鼓吹宣传，不杀栗粟【傈僳】与茶山等人，故多数前往投降。8. 现我敌均以鲁掌登埂等镇作游击战区，是以该两镇人民不堪其苦。等情。除分呈外，谨电奉闻。职泸水设治局局长鲁正璜。亥卅。叩。

（云南省档案馆馆藏档案，档案号 1011—7—15—64）

57. 云南省第六区行政督察专员李国清呈报腾冲敌情快邮代电（三）

（1944 年 1 月 21 日）

最近腾冲敌情

1. 敌盘据腾北 4、5 两区积极活动，勒派民伕修筑公路。现在敌之卡车已驶至第 4 区之固东、第 5 区之桥头，但桥涵工程均系临时建筑，其路基概系毛路，未曾铺石。迨至雨季，桥涵定遭冲毁，路基必致倒塌。

2. 敌在第 5 区强迫向富户征购粮食 9 万箩，每箩定价军用日票 5 元，每元抵合国币 20 元，每箩计国币 100 元。但目前第 5 区粮价每箩值国币 200 元，所得不过半数，而且人民以军票向敌买盐，则每元只合国币 15 元，人民又受一重损失。

3. 敌在第 5 区勒派猪牛小菜，轮期按保输送，该处人民每户每月负担平均已达国币 800 元以上。

4. 敌寇盘据三练之后，将大批部队撤回畹町、腊戍，以少数部队封锁高黎贡山，由北斋公房起至曲石界尾止，凡有山僻小径可通潞江者，均派兵三五十名至七八十名不等，于山腰防守，阻止我军前进。最近曾派行政班 20 余名至龙江大平地侦察山形，测绘地图，将来必派兵扼守高桊【检】槽、大平地，企图截断茶园山心一带路线。

5. 盘据潞江禾木树、新城之敌 300 余名，不时向龙江东岸骚扰抢劫。最近禾木树之敌移至象脖子建筑宿舍。

6. 腾境之敌，以三练人数最多，沿高黎贡山封锁小路者次之，腾城四五百人，合计不过 6000 人。

（云南省档案馆馆藏档案，档案号 1011—7—15—79）

58. 腾冲县政府查报腾冲敌情代电

（1944 年 3 月 6 日）

据报近来腾冲敌情综合如下：（1）腾敌仍为第 56 师团，人数已见减少，师团部在腾，第 148 联队在腾北，第 147 联队在勐连龙陵，第 146 联队在腾冲干崖一带，片马或为第 148 联队之一部。（2）腾八路尚未能全部通车，由古永经固东至桥头公路已停筑，由腾经固东沿滇滩河向北之公路车已通，班瓦哑口以南经固东沿明光河向北之公路车已通，茶山河由腾经曲石、江苴、瓦甸、界头北通大塘之公路，现向茶山河展筑中，敌片马部队之供应，系由茶山河驮运，高黎贡山积雪已融，敌有部向东麓进出，拟掩护由镇安所沿潞江西岸北筑栗柴坝之公路。（3）伪县政府已自 32 年起征收耕地税，税率不分等则，每亩国币 100 元，摊购军粮谷每户 16 箩，每箩军用票 5 元，（此种军用票以敌大藏省印制之卢比为主，每元兑换率为法币 20 元），分地屯积任各地守备之敌所需之米肉菜马粮等，仍压迫民众自行供应，民众困苦极深，自尽者时有所闻。（4）去年十月之役以后，敌伪在大塘河西蒲川一带种植鸦片，以时期过迟，似未收效，惟槟榔江一带烟苗甚旺，除分报外，谨电鉴核。

腾冲县县长　张问德

（云南省档案馆馆藏档案，档案号 1011—7—15—122）

59. 保山县政府查报腾冲敌情呈

（1944 年 4 月 4 日）

为呈报事。3 月 20 日案准陆军第 6 军司令部检送参情字第 0726 号情报周报表内，载怒江沿岸情报。（中略）13、腾敌于梗日成立公安局，其局长为王大贵。14、腾敌现办理人事登记、户口调查，以防我便探深入。15、敌近在腾组织教教科书修改委员会，其主旨在废新取旧，以连合民众之心理，并加学日语，实行其文化侵略。16、腾敌近设立"低利银行"及"协心公司"，前〈者〉为操纵金融，后者垄断商业。（71A 参情字第 18 号汇报）等由。除分呈省政府外，理合备文呈报，请祈鉴核。谨呈云南省民政厅兼厅长陆。

兼保山县县长李国清

（云南省档案馆馆藏档案，档案号 1011—7—42—10）

60. 李嘉祜呈报 《腾冲敌情报告书》 快邮代电（节录）

（1944 年 4 月 20 日）

秘件，并附《敌情报告书》1 本。

云南省民政厅厅长陆钧鉴。自腾城沦陷后，职奉××钧厅命令，仍在腾北游击战区补助县长协军抗战，并办党务工作。两年当中，所得到敌伪方面之军事政治暴行各种情况及士绅乡保态度、民众心理，兹脱险到保，编制成书，分上下 2 册，计 4 篇 36 章，概论、凡例、目录冠诸篇首，尾语附后，约万五千余言，详明缮订，随电附呈。上册敌伪之军事政治 2 篇，绝对密秘；下册敌军暴行、民众心理，衡核可否轻重，抄付报馆，以广宣传。全书所述敌伪行动、政治手段有无研究采取对付之价值，恳祈衡鉴。惟报告书中有职之名字，倘有发表，应请准予保守报告人姓名之秘密，因职之家属大部尚在腾冲，恐为敌伪汉奸所知而加以危害也。畏弱心理，意在老幼，并请谅之。附腾冲敌情报告书 1 本。腾冲县民政科长李嘉祜叩。卯。架〔哿〕。印。

民国 33 年 4 月 20 日自保山县党部寓所呈

（用所兼腾冲县党部之印）①

腾冲敌情报告书

腾冲县政府民政科长、县党部书记长李嘉祜编

〈第二篇敌人之政治方面〉

第十六章　敌人之政治

敌人之政治手段，有威胁、利诱、怀柔、毒化、乱惑 5 种：

（一）威胁：腾冲初陷后，敌军肆意淫掠，任性杀戮，到处毁坏。兽军所至，庐墓为墟，人民逃避山箐，犹追踪劫掠。四乡恐惧，人人自危，难保首领。虽有无耻之徒维持供应，总不能止其兽行之万一。约半年之后，迫胁各乡村承认担负军需粮秣、鸡、肉、蔬菜、伕马，有规避不应者，以烧杀压迫之，并发行良民证，准各乡村人民通过往来。恐怖之状态稍解，而宵小之辈狐假虎威，趁机窃

---

① 李嘉祜兼任腾冲县党部书记长，此处及报告中所用印章为"中国国民党云南省腾冲县执行委员会印"。

夺民财，汉奸附敌者从此生焉。小民贪生怕死、不知大节者，乃各推年老者为村长，出而应付，从此顺敌者亦有矣。

最近界头沦陷，乡保绅民亦逃避一空，敌人饱肆劫掠后，亦用此种威胁伎俩，寻找各村当事。

（二）利诱：敌军进城后，以人民弃家逃避，街市为空，敌尽掠所有物资、绸缎、布疋、花纱、食盐等，贱价出售及换马草、梨果、鸡蛋、肉菜等物。下层社会之贪利者及无赖之徒，日渐往来，愍不畏死，希图侥幸，利令智昏，认贼作父，汉奸走狗，于是有焉，但深明大义，洁白自守，两年于兹，从不上市入城者，亦比比皆是，亦不可以少数无耻之辈而一笔抹煞也。

（三）怀柔：敌军自行政部长田岛到腾后，乃一变政治方针，进用怀柔政策之攻心手段，彼于查获陷区与我军政府密秘联络通讯、来往报告敌情之乡镇保甲、士绅，仅以管押拷打、毒化告诫，而不杀戮，盖以恩威并进，欲使其真心归顺，不敢再与我方联络及为应用耳。

又对每一陷区地方之绅商富户、硕儒先生及赋闲家居或隐避村庄之文武军政人员，每有所闻，该田岛徹亲自前往拜会，慰以甘言，送以厚礼、银钱、花纱布疋等物，并以国票分给难民，饬令回家，无识者间有受之，有识者则闻听此种手段，深恐有辱清白声名，避之惟恐不及云。

被俘官军，田岛到后，亦少杀戳【戮】，并给衣物、钱米、手枪，随军听用，其良心不死者趁便脱逃，亦所在有之，而甘心降附、听其驱使者亦不无其人。

田岛到腾后，其衣服一仿腾民妆饰，又多吸食鸦片，闻每日约需一二两烟油，随到一处，必陈设烟具，与商绅首望，横枕受用，畅谈一切。传闻彼谓：腾民吸烟者多，非如此不足以与民间打成一片。其用心之微如此，亦大奸险矣。

田岛之政治手段，不止对民间如此，即以【与】我须发皓白之张问德县长，彼犹以甘言美词之书信，奉请相见，商讨双方政治，救济难民，虽经严词拒绝，但可以见其政治手段利害恶毒之一斑矣。

（四）毒化：敌最近又将实施毒化主义，办理日文学校及中小学等，取销复兴教教科书与抗日宣传之书籍，采用共和教本，以图毒化青年思想，而民间于无可如何之中，则多采读古文经史。

（五）乱惑：敌人每于夜间放映电影，召集沦陷区乡保人民开会宣传之时，仍以我国旗与日旗交叉，中悬总理遗像，读遗嘱，以新中国、中日〈共〉荣共存、大东亚主义与反对英美之一片言词，惑乱人民。闻有一次，田岛方于开会时，向民众宣传演说，谓"彼日军系救中国而来，为中国逐出英美而来，倘无日军，腾龙已被英美占据矣"，言方及此，忽民众中有一人，以其反宣传之虚伪言词，心实非之，不耐再听，乃大咳一声，表示不然之意，于是全场响应，人人哗然咳瘦【嗽】，田岛知大众识其欺罔之言辞，哗乱会场，表示反动，便道"大家反对我的演说，我便不讲"，扫兴下台。亦可以见民众知识水准尚清，不受其欺哄之一斑。敌又用反宣传电影到各处轮流映放，淆惑观听云。

第十七章　敌人造成之伪政府

（1）维持会（2）县政府（3）伪政府之政令（4）伪政府之征收（5）伪政府之人员

伪政府，分维持会、县政府两个阶段。

（1）维持会：敌军进城，任意淫掠，间有不明焦土抗战之义者，希图幸免，保全声家，苟安旦夕。先由和顺乡人联名邀请日本医学毕业、东方医院医生，亦和顺乡人张德辉与敌军接洽，一面由李德［?］、尹受生、李书林、李子盛、李曰祺、刘子云、张正居、金正西、张兆等，组织伪维持会，推李子盛为会长，发行良民证，派近城、小西、大董、绮罗、中和、清水、东华、和顺、明朗、河西10乡镇粮秣物资、伕马以供敌用，并令各举代表参加，惟城保镇则逃避一空，除一二宵小趁时偷盗外，少有参加之者。

（2）伪政府：伪政府之产生，在32年初，敌行政部长田岛到腾后，取销伪维持会，组织伪政府，以龙陵人钟镜秋为县长，改为腾越县政府，顺各土司之意，取消4设治局，统属腾越之意也，并刻伪印，与我腾冲县印大小相同，惟冲字改为越字，其组织仍照我新县制之制度，有民政、财政、教育、建设、军粮、司法等科及秘书、承审员、警察局长、政警队、自卫队等，下层组织仍以乡镇保甲之制度，惟我政府所委之乡保，不愿接受伪命者，多托词辞谢，伪府另委接替。此外，另有各乡联合办事处，乃伪府令各乡镇派举代表，组织在城听候命令者。

（3）伪政府之政令：招集各乡保代表会议，委任乡保长，派伕马、肉、菜、鸡、猪、牛、羊、蛋、糖、酒、粮秣供应敌人，并督导各乡保，供应驻在各该地敌人军需军用，间亦有为各乡保向敌要求减轻担负之时间。

（4）伪政府之征收牲屠税、烟酒税，每民间屠猪1口，征税1000元，羊500元，牛2000元。骡马买卖，从价征收，值百抽五，烟酒不明真象。

雅【鸦】税：腾冲自城池沦陷后，敌军督率民间种烟，伪政府于各乡村街市，设局收税，值百抽五，又奖励运食雅【鸦】片。去年10月，界头失陷后，西北两区，亦大种雅【鸦】片矣。其毒化吾民如此。

田赋：由去年10月界头失陷后，伪政府乃征收田赋耕地税，每田1亩，上则收国币120元，中则100元，下则80元，令各乡镇切实据报亩积，倘有隐匿，一经查出，从重罚处，并须担负从另清丈之开费，故各乡保皆不敢有所隐匿者。

公租：我腾冲县府、财政科、经委会、学租庙产，约共有公谷三四万箩，每箩可得米360两，此次悉被伪政府封锁扣留。

(5) 伪政府之人员：伪政府之人员，县长钟镜秋，秘书杨积珠，承审员兼司法科长伍鸣诂，民政科长金政西，财政科长王惠五，教育科长伍明濂，建设科长杨学时，军粮科长尹受生，田赋科长魏雨田，商工会长李子盛，低利银行行长何庆斋，警察局长王天贵，东亚公司经理不知其人。

第十八章 商工会

(1) 封锁物资 (2) 经营商务

商工会约于32年夏季成立，其主要目的，则以封锁腾冲现有物资，禁止抢运。因田岛主张5年战事计划，彼谓滇缅一带战事，尚有5年。在此5年当中，印缅交通断绝，印度产品及泊来布疋在此时期无法运输，若仍我方抢运，则腾、龙、缅甸将来必受必感物资之缺乏，而兵民有冻冷之虞，故彼组织商工会，第一封锁物资，第二经营商务，以通无有，而备应用。

(1) 封锁物资：封锁登记物资，先令各地商民住户将所存物资、布疋花纱报告登记，并派员彻查、核验数目，货品相符者，打于【一】印验于货上，仍由物主保存，不得私自卖买，必须售用时，须申请商工会核准，得卖若干，1驮或2驮，然后将物资交给商工会，照规定之低价，于有存款时，给付物主具领，若无款，仍须听候，不得卖与他人，商工会另照规定之高价，出售与民间应用，但卖零不卖趸，若有隐匿、私卖私买者，一经查获，货物没物，人并罚处受押。

(2) 经营商务：先令由各商民富户筹款积资及收没民间货品为基金，派员往沦陷区各属，如缅甸一带，经营商务，购买货品、海盐、干鱼等来腾售卖，又将腾冲存蓄之洋纱、棉花、布疋等运往缅甸、木姐各处售卖，是腾冲物资倒运缅甸，可见缅属物资缺乏之一班，将来腾冲仍有物资缺乏之虞矣。闻近日腾冲洋纱，已至国币1驮40万以上。封锁专卖2项所得及经商红利，除商工会本身开销外，所有余利概作供给敌人军需，以补助民间担负云。

第十九章　低利银行

低利银行：乃敌人于所掠腾商大批物资内，提出 1 小部为基金开办者，其法宣传民间，欢迎借贷，每人得以清丈执照为抵押或请担保，各借国币 1 万元，4 分行息，10 月本息还清。第 1 月还本息 1400 元，第 2 月还本息 1360 元，第 3 月还本息 1320 元，第 4 月还本息 1280 元，以下递减息本类推，借行小惠，以弄愚民，闻亦少有借之者。

第二十章　伪政府维持国币

腾冲自城池沦陷后，敌人散布种种宣传，以致国币稍旧者，即不能行使、通用。其民国 3 年前后出者，名曰老瓜黄，皆不能通用，滇币则完全不能行使，必最新之国币名之曰"脆票"，乃可使用。伪政府、商工会，以民间金融受制，乃布告维持，严禁拒绝旧票，并规定商工会售买物资，非旧破国币及老瓜黄者不卖，盖亦伪政府中之桀瓦鲧城欤。

第二十一章　伪维新社

伪维新社：乃杨巨品组织成立者。杨巨品，系腾冲四保街人，家产全无，生活流浪，以赌博、唱戏、吹烟为生，曾入哥老会之仁字旗码头，人称之为杨三爷。敌军进城后，杨巨品避居小西乡，不知以何因缘，投敌效命，为敌宪兵队谍报主任，号召无赖，公然为汉奸之领袖矣。狐群狗党，声势赫然。敌每日给 1 驮洋纱之开费，大有座上客常满、樽中酒不空之意。吐云吞雾，昼夜吹烟，敌人十分信用，出入往来，警卫森严。时腾冲哥老会仁义礼智各堂口当事、大爷均逃往界头一带，听国军当局指挥。杨巨品于此时间，在城区附近，利用时会，收络各堂口下 5 排哥弟，居然为一大爷。至 32 年 10 月以后，界头失守，乃更谋扩充势力，遍撒边报，于华严寺召集大会，合并仁义礼智各堂口哥弟，组织维新社，自称社长，将各堂口码头旧日大爷无形取销，自任总大爷，立山水堂名，大开山堂，超拔弟兄，每乡镇组织分社，各委分社长 1 人，当家、管王各 1 人，办理社务，设立机关，悬挂招牌，凡旧日各堂码头之上下 5 排哥弟，均须从另登记，接领公事，受其洗礼，否则取销。旧日在哥老会上之资格，凡愿登记入社者，每人激【缴】110 元，由社发给花版公事 1 套，以为证据，即日本人亦有加入之者。每开大会或分会时，敌军官必出席参加，并派宪兵保护。闻所发维新社公事，较日本通行证与伪政府之良民证为有效。趋炎附势之辈颇有加入之者，即殷室富户，虽心知其不可，亦仍然加入，以保声家，惟旧日各堂口当事大爷，倒返参加者甚少。

伪维新社之山水堂名花版公事上，有伪社长杨巨品自撰之诗 1 首云"山川钟秀毓崐岗，浩浩长江汇东洋。华胄黄裔齐努力，光焰万丈与天长。"其余誓词条文尚多，不能记忆。

惟闻杨巨品与伪县长钟镜秋不睦，即对敌政治部长田岛亦颇不满意，缘由初组伪县府时，杨巨品颇欲活动县长一席，为田岛所箝制，不得成功故耳。传闻杨对敌俘房军民，亦间有解救生存、收为部属之小惠，故无识之徒，亦间或称誉之。

下册

第三篇　敌人之残暴行为

第二十二章　敌人之暴行

国际公法，凡两国交兵，攻城夺地，除战场上、火网内，采有效射击，减少对方火力，争取胜利外，于无武力之民众及俘获官兵，均应保护，并组织红十字队，救济伤亡，一视同仁，不分敌我。盖战争者，不过两国政见之不同而有之冲突，意在达到战争之目的，非以多所杀伤为快也。日本素号东亚之文明国家，当知国际间之人道主义。乃自"一·二八"以后，我国抗战军兴，所有报章杂志历述寇军种种暴行，惨无人道。我后方民众犹以为纣之不善，不如是之甚也。及至腾冲沦陷，身亲目睹，敌军惨杀焚烧、奸淫掳掠，所到之处，庐舍丘墟，鸡犬绝迹，尸横遍野，肝脑涂地，劫火遗灰。令人慨叹之惨状，方知敌军兽行，实有甚于所闻者。往日报章杂志所载，盖犹有未尽者欤！所行所为，豺狼不致如是。"兽军" 2 字，犹未足以当之。兹就兽军在腾暴行，略述一二。然谈虎色变，不禁又怦怦生惧矣。

第二十三章　敌人之惨杀

忆自 31 年 5 月 10 日，敌军进陷腾城，事出仓卒，城市居民尽行逃遁，可谓毫无抵抗矣，而兽军仍骋虎豹之威，于逃遁之难民追踪杀戮，纵情劫掠。不论老幼男女，遇之者辄迎刀而死，当胸一二刺刀，莫不腹破血流，立刻倒地，虽至亲密友，勿敢出而掩埋者。犬啥鹰啄，狼迹满地。两年以来，罹难死者，不下万人。

第二十四章　敌人之劫掠

敌军每占据一地，规定放纵淫掠，准许士兵自由活动。五六月内，毫不限制。腾冲沦陷，尤为特异，至今两年，肆掠未休，所有民间商店、花纱、布疋、珠玉珍贵、银钱什物、食品用俱【具】，悉遭劫掠。民间损失，不下数千万万，即埋藏地下、远匿山中，亦搜掘殆尽，十室九空。虽富有之家，罔不立为饿殍。国破家亡，其斯之谓欤！

第二十五章　敌人之焚烧

敌人于抢劫外，又加以焚烧。被完全烧毁者，有奎甸、马站、丘坡屯、面街、茶子园、海棠沟、坡上村、左所、响水沟、顺江、碗窑、高检槽、小团坡、小河口、固东街、谷家寨、李家寨、神坡头、普楚寨、腊幸街、滇滩、瑞滇乡、营盘街、明龙镇、营盘街①、茶山河、大寨、小辛街、白石崖、桥头街、界头街、凤瑞乡、瓦甸街、宝华乡、曲石乡、常家冲、小回街、三家村、古永乡、小街、南甸、赵金召家、橄榄寨、二台坡，约计万数千家。高楼大厦，悉付回禄。赤土千里，瓦砾遍地。人民扶老携幼，暴露山中，大雨淋浇，烈日蒸晒，金风刺骨，寒霜逼面，涕饥号寒，惨不忍睹。破巢毁卵，莫此为甚。

第二十六章　敌人之毁坏

敌军所到城镇乡村，尚须宿营，不宜焚烧者，必大肆破坏，将屋内一切什物，如数搞滥【烂】。有柴不烧，以上好光漆桌椅、板架木器，砍斫代薪。瓷器瓦缶，腌腊罐头，抛碎遍地。釜甑之中、香炉之内，便解大粪。家堂祖位，棉絮被褥，取以铺桥垫路，置于泥淖之中。木石砖瓦，拆建防空工事，东搬西修，构筑营垒。用者取之，不用者毁之，一无所留而后已。腾南城外市场及城内街道，高楼大厦，炊烟万户，皆栋折榱崩，无一完整者。繁华市镇，草长苔青，臻莽荒秽，不禁有箕子禾黍之叹矣！

第二十七章　敌人之残踏

腾冲沦陷以来，四郊荒芜，田畴莫耕，而敌军征派无常，抢劫尽【净】。腾冲苦寒之农民，涕饥号寒，无以为告。32 年以来，饥寒驱迫，乃有冒险栽种者，

---

① 原文如此，疑与前"营盘街"重复。

而兽军偶驻之处，竟无天理，纵放骠马，昼夜残踏，以阡陌为牧场，稻苗作草刍，人民股慄，勿敢问闻。又以民间仓谷泼地饲马，所食不多，抛散遍地。暴殄天物，竟至如此。

第二十八章　敌人之奸淫

敌军兽行，使人最不能忍者，莫过奸淫。所到之处，遍寻摩登。民间妇女，偶一不慎，为敌瞥见，必惨遭毒手，剥衣扯裤。不论中堂客座，房内厨中，父母当前，兄弟姊妹、丈夫儿女、亲朋在坐，当众拉倒，三五轮奸，甚至彼去此来，十七八个，虽至妇女腹胀汗流、偃卧床上而不已。强奸事毕，犹必令其父母兄妹、丈夫儿女亲承温汤，为彼洗濯阳器。倘摩登不可必得之时，虽白发之老妪、十龄之妙女，亦在所不免，泄彼兽欲。尝见东坪镇罗香寨有一女孩，年方 11 岁，为敌所获，强迫行奸，以体长未成，阴门难开，不得遂其所欲，兽军竟以小刀破其下部，强行事毕，则已血流床褥、呻吟【吟】旋毙矣。诸如此类，不一而足。

又有城内某姓女（不肯言其名）亦为敌获，三五轮奸之后，又将女之四肢捆于床上，抬至街衢文星楼脚，迫令过路之人不拘老幼，各奸一次，供敌笑玩。有谢金恩者，年 70 余矣，为女之邻家祖辈，敌亦揪之，迫其行奸，否则刺死。翁无法，亦只照办。又有赵富贵者，亦女之邻家子侄，亦为敌获，迫与女交。呜呼！敌人之惨无人道，灭伦背理，如此辱我民族，竟有如是之甚哉！

第二十九章　敌人之酷刑

兽军酷刑，盖非人所知者，略述一二，以见一班。凡敌俘获我方公务人员及地方当事，除送"见面礼"老拳、耳光、足踢及一顿饱打外，尚有 3 套"点心"：（1）以水一桶，由口灌入腹内，七孔流水，饱涨不已。（2）由肛门用气枪打气入腹，将身体吹成胖猪，眼睛鼓冒。（3）再以竹木为架，将人缚束于上，以火烤之，翻来复去，皮绽油流而后已。倘仍不死，再以烈日晒之、寒夜冻之，甚有以盐水灌口下咽、便溺泡身者，受尽无边苦痛而后死，其惨酷意【竟】有如此。更有涨水沸汤煮脚者，令人目不忍睹。

第三十章　敌人之征派

敌人在腾征派民伕粮秣一切军需，每下伪令，皆限二三日或几小时就要办妥，如期送交，否则先杀乡保当事，或将当事人之房屋烧毁，以示警告。故敌人所修各线车路及所需民工粮马、用物，限 10 日通车、3 日办到者，莫不如期成功。以威使民，而民畏之，其征派类皆如此。

（后略）

民国33年4月10日成篇于保山寓次

（用兼理县党部印）

（云南省档案馆馆藏档案，档案号 1011—7—15—158—221）

61. 《腾冲县政府反攻前后各种情形报告书》（节录）

(1944 年 8 月 28 日)

反攻腾冲前后各种情形报告书

一、去年 10 月撤退以后一般概况

在去年 10 月撤退以前，敌行政班本部长田岛为图控制民心，离间军政两方合作情绪，曾于 9 月 11 日由伪组织设法转送 1 函，要求会晤。经职严词拒绝，业已呈报在卷。迨 10 月撤退，县境沦陷，在高黎贡山西麓已无我军活动之踪迹。于是敌对于沦陷区人民之控制日渐加强，对于沦陷区之压榨愈演愈烈。其情况如下。

腾北沦陷以后，敌行政班本部长田岛、伪县长钟镜秋、伪维新社长杨吉【巨】品等即到腾北各地成立伪乡镇公所，分别受桥头、瓦甸、江苴、固东各地敌行政班之指导、监督，各伪乡镇公所之主要事务则在征集伕马、搜寻副食、屯集食粮。

关于屯积食粮一事，系由伪县长钟镜秋承敌行政班本部之命行之。凤瑞 1 乡（马面关、桥头、界头一带地区），即被逼屯积 15 万筹，合计全县屯积总数约近80 万筹。如以之碾米，可得米 1600 万斤之巨数。且去年栽插时，适值"五·一四"战役，而收获时又值"十·一二"战役，产量不多。在 10 月撤退以前，腾北食米每斤仅国币 3 元，而撤退以后，收成较欠及敌伪大量屯积之故，米价上涨至每斤国币 24 元，约当原价 8 倍。

关于搜寻副食一事，则由各地行政班责令伪乡镇公所为之，每日需牛若干、猪若干、鸡若干、鸡蛋若干、小菜若干，均限每日正午 12 时送到，如有违误，即罚派 1 倍，如再不送，即予烧杀。

关于征集伕马一事，其使用之方有二：一用于修筑公路桥梁及构筑工事，一用于输送粮秣、弹药或开辟菜圃。而征集方法，则常系每户 1 人，倘有因并无男丁可出，只有出钱雇替，因物价高涨之故，每日 1 伕之雇价常在新币二三千元之间。

以上 3 项，敌所加于沦陷区民众之痛苦已深，而各伪乡镇公所又借经费缺乏之名，实施压榨之实，除摊派门户而外，其情形如下。

各伪乡镇公所均举办落地税，腾冲各地街期均系 5 日一转。每逢街期，所有摊贩无论贸易额如何，均须缴纳落地税国币100元至500元不等，甚至小菜之贩卖亦不获免，但非缴钱而系抽现，其抽现率由十分一至五分一，而在闲街期之摊贩，亦须照缴。每伪乡镇公所每月所收之落地税平均约在国币30万元之谱，而猪心街、草坝街、缅箐街3街距城较近，沦陷较早，贸易较为繁荣，每月落地税之收入实更倍此。

其次，各伪乡镇公所则收牲屠税，在10月撤退以前，腾北牲屠税收不旺，每宰猪1口才收国币40元，迨撤退以后，每口即收500元。舍牲屠之外，更益以烟酒，其每月收数实属惊人，然较之落地税则少。其原已沦陷之区，则更无论矣。

沦陷区民众除受敌人及伪乡镇公所之压榨以外，伪县政府亦为经费问题，征收耕地税。最初伪县政府召集会议，宣布耕地税须不分等则，一律每亩收国币100元，其后布告则按国币55元、50元、45元3等额收，全县共有田40余万亩，平均约被伪县政府征去耕地税国币2000万元，然各伪乡镇公所有于伪县政府会议宣布以后、布告征收以前，即已依照国币100元之数额征收，且加收每亩手续费国币10元，以是人民因伪组织压迫而付出之32年度耕地税，其数字实超过2000万甚巨。

其次，沦陷〈区〉民众在敌人之毒化政策下种植雅【鸦】片，其中实有少数牟利奸徒作祟，从而伪县政府亦征收烟亩税。伪县长钟镜秋所收之烟亩税原定每亩缴烟土2两，然一般经收人又于中藉手续等名目增收1两、2两、3两不等。此项情形于早期沦陷之地域为然，而于去年10月撤守之腾北，尚无何象迹可寻。

至由伪组织原经组织之商工会、低利银行、协新公司、东亚公司等（原于32年度工作报告书内已经详细报告者），则仍与过去无殊，其压榨手段，则有加无已。协新公司则由伪县长钟镜秋与群伪合力经营，共牟私利；东亚公司则系专门供应敌军之副食品。凡此所出，实际均取之于民。

前由汉奸杨吉【巨】品组织之第1便衣队（后归敌宪兵队指挥）亦另以伪维新社之名义出现，伪维持会之组织实为杨吉【巨】品平素所领导之帮会之一种变象组织，其基本任务由敌人所付与者，则为搜寻我方便衣及官兵。彼等于一工作可谓竭尽能力以赴，而同时各乡镇于敌人压迫及在杨吉【巨】品号召之下，均成立伪维新分社，所有伪维新分社均以工作队之名义成立，受各地行政班之监督与指导。彼等搜寻我方便衣及官兵时，特别注意其潜藏之地点，于是，从而百端索诈此种潜藏地点之百姓。

（中略）

在去年 10 月撤守以后，各乡镇于敌伪毒化政策之下种植雅【鸦】片，一般民众被敌伪之宣传，因而烟民特别增加。

二、反攻开始前之一般概况

（中略）

腾冲民盐原系云盐之销售市场，自腾冲沦陷以来，原有盐务机关无形撤销，而一般盐商又因时势严重，大多裹足不前，因之民间食盐极度恐慌。在去年 10 月腾北撤退以前，腾北民盐尚有公卖店维持，自去年 10 月腾城【北】撤守、公卖店撤退以来，民盐断绝，敌即利用此一事实将缅甸海盐运到，藉以为政治工作上之一助，从而规定食盐之买卖须以其军用手票，其比率常在新币 30 元上下，上涨之最高价约 40 元，下跌最低价约 20 元，于是一般无知愚民以及牟利奸民即有从事军用手票之贸易者矣。

一方物资奇缺，而另一方则敌货充斥。此项敌货之经营均由敌伪组织之协新公司及日新公司为之所有，剥削民众而得之利益，均入一般奸伪之手。同时，猪腥街（在腾冲南 30 里）、草坝街（在腾冲北 15 里）、缅箐街（在腾冲西北 30 里）之新兴市场特别兴盛，而一般奸伪之雅【鸦】片市场亦即在是。

（中略）

三、反攻以后之一般概况

（中略）

经此一次战役，腾冲人力物力财力之损失无法计算，剩余物资于敌寇搜括之余，又多为反攻部队取去，将来复兴地方之潜能究有几何亦无法估计。目前人民生活痛苦有下述：

32 年"二·一四"战役，腾北市镇如桥头、界头、瓦甸、滇滩、阿幸街、固东、碗窑、刘家寨、马站街等重要市镇全为敌寇焚毁，当时无家可归之灾民已达 1034 户，至于难民更实众多。此次腾冲克复，城市房屋所余存者不及十份之二，居住问题无法解决。

（中略）

此次反攻战事经过时期，比较过去历次战役经过时期为长，因战况又特别惨烈，因之掩埋工作实未能圆满进行。虽待战役终了以后立即进行掩埋，而因经过时间较久，不及掩埋地方多成枯骨，尚有腐滥【烂】尸水横流尸虫蛆动，臭气四溢，又值炎夏雨季，气候不常，因之时疫极盛。大塘（在桥头北 20 华里）地方发生传染病，往往数日之间一户死绝，此种疫区已向西蔓延至茶山河、向南蔓延至界头以南之高桥，而痢疾、疟疾、烧热等症更属普遍流行。近又据报，鼠疫亦由南坎附近向北蔓延，现已在梁河南部之小萝卜坝发展，殊有继续窜入县境可能。刻县救济院组织虽恢复已久，而以医士及药物均感缺乏，治疗问题无法解决。

（下略）

腾冲县长张问德　呈

民国 33 年 8 月 28 日

（云南省档案馆馆藏档案，档案号 1011—7—22—73）

62. 龙陵难民杨炳茂为遇敌袭击财物证章遗失恳
准予备案致潞西镇政府呈

（1944 年 12 月 10 日）

　　为恳恩准予备案事。窃因此次勐戛复为陷敌，难民不知敌人业已侵入境内，于阴历 10 月 29 日晨，民弟炳华暨王茂凯领同工人赵小留等 3 人，赶有骡马 4 匹，前往小桥驮运柴薪，讵料行至 贝宗 干，适遇敌人百余名，该敌即以枪射击，当即击伤骡子 1 匹，于是人马奔命逃回，炳华、茂凯 2 人幸得脱险到家，警惕万状，惟有赵小留尚未到家，曾经各处寻遍，身尸无形，生死未卜。是夜，民家所有男丁连夜随同国军退出猛戛，次日家中老幼方得脱险，及而归家，所遗箱子 10 余只，内置货物，均被敌人及发洋财者劫掠一空，并有民之名号两章及前开设永裕茂与义合生号之条方丙图，连同部【簿】记账单证券等物亦完全损失无余，以后如有此章证券等物发现往来，作为无效。理合具文恳请钧所核转潞西设治局以予备案，实叨德便。谨呈镇长黄、副镇长李。

具呈人龙陵难民　　杨炳茂

（德宏州档案馆馆藏档案，档案号 2—1—28—31）

63. 余在海等被日军残杀事实调查表

（1945 年 5 月 2 日）

余在海全家被杀绝事实调查表①

罪行人	姓名	小田国夫		官职或职业			宪兵队长	
	所属部队或机关	名称		龙陵宪兵队				
		长官姓名	小田国夫	官职或职业		宪兵队长		
被害人	姓名	余在海	性别	男	年龄	36	籍贯	龙陵
	被害时职业	农与公务		现在职业		农		
	被害时住所	镇安小田坝		现在住所		镇安大坝		
罪行事实	日期	民 32 年 11 月 18 日		地点		龙陵城内		
	罪行种类	全家杀绝						
	被害详情	因余在海为国军 71 军任情报员，被敌发觉，将其全家杀于镇安，余在海诱至龙陵而杀。						
证据	人证	甲种结文 乙种结文		乙种结文				
	物证							
备考								

调查者　龙陵县政府承审员高鸿昌　　　　　　调查日期　34 年 5 月 2 日

结　文（乙）

余谨将亲见敌人罪行之事实据实陈述如下：

于民 32 年 11 月 18 日，余亲见敌人将余在海之母妻子女多人杀于镇安大桥，余在海杀在龙陵。

以上所述，全系事实，并无虚伪。如上项敌人罪行将来可受法庭审判时，余愿居于告发人或证人之地位。倘有虚伪，愿受诬告或伪证之处罚。此结。

具结人　刘朝贵（盖章）②　性别　男　年龄　40

籍贯　龙陵　职业　农　住址　镇安大坝

---

① 除本表格及结文为原文照录外，以下各调查表及结文均省略内容相同、空白或无实际内容的栏目。

② 以下具结人"盖章"均以按指印代章，调查人"盖章"均为个人名章。

陈述前，已告以具结之义意及诬告伪证之处罚。陈述后，又令具结人阅览，并向其朗读，经承认无异。

调查人　高鸿昌（盖章）性别　男　年龄　39　籍贯　龙陵县

职衔　龙陵县政府承审员　住址　龙山镇

中华民国 34 年 5 月 2 日具结

夏定安被刺死事实调查

罪行人

姓名　奥川

所属部队或机关名称　宪兵队　长官姓名　奥川　官职或职业　队长

被害人

姓名　夏定安　性别　男　年龄　45　籍贯　龙陵

被害时职业　农　被害时住所　平安乡二保官寨

罪行事实

日期　民 31 年 12 月 13 日　地点　新街子

罪行种类　枪杀并刺 7 刀而亡

被害详情　因夜间被日军绑去拷问国军情形，不招，遂被杀。

证据

人证　乙种结文

物证　什物被焚

结　文（乙）

于民 31 年 12 月 13 日午后 9 时，被日军包围家屋，将余夫绑去拷问国军情形，不招，遂被杀。

具结人　匡氏（盖章）　性别　女　年龄　42

籍贯　龙陵　职业　农　住址　平安乡官寨

（云南省档案馆馆藏档案，档案号 1011—7—13—131～132）

张荣英被枪杀事实调查

罪行人

所属部队或机关名称　56 师团坂口联队　长官姓名　坂口　官职或职业

联队〈长〉

被害人

姓名　张荣英　性别　女　年龄　29　籍贯　龙陵

被害时职业　农　被害时住所　镇安镇　现在住所　镇安镇

罪行事实

日期 31 年 6 月 5 日　地点　镇安西门邱家寨　罪行种类　枪杀

被害详情　因该张荣英由山邀猪牛返家途中遇敌人，将伊猪牛劫去，还用枪将伊杀死。

证据

人证　乙种结文

结　文（乙）

于民 31 年 6 月 5 日上午 9 时，余子婿由山邀牛返家途中遇敌，将伊牛劫去，还用枪将吾婿杀死。

具结人　张炳春（盖章）　性别　男　年龄　75

籍贯　龙陵　职业　农　住址　镇安

（云南省档案馆馆藏档案，档案号 1011—7—13—166～167）

卜以兴被打死事实调查

罪行人

所属部队或机关名称　镇安宪兵队　长官姓名　小田国夫　官职或职业　宪兵队长

被害人

姓名　卜以兴　性别　男　年龄　45　籍贯　龙陵　被害时职业　农

被害时住所　凤岭乡龙泉村　现在住所　全上

罪行事实

日期　民 32 年 5 月 15 日　地点　凤岭乡龙泉村　罪行种类　打死

被害详情　因敌人至伊家打猪，伊不允，被敌乱棒打死。

证据

人证　乙种结文

结　文（乙）

于民 32 年 5 月 16 日上午 11 时，余亲见敌人将卜以兴打死于龙泉村。

具结人　卜以长（盖章）　性别　男　年龄　30

籍贯　龙陵　职业　农住址　凤岭乡龙泉村

　　　　　（云南省档案馆馆藏档案，档案号1011—7—13—188~189）

邵大被枪杀事实调查

罪行人

所属部队或机关名称　56师团坂口联队　长官姓名　坂口　官职或职业

联队长

被害人

姓名　邵大　性别　男　年龄　45　籍贯　龙陵

被害时职业　农　〈现在职业　农〉　被害时住所　镇安镇东门　现在住

所　全左

罪行事实

日期　民31年5月15日　地点　大坝坪　罪行种类　枪杀

被害详情　因该邵大在田中工作，敌人故意放枪，将其射死，以取乐趣。

证据

人证　乙种结文

结　文（乙）

于民31年5月15日下午3时，余夫邵大在田中工作，敌人无故放枪将其
射死。

具结人　邵余氏（盖章）　性别　女　年龄　47

籍贯　龙陵　职业　农　住址　镇安东门

　　　　　（云南省档案馆馆藏档案，档案号1011—7—13—231~232）

64. 云南省第六区行政督察专员公署转报
陇川县沦陷灾情调查表代电

（1945 年 6 月 7 日）

（上略）复据该局陇赈字第 3 号呈称："职属自沦陷后受敌蹂躏，损失甚大。反攻之时，因驱逐盘据坝尾一带之敌出境，牺牲亦不小。又正办理善后期间，于本年 3 月 28 日城子街居民失慎，酿成巨大火灾，灾情亦重。经将由沦陷迄今灾情调查统计，业经赈务委员会杨委员美廷躬临复查在案。理合检同灾情调查统计表备文呈报，敬祈钧署鉴核，准予转请抚恤，实沾德便。计呈灾情调查统计表 1 份。"各等情。据此，查该员所呈，确属实情。经由本署以事实上需要先行设法筹发国币 10 万元，由该局具领，分别赈济城子街及本年 1 月间该区受空袭及美远征军驻印缅总部喀钦队焚毁该局所属各村寨之灾民在案。惟以杯水车薪，难以普赈。除指令妥为办理善事抚循各灾黎外，谨将该局先后所呈灾情表 2 份，附电呈请×× 鉴核准赐赈济，实仰公便。云南第 6 区行政督察专员李国清，代行拆秘书邓冬青叩。已虞。三。赈。印。附抄呈陇川灾情调查表 2 份。

陇川灾情调查统计表①

民国 34 年 3 月 18 日填　　　　　　　　　　　　　　陇川设治局局长武尚贤呈

损失项目 乡镇别	人民伤亡数目		公私房屋（单位：所）		财物（单位：百万元）	牲畜			
	伤	亡	公	私		牛	马	猪	鸡
文凤镇	3	215	3	215	129	800	50	2800	3000
章凤镇	4	55	2	140	96	150	15	2000	1000
清平乡		2				1350	3	7000	
弄秀乡	2	195		1140	400	6920	40	13400	3500
东屏乡	3	5			210	3000	80	4000	2000
慕新乡						1000	30	800	
合计	12	492	5	1495	835	13220	225	30000	9500

说明：1. 损失财物 835000000 万元。

　　　2. 房屋约值 260000000 万元。

　　　3. 牲畜约值 500000000 万元。

以上 3 柱，共合国币 1595000000 元。

（云南省档案馆馆藏档案，档案号 1011—7—169—147）

---

① 本表格式经编者重新编排。

65. 孟晋（勐戛）沦陷（节录）

（1947 年 1 月 14 日）

溯自民国 29 年冬，太平洋战事紧急，敌寇倾全国之兵力，霸占南洋群岛各地，缅甸继告失陷，适时滇西各地人民惶恐，秩序紊乱。

31 年 3 月，敌人以最快之速率沿滇缅公路进击，遮放、芒市、龙陵相继失陷，直至惠仁【通】桥经我英勇之 36 师迎头痛击，敌始停止进攻。当时孟晋因僻居山地，交通不便，未被敌寇占据。延至翌年 2 月，敌军驻遮部队出发芒市，途经晋地，人民闻此恶讯，且深悉敌寇暴行，及时偕相逃躲，避居山中，是晋地形成空城。敌军抵此，仅见空室，幸未施其兽行，人民房舍仍然如故，乃相率返舍。兹后虽安居如常，但已如惊弓之鸟，不时心惊胆寒，未知朝生暮死。岂知惊魂甫定，敌人复从芒市派遣宪兵工作大队驻守晋地，大队长高岛、伍长中野、立田率有士兵六七名暨被迫摆夷二三十名，以现在省小地址为营地，强派民伕替其构筑工事，一面即以其政治手段鼓【蛊】惑人心，人民落其网者甚多，但不时仍被我游击队之突击，是伊亦不敢久驻。抗至三四月之期，即逃移勐板。当其驻晋之时，乃有龙潞区游击队司令朱嘉锡部 6 大队之 1 中队，其中士卒干部纯系晋地青年组成，皆抱满怀热忱参加，后为高岛发觉，使间谍密查晋地参加游击之名姓及家属亲族，并饬晋民暗地相遭回家，回者予以优待，不杀不打，否则即向其家属追究，但此阴谋为民人发觉，置之度外，幸未堕其谋。

33 年冬，我军反攻开始，敌人溃退，途经晋地，乃大施其恶暴手段，奸淫搂【掳】掠，无所不为。民间财物牲畜，被掠一空。幸留空屋尚可遮避风雨，但已家贫如洗，十室九空，更不幸者尚有多人被敌以之充当伕役，一去不返，是晋地人民啼饥号寒，待拯尤急，务望政府俯赐矜恤，则全晋人民感激大德无涯矣！

潞西设治局职员　　熊周能　李嘉章　曾毓恭

（德宏州档案馆馆藏档案，档案号 1—1—65—52）

66. 莲山设治局太平镇孀妇王何氏控述其夫被日寇多次酷刑致死呈（节录）

（1947 年 1 月 16 日）

具上诉人莲山太平镇孀妇王何氏，年50岁，同女〈王〉官莲年20岁、子〈王〉官耀年17岁。

呈为欺孤凌寡恃势封谷恳恩赏察准予启封以活生命而免冻饿事情原。氏先夫王顺洪世居莲山太平镇，素以耕读为生，且和睦乡党，为众所知。乃不料于民国32年3月倭寇进陷莲山，氏夫逃避之间，不幸为倭寇所掳，竟受残酷非刑，以铁丝穿臂反吊，复将钢铁烧红烙烫肌肤，以致片【遍】体鳞伤。更可怜者，有时吹气入腹，有时乱灌盐水，使人周身膨胀，求死不得，求生不能，所受非刑惨不忍闻，诚天下所稀、古今所未有也。后因该权绅向人民征收投机款，人民不堪其扰，几乎迁移迨尽，十室九空，故敌人复到莲山严拿权绅，而该则闻风远逸，而氏夫则因残刑成废难以行动，以致又被捉去任意拷打，并镣禁于干崖数月，言之实属悲惨万状，及至脱险已成残废。又氏夫胞弟王顺昌亦曾率众抗敌，后被刺于昔马，而所有房宅概被烧为灰烬。种种惨状，曷可胜言。及至光复之后，氏夫因伤过重，乃赴腾就医，奈因病入膏盲【肓】不能医治，急速收拾回家，不料中途逝世。（中略）谨呈莲山设治局长刘钧鉴。（后略）

（云南省档案馆馆藏档案，档案号 1097—4—1738—106）

67. 云南省泸水设治局财产直接损失报告表

（1944 年 2 月 23 日）

云南省泸水设治局财产直接损失报告表

资料时期　民国 32 年 12 月 15 日　　　　　　　　　　填报日期　33 年 2 月 23 日

损失分类	价值（单位：国币元）
共计	下列损失共值国币 800000 元
建筑物	局署房屋 1 院大小 16 间被敌焚毁
器具	木杂器具共焚毁 100 余件
图书	全部焚毁
文卷	历任卷宗焚毁大半，共 10 余箱。
其他	学校 1 所，房屋器具图书全部被焚。

泸水设治局长鲁正璜填报

人民财产直接损失报告表

云南泸水设治局所属江西 3 镇

资料时期　民国 32 年 10 月 16 日至同年 12 月 20 日

填送日期 33 年 2 月 23 日

损失分类	价值（单位：国币元）
共计	下列损失共值国币约 5000000 元
房屋	鲁掌、登埂两镇民房被日寇先后焚毁 700 余间
器具	两镇人民各种器具焚毁共 1 万数千件
现款	被敌掳去国币共 20 余万元
服着物	被焚数千件
其他	谷米杂粮被焚 2000 余石

泸水设治局长鲁正璜填报

（云南省档案馆馆藏档案，档案号 1011—7—60—197）

68. 云南省政府转发龙陵、腾冲县政府沦陷后灾情统计表致云南省赈济会训令（节录）

（1945 年 2 月 17 日）

（训令文略）

（1）龙陵县沦陷后受灾损失统计表

中华民国 34 年元月 5 日 　　　　　　　　　　　　　　　　　　　　县长许颖贤

乡镇别	死亡人数		房屋损失		粮食损失（箩）	物资损失（约值国币：万元）	牲畜损失				
	男（丁）	女（口）	瓦屋（间）	草屋（间）			牛（头）	马（匹）	豕（口）	羊（支）	鸡（支）
龙山镇	1008	426	3070	981	21985	154000000000	1568	1297	4860	3720	27806
象达镇	582	157	75	47	13510	90000000	1075	1586	3761	1222	20019
平安乡	1149	521	510	2106	25081	189700000000	2181	1962	4685	2917	27098
自强乡	201	113	115	315	10127	15000000	998	846	1930	1620	19500
镇安镇	451	268	270	221	10018	30000000	928	816	3450	2950	30020
龙江乡	276	118	87	216	10032	6000000	756	635	2960	2831	27808
凤岭乡	256	123	96	87	13591	5000000	715	838	1906	2081	20019
潞江乡	718	447	116	1306	39762	90000000	2883	1588	9151	1256	20500
合计		2173	4339	5279	143107	579700000000	11104	9568	32703	18597	192770
附记	粮食每箩计重 45 市斤										

（2）腾冲县沦陷后灾情调查表

中华民国 34 年 2 月 28 日 　　　　　　　　　　　　　　　　　腾冲县县长刘楚湘

乡镇别		城保镇	和顺乡	绮罗乡	小西乡	下北乡	东华乡	洞山乡
伤亡人数	死	206	64	59	32	95	20	46
	伤	115				8	8	
机关公所	所	78			1			
	间					16		21
	估价	640000			1200	240		105
学校	所	27			10			
	间							4
	估价	164000			150			33
	书具估价		3395	2927	1350			98

乡镇别		城保镇	和顺乡	绮罗乡	小西乡	下北乡	东华乡	洞山乡
桥梁	铁桥							
	石桥							
	木桥							
	估价							
民房损失	所	1256	5				23	
	间				112	87		
	估价	604100	2500		98	1305	1207	
铺户	隔	1482						
	估价	21184						
财物损失约值国币		1671880	101229	4117	12450	856	857	49
粮食损失	谷	12000	19504	4700	24000	1090	15	18
	米	2080	2850	3000	6000	207	46	63
	杂粮		535					
	估价	1330	2272	1083	2160	123	7	10
牲畜损失	骡马	200	102	90	84	62	5	81
	牛	160	87	140	71	7	163	7
	羊	112						
	豕	240	307	1000	320	63	19	28
	鸡鸭	8200	3608	3000	7840	1127	271	314
	估价	8869	2137	1960	2965	1808	796	968
合　计		人口：死206人，伤115人。各项损失约值国币3111363万元。	人口：死64人。各项损失约值国币111533万元。	人口：死59人。各项损失约值国币1000077万元。	人口：死32人。各项损失约值国币20373万元。	人口：死95人，伤8人。各项损失约值国币3532万元。	人口：死20人，伤8人。各项损失约值国币2867万元。	人口；死46人。各项损失约值国币1263万元。

乡镇别		龙江乡	蒲川乡	新华乡	勐连镇	中和乡	鹤麟乡	明朗乡
伤亡人数	死	178	135	128	142	167	146	144
	伤	8	7	11	6	5	9	

乡镇别		龙江乡	蒲川乡	新华乡	勐连镇	中和乡	鹤麟乡	明朗乡
机关公所	所	2						
	间				3		14	5
	估价	1000			30		280	285
学校	所	2		1		3		
	间		2		8			
	估价	1200	25			180		
	书具估价		125	60	1680	30	3900	523
桥梁	铁桥	1						
	石桥			1				
	木桥		4	2				
	估价	1500	60	110				
民房损失	所	138	85	33		61		
	间				139		220	
	估价	2070	7650	2275	4430	240	5720	
铺户	隔	50						
	估价	1000						
财物损失约值国币		115645	8734	2460	7638	110436	7943	57868
粮食损失	谷	15980125	461	3215	5576	6357	2088	8431
	米	13002	412	1645		2850		679
	杂粮	450	724	432		323		
	估价	16014	1750	516	502	847	105	576
牲畜损失	骡马	170	223	234	369	319	13	305
	牛	120	184	167	193	75		18
	羊	20		45				
	豕	320	412	443	333	321	146	213
	鸡鸭	35003	420	2764	2500	2062	331	585
	估价	3810	4750	4856	8225	1268	273	31

乡镇别	龙江乡	蒲川乡	新华乡	勐连镇	中和乡	鹤麟乡	明朗乡
合计	人口：死178人，伤8人。各项损失约值国币142234万元。	人口；死135人，伤7人。各项损失约值国币73094万元。	人口：死128人，伤11人。各项损失约值国币10277万元。	人口：死142人，伤6人。各项损失约值国币22505万元。	人口：死167人，伤5人。各项损失约值国币113001万元。	人口：死146人，伤9人。各项损失约值国币18221万元。	人口：死144人。各项损失约值国币59283万元。

	乡镇别	河西乡	清水乡	印泉镇	兴华乡	三益镇	东坪镇	瑞滇乡
伤亡人数	死	122	243	16	165	184	192	154
	伤	30	48			89		63
机关公所	所		3			12		
	间	19			26	48		59
	估价	190	300		920	3000		300
学校	所	2				3		
	间			2		14		
	估价	250		20		850		
	书具估价	190	230	30				
桥梁	铁桥							
	石桥		2			2	1	
	木桥	2				8	2	
	估价	120	500			180	670	
民房损失	所	87		2	295	212	109	
	间		28			363		111
	估价	270	280	1200	18017	38720	9180	5500
铺户	隔	12				87		
	估价	120				1740		
财物损失约值国币		2120	5000	1750	1475	45000		9850
粮食损失	谷	5450	7000	4500	1324	12000	2750	2800
	米	2300	5000	1234	2950	4500	540	3320
	杂粮				5900	4200	210	936
	估价	642	1230	553	31900	1986	274	2918

乡镇别		河西乡	清水乡	印泉镇	兴华乡	三益镇	东坪镇	瑞滇乡
牲畜损失	骡马	275	852	46	1005	1240	87	114
	牛	80	124	13	675	862	13	6
	羊				2003			
	豕	210		92	2351	5345	954	1439
	鸡鸭	2800	1780	453	11543	28360	5786	750
	估价	4165	6028	879	10620	28897	1377	1234
合计		人口：死122人，伤30人。各项损失约值国币8067万元。	人口：死243人，伤48人。各项损失约值国币13568万元。	人口：死16人。各项损失约值国币4432万元。	人口：死165人。各项损失约值国币62932万元。	人口：死184人，伤89人。各项损失约值国币120373万元。	人口：死192人。各项损失约值国币11501万元。	人口：死154人，伤63人。各项损失约值国币19802万元。

乡镇别		明龙〈镇〉	古永乡	上北乡	曲石乡	宝华乡	凤瑞乡	总计
伤亡人数	死	232	148	184	361	226	757	4546
	伤							407
机关公所	所		1					142
	间			13	29	41	103	397
	估价		90	500	325	382	195	649342
学校	所		5					53
	间			5	4	20	35	94
	估价		450	200	65	245	685	168353
	书具估价			500		298	530	15866
桥梁	铁桥		1		2	1		5
	石桥		1	1	1	1	1	11
	木桥		2		7		6	33
	估价		1700	670	1820	1010	890	9230
民房损失	所		141					2447
	间	317		105	144	1618	2697	5941
	估价	4755	13690	810	1172	7403	40455	773047

乡镇别		明龙〈镇〉	古永乡	上北乡	曲石乡	宝华乡	凤瑞乡	总计
铺户	隔							1631
	估价							24044
财物损失约值国币		17850	7050	5360	4141	10315	11563	2273631
粮食损失	谷	2573	8090	10706	128692	25281	153476	626897
	米	3215	1470	433	17026	1135	35248	101503
	杂粮	754	1954	30	40	281	574	17343
	估价	669	10410	715	10203	1792	18268	108855
牲畜损失	骡马	3518	230	263	312	227	534	10960
	牛	2100	375	148	456	165	386	6795
	羊	510	542		23	19	39	4313
	豕	16000	1198	564	1702	1086	2578	38090
	鸡鸭	17300	2896	82	3515	4781	18934	138507
	估价	18411	9057	2278	7944	3738	17819	154353
合计		人口：死232人。各项损失约值国币41685万元。	人口：死148人。各项损失约值国币42447万元。	人口：死184人。各项损失约值国币11033万元。	人口：死361人。各项损失约值国币25668万元。	人口：死226人。各项损失约值国币95183万元。	人口：死757人。各项损失约值国币90405万元。	全县人口共死4546人，伤407人。全县各项损失约值国币4176721万元。
附记		A. 本表所列各项损失之估价阿拉伯数字概以万元为单位。数字下加一红线，以资识别。 B. 谷子杂粮概以箩为单位，每箩约合30官斤（每官斤16两）。 C. 米以斗为单位，每斗约合25官斤（每官斤16两）。 D. 表内所填之各种物价概以各乡镇填报表册时之市价为标准。 E. 和顺乡因缅甸沦陷关系，尚有国外损失约值国币311008万未有列入表内数字，特此声明。 F. 现因难民疏散外出，尚未完全归家，故对于此项人口伤亡及财产损失无法调查，难以估计，未能列入。						

（云南省档案馆馆藏档案，档案号 1044—4—45—139～140）

69. 龙陵县龙山镇图书损失报告单

（1945 年 9 月 20 日）

民国 34 年 9 月 20 日

损失 年月日	事件	地点	损失 项目	购置年月	单位	数量	价值	
							购置时价值	损失时价值
民国 31 年 5 月 4 日	进攻	龙陵 县龙 山镇	书籍	前清嘉庆六年 民国元年至 29 年	部	265	纹银 153 两， 大洋 9271 元	国币 1940700 元
仝	仝	仝	刻版	光绪 26 年、民 国 2、4、8 年	面	488	纹银 1540 两， 大洋 280 元	国币 1581000 元
仝	仝	仝	理科 仪器	民国 21 年	橱	4	大洋 3200 元	国币 640000 元
仝	仝	仝	挂图	民国 20 年	幅	66	纹银 15 两，大 洋 134 元	国币 34800 元

受损失者　龙陵县龙山镇　中心小学、初中、高鸿昌、李若曲等

填报者　赵殿才　前龙陵县教育局局长　尹焕章　教育经费保管员

通信处　龙陵县城大街　盖章（赵殿才、尹焕章）

（云南省档案馆馆藏档案，档案号 1012—4—559—281）

70. 腾冲县政府填报抗战期间各级学校及
教育机关财产损失调查表呈

（1945 年 11 月 27 日）

为呈报事。案查前奉钧厅中 2 字第 389 号训令关于查报各级学校与教育机关之财产损失，并遵照查报须知第 4 项及表式 2、3、4、18 之规定详细调查具报，以凭汇转。等因。奉此，查本县自沦陷及大军反攻以来，关于各级学校与教育机关之财产损失为数颇巨，自应查遵填报。惟此项表式本县并未奉到，或系邮传之误，无法查填。前经于 6 月 28 日以教政字第 454 号呈恳请另行颁给查报须知及表式各 1 份在案。正请求中，于 11 月 10 日复奉钧厅 30 日申俭国 2 字第 1017 号代电，以抗战胜利，教育机关及各级学校所受损失亟应查报，以便统计汇报。等因。奉此，当即饬令本县各乡镇长及县督学详细调查具报去后。兹据该员等将调查情形呈报前来，核查属实，惟教职人员幸未伤亡，自不应填报。理合将职县教育机关及各级学校财产损失情形造具损失调查表一并呈请钧厅俯赐核转，实叨公便。谨呈云南省教育厅厅长龚。

附损失调查表 2 份。

腾冲县县长　刘楚湘

腾冲县教育机关及各级学校损失调查表

机关名称	损失类别			合计估价① （元）	损失年月及原因
	房屋	书籍	仪器标本及器具		
县图书馆	22 间	古今中外书籍共 35276 册	器具 40 件	320000000	31 年 6 月房屋被日军拆毁，书籍仪器被焚。
木欣图书馆		古今中外书籍共 18750 册	器具 21 件	23990000	31 年 7 月被日军焚毁
绮罗图书馆		古今中外书籍共 12500 册	小学仪器标本全一套，器具 22 件	5280000	31 年 8 月被日军搬去
民众教育馆	19 间	古今中外书籍共 9760 册	仪器标本全一套，器具 35 件	53900000	33 年 6 月反攻被焚毁

---

① 估价为法币。

机关名称	损失类别			合计估价（元）	损失年月及原因
	房屋	书籍	仪器标本及器具		
省立中学	56 间	〈教〉科书及参考书共 1400 余册	理化仪器标本 3 套，器具千余件	43700000	31 年 6 月房屋被日军拆毁，仪器书籍被焚。
县立女中	24 间	〈教〉科书及参考书共 400 余册	理化仪器标本 1 套，器具 200 余件	21650000	33 年 6 月反攻被焚毁
城保镇中心学校	67 间	〈教〉科书及参考书共 800 余册	小学仪器标本 1 套，器具千余件	173950000	31 年 6 月被日军焚毁
小西乡中心学校	18 间	〈教〉科书及参考书共百余册	器具 80 余件	15000000	31 年 8 月被日军焚毁
凤瑞乡中心学校	35 间	〈教〉科书及参考书 400 册	器具 230 件	11950000	31 年 10 月日军攻界头被焚
宝华乡中心学校	20 间	〈教〉科书及参考书 120 册	器具 11 件	5330000	全上
曲石乡中心学校	14 间	〈教〉科书及参考书 100 余册	器具 40 件	650000	全上
上北乡中心学校	15 间	全上	器具 50 件	7000000	32 年 2 月日军攻界头被焚
古永乡中心学校	17 间	〈教〉科书及参考书 200 余册	全上	4500000	32 年 1 月日军攻界头被焚
三益镇中心学校	17 间	〈教〉科书及参考书 250 册	器具 30 件	8500000	31 年 10 月日军攻界头被焚
城保镇第 9 保中心学校	12 间	〈教〉科书及参考书 80 余册	器具 12 件	500000	全上
河西乡中心学校	12 间	〈教〉科书及参考书 200 余册	器具 80 件	4400000	31 年 11 月日军攻界头被焚

机关名称	损失类别			合计估价（元）	损失年月及原因
	房屋	书籍	仪器标本及器具		
清水乡中心学校		〈教〉科书及参考书100余册	器具56件	2300000	32年3月被日军焚毁
洞山乡中心学校	14间	〈教〉科书及参考书200余册	器具10余件	1310000	31年12月被日军焚毁
龙江乡中心学校	12间	〈教〉科书及参考书200余册	器具10余件	1210000	31年12月被日军焚毁
蒲川乡中心学校	13间	〈教〉科书及参考书100余册	器具15件	1500000	仝上
新华乡中心学校	10间	〈教〉科书及参考书佰余册	器具8件	610000	仝上
勐连镇中心学校	28间	〈教〉科书及参考书200余册	器具100余件	16810000	仝上
和顺乡中心学校		〈教〉科书及参考书1280本	器具18件、仪器1套	2423000	仝上
中和乡中心学校	9间	〈教〉科书及参考书80余册	器具20余件	1820000	仝上
鹤麟乡中心学校		〈教〉科书及参考书120册	器具150余件	19000000	32年3月被日军焚毁
明朗乡中心学校	3间	〈教〉科书及参考书125册	器具40件	5230000	31年10月被日军焚毁
县立实验小学	45间	〈教〉科书及参考书554本	标本1套、器具300余件	46720000	31年6月被日军焚毁
县立女子小学	38间	〈教〉科书及参考书480本	标本1套、器具200余件	38540000	仝上

以上损失约共计837773000元。

（云南省档案馆馆藏档案，档案号1012—4—559—210）

71. 云南省政府为查核办理龙陵县图书损失赔偿事训令

（1945 年 12 月 6 日）

令教育厅。

案据第 6 区行政督察专员公署呈称："案据龙陵县县长许颍贤龙教字第 41 号呈称：'案据本县前教育局局长赵殿才、教费管理员尹焕章、绅耆赵世恩、杨积镒、杨炳茂等 13 人呈称：为呈报图书损失恳祈转请清算赔偿事。窃龙陵沦陷，最后灾情綦重，30 月铁蹄之下，数十万寇盗所经，险横一水，孤悬天外，为神州西南之屏障，作抗战胜利之长城，所有人民死亡、建筑摧毁以及财产损失、城郭丘墟各等情，先后均蒙钧府饬令各该乡镇保甲调查详报在案。兹复查得图书损失一项，以邑处极边，开辟较晚，公私图书收藏寥寥无几，最近 30 年来始有人注意及之。虽愧天禄石渠之丰富，然尚可以供给人士之观览，其有裨益地方文化良非浅鲜。乃自敌人闯入，任意摧残，并闻有敌宪兵队长小田国夫除尽力惨杀龙陵人民外，兼用心收集图书运回敌国，网罗一空，以故断简残编，绝无幸存。今日顽敌屈服，凡我沦区理得问其赔偿。士绅等以此事重大，不亚一切，用敢具文附册呈请转呈上峰俯予严向敌人清算，令其如数赔偿，俾珠还合浦，地方文化进步实行赖之。等情。附呈龙陵图书损失清册 2 本、图书损失报告单 1 份。据此，查本县地处边陲，文化落后，收藏图书实不易得。讵料于 31 年 5 月沦入敌手，所有公私收藏图书均为敌寇摧毁无遗，影响文化言何能喻。兹残敌投降，金瓯重整，复兴教育乃当前急务。据呈前情，理合检同原册单各 1 份，备文呈请鉴核转呈层峰严令日寇赔偿，地方文化实为幸甚。'等情。附龙陵县图书损失清册 1 本。据此，理合连同清册备文转呈，请祈钧核。"等情。附损失图书清册 1 本。据此，除指令外，合将附件检发，令仰该厅查核办理具报。此令。

计检发原附件 1 本。

兼代主席　李宗黄

龙陵县图书损失清册

甲、公共项下

龙山镇中心小学藏书损失

——龙陵县志梨木楷字刻板 354 面，民国 2 年张任镌版刻工纹银 2500 两

——乡人云南民政厅长朱旭赠万有文库 1 部，民国 20 年置　大洋 2000 元

——朱赠清史列传 1 部，全上　大洋 30 元

——朱赠四部备要初集 1 部，全上　大洋 500 元

——朱赠湘绮楼日记 1 部，全上　大洋 30 元

——朱赠丁种辞源 1 部，全上　大洋 7 元

——云南教育厅发给小学生文库 5 部，民国 23 年　大洋 350 元

——总理奉安实录 1 部，民国 20 年　大洋 20 元

——中山全书 1 部，全上　大洋 5 元

——总理像片 1 帧，民国 18 年　大洋 3 元

——中华大字典 1 部，民国 20 年　大洋 20 元

——龙主席行书 1 帧，民国 28 年

——学生词典 1 部，民国 21 年　大洋 3 元

——新桥字典 1 部，全上　大洋 3 元

——中国地图 1 部，全上　大洋 3 元

——世界地图 1 部，全上　大洋 3 元

——朱赠理科挂图 40 幅，全上　大洋 80 元

——中国大地图、世界大地图各 5 幅，民国 21 年　大洋 20 元

——各种小学教授书教学法共 156 部，民国 2 年至 29 年，合大洋国币 480 元

龙陵初中学校藏书损失

——科学仪器 4 橱，邱天培县长任置，民国 21 年　买价大洋现金 3200 元

——甲种辞海 1 部，民国 30 年　大洋 20 元

——乙种辞源 1 部，民国 29 年　大洋 10 元

——丁种辞源续编 1 部，全上　大洋 7 元

——王云五大辞典 1 部，全上　大洋 6 元

——总理像片 1 帧，全上　大洋 1 元

——云南通志 1 部，阮修，全上　大洋 300 元

——龙陵县志 1 部，民国 29 年　大洋 5 元

——曲石文录 1 部，全上　大洋 5 元

——曲石文续录 1 部，全上　大洋 3 元

——景篷堂题跋 1 部，全上　大洋 5 元

——雪生年录 1 部，全上　大洋 3 元

——中学生文库 1 部，全上　大洋 70 元

——中国地图 1 部，全上　大洋 3 元

——世界地图 1 部，全上　大洋 3 元

——地理挂图 6 幅，全上　大洋 30 元

龙山镇文昌宫藏书损失

——明刊本华严经 1 部，前清嘉庆 6 年　纹银 50 两

——住持轮本手抄华严经 1 部，前清宣统 2 年　纹银 100 两

——楞严经 1 部，民国 3 年　大洋 10 元

——法华经 1 部，全上　大洋 5 元

——金刚经注 6 种，全上　大洋 2 元

——赵松雪金刚经真迹 1 部，全上　大洋 30 元

——心经注 10 种，全上　大洋 3 元

——清静经注 1 部，全上　大洋 1 元

——报恩经抄本印本各 1 部，民国 3 年、6 年　大洋 30 元

龙山镇观音寺藏书刻版损失

——金刚经梨木刻版 38 面，民国 4 年　大洋 200 元

——三圣经梨木刻版 24 面，前清光绪 26 年　纹银 20 两

——药师经梨木刻版 26 面，宣统 2 年　纹银 20 两

——陶真君药籤刻版 46 面，民国 8 年　大洋 85 元

——丹桂籍 1 部，同治元年　纹银 3 两

——遣愁集 1 部，民国 10 年　大洋 5 元

——圣济总录 1 部，民国 18 年　大洋 30 元

——太虚法师文钞 1 部，民国 24 年　大洋 5 元

云龙山佛道书籍损失

——仙佛画像 12 帧，光绪 20 年　纹银 15 两

——道德经注 1 部，民国 23 年　大洋 1 元

——南华经解 1 部，全上　大洋 2 元

——金刚经石注 1 部，民国 19 年　大洋 1 元

——大字洞冥记 8 册 1 部，民国 20 年　大洋 8 元

——天下名山胜景记正续编 1 部，民国 24 年　大洋 4 元

——高僧山居诗 1 部，全上　大洋 5 毛

——缁林尺牍 1 部，民国 23 年　大洋 5 毛

——心传韵语 1 部，全上　大洋 5 毛

——种梅心法1部，全上　大洋5毛

——吕祖全书1部，全上　大洋3元

——道书十三经注1部，民国元年　大洋5元

——竹窗随笔1部，民国22年　大洋3元

乙、私人项下

高鸿昌藏书损失

——丁种正续辞源1部，民国20年　大洋15元

——乙种中华大字典1部，民国25年　大洋20元

——医学大辞典1部，民国19年　大洋12元

——小学生文库1部，民国25年　大洋70元

——公文程式3种，民国10年、13年　大洋12元

——民国文牍1部，民国3年　大洋1元

——樊山判、公、批牍1部，民国20年　大洋8元

——袁大总统书牍汇编1部，民国19年　大洋1元

——黎大总统书牍1部，全上　大洋1元

——中山全书1部，全上　大洋3元

——陶注陶诗1部，民国23年　大洋2元

——五朝诗别裁集1部，全上　大洋10元

——李太白集1部，全上　大洋10元

——文选五臣注1部，全上　大洋10元

——钱笺杜诗1部，全上　大洋9元

——四六法海1部，民国20年　大洋5元

——近代诗钞1部，民国23年　大洋10元

——详注古文词类纂1部，全上　大洋8元

——阅微草堂笔记1部，全上　大洋3元

——世说新语1部，全上　大洋1元

——聚珍本四史1部，民国22年　大洋60元

——聚珍本十三经古注1部，全上　大洋40元

——正续资治通鉴1部，民国24年　大洋100元

——庄子集解1部，民国21年　大洋2元

——孙子十三家注1部，民国18年　大洋1元

——聊斋志异1部，民国17年　大洋5元

——子史精华1部，全上　大洋15元

——四六尺牍1部，民国26年　大洋10元

——韩昌黎全集1部，全上　大洋8元

——袁王纲鉴1部，民国21年　大洋20元

——龙陵县志1部，全上　大洋5元

——正续近代碑帖大观各1部，民国25年　大洋20元

李若曲藏书损失

（李氏藏书为龙陵第一位，人所共知，所列概系大部书籍，其他零星小部数百种，以书目遗失尚未录入。）

——聚珍本四部备要全集1部，民国25年　大洋2000元

——古今图书集成1部，中华书局缩印本，民国26年　大洋1000元

——丛书集成1部，商务印本，现存10册，民国25年　大洋3000元

——渊鉴类函1部，民国25年　大洋60元

——十三经注疏1部，全上　大洋100元

——涵芬楼古今文钞简编商务本1部，民国10年　大洋30元

——百子全书1部，民国18年　大洋50元

——钦定全唐诗同文本1部，民国12年　大洋40元

——晚清簃诗汇1部，天津徐氏原版本，民国24年　大洋120元

——佩文韵府1部，埽叶本，全上　大洋100元

——全唐诗钞1部，嘉庆木版印本，全上　大洋30元

——宋诗钞影印本1部，民国22年　大洋20元

——明诗综1部，民国10年　大洋20元

——元诗选1部，全上　大洋20元

——清史列传1部，民国19年　大洋30元

——中山全书1部，全上　大洋3元

——不匮室诗钞1部，民国25年　大洋5元

——右任诗存1部，民国24年　大洋1元

——双照阁诗词薹1部，民国24年　大洋2元

——戴季陶全集1部，民国24年　大洋2元

——曲石丛书25种，民国24年　大洋150元

——南社丛选1部，全上　大洋10元

——说库六十种，民国25年　大洋16元

——小学生文库 1 部，民国 24 年　大洋 70 元

——堪舆汇刊 1 部，仝上　大洋 8 元

——图书集成医部 1 部，民国 21 年　大洋 30 元

——孙氏医学丛书 1 部，民国 26 年　大洋 10 元

——大字医宗金鑑 1 部，民国 22 年　大洋 10 元

——医学大辞典 1 部，民国 21 年　大洋 12 元

——甲种辞源 1 部，民国 20 年　大洋 20 元

——丁种辞源续编 1 部，民国 23 年　大洋 5 元

——中华大字典 1 部，民国 22 年　大洋 20 元

——中国人名大辞典 1 部，仝上　大洋 12 元

——中国地理大辞典 1 部，仝上　大洋 12 元

——甲种词海 1 部，民国 28 年　大洋 20 元

——文艺辞典正续编各 1 部，民国 21 年　大洋 12 元

——康熙字典 1 部，民国 11 年　大洋 10 元

——词通 1 部，民国 21 年　大洋 15 元

——唐宋元明清名画大观 1 部，民国 24 年　大洋 20 元

——科学大纲 1 部初印本，民国 19 年　大洋 20 元

——中国大观 1 部，民国 21 年　大洋 30 元

——详注曾文正公全集 1 部，民国 24 年　大洋 60 元

——带经堂全集 1 部，民国 21 年　大洋 15 元

——笺注钱牧斋全集 1 部，仝上　大洋 20 元

——乙丑重编饮水室全集 1 部，民国 25 年　大洋 30 元

——张季子九录 1 部，仝上　大洋 30 元

——易顺鼎诗集 28 种、文 1 种、小说 1 种，民国 20 年　大洋 70 元

——文选评注 1 部，仝上　大洋 10 元

——黎选古文辞类纂 1 部，民国 26 年　大洋 10 元

——新古文辞类纂 1 部，仝上　大洋 15 元

——滇南诗文略各 1 部，民国 18 年　大洋 14 元

——采菽堂古诗选 1 部，民国 10 年　大洋 10 元

——宝颜堂秘笈 1 部，仝上　大洋 30 元

——清朝全史 1 部，民国 20 年　大洋 6 元

——中外地理大全 1 部，民国 23 年　大洋 7 元

——中国新地图 1 部，民国 25 年　大洋 25 元

——新中国人物志 1 部，全上　大洋 8 元

——滇系 1 部，民国 21 年　大洋 40 元

——云南备征志 1 部，全上　大洋 30 元

——文学大纲 1 部，民国 23 年　大洋 20 元

——三希堂法帖 1 部，全上　大洋 30 元

——淳化阁帖 1 部，全上　大洋 30 元

——王羲之丛帖 1 部，民国 25 年　大洋 10 元

——晋唐楷帖 40 种 1 部，全上　大洋 30 元

——正续近代碑帖大观各 1 部，全上　大洋 20 元

——近代诗钞初印本 1 部，全上　大洋 7 元

——历代诗话 1 部，民国 21 年　大洋 6 元

——续历代诗话 1 部，全上　大洋 8 元

——清诗话 1 部，全上　大洋 8 元

——唐诗纪事 1 部，全上　大洋 6 元

——宋诗纪事 1 部，全上　大洋 8 元

——明诗纪事 1 部，全上　大洋 30 元

廖明德藏书损失

——国学珍本丛书 1 部，民国 24 年　大洋 70 元

——诸子集成 1 部，全上　大洋 40 元

——医学大辞典 1 部，全上　大洋 12 元

——丁种辞源 1 部，全上　大洋 7 元

冷映明藏书损失

——小学生文库 1 部，民国 25 年　大洋 70 元

——丁种辞源 1 部，全上　大洋 7 元

刘荣春藏书损失

——十三经注疏 1 部，民国 19 年　大洋 40 元

——五经味根录 1 部，民国 19 年　大洋 10 元

——四书味根录 1 部，全上　大洋 3 元

——四书白话解 1 部，全上　大洋 2 元

——小学集注 1 部，全上　大洋 1 元

——廿四史辑要 1 部，民国 22 年　大洋 20 元

——四史1部，民国24年　大洋30元

——资治通鑑1部，民国24年　大洋50元

——袁王纲鑑1部，仝上　大洋8元

——四史精华录1部，仝上　大洋10元

——永昌府志1部，仝上　大洋5元

——龙陵县志1部　大洋5元

——百子金丹1部，民国20年　大洋2元

——文选评注1部，仝上　大洋10元

——唐宋文醇1部，仝上　大洋3元

——唐宋诗醇1部，仝上　大洋3元

——详注古文辞类纂1部，仝上　大洋6元

——日用百科全书1部，民国25年　大洋15元

——中国人名大辞典1部，仝上　大洋12元

——医学大辞典1部，仝上　大洋12元

——丁种辞源1部，仝上　大洋7元

赵世钿藏书损失

——四部精华1部，民国21年　大洋4元

——克鲁泡特金全集1部，民国21年　大洋6元

——鲁迅全集1部，民国21年　大洋24元

——中华大字典1部，民国21年　大洋20元

——甲种辞源1部，民国21年　大洋20元

——医学大辞典1部，民国23年　大洋12元

——杜甫全集1部，民国23年　大洋10元

——陆放翁全集1部，民国23年　大洋15元

——廿四史精华1部，民国23年　大洋4元

——李白全集1部，民国23年　大洋7元

——国学珍本文库全部1部，民国24年　大洋50元

——茅盾小说集1部，民国24年　大洋6元

——中国地名大辞典，民国24年　大洋12元

——中国人名大辞典，民国24年　大洋12元

——中国通史，民国26年置1部　大洋15元

——亚洲内幕1部，民国26年　大洋1元

——欧洲内幕 1 部，民国 26 年　大洋 1 元

——日用百科全书 1 部，民国 26 年　大洋 15 元

——巴金小说集 1 部，民国 26 年　大洋 2 元

以上共计 215 柱，合原置价纹银 2708 两又大龙元 12890 元，于民国 31 年 5 月 4 日邑城沦陷时如数损失，合时价国币 4202500 元。

（云南省档案馆馆藏档案，档案号 1012—4—559—266～280）

72. 云南省民政厅为遵令填报敌人在沦陷区
施行毒化情形表祈核转呈①

(1946 年 5 月 16 日)

案奉钧府（35）省秘—3 字第 3325 号训令，准内政部渝禁二字第 0715 号卯齐代电，关于搜集敌伪毒化罪行资料一案，饬厅遵办具报，等因。奉此，查此案前奉令示，当经转饬边远各属遵照规定项目，详确调查填报凭转在案。惟为日已久，迭经令催，迄未据各属一律报齐，即已报到者亦无具体事实，殊难汇转。兹奉前因，除再令催未报各属克日查报，俟呈到时，再凭核转外，谨将腾冲等已报各县局情形列表呈请鉴核转报示遵。谨呈云南省政府主席卢。

计呈云南省各属敌人毒化罪行调查表 1 份。

兼民政厅厅长　张邦翰

云南省各属敌人毒化罪行调查表

属别	调查情形
腾冲县	该县沦陷时，敌伪在田岛藻赖地方强迫人民吸食鸦片，并宣传种烟，以致种运吸售肆无忌惮。
龙陵县	据报该县毒化罪犯无从调查，关于毒化资料无法搜集。
南峤县	据报沦陷地方系英缅属地，关于毒化情形本县尚未发生，难于搜集。
顺宁县	据报该县虽有一度接近战区，但幸未遭沦陷。经详加调查，境内并无敌人毒化情形。
镇越县	据报该县境内尚无被敌人施行毒化情形。
金平县	据报该县并未沦陷，亦无敌人施行毒化情形。
宁江设治局	据报该局虽接近战区，尚未沦陷，且因防范周密，境内并无敌人毒化事件。
澜沧县	据报敌人曾唆使摆夷扰乱人民，后经清剿，尚未发生被敌人毒化情事。
泸水设治局	据报该属虽曾经沦陷，然无受敌人毒化事实。
梁河设治局	据报敌寇行政部长早涞勒派每乡烟土 2500 两，大小 19 乡，共派 47500 两。

（云南省档案馆馆藏档案，档案号 1106—1—1174—93）

---

73. 腾冲县财产直接损失汇报表

（1946年6月15日—7月）

表式2　农会渔会之基层会员及农社生产合作社用民营农业渔业财产直接损失汇报表①

事件②：日军进攻

日期：31年8月18日至33年5月　日

地点：中和乡境内

填报者：腾冲县中和乡公所、乡农会　　　　　　　填报日期：民国35年6月15日

分类		损失时价值（国币元）	重要物品项目及其数量
共计		24420000	
房屋		1050000	查被敌进攻，焚毁房屋210间
器具		133000	查被掠劫锹锄70把，斧子20把，大刀40把，大小锤12件，布袋5000对
现款		240000	
产品	农产品	7860000	查被征擩劫掠谷米2620公石左右（每公石约价3000元）（原日市价）
	林产品	600000	查敌人掠去木材5000件及柴薪9000市斤
工具	农具	同前	
牲畜		14600000	查被敌擩夺劫掠水黄牛295头，骡马2100匹，猪1200口，鸡12000只

（云南省档案馆馆藏档案，档案号1011—14—8—141）

---

① 以下各表顺序残缺不全，如缺表3等，原文如此。

② 事件：即发生损失之事件，如日机轰炸日军进攻等。日期：即事件发生之日期，如某年月日或某年月日至某年月日。地点：即事件发生之地，包括某县某乡镇某村。各损失汇报表的此项"注"内容相同，以下均省略。

表式 4　工业同业公会之会员（公司行号）商会直辖之工业公司

行号及工业生产合作社用工民营工业财产直接损失汇报表

事件：日军进攻

日期：31 年 8 月 19 日至 33 年 5 月 10 日

地点：中和乡境内

填报者：腾冲县中和乡乡公所、农会　　　　　　　　　填报日期：民国 35 年 6 月 15 日

分类	损失时价值（国币元）	重要物品项目及其数量
共计	2430000	
现款	180000	
制成品	1600000	皮鞋 500 双，皮箱 8 支，皮包 40 个，皮袋 400 根，熟皮 1500 市斤。
原料	300000	生牛皮 5000 市斤，药料 4 箱。
机械及工具	250000	地缸 4 支，木缸 8 支，刀铲各 8，拉锹各 5，钳锤各 7，板柜各具。

（云南省档案馆馆藏档案，档案号 1011—14—8—140）

表式 5　商业〈同业〉公会之会员（公司行号）商业【会】直辖之商业

公司行号及消费暨一般合作民营商业及交通运输业财产直接损失汇报表

事件：日军进攻

日期：31 年 8 月 18 日至 33 年 5 月 10 日

地点：中和乡境内

填报者：腾冲县中和乡乡公所、农会　　　　　　　　　填报日期：民国 35 年 6 月 15 日

分类	损失时价值（国币元）	重要物品项目及其数量
共计	62232000	
器具	1280000	查缝衣机 7 架，脚车 6 架及需用仪器（等零件不计）
现款	2955000	
存货	18955000	查棉织品 706 疋，毛织品 3 疋，洋纱 38 驮，药品 1500 斤，金银造品 3800 件，绿玉 16 件，土布 550 件，中西衣 960 套，皮子 1766 斤。
运输工具	42000	查牛骡马驮运品 140 件
其他	5000000	查商店用物及（窗木品皮镶橱柜并桌椅等不计）

（云南省档案馆馆藏档案，档案号 1011—14—8—139）

表式6　银行业与钱业同业公会会员（公司行号）及信用合作社用民管金融事业财产直接损失汇报表

事件：日军进攻

日期：民国31年8月18日至33年5月10日

地点：中和乡境内

填报者：腾冲县中和乡乡长尹辅仁　李在有

乡农会理事长　祝兴旺

填报日期：民国35年6月15日

分类	损失时价值（国币元）	重要物品项目及其价值
共计	11893000	
房屋	185000	共2处营业部，卧室厨房厕所堆货室各2间，1 = 100000，2 = 85000
器具	150000	镶石库1间，铁箱3支，木睡柜4张，镶玻厨木台4间，挂钟1架，算盘及其他用具30件
现款	4563000	
生金银	5450000	生金85两，每两价50000元 = 4250000元　生银24两，每两价5000元 = 1200000元
保管品	1545000	洋纱18驮，每驮价4000元 = 720000元；疋条90疋，每疋价7500元 = 675000元
抵抵品		六【卢】比1500盾，每盾100 = 150000元

（云南省档案馆馆藏档案，档案号1011—14—8—138）

表式1　人民团体机关私人通用财产直接损失汇报表

事件：日寇犯腾不及运取悉被敌夺

日期：31年5月10日

地点：腾冲县下西街

填报者：腾冲县救济院

填报日期：民国35年7月29日

分类	损失时价值（国币元）
共计	总值49887000
器具	西医器具值600000，院内设备用具值2500000
现款	87000
图书	值200000
仪器	贫民学校各用具值1500000
文卷（注）	失落1部分
医药用品	西药值2000000元，中药值700000
衣物	病人各种用具值900000
粮食	谷子1800箩，值5400000
其他	沦陷3年，被敌人汉奸共收去3年租谷12000箩，共值36000000。

注：文件损失之价值如难以估计，只须填入损失或遗失文卷之字数。

（云南省档案馆馆藏档案，档案号1011—14—8—144）

人民团体机关私人通用财产直接损失汇报表

事件：日寇进腾后损失

日期：31 年 5 月 10 日以后

地点：腾冲城乡各处

填报者：腾冲县皮工业同业公会　　　　　　　　　填报日期：35 年 7 月　日

分类	损失时价值（国币元）	重要物品项目及其数量
共计	217264800	
建筑物	57500000	
现款	58857800	
图书	2658000	
医药用品	2832000	
衣物	68634000	
粮食	26783000	

（云南省档案馆馆藏档案，档案号 1011—14—8—145）

表式 4　工业同业公会之会员（公司行号）商会直辖之工业公司

行号及工业生产合作社用民营工业财产直接损失汇报表

事件：腾冲县被敌占据事前不及搬运全数被敌夺取

日期：31 年 5 月 10 日

地点：腾冲县五保全仁街

填报者：腾冲火柴厂股份有限公司　　　　　　　　填报日期：35 年 7 月 29 日

分类	损失时价值（国币元）	重要物品项目及其数量
共计	总值89100000	
厂房	拆去装围 17 间，值8500000。	
制成品	慈佛牌安全火柴 375 听，值26250000。	
原料	氯酸钾 2000 公斤，赤磷 200 公斤，杂药 6000 公斤，巴腊 1500 公斤，商标 3000 箱，条胶 800 公斤，共值46400000。	
机械及工具	全厂用具约 1780 件，值7200000。	
其他	消防救火水龙大 2 架，小 2 架，水桶 40 个，共值750000。	

（云南省档案馆馆藏档案，档案号 1011—14—8—146）

表式 5　商业同业公会之会员（公司行号）商会直辖之商业公司行号及

销费暨合作社用民营商业及交通运输业财产损失汇报表

事件：日寇进腾后所有牲畜均被宰食，汤馆茶铺亦损失奇重。

日期：民国 31 年 5 月 10 日以后

地点：腾冲县城保镇各处

填报者：腾冲县屠商汤茶业同业公会　　　　　　　　　填报日期：民国 35 年 7 月　　日

分类	损失时价值（国币元）	重要物品项目及其数量
共计	46840000	
店房	50 幢 9500000	
器具	6000000	器具大小共 1600 件
现款	25000000	
存货	250000	茶叶 50 担
其他	6340000	本业猪牛羊约共被敌宰杀 2000 头

（云南省档案馆馆藏档案，档案号 1011—14—8—147）

表式 1　人民团体机关私人通用财产直接损失汇报表

事件：日军进攻占据及飞机轰炸

日期：民国 31 年 5 月 10 日至 33 年光复时为止

地点：腾冲县城区

填报者：腾冲县珠宝同业公会　　　　　　　　　填报日期：35 年 6 月 16 日

分类	损失时价值（国币元）	重要物品项目及数量
本公会会馆	6000000	全院
工作厂房	122400000	厂店房合计约 102 间，每计 1200000 元
工作架	5000000	约计 500 付，每计 10000 元
各色玉石	3000000000	约计 600 驮，每计 500000 元
宝砂	45000000	约计 300 驮，每计 150000 元
铁丝	16000000	约计 2000 斤，每斤 8000 元
铜皮	24000000	约计 3000 斤，每斤 8000 元
琥珀	8000000	约计 20 驮，每计 400000 元
木器桌椅	1200000	圆方桌椅凳约计 30 套，每计 40000 元
铜铁器皿	420000	铜香炉花瓶铁锅等约 12 件
其他	500000	绣花物品 2 件及其零什物等
合计	488020000	

（云南省档案馆馆藏档案，档案号 1011—14—8—149）

表式4 工业同业公会之会员（公司行号）商会直辖之工业公司行号及

工业生产合作社用民营工业财产直接损失汇报表

事件：敌寇陷腾，仓促之间各铺款货工具制成品等均未疏散，一概损失。

日期：31年5月10日以后

地点：腾冲县城区

填报者：腾冲县五金业同业公会 填报日期：35年7月 日

分类	损失时价值（国币元）	重要物品项目及其数量
共计	148000000	
厂房	4000000	20幢
现款	35000000	
制成品	86000000	金银铜铁锡制成品约5600件
原料	5000000	本业制造物品之原料约共200种
机械及工具	18000000	本业制物工具机械约共1650件

（云南省档案馆馆藏档案，档案号1011—14—8—154）

表式4 工业同业工【公】会之会员（公司行号）商会直辖之工业公司行号

及工业生产合作社用民营工业财产直接损失汇报表

事件：日寇进腾，事前未知，故本业各项材料及制成品均未遑疏散。

日期：31年5月以后陆续损失

地点：腾冲城乡各处

填报者：腾冲县皮工业同业公会 填报日期：35年7月 日

分类	损失时价值（国币元）
共计	289847800
厂房	470幢 53500000
现款	58857800
制成品	3830030件 79660000
原料	67850000
机械及工具	28980000

（云南省档案馆馆藏档案，档案号1011—14—8—155）

表式5　商业同业公会之会员（公司行号）商会直辖之商业公司行号及

销费〈暨〉合作社用民营商业及交通运输业财产直接损失汇报表

事件：敌寇进腾事前并未得知，本业各种材料款物均被损失。

日期：31 年 5 月至 33 年 8 月

地点：腾冲城乡各处

填报者：腾冲县皮工业同业公会　　　　　　　　填报日期：35 年 7 月　日

分类	损失时价值（国币元）
共计	714194800
店房	57500000
器具	29468000
现款	58857800
存货	568369000

（云南省档案馆馆藏档案，档案号 1011—14—8—150）

表式5　商业同业公会之会员（公司行号）商会直辖之商业公司行号及销费〈暨〉

合作社用民营商业及交通运输业财产直接损失汇报表

事件：敌寇进腾，所有本业之石印机抄纸及货款种种均被掠夺破坏。

日期：民国 31 年 5 月以后

地点：腾冲城区一带

填报者：腾冲县纸印业同业公会　　　　　　　　填报日期：35 年 7 月　日

分类	损失时价值（国币元）	重要物品项目及其数量
共计	50500000	
店房	30 幢 600000	
器具	17000000	印刷及截纸机铅字等约共 580 件
现款	12000000	
存货	15000000	各种纸约共 500 驮

（云南省档案馆馆藏档案，档案号 1011—14—8—151）

表式 5　商业同业公会之会员（公司行号）商会直辖之商业公司行号及销费〈暨〉

合作社用民营商业及交通运输业财产直接损失汇报表

事件：日寇进据，各号物资疏散不及概被敌人掠夺。

日期：民国 31 年 5 月 10 日

地点：腾冲城保镇市区

填报者：腾冲县土杂糕饼业同业公　　　　　　　　　填报日期：35 年 7 月　日

分类	损失时价值（国币元）
共计	135100000
店房	80 幢　14000000
器具	3000000
现款	法币 3000000 元，罗比 500000
存货	33420 驮，99600000
其他	罐头 150000 瓶，15000000

（云南省档案馆馆藏档案，档案号 1011—14—8—152）

表式 5　商业同业公会之会员（公司行号）商会直辖之商业公司行号及销费〈暨〉

合作社用民营商业及交通运输业财产直接损失汇报表

事件：敌寇陷腾，所有一切木料或以之作防御工事，或以之作柴薪。

日期：民国 31 年 5 月 10 日以后

地点：腾冲城保各处

填报者：腾冲县木器业同业公会　　　　　　　　　填报日期：35 年 7 月　日

分类	损失时价值（国币元）	重要物品项目及其数量
共计	54500000	
店房	20 幢　4000000	
器具	14000000	工作器具 2500 件
现款	8500000	
存货	26000000	木料 5600 件

（云南省档案馆馆藏档案，档案号 1011—14—8—152）

表式 5　商业同业公会之会员（公司行号）商会直辖之商业公司行号及销费〈暨〉

合作社用民营商业及交通运输业财产直接损失汇报表

事件：31 年 5 月敌人来腾，骤然而至，各家之款物一概损失。

日期：31 年 5 月

地点：腾冲城保镇市区

填报者：腾冲县理发业同业公会　　　　　　　　　　　　填报日期：35 年 7 月　　日

分类	损失时价值（国币元）
共计	27000000
店房	350 幢　25200000
器具	600 件　1600000
现款	400000

（云南省档案馆馆藏档案，档案号 1011—14—8—153）

表式 5　商业同业公会之会员（公司行号）商会直辖之商业公司行号及销费暨

合作社用民营商业及交通运输业财产直接损失汇报表

事件：本会会址系在市区中心，敌寇进腾据作仓库，故房屋概被炸坏。

日期：民国 31 年 5 月至 32 年 3 月

地点：腾冲县城保镇五保街

填报者：腾冲县商会　　　　　　　　　　　　　　　　填报日期：35 年 7 月　　日

分类	损失时价值（国币元）
共计	4950000
楼房	15 幢　3100000
器具	250 件　1850000

（云南省档案馆馆藏档案，档案号 1011—14—8—156）

表式 5　商业同业公会之会员（公司行号）商会直辖之商业公司行号及销费暨

合作社用民营商业及交通运输业财产直接损失汇报表

事件：腾冲水电厂全部工程行将完竣，器材亦已齐全，悉被日寇破坏。

日期：民国 31 年 5 月以后陆续破坏

地点：腾冲县城保镇叠水河

填报者：腾冲县商会　　　　　　　　　　　　　　　　填报日期：35 年 7 月　　日

分类	损失时价值（国币元）
共计	8000000
厂房	30 幢 2500000
器具	3000000
运输工具	1000000
其他	栅门引水渠 1500000

注：本表所填数目系按沦陷时用去之实数填列，约合现时国币 3 万万元以上。

（云南省档案馆馆藏档案，档案号 1011—14—8—157）

表式5　商业同业公会之会员（公司行号）商会直辖之商业公司行号及销费暨

合作社用民营商业及交通运输业财产直接损失汇报表

事件：查日寇进腾，事前并不得知，各号货物仓促未能疏散，敌寇占据后已抢运不及。

日期：31 年 5 月 10 日

地点：腾冲县城保镇市区

填报者：腾冲县疋头百货同业公会　　　　　　　　　　填报日期：35 年 7 月　日

分类	损失时价值（国币元）
共计	308888000
店房	115 幢 9140000
器具	1750 件 3390000
现款	法币 11500000
存货	108000 疋、打、听，276650000
其他	卢比 325000 盾，合法币 4875000 元

（云南省档案馆馆藏档案，档案号 1011—14—8—158）

表式5　商业同业公会之会员（公司行号）商会直辖之商业公司行号及销费暨

合作社用民营商业及交通运输业财产直接损失汇报表

事件：日寇犯腾，事前并未得知，各号之丝纱棉花搬运不及，悉被敌夺取。

日期：31 年 5 月 10 日

地点：城保市区及各乡村

填报者：腾冲县丝棉［绵］业同业公会　　　　　　　　填报日期：35 年 7 月　日

分类	损失时价值（国币元）
共计	351300000
店房	95 幢 20000000
器具	3000000
现款	8000000
存货	纱丝花 26000 余件、担，305130000
其他	罗比 900000 合法币 13500000

（云南省档案馆馆藏档案，档案号 1011—14—8—159）

表式5　商业同业公会之会员（公司行号）商会直辖之商业公司行号及销费暨合作社用民营商业及交通运输业财产直接损失汇报表

事件：日军进腾，城市之人纷纷逃避，号铺物款概行损失。

日期：31 年 5 月

地点：城保镇市区

填报者：腾冲县衣冠业同业公会　　　　　　　　　　　填报日期：35 年 7 月　日

分类	损失时价值（国币元）
共计	28410000
店房	50 幢 1500000
器具	500 件 1200000
现款	7500000
存货	丝尼［呢］缎布 1200 疋，3750000
其他	缝帽机 33 架 3210000〈元〉，小帽 450000

（云南省档案馆馆藏档案，档案号 1011—14—8—160）

74. 龙陵县政府填报之财产直接损失汇报表

（1946 年 6 月 30 日）

财产直接损失汇报表

事件：日军陷龙

日期：31 年 5 月 4 日至 33 年 10 月

地点：龙陵县

填报者：龙陵县县长许颖贤　　　　　　　　　　填报日期 35 年 6 月 30 日

分类	损失时价值（国币元）	重要物品项目及其数量
共计	692837415260	
建筑物	96550130000	瓦盖宫殿式大殿 94 间，瓦草平房 9922 间，店铺 60 栋及其他建筑物。
器具	224822500	日用器具
现款	70000	国币
图书	61538000	小学课本、科学挂图、古本藏书、县志及木刻板佛经等。
仪器	72000000	科学仪器 9 橱
文卷		本县及各机关历年存案文卷，数目无法统计。
医药用品	22500000	医药器材约计如上数，其项目数量无法统计。
衣物	3450000	政警制服 30 套，被垫 39 套。
粮食	1251194760	谷子 29763334 公斤，白米 3000 公斤。
棉纱布疋	5797000000000	洋纱白（青）土布、似［士］林布、呢葛绸绫等项，其数量无法统计。
牲畜	14947010000	牛 11104 头，骡马 9568 匹，羊 18597 只，猪 22703 口，鸡 192770 支。
武器弹药	4700000	七九步枪 50 支，子弹 1000 发，刺刀 50 把，弹带 50 根。

照现在物价估计数 346418707630000（500 倍）。

（云南省档案馆馆藏档案，档案号 1044—4—317—304）

75. 佛海县政府填报之财产直接损失汇报表

（1946 年 7 月 25 日）

财产直接损失汇报表

事件：1. 日机轰炸 2. 日军进攻

日期：1. 日机轰炸由 31 年 2 月起至 33 年 5 月 2. 日军进攻于 32 年初大举进犯，打洛江外各村沦陷，我军退守江内。

地点：县属各乡镇

填报者：佛海县政府 填报日期 35 年 7 月 25 日

分类	损失时价值（国币元）	重要物品项目及其数量
共计	44500000	
建筑物	30000000	寺庙及住房 200 余间
器具	5000000	公私使用家具不下 1000 具
现款	500000	
衣物	1000000	
粮食	2000000	
其他	6000000	沦陷区人民之牛马鸡猪等及被炸村落之死伤牲畜估计如左数

（云南省档案馆馆藏档案，档案号 1044—4—317—288）

76. 梁河设治局填报之财产直接损失汇报表

（1946 年 9 月 23 日）

财产直接损失汇报表

事件：被日军沦陷
日期：民国 31 年 12 月 21 日至 33 年 9 月 3 日
地点：梁河全境各乡镇
填报者：梁河设治局

填报日期 35 年 9 月 23 日

分类	损失时价值（国币元）	重要物品项目及其数量
共计	59425000	
建筑物	44600000	公私房屋焚毁 889 所
器具	1500000	公私器具
现款	49000	
图书	170000	梁河省立小学校全部图书
仪器	36000	省立小学校收音机、留声机、风琴
文卷		焚毁设治局各项卷宗
衣物	2330000	
粮食	340000	
其他	10400000	骡马牛羊等

（云南省档案馆馆藏档案，档案号 1044—4—317—287）

77. 云南省第六行政区抗战期间总损失表

(1946 年)①

县局	人民死亡数（人）	房屋被毁数（幢）	牲畜损失数（头）	备注
保山县	75370	3640	43380	迭遭狂炸，死人甚多，但其中多系华侨及外乡人。
腾冲县	6953	10675	144511	鸡未列入以后，准此。
龙陵县	6814	9618	68844	
梁河设治局	614	889	7186	
盈江设治局	86	297	9653	
莲山设治局	119	801	9519	
陇川设治局	504	1500	43435	所报似觉过多。
潞西设治局	62	535	1239	所报似觉过多。
瑞丽设治局	59	843	11704	
泸水设治局	129	319	1000	
合计	90710	29117	340471	尚须复查，以求准备。

（德宏州档案馆馆藏档案，档案号 1—1—65—12）

---

① 原件年代不详，疑为 1946 年。

78. 瑞丽设治局查报沦陷期间人民损失调查表

（1947 年 2 月 20 日）

乡镇别	征调		畜类损失					粮食损失		毁房（座）
	服役数	伤亡数	马	牛	羊	猪	鸡	谷（以箩计）	米（以箩计）	
中正镇	7		10	413		32	50	4000		27
志舟乡		3		3256		1244		19370	4730	
中山乡			1	263		43		4958	748	
孟卯镇	无	无	无	无	无	无	无	无	无	
合计	7	3	11	3932		1913	50	28328	5478	27

瑞丽设治局沦陷期间敌人征调服役财产损失调查报告表

中华民国 36 年 2 月 20 日　瑞丽设治局局长舒自天

（保山市档案馆馆藏档案，档案号 11—1—65—79）

79. 瑞丽设治局查报抗战损失呈

（1947 年 5 月 23 日）

案奉钧厅民 31 字第〈2645〉号训令，以奉层令，为联合国经济暨社会理事之下破坏区域重建小组委员会远东组会议已改在纽约开会，饬迅速搜集战后破坏损失资料，藉便汇编报告，提请该会核议，并检发调查表式 1 份，限文到 10 日内查明填报，以凭汇转。等因下局，附发原调查表 1 份。奉此，自应遵办。查职属于 31 年沦陷，所有设治局、垒允飞机制造厂、南山飞机场、省立小学等公共建筑房屋器材全部被敌炸毁，垒畹公路及乡县道路桥梁等均被破坏，民房烧毁 200 余间，共计损失约值国币 784300000 元，所有破坏损失痕迹，因系边区，照片无法摄制，请予免呈。正遵办间，复奉钧厅 36 年 2 月 24 日民式一字第〈3709〉号训令，令同前因。理合检呈破坏损失调查表 1 份，备文呈请钧厅核转示遵。谨呈云南省民政厅厅长杨。

计呈破坏损失调查表 1 份。（缺）

瑞丽设治局局长　舒自天

（云南省档案馆馆藏档案，档案号 1011—7—10—61）

80. 潞西设治局填报之财产直接损失汇报表

（1947 年 7 月 19 日）

财产直接损失汇报表

事件：日军由缅甸进攻，地方沦陷

日期：民国 31 年 4 月至 33 年 11 月

地点：潞西全境

填报者：潞西设治局　　　　　　　　　　　　　填报日期 36 年 7 月 19 日

分类	损失时价值（国币元）	重要物品项目及其数量
共计	6909500000	
建筑物	2481600000	
器具	838300000	
现款	48100000	
图书	12000000	
仪器	7000000	
医药用品	600000	
衣物	1441000000	
粮食	600900000	
其他	1474600000	

（云南省档案馆馆藏档案，档案号 1044—4—317—291）

81. 瑞丽设治局填报之抗战期间人口伤亡
及公私财产损失调查统计表

（1947 年 8 月 15 日）

云南省瑞丽设治局抗战期间人口伤亡及公私财产损失调查统计表①

民国 36 年 8 月 15 日   局长舒自天   填报

类别 乡镇别	人民伤亡数目		公私房屋		财产	牲畜			森林	
中正镇	伤	30	公	7 栋	4795500 元	水牛	9 头		竹	150 棵
						黄牛				
	亡	128	私	41 栋		猪	1200 头		木	65 棵
						骡马	2600 匹			
中山乡	伤	10	公		4109430 元	水牛	15 头		竹	650 棵
						黄牛	17 头			
	亡	128	私	70 栋		猪	1300 头		木	110 棵
						骡马	2400 匹			
志舟乡	伤	50	公	6 栋	76762000 元	水牛			竹	2600 棵
						黄牛	76 头			
	亡	192	私	355 栋		猪	1064 头		木	3570 棵
						骡马	2000 匹			
孟［勐］卯镇	伤	30	公	25 栋	173046000 元	水牛	2 头		竹	2000 棵
						黄牛				
	亡	112	私	291 栋		猪	1500 头		木	1200 棵
						骡马	3020 匹			
腊撒乡	伤	30	公		38247000 元	水牛	1 头		竹	2060 棵
						黄牛				
	亡	32	私	150 栋		猪	1500 头		木	1250 棵
						骡马	2000 匹			

---

① 表中货币金额均指法币。

乡镇别 \ 类别	人民伤亡数目		公私房屋		财产	牲畜				森林	
合计	伤	150	公	38 栋	296959930 元	水牛	27 头	竹	7460 棵		
						黄牛	93 头				
	亡	592	私	907 栋		猪	6564 头	木	6195 棵		
						骡马	12020 匹				
说明	（一）人民伤亡数目栏，系协助我军队输送弹药粮秣及被飞机所炸而伤亡者。 （二）公私房屋栏，平均每栋值价 200000 元，估计统计 189000000 元。 （三）财产栏系指金银手饰布疋与敌烧毁抢运之谷米等物，统计 296959930 元。 （四）牲畜栏，黄牛每头值 2000 元，水牛每头值 3000 元，猪每头值 1000 元，骡马每匹值 1500 元，统计 24861000 元。 （五）森林栏以竹每棵 50 元，木每棵 200 元，统计 1612000 元。 （六）以上除人民伤亡数目外，共计损失 512432930 元。 （七）以上所计估计价值，按照 34 年春估计，约价上数。										

照现在物价估计数 25621646500（50 倍）

（云南省档案馆馆藏档案，档案号 1044—4—317—322）

82. 陇川设治局呈报之抗战期间损失汇报表

(1947 年 10 月 2 日)

陇川设治局抗战期间损失汇报表

乡镇别	保别	人民受伤数	人民死亡数	财物①	公房	私屋	牲畜			
							牛	马	猪	鸡
文凤镇	第 1 保	2	14	12	2	21	20	22	30	80
	第 2 保	1	3	14	2	30	20	18	40	70
	第 3 保	0	5	12	3	18	18	8	20	100
	第 4 保	0	2	10	0	16	9	9	7	
	第 5 保	2	4	12	0	10	22	20	43	49
	第 6 保	3	2	11	0	8	8	7	18	
章凤乡	第 1 保	1	10	10	1	10	210	15	440	200
	第 2 保	2	14	11	0	8	411	18	533	150
	第 3 保	0	2	14	0	0	389	14	832	145
	第 4 保	3	5	12	0	0	225	17	408	205
	第 5 保	1	5	15	0	2	413	20	431	355
	第 6 保	0	12	16	0	2	208	22	340	643
	第 7 保	2	32	23	2	140	300	44	274	441
	第 8 保	2	11	18	0	50	200	16	236	160
	第 9 保	3	38	20	0	36	100	20	120	183
清平乡	第 1 保	0	13	85	0	0	140	19	37	248
	第 2 保	0	5	63	2	35	146	28	200	1540
	第 3 保	0	11	35	0	0	86	12	124	218
	第 4 保	0	15	34	0	5	104	27	58	1800
	第 5 保	0	1	21	0	0	80	13	41	256
	第 6 保	0	2	66	0	0	84	28	92	486
	第 7 保	0	1	96	1	0	42	18	84	192
拉线乡	第 1 保	2	3	12	0	28	18	10	41	234
	第 2 保	0	2	5.2	0	42	22	8	20	182

---

① 财物损失按法币计算,单位为百万元。

乡镇别	保别	人民受伤数	人民死亡数	财物	公房	私屋	牲畜			
							牛	马	猪	鸡
	第3保	0	0	4.3	2	13	38	7	38	490
	第4保	1	0	3.8	0	12	21	8	48	708
	第5保	0	4	4.7	1	8	42	12	51	220
	第6保	3	0	5	0	28	22	4	63	200
	第7保	0	1	4.7	0	32	19	7	72	180
合　计	4乡镇共29保	28人	217人	649.7	16栋	428栋	3416头	486匹	4747口	6729支【只】
附记	1. 财物损失栏小数点以百万为单位，五谷损失数占大多数。 2. 受伤死亡栏概系与敌作战或因敌放火焚屋所致。 3. 公房私屋系为敌人纵火焚烧者。 4. 所列牛马猪鸡栏概系敌劫掠去者。 5. 陇川沦陷3年，为敌盘据，损失异常浩大。									

中华民国36年10月2日陇川设治局局长熊占甲呈

照现在物价估计数，129940000000（200倍）

（云南省档案馆馆藏档案，档案号1044—4—317—323）

83. 华侨战时财产损失汇报表（一）

（1947 年）

华侨战时财产损失汇报表　　　　　　　　　甲、按损失项目别

	损失项目	单位	数量	价值（以民国26年国币价值为准，元）
	总计		297462	1375758.00
	共计		297442	1124670.00
动产	衣物	件	46	235.00
	家具	件	2070	87935.00
	器具	件	39	100.00
	货物	件	13724	737535.00
	现金或帐欵或存款	元	277383	277383.00
	牲畜	只	4160	21432.00
、	杂物	件	20	50.00
不动产	房产	幢	20	251088.00
	房产	幢	20	251088.00

华侨战时财产损失汇报表　　　　　　　　　乙、按侨居地别

侨居地域	人数	损失事件	损失年月及地点	损失价值（民国26年国币）
缅甸	6	因战事或地方沦陷被迫放弃被日机轰炸被毁	民国31年3、4、5月缅甸滇西	1375758.00

（云南省档案馆馆藏档案，档案号 1092—2—193—14）

华侨战时财产损失汇报表（二）

（1947年）

华侨战时财产损失汇报表 　　　　　　　　　　　　　　　甲、按损失项目别

损失项目		单位	数量	价值（以民国26年国币价值为准）
总计			89997.96	5229325.54
动产	共计		89993.96	5099155.56
	器具	件	429	161062.62
	家具	件	113	38982
	货物	件	5375	148650
	现金	元	81696.96	81696.96
	车辆	辆	33	1079414.70
	机械或零件	件	1708	2146809.24
	油类	桶	639	1442540.04
不动产	共计	幢	4	129169.98
	房产	幢	4	129169.98

（云南省档案馆馆藏档案，档案号 1092—2—193—25）

华侨战时财产损失汇报表 　　　　　　　　　　乙、按侨居地别

侨居地域	人数	损失事件	损失年月及地址	价值（以民国26年国币价值为准）
缅甸	2	因战事逃难被迫放弃，因战火直接被毁	民国31年3、4、5月缅甸、滇西	5228325.54

（云南省档案馆馆藏档案，档案号 1092—2—193—27）

华侨战时财产损失汇报表（三）
（1947 年）

华侨战时财产损失汇报表 甲、按侨居地别

损失项目		单位	数量	价值（以民国26年国币价值为准）
总计			66142.80	18238450.95
动产	共计		66141.80	17278450.95
	衣服	件	10	1395.46
	家具	件	190	1730228
	货物	件	11759	14912689.86
	现金	元	53887.80	53887.80
	饰物	件	2	60
	油类		26	296.97
	牲畜	头	253	540000
	车辆	辆	4	39609
	机件	件	10	283.86
不动产	共计	幢	1	960000
	房产	幢	1	960000

华侨战时财产损失汇报表 乙、按侨居地别

侨居地域	人数	损失事件	损失年月及地点	损失价值（民国26年国币价值）
缅甸	2	缅甸沦陷无法携带，在滇西被日军抢劫。	民国31年4、5月缅甸、滇西	195085.95
暹罗	1	在缅甸被炸毁	民国31年4月缅甸	25365
越南	1	被日军没收	民国33年10月越北	18018000

（云南省档案馆馆藏档案，档案号 1092—2—193—46）

华侨战时财产损失汇报表（四）
（1947年）

华侨战时财产损失汇报表　　　　　　　　　　　　甲、按损失项目别

损失项目		单位	数量	价值（以民国26年国币价值为准）
总计			707093.78	1590936.98
动产	共计		707033.78	1328006.98
	衣饰	件	130	14880
	器具	件	351	24524
	货物	件	38963.78	576702.98
	现金	元	667360	667360
	牲畜	只	27	4560
	车辆	辆	2	7980
	书籍	本	200	32000
不动产	共计	幢	60	262930
	房产	幢	60	262930

华侨战时财产损失汇报表　　　　　　　　乙、按侨居地别

侨居地域	人数	损失事件	损失年月及地点	损失价值（民国26年国币价值）
缅甸	4	被日军炸毁、焚烧、劫掠，因战事被迫遗弃。	民国31年1、4、5、6月缅甸、滇西	1423336.98
越南	1	因战事被迫遗弃	民国33年10月广西	167600

（云南省档案馆馆藏档案，档案号1092—2—193—86～87）

84. 陇川设治局呈报之日军暴行军民死伤财产损失调查表

（1947 年 9 月 30 日）

陇川设治局日军暴行军民死伤财产损失调查表

地区			日军暴行			军民死伤人数			财产损失数字		
省	县	乡镇	部队番号	罪行人姓名	犯罪事实及日期	战役起止日期	死	伤	战役起止日期	动产	不动产
云南省	陇川设治局		7	腾本、板口2人	抢掠牛马于32年当中	33年6月起33年9月止	8人	16人	沦陷3年	9千万元以上	5千万元以上

共计国币 140000000 元。
照现在物价估计数：28000000000 元。
（本表所列各数系抗战期间历年之损失，故折中照200倍计算）

局长　熊占甲

中华民国 36 年 9 月 30 日呈

（云南省档案馆馆藏档案，档案号 1044—4—317—337）

85. 腾冲县长张问德复田岛①函

（1943 年 9 月 12 日）

复田岛函

田岛阁下：来书以腾冲人民痛苦为言，欲借晤会长谈而谋解除。苟我中国犹未遭受侵袭，且与日本犹能保持正常国交关系时，则余必然予以同情之考虑，然事态之演变，已使余将可予同情考虑之基础扫除无余。诚如阁下来书所言，腾冲士循民良，风俗醇厚，实西南第一乐园，大足有为之乡。然自事态演变以来，腾冲人民死于枪刺之下，暴露尸骨于荒野者已逾 2 千人，房屋毁于兵火者已逾 5 万栋，骡马损失达 3 千匹，谷物损失达百万石，财产被劫掠者近 50 亿，遂使人民父失其子，妻失其夫，居者无以遮蔽风雨，行则无以图谋生活，啼饥号寒，坐以待毙，甚者为阁下及其同僚之所为奴役横被鞭笞，或已被送往密支那将充当炮灰。而尤使予不忍言者，则为妇女遭受污辱之事。凡此均属腾冲人民之痛苦，余愿坦直向阁下说明此种痛苦，均系阁下及其同僚所赐与，此种赐与，均属罪行，由于人类之尊严生命，余仅能对此种罪行予以谴责，而于遭受痛苦之人民更能寄予衷心之同情。

阁下既欲解除腾冲人民之痛苦，余虽不知阁下解除之计划究将如何？然以余为中国之公民，且为腾冲政府之一官吏，由于余之责任与良心，对于阁下将提出之任何计划，均无考虑之可能与必要。然余为使阁下解除腾冲人士痛苦之善意能以伸张，则余所能供献于阁下者，仅有请阁下及其同僚全部返回东京，使腾冲人民永离枪刺胁迫生活之痛苦，而自漂泊之地返回故乡，于断井颓垣之上重建其乐园……苟腾冲仍为阁下及其同僚所盘据，所有罪行依然继续发生，余仅能竭其精力以尽其责任，他日阁下将对腾冲不复有循良醇厚之感。由于道德及正义之压力，将使阁下及其同僚终有一日屈服于余及我腾冲人民之前。故余谢绝阁下所要求择地会晤以作长谈，而将从事于人类尊严生命更为有益之事，痛苦之腾冲人民，将深切明瞭彼等应如何动作，以解除其自身所遭受之痛苦。故余关切于阁下及其同僚即将到来之悲惨末日命运，余敢要求阁下作缜密之长思。

---

① 田岛寿嗣，日军驻腾冲"行政班"本部长。

腾冲县长张问德，大中华民国 32 年 9 月 12 日。

（德宏州志编委会办公室编：《德宏史志资料》第 2 集，1985 年印，第 124—125 页）

86. 云南省第六区行政督察专员公署抄呈常绍群驳斥
敌宪兵队长上田朴心函快邮代电

(1944 年 3 月 29 日)

云南省民政厅兼厅长陆钧鉴：顷据潞西设治局局长常绍群呈报斥驳敌宪兵队长上田朴心函件到署，查其〈言〉词尚属严正，除电奖励外，谨抄呈来往信函 2 件随电〈呈〉××核。职李国清叩。寅歉。秘。印。附抄呈原函 2 件。

上田朴心来函[①]

(1944 年 1 月 14 日)

绍群常司令官台鉴：

我前给你 2 华函，想你收到了罢，但未见回音，不知未何。刻弟的心理实实悬念你，羡慕你，又不知你的近况莫何。现日军出动平、勐、龙一带，就是大扫荡平、勐、龙一带时期而时间长，弟想着你同龙潞游击工作是多么的卑鄙，多么的痛苦。想我辈在社会立足，必须先要选着一条光明的大道去干，结果能得一个大大的光荣，成一个顶天立地的汉子，不愧我辈出世干事一场。说到如此，希望你极早回心改道而行，弟可着带路之人，快来中山先生建设之大东亚阵【营】工作，比你前干之工作光荣 10 倍。你参加弟一定保护你的生命、名誉及位置，请不要凝【疑】心，放心前来一叙，如有假言谝你，人格当保，生则同生，死则同死。若刻间亲身不能来会，请速派你知心的弟兄来平戛日本宪兵队一会，弟对面讲。我心里时刻盼望你的一切，候他来转达你，你就知道弟对你的诚恳处了。若是你来参加中山先生建设之大东亚建设阵【营】的时候，决定委你任龙平勐勇义工作队总司令官。因现在平戛地区宪兵队工作队长蒋三元卧床日久，病入膏肓，服务困难，大概辞职休养，故欢迎你来协力参加大东亚建设阵营直【真】是良好机会，天之凑成。接着信清净坐三思，并请来人或速回书。祝你公私迪吉。

---

① 署名之后有一图样，疑为该敌酋之私章或日文签名之类。本文行文不甚通顺，原文如此。

弟平戞日本宪兵队长上田朴心

中华民国33年1月14日

常绍群复函

（1944年2月7日）

上田朴心队长鉴：3 函均悉，所以迟迟未覆者，实因台端智识太浅，竟敢言无伦次，诚属不足与言，纵言之也无非对牛弹琴而已，故均以一笑置之。惟念台端多次上书之诚，认为孺子尚可教也，故不惮麻烦，按条答覆如后。

一、中国自立国以来，对内即以"忠孝仁爱信义和平"之八德为立国之基，对外以敦睦和平为本，此世界之士所啧啧称许者，不像贵国自从母国分部而后，既不知修信讲睦为何物，复不识礼义廉耻为何用，人民懒惰成性，谋生乏术，以致想入非非，抢人现成。古来中国沿海一带常遭贵国人民抢掠之祸，中国人民于是遂有海盗子孙之称矣。直至贵国明治维新以后，始稍立内治之道，但仍未立道德信义之基，以故大唱武士道之精神，其目的仍不外伐人之国以自肥，而美其名曰"提携"，或曰"保护"，自圆其说，以此来欺瞒世界人士。试问纵 3 岁孩童又谁能信之耶？中国近百年来因满清政府之腐败，以致内战绵年，酿成国困民穷。贵国政府不知饮水思源，反而乘机掠夺台湾、琉球、朝鲜、旅顺、大连等处为己有。孙中山先生目睹满清政府之腐败，知国亡无日，遂奔走呼号，群起响应。民15年革命军北伐将近完成之际，贵国政府嫉忌中国统一，遂有济南事件之发生。中国朝野上下至此洞悉贵国居心鸩毒，遂加紧刷新内政，埋头建设国防，对外无声无臭。贵国政府以为中国革命将领已变成军阀，不闻国事，遂发动"九一八"事件、"一二八"事件，以致"七七"，中国政府不得不正式发动全面抗战。余以中国人民资格参加民族存亡而战，台端竟认为卑鄙，试问台端参加侵略为如何？

二、大中华民国国父孙中山先生所著之三民主义一书中并无大东亚主义或大东亚阵线之条文，此不过贵国军阀要亡人之国一种烟幕作用而已。贵国人民以讹传讹，受军阀之欺骗而不自知，试问台端什么叫做大东亚阵线？大东亚阵线中说些什么？我敢说台端也跟着大家以讹传讹而已。内容究竟是些什么东西，你一定莫名其妙吧。

三、此次世界大战之祸首为日本，而日本之所恃者为德义【意】2 盟友。今义【意】大利之墨索里尼内阁业于去岁10月间宣告寿终内寝，继任者已慨然与同盟国携手矣（台端恐未有所闻）。而德国与苏联之战事，德军自民31年冬进抵高加索油田，与苏军争夺半年之久，德军始终无法越雷池一步，希特勒竟恼羞成怒，遂于 32 年 7 月间尽起国内之兵百余万之众，以期一鼓击毁苏军阵地，讵事与愿违，苏军不但屹然不动，反乘虚由北高加索侧翼迂回，以奇兵反击获胜。是役德军伤亡 7 万人，被俘 24 万人，此事莫斯科陆军部发表，全世界报纸曾经披露者，决非像贵国军部一地虚构事实凭空捏造可比。希特勒因此曾一度神经错乱，朴地乱咬地毯。德军自失败后，士无斗志，节节败北。迄民国 32 年底，苏联境内已无德军踪迹矣。同时，英、义【意】、土联合海军亦将德海军大半歼灭于地中海，于是被德军占领之各国群众振臂大呼，群起反抗，德军心胆俱落，如狂风之扫落叶，德军被杀者不下 50 万人。刻此项民军仍在扩大反战中，预期不出今年，德军必将弃甲曳兵，逃回老巢，希特勒亦必因气愤而跳海自杀。台端若不信，请拭目待之可也。致于贵国命运，势将难逃德国同一之遭遇。何也？曰得道者多助，失道者寡助是也，况贵国师出无名乎！此理之当然，决非主观者偏见或强词夺理，有意对台端起什么宣传作用。盖人类之公理，相信今日已到伸张之时，强权也至肥【伏】法之日矣，否则人类不旦【但】终无宁日，且将回复原始时代之野人。台端受军阀欺骗之毒已深，且对今日世界之趋势毫无认识（这不旦【但】台端个人，其实整个日本人何尝不如此），以为武力万能，纵操胜券，诚可笑，亦复可怜。且不论事之如何，即以今日滇缅边境之中日军备与 2 年前日军初入境时相对比又如何，已不言而喻矣。况目前印度盟国之大军业已正式开始反攻，其先头部队已直抵缅甸北部，一部已入八募、陇川一带，我 2、3、5、6 各大队已与会合作战；怒江东岸之国军 50 万之众不日亦将向腾冲、滚弄各处移动，会师缅甸。台端已身处瓮中而不自知，尚敢出言不逊洋洋得意耶？又可笑者，贵军指挥官将怒江沿线处处封锁，以为得计，讵不知龙陵正面之无军事行动必要之理由。由此观之，贵国指挥官之不懂得战略。可知某念台端频频上书之诚，乃有好生之德，故不忍台端同罹与难，故特函覆，敦促台端从速觉晤，前来等各面谈，或派蒋发富亲来接洽，某当委台端为给养上尉总司令职务，统率三军以展雄才，想台端必能胜任愉快，他日国父孙中山先生"天下为公"之大同主义实施，台端即可耀武扬威于东京，其光荣岂与台端参加今日之侵略战争同日而语乎？此非齐东野言，愿台端详察之。良机不再来，请台端静坐三思，以免徒其后悔，是为至盼。耑覆，并祝旅安。

群部政训处代覆

大中华民国 33 年 2 月 7 日

（云南省档案馆馆藏档案，档案号 1011—7—42—41 ~45）

87. 栗柴坝抗日遇难同胞纪念碑序①

（1995 年 8 月 15 日）

泸水县上江乡栗柴坝渡口，东连保山、云龙，西通腾冲和缅甸联邦，为我国南方丝绸之路的怒江古渡口之一。公元 1941 年 12 月 7 日，日本帝国主义发动太平洋战争，占领东南亚，旋即向我滇西进犯。1942 年 5 月 19 日，侵华日军一部自腾冲越过高黎贡山，进犯泸水。日军窜至栗柴坝西岸时，发现渡口已被我东岸守军封锁，不能渡江东犯，便恼羞成怒，向我滞留在西岸的难民发难。当时西岸待渡的难民共有 300 余人，多数是从缅甸逃奔祖国的华侨同胞，一部分是从腾冲、龙陵逃向内地的难民。他们中有白发苍苍的老人，也有嗷嗷待哺的乳婴。日本法西斯强盗公然向这些手无寸铁的无辜难民架起机枪，先将男性难民捆绑集中，用机枪扫死，然后对妇女难民进行强奸、屠杀。除少数脱险外，有 290 余名难民同胞惨遭杀害。一时江岸积尸成堆，死难者的鲜血染红了大江。这就是日本帝国主义践踏泸水土地所制造的惨绝人寰的栗柴坝惨案。

栗柴坝惨案发生后，怒江各族各界人民，同仇敌忾，一致动员起来，纷纷响应李根源先生抗日救亡的号召，投入抗日救亡斗争。组织福、碧、泸、练民众自卫支队，与抗日军队协同配合，展开游击战，坚决拒敌于怒江西岸。怒江军民联合抗战，牵制了日军的"东进"侵略计划，为 1944 年秋季我滇西抗日大反攻，彻底歼灭日本侵略军的战局争取了时间，在我国抗日战争史上写下了光辉的一页。

"前事不忘，后事之师"。在我国抗日战争暨世界反法西斯战争胜利五十周年之际，谨立此碑，以奠死者，教育后人。

栗柴坝遇难同胞安息吧！

政协怒江傈僳族自治州委员会

泸水县人民政府

1995 年 8 月 15 日

---

① 此碑立于泸水县上江乡怒江边。

88. 日军在泸水暴行

1. 丙贡屠杀惨案

1943 年 1 月 16 日，日军第 56 师团 148 联队之 1 股敌人窜犯丙贡大寨，在路上抢去哑人陈文宝（15 岁）捕来的 1 串鲜鱼，哑人怒吼，拔刀反抗，竟被日军开枪打死。日军进村后，凶残地用刺刀刺死和开枪打死王三花等 6 人，杨阿敏身怀有孕也惨遭杀害，仅有后脖颈被刺 1 刀的彭金灿死里逃生。

2. 焚烧河边寨

1943 年 1 月 17 日，日军放火焚烧河边寨。河边寨 10 户人家 9 户的房子被焚毁，蒋学士的母亲（70 岁）和彭三老大爷被活活烧死。

3. 焚烧蛮英街

1943 年 6 月 20 日，日军 30 多人在蛮英街肆意抢劫，并放火焚烧民房，顿时蛮英街浓烟滚滚，一片火海，30 多户人家无家可归。

4. 排路坝惨案

1943 年 10 月，日军在排路坝把从六库抓来的新寨人祝兴贵和在古炭河抓来的民夫 11 人，全部押到大攀枝花树下集体枪杀。其中有女青年 4 人，被强奸后，日军用刺刀捅入阴道，挑破肚腹，折磨至死。

5. 日军吃人肉

1943 年 10 月，日军在赖茂乡拉腮王培村，把 68 岁的普儿张扒和其侄女光学付杀害后，用大锅煮吃。

6. 炮击六库土司衙门

1943 年 10 月，日军"红风队"过排路坝时，向对岸六库土司衙门发了两枚六零炮弹（炮弹落在六库土司署花园里未爆炸）。日军"黑风队"过排路坝又炮击六库土司衙门，1 炮击中土司署大衙门中堂，炸断大梁 1 棵；1 炮击中 2 衙门粮仓，炸毁屋顶 3 合土晒台 1 角。

7. 小横沟等 4 寨遭劫难

1943 年 10 月，日军在灰坡山建立据点后，常外出"扫荡"，把小横沟、大湾子、旧乃山、四岭岗等村全部烧光，并在这些村寨地基上建立练兵场、骡马场、空投场和机炮阵地，灰坡山下的田野、路隘和阳坡上，到处挖筑交通壕、地堡及战壕，埋设地雷，拉铁丝网，将蛮英半山以上地带变成日军军事禁区，使禁区内的百户农民逃进深山老林，终年不敢露面。禁区周围的村寨则成了日军抓夫、抢掠、烧杀、奸淫的对象，旧乃山农民杨三、王朝安惨遭杀害，大寨妇女杨竹秀被日军轮奸至死。

8. 鲁掌3寨遭焚烧洗劫

1943年12月14日，1股日军由片马窜至鲁掌，焚烧了泸水设治局机关、学校和鲁掌上、下两寨。16日，日军又焚烧了坝山村，被焚烧农户共132户，烧毁粮食16000箩，92家被抢劫，抢掠民粮7000余箩，骡马10余匹，耕牛20头。

9. 片马垭口屠杀案

1943年12月17日，日军洗劫鲁掌3寨后，抓民夫为其背运抢掠的东西，当行至片马二道垭口时，日军将抓去的19名民夫集体处死。其中鲁掌区高头寨乔金贵因穿数层补钉衣服，被刺数刀未死，才得幸存。

（云南省档案馆编：《日军侵华罪行录·云南部分》，云南人民出版社2005年版，第638—639页）

89. 日军在腾冲罪行

日军侵占腾冲县，肆意烧杀淫掠，犯下了不可饶恕的滔天罪行，给腾冲人民带来了深重的灾难。

一、杀害群众

腾冲沦陷期间，先后被日军杀害的民众有6400多人。杀害的手段非常残酷，主要有以下几种：

（一）刺刀杀戮。1942年8月，日军在碗窑乡茶子园用刺刀捅死老弱妇孺13人，在红木树园、三元宫用刺刀捅死34人，1个送过情报的青年被日军用4棵柴担活活打死。在保家乡，先后被日军用刺刀杀害的群众达137人。这种现象，全县各区乡都有。

（二）排枪扫射。1942年5月，日军追击护路营至怒江栗柴坝渡口，抓获撤退的海关人员及难民100余人，强迫他们跪在江岸上，全部用机枪扫死。7月13日，日军"扫荡"中和，屠杀群众39人，其中在屈家营抓获的9人，被强迫在樊家坡前1排的站好，用排枪射杀。

（三）吃人心肝。和顺人寸长宝到中和探亲，被日军抓获，先是叫他带路，后来叫他去找葱姜调料，找到后即把他绑在树上，用刺刀破开胸腹，掏出心肝来炒吃，鬼子吃着心肝，寸长宝身上的肉还在跳动，中和人李光华也遭到同样惨死。

（四）活埋。马站街的群众4人，北门田心何家寨的两个青年，被日军抓着，叫他们自己挖坑，互相活埋，最后1个被装进麻袋，用脚踢死。

（五）活剐。中和自卫队长郭汝兴，被日军抓到城上，绑在绷杆上，每天从他身上割下几块肉，一周后被活活折磨而死。

（六）上甩杆。保家乡1群众被日军抓获后，从肛门拉出大肠头，拴在甩杆上，一放甩杆，肠子被一串的拉出来而致死。

（七）灌盐水、滚水。远征军情报员王树荣，在县城被日军抓获，先用皮鞭打，逼供未遂，后用盐水、滚水灌死。

（八）油锅炸。上北乡戴广仁、张德纯，71军委任为老山岗电台谍报员，被敌察觉捕获，严刑不招，敌以滚油烹之，2人骂不绝口，壮烈牺牲。

（九）滚水煮。蒲川乡长杨炳云，反攻时，39师师长洪行邀他赴禾木树会晤，归途中被捕，解往龙陵宪兵部，绑于铜锅中，下烧烈火，沸水翻腾。炳云痛斥日军，骨肉分解而死。

（十）锯解。上北乡张启福被敌抓获后，要他带路出小回街，张却引敌走入张家龙井36师的伏击圈。36师枪炮齐发，毙敌31人。敌退至海口三官庙，用锯子锯下张的头颅，悬挂村外。1944年6月，日军在曲石徐家寨旁俘获远征军6人，绑在树上肢解，有的从头锯至大胯，有的锯到脖根；有的头扎在树上，身子被剁成肉泥。

二、焚烧村寨

腾冲沦陷期间，日军先后放火烧毁民房、学校、公所、寺院24000余间，腾北重镇界头街、桥头街、瓦甸街、小回街、营盘街、腊幸街、固东街、马站街、碗窑街、古永下小街，保家乡的大锡基、面街、泥古董、旧村、茶子园、中村、坡上村、芹菜塘等40多个自然村寨全部焚为平地。毁学校81所，毁主要江桥9座。

三、抢掠财物

沦陷期间，全县粮食被日军掠抢3000多万公斤，牛、羊、骡马、猪5万多头，鸡鸭不计其数，损失各种财物价值国币227亿元。

四、奸淫妇女

腾冲沦陷期间，有不少妇女被日军奸污，仅保家1个乡，被奸污妇女达128人，有的被摧残致死、致疯、致病，有的羞愧自尽，惨不忍述。

（云南省档案馆编：《日军侵华罪行录·云南部分》，云南人民出版社2005年版，第626—627页）

90. 日军在龙陵罪行

屠杀 1942 年 5 月 4 日下午 6 时，日军第 56 师团先遣队攻陷龙陵。傍晚，即开始在龙陵城区血腥屠杀，逢人便用机枪扫射和步枪射击，不论老、弱、妇、孺，中弹殒命 160 余人。5 日上午 9 时，日军 113 联队追击中国远征军到惠通桥，沿途有成百上千辆难侨商车被推入岩下和江中，上千名难民被枪杀横尸岩下或抛入江中。15 日，驻扎在镇安大坝的日军 113 联队第 5 纵队，以"清乡"为名，借口当地群众通"中国国军"，将田里插秧的余秋福、何金平、雷正发、熊三等 19 名农民，捆绑到大坝托盘田用机枪射杀。25 日，日军驻龙陵地区搜索联队，为对中国军队 88 师 264 团游击队袭城进行报复，对龙陵坝区广岭坡居民、难侨进行屠杀，全村 13 户人家房屋焚毁，住村的 62 个男、女、老、少全部被砍杀，其中有 1 位遮放土司家属，才 20 余岁，领着 1 男 1 女两个小孩到该村避难，也被杀戮。死时，1 岁多的小女儿还含着妈妈的奶头躺在母亲的怀里。6 月，日伪县、区政府成立后，日军小分队伙同汉奸"自警团"、"警保总队"分窜各乡山寨肆意烧、杀、淫、掠。11 月 13 日，日军小田国夫率日本宪兵队 37 人，在汉奸的带领下，以搜索游击队为名，血洗了倒淌水村寨，当即烧毁民房 13 间，屠杀了唐绍国、唐绍广等村民 24 人，其中刘盈富、段茂兴两人还被剖腹挖心，喂其狼犬。14 日，镇安袁家寨妇女段召坤，年过 4 旬，被诬骗偷了日军的 1 只篮子，惨遭日军活埋未死，又被用竹竿穿其阴部强拖致死。至 11 月，全县居民，被集众屠杀达 47 起，之后是零星屠杀，伴随着各种酷刑，其手段之残暴，前所未闻。12 月初，在日本小田国夫宪兵队直接参加下，驻蚌渺日军行政班伍长小野正雄带领 50 余名日军，抓押了杨文有等 8 名无辜农民和难民，怀疑其通游击队。先是施行火烧、灌水、挖双眼、割双耳等酷刑，然后将 8 人挖坑活埋。1943 年 1 月，日军驻松山 113 联队小分队窜至白泥塘，沿途将白泥井杨富朝、大弯子段金凯等 3 人，当做中国军队便衣抓起来，用 8 号铁丝穿其锁骨，带到核桃箐，先是灌水、用木板压，使其水带粪便从口、鼻内冒出来，然后将 3 人装入麻袋，放进汽油桶里，烧火煮死。5 月 2 日，镇安坝子稻谷遇虫灾，农民认为是天降灾星，要做大斋祈求上天消灾，选派张德州、余兆洪等送信给中国军队不要派飞机来轰炸，路遇汉奸，被骗将信送给日军。5 月 4 日，日伪县政府通知张德州、赵金开、张贵芳、余在海 4 人到龙陵开会，当场被捕，经严刑拷打，5 月 10 日押到白塔山下杀害，并割下头颅拿到镇安街枭首示众。与此同时，余在海一家 6 口也被抓到西山脚河边用机枪扫杀。至 1944 年 11 月，龙陵全县被日军杀害的无辜群众共 6814 人，外逃、病饿死者逾 14000 余人。

奸淫 据战后各区、乡政府统计，日军占据龙陵 3 年，惨遭蹂躏的妇女达 200 余人。如 1942 年 6 月龙山卡一年轻妇女杨美英被日军用卡车强拖至松山大垭口，被数十名日军轮奸致死。倒淌水村杨石英、王美玉两人，被日军当着其丈夫的面轮奸后用刺刀捅死。松山寨子一个 16 岁的小姑娘被一群日军追赶后奸杀。1943 年 3 月永兴寨子一残废女人张凤英被日军奸污后并强迫与狼犬行奸，因不从，并破口大骂，被枪杀。此期间，全县妇女莫不人人自危，白天奔避山林，夜晚化装回家。大部男人都逃避他乡，致使平达、象达、镇安、龙山等几个主要产粮的坝子，田地荒芜。且龙陵多雨，时逢雨季，烟瘴四起，饿、病死者无数。

焚烧 1942 年 11 月 5 日，驻黄草坝日军 100 多人到蕨叶坝一带践踏人民，返回到苏帕河上游老宋桥，被中国军队第 71 军 88 师游击队伏击，被打死 7 人，打伤多人，余者仓皇逃窜。游击队撤走后，日军对当地群众进行疯狂报复。11 月 28 日，日军集众 300 余人，对该地区实施大"扫荡"。3 天内纵大火烧毁了洋烟河、弯塘、茄子山、蚌渺、荆竹坪等 6 个村寨，房屋、粮食、衣物财产化为灰烬，鸡、猪、牛、羊、骡、马被洗劫一空。1944 年 6 月，日军 113 联队盘踞松山期间，四处烧杀，仅松山大丫口、小水沟、大弯子、马鹿塘等 18 个村寨，245 户人家，有 209 户房屋全部焚毁，549 人被日军杀害，其中有 29 户全家被杀绝。

（云南省档案馆编：《日军侵华罪行录·云南部分》，云南人民出版社 2005 年版，第 628—630 页）

91. 日军在梁河罪行

暴行。1942年，日军侵占缅甸后，其第56师团148联队（又称金刚联队）即于同年5月10日侵入腾冲。同月，梁河亦告沦陷。自5月起，先后有多起日军过境，并有1个小队，1个守备队驻梁河，至1944年4月才撤回腾冲。

1942年初，日本帝国主义侵占缅甸，一部分难侨由八莫经梁河转入内地。这些难侨，沿途又被抢劫，或被枪杀，弄得家破人亡，妻离子散。遮岛、九保、沙坝、弄行、那勐等村，曾收留过一些妻失其夫，儿失其母，无法回老家的难侨。

5月14日，日军木立萨小队长率1个小队侵入河西芒东村，抢掠一阵之后，南窜而去。不久，又有70多名日军由腾冲来到赖帕村，村民四处逃散。日军钻家抢掠，杀猪杀牛，抓鸡打鸭，在油罐、腌菜罐中冲尿拉屎。当天，日军向九保发射了五六发小钢炮弹，有9名日军渡河到九保街，1个老头听不懂日军问话，被打了耳光。

6月13日，1股日军窜到曩宋关，烧了村南几间房子，1个产妇和几个年轻女子被轮奸致死，张国权被刺死在家中阶脚。

8月27日（河东人说大吃玉麦时节），1股日军300余人，由腾冲勐连经介端向河东袭来，路过马鹿塘村时杀死农民尹茂顺。预备第2师朱营高排（注：营长姓朱，排长姓高，下同）在象脑山阻击。马仑村陈大明、陈正德、陈子孝等组织村民在尹全忠家做饭送给预备2师。在大坟头的日军从望远镜里发现后，即用重机枪扫射，陈世连、尹全忠的祖父尹安法，其母孙老惠及背上几个月的婴儿当即被打死，陈世连死时两手还捏着鸡和刀，李常孝、李应法、李法芝受重伤致死，尹全忠之父尹学广、妹子小囡、小云、尹全忠、杨定昌等5人受伤。一阵机枪扫射之后，日军踏进马仑村，用刺刀戳伤未逃出去的70岁老人陈世忠的头部，日军挨户搜索，把铁锅甑子敲碎，在咸菜罐里解大小便。

同日，日军到孙家寨、平地村，用刺刀戳死了来不及躲避的染布匠杨师、老肖、孙天和等3位老人。平地村放牧老人徐大金由村外进村，日军疑为暗探，将其吊在杨家宗堂石标杆上用刺刀戳死。1女青年遭轮奸。

29日晚，朱营反攻河东。日军溃退时烧毁了河东街民房20多间。

30日夜，日军由河东窜入曩宋关，先烧了艾根培、孙大可家的房子，打死孙大可，后从开客店的李大叔家搜出4个小商，从李厚伦客店搜出两名小商，说他们是国军，当即用刺刀戳死。此时，赵宝忠游击队向曩宋发起攻击，日军撤退至马茂营盘田。日军到营盘田后，发现有国军在关璋桐油园向他们开枪，便向桐油园进犯。当日军到桐油园时，国军已转移，逃难在桐油园前面山药地里的马茂村20多名老百姓惨遭杀害。日军在山药地先是杀死寸太昌夫妇，后将操拳反抗的壮年段生广抓住，挖出大肠头拉出肠子致死；用刺刀戳死1个怀孕七八个月的妇女；把傣族向德安倒栽活埋；70岁老人向小乔、60多岁的长久妈、50多岁的李连明、壮年李连锐、两个耍猴戏的艺人及傣族向德云、幸文儒、向正亮、雷洪安、李小和、李三等人，相继被杀。抓到两个外省人，疑为中央军，将两个背合背绑起来，用刺刀戳死。日军在山药地一阵大屠杀后，抢走难民的骡马20多匹及大批财物。

9月21日，1股日军自曩烟来袭河西芒东乡联会，乡丁李成才被日军用刺刀戳穿腹部，在庙里烧香的1个老人被日军用刺刀戳死。上下芒东的粮食、畜、禽被日军践踏殆尽。他们杀猪杀牛，只吃4腿，杀鸡只吃脯子，把头脚下水扔得遍地，又在腌菜罐中冲尿拉屎。不久，日军又再次进犯芒东，芒东乡公所被迫迁至香云寺。

9月27日，日军江藤部突破预备第2师某部和赵宝忠游击队的重围，进犯到桥头村一带。日军在桥头发现寺坪子有难民走动，随即向目标发射3炮，幸未造成伤亡。同日，有3架日机飞过沙冲口，用机枪打死遮岛街管有生的大爹，用燃烧弹打中新寨的1间田间窝铺，日机又在曩滚河用机枪打死驮马1匹、打伤2匹（是遮岛李米线家去碾米用的驮马）。当腾龙告急时，龚绥曾在司署召开乡镇长、绅士会议，组织保安会，推举了正副会长，决定每乡派1员驻会，每户暂出半开5角作为经费。后来共收到派款半开8000元。但9月27日这天，龚统政闻日军将进遮岛，便匆忙率土司兵逃往蕨叶坝躲避。

秋，日军野口小队驻进遮岛大佛寺。土司改保安会为维持会。在此之前，日军探悉龚统政行址，烧了耶稣教堂（即今梁河中学处），找到龚统政及其卫队，迎入土司衙门，后日军曾将龚统政送至腾冲。设治局1943年9月15日报告敌情的电文说："7月27日，南甸土司龚统政赴腾开会，至今（8月6日）尚未楚回。"龚统政从腾冲回来后，司署恢复办公，为日军筹粮派夫。此时，日军派梁河粮食2万包大米，由维持会派骡马、民工日夜不停地肩挑、驮运到腾冲。日军又派民工赶修腾冲至干崖的公路，分给梁河修邦老至南荆沟这一段。民工被迫自带工具伙食去当苦力，风餐露宿，受尽日军耳光、脚踢、鞭抽的折磨，又从民工中找出10多名童工集中在下芒别进行奴化教育，教学日语日文。日军为把河西公路与遮岛连接起来，每天派两三百人打桩架桥，大砍遮岛后山树木，又拆了雷洪儒家的大门和龚镇东家的一正两厢。

深秋的 1 天，驻大佛寺日军五六人经赖帕村上腾冲，被游击队在沙沟小庙前伏击。后日军百人来赖帕村搜索，村民躲光，只剩下张明成的叔父宋家（他已 60 多岁，又是个哑巴），被日军拖到大竹蓬脚戮死；1 个躲在碓房里的外来人也被戮死，李绍荣被日军解到遮岛用线香火烙脸。那天，日军发现大佛寺的布奘龚洪宝去沙沟，疑为探子，日军返回大佛寺即将他杀害。在此期间，日军在下芒别村惨杀了被俘的抗日游击队员 3 人，分别用锅煮、沙埋、倒吊等酷刑致死。驻遮岛日军到拉勐找乡长蔺其开要粮要肉，乡长一时拿不出来，日军便把他拴在马尾上，上马挥鞭，拖得头破血流，奄奄一息。后由村人答应送去粮肉，方获释。

10 月 20 日，日军到河东弄行捉杨育榜，在该村住了一夜，未逃出村的老少妇女遭受奸污，连 60 多岁的老妇也未能幸免。日军抓不到杨育榜，把他老婆捆起来，打得死去活来。

11 月 1 日，日军进河东，时值街天，街人惊恐万状。当天日军在街子上摆两个摊子，叫赶街人领良民证。

冬，由腾冲开来 1 个日军守备队驻在土司衙门。3 天后，太田、佐藤率一部分日军到九保，纵火烧了抗日游击队长赵宝贤弟兄的新居，又抢走其骡马 10 多匹，其中 1 匹大红骡被西田少佐选为坐骑。后来日军去河西烧尹明德的家，西田骑着这匹大红骡行至来连坡脚，红骡恋家，朝邦读直奔（此骡系赵宝贤向邦读村买的），将西田掀下鞍来，凑巧他的一只脚卡进马蹬里，上下不得，不一会就被拖死了。日军出师亡帅，不敢继续前进，抬着西田尸体回腾冲，勐连村因此幸免一难。12 月 21 日，这伙日军派出 1 个中队直扑大厂设治局，枪杀留守人员 3 人（一说 4 人），还把他们吊在大杞木树上，最后焚毁局署，又到中山烧了廖家的房子。

1943 年，日军在腾冲绮罗成立南干盏 3 司监督厅，以筹集粮食，厅长由 3 司属官轮流充任。此时日军派梁河军粮增至 3 万包大米。据梁河设治局 9 月 5 日报告敌情代电说："敌人常驻遮岛 30 余人（宿于土司署）"；"昨由土司代日军转饬各乡催报户口、人丁、骡马数目"；"8 月 3、4 两日，驻腾敌军派夫下南甸路口截拉骡马，逼打民夫"。冬，日军向曩宋乡农户指派老鼠和石榴，每 10 家交老鼠 1 只、石榴 3 个（交石榴皮也可），由保甲长收集送至荷花池交日军；日军还到邦读村、丝瓜坪发"良民证"，强奸丝瓜坪妇女 3 人。

1944 年，日军飞机在介端村旁投下炸弹 3 枚，其中 1 枚落在杨德沛家，房屋被炸毁。

在两年零 10 个月的日子里,日军不断对游击区进行"扫荡",每于游击队转移之际,便对游击区村庄报复泄愤,肆意烧、杀、淫、掠。据设治局统计填报,仅曩宋、马茂、孙家寨、马仑、九保、赖帕、芒东(河西)、遮岛、大厂等 9 个村镇,被烧毁、捣毁房屋就达 889 间,全境伤亡人数达 614 人。据不完全统计,损失折价为 26670 万元(关金券币)。

鼠疫。1943 年~1955 年的 12 年,几乎逐年都有病例发生,直到 1955 年 7 月才终息。1943 年遮岛克家巷发生鼠疫,李仲发父子前后 1 天病死,接着相继死去 10 多人。同年九保病死 21 人,死者多数是青少年。《续云南通志长编》载:"民国 33 年冬,腾冲之鼠疫以南甸一带最为猖獗。"六、七、八 3 个月萝卜坝、芒东、红坡、杞木寨、邦读等地先后发生鼠疫。邦读村发生鼠疫时,鼠尸盈沟。近 10 天内,全村病死 40 余人,傣族景正兴家 5 口人全死光。小红坡张绍祥家有 21 人,8 天之内患鼠疫病死 13 人,邻里逃避,只得找外地人抬尸掩埋,结果也有 2 人染疫丧身,请来念经超度的道士先生事毕回家亦死于鼠疫。李根源为此赋《鼠疫》诗叹曰:"鼠疫蔓南方,最烈是九保。来如黄河水,(中略)肃清知何日,吾欲问苍昊?"1946 年,九保、曩宋关、马茂等 30 多个村寨发生鼠疫,患者和死亡数居历年之首。1947 年,九保、马茂等 14 个村寨发生鼠疫,云南省第 6 区行政督察专员(公署)致电省卫生处:梁河鼠疫患者 114 人,死亡 33 人。同日另电斥梁河设治局局长甘振鲂:"属境鼠疫既如此严重,何以该局长竟不报告,殊属非是。"民国时期梁河共发生鼠疫 7 个年次,疫点有:九保、遮岛、芒东、红坡、那勐、小宛、大树寨、鸡头坡、地平甸、勐来、茂福、麻栗坝、勐宋、芒法、上芒东、下芒东、上芒杏、下芒杏、红茂、里掌、马茂、曩宋关、沙沟、赖帕、永海、勐蒙、邦读、赖福、小芒东、翁冷、罗岗、芒冷、湾中、大坪子、羊角酸、大窝子、马鹿塘、罗新寨、党良(芒黑)、芒燕、椿头塘、弄么、那线、户允、帕街、芒岗、常寨、曩小靠、丙寨、东碑、大地等 50 来个。患者 1655 人,死亡 524 人,死亡率 31.4%。

(云南省档案馆编:《日军侵华罪行录·云南部分》,云南人民出版社 2005 年版,第 634—639 页)

92. 侵华日军在滇西的掠夺罪行①

——强制发行军票

强制发行军票，掠夺民脂民膏，是侵华日军对中国人民犯下的又一滔天罪行，民间沉淀的巨额军票，是当年侵华日军掠夺罪行的铁证，受害难民强烈要求日本国政府赔偿。

1942 年春，日军第 15 军侵占缅甸后，迅即以该军第 56 师团全部 6 个联队和第 2 师团、第 18 师团各 1 部，共计 2 万余人进犯我国滇西边境。5 月 3 日侵入我西南国门畹町，4 日侵占芒市、龙陵，10 日侵占腾冲。从此，我滇西怒江西岸大片国土沦为日军铁蹄之下，遭受残酷蹂躏，直到 1945 年 1 月 20 日将入侵日军赶出国门畹町止，被日军侵占时间达两年零 8 个半月。

日军侵占龙陵后，即以千余人抢渡怒江，侵入怒江东岸海婆山，被我远征军击退，将日军堵截在怒江天险西岸。日军在怒江西岸以缅甸的腊戍、滚弄和我滇西边境龙陵、腾冲、腊勐建为 5 个守备区，沿怒江西岸建立了畹町、龙陵、腾冲、松山、平达、滚弄等 6 个据点。布防地段北起片马，南至滚弄，约 400 公里的正面。日军为了维持其残酷的统治，"以战养战"和妄图进一步扩大侵略战争，以各种手段收买利用当地土豪劣绅、反动军警为其服务，先组织"维持会"，进而成立日伪政府、日、伪军警。龙陵于 1942 年 6 月初成立日伪政府，腾冲于 1943 年成立腾越日伪政府（设南甸、干崖、盏西监督厅），均由日军行政班本部长田岛寿嗣大尉直接控制。除日伪县政府下设警察局、政警队等行政组织和各区乡的自警团外，56 师团还组建了日伪警保总队（腾、龙、镇、耿警保总队），司令蒋三元，参谋长董俊宏、副官杨正朝，各种日伪武装警察人员约一二千人。由于腾冲商业较发达，在腾冲还组织了"商工会"、"大东亚低利银行"、"大东亚公司"等日伪经济组织。各种日伪行政、军警、经济组织的建立，也为侵华日军强制发行军票作好了准备。

入侵滇西的日军，从日本国本土（中国的东边）绕道东南亚诸国到滇西（中国的西南边），相距上万里，战线长，兵源缺、物资供应十分困难，内外交困，步履维艰，不能自拔。为了挽救危局而作垂死挣扎，兵源靠在占领区强制组织日伪武装军警，而盘踞滇西的日军 2 万多人，日、伪军警一二千人，日军规定

---

① 资料来源参考德宏州、县（市）志及其它有关资料、民间调查实录。

作战部队"一人一夫"、"一马一夫"以及被迫抓去修战壕、筑工事、建公路、修机场、运送弹药物资等民工共2万多人，如此庞大复杂的侵略军及其附庸，每天需要大量的物资消耗，灾难性地落在我沦陷区人民头上。有日军补充兵品野实自白："由于粮食缺，吃不饱肚，腹中经常发出咕噜咕噜的声音"，"要想适应这种生活，超渡苦境，就只有去跟抢劫、强奸各类恶行打交道"，所以入侵滇西日军的物资供应，除军队专用物资外，大量的是靠抢劫和掠夺，初到一个地方，按其指导思想，为了"毫不留情地清除地球重负——对我们子孙万代的繁荣事业有百害而无一利的中国人口"，"用娱乐的方式在帝国皇军占领的地方创造无人区"（永进清雄语），疯狂实施"三光"暴政，数月内放纵士兵大肆烧杀抢淫掠，对我人民性命视若草芥，滥杀无辜，对我人民财产，需用者劫走，不用者毁之。据不完全统计，日军占领期间民间直接经济损失7394.2亿元（关金币）。除了抢劫掠夺和强制无偿摊派外，入侵日军为了欺骗人民，变换一下掠夺手法——强制发行军票。用军票来向人民换取物资，妄图遮掩其"烧杀抢掠"的狰狞面目。人民不乐意接受，就采取软硬兼施、多管齐下的各种强制发行手段。

一曰"卖"，即将民间物资抢来，由日伪公司专卖。日军侵入腾冲时，将全城民间商业物资抢劫一空，总值达8.23亿多元，其中有花纱布匹百货约9302驮，玉石30驮，药品78驮，土产杂货1029驮。日军将这大批物资囤积居奇，指定由日军的公司"卖"，规定只准用日军票买，迫使人民就范使用军票。

二曰"禁"，即用强制手段禁止我国货币及印、缅卢比流通；禁止买卖黄金、白银。据潞西偏窝村张碧春、芒国村张士代、弄莫村方波练、怕底村石曼哏等群众说："当时日军出布告，禁止民间买卖黄金、白银；禁止我国货币及印、缅卢比流通，必须换日军票使用"。《德宏金融志》载：当年日军规定期限，停用法币及印、缅卢比，强迫沦陷区人民使用军票。

三曰"控"，即控制人民生活必需的食盐经营权。食盐只能日伪公司专卖，严禁民间经营。日军直接控制食盐经营权，采取"断供"、"高价"的狠毒手段，迫使人民使用军票。食盐由日伪公司垄断，随意停供。被强迫拉去服劳役的民工，一个月不给食盐，强迫其屈服，人们称之为"饿盐手段"。向日伪公司购买食盐，必须用军票高价购买，规定1元军票购买1市两食盐，无军票的人民，必须用农副产品来换，任意压低农副产品价格。如1市两食盐换芭蕉1砣①（3市斤）、1市两食盐换1只大母鸡。每砣猪肉2元军票或2市两食盐。有时还故意

---

① 砣，原稿写为"[石匕]"。下同。

刁难不换给食盐。从各方面迫使人民接受军票。

四曰"买"。日军贪得无厌，欲壑难填，绞尽脑汁，变换伎俩，美其名曰"买"，其实质也不过是掠夺的代名词。许多老人提起当年日军"买物"的情景，不禁毛骨悚然。潞西怕底村线波岩团凹老夫妇说：日军派购黄牛，开始规定5户5天交1头，后来又规定两户两天交1头，必须送到芒市三棵树村日军野战仓库，最后"派购"外衣也撕下了，全副武装进村，见牛就开枪打死，拉走，丢下一些军票，就是"买"。龙陵菜子地80多岁的廖坤玉老人说：日军看中我家的1匹高大骑骡，叽哩咕噜几句，丢下一些军票，骑上骡子扬长而去。占领腾冲日军每年向梁河、盈江派购粮食8万包大米（每包100市斤），由民夫运送到腾冲，每5人1组，每组由1名日军押解。《德宏史志资料》载："腾属明光之敌饬当地人民每日呈缴谷米20石，以石作价购买，每石给军票100元"。"敌在第5区强迫富户征购粮食9万笭，每笭定价5元。"盈江新城刀安济等10多位傣族老人回忆说：当年日军哄来不懂事的一群八九岁的孩子，要他们捉活老鼠卖，每只鼠给军票5～10元。后来盈江暴发鼠疫，死了几千人，这就是"买"。

入侵滇西的日军强制发行的军票，据有关资料和我们的调查研究，完全证实，当年日军发行的"卢比军票"有1/8、1/4、1/2、1、5、10、50、100元共8种面额。这种"卢比军票"以椰树、佛塔为主图案，用不同颜色，不同规格区分币值，无编号、无发行日期、无印章、无水印，用英文标明"卢比军票"，用阿拉伯数字标明"币值"，用中文标明"大日本帝国政府"和"大藏大臣"4个篆字布于圆形图案之中，隐约可见。设计、印刷、纸质均属一般，色彩单调，从外观看似1张普通的商标。不难看出侵略者的险恶居心，利用东南亚一带及我滇西边境地区流通使用印、缅卢比，而绞尽脑汁印制的，用中文标明"大日本帝国政府"包藏着长期侵占的野心和"大东亚共荣"的梦幻。无编号，侵略者可以大肆滥发，为所欲为，不受制约。无发行日期，可不受时间限制。可见日本侵略者是早有预谋的，入侵滇西日军113联队补充兵品野实自白："因没有通用的军票，战争时期由军队发行一种代用纸币"，"我们常用日本军队印发的纸币与当地人民进行交换，因为大家都像饿死鬼一样，太渴求美味了"（《中日拉孟决战揭密》，第13—14页）。

日军在占领期间，软硬兼施，以各种手段强制发行"卢比军票"总额为1亿多元，给沦陷区广大居民造成了巨大的损失。尽管是不惜一切手段"强买压卖"或"强卖压买"以极其低廉的价格换取了沦陷区居民的各种物资，物资被日军拿走了，消耗了，而沉淀在沦陷区居民手中的日军军票，却成为一堆废纸，造成巨大的损失，至今仅潞西市属一个镇的部分人民手中即发现尚存日军当年强制发行的军票数百万元。

一、按当时日军规定价格造成人民的损失

1. 以粮食计算：当时日军规定向人民购买大米，在芒市 10 元军票换购 1 箩稻谷，约合 13 市斤大米，在腾冲 100 元军票换购 1 石大米（100 市斤）加权平均每 100 元军票换购大米 115 市斤。当时日军强制发行军票 1 亿元可换购大米 11500 万斤，按人民用半开价值算，折合半开约 1 亿元。

2. 以猪肉计算：当时日军规定向人民购买猪肉，在芒市每 2 元军票换购猪肉 1 砣（3 市斤），当时日军强制发行军票 1 亿元，可换购猪肉 5000 万砣，按人民用半开价值算，折合半开约 1 亿元。

由此可见，日军占领期间，强制发行的军票 1 亿多元，换购沦陷区人民的农副产品的价值约折合半开 1 亿多元，农副产品由入侵滇西日军拿去消耗了，沉淀在人民手中的军票，成为一堆废纸，分文不值，造成当地人民的巨大损失。

二、到现在的实际损失

从入侵滇西日军在 1942 年至 1945 年占领期间强制发行的军票给当地人民造成损失 1 亿多元半开，至今已 54 年，按普通贷款年利率 10%，按复利计算，本利合计为 171.87 亿元。

现时人民银行每元半开兑换人民币 12.5 元计算，171.87 亿元半开折合人民币 2148 亿元。

1934 年国际法协会通过的《布达佩斯解释条约》公约明确规定："违法国家应对于任何国家及其人民赔偿破坏公约的一切损害"。日本是其中的签字国。二战后，海牙"第四公约"规定日本政府要为日军的任何暴行负责。日本国政府破坏公约，疯狂实施"三光"政策，向滇西人民犯下了滔天罪行，罄竹难书，在占领滇西期间，强制发行大量军票，是其向沦陷区人民进行掠夺的又一罪行，应该认真清算，受害难民坚决要求赔偿，时间拖得越长，欠债越多。

中国云南省德宏州民间对日索赔筹备小组

1999 年 6 月 20 日

（云南省档案馆编：《日军侵华罪行录·云南部分》，云南人民出版社 2005 年版，第 659—663 页）

93. 日军罪行罄竹难书 侵华历史不容篡改

辛惠仙

日本军国主义发动侵华战争时期，日本侵略者的飞机多次飞到昆明上空狂轰滥炸，疯狂扫射，许多平民百姓被炸死、炸伤，城市建筑被摧毁，日军犯下了累累罪行。据有关资料记载，在抗战 8 年间，日本飞机共侵入昆明 849 架次，投弹 2600 多枚，炸毁房屋 20000 余间，被燃烧的 2200 多间，炸死平民 916 人，炸伤 1154 人。我和我的一家人也是其中的受难者。

1940 年的深秋，当时我只有 4 岁，家住昆明珠玑街，家里有 7 口人。9 月 30 日早晨 9 点多钟，日机又来轰炸昆明，我全家人还来不及跑出去躲避，日本飞机就窜到了昆明上空。我家不幸被投中 1 枚炸弹，随着那惨绝人寰的爆炸声之后，火光、浓烟交织成一片，残酷的血腥场面，亲人们的躯体被燃烧得吱吱发响，我的家立时成了一堆冒烟的瓦砾。我奶奶、母亲、舅爹、嬢嬢已被烧焦，蜷缩成一团，都分辨不出谁是谁了，最后是从他们的牙齿来辨别尸体。我父亲也被烧得不成人形，眼睛被一颗大钉子戳进去，眼球血淋淋地挂在脸上惨不忍睹，没多时就活活地疼死了。我父亲死时只有 25 岁，母亲才 22 岁。

年仅 4 岁的我，双腿被烧成重伤，脚趾烧断脱落。剧烈的疼痛使我昏死过去好几次，后来是国民党的壮丁把我送到英国人在昆明开设的惠滇医院。我虽然被送进了医院，但因为没有人给我办住院手续，两条腿没有得到及时医治。我和国民党的一些伤兵在医院的草地上整整睡了 7 天 7 夜，被烧伤的两条腿火辣辣地疼，使我一下昏死过去，一下又醒过来。到了第 8 天，我外婆才找到我，看到我睡在草地上，两条烧烂的腿已经生蛆了。她抱着我痛哭，又跑去找医院院长，求他收我住院医治，可得到的答复是："要先交住院费，才能收治。"后来，我外婆想尽了办法才凑到一点钱给我医治。由于烧伤后的腿没有得到及时治疗，医生提出要锯我的腿，就先把右腿锯掉了一截。住院期间，惠滇医院被炸，我被震得从床上簸到床底下，昏死过去，我的左腿被摔断了，加重了伤势，也被锯掉一截。住院 1 年，两条腿没有治好。后来转院到法国人开设的甘美医院，医生又提出来要锯腿。两条腿又被锯了两次，最后左腿只留下 3 寸，右腿还不到两寸，造成高位截肢，使我失去了一个正常人能得到的幸福，给我终生带来了难以想象的磨难。

日本军国主义者野蛮轰炸中国平民的兽行，使我家破人亡，1 天就失去了 7

个亲人，夺去了我的两条腿，使我成了无家可归的残废孤儿，在旧社会受尽了苦难。血和泪的童年，使我深深牢记日本军国主义在中国犯下的滔天罪行。这些仇、这些恨，刻骨铭心，罄竹难书。

然而，日本一些政界人物至今仍拒绝对这场侵华战争承担罪责，企图掩盖日军暴行，蓄意篡改历史。早在 1982 年，日本文部省在审定教教科书时，竟然将侵略中国改为"进入"，明目张胆地歪曲历史，美化侵略，这是违背历史事实的。国恨家仇，使我义愤填膺。翻开半个世纪前那页世所罕见的侵华史实，足以证明中国人民蒙受了千年未有的劫难。日本帝国主义侵华期间，绝不仅仅是我和我的一家人遭受如此惨痛的灾难，中国人民付出了 3500 万人的巨大牺牲，这是铁证如山的历史见证。这桩历史铁案，日本国内的一股极右势力是翻不了的。"前事不忘，后事之师"。在纪念抗日战争胜利 50 周年的日子里，我们要以史为鉴，增强忧患意识，珍惜和维护来之不易的和平环境，更好地工作和学习。

（《云南日报》1995 年 8 月 15 日，第 6 版）

94. 日军在腾冲的奴化教育

日军侵占腾冲后，即成立维持会，由汉奸李曰琪、李子盛先后任会长，李家昌、张德辉先后任副会长。在县城附近的小西、大董、绮罗、中和、清水、和顺、明朗、河西等乡镇征派粮秣、物资、夫马以供敌用。为笼络人心，日军将其掠夺来的绸缎、布匹、花纱、食盐等贱价出售给群众，或用来换马草、水果、鸡蛋、肉菜等物。驻腾行政班本部长田岛到腾后，穿着打扮效仿腾冲当地民众，据说因腾冲吸烟者多，他每到一处还陈设烟具，与商、绅、首、望横枪受用，畅谈一番，想借此笼络人心。每当夜间放映电影或召集沦陷区民众开会时，会场上都要悬挂孙中山总理遗嘱，鼓吹日中共荣，日中亲善，日军是为帮助中国逐出英美而来的等等，以惑乱人心。

民国32（1943）年6月，驻腾日军行政班本部长田岛取消维持会，组织腾越县政府，命原龙陵县警察局长钟镜秋为县长，下设有民政、行政、教育、建设、军粮、司法等科及秘书、承审员、警察局长、政警队、自卫队等；下层组织仍有乡、镇、保、甲等。伪政府成立后，在全县范围内为日军屯积粮食共2560万公斤，其中仅凤瑞一乡，即被通知囤粮15万箩（约300万公斤），致使米价上涨至每公斤达国币48元。除粮食之外，责令各伪乡镇公所按日供应牛、猪、鸡、蛋、蔬菜等各若干，每日正午12时送到，如有延误，处罚一倍，如再不送，则烧杀随之。伪县政府还负责为日军派夫筑路、修工事和输送弹药；为日军收捐纳税，有落地税、牲屠税、烟酒税、田亩税等税种，钟镜秋等还秉承日军旨意，强迫腾冲人民广种鸦片，并按亩征收烟亩税，每亩征收大烟2~4两不等。日军为达到长期统治腾冲的目的，命钟镜秋令伪教育局长删改中小学教教科书，进行大东亚共荣圈、中日亲善、王道乐土等奴化教育。

（保山地区志编纂委员会编：《保山地区志》上卷，中华书局1999年版，第662—663页）

〈三〉 日军的细菌战

95. 云南省卫生处请核发本年霍乱防疫经费呈

（1941 年 4 月 7 日）

案查职处上年办理防治霍乱，曾经案奉省政府核发经费新币 14460 元在案。兹查本年瞬届夏令，亟应事先筹组防疫队，准备预防治疗药品器械、征聘人员待用，以资办理而便防制，拟请准予查照上年成案酌加经费新币 1 万元，以便进行。又上年各队队员津贴新币 6 千元，去岁系由上海医学院支付，现该院业已迁移贵阳，此项津贴，以后自惟有由处发给，应请一并核发。往年所需医务人材，均系由各大学医科学员聘任而来，本年亦拟仍照上届办理。总计霍乱防治费共需新币 30460 元，应请迅予提前核发，以应急需。至所有领支经费，事后再为取据据实报请核销，理合备文呈请钧厅俯赐鉴核，转请先行发给，以资办理，实为公便。谨呈云南省民政厅厅长李。

云南省卫生处处长缪安成

（云南省档案馆馆藏档案，档案号 1021—3—66—1~2）

96. 昌宁县政府呈报日寇在镇康、龙陵、腾冲等地暴行及派便衣投毒等情形代电（节录）

（1942 年 6 月 20 日）

云南民政厅厅长李钧鉴。兹将近日情况分别呈报于后：（一）据职县派赴镇康方面侦查组报称，滚弄方面，有敌战车、铁甲车、汽车等多辆停住。现正在滚弄造帆布桥，有侵入我方孟定企图。其便衣队已渡江者，约有 300 余人，已侵入户板（距滚弄约 30 里）。该敌在户板杀害我方人民 3 人，在衮【滚】弄杀害人民 5 人。该处附近之果敢、户板、佤佬山一带，人民有望我军开到。等语。（二）据龙陵方面侦查组报称，近倭敌方面，已增兵 4 个联队，在腾冲芒市一带。（中略）（三）据各组队报称，敌人便衣队及间谍无孔不入，散布谣言、下毒药、扰乱地方，是其惯技。现有 30 多名完全假借乞丐模样，身带镜子与药盒，已分赴顺、昌①两县工作。又，腾冲沦陷半月内，已被敌迫征去壮丁 5000 名、女子 500 人，所有民间洋纱棉花均征集在腾冲城，后大部运回缅甸，余作敌方掩体之用，并 1 月派款 40 万元作军饷，各等语。已密令各乡严密查拿，并将敌人暴行广为宣传在案。（中略）昌宁县县长曾国才叩。号。印。（下略）

（云南省档案馆馆藏档案，档案号 1011—7—12—137）

---

① 顺、昌，指顺宁县（今凤庆县）、昌宁县。

97. 洱源县政府查报 1942 年度滇西霍乱被灾情形呈

（1943 年 1 月 26 日）

为呈覆事。案奉钧厅肆三字第 14088 号训令转奉云南省府准内政部饬属将 31 年度上半年所有被灾地点及灾祸种类、成灾原因、损失实况以及处理情形分别列表呈报一案下县，自应遵办，理合将去岁被灾情形列表备文呈请钧厅鉴核示遵。谨呈云南民政厅厅长李。

计呈调查表 1 份。

洱源县县长高克敏　　　中华民国 32 年 1 月 26 日

地点	男损失	女损失	损失实况	成灾原因	处理情形
洱源县民国 31 年上半年霍乱损失报告表					
五门镇	74 人	136 人	210 人	腾保灾民传入	各乡镇施防疫针水
城南乡	249 人	370 人	619 人	仝　　上	仝　　上
城北乡	402 人	497 人	899 人	仝　　上	仝　　上
永乐乡	264 人	323 人	587 人	仝　　上	仝　　上
永宁乡	419 人	450 人	869 人	仝　　上	仝　　　　上
清源乡	120 人	128 人	248 人	仝　　上	仝　　　　上
凤起乡	307 人	275 人	582 人	仝　　上	仝　　　　上
罗溏乡	144 人	70 人	214 人	仝　　上	仝　　　　上
总　计	2979 人	2249 人	4228 人	仝　　上	仝　　　　上
民国 32 年 1 月　　　　洱源县县长　高克敏					

（云南省档案馆馆藏档案，档案号 1011—7—166—90）

98. 腾龙边区医疗防疫队 《鼠疫防治工作报告书》（节录）

（1945 年 1 月）

滇西鼠疫防治报告　　至民国 34 年 1 月 20 日止

绪　言

抗战军兴，东南半壁沦陷敌手。30【1】年滇西腾冲亦相继失守。腾冲卫生机构因以撤退。迨 33 年 5 月，国军强渡怒江，反攻推敌，不 3 月腾冲收复。兵燹之后，时疫流行，乃意中事。然尚未料及鼠疫之发生也。9 月间，本处首接第 6 区行政专员李国清来函称："南甸及梁河鼠疫流行颇烈，请派队防治。"未几，复接腾冲县长张问德电请救济。本处据报后，当即分电保山李专员、腾冲县政府、远征军长官部卫生处暨本处保山卫生院查询真象，多方电饬保山卫生院，就保山选择适宜地区成立检疫站，藉免向内蔓延，并分呈省府、民厅请核准组队前往救济。不数日得保山李专员复电仅称：鼠疫流行真象不明。嗣复接长官部电称：鼠疫流行甚烈，请速派队防治，等语。未几，省府令下，准予组队前往防治救济，惟仅核准开办费 18 万元、每月经常费 5 万余元，故对该队之人员编制及预算不得不求撙节。当由本处第 2 科马科长端庄为队长，率同技正李煜谦医师及技士李雍、环境卫生员白余华于 33 年 10 月 25 日离昆西上，至 11 月 8 日抵达腾冲，11 日即赴南甸一带疫区工作，前后共诊治患者 115 例，至 34 年 1 月 7 日，发现最后一可疑病例后，即无新病例发生。现该队除李技正已回昆外，其余工作人员尚留腾冲。工作期间，中央于 12 月 31 日，复派西北中央防疫处杨处长，率同黄祯祥、朱亮威 2 医师前往防治，惟彼时疫情已将扑灭。（中略）

此次流行概况

本处防疫队至腾冲后，始悉南甸一带鼠疫最为猖獗（南甸位于腾城之南 45 公里，约有人口 1 千，自南甸以下有 1 河谷沿柳树河而下，长约 100 公里，居民约 10 万，分住 70 余村，皆为南甸属地）。据调查所得，自腾冲外围之甘蔗寨沿大盈江河谷、南甸属之罗卜司庄各村寨以至陇川，迄缅甸边境之铁壁关，绵长六七百里，均为疫区，其传染来源，系由滇缅边境逐渐向北蔓延，然其发源，是否由于 29 年瑞丽鼠疫之余毒，抑迳由缅境传入，则不得而知。

据本处派往防疫之李技正至陇川调查结果，谓民国 32 年四五月间，位其西北二三十里处之户撒、那撒 2 地，即已流行。该地未流行之先，铁壁关一带早已发现（调查时该处仍有敌人，未能深入，仅止于陇川。以上所言，系由陇川土司及乡老口中得之）。及至同年八九月间，陇川附近即发生死鼠三四千头，10 月间发现病例。至 33 年 5 月始悉患者达 250 余人，死亡确数为 148 例。陇川北约 2 日行程之罗卜司庄，自 33 年 7 月至 9 月亦发生鼠疫。在此 2 地间，除杉木笼外，尚无有鼠疫发生之报告。据谓 32 年间，杉木笼即有死鼠及病例发生，至 33 年 10 月间，又复死鼠百余头，病例 5。当 12 月 13 日本处防疫队至该地时，发现一未证实之病例，经治疗全愈。

此次罗卜司庄疫症之起源，谓系 1 商人于 6 月下旬，自陇川返罗卜司庄之 1 小村名蛮东，忽染鼠症，数日即死，此后于七八月间即大流行，死亡 35 人，在此村内第 1 病例发现前 1 月，即有死鼠甚多，迨 11 月 27 日，本处防疫队至该村时，又发现 2 病例，经治疗均愈。七八月蛮东鼠疫流行期间，其附近另 1 村名小红坡者（同属罗卜司庄）亦有鼠疫流行，共发现 24 例，死亡 14 例，其发生原因，系蛮东有 1 妇人至小红坡探亲，因鼠疫死于该村，未数日即有死鼠甚多，继即引起鼠疫流行。

罗卜司庄所属 48 村位于山谷中，为陇川至腾冲必经大道所必经之地。48 村内，据调查，除蛮东及小红坡外，尚有 8 村发生鼠疫。

兹将发生鼠疫各村患者人数及发生病例列表如下：

罗卜司庄发现鼠疫各村患者统计表

村名	病例	死亡数	百分数
那猛里掌	9	9	100.0
里掌	28	24	86.7
小红坡	24	14	58.3
小晚	9	9	100.0
户东	5	5	100.0
遮帽	8	6	75.0
金勐	2	2	100.0
蛮东	50	35	70.0
蛮曹	3	3	100.0
根【木】寨	20	11	55.0
合计	158	118	74.1

罗卜司庄以西，油松岭之郭家寨，当防疫队防疫至此，适亦鼠疫发生，共发现 5 人，皆由该队治疗得愈。

南甸又名遮岛，距腾冲约 1 日行程，为罗卜司庄必经之地，南甸土司即驻于是（其罗卜司庄及油松岭所属各村与遮岛皆为南甸土司属地）。南甸死鼠始于 10 月二十四丑【五】日，最初发生于 1 尼庵，次及居户。迨防疫队至此时，曾取死鼠 1 头解剖证明。该地病例于 12 月发生，共 6 人，死 4 人。

印泉镇（即九保）在南甸之北 6 里，亦位于通腾冲大道上，与南甸同时发生鼠疫。当防疫队于 11 月 12 日到达该镇时，已死鼠三四千头。经解剖 1 头，证明属实，后因该队离开该镇，往罗卜司庄时，公谊救护队曾以炭酸钦【钡】毒杀鼠类，致死鼠数突增，连前共死万余头。继即病例连续发现，月余间达 102 人。至 12 月初旬，在腾冲西北约 20 余里处之雨伞及明郎【朗】2 村，亦相继发现死鼠 30 余头。本年 1 月春，南甸之北约 10 里处之新沙坝，亦有死鼠发现，经取死鼠脾脏作玻片检验，皆发现有与鼠疫菌形态相似之细菌，惟二地迄今皆无病例发现。

由以往滇西鼠疫史及此次疫区各地疫病发生之日期观察可知，此次南甸一带鼠疫之发生，系由滇缅边界之鼠疫循通腾冲大道而逐渐向北传播所致无疑。

查腺鼠疫之传染，系以鼠蚤为媒介，而由一地传染他地则常因大量粮食及货物中挟带疫鼠及死鼠，藉舟车而传染。惟此次疫区，系自足自给之地，少有大量货运流通，平常食粮货物之运输，均藉驼运或人力，故因挟带疫鼠而传染之机会颇少。据观察，此次滇西鼠疫由甲地传染至乙地，由于赶街子所致，机会较多，因斯时人畜蝟集，食品罗列，互相交易，颇可由食品及货物中所遗留之病蚤而传染。如此次疫区各村，皆曾互赶街子，凡未赶疫区街子各村寨均未传染，更可得一证明。

（下略）

（云南省档案馆馆藏档案，档案号 1021—3—204—86～106）

99. 云南省第六区行政督察专员公署为龙陵县
瘟疫流行及饥馑灾情代电

(1945 年 6 月 13 日)

云南省赈济委员会主任委员龙钧鉴：据龙陵县县长许颖贤 5 月 31 日龙善字 11 号辰世代电称："案据职属平安乡长赵殿试 4 月 26 日呈称：'窃职乡大劫①之后，继染瘟疫，自反攻以还，因病致死者已达 2 千余人，死亡颇巨。近来大疫稍息，而小疫留连，亡声日有见闻，人丁渐次减少，烟户日觉空虚。迁移殁亡，日据报告。如职乡之第 4 保气候炎热，疾病不息。兹际饥馑之岁，而夷民先后迁移外境者，据该保长李枝发报告，先后共搬去 30 余家，现经令饬该保长详细册报未移动之夷民，婉言劝止，设法挽留，理合具情呈请钧长鉴核，设法赈救，以重生命，而慰民心。等情。据此，正核办间，复据该乡长本（5）月 16 日呈称：窃职乡大劫之后，继遭饥荒，民生摧残，以致民众绝衣断食，无法生活，饥饿冻死者曾经发现，民生状况囊空如洗，无物而沽，经济来源毫无点滴，谋生之路尚且无术，息烟绝粮，山中树皮草根刮尽一枯，灾害并驱，民生如此痛苦，饥馑交迫，民何维生。至于办公前途殊觉感受困难。理合备文呈请钧长鉴核垂怜下情，德惠民生。'各等情。据此，查所呈各节确属实情，灾象已成，日重一日，实有不能维持现状之势。据呈前情，除分电并指复外，谨电请鉴核赈济示遵。"等情。据此，前经以己庚保秘（一）电呈请×× 鉴核在案，理合电请×× 赐予救济为祷。

云南省第六区行政督察专员李国清，代行拆秘书邓冬青叩。

己庚②。保。秘。

(云南省档案馆馆藏档案，档案号 1044—4—45—161)

---

① 大劫，指日军占领时期的暴行。
② 己庚，应为 6 月 7 日，与文件日期有异。

100. 盈江设治局为调查灾情致云南省民政厅、第六区
行政督察专员公署呈

(1945 年 10 月 18 日)

窃查职属自 31 年陷敌后，地方财物被抢，房屋被焚，人民被屠杀伤亡者为数不少，本年复罹于鼠疫之患，死亡共计 2000 余人之多，以致民不聊生，匪贼四起，地方疾苦莫此为甚。爰特派员前往各地调查灾情，并根据调查结果，制成盈江灾情调查统计表，理合检附该项调查统计表乙份，备文呈请鉴核备案。谨呈厅长李、专员李。

职　陈本昌

（附表缺）

（德宏州档案馆馆藏档案，档案号 4—1—100—91）

101. 保山县政府为遭敌惨炸、霍乱流行、军事负担繁剧等伤亡损失惨重恳予救济呈

(1946 年 3 月 9 日)

兹抗战胜利，战事结束，所有沦陷区均蒙免征田赋 1 年，予以救济，仰见政府轸念庶黎无微不至。职县位当滇西，自缅甸失守，腾龙沦陷，遂为前线基地，既迭惨遭狂炸、霍乱流行，又复供应浩繁，且所属上江、练地两乡曾数度沦陷，故其惨状实胜于沦陷区。爰缕陈之。窃自抗战军兴，修筑滇缅公路，保山出工甚多，曾出县境达邻县龙陵服役。迨安南失守，曾于 30 年 1 月 3 日及同年 4 月 21 日两度被敌机狂炸，投重量炸弹甚多，伤亡人数共约四五百，炸毁房舍计数百间，此为保山遭受损害之始。及缅甸为敌占领，敌机随时侵扰，尤以 31 年 5 月 4 日、5 日，大批敌机分批迭来狂炸，繁华城市顿成丘墟，死亡狼藉，惨不忍睹。计死亡人数，有主掩埋经查明者有 2800 余人，全家房屋人丁完全炸死焚毁者有数十家，连同无主尸首而为地方派人掩埋者共 6000 余人；房屋全毁者 1967 间，半毁者 349 间，震坏者 715 间。跟【庚】续敌迫怒江，人心惶惶，全城附郊疏散一空，所有物资焚毁丧失尽净，受害之大，难以数计。自后敌机复随时扰害，或投弹，或以机枪扫射，同时天灾复临，霍乱流行。先是缅甸失守，侨胞纷纷回国，道经保山，途为之塞。及经五四惨炸，霍乱遂大为流传，到处发生，朝不保夕，死亡相继。传染之厉，竟至死后无人抬埋者，所在皆是。据当时估计，死亡在五六万人之多。因此农事失时，良田千顷，俱形荒芜，饥象已成。民间吃树皮草根者甚多，沟壑饿殍，奄奄以毙。迄今痛定思痛，每一谈及，无不酸楚。所有各情，俱经先后呈报有案。嗣国军沿怒江一线固守，大局稍定，招抚流亡，渐次归来。惟一片焦土，家于何所？铜驼荆棘，痛泣无已。而县属上江、练地两乡，孤悬怒江西岸，一再沦陷，遭敌蹂躏，居民逃空，牛马畜类及一切粮食物资抢掠罄尽。及滇西反攻时，如上江乡所属之大塘子、南北斋公房及红木树各处，均为作战重要据点，形成拉锯战，得而复失者数次，故房舍牲畜几完全捐【损】毁，遂致田地荒凉，3 年失耕，房舍无存，人烟绝迹。又沿怒江东岸，田地夙称肥沃，频江有 360 华里之长，因军事筑防御工事，均 3 年未耕，完全荒废。至县境因属战地最前线，驻防军常在数万人，军事供应如粮秣草料及伕役负担不小。延至 33 年 5 月，远征军对滇西战事发动反攻，大军云集，分头进展。因交通不便，运输困难，由县境达龙陵虽有滇缅路，已于五四惨变后破坏，且有松山据点为敌

盘踞，不能利用，其向龙陵一带均须渡怒江攀越著名之高黎贡山，总之尽系崇山峻岭、崎岖小路，所有前方军需除少数由飞机运送投掷外，完全赖人力转运。保山乃全县总动员，配合军事，协助军运，先后出民伕 4160324 名，骡马 1193652 匹，驼牛 323297 头，临时民伕 55375 名，临时驼马牛 380478 匹，专为运送军粮、炮弹至前方接济军用（此项所出伕马牛数目系指每伕每牛马按 1 日工作之日数累计之总和数，特此注明）。其因至前方遭敌人伤害或积劳死亡之民伕计 3854 名，骡马死亡 4794 匹，牛死亡 1110 头。此外，先后供应柴薪 23648235 市斤，豆料 8923808 市斤，猪牛肉 464599 市斤，又棺木 1350 付，枋板 238121 丈，用物家具桌凳木器及炊具 68184 件。又为适应军事需要，以期运济灵便、争取胜利，曾出民工 728230 名修筑保密公路（远至腾越县外古永一带，相距日程约六七站），出民工 123586 名抢修飞机场，出工 207244 名修筑飞机场、改善公路，出工 724004 名修复滇缅公路（由旺至怒江惠通桥已破坏之一段）及由姚段支路，出工修筑瓦漕支路及由老营至瓦房街支路（工数尚未汇齐，约 30 万名），总计共征工 200 万余（此项工数系指每工按日工作日数之汇计总和数）。在抢修由旺至惠通桥曾经破坏之一段滇缅路，因为敌人炮程所及，殉国之民工甚多，连同修筑各段疾苦死亡者共 738 人。其因扩修机场及各公路与凡因公占用所征用之民田计 2766 亩 4 分 6 厘（尚有未据报者在内）。又征用电杆木 5494 棵，出栽杆民工 18900 名。又因凭怒江固守，沿江建筑碉堡并各渡口、造制船筏，均系征用各乡镇民力及应用材料，所有征用各项工料虽间亦发有官价，然为数甚微，较市价悬殊甚大，均系地方贴赔办理，出力耗赀，实属不菲。至发动反攻以来，大军云集达 20 余万，保山为前线基地，筹集军粮至为重要，计先后拨交军粮约大米 263000 余公石，当中田赋正供计大米 196000 余公石；向民间采购军粮、借粮计大米 52000 大包，约折合米 66600 余公石。此外，又借碾民间积谷计米 61000 余大包，官价所得有限，地方贴赔更大，其向民间强借及交拨过秤亏折贴赔之数亦属不赀，更有全县山地、平原、道旁、河堤等处公私森林不下数百平方公里完全砍伐罄尽。又在反攻期间，于 33 年 7 月 5 日遭盟机误炸，计死亡 55 人，轻重伤百余人，毁坏房舍八九十间。又于卅三四年间，当大劫之后，且负担最重之时，并征兵 5000 余人。综上所述，当滇西战事反攻以前，迭遭惨炸，复经霍乱，人民死亡甚多，物资损失至重；至反攻时，支撑战局，人力物力贡献不小，对于反攻胜利实占重要因素。故保山虽幸蒙大军固守不至沦陷，然所遭损失惨状及负担情形有如上述各情，若以数计，不知若干万万元，实亦难以计算，其痛苦自较邻县龙陵、腾越过无不及。值兹抗战胜利，全国复员，凡属灾黎均蒙矜恤，况我保山惨痛之情早经盛传，其民力疲极、疾苦之深，渴望赈济至为殷切，用敢不避烦琐，历陈经过，邀恳钧厅鉴核，转请××中央善后救济总署准予列入救济区域，对地方建设、农村经济之扶植、死亡及灾黎之抚恤，修建房舍及医药器材、交通工具之补助统筹救济，俾资培养，得能振兴，则全县民众实沾恩便之至。敬祈指令示遵。谨呈云南省民政厅厅长张。

保山县县长　孟立人

（云南省档案馆馆藏档案，档案号 1021—3—301—78）

102. 云南省参议会议员方国定等为滇西战后鼠疫等灾情严重请电中央救济案[①]

（1946 年 8 月）

查滇西腾冲、龙陵、保山等 10 余县局因受战争损害，人民死亡达四分之一以上，幸而免于死亡者，多数成为嗷嗷待哺之灾民。胜利后已蒙政府列为救济区域，由行政院救济总署特设滇西办事处办理救济事宜，灾区人民莫不额手称庆，以为获得更生机会。乃迄今将及一载，救济徒托空言，死亡仍在相继。迭经追询，始悉截至 6 月底止，行总救济物资从未发至滇西，即拨充之美军物资亦仅 15 吨半，其中 1 吨半不准动用，10 吨系卫生器材，2 吨须照价购买，实际散发救济百万灾民者不过 2 吨。复查 4 月以前运往台湾之救济物资已达 3 千吨之多，相形之下，行总不但办事不力，抑且措施不公。现在滇西人民既受鼠疫侵袭于前，又遭水灾为祸于后，疫势未已，灾荒竟达 20 万亩。特请以本会名义分别电请政院，并请省府转请中央一面严饬行总迅发灾区所需大量物资，务使待毙灾民即得食衣住之救济，农业、工业生产迅速恢复，一面仍饬行总将该署滇西办事处改组为云南分署，常驻昆明，扩大职权，总揽全省善后救济事宜，加强效率，推进各级一切工作，并应随时将工作情形报告本会，以便联系，庶使垂毙灾民可以复甦，广大灾区逐渐恢复。是否有当，敬祈公决。

提议人　方国定、马伯周、甘薅

（云南省档案馆馆藏档案，档案号 1083—1—79—41）

---

① 8 月 5 日本提案经省参议会第 1 届第 1 次大会第 13 次驻委会检讨决定"照案通过"，并于 8 月 9 日咨云南省政府（云南省档案馆馆藏档案，档案号 1083—1—79—40、43~46）。

103. 云南省防治霍乱、鼠疫情况

防治霍乱

抗战未兴，交通素不便利，真性霍乱尚不多见。迨抗战后，交通工具渐形发达，国内居民迁徙无定，兼之军运频繁，霍乱一症因得乘机而入。其侵入之始，系为民国27年夏，惟当时仅于昆明市发现霍乱患者2人，尚幸不至蔓延。及至28年7月中，此症复有西南运输处司机及由贵州来滇之马夫，先后传入本省，而至蔓延。是年被祸之区，计达36县区及一昆明市。最猖獗时期系为9月至10月初。其势稍杀，迨11月已成强弩之末。据本处汇集各卫生院防疫队及各机关之报告，于此5月中，27市县共计发现霍乱患者3487人，死亡者2515人，死亡率为74.2%。至于此次流行，皆沿交通线而蔓延。盖因交通便利，传染较易也。

兹将28年各县霍乱"患"、"亡"人数统计列表如下：

二十八年云南省报霍乱患者人数及地点分布表

地点	患者人数	死亡人数	地点	患者人数	死亡人数
宜良	531	231	昆阳	62	62
昆明	431	207	呈贡	61	19
华宁	422	422	安宁	32	30
建水	415	415	寻甸	40	14
凤仪	199	197	盐兴	30	30
宾川	162	107	蒙自	19	16
河西	156	150	澄江	17	12
广通	156	150	弥渡	18	3
昆明县	144	57	曲靖	10	3
易门	119	76	开远	10	10
嵩明	115	100	墨江	4	4
弥勒	98	84	马龙	2	1
路南	68	49	陆良	80	80
大理	64	32	合计	3460	2561

（按：此表列数字与上文所述数字不同，上文患者人数为3487人，死亡人数为2515人，死亡率为74.2%，如按本表数字比算，则死亡率应为74.5%）

自 28 年以后，卫生处对于霍乱之防治即列为每年夏季经常工作之一。29 年及 30 年，本省虽尚无霍乱之报告，惟至 31 年又因缅境战事剧变，大批华侨及撤退人员拥入滇境。加之芒、遮、畹及腾龙等地相继失陷，保山混乱，归侨及撤退人员仓惶避难，致原已流行缅境之霍乱又得乘机侵入，使卫生当局措不及备，无法管制。

查 28 年本省霍乱之流行，尚多沿主要交通线而蔓延。31 年之霍乱则因战争关系，居民相率避难内地，致使成为普遍性之蔓延。虽穷乡僻壤，亦所难免。计是年蔓延县区达 58 县，几占本省半数区域。据报患者达 4 万余人，尤以邓川、洱源、鹤庆、剑川 4 县病亡尤惨。仅此 4 县，患者人数即达 2 万。据本处派员前往视察报告，其流行惨状，实不堪言述。

是年本省霍乱，系始于 5 月，及至 6、7 两月疫势最为猖獗。此后即渐消杀，至 11 月底即完全消灭。兹将 31 年霍乱患者人数及分布地点列表如下：

三十一年云南省霍乱患者人数及地点分布表

地点	患者人数	死亡人数	地点	患者人数	死亡人数
昆明市	1048	319	禄劝	282	128
昆明县	450	206	武定	87	39
下关	385	293	富宁	68	30
鹤庆	12658	7796	昆阳	91	15
呈贡	142	142	晋宁	75	20
安宁	36	36	路南	18	10
禄丰	130	55	元谋	340	32
曲靖	902	416	盐兴	16	4
楚雄	150	46	广通	70	36
镇南	129	21	澄江	0	0
泸西	788	481	宜良	128	97
邓川	4774	2243	玉溪	231	62
云县	200	15	元江		190
永胜	1465	130	宾川	1873	36
牟定	211	172	大理	187	
寻甸	623	469	石屏	50	8
开远	199	112	建水	187	

地点	患者人数	死亡人数	地点	患者人数	死亡人数
平彝	1	1	会泽	5	
沾益	135	53	丽江	5064	
姚安	407	112	弥勒	85	42
蒙自	28	16	剑川		3105
易门	116	54	永平	69	54
嵩明	2	2	漾濞	165	96
富民	548	158	蒙化	38	20
凤仪	419	96	洱源	4228	4228
祥云	69	24	合计	49413	21740
昭通	46	20			

32年及33年，本省虽亦有少数霍乱患者发现，然尚未有流行。到34年度，重庆霍乱流行甚为猖獗，幸本省于事先加急防患，未受其波及。当28年本省霍乱流行时，即由卫生实验处利用昆明各医学院、军医学校及护士学校高年级学生、教授及由该处抽派卫生人员，组织防疫队分赴各交通线县区，为民众免费注射所需疫苗。器材及经费皆由该处筹措。此后，不论霍乱是否流行，皆如是办理。

30年以前，对于霍乱患者则指定以昆明第一卫生所（33年改为昆明市医院）免费收容，隔离治疗。至31年9月间，因昆明霍乱猖獗，故复由卫生处假借云南大学校产，于西郊八公里处之渔街子设一可收容100病床之隔离病院，专作为收容传染病患者之用。该院至32年因院址为云大医学院收回自用而停办。兹将历年防治霍乱工作统计列表于下：

历年防治霍乱工作统计表

项别	28年	29年	30年	31年	32年	33年	合计
防疫注射人数	230000	105678	84756	842731	200932	95638	1559735
病家消毒次数	568			3894			4462
井水消毒次数	1980	3762	1268	26938	7836	1037	42821
饮水消毒次数	2360	5843	1377	90626	3684		103890
发宣传品次数	1500	9120	10094	138094	14564	48942	222314

项别	28 年	29 年	30 年	31 年	32 年	33 年	合计
卫生演讲听讲次数	113	132	98	946		2757	4888
卫生演讲听讲人数	3393	32066	8734	10152	842	223906	354447
个人谈话次数	1979	9565	3841	82856	75196	865	208373
卫生运动次数		14	9	55	9177		102
卫生运动人数		17228	6681	6059	24		171907
昆明市住院治疗人数	318			948	71939		1266
临时参加防治工作人数	90	144	58	256	101	64	713

防治鼠疫

查印缅为西南鼠疫区，世所共认。滇西腾龙一带接壤缅甸，辗转传入，为时已久。据当地乡老谈，约在 70 年前，由缅甸八莫至陇川、盈江一带，经南甸而腾冲，此症曾亦流行。又 40 年前，保山、芒市、龙陵亦曾大流行，死亡人数约在数千人以上。30 年前，缅境复又大作，并染及滇境之盈江，死亡人数亦在数千。至 10 年前，八莫一带尚在不断流行。惟过去流行，惜无详细记载及科学之证明。

29 年滇西瑞丽设治局之垒允（居华缅交界处，位于缅属南坎之西）于 6 月底，飞机制造厂中有一印籍司机，据谓因患鼠疫身死，电请卫生处及卫生署派员前往防治。惟各员于 7 月初到达该地时，已不再发现，惟仅检查得一确染鼠疫之鼠而已。但当时附近各地确有鼠疫流行。据缅属南坎医院院长报告，自 1928 年以来，缅境掸族地带，即有瘟疫记载。但南坎瑞丽河南岸边境地带，发生瘟疫在 20 世纪中，尚以 1940 年为第 1 次。据调查所得，首先发现之地为勐卯（属瑞丽设治局，对面是木遮），当是年二三月间有腺鼠疫流行，死亡约 30 人。其发生前，死鼠极多，疫症继即向西南方蔓延，闻在遮腺街（瑞丽属）发生疫病，死亡约 20 余人。6 月尾，弄岛（瑞丽属）有鼠疫患者 6 人。当 7 月尾各员视察此地时（包括四郊居民约 800 人），疫病仍在流行，经死鼠及病人之解剖检验及培养结果，证明鼠疫无疑。此外，据某医务员报告，是年六七月间，缅属木遮（勐卯对面）地方，亦有患者十余人。其他附近地方亦有发现。惟 29 年瑞丽附近一带之鼠疫，经防治后，即行平息。事后，据卫生署派驻是地之医疗防疫大队报告，虽偶有发生，然皆未流行。是该地之鼠疫已成散发性，故 33 年冬，腾冲一带鼠疫之流行，当有其因果关系也。

33 年冬，腾冲之鼠疫以南甸一带最为猖獗（南甸位于腾城之南，约 45 公里，约有人口 1000。自南甸以下有一河谷沿柳树河而下，长约 100 公里，居民约 10 万，分住 70 余村，皆为南甸土司属地），据调查所得，自腾冲外围甘蔗寨，沿大盈江河谷南甸属之萝卜司村各村寨以至陇川迄缅甸边境之铁壁关，绵长六七百里，均为疫区。而此次流行，则于 32 年敌人占据期间，于陇川北二三十里之户撒地方已有流行。此后，即逐渐向北蔓延。然其发源是否是由于 29 年瑞丽鼠疫之余毒，抑迳由缅境传入则不得而知。

腾冲以南一带之鼠疫，至 34 年 1 月，即不复有病例发生。惟至 5 月间，据报盈江鼠疫又复猖獗（于 33 年敌人占据期间，据闻已有鼠疫发生）。七八月间芒市鼠疫亦有流行。现滇西鼠疫已成为此起彼落之地方病，故今后鼠疫一症，又将为吾滇之一祸患矣。

29 年 7 月瑞丽垒允之鼠疫，本省卫生处及中央据报后，即派国联医官伯力士、中央防疫处处长汤飞凡、卫生实验处科长王启宗、昆华医院副院长徐彪南乘专机前往防治，先后工作凡 20 余日。工作期间，除至各村庄调查外，并与垒允中美飞机制造厂组织防疫委员会为该厂员工及附近居民共注射 1235 人，并为患者治疗。至鼠疫患者未有发现后，始行返昆。当时中央曾发给鼠疫防治经费 5 万元，并由卫生处组织鼠疫防治委员会负责防治事宜。复于龙陵一带，储备防疫器材。检疫工作，则由中央卫生署之龙陵检疫站办理。迨敌人侵入滇西后，工作即暂停止，而所储器材亦多损失。

33 年滇西沦陷区收复不久，于 11 月间，卫生处据报南甸鼠疫猖獗后，即派科长马端庄携带大批防疫器材，率队前往防治。该队于疫区工作 3 月有余，共计诊治患者 122 人。于疫区 10 万人中共注射 35249 次。继又电请中央先后派防疫队、卫生工程队及检验队至疫区协助工作。卫生处派防疫人员 34 年 2 月间有一部分先行回昆，至中央所派人员现尚留疫区继续工作。34 年 5 月间，据报盈江小新街鼠疫又复猖獗，卫生处据报后，当即电汇经费 100 万元。及商由美军捐赠DDT 粉 500 磅及大量防疫器材、疫苗等，空运至疫区。8 月间芒市鼠疫流行，复由卫生处缪处长亲率人员前往治防。现滇西鼠疫经已由省府核发经费 500 万元，中央核发 600 万元，并由国际方面捐助 500 万元及治疗鼠疫药品等。

惟滇西鼠疫以过去情形而论，已成为地方病，此地虽已扑灭，他地又可随时发生，故今后对于防治须有整个之永久防治计划，现此计划正由卫生处拟具呈核中。

（云南省志编纂委员会办公室编：《续云南通志长编》中册，1985年印，第233—238页）

104. 本市（昆明）及华宁等 20 余县霍乱病者统计

(1939 年 12 月 9 日)

本市及华宁等 20 余县霍乱病者统计：治愈者 791 人，死亡者 2100 余人。

本省前因霍乱猖獗，蔓延宜良等 20 余县，经民政厅饬由卫生处积极防治，详情迭志前报。兹悉民间近据卫生处报告，各地病症至 10 月底，已渐减少，计自 7 月起至 10 月底止，昆明市及掼宁、宜良、昆明等 20 余县发见病人共 2951 人，治愈 791 人，死亡 2160 人，尤以建水、华宁、宜良 3 县死亡为最多云云。

(《云南日报》1939 年 12 月 9 日，第 4 版)

〈四〉军队人员伤亡

105. 第六十军血战台儿庄（节录）

卢汉

大战前敌我态势

日本帝国主义占领南京以后，对蒋介石采取诱降政策，企图通过谈判以实现其侵略野心，同时日军进展太速，占地太广，一时消化不了，不能不暂时停止攻势。就在这个时候，李宗仁来到徐州，指挥津浦线战事。其作战部署是：以桂军廖磊军团为基干，配合其他蒋军，利用淮河、沭河、浍河等地障碍，阻止沿津浦路北进的日军；以庞炳勋、张自忠等部守临沂、苍山之线，堵击由胶济路西犯的日军；以孙震军团守津浦路的韩庄、利国驿沿运河南北地区，孙连仲军团守台儿庄，阻止沿津浦线南下的日军；而把孙桐萱、曹福林、石友三诸部配置于郓县、巨野、金乡一带，防止日军从鲁西向徐州迂回。尔后又由河南调汤恩伯军团到邳县、郯城地区，作为机动力量，策应各路守军。这样部署的目的，在于阻止敌人打通津浦线，并固守陇海线，以保卫徐州。

日本帝国主义对蒋介石的诱降政策，因为中国共产党的坚决反对而告失败，乃重新调整军事部署，准备继续大举进犯。其在华北方面的部署是：由寺内寿一统率的华北日军，分为3个军团，以小敏四郎为第1军团司令，担任晋绥战区指挥；以香月清司为第2军团司令，指挥平汉路战事，以板垣征四郎为第3军团司令，指挥津浦路战事，进攻徐州。每个军团各以两个精锐的师团为基干，并配以特种兵和飞行队以及若干伪军。其作战计划是，把重点放在津浦线上，集中主力于鲁南，企图与由浦口、滁县北上的日军南北呼应，攻取徐州，打通津浦线，并击破我在陇海线的兵团，然后与华中战区松井石根统率的日军南北并进，会师武汉。

敌军为了实现这一企图，曾在鲁南向台儿庄发动了一次试探性的进攻。事情的经过是：1938年3月初，华北日寇以板垣征四郎率领的第3军团沿津浦铁路南下，集中主力于鲁南；进攻徐州。3月下旬敌军板垣、矶谷两师团各以一部，分为两路进犯，一路沿津浦线攻韩庄，一路沿临枣台支线攻台儿庄。如果其计得逞，即由台儿庄右旋回以攻徐州。如果不能得手，即退守驿县待援，再图大举。当时国民党军队集结鲁南的兵力达 10 余万人，在数量上处于绝对优势。进攻台儿庄的日军于 3 月 28 日攻到台儿庄附近，29 日攻占台儿庄西北高地，一部冲入台儿庄北门。据守台儿庄核心阵地的池峰城师已陷重围，因而坚持抵抗，牺牲极为壮烈，同时汤恩伯部又由台儿庄东北的大小良壁向驿县以东迂回，敌人见势不利，乃于 4 月 5 日撤退。

日寇从台儿庄败退到驿县后，一面固守该县的獐山、双山、九山一带，与国民党军对峙，一面从国内和华北、晋绥各战区调集援军。旬日之间，敌军集中于鲁南有 9 个师团，其中包括号称日军最精锐的板垣第 5 师团、矶谷第 10 师团和土肥原第 14 师团，加上伪军刘桂堂、张宗援、张步云、张济源、刘佩忱馨部，共计达 10 余万人。敌人发动侵华战争以来，在一个战场集中如此多的兵力，还是头一次。

日本援军集中鲁南以后，即分兵 3 路进攻徐州：一路从临沂、台东方面西犯，一路从临城沿津浦路南犯，这两路作为助攻，而以主力出临枣支线攻台儿庄。敌人所以把台儿庄作为攻击重点，其原因有二：一是在地形上，韩庄以南，山地重重，进攻较难，而台儿庄以南，地势平坦，便于使用机械化部队，进攻较易；二是在战略上，攻取台儿庄，既可以截断临沂我军的退路，又可以瓦解津浦路正面我军的抵抗，从而可以顺利攻取徐州。

4 月中旬，敌军开始以主力板垣、矶谷两师团及伪军刘桂堂部约 3 万余人，再犯台儿庄。日寇这次卷土重来，事前有周密的准备，使用了当时所拥有的大量陆、空作战现代武器，志在必得。

战斗开始，日寇进攻猛烈，不到旬日就攻到台儿庄东北四户镇、小良壁、兰城店以北之线。我台儿庄正面第一线之于学忠、汤恩伯等部，阻止不住日寇的猛攻，台儿庄危在旦夕，李宗仁命令第 60 军迳开徐州。于是 60 军先后于 4 月 21 日到达目的地。

陈瓦房地区遭遇战

第 60 军除新编各师工兵营、辎重营及军直属山炮兵营留花园整训外，于 4 月 19 日搭车北开民权、兰封集结，20 日夜到达指定地点，未能下车，于 21 日午后陆续经过徐州，直开往临枣支线的车辐山车站下车。

部队出发之后，我从武昌珞珈山军官训练团转回孝感军部，于 4 月 20 日午后得到军令部改调我军到徐州的通知，即在当晚 6 时乘专车赶过部队，途中每遇我军列车,即令迳开徐州。我于 21 日上午先部队抵达徐州,即往见李宗仁,适副参谋总长白崇禧亦在徐州襄赞指挥军事。李宗仁告知,台儿庄东北前线吃紧,我军来得正好,即令归第 2 集团军总司令孙连仲指挥,部队速到台儿庄东南面运河北岸集结。白崇禧插话说,台儿庄情况前几天很紧,目前已趋缓和,60 军最好要在 24 日以前集结完毕。离开长官部之后,我又往晤孙连仲。孙说,敌军攻势虽猛,但我们打得很好,局势已趋稳定。命我军集结于于学忠第 51 军右侧背之邢家楼、陶沟桥、蒲汪、东庄地区,作为第二线部队待命。李宗仁说话比较直率,白崇禧、孙连仲则有意隐讳,均未将台儿庄当时真实敌情见告。正当我军将到达集结地的途中,于学忠、汤恩伯两部已混乱溃退,遂使我军未曾展开即与突入之敌不期遭遇。

先是我在徐州接受任务之后,即下令我军各师,以第 183 师在右,集结于陈瓦房、邢家楼、五圣堂、小庄地区;第 184 师在左,集结于台儿庄以东陶沟桥、孟庄、马家窑、丁家桥地区;第 182 师在右后,准备作军预备队集结于蒲汪、辛庄、戴庄、谷堡地区;军指挥所设在东庄。

4 月 22 日拂晓前,第 183、184 两师及第 182 师之郭建臣旅和军部先后在车辐山车站下车,第 182 师师部及高振鸿旅在赵墩车站下车,部队分别向指定集结地点前进。我到车辐山站,知于学忠指挥所设于车辐山圩,立即往晤。于学忠告知,台儿庄东北第一线战斗吃紧,嘱我集结后,赶快准备战斗。但对第一线溃退情况,则隐而不言。拂晓时,我部队陆续渡过运河。约在午前 8 点,军指挥所抵运河边之黄家楼,而东北方向枪炮声大作。旋得第 183 师师长高荫槐报告,该师先头杨宏光旅行将到达陈瓦房、邢家楼、五圣堂时,突与敌军遭遇,现正与敌激烈战斗中。我当即命令高荫槐师迅速展开,抢占要点,坚决抵抗。同时,即在黄家楼设立军指挥所,立即建立全军通信网,派出参谋命令第 182、184 两师迅到集结地构筑工事,迎击来犯之敌。这时汤恩伯部向大良壁东南溃退,其左翼陈养浩部已退到岔河镇附近。于学忠部右翼第 337 旅退至台儿庄东陶沟桥、浪沧庙附近,两翼友军向左右后撤,形成一个大缺口。敌人乘虚以步兵约两个联队四、五千人,炮 30 余门、坦克 20 余辆联合扩大突破口南犯,适与我第 183 师不期遭遇于陈瓦房、邢家楼、五圣堂之线。

遭遇战开始于陈瓦房,在左延于邢家楼、五圣堂。第 183 师先头部队杨宏光旅之潘朔端团尹国华营首先与南下之敌遭遇,敌军先头部队约一个大队,其前方搜索小队已进入陈瓦房,并向我尖兵开始射击,尹营长立即率尖兵连奋勇地以火力消灭了陈瓦房小股敌军,抢占了陈瓦房。敌军后续部队蜂拥而至,坦克七、八辆伴随步兵，将陈瓦房包围，以坦克火力掩护反扑。尹营进入陈瓦房后，拒敌前进。使后续部队得以展开。凶猛的敌军在坦克火力掩护下，由四面向陈瓦房逼近，我尹营官兵与敌激战，双方反复肉搏，敌军未能攻入陈瓦房。该团团长潘朔端立即率一个营前往增援。这时，敌军一面以炮兵火力拦阻我增援部队前进，一面派部队绕过陈瓦房，直犯小庄。潘团与敌在小庄附近地区展开激战。烟尘弥漫，火焰冲天。敌军进占陈瓦房后对小庄方面攻势突猛，我潘团团副黄云龙阵亡，团长潘朔端负重伤。据当时尹营从敌阵中冲出的士兵陈明亮回报，陈瓦房被敌军包围之后，全营官兵与四面冲入之敌白刃争夺，奋不顾身，营长阵亡。战至最后只剩 10 余人，由班长率领向西南突围，在村缘又遭敌军追击，仅陈明亮 1 人生还，全营官兵 500 余人壮烈殉国。在这一遭遇战中，由于尹营坚决果敢地阻击敌军，赢得了全军备战的时间，在整个战斗中，起了很大的作用。

陈瓦房与敌遭遇的同时，邢家楼、五圣堂地区相继展开战斗，我第 183 师陈钟书旅奋勇前进，先敌抢占了邢家楼、五圣堂，经过反复搏斗，到下午 1 时，后继部队到达，稳定了阵地，战况逐渐好转。约在下午 4 时，敌军又发动第 2 次进攻，先以猛烈炮火轰击，继以步兵冲锋，遭到我军阻击，伤亡甚多。战至 5 时左右，当前之敌已有不支模样。这时我旅长陈钟书亲到前线，指挥部队猛烈冲杀，进入敌阵，与敌短兵相接，喊杀之声，震动大地。时敌阵大乱，纷纷向后溃逃。此时忽有敌军骑兵一部绕至我军左翼二三百公尺处向我奇袭，敌军射击时始被发觉。当时陈旅长命左翼部队注意驱逐，其他部队继续前进。不料这一瞬时，陈钟书旅长头部被击中要害，顿时倒地，但仍不断大喊冲锋。后为参谋主任白肇学背负后送，当晚伤重牺牲。邢家楼、五圣堂地区战斗两日，敌军伤亡很大，未能前进一步。由于挫折了敌军的攻势，堵住了缺口，于学忠、汤恩伯部已经动摇的阵地得以重趋稳定。我第 182、184 两师亦得在集结地加紧构筑工事，作好战斗部署。

小庄激战之后，于当夜不守。23 日我杨宏光旅严家训团在凤凰桥、三窑路与敌展开战斗，激战终日，营长丁图远率队奋勇冲杀，中弹阵亡，午后凤凰桥亦为敌所占。

在小庄陷落之后，由四户镇、小良壁溃退下来汤伯恩的军团及其右翼陈养浩部又退至我第 182 师右侧后之西黄石山地区。敌军之后续强大部队乘虚而来，向我集结于蒲汪、辛庄、戴庄、后堡地区之郭建臣旅猛烈袭击。23 日拂晓，蒲汪之杨炳麟团、辛庄之龙云阶团与敌先后展开激战，敌以坦克掩护步兵猛扑，经我击退。在凤凰桥弃守之后，战斗尤烈。辛庄龙团之营长辛朝显于反复冲杀中阵亡。蒲汪一个重机枪阵地战至傍晚，只剩 1 个机枪手杨正发负伤不肯后退，以 1 挺机枪堵击敌人，守住阵地。团长杨炳麟也负伤。迫击炮排长靳家祥以迫击炮掩护吕建国的步兵接近敌军阵地，用集束手榴弹毁敌坦克数辆，毙敌 10 余人。后遭敌军坦克大队围攻，吕建国和靳家祥两排长和士兵 20 余人全部殉国。

这两天的战斗，敌人是主力进攻，我军是固守阻击。地形开阔，有利于敌人机械化部队活动，而我军只有步兵轻重武器，阵地大多平坦，右依泇河，左靠台儿庄，背临运河，已形成背水为阵。战斗开始之后，我到前线查看，发觉防御工事薄弱，即下令各师不分日夜加强工事。并命各部队坚守防地，不能擅自撤退。一面报告长官部说明我军山炮太旧，已送武汉修理未随部队进入战场，请调配野炮一个营，重炮一个营，战防炮一个连，加强作战火力，得到了李宗仁的同意。24 日配属炮 16 团一个营赶到，其余于 25 日以后亦陆续来到。

两日以来，我军在陈瓦房、邢家楼、五圣堂、蒲汪、辛庄一带地区阻敌前进，敌军死伤累累，我阵亡官兵大都死事甚烈。第 183 师旅长陈钟书，在军中素有勇将之名，此次出征，常语同事："数十年来，日本人欺我太甚，这次外出抗日，已对家中作过安排，誓以必死决心报答国家。"严家训团连长黄人钦，在凤凰桥战斗中阵亡，在其身上发现一封致新婚妻子的遗书，其中一段写道："倭寇深入国土，民族危在旦夕，身为军人，义当报国，万一不幸，希汝另嫁，幸勿自误。"举此二事，足见我军官兵为争取民族解放不惜牺牲的爱国精神。

五圣堂、蒲汪一线争夺战

5 月 23 日晚，战局已转入了相持阶段，持续了 10 天。敌我双方投入战斗的兵力约达 7 万余人，敌军 3 万余人，伪军 5 千余人，我军 3 万余人，在不到 40 平方公里的土地上往复厮杀，逐村争夺。这时我军原在台儿庄东南面运河北岸的集结地，由于陈瓦房、小庄、凤凰桥在遭遇战中为敌攻占，形成了左起台儿庄东北之陶沟桥、马家窑、李庄、五圣堂、邢家楼、五窑路，右至辛庄、蒲汪、西黄石山之线的第一线阵地，与敌在犬牙交错的状态中对峙。

是夜战况无变化，我下令第 183 师在东庄、火石埠及第 182 师在杨庄、后堡、湖山、窝山之后方部队构筑第二道防线，加强工事。并令第 184 师于 24 日晨以一部由陶沟桥向五圣堂以北方向出击，牵制敌军对五圣堂的进攻。其余部队乘夜转移，于 26 日以前占领禹王山阵地，构筑工事，准备迎击来犯之敌。

24 日晨，敌军向我第一线大举猛犯，先以飞机轰炸，继以大炮向我五圣堂、邢家楼、五窑路、辛庄、蒲汪阵地猛烈轰击，同时第二道防线之东庄、火石埠、后堡、戴庄亦遭敌炮轰击，继以坦克 30 余辆掩护步兵冲锋。五圣堂、邢家楼、辛庄、蒲汪民房大半被毁，我军官兵当敌炮轰击时，隐蔽在村前工事内，不动声色。俟敌坦克、步兵临近我军阵地时，即一跃而起，发动冲锋，以集束手榴弹毁敌坦克，五圣堂、邢家楼来犯的 9 辆坦克，有 5 辆被我击中起火。我军又以轻重机枪猛射敌步兵，直向敌人发起冲锋，展开白刃战。自晨至暮，敌人轮番进犯 10 余次，均为我军击退，敌人攻势大为减弱。入晚，邢家楼守军原陈钟书旅之常子华团与敌激战，伤亡过半，团长常子华负伤。敌大部队向我猛冲，五圣堂、邢家楼相继撤守。常子华团退守东庄，同时，辛庄亦为敌攻陷，我郭建臣旅之团长龙云阶由后堡夜间率队增援，与敌相遇，短兵相接搏斗，黑暗中被日寇以刺刀刺死。

4 月 24 日晚，蒋介石到车辐山车站，电话通知我前往谈话。蒋介石说，台儿庄的得失，有关国际视听，必须以一个师坚守。我只得改变原计划，令第 184 师以一部在原阵地，大部进住台儿庄，加强工事。转移禹王山的命令则暂不实施。关于我军兵力部署，我去前线视察时，曾在丁家桥与张冲师长研究，张冲师长建议：敌人向我右翼猛攻，企图从我右翼突破，直下切断陇海线。台儿庄只有一道土墙，工事不坚，敌人在此已吃过亏，只要守住禹王山，就能保住台儿庄。禹王山不守，台儿庄也守不住。我认为张冲师长的见解是很符合当时实际情况的，当即下令第 184 师向禹王山转移，不料蒋介石又强令坚守台儿庄，分散我军兵力。蒋介石为贯彻他的命令，随即派军委会高参胡若愚到我军协助指挥军事。胡若愚是过去云南内战中的敌对人物，与我素不相睦，此来名为协助，实为监视。蒋介石于敌我展开激战之际，尚玩弄牵制手法，足见其防范地方部队甚于敌人。

24 日晚，长官部配属的炮兵陆续到来。我以一个野炮营配置在梁家庄，配合我在马家窑东庄一带的守军作战；以一个重炮营配置在板板埠，配合我在火石埠、后堡一带的守军作战。战防炮连则配属于第 182、183 两师在第一线参加战斗。经过了这番部署，战斗力有了一定的加强。

25 日敌人改变了战法，凌晨出动飞机 10 余架，向我东庄、火石埠、后堡阵地逐点轰炸，接着又放出探测气球，指示炮兵进行系统的轰击。我以炮兵还击，展开一场激烈的炮战。经过这一番猛轰滥炸之后，东庄、火石埠火光熊熊，阵地几全被毁坏。敌军继之以坦克掩护步兵，与我守军逐村争夺，我军虽伤亡甚大，但仍固守阵地。战至薄暮，我东庄、火石埠虽击退敌军，而后堡已经弃守，蒲汪突出一角，右翼第 182 师战斗将进到湖山、窝山、戴庄、西黄石山之线。以第

182、183 师存在的兵力，只能固守第二道防线，我乃决定下令撤至第二道防线，继续进行抵抗。

25 日夜孙连仲转来李宗仁命令，令台儿庄守军于 26 日全面出击，消灭进入台儿庄以东我袋形阵地的敌军。以于学忠部向东，汤恩伯部向西，封锁袋口。第 60 军向北，合力歼灭进占邢家楼、五圣堂、五窑路、蒲汪、辛庄地区之敌。

我即令第 182 师以一部由右向辛庄、蒲汪出击，大部坚守阵地；第 183 师以一部向五圣堂、五窑路出击，大部坚守东庄，并接替 182 师火石埠的阵地。配属炮兵准备火力，制压蒲汪附近之敌炮兵，支援第一线步兵出击。

26 日晨，我第 182、183 两师在我炮兵掩护下，向指定目标出击，为敌火力所阻，仍退回原阵地。于学忠、汤恩伯两部出击受阻亦退回。

接着敌以步兵、坦克、炮兵联合向我东庄、火石埠之线大举进攻，由于我防御设施有了改善，当敌炮轰时，我军隐蔽不加理会，待敌人坦克和步兵临近阵地时，我战防炮突起猛射，步兵立即跃出战壕，向敌军猛冲。敌军猝不及防，来犯之 9 辆坦克，有 5 辆被我击中起火，其它 4 辆慌忙后退。同时我梁家庄及板板埠之炮兵也集中火力向五圣堂、邢家楼、辛庄一带猛轰，封锁敌军窜犯要道，阻其增援。这时我东庄守军杨宏光旅之严家训团及常子华团，火石埠守军原陈钟书旅之莫肇衡团乘机反击，集中轻重机枪、迫击炮、手榴弹全部火力向敌猛射，敌军犹拼命抵抗，但大部被我消灭，遗尸累累，我亦伤亡甚大。

傍晚，敌又集中炮兵火力，猛击我东庄、火石埠阵地，持续达 1 小时之久，发射了 5 千多发炮弹，尘土腾空，不见天日，整个东庄已夷为平地。守军团长严家训在战壕中巡视时为敌炮破片击中，伤重牺牲。在敌炮击停止之后，敌人步兵猛烈夜袭，通宵激战。东庄敌未得逞，而冲入火石埠，双方搏斗，我军终将突入之敌消灭过半，少数退逃。拂晓前，敌军再度冲入火石埠阵地，与我守军进行肉搏，团长莫肇衡英勇冲杀，中弹倒地，后送途中以衣溅血书"壮志未酬身先死"7 字于道旁石上，旋即牺牲。我守军原陈钟书旅之副旅长马继武乘敌人进占立足未稳之际，率部猛攻，又夺回火石埠阵地。

湖山、窝山方面之高振鸿旅在午前出击时，董文英团为敌火力所阻，退回湖山，敌人伪军化装成滇军后，入夜冲入湖山，团长董文英与敌在力战中阵亡，代理团长陈浩如率部增援，又阵亡。守西黄石山董文英团赵彬营，掉在敌人后面，陷于孤军作战，于 5 月初始撤回。当晚湖山、窝山、戴庄亦相继弃守。

27 日午后，敌军调集更多的兵力继续犯我台儿庄正面之东庄、火石埠。东庄是敌人攻击中之重点，企图中央突破，直取台儿庄。是日傍晚，敌人集中几十门大炮轰击东庄、火石埠。我由电话嘱守东庄之杨宏光旅长，迅速将部队撤至东庄前面，隐伏于麦田之内，避开敌人的炮击，相机打击敌军。当敌军炮击一停，我守军立即做好战斗准备。不久，敌军大部队果然涌至，距东庄约1千公尺处，敌军先以火力试探，我军隐伏不动。敌军行至约500公尺处，发起冲锋，我仍隐伏。骄横的敌军此时以为我守军已全部被敌炮轰死，就一齐蜂拥而来。我守军中之张仲强、陈开文两个营行动机敏，等敌人到达50公尺之内，一声号响，伏兵齐起，轻重机枪，集中猛击。敌人措手不及，乱成一团。接着展开肉搏战，不到半夜，敌人约1个大队几全被消灭。俘获敌轻重机枪50余挺，步枪700余支，战刀30把，其他地图、文件、护身符等甚多。

敌人正面突破台儿庄之计既不得逞，于是又改变进攻方向，集中全力，重点指向禹王山猛攻，企图一举攻占禹王山，切断陇海铁路，直取徐州。

禹王山阻击战

禹王山位于运河东岸，台儿庄东南端，东北是湖山、窝山，北面是邢家楼、五圣堂，俯瞰我军全部阵地，形势极为重要。4月23日晚，我曾下令第184师于26日以前，占领禹王山阵地，构筑工事，准备在此与敌人进行决定性的战斗。旋蒋介石到车辐山向我说，台儿庄守军池峰城师已无战斗力，必须由60军派1个师坚守台儿庄，因而改变计划，遂令暂缓实施。26日，我军出击不利，防守兵力单薄，我即向孙连仲提出，禹王山的得失，关系重大，请另派部队接替第184师台儿庄的防守任务，以便将第184师调守禹王山。孙连仲不敢决定，转报李宗仁，答应由184师留一个团守卫台儿庄，其主力转移至禹王山占领阵地。当夜我即下令第184师将主力乘夜向禹王山转移。由于禹王山地质系碎岩层，挖掘战壕不易，我立即向战区长官部要麻袋2万条，堆砌胸墙，加强防御工事。

第184师以王炳璋旅邱秉常团防守台儿庄，张冲师长率主力于27日晨陆续进入禹王山阵地，沿山东、南、北三面抢筑工事，设有3道防守线。

4月27日以后，全军阵地形成了以禹王山为中心，由东庄、火石埠、李家圩、禹王山、枣庄营及其以东的第一道防线和赵村、赵家渡口、古梁王城、房庄、胜阳山亘泇河西岸之线的第二道防线，两线之间尚有一部分中间阵地，左右两翼又有台儿庄、西黄石山两个有力据点为依托的全军主阵地带。

当时第183师约有4个营的兵力，以杨宏光旅两个营守备东庄地区，以陈钟书旅副旅长马继武率不到两个营兵力守备火石埠地区；第184师以王炳璋旅王开宇团守备李家圩，亘禹王山西北地区，以万保邦旅曾泽生团守备禹王山北西部，杨洪元团守备禹王山东北麓亘枣庄营地区，以郭建臣旅不到一个营的兵力守备枣庄营以东亘泇河地区，以原在板板埠之重炮营转移至车辐山圩以北地区，原在梁家庄之野炮营转移至半接楼、雄山间地区，占领阵地。军指挥所向余家凹转移。

4月28日起，战斗进入到禹王山主阵地带的阻击战。当夜敌军1个大队，配以坦克、骑兵，沿着大小杨村、湖山、窝山向李家圩、禹王山进犯，来势凶猛。我守备军奋起迎击，战斗激烈。敌军连续冲锋，一部已登山顶。我旅长王秉璋率士兵发起反冲锋，胸部为敌弹洞穿，负伤坚持战斗，终于将窜至山顶之敌大部歼灭，其余纷纷后退。我万保邦旅曾泽生团之营长何起龙在李家圩激战中阵亡。

29日，敌军集中主力向禹王山大举进犯，我守军事前作了充分准备，万保邦旅首当其冲，张冲师长把师指挥所设在禹王山西南坡上，表示与阵地共存亡的决心。是日凌晨，敌军先以飞机侦察，接着在蒲汪炮兵阵地上空升起气球，指挥炮兵向我禹王山阵地轰击，然后出动步兵、骑兵、坦克联合向我进攻。当敌军开始炮击时，我在车辐山的重炮营立即对敌人的炮兵位置进行制压射击，同时在半接楼之野炮营也以猛烈火力封锁敌兵进攻的要道。这时战防炮连亦在禹王山前沿阵地控制敌坦克的活动。而疯狂的敌人仍冒死前进，像野牛一样一群群地向我阵地冲来，我守军坚决迎击，先以步机枪，继以手榴弹，最后展开白刃战，把进犯的敌人大部消灭在我阵地前面。可是，敌人对禹王山志在必争，头一股被击败了，第二股又继续进犯，整天激战，我守军前仆后继，负伤不下火线，工事随毁随修。第一线被突破了，退到第二线继续抵抗，等援兵到来，又举行反攻，把失去的第一线阵地再夺回来。在敌我激战的同时，双方展开了激烈的炮战。敌人炮兵居于绝对优势，集中几十门重炮向我炮兵阵地轰击。我炮兵并不气馁，仍然选择有利战机，沉着的打击敌人，对步兵作战起了有力的配合作用。

4月30日这一天，我第一道防线被敌军突破，第二道防线也局部动摇，同时敌炮兵又向我后方延伸射击，形势非常紧张。万保邦旅长判断敌人进攻的大部队这时必然聚集在大小杨村地区，立刻指挥所有炮兵向之集中轰击。敌人竟想不到，因此，大部被我歼灭。由于敌人不能及时增援，我再进行有力的反击，突入之敌又大部被歼，我失去的阵地又再夺回。这样地战斗了3天，敌人的进攻都遭到失败。于是敌人又改变战法，白天以飞机轰炸扫射，夜间发动强袭。张冲师长机智地看出了敌人的动态，重新做了布置，命我炮兵将全部火力集中于禹王山前沿阵地之前和敌人必经之路，俟夜袭敌人到达了测定好的火力地带，即一齐猛射，敌人伤亡惨重。炮击停止之后，紧接着我步兵又进行猛烈反击，使敌人的夜间强袭，又遭失败。张冲师长率部机智英勇地与日寇作战，在禹王山阻击战中，经过三天两夜的苦战，我军付出了很大牺牲，敌军也遭受了在鲁南战役中最惨重的损失。到5月3日以后，双方保持对峙局面。敌军为了掩饰这次进攻的失败，5月10日晚在大连广播，散布谣言，竟说鲁南战役中，在禹王山附近发现有苏联军官参加指挥作战。这是日寇在受到巨创之后的无耻之言。

日寇与我军连续进行了10余日的战斗，先以中央突破，后由侧翼入侵，时而全面出击，时而重点进攻，均被我军击破。所要夺取的战略要点台儿庄，仍在我军固守中。敌军以攻坚不易得手，乃进行新的战略部署，从鲁西和苏皖北部进行大迂回，包围徐州。其在台儿庄战场的主力，从5月3日以后，逐步转移，仅留一部配合伪军在原阵地与我军对峙。至此，台儿庄战斗即转入了相持阶段。

这个相持阶段，自5月3日起至14日止。在此期间，我军与敌人仍进行了一系列的激烈战斗。当时我认为要巩固台儿庄的防御，必须拔去敌军在湖山、窝山、大、小杨村三角地带的据点。乃与战区长官部及孙连仲商定，由我军协同汤恩伯军向敌军发动1次出击。按照计划汤恩伯军于5月3日向大、小良壁的敌军发动攻击，将敌军大部队吸引过去，然后我军于5月4日进攻盘踞湖山、窝山的敌军，一举而歼灭之。谁知汤恩伯军出击一遇敌军抵抗即屯兵不前，没有起到吸引敌军的作用，以至我军向指定地区进攻时，敌军立即出动增援部队三四千人疯狂反扑。我第182师按原定计划攻击前进，激战了半天，我余建勋团第2营营长魏开泰阵亡。敌军援兵增多，局势很紧。我即令第184师以两个团向李家圩西面侧击敌军，分散其力量，遏制其攻势。这时我第183师已攻克湖山、窝山西北之平墩堡，截断了敌军的后路。敌军为了挽回颓势，又出动大批飞机助战，不断向我军袭击扫射，我军伤亡甚大，乃退回原阵地。

经过这次激烈战斗以后，敌我双方均自加强防御工事，固守原阵地，已无大规模的战斗，而小的战斗仍昼夜不停地进行。每日拂晓之后，先以炮轰，继之以飞机轰炸扫射，入夜敌以小部队进行偷袭，企图消耗我兵力，巩固其防御。我军亦于日间以重炮与敌对战，夜间以小部队袭击敌阵，消耗敌兵力。这样的战斗进行了10天，至5月14日我军换防整编时才告结束。

我军在昆明出发时，原有12个团，官兵共有4万余人，经过这次战役，伤亡已过大半，现在仅剩两万余人，中上级军官伤亡亦大，计旅长阵亡1人，负伤1人，团长阵亡4人，负伤3人。经过整编，虽仅余5个团，仍有一定的战斗力，在以后的突围过程中，还能冲破日寇重重包围和多次阻击，终于到达河南周家口集中。

（政协云南省文史委编：《云南文史资料选辑》第 25 辑，云南人民出版社 1985 年版，第 7—22 页）

106. 第三军血战中条山（节录）

张曙东

抗日战争开始，滇军第3军奔赴前线，在著名的娘子关战役中，坚守九龙关、马岭关之线。日军由24师团和一些特种部队组成的川岸兵团，以一部攻击娘子关正面，而以主力向娘子关右侧循微水、南漳城进攻旧关（也叫故关）。那里正是第3军与赵寿山师防线的接合部，就整个战线而言，是较薄弱的环节，而为日军所占领。第3军曾多次反攻。军长曾万钟亲临前线督战，给疯狂来犯的日军以大量杀伤。随着战争的日益严重，华北抗日军队渐次退出平汉、正太、同蒲等主要铁路干线，退守中条山根据地。

第3军退守中条山之前，军长曾万钟升任第5集团军总司令，军长由第12师师长唐淮源升任。唐淮源，云南江川人，才能出众，被云南陆军讲武堂同窗朱德总司令誉为"滇军完人"，赠予匾额。

第3军原辖第7和第12两师，国民党军委会曾将第34师拨归，后又由总部直接指挥，第3军仅代管而已。第12师为第3军主力，战斗力较强。师长寸性奇，云南腾冲人，是一位爱国名将。

中条山位于山西晋南地区，南临黄河，北通临汾，东北与太行山相连，西北与吕梁山相望。从南到北80公里，东到西百余公里，位置十分重要。它与黄河是保卫中原和大西北的天堑。坚守中条山与保卫黄河，有重要的战略意义。垣曲又是中条山的中心部位。为了保卫中条山这一重要的抗日要地，扼住日军南犯的咽喉，粉碎日本帝国主义的侵略计划，国民党中央以垣曲为据点，从1938年开始，先后调集第5集团军和第14集团军，计十五六万军队，守住这块胜负攸关的战略要地。

由于广大的抗日将士对中条山作了决心死守的各种准备，因此，日军一直把该地当作一块心病，从1938年以来，没有一刻放松对中条山的进攻。日军以若干师团组织大规模的会战，就达13次之多。但由于我守军英勇奋战，每次都使日本强盗铩羽而归。侵华日军指挥官们认为：如果不能确实控制中条山，那么不但不能南渡黄河，夺取洛阳，占领潼关，而且连已占领的土地也有难于保住的危险。日军头目后宫淳一继任总参谋长之后，即针对这一特点，并总结过去发动13次大规模进攻均归失败的教训，经过认真研究，认为屡次失败的根本原因在于兵力不足。后宫淳一便从1941年3月初开始秘密调集兵力，准备作战物资，调遣战地指挥官，积极准备发动第 14 次代号为"中原会战"的大规模进攻，妄图一举夺取我固守数年的中条山根据地。在短短两月的时间里，调集了华北占领军第 35、36、37、41 等 4 个完整师团，又调集徐州、赣北、开封、晋西一带的占领军第 21、33 两个师团及骑兵第 4 旅团、独立混成第 9、第 16 旅团和大量的特种部队，计 6 个师团又 3 个旅团加若干特种部队，总兵力在 25 万人以上，超过我军近 1 倍。

日军以两个师团，一个骑兵旅团集结于豫北道清路两段之沁阳、博爱一带地区；以 4 个师团又两个旅团集结于晋南之晋城、阳城、沁水、绛县、闻喜、夏县、安邑一带；特种部队分别配属各师、旅团，于 1941 年 5 月 7 日开始向我发动了震惊中外的中条山血战。

5 月 7 日，侵华日军第一路，即豫北道清路西段沁阳、博爱之敌，于下午分 3 股向我济源、孟县进犯。而我济源守军战斗不利，8 日正午，遂放弃济、孟两地而转进封门口。日军增兵猛攻，我军奋力还击，自 9 日上午激战至 10 日清晨，封门口乃被日军攻破。为了节节抗击日军，我军即分别转进济垣大道南北地区，继续苦战。战至 12 日晨，日军已控制白坡至官阳以西各渡口，而其进攻主力继续西进，抵达邵源，即与从垣曲东进之日军会合，对我造成了更为强大的压力。

第二路，即晋南阳城方面之敌，于 7 日上午从董封东西之线，向我发动攻击。我军坚决还击。激战至 12 日，日军未能前进一步。我防守该线部队，顽强死战，顿挫敌锋，使所守阵地，巍然屹立。而日军 1 个大队，悍然侵入董封二里腰，仅激战 1 夜，即被我全部歼灭。13 日，日军增援反攻，我军伤亡过大，董封遂告失陷，我军乃逐步转移至横河东北地区，继续抵抗。

第三路，即晋南绛县横岭关方面之敌，直指垣曲，于 7 日下午，向横皋大道西侧猛攻。我军奋起抵抗，激战至 8 日上午 2 时，由于指挥动摇，我军阵地正面遂被日军突破。后经数度反攻，终因挫伤士气而未能奏功。旋被日军压迫至望仙庙附近，使战局日趋恶化，垣曲遂于 8 日黄昏落入敌手。在此危急之际，我防守部队即向两侧转移。日军亦趁势追击，由垣曲分股向东、向西挺进。其东进之敌，窜到邵源，即与济源西进之敌会合。而西进之敌继续挺进，11 日抢占了黄河最大渡口——五福涧渡口。至此，我军黄河北岸各渡口，即全部落入日军之手。

第四路，即晋南闻喜、夏县东南方面之敌，于 7 日下午，向我张店镇以东猛攻。我防守部队奋起还击，激战至 8 日下午，因伤亡过大，即转移到望原村、四杰村，节节抵抗。战至 9 日下午，又转移至台砦村附近，继续与日军坚持苦斗。

我新编第27师师长王竣、副师长梁希贤、参谋长陈文祀等将领，英勇地献出了生命。

那时，中条山正遇雨天，到处阴霾昏暗，潮湿雨淋，给战地带来了巨大的困难。但将士不顾一切牺牲，与日军激烈搏斗。当日军41师团及独立第9旅团由绛县横岭关直指垣曲的时候，防守垣曲的43军，与日军战至5月8日下午，正面阵地被日军突破，数度逆袭，未能扭转形势，即过早撤退，通过五福涧渡口，撤过黄河南岸，隔河观战，而将垣曲断送日军之手。坦曲一失，中条山阵地即被分割为二，造成我军不能互相呼应，协同作战，遂陷整个战局于极端被动之中。南岸援军望河兴叹，北面友军受阻于外，我守军只有随地抵抗，步步力争。

5月12日，我军第一道防线被日军完全突破，往来道路亦被完全切断。我军战况非常激烈，最后，不得不在各山隘内拼命苦斗。

日军此次的所谓"中原会战"之所以进行得如此顺利，是因为战略战术都作了根本调整。5月7日战斗打响后，即以压倒优势兵力，猛攻我第3军主力12师。我第80军新编第27师掩护主力转移，奉命殿后，因寡不敌众，经过两昼夜激战，全师殉国。

第27师壮烈牺牲后，我第3军已无友军掩护，日军将其作为主要的攻击目标，全面猛扑。第3军在过去的两年半里，在日军的先后13次进攻即其所谓的大规模"扫荡"中，均保持不败，与98军齐名，为中条山抗日根据地的两大劲旅。此次日军进攻时，第3军防地正是中条山主脉。

5月8日凌晨，涧底河阵地被日军突破。日军乘胜前进，攻我王家河第7师司令部。唐淮源军长得到消息，立即派出预备队增援，猛烈反击，恢复了第7师阵地。

日军被我第7师击退后，没过多久，又增加兵力，由西郊附近迳袭我设在唐田的第3军司令部。这时，司令部预备队已全数驰援第7师，军部兵力薄弱。日军此举，实出意外，第3军军部所在地唐田被攻陷，日军又欲进攻我第5集团军总司令部。

唐淮源军长退出唐田后，即传令征调驰援第7师之预备队，亲自率领，向日军背后尾追攻击，日军恐慌，不敢急速前进。第5集团军总司令曾万钟才得以从容撤退。

我第3军第12师，驻守唐王山阵地，从5月7日午夜开始，就与日军展开激战。师长寸性奇督率全师，奋力还击，血战一日一夜，唐王山阵地依然在我手中，来犯之敌则纷纷倒在我军阵地前面。

中条山战役失利，已非我第3军所能扭转。全局战况已成退势，无法挽回。又加阴雨连绵，颇碍行动，交通被破坏，后援不能抵达，友军难于呼应，深陷重围，不能长久支撑。正在此时，唐军长与战区长官部通话，又得知垣曲已被日军攻破。长官部还告诉唐军长：中条山东面已被日军截断，我军阵地与日军已成犬牙交错之状，所有地面都无处设防，我军只能随地抵抗，形势险恶，战局危殆。唐军长乃变更部署，转守第二线阵地，主力则沿唐田大道，攻击深入之日军。

另外，当43军裴昌会过早放弃阵地，退到黄河南岸时，第一战区司令长官卫立煌也发生了动摇。他顾虑到日军占我黄河渡口，阻我部队南撤，当即派出两个团把守五福涧渡口，以备我黄河北岸各军顺利撤退。

第3军从5月9日起，在县山东面阵地与日军展开猛烈激战。我军以一当十，给敌人大量杀伤。日军突破我80军阵地之后，战况进一步恶化。日军由玉龙庙方面飞速急进，直抵祈家河，续陷南淆。同时，由高落大道西犯之敌，亦于5月9日占领五福涧。至此，渡口都被日军封死。第3军被包围，唐淮源军长还不知道五福涧已经落入敌手，仍令34师、第7师、第12师分道向五福涧前进。部队于5月10日早晨运动到温峪大道时，即与由马村北进之敌接触，在温峪东北高地展开激战。

当唐淮源军长得知五福涧失守，更感战局严重，迅速召集全军3位师长（包括公秉藩34师）举行紧急会议，下令以团为单位，排除一切阻力，分道突围，痛击日军。不意战况更加恶化，枪炮声越来越近，唐军长向3位师长说道："情势恶劣，3位都看得到。军人信条'不成功，便成仁'，没有第3条道路可走。我已打好主意，想必3位也都有打算，不必我多说了"。12师师长寸性奇说道："请军长放心，一个人想活下去也许很难，但想死容易得很，我们再傻也不会放着容易的事不干，去求困难的事，而为国家民族丢脸！"唐军长十分感动地说道："寸师长，你说的话就是我心里的话。3位不要忘记，我们是中国的军师长，打仗打到今天，我们虽然吃了无数败仗，但是，只有阵亡的军师长，可没有被俘的军师长，千万不要由第3军开其端！"说完，即下令各回本师，分道突围。3位师长遵从唐军长的命令突围。经过两天血战，至5月11日全部被日军截回。活动范围也越来越小，日军的炮火越来越集中。我军的援兵和补给都断绝了，5月12日上午，即已残破不全，七零八落。唐军长亲自指挥的军直属队，只剩下少量兵员，被限制在县山阵地作最后抵抗。唐军长仍然号召所属部队要与中条山共存亡。到了下午2时，日军由马蹄沟、水泉沟向我县山阵地压过来，进行猛烈围攻。敌我之间，距离很近，双方互掷手榴弹，争夺很激烈。这时，大雨滂沱，遍地泥泞，日军紧逼，杀声震天，而我死守县山阵地的军直属队伤亡越来越大。唐军长在山顶上环顾，顿起绝望之感。他仰天长叹一声，即指挥左右卫士，赶赴山腰，增援抵抗。等到副官、卫士们走出几步的时候，唐淮源军长从衣袋里掏出手枪，准备自戕，被一名副官回头看见，即大呼："军长！不可以呀！"同去增援的几名卫士，闻声一看，跑到军长面前，便一齐哀呼："军长！不要自杀呀，我们可以向外冲"。唐淮源军长喝道："嚷什么？你们这样糊涂！我如何能做俘虏？你们只管向外冲，不要管我！"说罢，手枪对准太阳穴，只一响，一位身经百战，驰骋疆场的抗日名将倒下去了。

这一支由唐淮源军长亲自率领的军直抗日健儿，战到当天晚上，也为祖国英勇地献身了！

此时，我12师阵地也受到日军的重重包围，大部战死，少数存活者正与日军拼命。师长寸性奇向部下说："我们有枪在手，有剑在腰，宁愿挺胸而死，不愿低头求生，希望各位决不要做俘虏！无论胜败，都千万不可使国家蒙羞！"就在唐军长为国殉职的当天，12师左翼阵地水骨朵高地已被日军攻陷，从而使全师阵地完全暴露在日军的炮火之下。寸师长沉着指挥。他抬头看看左右，说道："高地断不可失，我们要夺回这块高地！"站在旁边的参谋、副官，看看被占领的水骨朵高地，有数倍于我的日本强盗，正在持械前进，向我方猛扑，因此，一齐摇头，表示难于夺回。

寸师长明白参谋、副官们的意思，便说道："我也晓得困难，但我们此时处境已濒临危境，反正都是死，拼命而死总比坐着等死要好得多！"说完，即亲率师部特务连剩下的几十人，向左翼高地逆袭。寸师长前进几步，就被日军一排机枪打回来，胸部中弹，无法支撑，几乎倒地，幸得卫士搀扶才勉强撤下来。

寸师长受伤后，听到唐军长饮弹自尽的消息后，反而产生一种骄傲之感，点了点头，说道："抗战至今，一个军里面，军师长同时阵亡的，只有第9军军长郝梦麟、54师师长刘象祺，这次，我们第3军一定能赶上第9军！"说完，即令缠裹胸前的伤口。裹好后，又挣扎起来，指挥部队再次攻击日军阵地胡家谷。

副师长王昆，看到师长受伤过重，胸前白布已被鲜血渗透，变成殷红，心中极为不忍，乃向身边的营长李振邦说道："你护送师长退下去，这边我来指挥。"营长走过去，刚伸手去搀扶，寸师长立即挥手说："不成功，便成仁，这是军人信条，不要管我的事，快去作战，我死也死在此地！"寸师长如此坚决，李营长便只好退开。

由于寸师长临危不惧，临死不屈，坚守阵地，誓不后退，官兵们深受感动，决心更大，意志更坚，因此，12 师所守毛家沟阵地一直能在敌寇的四面进攻之下而不动摇。激战到 13 日晚上，日军炮火象发疯一样猛烈地发射过来，而其中一炮竟然击中师部，造成严重损失，寸师长的右股被炸伤，伤势很重，便长叹一声，沉重地说道："我是不行了，不得不先走一步。你们可要打到底。冲不出去就死，万不可作俘虏！"话音一落，便将腰刀拔出，向喉头一刺，又一位抗日名将倒下去了。

军长和师长献身后，剩下的抗日勇士，最后冲出日军重围者尚不足一团兵力。直属总部指挥的 34 师公秉藩部（非滇籍），其幸存者则为日军所俘虏。

此次战役，共持续了 21 天，日军在兵力上占优势，并有空军助战，兼用毒气。我军兵力就处于劣势，战局处于被动。当第一道防线被日军突破之后，整个指挥系统即陷入混乱状态，形成各军为战，各师为战，易于被日军分割包围，致我第 3 军陷入重围。

这次中条山血战，我军伤亡惨重，牺牲了军长唐淮源、师长王竣和寸性奇、副师长梁希贤、师参谋长陈文祀，同时，我 12 师 34 团副团长潘尔伯，36 团团长黄仙谷，第 7 师 21 团副团长张永安，34 师第 100 团团长薛金吾等亦相继阵亡。我军固守两年半之久的中条山，也大半落入敌手。

（政协云南省文史委编：《云南文史资料选辑》第 27 辑，云南人民出版社 1986 年版，第 36—47 页）

107. 中国远征军第五军翻越缅北野人山亲历记（节录）

邹德安

前　言

1941 年 12 月，日寇为策应德、意欧洲战事，疯狂发动太平洋战争，并大举进犯东南亚各国，企图占领印、缅，截断滇缅路，迫使中国屈膝投降。中国军民同仇敌忾，不屈不挠，在生死关头，坚定抗战到底的决心，争取抗日战争的最后胜利。1941 年底我国与英国签订了"中英共同防御滇缅路协定"，在极其艰苦的条件下，抽调我国精锐部队第 5 军为基干，组建远征军入缅对日作战。

但由于双方战略上存在根本矛盾，英方不愿中国军队及早入缅，贻误了战机。中国远征军入缅后，在作战紧急关头，英方又故意缓运军火及部队，甚至隐密其作战意图，不通知我军即逃跑撤退，使我远征军侧背暴露，为敌所乘，造成完全被动的战争局面。虽经我远征军部队官兵英勇战斗，予敌重大杀伤，但后路被抄，只得分 4 路突围。其时我在第 5 军军部任少校作战参谋，亲身参加。战役始末，除作部分另行记述外，现仅根据回忆，将我随军长杜聿明翻越野人山向印度列岛撤退途中，所见艰苦惨烈情状，写出本文。因限于水平，且事隔近半个世纪，个别地方难免有误，请知情者予以批评指正。

由于英方的反复不定，中国远征军是在 1942 年 2 月间才先后入缅的，至 3 月 12 日，即仰光失守的第 4 天，才正式成立"中国远征军司令长官部"，司令官卫立煌因故未能到任，由杜聿明代理，继任罗卓英，副司令长官杜聿明为第 5 军军长。

我中国远征军第 5 军 1942 年 3 月初入缅对日作战的编制及动员人数包括军司令部、军直属部队：计有装甲兵团、骑兵团、炮兵团、工兵团、汽车兵团、辎重兵团、战车防御炮团、新兵训练处所辖补充兵第 1、2 两团、特务营、通信后营、高射机枪连、驾驶连、防毒连、重炮 13 团 1 营。军部及直属部队动员人数 15000 人，第 200 师动员人数 9000 人，新编第 22 师动员人数 9000 人，第 96 师动员人数 9000 人，总计为 42000 人。

至同年 5 月 1 日，中路第 5 军除 200 师、游击司令部所属两个团外，全部撤过曼德勒以西伊落瓦底江大桥，并将大桥炸毁。史迪威、罗卓英计划撤过大桥后，利用火车续向八莫、密支那后撤，不料铁道常为敌机破坏，无法运行。同月

8日我们抵达英多后始悉史、罗已于3日前丢下部队只身逃往印度。军长派参谋长罗又伦乘吉普追赶1天，亦未追到。后接罗卓英电令全部向英普哈以东150英里的温藻撤退；同时又奉蒋介石电令向密支那、片马转进，勿再犹豫停顿。军长立即召集参谋长及各部队长官商讨，决心照蒋令向我国境撤退。9日，卡萨发现敌军，正在部署行动时，又收到日军3日占领八莫、8日占领密支那的广播。本来计划在雨季前可以到达片马附近，由于沿途可行之路多为敌人封锁，不得不以小部队牵制敌人掩护主力安全转进，因此曲折迂回，费时旷日，行动至为艰难缓慢。

我军利用曼密铁路勉强运输到英多车站后，铁道破坏严重，有时火车到站后司机逃跑了，机车无法运行，部队只得轮流掩护，部分以汽车利用牛车道，由工兵稍加修整后运送后撤，行驶3天后，进入山地，无法继续运行。在英多车站附近，堆集有很多粮食及各种罐头食品，各部队知道今后给养补给困难，尽量携带，又发现很多美造汤姆式冲锋枪及子弹，当时给特务营及军长卫士们配备了这种武器。至此，中路第5军各部队分4条路线，从不同方向撤退，冲破敌人的封锁和围追堵截绕道回国。

第96师由师长及副师长各率领一部先后经孟拱、孟英、孙布拉邦、葡萄、高黎贡山回国。

第200师及新训处第1、2两团，自棠吉开始攻击罗列姆之敌，以后沿途突破敌人封锁线经南盘江、梅苗、南坎以西撤退回国。先遣96师在右翼掩护，并于孟拱附近占领掩护阵地，使主力安全经孟拱以西及以北进入国境，与敌作游击战。转进中，第96师副师长胡义宾在到达孙布拉邦至葡萄之间（据当时就在他身边的上尉军医符建恒说：不知道叫什么地名），在指挥残部通过敌封锁线时，受敌袭击，不幸英勇牺牲。

第5军军部及直属部队，除装甲兵团、骑兵团、炮兵团、工兵团大部、汽车兵团、辎重兵团、战防炮团及重炮13团1营（已提前通过腊戍回国），新22师及长官部所属部分单位，如交通部处长唐文悌、铁道兵团团副张学逸所率的交通员工，暂编团运输大队及两名英军连络官等随5军军部行动，共约1万人，在汽车无法行驶后，将所有大小车辆及部分重武器、迫击炮、重机枪、高射机枪等浇上汽油一律炸毁，一时爆炸声震耳欲聋，熊熊烈火的浓烟，直冲云霄。

因没有缅北地图，我们进入山区后，行动十分缓慢。途中人烟稀少，天气炎热，我国军用水壶容量不及英军的一半，很不适应热带作战之用。因此，行军中的饮水成了大问题。山间偶见一个牛踏的污水塘，官兵即一涌而上，抢饮一空。

夜间露宿，只得烧起篝火用烟熏的办法将蚊虫驱散。有一晚露营时杜军长和参谋长罗又伦、何秘书，还有几位处长和笔者围坐地上闲谈，军长唉声叹气地说：这两瓶法国白兰地酒是重庆肖处长送我的，预祝我打了胜仗时喝的，现在打了败仗也把它喝了吧！伤感之情溢于言表。我心里想，如果不是受了盟军的影响，过份迁就洋人，以我军当年在桂南昆仑关战役全歼日寇号称钢军第5师团第12旅（旅长中村正雄击毙）5千余人的士气和战力，何至遭此惨败！待将来重整旗鼓，反攻缅甸全歼日寇才能平息这口怨气！

大约在5月19日，电台收到200师戴安澜师长在通过细摩公路敌人封锁线时身负重伤，抵达毛邦郊外又遭敌军1个联队伏击，腿部又负伤，仍继续率领全师官兵奋勇杀敌的消息。26日，电台又收到200师来电，戴安澜师长因伤势过重，流血太多，医药奇缺，不幸壮烈殉国。噩耗传来，知情官兵莫不悲恸万分，军长电令该师副师长高吉人，不惜任何代价一定要将戴师长遗体护送回国。高副师长经过千难万险，后来终于将戴师长遗体护送回国，受到国人景仰。

我们进入人烟绝迹的"野人山"。这里崇山峻岭、连绵不断，原始森林遮天蔽日，到处荆棘丛生，毒蛇猛兽出没。6月3日起雨季降临，倾盆大雨10天不止，一时细流成川，部队行动十分困难。又因断粮多日，每日仅能行进3—5英里。鉴于雨季带来的这些困难，部队遂传命改道撤往印度。军长令新22师第65团为前卫，以指北针定方向前进，指派笔者担任军司令部及直属部队舍营指挥官，每天率领特务1营第2连及各单位舍营官，在部队先头出发，规定每日下午3时停止前进，选择附近有清洁水源的地点宿营。以后增加了经验，各单位到达指定的地点后，采集竹木树枝及野生芭蕉叶等搭制窝棚竹床以防潮湿。并收集树枝燃起篝火驱除蚊蠓叮咬，还能使野兽不敢接近伤人。由于淫雨绵绵，部队断粮，蚂蝗蚊蠓叮咬，体力消耗很大，身体抵抗力下降，官兵疾病日益增多。患者高烧不退，昏迷不醒，甚至数小时内就倒毙死亡。沿途尸体比比皆是。起初派兵挖土掩盖，以后为数太多，只能砍些树枝叶草草掩盖。雨季来到不久，各部川队驮运行李的骡马，由于道路崎岖泥泞，通过更为困难，骡马堕下深箐者也不少。

每天到达营地后，电台立即架设与重庆及各部队联络，上报情况接受指示并了解各部队情况和敌情，渴望早日得到空投接济。国内经常派飞机在原始森林上空搜寻部队，但因森林遮天蔽日，我们听到机声，却见不到飞机，军部派了很多人寻找林中空地，以烧明火3堆为号，以便空投，结果一无所获，唯有望洋兴叹。

官兵这时只得以野生芭蕉茎根，或者拣些无名野菜充填肚皮，体力衰竭，行军越来越艰难。前卫团留下的尸体白骨一路不断，他们建造的棚帐里死亡的官兵睡得整整齐齐，大概是先死者睡着无人移动或掩埋，后来者到此已精疲力竭，只得挨着前者睡卧待毙，结果形成死人排队的惨状。随军行动的铁道部文职技术员工，由于从未经受过如此艰难处境，有些人腿脚受伤不能随军行动，夜晚就在树上上吊自杀。士兵中也有因脚伤不能行走自杀的。有些士兵倒毙在路中央也无力搬移到道旁。军部参谋处上尉绘图员（姓名忘记了）就是倒在路中央死去的。原始森林的树木自生自灭，常遇参天大树连根拔起倒伏林中，干高一人有余，根部更加庞大，挡住去路无法通过，只得另行开路绕过树根。较小者即在两侧堆土造成缓坡通过。在暴雨后，常常引起山洪暴发，洪水汹涌奔腾而来，势不可挡，顷刻间细流成川，遇此情况，只得往高处转移。有一次军司令部与军直属部队失掉联络，不得不停止前进，派人到处联络，洪水退后方得恢复联系。有天晚间，我发现坡下的火堆被水冲灭了，人员纷纷向高处转移，知道又是山洪暴发了，立刻报告军长向高处转移，军长刚撤离，棚帐就没了顶，可见洪水来势之猛。如遇连夜暴雨，翌晨为洪水阻拦，既不能徒涉，又无法架桥，工兵曾扎制过不少竹木筏，多被洪水冲走，甚至连人也冲得无影无踪。在山林里到处听到猿猴啼叫声，由于林木稠密，很见不到它们，有一个士兵捕获到一只长臂猿，灰黑色，白眉毛，性温顺，两臂很长超过下肢，用绑腿系着脖子，行走时两臂上伸直立，随队走了几天遂死去。山中有野象群，见到很多象的足迹和象粪，树干上见象体上泥浆擦上的迹印，还见过一只死象。蟒蛇很多，但未闻有伤人之事。而捕蛇烧食者时有所闻。在到达打洛前，军长病倒了，患回归热，发高烧，昏迷两日，不省人事。耽延了两天行程，所幸军医处尚有"914"针水，但无蒸馏水，不得已就烧开水用药棉纱布多次过滤后冒险注射收到效果。军长患病期间由特务营第1连常连长负责护理。扎制担架1付，由该连士兵抬行。常连长受传染反而不治身亡。不久参谋长也受传染，用同样办法治愈，最后该连士兵所剩无几。

军部特务营长李公喻是黄埔军校9期学长，有1天和我一路。他随手在路边摘了1棵草含在嘴里，不一会嘴就红肿得很厉害，说话都张不开，大概是中毒所致，四五天才逐渐消退。去年我到北京旅游专程去拜访他。提起此事，他说："过去爬野人山的幸存者已很少见了"，抚今追昔，不胜感慨万千！

到达打洛附近，遇到少数当地土人（即所谓的野人），他们住房是草顶土墙平房，四周围有荆棘生篱。据说篱内四方安置着毒弩，防御野兽袭扰，官兵们都不敢接近，以防不测。他们皮肤黝黑，上身前后和四肢全刺有花纹，胸前佩带长短兽牙饰物，胯部固以花布或兽皮，肩上斜佩长缅刀，手持无缨长矛，身背竹制背篓，体格健壮，行走爬山敏捷，缅文翻译官也不懂他们的语言。有少数人带来些小狗、蔬菜、辣椒等在路边用手势和过路官兵交换衣物。

到达打洛后，得第一次空投

盼望已久的走出森林终于实现了。当晚军部电台与重庆取得联络，要求空投。翌日中午时分，听到隆隆机声，两架运输机飞临上空发现了布板标记，一架低空投掷，一架高空盘旋，轮流空投后，往回飞去。空投时官兵欢呼雀跃，兴高采烈，在场的士兵纷纷忙于收集投下的麻包。有些被他们拆开，每包内装大米约40公斤并附装有咸鱼及蔬菜等罐头食品，外面又套一麻包，避免落地后震散起保护作用。药品用小型降落伞投下。在一袋被士兵拆开的麻包中发现一封较大的公文信件，封面上写着"杜军长聿明亲启，中国后勤总部缄"，并用火漆封口。当即送军长呈阅，内容是：在部队到达新平洋后，由印度列多到新平洋，由先抵达印度的宪兵团派官兵在沿途设立10个补给站，并预设棚帐接待；靠近列多的补给站的补给品以骡马输送，远处各站以空投补给，并附缅北地图一份，在图上标明各补给站位置。这几天未下雨，天气晴朗，连续投了粮和其他一些补给品如药品、银卢比、西装短裤、胶鞋及梳子等。我们在第一天空投后，官兵们都狼吞虎咽饱餐了一顿。有米有菜，不知吃了多少碗饭，饱胀得站不起来。在长期饥饿后，一旦得到粮食补给，由于不注意控制，就吃得过多，反使肠胃不能消化，因此而胀死的士兵比饿死的还多，这是空投后带来的新灾难，也是一件值得记取的教训。在这里休整了5天，如果不下雨到新平洋5天可到。为了保险起见，军部命令每人必需带足10天粮食，不料在出发前的夜间又是倾盆大雨不止，到处为汹涌的洪水所阻，只得向上游绕道，经过几天跋山涉水，所带口粮被雨水浸透都成了米浆，有的捂得发霉。有时徒涉齐脖子深的水，携带的东西要顶在头上通过。行走不通就绕道而行，下午3时停止前进时，突然发现昨夜宿营的火堆和棚帐遗迹，如同大梦初醒，原来今天绕来绕去，白费精神和体力，又绕回了昨天的宿营地，真是叫苦连天，军长知道了，他说："事已如此，算了……谁也不愿意这样干的，明天注意就行了，休息去吧"。

到达新平洋

本来5天可以走到新平洋，由于大雨造成的困难，结果走了15天，又断了五六天粮，这是一次对困难估计不足的教训。

该地三面环山，谷地低凹，湍急河川，蜿蜒其间，终日云雾茫茫，晴天日照时间不多，中部平坝处有两幢较大的竹楼，在竹楼上我们见到各有十几具穿印度服饰的男女尸体，周身叮满了蝇蛆，奇臭难闻。可能是发生战争时，在缅经商的印度侨民，撤回印度经此，因雨季受阻饿病致死，很凄惨，也是战争带给他们的灾难！各部队陆续到达后，这两幢竹楼经过清理，也住满了部队，另外，我们也把棚帐改建成竹楼，离地1公尺以上，居住条件大为改善。空投物资充裕，有大米、面料、奶粉、咖啡、红茶及各种肉食蔬菜罐头，官兵们早晨吃牛奶咖啡，中午可以吃饺子面包，不但吃饱还能吃好。投下大量药品，小病得到即时治疗，待10月份雨季过后，再去印度列多，据说那时只要17天即可到达。我们参谋处的中尉见习参谋谢竹亭是黄埔军校后期同学，纯洁忠诚，工作认真踏实，到达新平洋后他对我说："身体不适，准备留下就医，待雨季过后再走。"我坚决反对，并晓以利弊，此地绝不能久留。但在休整1周后，部队分批出发时，他还是留了下来。我随军长回国后，听后来回国的同事说，谢竹亭病死在新平洋，葬身异域，闻讯后我十分悲恸和遗憾！他是湖南湘潭人，有父母及订婚不久的未婚妻（郭莉），当他们获悉后的悲痛心情，可想而知。另有第11集团军总部派来军部担任联络的参谋（姓名忘记了），转进时随我军部行动，途中两脚起泡后溃烂，无药医治，他强忍剧痛手拄木棒行走，甚至爬行多日，最后到达新平洋，经留医治愈回部，相形之下，他的坚忍不拔的精神是多么可贵！军部政工处政工大队有几位女队员，在异常艰苦的条件下，跋山涉水，忍饥挨饿，在该部同事们的互助下，克服了千难万险，先后到达目的地列多，实在难能可贵。

到达终点站列多

在新平洋休整期间，体力稍有恢复，再往前走，道路虽仍崎岖难行，但较原始森林令人胆颤阴沉可怕的情景好多了，沿途设有10个补给站，到站时既不愁吃，又不愁住，考虑的是尽快地到达目的地列多。但因长期的营养不良，个个面黄肌瘦，皮泡腿肿，沿途倒毙者自然不少。为了沿途补给方便，避免部队拥挤，规定分批、分期出发办法，行军秩序井然，最后组织收容队，担任伤病官兵的收容工作。在未设补给站的地点宿营，使用自带口粮，自搭棚帐。每到设站点，见到设站人员个个身体健壮、精神饱满，羡慕之情，油然而生，更觉相形失色了。

7月底一个下午，天气晴朗，我率领的舍营人员，个个汗流浃背。走上山脊时，见到山下远处一股袅袅云烟，隐约一列火车向前蠕动着，这时大家欢呼雀跃，直冲山下，司机大概见到人群，也拉响欢迎我们的汽笛。到达铁道边就是目的地——列多临时营地，预备建好帆布顶帐棚，围以竹席，设高铺位，编好AB-

CD……等号码，以白粉写在每栋帐棚侧牌上，很醒目，我按各单位人数，分配给各单位舍营官，待部队到达时按分配的帐棚就位。

进入大门，两旁军医先检查身体，患病者立即送上门前汽车运送到列多医院住院治疗。无病或轻病者，立即理发、洗澡，将所穿的衣帽鞋袜等物全部焚毁消毒，换发新军服、军毯、鞋袜日用品等。我在完成设营指挥官的任务后，归还参谋处建制。

最使人伤感的是少数官兵，竭尽全力，坚持走到列多营地，竟倒毙在大门口，有的死在铁路边，目击者无不悲伤惋惜！他们为了抗日，为了活下去，奋力挣扎到此，仍逃不脱死神的魔爪！真是"血染沙场筹壮志，那堪忠骸异域留"，令人慨叹深思。野人山！野人山！你吞噬了多少无名英烈！在这场不见敌人的残酷斗争中，是谁造成这巨大的、无法弥补的灾难？

军部到达列多后，临时驻扎在附近茶厂里办公，此地天天昼晴夜雨，气温高达40多度，每天冲凉数次，都不解决问题。给养供应，经常是肉食多蔬菜少，吃不完的牛肉等只得挖坑埋掉，否则就要腐臭。其他物品则按级别供给。军部在部队收容工作基本结束后，因部队减员太大，官多兵少，将部队缩编，编余军官编一军官队，派上校参谋资崑如任队长，集中管理。8月初，我们首批官佐40人随军长由印度丁江乘飞机回国，汇编战斗详报，处理安排先后回国部队的人马械弹补充整训工作。

随军部经野人山到达列多的官兵，根据各部队初步统计：出发时共10000余人，到达列多的共4000人，沿途饿病死亡者共6000余人。行程共两个半月，计92天，平均每日死亡109人，超过作战伤亡人数的1倍以上，实属骇人听闻！以军部特务营为例（除第4连），出发时300余人，到达列多时仅28人（除一小部在新平洋留医），死亡人数之多，令人难以置信。我们这些幸存者，永远不会忘记先烈们为国家，为民族献身的崇高爱国主义精神，奠定了反攻缅甸日寇取得歼敌5万余众辉煌胜利的基础。先烈们功在民族，永垂不朽！

1990年10月于昆明

（政协昆明市文史资料研究委员会编：《昆明文史资料选辑》第16辑，1991年印，第153—163页）

108. 1945 年第一方面军各部队出击越北历次战斗结果统计

1. 第 1 次：6 月 17 日，第 5 师第 5 团 4 连，两排兵力，袭击占领马龙寨。击毙日军 12 名，士兵 15 名，击伤日兵 1 名，缴获重机枪 1 挺，轻机枪 1 挺，手枪 1 支，步枪 13 支，手榴弹数箱，发射筒 1 个，掷弹筒 2 个，弹药 10 余箱，电话机 1 部及文件等。我方损失，阵亡官 1 员，兵 3 名，伤兵 6 名。

2. 第 2 次：6 月 20 日，第 2 师第 5 团 8 连，两排兵力，袭击占领东文，击毙日军 9 名，缴获步枪 2 支，钢帽数顶，马 1 匹。我军阵亡兵 2 名。

3. 第 3 次：6 月 20 日，第 2 师第 5 团 6 连，抗敌逆袭马龙寨，击毙敌兵 1 名。

4. 第 4 次：6 月 27 日，第 2 师第 5 团 8 连，两排兵力，抗敌逆袭东文，将其击退。毙敌 9 名，缴获步枪 2 支，钢帽数顶，马 1 匹。我军阵亡兵 2 名。

5. 第 5 次：6 月 29 日，第 2 师第 5 团 4、6 连，兵力 4 排，抗敌逆袭马龙寨，将其击退。毙敌官 1 名，兵 30 名，缴获步枪 5 支，手榴弹数十枚，及钢盔、担架、战刀等。我军亡官 1 员，兵 2 名，负伤官 1 员，兵 10 名。

6. 第 6 次：7 月 5 日，第 2 师第 5 团 8 连，兵力 1 排，袭击占领江利，缴获步枪 13 支。

7. 第 7 次：7 月 12 日，第 2 师第 5 团，兵力两排，攻击占领普棒。击毙敌 20 余名，缴获弹药 10 余箱。我军阵亡官 1 名，兵 2 名，负伤官 1 员，兵 7 名。

8. 第 8 次：7 月 17 日，第 2 师第 5 团 5 连，敌逆袭我，全连撤出。敌伤亡各数十名，缴获步枪 4 支，我军阵亡官 1 员，兵 2 名，负伤官 1 员，兵 15 名。

9. 第 9 次：7 月 25 日，第 184 师 550 团，兵力 1 排，在沙坝以北与敌遭遇，毙敌 2 名，伤数名。我军阵亡官 1 员，伤兵 1 名，损失重机枪 3 挺，六〇炮 2 门，轻机枪 3 支，冲锋枪、信号枪各 2 支。

10. 第 10 次：7 月 25 日，第 2 师第 6 团 1 连，在老寨威力搜索，伤敌 40 余名，缴获手提机枪 1 支，步枪 3 支，及钢盔文件等。我阵亡官 2 员，兵 8 名，伤兵 3 名。

11. 第 11 次：7 月 28 日，第 2 师第 5 团 2 营，兵力全营，攻击占领马龙寨。伤敌 10 余名，缴获步枪 6 支，我伤士兵 4 名。

12. 第 12 次：7 月 28 日，第 184 师，兵力 1 排，向猛烘威力探索，毙敌数名。

13. 第 13 次：8 月 1 日，暂编第 21 师，兵力 1 个加强排，向猛梭威力搜索，毙敌数名。

14. 第 14 次：8 月 3 日，第 195 师 584 团 1 营，兵力 1 连，攻击占领箐门。击毙日兵 20 名，伤士兵 20 余名，缴获炮 2 门，重机枪 1 挺，轻机枪 6 挺，步枪 55 支，炮弹百余发。我伤士兵 12 名。

15. 第 15 次：8 月 3 日，第 2 师 4 团 3 连，攻击占领卡房，毙敌 10 余名。我阵亡兵 1 名，伤 6 名。

16. 第 16 次：8 月 6 日，第 195 师 584 团 3 营 2 连，攻击占领花龙。毙敌 20 余名，缴获重机枪 1 挺，步枪 20 余支，马 5 匹及军用品等。

17. 第 17 次：8 月 6 日，第 2 师第 4 团 1 营，兵力 1 排，出击岩风洞，旋撤回江利。

18. 第 18 次：8 月 7 日，第 195 师 584 团 3 营，兵力 1 连，攻击占领龙马街头，毙敌 13 名，缴获步枪 13 支，马 1 匹。我阵亡兵 2 名。

19. 第 19 次：8 月 8 日，第 2 师 4 团 1 营，兵力 1 排，出击械元、莫柴间，我伤士兵 2 名。

20. 第 20 次：8 月 9 日，第 195 师 584 团 3 连，兵力 1 连，攻击占领曼美。毙敌 10 余名，缴获步枪 4 支。我伤亡士兵 3 名。

21. 第 21 次：8 月 9 日，第 195 师 584 团 1 营，攻击占领勐康。毙敌 10 余名，伤敌 20 余名，缴获步枪 2 支。我负伤官 1 员，兵 10 余名。

22. 第 22 次：8 月 9 日，第 195 师 584 团 1 营，占领黄树皮，毙敌官 1 名。我阵亡兵 1 名。

23. 第 23 次：8 月 11 日，第 21 师 1 团第 1 营 3 连，攻击占领勐梭。毙敌 4 名，缴获步枪 3 支。我阵亡官 1 员，负伤 3 名。

24. 第 24 次：8 月 12 日。第 195 师第 6 团 4 连，兵力 1 排，攻击占领荷树堂，毙敌 10 名，缴获步枪 10 余支。我伤兵 2 名。

25. 第 25 次：8 月 13 日，第 184 师 551 团 1 营，攻击占领勐烘。

26. 第 26 次：8 月 14 日，第 2 师第 6 团 1、4 两连各一部，攻击占领老寨。缴获轻机枪 1 挺，步枪 10 支，掷弹筒、电话机 7 部。我伤士兵 6 名。

27. 第 27 次：8 月 15 日，暂编第 22 师 1 团，兵力 1 营，攻击占领勐得。毙敌 10 余名，缴获步枪 3 支。我伤兵 2 名。

28. 第 28 次：8 月 15 日，第 184 师兵力 1 营，攻击占领坝洒。

29. 第 29 次：8 月 15 日，思普独立大队，兵力 1 营，攻击占领防沙利。

30. 第 30 次：8 月 20 日，第 182 师，兵力 1 营，攻击占领老街外围。

31. 第 31 次：8 月 21 日，第 195 师，兵力 1 营，攻击占领河阳，毙敌数名，伤数名，缴获重机枪 1 挺，轻机枪 1 挺，步枪 20 余支。我阵亡兵 1 名，伤 10 名，伤官 1 员。

32. 第 32 次：8 月 21 日，第 184 师，兵力 1 营，攻击占领沙坝。毙敌数名，伤 10 余名，缴获重机枪 1 挺，轻机枪 1 挺，步枪 10 余支。我负伤官 1 员，兵 6 名，阵亡兵 2 名。

以上历次战斗，自民国 34 年 6 月 17 日第 1 次出击占领马龙寨，至 8 月 21 日出击占领沙坝止的战报经过统计。

（云南省志编纂委员会办公室编：《续云南通志长编》上册，1985 年印，第 119—121 页）

〈五〉 抚恤和救济

109. 云南省政府为筹资特别抚恤本省阵亡
人员请转饬遵照办理咨

（1938 年 7 月 13 日）

案查本府 27 年 7 月 11 日临时会议议决："此次对日抗战，所有全国阵亡将士将来如何抚恤，中央自有统筹办法，照章抚恤，在中央未发抚恤金以前，本府为特别体恤本省阵亡人员遗族起见，议决办法如下：（一）先行筹集新币 4 百万元，以作地方一次慰藉金之用。（二）该款如何筹集，令民、财两厅先行会商，拟具适当办法呈候核夺。（三）所有前方阵亡人员由绥署军务处电催 60 军迅速造具名册汇报到部，以凭登记。（四）名册到后，按其籍贯分令所隶各县县长详为调查，并饬该管区域内保甲长负责具结证明以作根据。（五）此次手续完毕后，交由绥署军法处指定人员负责比对审查，以昭实在，再由处拟具发给办法呈候核夺。（六）上项慰藉金系本府特予发给者，与中央将来所办抚恤各为一事，不相牵混。"等语，记录在案。除分令财政厅、民政厅遵照办理外，相应咨请贵公署转饬军务处、军法处遵照，至纫公谊。此咨滇黔绥靖公署。

主席 龙 云

（云南省档案馆馆藏档案，档案号 1011—7—213—16～17）

110. 国民政府军事委员会下发 《陆军抚恤暂行条例》 训令 （节录）

（1940 年 10 月）

案奉国民政府 9 月 20 日渝文字第 895 号训令开："为令知事查陆军抚恤暂行条例，现经制定，明令公布，应即通行饬知。除分令外，合行抄发原条例及附表，令仰知照，并转饬所属一体知照。附陆军抚恤暂行条例及附表 1 份奉此。除分令外，合行令仰知照并转饬所属一体知照。此令！"

附发陆军抚恤暂行条例及附表 1 份。

陆军抚恤暂行条例（1940 年 9 月 27 日公布，内容略)①

抚恤金第 1 表战时阵亡恤金		
阶级	一次抚恤金	遗族每年抚恤金
上将	3000 元	800 元
中将	2000 元	700 元
少将	1500 元	600 元
上校	1000 元	500 元
中校	900 元	400 元
少校	800 元	360 元
上尉	600 元	320 元
中尉	500 元	240 元
少尉	400 元	160 元
准尉	300 元	120 元
上士	150 元	80 元
中士	130 元	70 元
下士	120 元	60 元
上等兵	100 元	50 元
一等兵	80 元	40 元
二等兵	80 元	40 元

（表 2 至表 8 略）

（云南省档案馆馆藏档案，档案号 1051—1—159—399～410）

---

① 表中抚恤金指法币。

111. 云南军管区司令部请令饬核发抗战阵亡将士家属一次特恤金暨遗族胜利恤金抚慰金咨（节录）

（1946 年 7 月 3 日）

案奉军训部 35 年 5 月训人资字第 4963 号训令开："奉军事委员会本年 5 月 7 日，抚一崇渝字第 50258 号训令开：查抗战 8 年，我忠勇将士牺牲壮烈，现战事胜利结束，对各遗族生活，除已增加恤金及配发公粮代金，并按条例规定优待外，兹特颁发抗战阵亡将士家属一次特恤金与阵（死）亡将士遗族胜利恤金与抚慰金，以资安家建业，而示抚慰，除通令并分行外，合行检发上项，发给办法令仰转饬所属一体知照为要，此令，等因；附发抗战阵亡将士家属一次特恤金，暨阵亡将士遗族胜利恤金与抚慰金发给办法各 1 份，奉此除分行外，合行抄发原件各 1 份，令仰遵照！"等因。附发抗战阵亡家属一次特恤金、暨阵亡将士遗族胜利恤金抚慰金发给办法各 1 份，奉此。相应抄同原办法咨请贵府查照，通令各市县政府饬知各阵亡将士家属及遗族通知为荷！此咨！云南省政府主席卢

（附原办法各 1 份）

抗战阵亡将士家属一次特恤金发给办法[①]

一、抗战年各忠勇官兵牺牲壮烈，兹战事胜利结束，对各忠勇官兵遗族，除增加恤金及配发公粮、代金外，为使遗族战后安家立业，特规定办法发给一次特恤金以示抚慰。

二、本办法所定之特恤金以一次为止，其数目规定如：

级　别	阵亡一次特恤金数目	因公殉命一次特恤金数目	积劳病故一次特恤金数目	备考
上　将	300000 元	200000 元	150000 元	
中　将	200000 元	146000 元	110000 元	
少　将	180000 元	120000 元	90000 元	
上　校	150000 元	100000 元	75000 元	
中　校	130000 元	86000 元	65000 元	

---

① 　下表中金额指法币。

级　别	阵亡一次特恤金数目	因公殒命一次特恤金数目	积劳病故一次特恤金数目	备考
少　校	110000 元	74000 元	55000 元	
上　尉	90000 元	60000 元	45000 元	
中　尉	80000 元	54000 元	40000 元	
少　尉	70000 元	46000 元	35000 元	
准　尉	60000 元	40000 元	30000 元	
军　士	50000 元	34000 元	25000 元	
兵　役	40000 元	26000 元	20000 元	

（三至九条略）

十、本办法自奉准之日起实行。

阵（死）亡将士遗族胜利恤金与抚慰金发给办法

（一）兹为抗战胜利慰问阵亡将士遗族以示优异起见特将一次胜利恤金及 35 年元旦日暨抗战纪念日发给抚慰金合并发给定名为胜利恤金奖抚慰金。

（二）胜利恤金、奖、抚慰金规定如：

级别	阵亡给与数	公殒给与数	病故给与数	备考
上　将	100000 元	66000 元	50000 元	
中　将	85000 元	56000 元	42500 元	
少　将	75000 元	50000 元	37500 元	
上　校	65000 元	42000 元	32500 元	
中　校	55000 元	36000 元	27500 元	
少　校	45000 元	26000 元	22500 元	
上　尉	35000 元	22000 元	17500 元	
中　尉	30000 元	20000 元	15000 元	
少　尉	25000 元	16000 元	12500 元	
准　尉	20000 元	14000 元	10000 元	
军　士	5500 元	3750 元	2750 元	
兵　役	3500 元	2200 元	1750 元	

（三至十条略）

十一、本办法自奉准之日起施行。

（云南省档案馆馆藏档案，档案号 1051—4—544—40～45）

112. 全国慰劳抗战将士委员会总会慰问并救济昆明空袭被灾抗属及防护防空人员快邮代电（节录）

（1941 年 3 月 8 日）

昆明云南省政府龙主席志舟勋鉴：近悉暴敌疯狂鬼神炸滇垣，屠杀无辜，人天共愤。幸赖贵主席指挥若定，部署周详，得以减少损害，而全滇同胞在贵主席领导之下，同仇敌忾，坚强不屈，抗战建国贡献愈多。远念贤劳，益深感佩，除另汇国币 1 万元救济昆明空袭被灾之抗战军人家属及慰劳英勇服务之防护防空人员外，特电慰问，敬悉亮察。全国慰劳总会会长陈诚、副会长谷正纲、马超俊、郭沫若。附办法 1 份（略）。

（云南省档案馆馆藏档案，档案号 1106—1—737—166 ~ 168）

113. 军事委员会委员长昆明行营兵站总监部为
转饬照料遣送回籍归侨代电

(1942 年 5 月)

昆明云南省政府龙主席志公勋鉴：查自缅甸撤回之义侨已抵昆明者约 1 万人，除有能力回乡之富侨 2 千余人外，现滞留昆明之难侨尚有 7 千人以上，其中粤籍约 5 千人，闽籍约 1 千人，因此间房舍不敷且霍乱盛行，决定遣〈送〉回籍，兹经职与同乡会商定，先垫款购买汽车 50 辆，自 5 月马日起，由昆明分批送经黔桂转粤桂闽。除电粤桂两省当局派员设站招待并设备防疫治疗外，敬电请饬有关机关于经过沿途照料，以惠归侨为祷。昆陈劲节。辰篠辰。行秘。印。

（云南省档案馆馆藏档案，档案号 1106—1—3056—81）

114. 军政部为转饬地方政府协助收容驻印回国伤残官兵电

（1945 年 11 月 3 日）

昆明龙主席勋鉴：驻印伤残官兵 3 千人，现由美方最近代运返国于滇西云南驿设院收容，除派后勤总部卫生处副处长蔡善德及军医署专员孙德亮 2 员前往云南驿等处办理外，相应电请查照赐予转饬当地政府予以协助为荷！渝陈诚（34）部医荣三。申皓

（云南省档案馆馆藏档案，档案号 1106—1—2773—78）

115. 云南省民政厅填报之云南省所属各县抗战以来征属优待概况调查统计表

（1948 年 4 月 29 日）

云南省所属各县抗战以来征属优待概况调查统计表①
之 一

县别	征属人口		安家费发放数（元）	优待金（谷）发放数（元）	优待谷发放数（石）	其它	附记
	户数	人数					
澄江	2695	13475	3729970	3729970	229600		
曲溪	888	171	960000		331600		
罗次	2255	11250	487000	2718020	39020		
泸西	6220						
昭通	7736	7736	4860000				
呈贡	4210	4210					
昆明	240	240	4800000				一、本表截至 1948 年 4 月 20 日止汇集表报各县数字胪列
双柏	4174	20870	1480000		417400		
禄丰	1507	1507	720081	360040	5		
平彝	7650	39270	9377000		535510	470000	二、安家费金额以元为单位
路南	5267	15885	11160000		183600		
富民	2391	2428	47906				
广通	1607	10294	84				三、优待谷以公石为单位
宜良	7617	7617					
峨山	5632	12489	1140000				
建水	5871	13447	216535000	108267500	5887100		
富宁	262	890	3740000				
六顺	16	78	800000	1930			
威信	260	513		2600000			
中甸	731	2798	552000	15001000	144800		
镇越	23	65	460000	230000	2300		

---

① 表中金额指法币。

县别	征属人口		安家费发放数（元）	优待金〔谷〕发放数（元）	优待谷发放数（石）	其它	附记
	户数	人数					
耿马设治局	21	113	1050000	11950000		4060000	一、本表截至1948年4月20日止汇集表报各县数字胪列 二、安家费金额以元为单位 三、优待谷以公石为单位
云县	1320	2738					
顺宁	5513	5222	38655000				
武定	6094	6094	10850000				
宣威	7469	7469	3552700000				
合计	87669	186869	38641040	14485846	2470930	4530000	

（云南省档案馆馆藏档案，档案号 1011—5—1091—182、189～190）

之 二①

县别	征属人口		安家费发放数（元）	优待金发放数（元）	优待谷发放数（石）	其它	附记
	户数	人数					
开远	2251	2512	1739220000	2060	14000	10904500	
丽江	6896	6896	344800000	203680000	708840000	2350000	
大理	3348	25669	6063690				
合计	100164	212538	5954187731	218167906	211324930	17784500	
总计	100164	221946	5954187731	218167906	211324930	17784500	

（云南省档案馆馆藏档案，档案号 1011—5—1091—183）

---

① 此表与上表"之一"应为一个表，在档案中分存在两页上，在此未做合并处理，保持原样。在民政厅至云南省政府呈文中提及，尚有其他县局未呈报抗战以来征属优待概况调查统计表，需再令催报（云南省档案馆馆藏档案，档案号 1011—5—1091—190）。

116. 优待抗属

1937 年 9 月 8 日，滇黔绥靖公署主任龙云签发《云南省政府优待抗日伤亡军官佐士兵办法》，规定本省抗日阵亡官兵，除请由中央政府依法抚恤外，免除家属应负担的义务工役和地方附加税及各种门户捐款 8 年；临阵负伤者，轻伤免除家属中 2 人以下的义务工役和地方附加税 2 年；重伤免除 4 人以下的义务工役和地方附加税 4 年。1939 年 3 月 28 日，云南省政府颁布《表忠牌给予规定》，规定凡抗日阵亡官兵直系亲属，均给予表忠牌 1 面（铜质，9 厘米宽，12 厘米长，中书"忠烈" 2 字，左边书"云南省政府颁给" 7 字，右边书"殉国军人家属" 6 字）。领有此牌的遗属，得享受下列优待：免除 10 年以内工役及正税外地方所派的一切税捐；子女入学者，照优待章程免费。同年 4 月 3 日，云南省政府制定颁发《云南全省优待出征军人家属条例实施细则》，规定了优待对象、优待内容和方法；还规定各县、市建立出征抗敌军人家属优待委员会。

1939—1945 年，部分县、市先后建立了优待征属委员会，并开展了一些活动。昆明市优委会于纪念日或节日，给征属发放救济费，每户 5—10 元，特别困难户 50—200 元。1940 年 4 月，嵩明县出征军人家属 2165 户，12990 人，每户得救济费 20—60 元；丽江县征属 380 户，1210 人，受经常救济 110 人，受一次救济 1100 人，实发放米 11 石、麦 20 石。同年 9 月 13 日，昆明市政府向省府呈报的《抗战军人子女就学情形及意见表》中，所列中、小学 30 所，对抗战军人子女都按例给予免缴学杂费及供给书籍用品的优待。1943 年，石屏县开展抗日献金运动，获国币 39202.50 元，以其 1/3 慰劳本县阵亡军人家属。1944 年元旦，蒙自县各界人士捐款 1.5 万元，慰劳出征军人家属。1947 年，开远县优委会向富户捐募优待金，给阵亡军人遗族及现役军人家属 300 户发放优待金 400 万元，粮食 10 石；享受租耕田地及义务代耕的 35 户；入公学免除学杂费的 350 人，患病免费诊疗的 15 人。1948 年，罗次县、禄劝县向省府呈报的《抗战以来征属优待概况调查统计》中记载：罗次县征属 432 户，2160 人，1937—1946 年，共发放安家费 4876484 元，优待金 2718020 元，优待谷 39 万石；禄劝县征属 640 户，3864 人，1938—1948 年，共发放安家费 11074070 元，优待金 14411535 元。

（云南省地方志编纂委员会编：《云南省志·民政志》，云南人民出版社 1996 年版，第 117—118 页）

117. 抗战救济

归侨救济

1942 年缅境战况剧烈，4 月中旬，侨胞大批归国，滇缅路上，扶老携幼，络绎于途。云南省各界组织协助归侨委员会，协助云南紧急救侨会办理救济工作，先后成立归侨招待所 9 处。招待事项如下：

（一）招待食宿，每日两餐，3 菜 1 汤。

1. 第 1 招待所，借用第 5 军分校校址，前后共招待难侨 2497 人。

2. 第 2 招待所，借用红十字会昆明分会会址，先后招待侨胞达 5000 余人。

3. 第 3 招待所，借用武庙屋舍，招待侨胞 600 人。

4. 第 4 招待所，借用两粤会馆，共住侨胞 869 人。

5. 第 5 招待所，借用福建会馆，共住 394 人。

6. 第 6 招待所，借用两广同乡会馆，招待 732 人。

7. 第 7 招待所，设中法中学，招待侨胞 277 人，另有保山被炸之华侨中学 75 人，教职员及眷属 5 人。

8. 第 8 招待所，设于昆华女中旧校址，共住侨胞 657 人。

9. 第 9 招待所，设于大观楼，招待所将各所招待之孤儿及无家可归妇女，作长期收养。

（二）疏运侨胞

入滇侨胞共约 15000—20000 人，来昆登记者计一万零数百人。其积蓄较丰或有亲友可寻，职业可谋者，均自寻出路，余则由协救会积极疏运，专车运出 4 批，直达金城江，计 740 人，每人沿途均招待饮食。又由铁道疏运至曲靖者 2000 人。凡曲靖东开之汽车，不论军、公、商车，一律强迫运送侨胞，每次 5 人至 10 人，由新运招待所以战区司令部名义在曲靖拦车乘搭。后由侨委会会长、海外部部长到昆与本省政府商定汽油征购办法，每周开车两次，每次开出 20 余辆。留昆侨胞逐渐得以运送回籍，其滞留昆明者，均由侨务处办理登记，介绍职业及设法安置。

（三）人事扶助

侨胞抵昆，以经济压迫之故，不时出售所携货物，一时街头巷尾形成流动市场。后经指定文庙为侨胞集中售货处，由商会设处以备咨询。

（四）疾病医疗

侨胞长途跋涉，时值霍乱流行，病多死亡。社会处卫生实验处发动全市医疗机关，普遍施行防疫注射。由市立医院收容霍乱病人。

（五）宣问慰劳

中央曾派高级长官来昆宣慰侨胞，本省政府亦派各机关长官分别前往各招待所慰问。本省各界举行慰劳大会 2 次，并招待侨胞观剧，每人分赠药品、毛巾、肥皂。此外，军校、航校更举行慰劳会，俾侨胞减少流离痛苦。

难胞救济

1945 年湘桂沦陷后，多数难胞均相继入黔，有续来滇者，部令救济。当由有关机关团体组织"云南省临时救济湘桂难胞委员会"。其办法如下：

（一）难胞登记：先到昆明难民总站申请登记，换发难民证，然后凭证到各收容机关。

（二）招待食宿：两粤籍难胞，由两广同乡会收容；湘籍难胞，由湖南同乡会收容；其他省籍及两广、湖南籍一部难胞，由会设立临时招待所凭证收容，供给膳宿。

（三）疏运难胞：来滇之湘桂难胞，抵昆登记者约 2700 余人，除有亲可寻或有业可谋者外，由会向难民总站、中缅运输局、川滇铁路局、远征军司令部等处商洽车辆，免费疏运愿往他县之难胞。其滞留昆市者，设法介绍职业，妥为安置。

（四）职业介绍：住临时招待所及两广、湖南同乡会等难胞，均愿寻觅职业，由会及难民总站分别介绍。

（五）疾病医疗：商请红十字会昆明分会及惠滇医院等，每日派员分赴各招待所义务诊疗。其有重病及产妇，均送各医院住留诊治。

社会救济

（一）冬令赈济

1942 年，云南省冬令会救济委员会，省会计发赈米 1000 公石，50 元钱 2 万张，二共国币 370 万元。县局方面，一等县，每县平均分发赈米 300 公石，25 县共 7500 公石；二等县，每县平均 200 公石，27 县共 5400 公石；三等县，每县平均 100 公石，60 县共 6000 公石，设治局，每属平均 50 公石，14 局共 700 公石；对汛督办及设治专员，每属平均 100 公石，三属共 300 公石；总计 19900

公石。

32 年冬赈，社会部拨奖助费 1 千万元，本省配定 30 万元，办发赈米 1500 公石。

33 年冬赈，由各地社会救济事业协会办。

（二）施粥救济

31 年，社会处筹获食米 1000 公石，旧历年关，于昆明市区设施粥所 5 所。

（三）寒衣救济

商获军队缴存旧棉衣 2000 套，由中央赈济会拨款，定市商会负责补缀洗染，由难民总站、各区公所、空袭救济办事处及救济院等，调查册报贫民，据以分发。

（四）整顿地方救济机关

分令各县政府清理旧有救济机关慈善团体所有款产，改组成立各县实验救济院。

（五）实验救济院

33 年 6 月，社会处成立实验救济院于观音寺，收容流浪儿童及失业贫民 40 名。设育幼、习艺两所，教养兼施，工读并重。习艺以卷包纸烟、装订课本、印刷表格、御驶马车及缝纫等技术。每月由娱乐捐拨助事业费，平均约 60 万元。

（六）空袭救济

1. 昆明市空袭紧急救济联合办事处，负空袭收容赈济灾民之责，赈款由省赈济会发放。

2. 防空司令部救护大队，负空袭救护之责，轻伤者就地医治，重伤者抬送医院。

3. 防空司令部掩埋大队，负空袭死亡抬埋之责，贫苦者施以棺木。

4. 空袭避难指导大队，由保甲人员组织，协助宪警出动工作，并负清除街道、扑救火灾之责。

5. 各县遇有空袭，均由县府、党部负责救护。

（七）临时救济

33 年 5 月 9 日，滇越铁路于七凸坡发生翻车事件，车辆焚毁，死伤乘客甚多。调查肇事经过，登记死伤旅客姓名，请发恤金。

（八）征属救济

昆明市优待出征军人家属委员会，于纪念或节日发征属救济费，每户 5 至

10 元，特别困难者 50 元至 200 元。

（云南省志编纂委员会办公室编：《续云南通志长编》下册，1986
年印，第 182—184 页）

118. 赈济委员会救济由越返国侨胞

（1940 年 10 月 14 日）

振济委员会救济由越返国侨胞，拨款 60 万分派专员办理临时收容。桂省府亦暂拨 5 千饬沿边各县救济。

（渝讯）倭寇侵犯越南，我侨居越南同胞，纷纷离越返国，致滇越桂边境，难民颇多，为状极怜。赈济委员会应滇桂两省之请，分派专员拨款 60 万，先行前往办理临时收容，并设法输送后方，予以适当的安插。（又讯）越倭战事发生后，越南民众畏惧敌军之残暴，纷纷疏散至桂省边境，厥状至伤，桂省府以彼等遭日帝国主义之摧残，煎受颠沛流离之苦，殊堪怜悯，兹特暂汇国币 5 千，饬沿边各县迅予救济。

（《云南日报》1940 年 10 月 14 日，第 4 版）

119. 省赈会发放被炸各县赈款

（1940 年 12 月 15 日）

省赈会发放被炸各县赈款国币万余元，令各县长督办。

本月 3 日及 13 日，蒙自、开远、个旧各地，先后被敌机轰炸，伤亡数十人，省赈济会接据各该县政府电报灾情后，即已分别汇发赈款，约共国币 1 万余元，并电令各该县长督促当地空袭联办处，对各受灾人民，妥为救济云。

（《云南日报》1940 年 12 月 15 日，第 4 版）

120. 空袭救济处救济难民统计

（1941 年 5 月 9 日）

空袭救济处救济难民统计：先后收容 6000 余人，现尚有 500 人留所。

空袭救济处自去年九卅以后，收容难民数额，先后已达 6 千人以上，除大部分已出所就业外，现尚有 500 余人留所，又接□□并市府函：以市立新桥小学校长蒋公泽，努力倾囊，经市府奖给国币 35 元，□员请全数移捐空袭救济处，救济难民，该处当即查收给□云。

（《云南日报》1941 年 5 月 9 日，第 4 版）

121. 龙主席关怀各县灾黎　加拨 10 万办理特赈

（1941 年 5 月 20 日）

龙主席关怀各县灾黎，加拨 10 万办理特赈：保山等 3 县各 2 万，建水等 4 县各 1 万，已饬由民厅具领，并派员分别前往赈恤。

本省自 4 月以来，保山、蒙自、个旧、建水、文山、西畴、开远等县，迭遭敌惨炸，受灾民众，流离颠沛，状极可怜，省府会饬由民厅派员筹款，分赴各县赈恤，以资救济，龙主席对于此次被灾民众，以款微不能遍及，深为系念，特电中央颁款救济，已蒙尤准，兹闻保山、蒙自、个旧 3 县，每县加发国币 2 万元，建水、西畴、文山、开远 4 县，每县加发国币 1 万元，共计 10 万元作为特赈，用示抚恤，昨已饬由民厅具领，并派员分别妥为办理云。

（《云南日报》1941 年 5 月 20 日，第 4 版）

122. 抗战时期昆明的医疗救护（节录）

陈朝觐

对敌机轰炸后的救护工作

1940—1942 年，我任云南省卫生处医政科长，兼任昆明空袭救护大队大队附，昆明疏散委员会卫生组长，昆明空袭紧急救济委员会医疗组长等职，亲历了日机空袭昆明时的一些情况。

昆明是战时后方主要城市之一，敌人企图毁我抗战支前力量，迅速侵占全中国，便肆意轰炸昆明。从 1938 年 9 月 28 日敌机首次空袭以后，昆明就成为日本飞机轰炸的目标，昆明市、郊区、许多工厂、文化单位，居民区、医院、寺庙等部分都被破坏。如中央机器厂、海口工厂、市立医院、胜因寺、群舞台、翠湖公园，小西门外的苗圃，交三桥及许多街道都曾被炸过，有些则反复被炸。自美国派飞机驻在昆明以后，空袭才逐渐减小直到停止。

在日本空袭昆明阶段的昆明人民，天天过着朝不保夕的恐惧生活。官僚住郊区别墅；经济富裕的人家都搬到乡下居住，因工作和无力下乡居住的家庭或个人，晴天天一亮就得带着大包小包，扶老携幼到附近郊区躲避，（当时叫跑警报）直到下午四五点钟才逐渐回家。由于空袭疏散，昆明市场十分冷落，因被炸或疏散铺面十有八九都关闭着。

在日机的轰炸下，昆明房屋破坏很大，经济损失很大，人民伤亡惨重，每次被炸，死伤数十人至数百人。最惨重的一次是，敌机从东进入市区，警报才发放，在大东门至交三桥一带，敌机投下无数炸弹后，又低飞扫射，在我们救护人员到达时，只见尸体遍地，周围城墙和居家门户都被血肉沾满了，很多的肢体挂在电线和电线杆上。在清理伤亡和抢救中，整个场地悲哀痛哭和惨叫，景象凄惨，人人仇恨满腔，流着悲愤的眼泪，为死难者做最后的处理工作。此次死亡有数百人。翠湖公园被炸时，湖心亭附近被炸断许多棵树，树下有很多尸体，有一孕妇被炸死，腹内胎儿从腹中炸出腹外，令人目不忍睹。敌机轰炸昆明凶残狡猾，每天骚扰得人心不安，有时一天来两次，有时第一批敌机飞走，解除警报后，人们刚陆续回家，第二批又飞到昆明上空，人们又急忙奔驰躲避。在拥挤奔跑中，伤亡的事时有发生。

昆明在当时情势下，政府下令成立了防空司令部，由宪兵司令禄国藩兼任司令，地址在蔡公祠内，司令部下设3个组织。

1. 救护大队。由省卫生处负责组织，后晋修为救护大队长，我任救护大队附，分别由昆明的医疗单位组成救护队；每队指定队长1人，队员10人至15人，掌握救护包扎知识；每次空袭时，队员就地自己找地方掩蔽，解除紧急报警后，救护队立即奔赴被炸地区，对受伤者作适当包扎，即送到附近医院再进行处理抢救。死亡的由亲人领尸掩埋，无人认领的，由慈善会收埋。在救护队中尽职最好的是红十字会会长刘景堂队长，每次轰炸，他都带领红十字会救护队首先赶到现场。

2. 空袭紧急救济委员会，由国民党昆明市党部樊某亲自主持，党部会址在翠湖水月轩。委员会掌管紧急救济物资及款项药品等，对空袭被炸的市民家庭适当发给救济。我在委员会任医疗组长，在水月轩内由王某负责管理急救药物，我和王某每周到医院调查空袭受伤住院病人，按姓名、年龄、住址登记，月终按住院人数、天数报委员会审查核发给医院适当的药品或住院费。

3. 疏散委员会，由禄国藩亲自主持，除布告单位和市民自己设法疏散外，同时在玉案山脚海源寺、岗头村盖了简易平房租给市民作疏散房。据我所知，岗头村就盖有5幢50间疏散平房。

为了预防空袭，按当时条件仅能在日机可能经过的重要地带设防空观察哨，设置电台成为监视敌机的情报网。发现敌机进入云南境即电告防空司令部，通知有关地方发出预行警报，五华山即挂起1个红灯笼，敌机接近昆明发空袭警报，挂两个红灯笼。到紧急警报，就把灯笼收掉。

总之，日本帝国主义除在前方杀掠我同胞外，又在后方肆意杀害我无数无辜的人民，昆明便是其一，死亡伤残甚众。

抗日战争时期，1938年9月28日，敌机首次空袭昆明，昆明市立医院（第一卫生所旧址）被敌机炸毁，西侧落1个炸弹，附近居民区落1个炸弹。当时住院的数十个病人，有的未能疏散，有的疏散在南城墙外苗圃树林内。但多数病人均被炸死或炸伤，有几个医务人员和勤杂工也被炸死或炸伤。医院西南廊住院部房屋30间和药房、手术室全部被炸毁。病床用具除少数外全部被炸毁，医院立即停止看病和停止收住病人。后在白龙潭外面草坪上建盖30多间草房，叫白龙潭医院，由后晋修任院长。市立医院被炸后尚可使用的病床，药品器械，就搬去使用，同时还添购了必需的药品器械，在白龙潭开始门诊及收住院病人。

1940年至1942年，我兼任昆明市医院院长，将被炸毁的市立医院房屋全部修复。并将大殿修整成两层楼房，新建了手术室并增加医疗设备，恢复为昆明市立医院，开始看门诊及收住院病人。

1942年5月2日，日军从缅甸侵入滇西畹町，相继侵占龙陵、芒市、腾冲，派飞机轰炸保山、下关、祥云、昆明。并进行细菌战，投掷灭绝人性细菌弹，使滇西病疫成灾，甚至传入昆明波及全省。昆明的霍乱病人，专由市立医院收容隔离治疗。仅约半年的时间，收容隔离500多人，当时的医疗抢救技术水平较低，唯一的办法是输液，而对电解质的丢失和酸碱度均未予以注意，死亡率达30%。但医院的隔离消毒做的还不错，医院四邻没有发生1个霍乱病人。医院职工实行3项措施：第一，禁吃另【零】食；第二，饭前必须洗手消毒；第三，每餐均用火锅共餐。如此数月，没有一个职工患上霍乱病人，我适交卸，移交给梅朝忠院长，就没有坚持消毒隔离措施，有两个职工染上霍乱，还死亡了1个。

这次日军进行细菌战，仅昆明市就死亡数千到1万人。如盘龙江两岸一直到福海村，因饮用河水，死亡尤为严重。据最近刊登的滇西战役文章所估计，滇西和云南全省因霍乱死亡的不下10万人。许多饮用河水的村子，死亡半数，如宜良县渡口河村，因霍乱全村人口半数以上死亡。

市立医院防治霍乱方面，有正反经验教训，是可借鉴的。我移交梅朝宗，梅之后任是郑祖佑，直到解放以后，迁靖国新村，原址仅留传染病科，以后迁入新址正式定名为市人民医院，传染病科并入传染病医院。

［政协昆明市文史资料研究委员会编：《昆明文史资料选辑》第7辑（抗日战争时期史料专辑）下，1986年内部版，第133—137页］

〈六〉 捐赠

123. 云南全省各界抗敌后援会七七献金
《徵信录》（第二册）序

（1940 年 10 月）

暴日肆虐，匪夷朝夕，其大陆政策，即灭亡中国之政策。"九一八"以还，势焰愈烈，凶恶愈著，席卷我东北 4 省，破坏我冀、察行政，损坏我国权，蹂躏我同胞，欺凌压迫，与时俱增。然狼子野心，尤未满足，于民国 26 年 7 月 7 日，发动芦沟桥事变，攻平津，寇淞沪，犯晋冀，侵苏浙，甚至轰炸无辜民众，焚毁文化机关，烧杀淫掳，无恶不作。究其目的所在，无非灭我民族，亡我国家，以广土众民为其属国与奴隶，方足餍彼贪狼恶毒之强盗欲望焉。我政府当局，鉴于国家存亡已至最后关头，应不惜一切牺牲，乃依据全民之敌忾，决然应战以救亡，迄今在最高领袖领导之下，全面抗战，已 3 周年矣。

此 3 年之中，前方将士，万众一心，誓死杀敌，前仆后继，其英勇，其壮烈，可钦可式。即战区民众，亦协助军队，努力杀贼，军民合作，共歼倭寇。敌愈战愈弱，我愈战愈强，是抗战救亡之进展，与最后胜利之把握，于此，均可得一明显之保证也。

然进展抗战之救亡工作与把握最后胜利中，财力动员，仍为最重要之因素，盖以战争原为最耗财力之事件，而现代战争，范围较为广大，军备较为复杂，在在均需巨额款项，以供应迫切之需，故今之献金运动，实为后方民众救国之要道也。

私有之财产，得为个人所享有，全赖国家之维护，如国家沦亡，土地被敌占领，则复巢之下，安有完卵？个人生命且不保，尚能享受财产之快乐乎？故献金运动，行之有利于己，有利于国，一举两得，更何乐而不为！

献金救国运动，现已普遍全国，本会于七七 3 周年纪念日举办"七七献金"，各界人士，均争先恐后，慷慨捐输，前后 3 日，仅昆明市部分总计收获国币 101858.58 元。尚有外币，债票……约值数千元。各地抗敌后援分会，均努力倡导，纷纷举办，情绪激昂，盛况空前，充分表现全省各界人士之爱国热忱。现本会将献金人名及金额，汇为专册，以资纪念，而昭大信，兹当出版伊始，爰略志数言，弁于卷首。

陈廷璧谨识　8 月 1 日

（云南省档案馆馆藏档案，档案号 1106—1—1044—49）

124. 云南省慰劳抗战将士委员会查报办理
各项代金、捐款收支情形呈

(1946 年 2 月 26 日)

  案查职会呈报捐款收支情形并请示结束事,宜祈示遵等情一案,奉钧府 35 年 2 月 14 日秘财字第 597 号指令开:"呈及附件均悉,当于 35 年 2 月 5 日提经本府第 967 次会议决议'该会应即结束,至收支报告表中所列商会借作慰劳 5 集团军及一方面军 2 千万元,既系借用,应饬照案收回,又该会既经结束,所有余存款项应解交本府交富滇新银行作为抗战军人遗族福利基金专款存储,俾以后举办抗战军人遗族福利事业'等因;纪录在案,仰即遵照办理具报"等因;奉此,查职会经收捐款计有 3 种,一,劳军鞋袜代金;二,慰劳过境国军捐款;三,接收后援会移交 34 年七七献金及各项余款。截至现在,除鞋袜代金一项收支无异动结存数仍为 856300 元外,慰劳过境国军捐款及接收后援会移交款项均略有出入,计慰劳过境国军捐款结存数为 6113970 元,抗敌后援会移交七七献金结存数为 7480610.69 元,共实存国币 14540880.69 元,理合全数解缴,并连同前报表册数目一并加入总结造具报告表 3 份及办公费收支清册 1 份暨各项单据 1 本随文附呈,敬祈鉴核核收示遵。至省商联会理事长严燮成等所借慰劳 1、9 两集团军国币 2 千万元已函催迅速筹还迳缴钧府核收复查,各银行存款利息除作职会办公费用及各员工历年薪津奖金外,尚结存国币 272349 元,拟留作编印徵信录及一切结束事宜之用,事后再另案报请核销,合并呈明,仍祈示遵!谨呈云南省政府主席卢

  附呈鞋袜代金及慰劳过境国军捐款暨后援会移交七七献金收支报告表 3 份,办公费收支清册 1 份,各项单据 1 本,另富滇新银行支票 1 张,计款 7480610.69 元,提款收据 1 张,计款 856300 元,兴文银行提款收据一张计款 6113970 元,李代主席批示 1 张,严燮成等 2 千万元借条 2 张,昆明市政府 6552000 元收据 2 张,后援会移交省党部训令 2 件,收据 2 张。

云南省慰劳抗战将士委员会副会长陈廷璧

(云南省档案馆馆藏档案,档案号 1106—1—1061—205～208)

125. 云南省发行公债及储蓄券

抗战军兴，国家用费浩大，不得不发行公债及提倡储蓄，以资挹注。兹将民国 30 年至 34 年历年所发公债及储蓄券分别列表于后。

历年各种公债一览表　　　　　　（国币本位）

年份	公债种类及名称	债额（元）	实收数（元）
民国 31 年	同盟胜利美金公债	8000000	2582730
民国 31 年	同盟胜利国币公债	2000000	6269100
民国 32 年	同盟胜利国币公债	1700000000	35755800
民国 33 年	同盟胜利国币公债	3200000000	在办理中

历年各种储蓄券一览表　　　　　（国币本位：元）

名　称	民国 30 年	民国 31 年	民国 32 年	民国 33、34 年	备　考
节约建国储蓄金	2620	146	2492		单位 10 元，自民国 29 年 9 月起
节约建国储蓄券	35200	47679	20532		
美金储蓄券		78789	229150		31 年 4 月至 32 年 8 月
外币储蓄		460			
节约建国储金邮票			7410	6211	
				1397	33 年度至 34 年 6 月止
乡镇公益储蓄				360000	
黄金储蓄				596165 两	
人寿储蓄				1579	
特种有奖储蓄券					
合　计	47820	127074	259588①		中央储蓄会

（云南省志编纂委员会办公室编：《续云南通志长编》中册，1985 年印，第 709—710 页）

---

① 原文如此。

126. 华侨梁金山捐资修建惠通桥

（1935 年 12 月 4 日）

华侨梁金山捐资修建惠通桥，省府将转呈国府褒扬。

驻缅华侨梁金山，於龙陵县修建惠通桥时，慨然捐助英洋 2 万元，该县县长以其热心公益，乃呈请褒扬，经省府颁给"心存利济"四字匾额一方，嗣省府复以国民政府新颁褒扬条例，凡创办教育慈善及其他公益事业，或因办理此事等业而捐助款项者，均得呈请褒扬，又施行细则第四条载："褒扬条例第二条所称捐助款，以私资独自捐助满 5 千元以上者为限，而该梁金山因建惠通侨，先后捐送英洋约 2 万元，已合细则规定，足征热心公益，难能可贵，遂结合该县长查照褒扬条例细则，所列清册证明书式样，各备具四份送府，以凭转咨内政部呈国民政府照例褒扬以昭激励，云。"

（《云南日报》1935 年 12 月 4 日，第 6 版）

127. 三万小学生献刀杀敌

（1937 年 9 月 24 日）

本市各市立私立小学校长于昨日：23 日在市府教育科，讨论本市各小学校职教员认购救国公债及劝募办法后，并讨论如何欢送本省出征抗敌将士办法，经议定敬献宝刀 1 柄，旗帜 1 面，宝刀及旗帜之上，分别刊绣"杀敌报国" 4 字，上款书卢军长麾下，下款书昆明市 3 万小学生敬献，制备刀旗之款，中各小学生每人担负铜元 2 枚，于下月 2 日出征抗敌将士誓师时，各校派男女生各 1 名为代表，列队前往敬献，并已推定市立武成小学武校长俊卿为领队云。

校所拟纲要，尚属可行，拟予备案，经过预算，亦属适宜。拟予照准，并自 9 月份起由省教费支发，业於昨转呈省府核，云。

（《云南日报》1937 年 9 月 24 日，第 7 版）

128. 女青年会二批捐款达旧币3万元

(1937年10月23日)

女青年会二批捐款，达旧币3万元，募获内衣用白布百余疋。

女青年会抗敌后援会征募股各股员募获救国捐款第一批姓名数目，会诘本报，顷悉第二批捐款，亦已收到，计在省及在个旧募获者，总共约计旧滇币29382元，又制抗敌将士内衣用之5丈长白布121疋，10丈长白布16疋云。

(《云南日报》1937年10月23日，第3版)

129. 模范老太太卖棺捐款救国

（1939 年 4 月 27 日）

遥念前方将士苦，闲居后方心不安。愿凡为太太者咸效之。

（云南通讯社）（26 日），有现任陆军第 12 师师长唐淮源之太夫人，近鉴于日寇侵华，异常愤慨，特将其子备办之棺椁 1 具，变卖得旧滇币 2 万元，备函如数送交省抗敌后援会查收，转递中央聊从军用。闻省抗敌后援会以唐老太太之爱国情殷，实堪景仰，将专案呈请省政府转呈中央，予以褒奖，以资激励，兹将唐老夫人原函志后："云南抗敌后援会公鉴：敬启者，为以暴日本其一贯之大陆政策，侵略我国，自九一八强占我东北四省以后，继以七七事件，□掠平津，侵占武汉，窥视华南，轰炸我重庆城镇，屠杀我无辜人民，奸淫掳掠，姿行凶威，开 5 千年历史上未有之先例，此诚我国不共戴天之仇，而民所为锥心泣血者也，氏子唐淮源，现任陆军第 12 师师长，前岁奉命出师时，为氏备置棺椁 1 具，以示永诀，氏常勉以移孝作忠，努力杀敌，无复以氏为念。顾自抗战迄今，22 个月，我前方将士，忠勇奋战，为国效命，捐弃□□，与暴敌争命于锋钢□中，血肉横飞，肝脑涂地，有求马革裹尸而不得者，而氏安居后方，温饱之余，尤复远营身后殡殓之具，苦乐相较，心何能安，氏生不辰，早□所矢，守节扶孤，历 50 余载，今已年逾古稀，桑榆暮景，即使身坏沟壑，并复何憾，所冀前方将士，奋力杀敌，而后方民众，踊跃输财，争取最后胜利，收复大好山河，于愿足矣，他何望焉，兹特将氏子淮源为氏所置棺椁，变值出售，计得国币 2 千元，如数捐纳，请贵会查收，转呈政府，聊供军备，氏原知为数有限，无裨时艰，不过略尽个人本分，求吾心之所安而已。所愿闺阁名媛，举国同胞，予以同情，一致兴起，尽力捐输，集涓滴以成江河，合群力以摧狂寇，英日捷传金马，师指黄龙，最后胜利属我固可操胜券下也。国币 2 千元随文呈送。临愿神驰，不尽欲言，统此即颂公安。江川县已故唐德贵之妻姚氏启。"

（《云南日报》1939 年 4 月 27 日，第 4 版）

130. 模范农民马龙华捐田救国

（1940 年 3 月 19 日）

· 模范农民马龙华捐田救国。

省抗敌会，昨据寻甸县农民马龙华声称：自日本侵略我中华民国以来，小民午夜思□，眠不安常，食不甘味，情愿将祖遗田 5 丘，总计 5 亩 7 分 7 厘，并缴清丈执照 5 张，全数捐请钧会□费，将田价寄往前方，作抗战之用，民到必要时自身亦愿为国效命，从戎杀敌，云云。抗敌会据报，以该民深明大义，愿将田产捐赠拍卖，实属难得，会面询此项田产并无纠纷，乃检同清丈执照，据情函请寻甸县政府代为拍卖云。

（《云南日报》1940 年 3 月 19 日，第 4 版）

131. 联大云大受灾学生各方捐款救济

（1940 年 11 月 20 日）

联大云大受灾学生，各方捐款救济：成都华西大学同学共捐 700 余元，叙昆铁路局职员捐 1008 元。学生救济会正办理分发。

自上月 13 日敌机轰炸本市联大云大后，各方对两校被难同学，均深表关注，或来函慰问，或捐款救济，交昆明学生救济委员会办理分发，截至昨日止，该会先后收到成都华西协会神学院学生会 238 元，成都华西联合中学 456 元，本市叙昆铁路局 1008 元，又李君 5 元，该会□分别去函到邮外并正妥谋分发救济云。

（《云南日报》1940 年 11 月 20 日，第 4 版）

132. 龙主席捐款百万倡导滑翔机运动

(1943 年 4 月 29 日)

并捐献中初级滑翔机 6 架，吾滇滑翔事业树一基础。

（云南社讯）龙主席以滑翔训练、为国防教育基本事业应及时倡导、以利推行，曾捐拨国币 1 百万元，作辅助私立日新滑翔社及扶持本省滑翔事业之用，为吾滇滑翔训练树一永久基础。倾悉：龙氏以滑翔分会现正积极展开征募运动，特首先捐献中初级滑翔机 6 架，并以其男女公子名号命名，以示提倡云。

（《云南日报》1943 年 4 月 29 日，第 3 版）

〈七〉工程建筑

133. 云南全省公路总局为西祥公路破路工款支配及借用国防工程处各款情形呈

（1942 年 12 月 23 日）

案奉钧府秘路字第 4149 号训令开："案奉国民政府军事委员会昆明行营交下，准西昌行辕电拟配发破坏路费 3 百万元，拨还国防工程处垫款 52 万，暨闻民工曾领用 10 万元，原电 1 件，饬即核办。等因；奉此，合将原电抄发，令仰该局即便遵照查明议拟具报，以凭电复为要！此令。"等因；计抄发原电 1 件。奉此，"遵查西祥破路各县民工所做方数：前据职县督工中赵守义，将姚安、大姚、祥云 3 县，查明列表呈报来局，尚余永仁 1 县方数未报，经由局电催呈报在案。兹据该县呈报前来，总计 4 县共做土方 533500.48 公方，昨准 76 师电知，已由各该县分别向该师领讫，复查职局前向国防工程处借款国币 50 万元，内有 40 万元，系专支付保云破路工程处用款，其余 10 万元，系该西祥破路动工时，因民工口粮津贴未奉汇到，函准国防工程处暂借，交由职局科长吕廷相领取带往转发，并经呈报在案。兹据该科长签称：西祥破路所领国币 10 万元，以之支发民工津贴，计祥云 2 万元，姚安 3 万元，大姚 3 万元，共计 8 万元，其余 2 万元，以之支发各员丁旅费 15340 元，津贴 4400 元，医药费 100 元，邮电费 160 元，共计支出 2 万元，两抵无余，此款经由职局函请 76 师拨还，以便归还国防工程处，一俟拨到，即当如数归还，奉令前因；理合备文呈请钧府鉴核备案！"谨呈云南省政府主席龙
　　附呈：西祥破坏各县工作土方工款表 1 纸

云南全省公路总局局长杨文清

副局长杨石生

破坏西祥公路各县工作土方工款表①

县别	实做土方数	实合工款数	
大姚	183875.50	791537.880	
姚安	134315.24	580244.980	
祥云	30208.74	131107.060	
永仁	187101.00	812018.400	
合计	535500.48 公方	2324072.830②	

（云南省档案馆馆藏档案，档案号 1106—4—4431—112～114）

---

① 表中工款数为法币，单位为元。
② 此处合计数有误，原文如此。

134. 云南电政管理局呈报云南省政府之
《电信线路雇用民工数目表》

（1943 年 1 月 26 日）

电信线路雇用民工数目表

线路段别	线路工程	长度（公里）	完工日期	经过各县	共雇用民工数目	负责办理机关	备考
报国街管理局至灶君庙	架设无线电摇控线	3.2	27 年 11 月 11 日	昆明市	90	电政管理局	
灶君庙至小团山	架设无线电摇控线	6.9	28 年 1 月 28 日	昆明	210	电政管理局	
灶君庙至红庙寺	架设无线电摇控线	3.3	28 年 2 月 17 日	昆明	100	电政管理局	
报国街管理局至桃源街	增设联络遥控线	0.59	28 年 2 月 18 日	昆明市	16	电政管理局	
报国街管理局至护国路国际支台	架设联络遥控线	0.228	28 年 3 月 30 日	昆明市	10	电政管理局	
小团山、白马庙两发射台，红庙寺、桃源两收讯台	架设摇控线之引入线	0.8	28 年 5 月 21 日	昆明	24	电政管理局	
昆明至曲靖	架设话线	145.9	29 年 1 月 10 日	昆明嵩明寻甸马龙曲靖	3206	第 4 总队	此为昆贵长途话线之一段
曲靖至胜境关	架设话线	88.4	29 年 3 月 18 日	曲靖沾益平彝	3978	第 3 总队	此为昆贵长途话线之一段
昆明至广南	架设报话线	409.5	30 年 4 月 15 日	昆明呈贡澄江宜良路南弥勒邱北砚山广南	22275	电政管理局	此为昆百长途报话线昆明至广南段

线路段别	线路工程	长度（公里）	完工日期	经过各县	共雇用民工数目	负责办理机关	备考
广南至逻村口	架设报话线	177.3	30年4月23日	广南富宁	7978	第2总队	此为昆百长途报话线滇境与桂省交界之一段
竹园至蒙自	架设报话线	130.2	30年4月27日	弥勒开远个旧蒙自	10140	第4总队	
曲靖至宣威	架设报话线	100.0	30年7月4日	曲靖沾益宣威	5919	第4总队	此为昆渝长途报话线之一段
邱北至文山	架设报话线	97.0	30年7月6日	邱北砚山文山	4731	电政管理局	
昆明至玉溪	架设报话线	98.0	30年7月26日	昆明呈贡晋宁昆阳玉溪	4680	第8总队	
玉溪至建水	架设话线	112.0	30年9月24日	玉溪河西通海曲溪建水	5897	第4总队	
弥勒至泸西	附挂话线	31.4	30年10月4日	弥勒泸西	950	电政管理局	就原有电报话线杆加挂话线
麻栗坡至西畴	架设话线	64.5	30年10月21日	麻栗坡西畴	194	电政管理局	
曲靖至邱北	架设话线	282.5	31年1月17日	曲靖陆良师宗泸西邱北	12712	电政管理局及第4总队	
保山至畹町	架设报话线	204.4	31年1月20日	保山龙陵潞西	12264	第9总队	

线路段别	线路工程	长度（公里）	完工日期	经过各县	共雇用民工数目	负责办理机关	备考
昆明至保山	架设话线	560.9	31年4月8日	昆明安宁罗次禄丰广通楚雄镇南姚安祥云弥渡凤仪大理漾濞永平云龙保山	25240	第9总队	
玉溪至思茅	架设话线	329.8	31年4月15日	玉溪峨山元江墨江宁洱思茅	20827	第4总队	
师宗至江底	架设话线	94.2	31年6月13日	师宗罗平	4034	电政管理局	此段与贵州兴义接线
下关至大理	架设话线	17.0	31年6月27日	凤仪大理	765	第4区工务处	
祥云至永仁	架设话线	187.0	31年7月7日	祥云姚安大姚永仁	9600	第2总队	此段至滇界金沙江交界，与四川会理西昌接线
蒙自至芷村	架设话线	24.4	31年7月15日	蒙自	1125	电政管理局	
昆明市至郊外报房及长途台	架设报话线	19.5	29年8月18日	昆明市、昆明	1170	电政管理局	
祥云至弥渡	附挂话线	26.0	31年8月31日①	祥云弥渡	1170	第1总队	就滇缅铁路原有电杆加挂话线
鸡街至建水	架设话线	53.4	31年9月19日	蒙自建水	2430	电政管理局	

线路段别	线路工程	长度（公里）	完工日期	经过各县	共雇用民工数目	负责办理机关	备考
报国街管理局至护国路国际支台及各市郊	架设摇控线	16.0	29 年 9 月 27 日	昆明市	960	电政管理局	
昆明至会泽	架设报线	234.6	31 年 10 月 17 日	昆明嵩明寻甸会泽	6185	第 4 总队	
功果桥至大栗树	架设话线	6.0	31 年 11 月 1 日	永平云龙	270	第 4 区工务处	
会泽至昭通	架设话线	170.0	31 年 11 月 31 日	会泽鲁甸昭通	7650	第 1 总队	
会泽至会理	架设话线	139.0	31 年 12 月 29 日	会泽巧家会理	6255	第 2 总队	
陆良至路南	架设话线	58.0	31 年 12 月 31 日	陆良路南	1740	电政管理局	
				共计	184795		
曲靖至可渡河	大修报线	193.0	29 年 4 月 21 日	曲靖沾益宣威	3860	电政管理局	
昆明至胜境关	大修报线	274.8	29 年 5 月 16 日	昆明嵩明寻甸马龙曲靖沾益平彝	1275	电政管理局	
昆明至腾冲	大修报线	961.9	29 年 8 月 10 日	昆明安宁禄丰罗次广通盐兴楚雄镇南姚安祥云弥渡凤仪漾濞永平保山龙陵腾冲	19240	电政管理局	
曲靖至胜境关	抢修报话线	88.4	31 年 2 月 20 日	曲靖沾益平彝	1768	电政管理局	

线路段别	线路工程	长度（公里）	完工日期	经过各县	共雇用民工数目	负责办理机关	备考
文山至马关	大修报线	84.1	30 年 5 月 26 日	文山马关	1700	电政管理局	
文山至麻栗坡	大修报线	96.2	30 年 6 月 15 日	文山西畴麻栗坡	1940	电政管理局	
腾冲至古里卡	大修报线	221.8	30 年 8 月 29 日	腾冲盈江	4440	电政管理局	此段与缅甸八募【莫】接线
下关至丽江	巡修报线	250.6	30 年 10 月 14 日	凤仪大理邓川鹤庆丽江	5020	电政管理局	
蒙自至广南	大修报线	396.3	30 年 10 月 27 日	蒙自文山砚山广南	7940	电政管理局	
弥渡至公郎	大修报话线	134.0	31 年 8 月 31 日	弥渡	2680	第 1 总队	此段为滇缅铁路电线之一段
宣威至会泽	大修报线	114.3	31 年 10 月 7 日	宣威会泽	1290	电政管理局	
保山至打板箐	大修报线	43.0	31 年 10 月 21 日	保山	860	电政管理局	此段为保山至腾冲之一段
禄丰至界牌	大修报线	151.0	31 年 10 月 26 日	禄丰广通盐兴武定元谋姜驿	1945	电政管理局	此段与四川会理接线
昆明至曲靖	移挂报线	145.9	31 年 11 月 2 日	昆明嵩明寻甸马龙曲靖	2918	〈电政管理局〉	
昆明至保山	大修报线	566.9	31 年 11 月 7 日	昆明安宁禄丰罗次广通盐兴楚雄镇南姚安祥云弥渡凤仪漾濞永平保山	11338	电政管理局	

线路段别	线路工程	长度（公里）	完工日期	经过各县	共雇用民工数目	负责办理机关	备考
公郎至云县	大修报话线	146.0	32 年 1 月 14 日	蒙化云县	2920	第 1 总队	此为滇缅铁路电线之一段
				共计	71134		
				总计	256029		

（云南省档案馆馆藏档案，档案号 1058—1—133—21~31）

135. 云南省公路管理局呈报云南省政府之 《中央在云南建筑各铁路公路及飞机场历年征用全省民工人数统计表》

（1943 年 3 月 30 日）

路别及名称	工程之种类	规定征工人数	实际出工人数	总计实做工数	附 记
叙昆铁路	路基工程	40000 人	24000 人	3600000 工	
滇缅铁路东段	路基工程	120000 人	72000 人	12960000 工	
滇缅铁路西段	路基工程	220000 人	145000 人	17400000 工	
川滇西路	路基及路面工程	35000 人	31500 人	6615000 工	原名西祥公路
滇缅公路	改善路面工程	139500 人	83600 人	11102000 工	
滇越公路	路基及路面工程	26000 人	15600 人	1404000 工	
中印公路	路基工程	100000 人			因军事关系工程暂停
羊街飞机场	跑道土石方工程	42000 人	20203 人	300000 工	
呈贡飞机场	跑道土石方工程	15000 人	6300 人	252000 工	
总 计		737500 人	398203 人	53643000 工[①]	

（云南省档案馆馆藏档案，档案号 1058—1—133—14 ~ 17）

---

① 原文如此。应是 53633000。

136. 云南省建设厅、 公路管理局为商定扩充昆明机场征用土地及给价办法呈

(1943 年 6 月 23 日)

案查职厅局前奉钧府 32 年 5 月 24 日秘交字第 1477 号训令开："案准交通部曾部长寒电开：顷据昆明机场工程处处长陶述曾电称：该处以扩充机场购用民地，人民纠集反抗，工程势将中辍，若不从速解决，必致延误军工等语。查昆明、羊街、呈贡、沾益、云南驿 5 处机场均奉委座命令由工委会负责办理，全部工程限于本年 6 月底完成，工艰期迫，刻不容缓，敬恳我公予以大力之成全，令饬各县政府对于各机场工程处之购买土地征用民工等事，尽量协助，俾该项工程得如期完成，则抗战利，赖公私同感，专此奉恳不胜翘企待命之至等由，准此，查各机关征用土地均以不妨碍公路农田水利等为原则，并应照征用土地办法由该管地方官召集业主及处方代表开会议定地价及房屋拆卸坟墓迁移青苗损失等费，决定后始能开工，以免纠纷并须先期发给地价而免人民损失，除电复并分令建设厅外，合行令仰该局长即便遵照会同该工程处随时协商办理，按照一定手续商妥后呈报核定，以期简捷为要切切，此令。"等因；奉此，正遵办间职局长并奉钧座发下昆明飞机场图表暨委座真侍参电 1 件开：滇省扩充建筑昆明、羊街、呈贡、沾益、云南驿等处飞机场，关系空运及空军作战，至为重要，除责成本会工程委员会加紧工作限期完成外，关于催用民工征收土地，迁移坟地等事项，希饬属切实协助为要，饬职局长会商办理并奉钧座面谕在职厅长请假期间应由职局长负责办理，各等因，除由职局分函各机场工程处查照外，关于昆明飞机场扩充购地一案，职局长遵即会同该工程处陶处长述曾前往飞机场详细勘查所有征购土地，均属必需，实已无法缩减，当经召集昆明县县长高直青及有关之杨方凹白得邑两村绅民代表等在职局开会，商讨一切经决定办法。（一）收用土地应根据清丈执照按其等则分为甲乙丙 3 等，甲等每亩给价 20000 元①，乙等 16000 元，丙等 10000 元；青苗每亩给价 3000 元；坟地迁移费石坟每冢 2000 元，土坟每冢 1500 元；（二）接近白得邑村之飞机堡 2 个由工程处设法迁移，但为该村安全计，仍以迁移全村房舍为宜，迁移费应需若干，由工程处昆明县政府会同派员切实调查估计后再行转请核示；（三）应发地价由工程处先拨 500 万元至 800 万元，交由县政府按照规定分别发给，由职厅局及飞机场工程处派员监发，在未完工以前

---

① 指法币，下同。

务须拨发清楚，表钧座体恤民艰之德意。以上3项办法均一致表示赞同，并由职局长传集该两村绅民剀切宣布均无异议，嗣以第2项关于迁移白得邑全村房舍一节，事实上不特需款甚钜，抑且困难办理，复经商决仍由工程处将该村附近之飞机堡2座，另行迁移并已择定地点开始修建，又第3项地价已准工程处拨款500万元交由县政府保管，刻正办理手续，一俟办竣即可照发。至机场开工问题，在此项办法尚未呈奉钧府核准以前，本不应遽行动工，惟查杨方凹方面飞机场仓库及白得邑水沟前经修筑一部份，现值雨水已降，如不继续工作，则已修仓库必遭损失，未完水沟不仅妨害农田抑且有碍机场，为顾及事实及工程期限起见，此次商定征地及给价办法地方既无异议，自可一面发给地价，一面迅速动工以免延误，除转知昆明县遵照办理外，所有奉令商定飞机场征地给价各办法暨请准予先行一面发给地价，一面开工，各缘由是否有当，理合抄同商定办法一份会衔备文呈请钧府俯赐鉴核示遵！再本案系由职局主稿合并呈明。

谨呈云南省政府主席龙

计呈商定征地给价办法1份

建设厅厅长　张邦翰

公路管理局局长　杨文清、副局长　杨石生

扩充昆明飞机场工程收用土地及给价办法

（一）收用土地应根据清丈执照，上上则至中中则定为甲等，中中则至下下则定为乙等，无执照土地定为丙等，甲等地每亩给价20000元，乙等地每亩给价16000元，丙等地每亩10000元，如执照有等无则者上等、中等地照甲等给价，下等地照乙等给价，青苗费每亩给价3000元，坟地在田以内者照该处田地等则给价，不在田地以内者一律照乙等给价，坟地迁移费石坟每冢2000元，土坟每冢1500元。

（二）接近白得邑村飞机堡2座由飞机场工程处设法迁移，但为该村安全计仍以迁移全村房舍为宜，迁移费应需若干，由工程处昆明县政府会同派员切实调查估计后再呈请省政府核示办理。

（三）收用土地应发地价由工程处先拨5百万元至8百万元交由昆明县政府按照规定分别发给，由建设厅公路管理局昆明飞机场工程处派员监发，在未完工以前须拨发清楚以恤民艰[①]。

（云南省档案馆馆藏档案，档案号1106—3—1549—65~68）

---

① 1943年7月8日云南省政府秘交字第2055号指令建设厅、公路局准予照办。

137. 云南省地政局呈报云南省政府之《思茅等22县境内历年因公征用田地亩积及发价情形简明表》①

（1945 年 10 月 29 日）

县名	需用土地机关	用途	亩 积			核准征用机关	征收日期	地价②（每亩）		
			水田	旱地	建筑地			水田	旱地	建筑地
思茅	航空委员会	辟修机场营房及交通道	141.059		171.91	云南省政府	32 年 10 月12 日	3500	2500	1000
昭通	空军第3站	扩修机场东北部		297.48		同上	29 年 10 月			
同上	航空委员会	建筑中美联队军第一二期营房		86.13		同上	33 年 8 月		8000	
同上	空军第5路司令部	扩修机场东北部		90.09		同上	34 年 1 月			
同上	空军第5路司令部	建筑中美联队第3期营房		53.24		同上	34 年 4 月			
同上	昭通县政府	修筑西北环城公路		43.80			30 年		500	
同上	昭通县政府	修筑蒙泉公路		80.09			31 年		200	
昆阳	云南省公路管理局	修筑昆安环湖两公路	178.30	339.60			27 年			
广南		修筑滇桂公路		485.73						
		修筑机场		725.51						
嵩明	交通部叙昆铁路工程局	修筑叙昆铁路		1980.84			29 年			

---

① 表中"发价情形栏"为空白，故删除。

② 地价按法币计，单位为元。

县名	需用土地机关	用途	亩积			核准征用机关	征收日期	地价（每亩）		
			水田	旱地	建筑地			水田	旱地	建筑地
同上	杨林机场工程处	建筑机场		2238.06			29 年			
同上	羊街机场工程处	建筑机场		91.76			31 年			
同上	日效十乡水利协会	开河置机引水		30.69			33 年			
同上	滇黔绥靖公署	畜牧场		786.92			33 年			
同上	军政部嵩明种马牧场	牧场		162.90			33 年			
同上		建补充兵营房		45.85			33 年 10 月			
同上		建飞机掩体及宿舍		368.78			32 年			
武定	云南省公路管理局	修筑元武段公路		19.74			26 年			
寻甸	军委会工程委员会	修筑羊街机场		3098.00						
同上	交通部叙昆铁路工程局	修筑叙昆铁路	500.00	200.00	325.0					
泸西	云南省公路管理局	修筑师泸及弥泸两段公路		349.84			24 年 27 年			
南峤		修筑机场			195.06		32 年			
呈贡	国立云南大学农学院及军政部	菓木试验场湖口别墅		745.42			30 年至 31 年			
同上	呈贡县政府	建县仓		0.74			32 年			

县名	需用土地机关	用途	亩积			核准征用机关	征收日期	地价（每亩）		
			水田	旱地	建筑地			水田	旱地	建筑地
同上	军委会工委会第24工程处	修筑机场		4240.14						
同上	云南省公路管理局	修筑滇越公路		168.33						
平彝	云南省公路管理局	修筑昆平段公路		348.80						
同上	平彝县政府	盖营房及改修汽车路		19.94			33年			
陆良	军委会工委会第12工程处	修筑机场		9064.61			33、34年			
姚安	交通部滇缅铁路工程局	修筑滇缅铁路	2395.25			云南省政府	28年			
同上	交通部川滇西路管理局	修筑西祥公路	476.61			云南省政府	28年			
同上	云南省公路管理局	修筑镇盐公路	63.31			云南省政府	30年			
易门	云南省公路管理局	修筑安易段公路	109.00	260.40			25年至26年			
屏边	云南省公路管理局	修筑蒙河公路	65.53				29年			
同上	驻军	开辟场建营房	48.20	77.95			30年			
广通	交通部滇缅铁路工程局	修筑滇缅铁路	1537.20				28年			
同上	云南省公路管理局	修筑广八段公路		371.88						

县名	需用土地机关	用途	亩 积			核准征用机关	征收日期	地价（每亩）		
			水田	旱地	建筑地			水田	旱地	建筑地
同上	滇西企业局	修筑运煤公路		102.64						
同上	盐务管理局	修筑一元公路		185.42						
缅宁	交通部滇缅铁路工程局	修筑滇缅铁路	101.29							
云县	交通部滇缅铁路工程局	修筑滇缅铁路及便道等		2606.50						
同上		修筑机场		50.62						
同上	县政府	造林		16.30						
同上		建盖学校		7.21						
同上		建盖公房		1.70						
昆明	空军第5路司令部	历年修筑各种工程		346.99	319.81					
凤仪	云南省公路管理局	修筑关蒙段公路	41.80							
同上	云南省公路管理局	修筑昆畹及丽大公路	142.52							
同上	军械8库	建房	3.77							
同上	交通部滇缅铁路工程局	建厂房	74.02							
同上	军政部	建仓库	3.50							
同上	西南运输处		13.15							
同上	云南汽车公司		30.66							
同上		公共体育场	9.96							
祥云	交通部滇缅铁路督办公司	修筑滇缅铁路		1830.34						

县名	需用土地机关	用途	亩积			核准征用机关	征收日期	地价（每亩）		
			水田	旱地	建筑地			水田	旱地	建筑地
同上	云南驿第38空军站	扩修机场		5361.82			自27年起			
弥渡	云南省公路管理局	修筑祥宾公路		32.85						
同上	滇缅铁路督办公署	修筑滇缅铁路		2194.47						
同上	航空委员会	修筑机场		313.75						
		修汽车站		90.67						

（云南省档案馆馆藏档案，档案号 1062—8—92—240～247）

138. 昆明市政府抗战期间修建本市各项防空
建筑物工程数量经费表

（1948 年 4 月 28 日）

昆明市政府抗战期间修建本市各项防空建筑物工程数量经费表　　　第 3 号

项目 \ 区别		总计	第 1 区	第 2 区	第 3 区	第 4 区	第 5 区	第 6 区
封火墙	数量（堵）	1381	273	266	72	135	450	185
	建筑费	1104800	21840000	21280000	5760000	10800000	36000000	14800000
火巷	数量（条）	36	5	4	3	4	17	3
	建筑费	10800000	1500000	1200000	900000	1200000	5100000	900000
水池	数量（个）	18	6	6	2		4	
	建筑费	32090	1020000	1003000	362060		823940	
水井	数量（个）	17	6	5	1		5	
	建筑费	1203328	444236	378490	81828		298774	
防空壕	数量（尺）	1500						
	建筑费	45000						
防空坑	数量（个）	3800						
	建筑费	924000						
附　记		总计支出 126661328 元，照 37 年 1 月份中央规定昆明区生活指数 65000 倍计算共合现值（填表时价值）共合国币 82329863200 元，若将来赔偿时应请按照偿还日物价指数比例计算归还，合并声明。							

中华民国 37 年 4 月 28 日

（云南省档案馆馆藏档案，档案号 1011—7—27—187）

139. 云南抗战机场建设

1937 年抗日战争爆发后，在国民政府军队节节败退的情况下，中国航空公司和中央航空公司业务，逐步由东北、华北、华南向西北和西南各边远城市转移，昆明机场成为国民政府管辖区的航空中心之一。既是"两航"的重要航站，也是国民党空军的重要基地。

为适应军事的需要，1937 年 8 月国民党滇黔司令部指示，云南省政府对昆明巫家坝机场进行扩建。同时，航空委员会也在云南省昭通、会泽、沾益、泸西、广南、蒙自、楚雄、祥云、保山、腾冲、潞西等县扩修机场。

1938 年 10 月 8 日，欧亚航空公司从西安迁往昆明，巫家坝机场成为欧亚航空公司总部所在地。

1941 年 12 月 7 日，日本侵略军偷袭珍珠港，同时进攻香港、九龙，太平洋战争爆发。不久香港沦陷。昆明巫家坝成为当时中国抗日后方重要的国际出入口机场，具有极为重要的战略意义。

在抗日战争胜利前，国民政府为适应抗战的需要，于 1944 年对巫家坝机场再次进行了扩建，延长和加宽路道，以满足运输、防空和训练的需要。在抗日战争结束以前，云南省共修建机场 52 处，除已叙述过的 24 处外，其余在抗日战争期间修建了 28 处，它们是呈贡、陆良、沾益、羊街、罗平、雷鸟、勐撒、大屯、南峤、广南、会泽、建水、孟定、佛海、巍山、雷允、橄榄坝、龙陵、镇康、江水池、宾川、弥渡、芒市、开远、下关、干海子、景洪、石林等。根据 1961 年对 50 个旧机场进行调查，发现绝大部分旧机场均遭受不同程度的破坏。其中全部或部分保留 18 个；全部被垦种植 27 个，建有永久性建筑物者 5 个。

（云南省地方志编纂委员会编：《云南省志·交通志》，云南人民出版社 2001 年版，第 669—670 页）

140. 抗战期间云南公路建设情况

截至1937年6月抗日战争前夕，云南省共开工修筑公路3000公里以上，但限于民力和财力，初步建成通车的公路仅1177公里。其中滇东干道由昆明经嵩明、曲靖、沾益、平彝（今富源）至贵州盘县，长313.7公里，由省公路总局滇东路工处负责施工，技监段纬主持处务，沿线各县派民工修筑。自1929年1月起，首先改善加宽昆明至大板桥段，1932年6月，土路修通至曲靖县城，1936年3月，土路修通至贵州盘县，与贵阳至盘县公路衔接，1937年3月正式通车，是云南建成的第一条出省通向全国的省际公路。滇西干道昆明至大理，长424.6公里，1932年5月通车到禄丰，1935年11月通车楚雄，12月通车下关及大理（昆明至禄丰段为泥结碎石路面，余均为土路）。抗日战争开始后，此路称滇缅公路东段。

修筑完工的县道有：昆明至玉溪公路，长99.8公里，于1933年2月通车；杨林至会泽公路，长203.4公里，于1937年大体通车；曲靖至陆良公路，长67.2公里，于1935年3月通车；沾益至宣威公路，长76.7公里，于1934年3月通车。这些县道后来都划入干道网。

1937年7月7日，抗日战争开始，云南省政府遵照国民政府的指令，负责修筑与抗战攸关的公路干道，同时还继续修筑一些省道和县道。还有一些主要干道，则由国民政府设在云南的交通机构负责修筑。凡是中央指令修建的公路，由中央投资或拨给一定的补助款，并对已成公路按管理权限划分为国道和省道。国道由设在云南的中央公路机构管理、养护和改善，省道由省公路机构管养。为了支持抗战，全省112个县、16个设治局中，91个县（局）出动民工修公路，7个县出钱抵工，云南各族人民为抗战做出了巨大贡献和牺牲。

抗日战争开始至1940年，云南处于抗日大后方。云南公路建设主要是打通国际通道和增建与内地联络的干道，以确保军用物资的进口和快捷转运至各抗日战区。

1937年8月，国民政府交通部拨款320万元国币，由云南省负责赶修滇缅公路，以备在日军封锁全部海岸出口后，能有一条经由缅甸仰光出海的交通线。10月，交通部与云南省及与缅方先后商定，滇缅公路由昆明起，经下关、保山、龙陵、芒市至畹町，出境至缅甸木姐，与木姐至腊戍的公路衔接。除国外段由缅方修建外，国内段中，昆明至下关大量的改善和铺路工程尚待完成，下关至畹町长约 547 公里全为新建工程，须跨越大山 6 座，江河 5 条，悬崖峭壁 8 处，工程十分艰险。同年 11 月开测，12 月开工。上路民工高峰时达 20 万人（含昆明至下关改善、铺路工程）。省公路总局在保山设滇缅公路总工程处，由交通部派技术人员协助建桥，各县、区、乡长亲临工地督修。至 1938 年 8 月底，全线 959 公里基本完工通车，成为当时我国大西南唯一的国际通道。

抗日战争爆发后，国民政府决定迁都重庆，要求四川、贵州、云南 3 省加速建成川滇东路，以缩短省际间的运输里程。路线起自四川成渝公路上的隆昌，经泸州、贵州的毕节和威宁、云南的宣威至沾益天生桥与昆明至贵阳公路衔接。云南省公路总局负责修建川滇东路南段，即沾益至贵州威宁段。除土方工程为征工尽义务外，桥涵、石方及路面工程均由交通部拨款修建。沾益至宣威段，原已土路通车，1939 年 3 月，完成路面工程，4 月，宣威——杉木箐——威宁段土路通车，后由两省分别铺筑路面，年底全线贯通，成为云南的第二条省际公路。从滇缅公路进口的军用物资均由此路转运至四川、陕西等地，比绕经贵阳缩短里程 200～300 公里。

1940 年 9 月 23 日，日本侵略军分 3 路进驻法属越南，可随时入侵滇南。中国主动将滇越铁路碧色寨至河口段铁轨及重要大桥拆除，并在蒙自、文山地区纵深部署两个集团军防御，云南从抗日大后方变为抗日前线。1941 年 12 月，中国远征军入缅甸与英军共同守卫滇缅通道。1942 年 4 月，缅甸沦入敌手；5 月，日军沿滇缅公路侵入滇西，龙陵、腾冲等怒江西岸的部分国土沦陷。此后，中国军队在怒江东岸固守达两年之久。在这期间，云南的公路紧随着军事态势的演变，或限期抢修，或立即停修，或断然破坏，或再次修复，在曲折中仍有发展。

昆明至剥隘和昆明至河口的公路，即早期云南省府规划修筑的滇桂干道和滇南干道，其中昆明至开远是两干道的共用段，1930 年起，已分段兴工，但时修时停，工程进度很慢。1939 年 11 月 20 日，日军在我北海港口登陆，广西成为战区，云南省政府令省公路总局星夜赶筑开远至砚山、砚山至广南段，以应急需。因滇越铁路遭日机轰炸，12 月初，国民政府交通部电令省公路总局，赶修昆明至河口的滇越公路，省公路总局一面下令沿路各县突击抢修未完工程，一面进行开远南盘江钢索吊桥和渡口的建设。1942 年 5 月渡口建成，汽车可由昆明直通蒙自和文山。同时，刚开工不久的蒙自至河口段公路奉令停修，意在使边境地区保留交通闭塞状态，阻挠日军入侵。

1940 年 8 月，国民政府军事委员会决定兴修自西康省西昌起至云南省祥云的公路，北与四川省乐山至西昌公路衔接，称川滇西路。10 月组成交通部西祥公路工程处，11 月开始测量，当月开工，按"先求其通、后求其备、多挖少填、多绕少挖"的十六字诀抢修。1941 年 4 月，滇境段 289 公里抢通；6 月 28 日，康境段 260 公里完工。1 年后，日军攻占怒江西岸，国民政府命令将西祥公路滇境祥云至金沙江江边段予以破坏。又 1 年，根据《远征军交通整备计划》命令迅速修复，并将此路终点由祥云东移至镇南（今南华）。1943 年 8 月，组成西祥公路南段修复工程处，次年 1 月修复通车。是为云南建成的第三条省际公路。

弥遮公路是国民政府修筑滇缅铁路时修的一条简易运输便道。从滇缅公路的 360.2 公里海坝庄处开岔，经弥渡、南涧、公郎、羊街、云县草皮街、吴家寨、遮别、孟劳、大平掌、遮哈街至孟定，约长 474 公里。1941 年 9 月开始分段修筑。次年 4 月，晴天可通车到吴家寨，长 297.2 公里。为防止日本侵略军沿弥遮公路和川滇西路进犯四川，8 月奉令破坏公郎至吴家寨长 175 公里路段的便桥和路基。1943 年 7 月，按《远征军交通整备计划》又奉令修复。但经费不济，至 1945 年 3 月，勉强修复通车至吴家寨。后即施工中断，线路失养，仅能通车至南涧。

滇缅公路在抗日战争中期经历了改善、护桥保通与破路阻敌的曲折过程。为适应日益繁忙的军用物资运输，滇缅公路工务局拥有养路长工 4481 人，对滇缅公路进行日常保养。同时征雇民工 2.2 万人，辅以包工队、机械队和技工班，改善坡陡、路窄、弯急地段和大小桥涵，在回头弯道加铺弹石路面。并用 1 年多的时间铺筑了畹町至龙陵等路段的柏油路面共长 157 公里，是为中国公路铺筑沥青路面之始。1940 年 10 月 18 日至次年 2 月 27 日，驻越南河内的日本飞机先后 18 次轰炸跨澜沧江的功果桥和跨怒江的惠通桥，妄图切断我国际通道，护桥员工随炸随修，并设置渡船、浮筏、浮桥，确保滇缅公路交通从未中断。1942 年 5 月 5 日，日本侵略军窜抵怒江西岸，守桥工兵奉令炸断惠通桥，阻敌于怒江之西。此后，滇缅公路工务局奉令组建滇西破路工程处，从 5 月中旬至 11 月中旬，将保山大官市至惠通桥路段的路基和桥涵彻底破坏。

云南省政府早期即拟修昆明经呈贡、宜良、陆良、罗平至贵州兴义的公路，1932 年起，该路经各县分段修建，并与黔省商定，公路在两省交界处的罗平江底衔接。1942 年底竣工通车，全长 304 公里，是为云南的第四条省际公路。

1941 年初，云南省政府筹修昆明经玉溪、思茅、车里（今景洪）、佛海（今勐海）至打洛的昆洛公路，以先期修成的昆明——玉溪——大梨园 112 公里县道作为昆洛公路首段，向南延伸。1944 年，大梨园至峨山 18 公里土路通车。后因经费困缺停修。大峨段也因失养路阻不通。

抗日战争后期，1943年10月，中国驻印远征军和美英盟军开始向缅甸北部地区反攻。次年5月10日，我驻滇西远征军强渡怒江，向盘踞西岸之敌反攻，形成东西夹击之势。其首要任务是打开中印缅国际通道。当时，云南公路建设主要是配合部队的反攻，抢修中印公路和迅速恢复滇缅公路。

　　早在1942年2月，盟国代表在新德里和密支那召开会议商定修一条由印度利多经缅北密支那、中国腾冲，至龙陵与滇缅公路相衔接的中印公路。旋因日本侵略军攻占缅北和滇西部分地区未能付诸实施。1943年10月，我驻印远征军与盟军以利多为基地，向占领缅北之日军开始反攻，同时以美军工程队为主，我远征军工兵团协作，印度配合，随军抢修中印公路利多至密支那段，计长434公里。1944年12月27日，国内段龙陵至37号国界桩长167公里抢修通；次年1月19日国外段密支那至37号国界桩抢通。中印公路全线通车后，半年内运进物资5万多吨，对反攻日本侵略者起了很大作用。抗日战争结束后，此路失养废置。

　　抗战后期，滇缅公路主要是修复下段，重开国际通道。滇缅公路工务局先后组建复路工程处、抢修总队，从1943年秋至次年8月，修复保山大官市至惠通桥段的路基和桥梁；1944年8月至次年1月，随军修复惠通桥至畹町、畹町至缅境芒友段被败退日军破坏的路基和桥梁。1月28日，中印公路南线（密支那经八莫、南坎、芒友，接畹町）通车，至此，中断了两年零九个月的中印缅国际交通运输又告恢复。2月4日，由畹町入境车队抵达昆明。

　　玉溪经通海至建水公路，长138.8公里，最初作为县道于1932年开工修建。1940年5月，玉溪至通海段50.5公里土路通车1942年国民政府军事委员会令，作为干道赶修，日军入侵滇西后奉令缓修。1944年8月，为了对日反攻作战的需要，又奉令赶修。次年，通海至建水段土路通车。由于失养，通而复断，仅玉溪至通海段能晴雨通车。

　　抗日战争8年中，除修建干线公路外，还建成或基本建成县道及支线公路10余条，从开工到完工，时间跨度较长。与军事运输有关的路线，中央也略拨款补助。这10余条公路是：昆明至富民公路，长39公里，1933年开工，1939年土路通车，1945年7月桥涵、路面竣工。呈贡马金铺至澄江公路，长24公里，1932年10月开工，1939年土路通车，1942年竣工。开远经鸡街至个旧段，长51.6公里，1934年开工，1937年土路通车。1939年开远至鸡街段划属滇越公路续修，鸡街至个旧段长21.2公里的铺路工程于1941年完工。昭通至威宁公路长122.2公里，初为省道宣威——威宁——昭通中的一段，宣威至威宁段划属川滇东路后，昭威段列为县道。于 1930 年开工，1942 年 4 月竣工。祥云至宾川公路，长 50.1 公里，1937 年开工，1940 年土路通车，1944 年铺筑路面。师宗经泸西至弥勒县城郊牛背村公路，长 88.4 公里，是昆明至兴义、昆明至河口两条公路之联络线，1937 年开工，1941 年 8 月土路通车。滇缅公路 59 公里处鱼头村开岔至易门公路，长 43 公里，1937 年 12 月开工，1941 年 2 月土路通车，1943 年完工。砚山至文山公路，长 34.1 公里，1939 年开工，1941 年土路通车，适应了当时的军运需要，1944 年 7 月路面竣工。昆明碧鸡关经观音山至海口公路，长 35 公里，属环湖（滇池）公路之一段，1936 年 2 月开工，1942 年 9 月竣工，为海口兵工厂的运输提供便利。畹町经瑞丽至雷允公路，长 59 公里，1940 年开工，次年 4 月修通（雷允是当时中美飞机制造基地）。一平浪经舍资、沙矣旧至元永井公路，长 21.2 公里，由盐务管理局拨款修建，因有专款，进展迅速，1941 年 4 月开工，同年 12 月土路通车，次年 12 月竣工。安丰营经罗次、武定至元谋公路，长 187.5 公里，1944 年 6 月土路通车。其中武定至元谋段，因失养而中断。此外保山经昌宁、凤庆至云县公路，长 218.9 公里，1941 年土路初通，次年 8 月奉令破坏，后因无经费而被搁置。

抗日战争 8 年中，云南共新修和续修公路 43 条（段），并在省境外修建公路 3 条，是建国前云南公路发展最快的时期，对抗日战争起到了积极作用。截至 1945 年，累计建成公路 4643 公里（含省境外 412.9 公里）。

（云南省地方志编纂委员会编：《云南省志·交通志》，云南人民出版社 2001 年版，第 108—111 页）

141. 抗战期间云南省政府协助国民政府建设的各项工程

抗战以来，中央先后在本省建筑或改善铁路、公路、飞机场等工程之进行，均需多量民工，省府应各路当局请求，指定由本省公路局负责协助办理。其办法即每项工程开始，由主办机关将需用民工之数目，详细计算拟订，通知省公路局查酌情形，妥为分配，令饬所在各县政府负责代征，必要时再令其它各县协助出工。组织方面，由省公路局设协修征工处，由征工各县设征工分处，并由省公路局指派督察员，分别前往各该县督促坐催。历次办理之结果，各县官民均能仰体时艰，踊跃应征，截至 32 年上半年止，本省实际出工人数已达 40 万名之多，虽未达到规定征工之数，惟大体工作已属完成。同时各路情形亦颇复杂，有已定订计划而又变更者，有已经修而又停工者，即如叙昆、滇缅两铁路，虽完成一段，而全路终未能打通。凡此变迁，对于民工，不无虚耗。就中尤以协修中印公路最为困难，民工均系越境征派，出入蛮瘴之区，生命随时堪虞。后竟因军事发生而仓促退却，民工星散，其能返乡者，亦云幸矣。迭次协修征工，为适应战时军事之需，征派民工之人数虽多，而工作之限期迫促，致每次办理，均不免有若干问题发生。所幸各县官民，均能克尽厥职，仰体时艰，踊跃从事，故每次办理，均有相当成绩。是亦本省民众对国家抗战之一种贡献，其功绩亦不可磨灭者也。至 32 年 7 月，始奉令将此项协修征工之事务，移交建设厅核办。兹将协修各路情形，分别略志于后。

一、协修叙昆、滇缅两铁路

组织方面，成立协修叙昆、滇缅两铁路征工处，设处长、副处长各 1 人，分 3 股办事。其人员均由公路局职员中指派兼任，待遇则仅支津贴若干；设督工员若干人，系专任职，分赴各县督催征工。自征工开始以迄结束为止，征工县份设征工分处办理之。征工区域，就路线经过之区计，有宣威、曲靖、沾益、马龙、易隆、寻甸、嵩明、昆明、安宁、罗次、禄丰、广通、楚雄、姚安、大姚、镇南、祥云等县，征派工数不足，再令其它县份补助征派之。

实际出工人数，叙昆路规定征工 4 万人，实做工数为 360 万工。滇缅铁路规定征工 12 万人，实际出工 72000 人，实做工数为 1296 万工。

二、协修西祥公路

组织方面，成立协修西祥公路征工处，一切组织均与叙昆、滇缅铁路同。征工区域，就路线经过之区计，有祥云、大姚、姚安、永仁 4 县。征派实际出工人数，规定征工35000人，实际出工31500人，实做工数为6615000工。

三、协修改善滇缅公路

组织方面，成立协修改善滇缅公路征工处，一切组织与叙昆、滇缅铁路同。征工区域，就路线经过计有昆明、安宁、罗次、禄丰、广通、楚雄、镇南、祥云、凤仪、大理、漾濞、永平、保山、龙陵等县。征派出工人数，规定139500人，实际出工83600人，实做工数为11112000工。

四、协修滇越公路

组织方面，此线路系中央发款，由公路局会同中央派员，组织滇越公路工程处，负全部工程责任。征派民工，不另设组织，由局令县办理。征工区域就线路经过，有蒙自、金平等县。征派出工人数，规定26000人，实际出工15600人，实做工数为1404000工。

五、协修滇缅铁路西段

组织方面，成立协修滇缅铁路西段征工总管理处，地点设在弥渡，由副处长负责主持，处内分科分股办事，人员均为专任职，组织较为完备。征工区域，就路线经过，有弥渡、祥云、云县、顺宁、缅宁、双江、澜沧等县。征派工数不足，再令其它县份补助。征派之出工人数，规定征工22万人，实际出工145000人，实做工数为1740万工。

六、协修中印公路

组织方面，成立中印公路募工处，处内仍分科分股办事，并指定若干地区设立募工分处。征工区域，沿路所经县区，多属蛮区瘴域，仅由路经地方征派实难足额，工数相差太巨，遂决定由其它县份补助征派实际出工人数。规定征工10万人，工甫派入，即因军事关系而停修。

七、协修羊街、呈贡两飞机场

组织方面，成立协修机场征工处，负责办理各机场征工事务。人员甚少，工作简单。征工区域，就机场附近县份指定征派。实际出工人数，羊街机场规定征工42000人，实际出工20203人，实做工数为30万工。呈贡机场规定征工15000人，实际出工6300人，实做工数为252000工。

以上先后协修7项工程，历时达5载有余。计办理之结果，规定征工之人数为737100人，实际出工之人数为398203人，实做之工数为52643000工。因事实环境所限，虽未能达指定之数，要为本省民众抗战期中之重大贡献也。

（云南省志编纂委员会办公室编：《续云南通志长编》中册，1985年印，第988—989页）

142. 中印公路保山至密支那段修筑情况

筑路经过

史迪威公路跨越滇缅边境，崇山峻岭，复以滇西兵灾之后，人工缺乏，致施工深感困难。本省政府、远征军各部长官、地方士绅、各县人民热忱合作，以及工程处事先周到擘划，员工努力匪懈，用能提前打通。

保密一处工程，由保山、龙陵、腾冲3县征调民工103000人；二处由腾冲征调民工3800余人，梁河950人，莲山100人；另由美方供给开路机器，于1944年10月16日由洒鲁河边开始工作。该项机器，在平地上功效颇大，日可进展六七公里；惟一遇森林，即生障碍，由工人先为铲除，方能继续。为求工程迅速起见，经采取逐段抢通办法，按段配款，按款施工。国内一段，计自腾冲至国界37号桩，新筑工程88公里，修复腾冲至龙陵支线79公里，全长167公里；路基宽度，狭者4公尺，宽者六七公尺，于12月底前，先后抢通。他若怒江、龙川江、大盈江、槟榔河等大桥，及其它小桥100余座，涵洞1000余座，亦经先后架设通车。兹将各段工程抢修情形分述于下：

（一）龙陵城郊便线，计长2.19公里，于33年7月开工，同月20日通车。

（二）龙腾支线及腾冲高田段正线，全长100.5公里，于10月23日开工，11月8日通车。

（三）高田、古永段，计长33公里，于11月17日开工，12月3日通车。

（四）古永、猴桥段，计长11.4公里，于11月25日开工，12月15日通车。

（五）猴桥、国界37号桩段，计长21.4公里，于12月6日开工，同月27日通车。

至国外一段全长133公里，桥梁有瓦桑、洒鲁、太平等大桥，以及其它小涵洞，其各段抢通情形如下：

（一）宛倪至洒鲁河畔一段，共长46公里，经于11月15日修复通车；

（二）洒鲁、鲁甸一段，山势险峻，工程艰巨，于12月31日打通；

（三）鲁居至国界37号桩一段，石方较多，经分段凿炸，复由美方派轻便手推开山机4架，协助工作，工程得以顺利进行。

自37号桩至干麦地一段，峭壁危崖，工程艰难，为全线冠，经全体员工日夜趱赶，于1月4日夜间通车。最后复分两路进行，一自干麦地西向，一自鲁居东向，分头趱赶，于34年1月19日打通，全线完成使命。

毛路打通以后，各段即继续加宽路基，铺筑路面，修建永久式桥涵等项工作，俾符标准而利运输。惟自3月以后，沿线物价飞涨，卢比汇率亦高，影响工展特大。复以农忙时届，民工逃亡累累，势不得不高价募工，另加补充，期少贻误。但原定概算数额因有超出，4月后正呈请追加中。

艰辛事实

保密公路配合军事进展修筑，所经路线，为始经收复之腾、龙两县，西越高黎贡山及高良工山，蜿蜒而至密支那。其间峭壁悬崖，工程艰巨，而国境以外，复多原始森林，人烟稀少，致沿线人力物力均感缺乏，测量修筑之际，艰辛情形，罄竹难言。

测量工作人员为艰苦工作之开拓者。保密一处8个测量队，在施测时枵腹露宿，备尝艰辛，尤以李课长家驹一队出发之时，前线战斗正酣，人马残骸，遗布道中，敌寇狙击，出没无常。当测量队翻越高黎贡山之时，终日侧身悬崖峭壁中，往返选测；偶一失足，生命堪虞。而怒江、龙川江两江之间，瘴疠猖獗，稍一不慎，即罹疾疫。其时腾冲甫经克复，突围敌军分窜龙川江、板桥、高田、古永一带，该地工作员工，虽以身免，惟测量仪器损失殆尽。至密城克复后，首批测量人员即于元月9日由昆飞往，当时全城已成废墟，中美驻军解衣推食，始能工作。复因雇工之不易，全体施测人员，无不胼手胝足，躬亲操作。所经之处，尽属原始森林，荫翳蔽日，豺、狼、虎、豹、蚂蟥，金蝇在在皆是，生命安全，备受威胁。

兴工之始，运输至感困难，除两处工作人员由美方飞机运送至保、腾、密支那等地，转赴沿线外，所有食水食盐以及应用工具，经商得美方同意，利用中航公司回程空机，于空中抛投供给，费用浩巨，损失亦大，断炊之举，时有所闻。他如住屋问题，亦莫不因陋就简，以降落伞架设帐棚，聊避风雨；屋内设置阙如，坐卧为难，艰辛情形，实难胜述。

殉职员工

保密公路系由中美军民合作而成，其中滇西民工贡献尤大。34年1月初旬，该路打通前夕，工作正极紧张，乃6、7两日连降大雨，天气奇寒，国界附近民工，因工棚之简陋，竟有冻毙者，余则下山暂避，工展频受影响。然以一般而论，其服务之精神实足钦敬。他若盟友在工地殉职者，亦复数见。34 年 1 月 17 日薄暮，国外段新寨以东约 2 公里处凿炸岩石，松石自高流下，压毙美方工作人员狄霖一员，伤及赖信斯基、格列波、赛尔、福特尔等 4 员及民工 1 名。次日下午 4 时许，亦因相似情形，伤及包工 1 名，当经抢救，由美方以红十字车送密支那医治。又 1 月 14 日运送工粮之际，美机投掷手窦琴，于干麦地投掷米粮时，罹难身亡。所有肇事情形，均经呈报，死伤各员，亦经优加慰恤。

此路为中印间有史以来第一条公路，抢通后，中外各界备至赞誉。首批卡车 2 辆，救济车 1 辆，先自密城开出，于 1 月 19 日毛路打通后，立即驶入，于 22 日到达昆明。继有巨型卡车百辆，组织成队，载运大批物资，驶经该路，迤逦东来，于 2 月 4 日抵达昆明。昆市各界特举行盛大欢迎会，情况空前热烈。蒋主席亦因此广播演说，阐明该路修筑之重要意义，并命名为史迪威公路云。

（云南省志编纂委员会办公室编：《续云南通志长编》中册，1985 年印，第 997—998 页）

〈八〉防空、疏散、支前

143. 昆明市负担全省公共防空经费计算表

（1948 年 4 月 28 日）

昆明市负担全省公共防空经费计算表　　　　　　　第 1 号

年　　度	金　　额①	应用机关	付给概况	备注
29 年	427890.72	云南全省防空司令部	由防部直接向各娱乐场拨取本市应征娱乐税总额三分之一	
30 年	1053480			
31 年	2346791			
32 年	5816513.31			
33 年	32312670.83			
34 年	116062278.46			
总　　计	158019624.32			
附　　记	此数系照各年实收数字计算，若照 1 月份昆明区物价指数 65000 倍折算，实【共】合 10271275580800 元，若将来赔偿时应请按照归还日物价指数比例计算归还，合并声明。			

（云南省档案馆馆藏档案，档案号 1011—7—27—183）

---

① 金额为法币，单位为元。

144. 云南省立省会中等学校实施疏散一览表

（1940 年 11 月 5 日）

校　名	原日校址	疏散地点	迁移月日	附　记
省立昆华中学	昆明市文林街	澄江县旧城	10 月 15 日	
省立昆华女子中学	昆明市绥靖路柿花巷	呈贡县十字河	10 月 31 日	该校放假 1 个月至 10 月 31 日满期假满后赴呈贡上课
省立云瑞初级中学	昆明市光华街	昆明县官渡九甲	前学期迁移	
省立富春初级中学	昆明市富春街	昆明县属陆家村	10 月	
省立昆华师范学校	昆明市大西门外凤翥街	宜良县汤池	10 月	
省立昆华女子师范学校	昆明市双塔寺	昆阳县	前学期迁移	
省立昆华体育师范学校	昆明市拓东路	昆明县属观音山	10 月 7 日	
省立昆华高级工业职业学校	昆明市龙翔乡	呈贡县可乐乡	10 月 18 日	
省立昆华高级农业职业学校	昆明市大西门外	昆明县水朗村	10 月 13 日	
省立昆华艺术师范学校	昆明市青年街	昆明县属七甲	10 月 5 日	
省立昆明商业职业学校	昆明市鼎新	昆明县官渡龙马乡	前学期迁移	查该校以前即已疏散该处现在系放假期间不日即开学上课

校　名	原日校址	疏散地点	迁移月日	附　记
省立昆明初级实用职业学校	昆明市福照街	安宁温泉	同上	
省立昆明女子初级实用职业学校	昆明市钱局街	临时疏散		该校系临时疏散十月内放假3星期现已饬该赳日选定地点疏散

（云南省档案馆馆藏档案，档案号 1106—1—1046—21～22）

145. 昆明市政府及所管附属机关战时迁移费支出计算表

（1948 年 4 月 28 日）

昆明市政府及所管附属机关战时迁移费支出计算表 第 4 号

单位	迁移日期	迁驻地点	迁驻地点之修理费	租金	员工临时膳宿费	迁往搬运舟车力夫费	迁回搬运舟车力夫费	杂项损失	备注
本府秘书室	民国 29 年	古幢公园及大观公园	无	无	无	29 年运往计用 41000	34 年运回计用 150000	无	搬运重要公文卷橱
市立女子中学校	民国 28 年	昆阳	9600	6000	30000	16600	25100	40000	
第 5 区中心国民学校	民国 29 年	严家地	23			37.4	46.1	76	
仝	民国 30 年	大树营东庄	46.1			46.1	76.9	123	
第 6 区第 2 联保国民学校	民国 30 年 10 月 25 日	南岳庙	31	16	7.6	31	77	23	
第 8 区中心学校	民国 29 年 2 月份	马家营、大白庙、上庄、七甲	78.46		29.23	27.69		21.52	
第 2 区第 1 联保国民学校	民国 29 年、民国 30 年、民国 31 年	羊肠村波罗村金马营东庄头角营	4000		5500	12200	14300		
第 5 区第 4 联保民国学校	民国 29 年、民国 30 年	官庄前卫营老鸦营严家地	199.98	46.13	1966.13	43.07	46.15		

单位	迁移日期	迁驻地点	迁驻地点之修理费	租金	员工临时膳宿费	迁往搬运舟车力夫费	迁回搬运舟车力夫费	杂项损失	备注
第6区中心国民学校	民国29年	昆明市东郊苏家村	17.19		16.91	6.15	9.23		
市立图书馆	民国28、29年	上庄 劝业场 大观楼	38.46	上庄每月3	10	23	23		
第7区公所					61.53	30.77	30.77		
昆明市实验救济院	民国32年	古幢公园	30.76		10.15	20.76	36.92	12.3	
市立医院	民国29年	北郊 白龙潭	50000	5000	48000	40000	20000	90000	
昆明市仓事务所	民国29、31年	市郊外海源寺	20000	240	50000	5000	4000	4000	
昆明市立大观阅览室	民国30年	黄土坡	7.69	46.15	323.07	3.07	3.07	46.15	
昆明市立咸和阅览所	民国33年	东郊大树营乡公所	21.1		24	20.19	20.5	10.4	
昆明市立劝农亭阅览所	民国29、30年	白龙寺 杨家地	1500		3950	2620	6100		
第1中心国民学校	民国28、29年	马家营 李家地 杨家地	280	114.3	60	67.73	90.63	30.96	
昆明市第3区中心国民学校	民国27、29年	乾沟尾、上庄、云山村、新草房、马村、刘家营	143.05	169.23	332.3	1538.46	3076.92	307.69	

单位	迁移日期	迁驻地点	迁驻地点之修理费	租金	员工临时膳宿费	迁往搬运舟车力夫费	迁回搬运舟车力夫费	杂项损失	备注
昆明市第6区第1联保民国学校	民国31、32年	东郊大树营、马家营	19.23	7.69	37.69	19.49	26.92	25.05	
合 计			86036.02	11642.5	140328.61	119326.88	223064.11	134676.07	
以上19单位共合国币715074.19元									
附记	查右表所列支出之款共合国币715074.19，系照当时市面物价支付，兹照中央规定昆明区37年1月份公务员生活指数65000倍计算共合升为国币46479822350元，若将来赔偿时应请按照偿还日物价指数比例计算归还，合并声明。								
中华民国37年4月28日									

（云南省档案馆馆藏档案，档案号1011—7—27—188～190）

146. 军政部驻滇军粮局呈报云南省政府之军粮代金收支对照表

(1941 年 12 月 9 日—1942 年 1 月 12 日)

军政部驻滇军粮局军粮代金收支对照表
中华民国 30 年 12 月 9 日起至 31 年 1 月 12 日止

收方〈单位：国币元〉	科　　　　目	付方〈单位：国币元〉
137636	上期结转，截至 29 年 12 月 9 日结存数	
5000000	屯粮资金，12 月 1□日收省政府拨发资金	
	暂付款　镇南县长暂支购粮款	234500
	〈暂付款〉石屏〈县长暂支购粮款〉	452250
	〈暂付款〉罗平〈县长暂支购粮款〉	167500
	〈暂付款〉元江〈县长暂支购粮款〉	150750
	〈暂付款〉会泽〈县长暂支购粮款〉	156000
	〈暂付款〉寻甸〈县长暂支购粮款〉	586250
	〈暂付款〉宜良采运处暂支购粮款	800000
	〈暂付款〉平彝县暂支购粮款	83750
	〈暂付款〉墨江〈县暂支购粮款〉	335000
	〈暂付款〉弥渡〈县暂支购粮款〉	25125
	〈暂付款〉富宁〈县暂支购粮款〉	218750
	〈暂付款〉宁洱〈县暂支购粮款〉	452250
	〈暂付款〉华宁〈县暂支购粮款〉	167500
	〈暂付款〉永仁〈县暂支购粮款〉	201000
	〈暂付款〉会泽〈县暂支购粮款〉	19875
	〈暂付款〉西畴〈县暂支购粮款〉	92125
	〈暂付款〉宜良采运处暂支购粮款	500000
	〈暂付款〉军粮局拨作代金	500000
60000	暂付款　收入詹光宗麻袋暂付款	
	暂付款　蒋发崇暂支运费	10000
	〈暂付款〉信义祥暂支麻袋费	80000
	〈暂付款〉罗有明暂支旅费	500
	〈暂付款〉蒋发崇暂支运费	5000

收方〈单位：国币元〉	科　　目	付方〈单位：国币元〉
5197636	〈以上小结〉	5238125
	暂付款　张祯祥□□□旅费	400
	事务费　印布告□□□□□	465
	暂付款　蒋发崇暂支旅运费	30000
	〈暂付款〉贺仁涛〈暂支旅运费〉	300
	〈暂付款贺仁涛暂支旅运费〉	300
	〈暂付款〉程寿亭暂支麻袋费	100000
	〈暂付款〉蒋汝松暂支旅运费	400
	〈暂付款〉郎德沛暂支麻袋费	120000
	〈暂付款〉刘名义〈暂支麻袋费〉	35000
5000000	屯粮资金，收省府拨发	
	暂付款　张祯祥暂支旅费	300
	〈暂付款〉张铠支易龙运米费	2000
	〈暂付款〉张铠暂支旅费	100
	〈暂付款〉军粮局拨充代金	2000000
	〈暂付款〉思茅县暂支米款	150750
	〈暂付款〉张铠暂支运费	3632
	〈暂付款〉任顺城暂支玉溪运米运费	20000
	电汇款　电汇保山县购米款	1766250
	〈电汇款　电汇〉漾濞〈县购米款〉	200000
	〈电汇款　电汇〉宾川〈县购米款〉	34500
	〈电汇款　电汇〉蒙化〈县购米款〉	351750
	〈电汇款　电汇〉邓川〈县购米款〉	170000
	〈电汇款　电汇〉洱源〈县购米款〉	34250
60386	差数	
10258522	总结	10258522

（云南省档案馆馆藏档案，档案号 1106—1—2563—43～44）

147. 蒋介石为办理 1943 年度配拨军粮数量及遵办事项电

(1943 年 9 月 28 日)

云南省政府龙主席：查 32 年度（自 32 年 10 月 1 日起至 33 年 9 月底止）各战省区所属部队及军事机关学校工厂等员兵夫役，1 年间应需军粮数量业经按照实际需要分别配定，并参照该省粮食产量及征实征购数额核定，由该省配拨昆明行营管区米 55 万大包（提前采购之 5 万大包在内），远征军管区米 60 万大包（提前采购之 10 万大包在内），此外，昆明行营管区另发代金在该省委购米 291000 大包。远征军管区暂定委购米 17 万大包。兹将应行遵办事项核示如下：（一）军粮供应关系抗战至钜，务本军事第一之旨，将应交军粮优先照额购交，不可短缺。（二）军粮交接期间地点及各地分期交接细数应即秉承昆明行营及远征军长官部与粮政军粮及兵站机关切实商拟报核（在委购部分以发代金交由部队委托地方政府就地购办为原则不列入现时品交接案内）。（三）交接双方务遵核定期间地点及军粮交接办法之规定办理，不得迟交缓接。（四）军粮仍以拨接糙米为原则，但须干燥洁净，严禁掺水掺杂，减少稗谷。（五）包装材料以省际调运者，按粮额三分之二，省内补给者，按粮额三分之一添制为准，仍应体念战时物力艰难，尽量设法节省，其余应尽量利用旧袋并由各地军粮及兵站机关负责收回，预先拨交粮政机关借用，除分电外，特电遵办具报为要。中正。申（9月）俭（28）。

（云南省档案馆馆藏档案，档案号 1106—1—2582—103～105）

148. 云南省粮政局呈报云南省政府之1942年度 各县拨交军粮数量表

(1944年3月16日)

云南省粮政局31年度各县拨交军粮数量表

县名	应交包数		合计包数	已交包数	欠交包数	备考
	征实〈征〉购	增购				
昆明	10000	6087	16087	16087		业已交清，□□□大包印据经送陈总监换据，迄未换回，再三交涉□无结果，已呈报粮食、后勤两部核示。
禄丰	3574	1769	5343	5222	102 又 146 斤 12 两	欠交数□□618 大包又 21 市斤之印据经送陈总监换据，迄未换回，再三交涉亦无结果，已报粮食、后勤两部核示。
富民	2638	2754	5392	5536 又 126 斤		该县超交 171 包又 12 市斤①
易门	4977	2555	7532	7108 包又 58 市斤②	423 又 142 市斤	据报交清，欠数正在换据中。
晋宁	5804	2725	8529	8535 又 66 斤 10 两		该县超交 6 包又 66 市斤 10 两
武定	6494		6494	6619 又 175 斤 6 两		该县超交 125 包又 175 市斤 6 两
寻甸	7910	5226	13136	12134 又 47 市斤 14 两	1001 包又 152 斤 2 两	据报交清，欠数尚未据呈报。

---

① 原文件如此。应是超交 144 包又 126 斤。
② 本表中"斤"与"市斤"应为同一概念。"大包"与"包"亦同。

县名	应交包数		合计包数	已交包数	欠交包数	备考
	征实〈征〉购	增购				
平彝	4985		4985	5417 又 89 市斤半		该县超交 432 包又 89 斤半
禄劝	6650		6650	6650		交清
马龙	3067	1309	4376	4666		该县超交 290 包
罗次	3077		3077		3077	欠交之数从未据报，已勒限催交取据具报。
广通	2407		2407	2388 又 109〔斤〕市斤	18 又 91 市斤	据报交清，欠数尚未取据报核。
盐兴	721		721		721	欠交之数从未据报，已勒限催交取据具报。
宣威	15467		15467	6634 又 164 市斤 6 两	8832 又 35 斤 10 两	内有 4000 包系公粮拨为军粮
曲靖	9275	2688	11963	11963		征实征购数内有 3000 包系公粮换为军粮，交清。
沾益	4460	3493	7953	9235 又 165 市斤 6 两		该县超交 1282 包又 165 斤 6 两
罗平	6919		6919		6919	外有 1000 包换为公粮，欠数据报已加紧督催拨交。
会泽	26554		26554	14225	12328①	欠数据呈已取得印据，另文详报。
元谋	13091		13091	2212 又 152 市斤	10878 又 48 市斤	欠数据呈交，刻正换据中。

---

① 原文如此。应是 12329。

县名	应交包数		合计包数	已交包数	欠交包数	备考
	征实〈征〉购	增购				
宾川	21336	4667	26003	4084 包又 169 市斤	21918 又 31 斤	仝右
嵩明	3333	5099	8432	10616		该县超交 2183 包①
蒙自	13302	6800	20102	20102		交清
建水	15602	9562	25164	25164 又 133 市斤 5 两		该县超交 133 市斤 5 两
曲溪	6525	1465	7990		7990	交欠之数从未据报，已勒限催交取据具报。
石屏	11150	8674	19824	1363 又 48 市斤半	6211 包又 151 斤半②	据报交清，刻正换据中。
龙武	2677	615	3292	2503 又 32 市斤	788 又 168 市斤	据报交清，欠数尚未取据报核。
个旧	1455	307	1762	1759	3	欠数已由本局电饬取据具报。
金平	1477	1111	2588	2588		交清
屏边	6003	2557	8560	8560		交清
华宁	8752	4050	12802	8752 又 66 斤 11 两	4049 又 133 斤 5 两	欠数据报交清，刻正换据中。
通江【海】	5338	1198	6536	6536 又 133 斤 5 两		该县超交 133 市斤 5 两
河西	8589	1193	9782		9782	交欠之数从未据报，已勒限催交结报。
峨山	5078	1158	6236	1158	5078	欠数业经本局令饬赶速拨交取据结报。

① 原文如此。应是 2184 包。
② 原文如此。应是 18460 包又 151 斤半。

县名	应交包数		合计包数	已交包数	欠交包数	备考
	征实〈征〉购	增购				
新平	9388	2141	11529	9388	2141	据呈交清，刻正换据中。
元江	16518	3826	20344		20344	全右
墨江	7489	1703	9192		9192	交欠之数从未据报
澄江	3333	6116	9449	3333	6116	据呈交清，正换据中。
文山	15693	5875	21568	3575	17993	全右
砚山	14167	4691	18858		18858	全右
邱北	8079	621	10900	9580	1320	全右
广南	15641	5334	20975		20975	据呈正加紧拨交，不日即可交清取据呈报。
马关	11341	3987	15328	3000	12328	全右
河口	3662	823	4485		4485	据呈交清，正换据中。
麻栗坡	6617	1478	8095	8095		交清
西畴	9473	3586	13059	1940	11119	欠交数未据呈报，是否继续拨交，已由本局勒限催交取据呈报。
富宁	5254	1984	7238		7238	全右
开远	14942	5534	20476		20476	据报交清，单据未报。
弥勒	14811	5516	20327	20327		交清
泸西	14393	3389	17782	17782		交清
昭通	19226		19226	2243 又 61 市斤半	16982 又 138 市斤半	欠数据报交清，刻正换据中。
镇雄	10139		10139		10139	交欠之数从未据报，已勒限催交结报。
鲁甸	4140		4140		4140	全右
彝良	8106		8106		8106	全右
巧家	14596		14596		14596	全右

县名	应交包数		合计包数	已交包数	欠交包数	备考
	征实〈征〉购	增购				
路南		3939	3939	3135	804	外有 4000 包换为公粮
楚雄	13350		13350	11148 又 169 斤 8 两	2201 又 30 斤半	原代耿马交 3800 公石，据报已交 4000 公石，合多交 200 公石。
牟定	5930		5930		5930	交欠之数从未结报，已勒限遵期结报。
姚安	5264		5264		5264	据呈单据均系便条，与规定不符，已发还饬换。
镇南	5034		5034		5034	
大姚	4693		4693		4693	据报交清，刻正换据中。
盐丰	1628		1628		1628	交欠之数从未据报来局，已勒限催交结报。
双柏	3300		3300	3300		交清
永胜	13940		13940		13940	欠交之数从未报局，已勒限催交结报。
华坪	5281		5281		5281	应交数内提 2000 包作春粮代金，其饬之数已勒限催交结报。
祥云	16011		16011	9332 又 80 市斤	6678 又 120 斤	据呈交清，正换据中。
永仁	4553		4553	160 市斤	4552 又 40 斤	全右
云县	13914		13914	1209 又 32 市斤	12704 又 168 斤	全右
保山	45407	6000	51407	44904 又 176 市斤	6502 又 23 斤	内有代宁浪交 1819 大包，代六顺交 917 大包，欠数已由局催交结报。

县名	应交包数		合计包数	已交包数	欠交包数	备考
	征实〈征〉购	增购				
昌宁	15079		15079	424 又 25 市斤	14654 又 175 斤	欠数已由局催交遵期结报
缅宁	7019		7019	2347 又 129 市斤	4677① 又 71 市斤	仝右
永平	3509	2000	5509	5509		交清
漾濞	3166		3166	3166		交清
顺宁	24899		24899	24863 又 19 市斤 2 两	35 又 180 市斤 14 两	内有代耿马交 2866 大包，欠数据呈正换据中。
大理	10537	1667	12204	9317 又 98 市斤半	2886 又 101 斤半	欠数已由局催交结报
洱源	12327		12327		12327	仝右
鹤庆	20388		20388		20388	据报交清，正换据中。
耿马	2733		2733	1044 又 20 市斤	1688 又 180 市斤	该县原应交 7865 大包，因粮征不足交如上数，余数由楚雄、顺宁、镇康代交。
剑川	8458		8458		8458	欠数已由局催交结报
镇康	13454		13454	4325 又 177 市斤	9118 又 23 市斤	内有代耿马交 1000 大包，欠数已由局催交结报。
云龙	7782		7782	2813 又 170 市斤 10 两	4968 又 29 斤 6 两	欠数已由局催交结报
景东	17319		17319		17319	仝右
凤仪	7492	3333	10825	9460 又 197 市斤	1364 又 3 市斤	仝右

---

① 原文如此。应为 4671 又 71 市斤。

县名	应交包数		合计包数	已交包数	欠交包数	备考
	征实〈征〉购	增购				
邓川	10791	2333	13124	2333	10791	已交2333大包之印据已送陈总监换据,迄未换回,再三交涉亦无结果,已呈报粮食、后勤两部核示。
蒙化	25539		25539	18675 又 56 市斤	6863 又 144 市斤	据报交清,欠数尚未取据报核。
弥渡	15678		15678	4239 又 104 市斤	11388 又 196 斤	欠数已由局催交结报
维西	1896		1896		1896	该县应拨数已准变卖,另地购拨。
丽江	14049		14049	479 又 92 市斤	13569 又 108 斤	全右
兰坪	5600		5600		5600	全右
镇沅	4228		4228	20	4208	欠数已由局令催交结报
六顺	1461		1461	559 又 104 市斤	901 又 96 斤	该县原应交2377大包,因粮征不足,实交如上数,余由保山代交。
景谷	6943		6943		6943	欠数据报正加紧拨交中
江城	1886		1886	172 又 53 市斤半	1713 又 146 斤半	全右
宁洱	6488		6488	3643 又 151 市斤	2844 又 49 市斤	全右
思茅	2017		2017	210 又 24 市斤	1806 又 176 斤	全右
呈贡		433	433	162 市斤	432 又 38 斤	外有2000包换为公粮

县名	应交包数		合计包数	已交包数	欠交包数	备考
	征实〈征〉购	增购				
宜良		5703	5703	5703		交清
陆良		1136	1136	1136		外有4000包换为公粮交清
江川		3613	3613	3811 包又 148 市斤		该县超交 198 包又 148 斤
玉溪		7031	7031	7031		交清
昆阳		2736	2736	2736		交清
安宁		4206	4206		4206	欠数已由局催交结报
合计	864738	179996	1044734	497462 又 9 斤 3 两	551962 又 113 斤 13 两	以上富民等10县共超交4690包又123两

附记：（1）31年度本局奉令拨交征实征购军米共85万大包，采购差额军米21万大包，共合米106万大包，实际配拨昆远两站米1044734大包，合少拨15266大包，俟将来由各县超拨数内结抵。（2）表列各县已交数系已向兵站换得正式印据之数，欠交据多数县份呈报亦已交清，刻正换据呈报中。（3）军公民粮对拨11000大包，系以平彝工【公】粮2000大包，宣威公粮4000包，沾益2000包，曲靖300〈0〉包，共计公粮11000大包，与陆良军米4000包，呈贡2000包，路南4000包，罗平1000包，共计军粮11000大包对换。

（云南省档案馆馆藏档案，档案号1106—1—2568—12～19）

149. 云南省政府为开支盟机迫降空军人员招待费等指令

（1945 年 3 月 3 日）

令双柏县政府。

34 年 2 月 15 日呈 1 件，呈报职县嘉仪镇盟机 1 架被迫降落损坏情形及招待驰员伙食费祈核转请拨归垫由。

呈悉。查关于赈救被迫降美空军人员招待费，前奉行政院令饬每日膳宿杂费每名以 500 元为度，医药费实支实报，检据报由外事局转向美军总部洽拨归垫。等因。经转令民政、财政两厅防空司令部饬属遵照在案，嗣奉行政院及军事委员会委员长昆明行营令，为以后赈救迫降美空军人员招待费应由地方作正项开支等因，亦经令饬财政厅转行遵照在案。兹嗣据该厅呈复美机被迫降招待费，准由整理财政项下开支，有预备金之县属由预备金项下开支，无预备金之县属由地方款设法拨支。等情，亦经指令准予备查在案。据呈前情，合行录案令仰遵照。此令。

主席　龙　云

（云南省档案馆馆藏档案，档案号 1106—3—1571—87）

150. 保山县政府战时军队过往一切供应费计算表^①

（1946 年 5 月）

保山县政府战时军队过往一切供应费计算表

军队过往日期：31 年 5 月起至 35 年 5 月

军队番号	军队人数	主管姓名	驻扎日期	供应粮秣数	供应伕役召雇人数	供应柴草数目	供应器具数目	招待费	附交部队代金	慰劳费
11 集团军	5000032 人	宋希濂	40 个月	10569400	3950 人	50782365	38265	95432	无	3462
21 集团军	58370	霍揆彰	同上	2087431	43620	768351	47723	39641	同上	4453
远征军司令长官	54328	卫立煌	同上	227643	399165	8864321	55112	56779	同上	5742
远征军炮兵指挥所	3282	邵伯昌	同上	11463	27762	43276	3876	3216	同上	3216
炮兵第 7 团	3672	陈镜清	同上	12574	26657	36428	3755	4832	同上	7465
炮兵第 10 团	3927	胡克先	同上	23657	25786	44325	2877	3763	同上	6251
高射炮第 49 团	4165	文山	同上	33872	16945	37685	2988	4751	同上	7232
重迫炮 3 团	5774	王恩培	同上	47625	27584	42274	3966	3477	同上	6345
工兵指挥所	4728	傅克军	同上	36674	32765	27762	4888	4588	同上	7214
独立工兵第 2 团	3886	吕一德	同上	33747	31882	46634	3772	3865	同上	6315
独立工兵第 14 团	4278	萨本村	同上	52585	4776	57737	4886	3974	同上	7223
独立工兵第 15 团	4862	张祖武	同上	48762	5332	48863	5116	4379	同上	5341
通信兵第 3 团	3965	孟哲	同上	48376	2776	55673	4622	8740	同上	3945
〈通〉信兵独立第 4 营、5 营	9987		同上	596842	796521	386427	55478	79640	同上	44775
通信兵第 6 团	7798	郭春霖	同上	47623	3997	48795	3824	6743	同上	5574
汽车指挥所	8862	钱宗陶	同上	59962	4886	52237	4963	3865	同上	4472
军法执行总监部	3824	尹浩月	同上	64815	3887	47625	3227	4367	同上	2782
机场守备第 2 团	4392	坞祥雅	同上	2762	3977	54362	4462	5236	同上	5725
机场守备独立营	3625	华扬道	同上	2625	4763	58251	5367	4325	同上	4772
荣誉军人管理处	3726	余念初	同上	2764	3896	67527	4993	5214	同上	2884
第 24 补训处	2738	李品龄	同上	1869	4257	3796	2543	7251	同上	2450
第 5 补训处	2896	李劲翔	同上	1964	5272	2884	3265	6312	同上	3510

---

① 此表编辑时删去"军队过往日期"、"备考"两栏。表中费用金额为法币，单位为元。

军队番号	军队人数	主管姓名	驻扎日期	供应粮秣数	供应伕役召雇人数	供应柴草数目	供应器具数目	招待费	附交部队代金	慰劳费
滇缅挺出【进】总队	4563	樊德华	同上	2365	4783	5266	4615	4371	同上	4418
远征军兵站总监部	7469	司可庄	同上	6478	6943	4772	5361	8675	同上	3650
同上	8263	蒋炎	同上	7633	7876	5315	4291	3743	同上	5618
兵站总监部运输单位10个	109981	刘淑琬	同上	376843	91426	109964	18637	64792	同上	7764
兵站总监部驮马大队5个	27796	王子隆	同上	699745	48972	56387	28643	75721	同上	7993
独立第1兵站支部	2864	曾心绍	同上	6437	8767	5423	4129	6875	同上	9762
美陆军作战参谋团	6438	窦尔恩	同上	7262	7854	4762	5173	7251	同上	7325
第71军司令部	17846	钟彬	同上	78564	99825	97643	67451	12541	同上	89965
87师	18045	张绍勋	同上	6258	8526	6257	4963	3925	同上	7245
88师	19504	胡家骥	同上	6639	9594	7273	3967	4835	同上	2793
28师	18955	刘又军	同上	6998	8994	7255	4776	3764	同上	3864
第6军司令部	23675	黄杰	同上	88627	88743	39553	64325	5746	同上	7328
39师	9855	洪引	同上	8996	9984	5527	6774	6375	同上	7217
预2师	3965	顾宝裕	同上	6978	8774	4776	5735	3934	同上	7311
预2师	9956	方天	同上	8799	7762	2764	8264	3962	同上	8861
54军司令部	81062	关汉骞	同上	105885	23645	730182	28765	49321	同上	99312
36师	9765	李志鹏	同上	8255	5375	6325	4738	5735	同上	6067
198师	9872	叶佩高	同上	8766	7732	6745	4938	6214	同上	3996
第8军司令部	19544	何绍周	同上	23865	74392	2585	8362	79630	同上	99810
荣誉第1师	2987	汪波	同上	7365	4732	6613	4725	8223	同上	8870
82师	3865	王伯勋	同上	6955	5977	8225	5735	6420	同上	7707
103师	4765	熊缓春	同上	7662	8774	5378	8523	4762	同上	4305
53军司令部	18952	周福成	同上	99825	93642	55770	48890	64381	同上	99881
130师	1876	王理寰	同上	7795	7896	6230	8450	9503	同上	5730
116师	1967	刘润川	同上	7886	9245	3798	6432	5617	同上	6382
第5军司令部	18862	邱清泉	同上	6775	5773	4265	8864	5775	同上	6733
200师	19953	高吉人	同上	7754	4836	6325	9981	8197	同上	7233

军队 番号	军队 人数	主管 姓名	驻扎 日期	供应粮 秣数	供应伕 役召雇 人数	供应柴 草数目	供应器 具数目	招待费	附交部 队代金	慰劳费
第2军司令部	176792	王凌云	同上	9987	76382	69572	76531	48792	同上	9765
76 师	3762	夏得贵	同上	8653	4378	5137	6452	7513	同上	7263
第9师	3865	张金廷	同上	7373	3867	7438	5216	6379	同上	4312
第32师	4786	杨宝毂	同上	6743	4768	5945	6372	7351	同上	5531
中印公路警备司 令部	5963	黄琪翔	同上	7786	7469	6382	2764	3967	同上	7763
合计				15674722		69144700	756860	1003764		719942①
照指数折合数				1567471200		69144700000	75286000	100376400		71994200
附记	本表于31年起各部队登记人员来往不易，经一再令饬各乡镇长呈报数字记载，至于驻扎供应粮秣慰劳各项，前经党政军联合办事处呈报大致列入，特此申明。									

民国 35 年 5 月　日汇编

共计 8092287400 元，照现在物价估计数 80922874000 元（10 倍）

（云南省档案馆馆藏档案，档案号 1011—7—27—87）

---

① 此行档案数字原文如此。

151. 呈贡县政府办理组织民众运送伤兵队情形呈

(1940 年 8 月 18 日)

呈报呈贡县奉令民众运送伤兵队实施情形。

民国 29 年 8 月 18 日，奉钧府同年月 6 日秘党字第 1147 号训令：抄发民众运送伤兵队组织及运送办法 1 份，饬遵照实施具报。等因；奉此，自应遵办。查职县共分 6 乡，每乡镇应遵照组织民众输送伤兵队 1 队，以乡长兼任队长，民众自备预备大队、中队长兼任副队长，并以在乡公所附近各保保长，5 人兼任班长，每队所需名【民】夫 200 名，应就该乡所属各保中乙级壮丁，或年龄超出乙级壮丁之男子征集听候调用，至输送工具（如门板、铺板、滑杆等项），每民夫 2 名应自备 1 副，所用符号听候由县制发，等因；当经抄发原附发办法，分令各乡乡长遵照办理，尅日将各该乡民众运送伤兵队组织完备，听候调用，并饬将队长、班长、民夫姓名、职别册报来县，以凭汇办在案。兹奉前因，理合将实施情形具文呈备钧府鉴核备案！谨呈云南省政府主席龙云

呈贡县县长李悦立

中华民国 29 年 8 月 23 日

（云南省档案馆馆藏档案，档案号 1106—1—2749—17～18）

152. 保山民众对滇西抗战的支援

在滇西抗战期间，先后进入保山参加反攻战的远征军达 16 万余人，军需供应十分繁重，所属各县县城均设立了党、政、参（议会）联合办事处；凡驻有军队的乡镇、村落均建立有军民合作站。为了滇西抗战的胜利，保山全区在人力、物力上付出了巨大的民族牺牲。

1942 年初，远征军第 5、第 6 军出援缅甸，因英方拒绝让其进入缅甸而暂驻保山长达 40 余天，保山人民承担了大量的军需补给。龙陵、腾冲沦陷后，大批伤兵、难民东逃，保山县在沿途分别设立临时招待所接待伤兵、难民。尔后，远征军陆续集结保山，直至反攻胜利，所需粮食、副食品、草料、柴禾、木料等绝大部分由保山区各县人民承担。同年 7 月，第 11 集团军核定每日补给粮弹约需 37 吨，除由旺兵站原有运力外，需增雇民夫 3000 名。经保山专员李国清分派并亲自督催，由旺军民合作办公处科长张自顺、李原基及太平、仁和、复性、永保、兴平、由旺、开遂、归仁、姚关、关东、关南等 11 乡镇乡镇长、小学校长、教员等努力劝导，加之前方传来龙陵远征军虽断炊数日，仍奋勇杀敌的消息后，各乡镇民众深受感动，踊跃出夫，并自备蓑衣、雨帽、扁担、绳索到由旺兵站部报到。几天之内，即召雇足额，而应征者达 5 万余人，且太平等乡召雇民夫已超过原额。于是，粮弹运至怒江西岸攻击部队驻地腊勐，后由民夫及时送往前线，几乎无积压。有时，粮弹尚未运到，民夫们则在腊勐集合等候，随到随送。

1944 年春，反攻作战日趋临近。保山马王屯等地储存的弹药逐渐向瓦房街一带运输，夫役多由附近各乡镇义务负责；江防部队修筑防御工事，修选渡江船筏，兵站建盖各类仓库，通讯部队架设电线等，所需木材、枋板及架桥所需砂石和各部队所需柴禾、马草等，均由当地征调；远征军驻地所有公私住房几乎全被征用。同时，各乡镇还组织了运输队、担架队、民众骡马大队支前。

同年 5 月 11 日，远征军开始军事反攻，长官部为给驻由旺的第 11 集团军总部、驻瓦房街的第 20 集团军总部运送弹药给养，军运军需进入最紧张的时期。保山、昌宁等县政府发布紧急命令，征调民夫、骡马、驮牛等支援军运。其中，任务最重的是地处道路要冲和渡口附近的瓦房、汶上、老营、杨柳、蒲缥、由旺、施甸、姚关、酒房、板桥、诸葛营、下村等乡镇，几乎每户人家都应征出夫，骡马、驮牛则全部征调。反攻期间，仅保山县每日所出民工即达 3 万余名，骡马、驮牛 6000 多匹。军运民工的生活极为困苦，不仅自带炊具、被盖、雨具及扁担、口袋、竹箩等，风餐露宿，而且时值雨季，沿途山高林密，路途泥泞，行动十分艰难。反击战向前发展，远征军逐日前进，补给路线向前延伸，兵站物资的运输日益困难。保山等县的马、夫，在北线运送至腾冲的瓦甸、江苴、界头一带，以至腾冲县城附近；南线则运送至黄草坝、龙陵、芒市一带，运输线长达数百公里。而龙陵、腾冲沦陷区群众也纷纷冒死潜往江东，为远征军运送弹药和粮秣。腾冲县和顺乡乡长李德颖组织群众冒死将饭菜送到部队阵地；协助攻腾冲城的民工冒险将几十把云梯送到城墙边搭好；……预备2师参谋主任曾记道："白发苍颜之老先生，西装革履的少爷公子们，以及男女学生，乡镇保甲民众等，均争相驮沙袋，担子弹，送茶饭"，俨然一幅全民抗战的历史画卷。

为保障军需，后方各县政府加强对战时形势和抗战意义的宣传，以提高人民对战争的认识，踊跃支前，并发动沿途百姓预备开水，供过往部队和支前民工饮用。兵站部在艰难地段遍盖茅草竹棚，以供来往民工住宿。

据反攻结束后各县不完全统计，保山县在抗战期间，征集支前兵员2万余人；驮牛32.2万多工日，骡马157万个工日；征调民工4216万多个工日。其中，赴前线遭日军杀害和在途中积劳病故或染病致死的民工即达3854人；死亡骡马4794匹，驮牛1510头。全县供应军需木柴1182.25万多公斤，军粮355.69万公斤；支援棺木13350付，电杆5494根，枋板7.93万多米，家具什物6.8万多件；供应猪、牛肉23万多公斤，马料446万多公斤，马草953万多公斤。1942年5月至1943年8月，仅归仁乡第9、第10保及人和镇第5保共487户，每户即出夫280余名（次）、马67匹（次），协助挖筑堑壕工事和运送军粮等。

腾冲县在配合远征军反攻作战期间，先后征用民工24.6万余人，赶赴怒江东岸户帕至腾冲各地为部队运输所需粮秣、弹药，当向导，抬担架，救伤员，侦察敌情，构筑工事，并供应反攻部队军粮415万公斤，马料105万公斤。民间付出的军粮、马料、燃料及副食品的当时市价与代购价差额补贴达5.6亿元（国币）。反攻部队5个师越过高黎贡山进入腾冲境内时，军粮一时接济不上，各乡镇百姓自动节省口粮供应部队。保山军粮运至怒江坝湾后，当地的壮丁因为战场服役几乎全赴前线，运粮任务即由妇女老幼承担。运粮队伍络绎不绝，往返于150多公里的崎岖山路，仅五六天时间，就将屯积在坝湾的粮食运抵腾冲，保证反攻部队需要。

1944～1945年，昌宁县支前的军粮全靠人力、畜力运送至保山。在漫长的运输线上，一些妇女用羊皮口袋背着军粮，胸前还兜着哺乳的婴儿，含辛茹苦，步履艰难。在远征军司令长官部驻保山期间，顺宁、昌宁两县至保山的军需物资，全部由这两个县的民工运输。仅 1945 年，由昌宁县送交由旺、辛街、诸葛营、白沙水等地的军粮即达 11.5 万公斤。

龙陵县在配合远征军反攻作战中，支援军粮 250 万公斤；为抗日部队输送兵员 583 名，派出民众岗哨 7380 多个工日；征调民夫 1.47 万个工日，其中被日军杀害或在途中病死者达 174 人；征集骡马 11.64 万匹（头）次。

（保山地区地方志编纂委员会编：《保山地区志》上卷，中华书局1999 年版，第 673—674 页）

153. 云南各界慰劳、 支援抗日军队

抗战期间，云南省政府、各社会团体先后成立云南省慰劳抗战将士委员会（会长龙云）、云南省各界抗敌后援会、云南省劳军运动委员会等组织，开展各项劳军、劝募、服务活动。抗战以后，云南省历年都有劳军活动。1937～1940年，第60军、58军先后北上抗日，省政府发动各界募捐慰劳。1939年和1941年，省府筹募巨款，组成慰问团，携带慰问品，到抗日前线慰劳云南出征将士。1942年，省劳军运动委员会于春节、中秋节、空军节、民族复兴节，发动各界筹集经费，购备物品，推派代表，分别慰劳本省驻军与伤残官兵。1943年，全省开展了元旦纪念日劳军运动，筹款分送出征军人家属，并于七七举行慰劳大会，慰劳驻军、抗属。同年2月，滇军第58军攻下湖南重镇常德，龙云命令拨款10万元，慰劳官兵。1944年元旦，昆明各界举办音乐会，慰劳驻昆中、英、美陆空军高级将领。5月，省参议会通过慰问滇西将士提案，由省政府拨款50万元，后援会筹款5万元，组织慰问团，购买慰问品，慰劳转战滇西的远征军抗日将士。1945年1月，省府发动各界募捐国币2500万元，慰劳过境国军伤残官兵。同时，每年七七，社会各界都组织劝募队，发起献金运动，以捐献的钱物援助抗日军队。民国1941～1944年，全省共捐献国币1560万元。1943年6月，全国慰劳抗战将士委员会总会，发起劝募鞋袜劳军运动。1944年1月，平彝、姚安、晋宁、罗次、屏边、双江、禄丰7县募得鞋袜代金452138元，上缴省慰劳抗战将士委员会；西畴、澜沧、车里、思茅、六顺、佛海、南峤7县募得布鞋3225双，鞋袜代金152461元，拨交当地驻军第2师、93师接收。抗战期间，昆明市共捐寒衣20多万件，布鞋20多万双。

1942年，日本侵略军占领越南、缅甸后，侵入滇西腾冲、龙陵地区，云南边疆成了抗日前线。滇西民众同仇敌忾，竭尽所能，支援抗战：

（1）出动数十万民夫，运输粮弹，救护伤兵，修复公路及机场。1942年3月～1945年1月，保山境内先后集结30万军队，所需粮秣弹药，绝大部分由滇西人民供运。当时被征调投入战役运输的民众不下30万人，所经途中多无村寨，风餐露宿，备极艰辛。在滇西战役中，仅保山县运输粮弹总计出民工4160324人次，骡马1193652匹次，驮牛323197头次；牺牲民工3854名，死亡骡马、驮牛6304匹（头）。1944年5～9月，反攻腾冲期间，有4.6万民夫投入运输、担架、救护等各项勤务，3060民夫赶修腾（冲）龙（陵）公路，抢修飞机场。

（2）捐交粮食等大量物资。1942~1945年，保山县人民捐交军粮7113万余斤，猪1146万余斤，豆料892万余斤，马草1906万斤，棺木13350具。腾冲县人民供应军粮415万公斤，马料1053万公斤，民众付出军粮、副食品、燃料。马料的市价与代购价间的差额补贴达国币5.6亿元。1944年5月，反攻部队越过高黎贡山进入腾冲，军粮一时接济不上，各乡镇民众自动节省粮食，供应部队，或送饭菜到阵地，或邀士兵到家吃饭，因此，部队益加感奋，努力杀敌。

（3）协助军队作战。1942年5月和8月，日军3次侵入沧源的佤山、耿马的孟定、镇康的南伞等地，各族人民除以人力、物力支援抗日军队外，还先后组织起抗日游击武装，联合抗日，保卫国土。盈江、盏达两个兄弟民族区域60名女青年，组成一支民族女护士队，随军为伤病员服务。1942年7月，腾冲县政府与预备2师共同开办战时工作干部训练班，训练乡、镇、保长125人，结业后分往各地，动员组织民众，设立便衣队、担架队、运输队；设置递步哨及情报网；组织军民合作站，配合预备2师、陆军第36师开展游击战争。

（云南省地方志编纂委员会编：《云南省志·民政志》，云南人民出版社1996年版，第122—123页）

154. 举全县之力　顺利完成接送远征军归国任务

杨如峰

1942年6月，中国远征军第5军及96师直属部队7000多人从缅北葡萄往东途经怒江州境内福贡撤退回国。福贡县各族人民为接送远征军归国，作出过重大牺牲和贡献。

一、星夜奋战，架设溜索，及时拉渡部队

福贡的六、七月份，正是雨季，阴雨连绵，江河湍急，怒江倍涨，汹涛如野猪，横冲直撞，船筏等渡无法通过。得到远征军要从福贡境内老姓达回国的消息后，福贡县设治局长孙模于1942年6月18日当即命令马吉乡长杨瀚和利沙底乡长郭灿2人迅速在拉马底江面一天半内增设远征军渡江篾溜索。

接到孙模设治局长的命令后，马吉乡长杨瀚紧急召来旺基独，火都独、拉马底几个村的保甲长、商议如何架设篾溜的事情。会后，派保甲长到村寨半天之内组织调来150多篾工。当天，利沙底乡长郭灿也选派100名人力到拉马底支援，全部集中在拉马底渡口。为20日以前完成架设溜索任务，各保甲组织人员连夜点火把砍竹子。19日早上，马吉乡最北面的不腊等保甲的人也相继赶来。杨乡长把村民分为几个组，一组剥篾片，一组编篾溜，一组编篾箩。平时，编制一根篾溜索要用20天，每天劳动18至20个人才能完成。但是当地民众为顺利接送远征军官兵，克服重重困难不分昼夜，连打个盹的时间都没有，许多村民手上都磨出血泡，19日天黑以前，编成篾溜5根。天黑后，又点上火把，在拉马底江东江西组织人员昼夜架设溜索，当时，江水瀑涨，架设难度相当大，附近村寨的老人、妇女均来参与架溜工作，每架1根就有40来个人累瘫在地上。在架设第3根溜索时，有两位村民还从溜索上堕江而死。但大家化悲痛为力量，20日天刚亮，溜索架设完毕。当天下午，由李树正团长率领的远征军归国先头部队第5军工兵连约200余人到达拉马底怒江两岸。21日全部顺利渡过怒江。

7月20日利沙底乡长郭灿和鹿马登乡长洛阿紫知道第5军96师部分官兵取道从矢孔路归国的消息后，火速调集两乡民工300多人，星夜在鲁哈娃村的知建多怒江面上架设3根蔑陡溜，1根平溜，并派人在远征军所经之地沿途修路，准备迎接工作。

到8月中旬，又有1支200多人的远征军准备由上帕呜克归国。接到该队杨团长的信函后，设治局长孙模一面派民工进山沿途修路的同时，一面令联络向导员霜耐冬立即调集上帕、腊乌、古泉、知子洛的村民，各保甲男子每人交1捆篾片，每户出1名男编溜工，火速在木尼马增设了两根蔑溜索，以备及时拉渡远征军过江。

夏季雨水较多，怒江水位上涨较快，平日当地群众过溜十分小心，但每年均有因过溜而坠江溺死的。远征军到达怒江西岸后，为预防事故发生，福贡各乡都在怒江渡口两岸组织有拉渡经验的群众溜渡。溜渡时，每只篾笼捆绑两个溜板，一次能从江西溜到江东。篾笼里一次能装4个人，并在笼篾上拴一根一直能拖到江东的长篾片，把人送到对岸后再把空篾笼拉回去溜渡。

据鲁哈娃村的普阿省老人回忆（当年拉渡远征军民工），当年拉渡情况，十分凶险。远征军刚到知建多过溜点时，有一次拉渡官兵，篾笼中有5人，但溜板承受能力有限，溜至江心里溜板突然破碎，5名官兵坠入汹涌的怒江中，除两名水性较好的游出来外，其余3人葬身怒江。那次以后，为安全每次溜送的人员改为3—4人。

当时的溜索为篾溜索，一根溜索最多能溜半个来月。所以福贡各乡共组织起200多人的编篾工，在拉马底、知建多、木尼玛等渡口，不断编溜索、篾笼，以便于随时更换，不耽误远征军渡江回国。

二、筹集粮秣，接济官兵

归国的远征军到达缅北俫江的赤土坝、迪米、尼大底准备翻越高黎贡山时，已断绝粮饷，受饥挨饿，疲惫不堪，官兵死亡时有发生。因此，粮秣问题已成为能否顺利翻山越岭归国的关键问题。

6月21日，福贡设治局长接到96师师长余韶从缅甸急促发回的公函后，立即召集地方军政官员、绅耆和部分保甲长，研究顺利接送救助远征军事宜。会议决定：①及时向省政府报告远征军经福贡归国情况及困难。②命令沿途各乡乡长，暂行借用各乡积谷，开仓春碓，供给远征归国之部队，以解燃眉之急。③在各乡归国路线设立救助兵站（一直到原碧江县知子罗）。

会后，推派绅耆张云程、潘奠卿、李丽川3人为代表，携带6背笼腊肉和食盐，到拉马底代表孙局长及福贡民众慰劳远征军归国先头部队。

先头部队到达福贡境内时，沿途各乡均开仓春碓，还向商家搜借，基本保证军需供养。但7月份以后，随着远征军后续部队逐渐到达，福贡的粮秣供给日益紧张，难以满足，设治局长孙模要求全县各族人民克服重重困难，举全县之力，勒紧裤带也要完成供给。同时，还派员向维西和贡山求援，维西和贡山设治局派民工各运来1万多斤粮秣援助。

福贡之地，素来民间贫疾，刀耕火种，广种薄收。据《上帕沿边志》记载：怒、傈僳之地，刀耕火种，生活简单，居住简陋，一年之收，不足半年之食……远征军到达时，正值六七月夏荒，许多群众靠采集和打猎度日充饥。

面对诸多困难，福贡各族人民团结奋斗，积极献策献计，为归国部队解决给养救助。各乡保甲长主动拿出自家粮食，拉马底保甲长向农户摊派一两碗包谷米、荞面等食物，马吉乡统一向民间摊派，但不强迫，粮多的多交，粮少的少交，绝粮户免交。利沙底郭灿乡长除开仓救助远征军外，组织怒江两岸的保甲逐日向农户摊派一两碗包谷米或荞面来维护渡口附近官兵的口粮。据《福贡设治局关于第5军及96师筹办粮秣案卷》载，当时仅向利沙底乡张立具村就摊派5口猪、净肉200公斤、鸡70只等。

8月至9月，远征军从上帕鸣克路归国之时，虽然境内粮食基本食尽，但各种庄稼已经成熟，乡里从民间筹集到一定数目的口粮，保证了远征军的供给。

三、征调民工，协助归国

协助一支疲惫之师翻越高黎贡山归国，是一件非常困难的事情，涉及筹集军粮、修路、过渡、劳役、宿营联络等救助引导工作。远征军归国先头部队到达马吉和利沙底境内木克吉、拉马底时，两个乡立即行动，征调民工，随时准备救助远征军。

远征军翻越高黎贡山归国路线，均为原始森林，山高险峻，行人罕至，更无路可走。即使是有，也只是民间来往的羊肠鸟道，当地行人只能以砍刀开路攀藤缘木而过，加之无人修筑，远征军路途十分艰险，先头部队在路上跌死14人之多，跌伤的就不计其数。连日阴雨不断，有700多官兵因木克吉河桥被冲毁而受阻。知道情况后，杨瀚乡长连夜组织季洛等地村民400人，派一半人马背口粮沿途修路接济归国部队，派一半人马到山上抢修术壳吉河桥，以解救受阻官兵。

先头部队到达后的第3天，马吉乡就派20个民工，背运400斤粮食进山边修路边接应沿路回归官兵。随后，利沙底乡也组织30多民工背运粮食，按要求准备到缅甸的尼大底、迪米等地接济救助，但首批口粮半路上就被回国官兵抢食。马吉、利沙底乡又组织200民工，背运口粮进山援救部队，到8月份，马吉、利沙底两乡共派出民工1300多人次。

与此同时，为救助从鸣克路归国远征军，设治局长命令上帕所属古泉一带的联络向导员霜耐冬，在腊土底、古泉、上帕一带调集大量民工，从8月20日开始，进山修筑通道，搭建草棚，以资远征军宿营，同时，分批派民工背运军粮，前往缅甸俅江接济部队。

远征军从 6 月份开始到 11 月底全部顺利归国，福贡境内调集了大量的民工，发扬自我牺牲精神，救助远征军，当救助民工到达缅甸时，使许多官兵感动流泪，与我方人员相拥痛哭。这些民工，有的背运武器弹药，有的抬送伤员，有的背负包袱，有的沿途修路疏通，有的背运军粮到境外七八次，有的路上忍饥挨冻，传染疾病，有的客死异国，有的跌死途中，为救助远征军献出了宝贵的生命。

　　总之，在接济、救助远征军顺利回国的 6 个月中，福贡各族人民作出了重大贡献。首先是以鲜血和生命，谱写了一曲动人的爱国主义赞歌。无论是架桥、修路、筹措军粮、救助接济，还是抬送军官伤兵，背运武器行李，甚至是献出生命，均属应尽义务，从未收取过半分钱，也没有提过什么条件。其次是调集4000 余人的民工，几乎户均抽 1 人（其中死亡 56 人，伤 412 人）。最后全县共筹集 33160 斤大米，25740 斤杂粮，935 斤食盐，127890 斤柴薪。

　　（中共怒江州委党史研究室、罗世保编：《怒江军民抗战纪实》，云南科技出版社 2006 年版，第 96—101 页）

155. 怒江各民族营救美国飞行员

罗世保　包秀芬

在纪念中国人民抗日战争暨世界反法西斯战争胜利60周年的时刻，我们选录怒江傈僳、怒、独龙、白等民族救护驼峰航线坠机飞行员的故事，以示怒江各民族人民对抗战胜利的纪念和对驼峰航线牺牲的中美飞行员的缅怀。

一、阿妮达底村（傈僳族），1942年2月16日，10万远征军开赴缅甸，5月开始溃退回国，途径怒江的部队，一部分于5月中旬，经泸水县栗柴坝渡口到达漕涧休整。另一部分第5军所属200师被日军打散，滞留在高黎贡山群山环抱中，后由第3军预备2师接应，于6月上旬到达泸水县。第5军96师经过野人山，历尽艰辛万苦，从孟拱到达缅甸最北端——葡萄，于七八月间先后到达福贡县。远征军溃败，在地上，爬山涉水，穿越茫茫原始森林，战饥饿，吃野果，走无人区。在天上，日军飞机常进行侦察、扫射、轰炸。6月中旬，号称飞虎队的美国两架战机为保护远征军撤退，同前来轰炸的日本战机在泸水县洛本卓上空展开了殊死的空战，日本战机被击中起火，坠毁在那米山上，机上人员全部烧死。飞虎队战机也负伤，1架降落在金满洼底山梁，飞行员安全着陆。另1架飞机着火。飞行员跳伞后，降落伞挂在了万丈深渊的石崖顶上的松树枝上，着地的飞行员跑到石崖旁，看着他的同伴挂在树上无可奈何。善良的傈僳族农民闻讯后立刻赶到现场，在语言不通的情况下，毅然从山箐里砍来藤条，扎成5米宽、5米长的藤床，一头捆在大树上，另一头由傈僳族群众用手牵着。1个手持长刀的傈僳族男子汉爬上松树，慢慢地靠近飞行员，用力砍断树枝。树枝断了，飞行员落在了藤床上，可傈僳族男子汉却被反弹到悬崖旁的树权里，摔断了几根肋骨，他忍着剧烈的疼痛牢牢抓住树枝，否则摔到悬崖底部将要粉身碎骨。两个飞行员得救了，傈僳族男子汉却医了半年多的伤病。

二、六库救助飞行员（白族）。1943年10月，日军兵分3路进犯泸水。第1路500多人，由侨头、北斋公房翻越高黎贡山，攻占灰坡山、小横沟、丙奉等地；第2路300余人，带辎重骡马，由明光、空树河翻越高黎贡山，攻占下赖茂、大练地、丙贡等地；第3路100多人，由片马翻越高黎贡山进入古炭河，烧毁泸水县城鲁掌。妄图强渡怒江，向昆明等内地城市挺进，攻占重庆等战略要地，吞并祖国。此时，怒江东岸各民族人民和中国军队全力以赴，严阵以待，随时准备粉碎日军的进攻。有一天，两架飞虎队战机和1架日军战机在怒江边的六库上空相遇，在空战中，日机被击中，日军飞行员跳伞落在日军占领的怒江西岸。飞虎队战机，1架落在怒江中，飞行员跳伞被救，受到六库段浩土司的盛情款待，享受英雄般的礼遇，由驻防六库预备2师护送到保山后返回昆明。另1架战机，受伤后落在六库松林坡，飞行员是美国空军上尉尔温，死后埋在松林坡。后来，美军派专人前来六库，将尸骨运回美国。

救助飞行员，不是一件容易的事。怒江大峡谷，没有多少平地。高黎贡山、碧罗雪山屹立在怒江两岸，原始森林茂密，山高坡陡，川谷纵横，林中毒蛇猛兽出没，怒江边许多地方瘴气袭人，给飞行员的生命安全带来危险。其次是语言不通，肤色各异，为交流和沟通带来了许多不便。再则就是交通不便，民族众多，人员稀少，为信息传递和受伤飞行员的医疗带来许多困难。可是，怒江各民族有着善良、纯朴的美德，有着强烈的爱国心，深明大义，驼峰航线开通的3年多时间里，据不完全统计，怒江州泸水县、福贡县、贡山县、兰坪县人民救护美军飞行员达30人以上，埋葬遇难飞行员尸骨10具以上。在怒江州境内传教的美籍牧师莫尔斯和他的儿子莫约芹、莫伯乐等在贡山、福贡人民协助下，"对往返中缅印之美国陆军运输机，因故失事，降落高黎贡山一带之机师人员救护者不下数十次人员之多"。在怒江州境内，只有传颂着各族人民救护美国飞行员的故事，却没有一例伤害飞行员的事，这是何等的自豪。

三、独龙江掩埋飞行员尸体。我们采访过许多掩埋飞行员尸体的故事，这里仅举一例。原怒江州政协副主席孔志清说（独龙族），抗日战争时期，我在独龙江乡担任乡长，老百姓发现飞机摔落下来，立即向我报告，我就带人去找。1944年开春后，独龙江2乡的农民斗兰门·朋阿贝等人从怒江西岸的念哇洛返还独龙江，途经高黎贡山山顶时，发现1架飞机残骸，残骸附近还散落着一些枪支和子弹，他们捡了两只枪和一些子弹带回独龙江，便交给了我。我立即组织人员到现场察看，飞机双翼把山上的冷杉剃头似的削平了一大片，机头撞在石崖上，也撞出了个窟窿，机身摔成两截。附近有遇难者的5具尸体，其中一人挂在大树的树杈间，有两个坐在机舱的靠椅上，半截身上烧成炭灰，还有1人落在山涧里，有1个人似乎还活着，张开着双眼，我们立刻过去把他扶起来，手摸着他的心脏，才知道他已经离了人间，大概死不瞑目吧！我们在场的相互看着，都惊呆了，都为这些死去的美国飞行员惋惜。可人死了，没有办法救活回来，只有想办法处理后事，我竭力控制住心中的痛苦，派身边的斗门兰·朋阿贝跑到县城向设治局汇报。设治局长立刻把事情通报给住在县城的基督教堂美籍传教士莫尔斯父子。莫尔斯父子带着几个人赶到现场，收拾干净了现场的残物，组织当地人将遇难飞行员的遗体就地安葬。参加葬礼的人都很悲痛，有的流下了眼泪，有的发誓要报仇雪恨，把日军赶出怒江西岸。

四、泸水县古登乡卡各洼底村卢伊光（傈僳族），伊光讲，抗日战争时期我是卡各瓦底的保长，时年 26 岁，那天有 3 架飞机在天上打仗，两架美国飞机打 1 架日本飞机，3 架飞机经过几十回合的相互攻击，都被打伤了，1 架掉到那米山那边去了，1 架掉到金满山那边，另 1 架顺着马夸底河沟飞上来，从怒然丫口飞到雪山顶上就落下了。

天快黑的时候，村子里跑来 1 个美国飞行员，村子里的人都在议论，我上去看，就把美国飞行员叫到家里，做饭给他吃，他不吃，话也讲不通，只是默默的坐着。我在柜子上给他铺床，他从自己身上抽出一样东西，一吹，吹成一个睡袋，放在柜子上。我们睡了，他也睡下，我看到他睡下后在身上掏出一个长长的东西（巧克力、香肠）在吃。第 2 天我派人用滑杆把美国飞行员抬到海比瓦底保长家，抬到河边，看到河对面也抬下 1 个美国飞行员。两个美国飞行员一见面就跑去抱在一起，哭起来。我们没有动，在那里静静地看着他们。一会儿保长从瓦平山上下来了，我们两人商量了一下，派了两个专程去给兔峨罗土司送信，问罗土司怎么处置这两个美国飞行员。送信的人走了，我们又把两个美国飞行员抬到我家，到我家后他们两人什么也不说，又抱在一起在柜子上哭。过一会儿，他们比划着说要洗澡，我把家里装粮食的大木桶中的包谷倒出来，装上热水，让他们洗澡，他们很满意。第 2 天早上他们默默看着天，打了一个手势，先是 4 个指头，后用两个指头比了比，就掉下眼泪来，我知道他们说还有两个飞行员不见了，我就派人去找。过了三四天，去兔峨的人回来了，说罗土司要我们把美国飞行员护送到兔峨，我又派人把美国飞行员送到兔峨，同时送去的还有两支枪。美国人想把枪给我，我没有要。兔峨罗土司通过电台与部队联系上了，回话说上面派人来接他们走。罗土司表扬了我们，还给了奖励，并对我说："以后一年中你什么都别管了，任务就是找失散的美国飞行员，找到 1 个，往我这儿送 1 个，千万不要伤害了美国飞行员，这些美国飞行员是来帮助我们打日本军队的好人。"我们离开他们时，美国人给了我 1 件皮衣，两张美元和一些钱。他们很感激我们救了他和给了他们的帮助。第 2 年，我们在碧罗雪山上发现了飞机，飞机驾驶舱内有 1 具烧焦了的尸体，我们把尸体埋了。

一年后美国人来取尸体，我又带他们去取，取到 1 尸骨后，又把美国人送到兔峨。

（节录自罗世保、包秀芬：《怒江各民族营救二战驼峰坠机纪实》，载中共怒江州委党史研究室、罗世保编：《怒江军民抗战纪实》，云南科技出版社 2006 年版，第 88—92 页）

156. 忆滇缅路上的华侨技工（节录）

胡文义

1937年七七抗战军兴，交通运输线的争夺，是战争胜负的一大策略。敌人始终以切断和封锁我沿海运输线，断我外援，为其侵华的主要手段。我国采取反封锁、辟新线等对策，保持了国际通道的畅通，便物资源源不断送到前线，保证了抗日战争的胜利。

八一三淞沪战争爆发，上海沦陷，物资进口只有广州一口岸，当时香港、广州、武汉的物资接转，由1937年11月1日在广州成立的军事委员会西南进出口物资运输总经理处（简称西南运输处）负责，由于军运的对外保密，对外称兴运公司，后改称西南运输公司，先由广州市长曾养甫兼该处主任，因业务繁忙，1938年，中央派宋子良接替，所属机构遍及国内外，在越南河内、缅甸仰光、香港、昆明、贵阳、重庆、长沙等地段设有分处，先从美国进口载重汽车，在广东、广西、湖南等省训练驾驶员和技工。云南人民在滇缅公路增辟了这条新线。省政府在1938年2月动员民工25万人，在原有昆明至下关，芒市至畹町的公路基础上抢修，建筑惠通、功果、漾濞3座大桥，经过蛮瘴荒僻之地，克服疟毒疾患之苦，于1938年底，历时仅9个月，路线修通，粉碎了敌人的封锁计划，震惊了法西斯而名闻世界。

1938年敌寇进攻广州，西南运输处迁来昆明，总处设在大绿水河，并在潘家湾成立运输人员训练所，地址在今昆明师范专科学校，校的后层部分，划给辗转迁来昆明的北京、清华大学成立的西南联合大学。运输人员训练所前面是茭瓜塘和菜地，现在已变成气势巍峨的成都军区第二招待所等建筑和宽阔平直的昆师路。

运输人员训练所，除培训驾驶员、保修技工外，并开办乙级干部班、电讯班、管理班等培训配套人才，学员多属国内招考，另部份是海外广大爱国华侨青年。华侨机工响应"华侨筹赈祖国伤兵难民委员会"的号召，回国参加抗日，这个委员会的总部设在新加坡，侨领陈嘉庚先生任主席，庄西言、李清泉任副主席，在新加坡、马来亚等埠号召捐献汽车，组织华侨青年参加"南侨技工回国服务团"和宋庆龄女士在菲律宾的"华侨抗日动员总会"，组织华侨技工和侨居各国的侨胞，热烈响应出人、出钱的号召，踊跃输将，于是乎汽车和人，便不断运回祖国，运回的福特、道奇、白氏、司蒂倍克等牌载重卡车，装备了3个大队，每大队 200 多辆车，南侨技工回国服务团的熟练驾驶员、修理工、医务人员等，共达 3032 人。

回国的华侨机工，先在昆明潘家湾运输人员训练所，接受短期的军事训练和技术操作训练，以适应战时和防空的需要，毕业的驾驶员分编为华侨先锋第一大队和第二大队，驻在滇缅边境的遮放、腊戌，担任缅甸进口的边境运输任务，和国内司机一起，在敌机轰炸和袭击中，流血流汗，不避艰险，前仆后继，使这条包括缅甸境内的全长 1164.2 公里的滇缅国际交通线，像大动脉血管样，使抗战健康发展。每日由国外输入的军用物资，保持在 300 吨水平，保证了祖国持久抗战的需要，华侨机工的业绩与滇缅公路的光辉，为国内外人士所歌颂。

西南运输处共有 27 个汽车运输大队，其中 3 个大队全是归国华侨组成，每个大队的 200 多辆卡车，全是海外侨胞捐献，为了识别华侨司机与国内司机的区别，西南运输处给每人发一条手链，链上刻有本人姓名，籍贯，由何处回国等字样。抗战胜利后，华侨机工复员时，每人又赠送铜质纪念章一枚，刻有"华侨技工回国服务团荣誉纪念章"和"保卫祖国"，中心刻有汽车方向盘图样，下面署名"军事委员会西南运输处赠"等刻字，是华侨机工极为珍贵光荣的纪念品。当时联合国救济总署拨款，每人赠给 500 元美金，其中 300 元是奖金；200 元是旅费，分 5 批复员，送回原侨居地。对已在云南建立家庭，愿留在国内的 200 多人，参加了昆明侨联的组织，并成立了一个华侨机工组，留下的 200 多人中，有 20 多人返回了自己的原籍家乡安居乐业。

回国参加抗战的华侨机工，在运输工作中，有的在敌人的直接轰炸袭击下光荣牺牲，如曹岳生、蔡崇礼、钟少伟、谭锦凤等同志，还有的死于瘴疟，他们为祖国的独立生存，贡献了宝贵的生命，可歌可泣的事迹，令人景仰，他们与滇缅公路运输史的功勋，将永垂不朽。

（政协云南省文史委编：《云南文史资料选辑》第 37 辑，云南人民出版社 1989 年版，第 162—163 页）

157. 抗日战争时期云南驿运纪实

马廷璧

日本侵华军队继 1931 年发动九一八事变之后，1937 年发动七七卢沟桥事变，1937 年 8 月犯我上海。我国东北、华北、华南公路、铁路及海运交通全被日军封锁控制。滇缅公路下关以西至畹町段，于 1938 年赶修通车，成为我国唯一国际道通。当时车少油缺，难以适应战时交通需要。交通部便决定大力组织驿运。1939 年 1 月在重庆成立驿运管理所，后改为驿运总处。四川叙府（今宜宾）至云南昆明的驿道，于 1938 年曾作铺筑，成为全国驿网中的重要干线。于是，抗日时期的云南，铁路、公路、航空、水运、管道运输"五运俱全"，辅以大量驿运，相互配合，开展联运，对支援抗战起了很大作用。

我原是在平汉铁路任职，抗战爆发后，受交通部驿运处委任为叙昆驿运干线昆明站站长。1939 年 1 月，由徒步逐站踏勘叙昆全线开始，登上战时驿运征途，未料一干就是 7 年，负责或参与开辟了 6 条驿道的营运业务。现将亲历亲见的情况作简要追述，供史志界同志参考。

一、因人因地制宜　开展叙昆驿运

叙昆驿运干线，自四川叙府至云南昆明全程 553 公里。驿道历史悠久。近代，清末民初，已有大商号经营商货。叙府南运桐油、五倍子、猪鬃、黄丝，经昆明转运缅甸，印度。永昌祥商号在仰光、加尔各答均设有分店。由昆明起运货物为茶叶、药材等。全程旧时设有叙府、筠连、横江、滩头、普洱渡、吉利铺、盐津、豆沙关、大关、岩洞、五马海、昭通、桃园、江底、迤车汛、红石崖、会泽、鹧鸡、羊街、嵩明、兔儿关、昆明等 22 站，各站均有食宿设备。大部份由人背送，小部分用马驮。1939 年开辟叙昆干线后，于横江、盐津、昭通、会泽、昆明建立 5 站，叙、昆两地各设驿运办事处。

昆明永昌祥、茂恒商号率先来昆明站托运棉纱 1350 驮（81 吨），匹头（棉纱）108 驮（重 6 吨半），茶叶 38 驮（重 2 吨 400 公斤），小百货 98 驮（重 6 吨），共计 1596 驮（重 95 吨 900 公斤），预定 30 天运交叙府。兵工署托运汽油、柴油、铜饼、TNT 炸药共 400 驮（重 26 吨）。两处物资合计 122 吨。但因战时乱世，驿路艰险，为安全起见，每批货物都应有人护送，须大批押运员，势必增加运输成本，不派人押运，又恐连运费带货物都有遗失之虞，犹疑再三，迟迟未敢启运。

3月30日，我到达昆明，向昆明驿运处汇报了沿线踏勘驿站，了解社会经济、遍访各地地方政权与基层组织及宗教人士的情况。原来滇境背运者多系彝族，马帮多是回族经营。滇西北有藏族马帮。他们了解社会情况，熟悉业务，骠勇强悍，能应付复杂环境和意外事故，而叙昆线又要以马帮驮运为主，背夫短途运输为辅。因此，提出以回族马帮为主力开展驿运的建议。征得驿运办事处同意后，遂以伊斯兰教徒身份，出入于昆明各清真寺。利用每逢星期五（主麻聚礼日）礼拜的机会，向乡老和阿訇宣传为支援抗日战争兴办驿务的重大意义。又邀请大南城、顺城街、金牛街、东寺街各清真寺的阿訇沙竹轩、马自成、马宜之、马兰亭等在劝业场（现改五一路）伊斯兰食堂座谈，共商战时驿运事宜，引《古兰经》穆圣遗训"为国家和民族的生存应有牺牲精神"以相激励。恳请阿訇介绍马帮，推荐驿运站雇员。因为马锅头（马帮头领人物的俗称）多为回民，而回族对宗教领袖极为尊敬，受托必乐于尽责。回族宗教首领以其在回民中的影响，找马帮、推荐雇员，在支持战时驿运中确实发挥了积极的作用。

昆明站又以人畜吃账（当时人食宿与马料等费用俗称）外加付30%的办法订出运价，参照铁路上的计算方法，每吨公里运价定为36元，每公斤公里为0.0036元。一个人背30公斤走一站（30公里）（$0.0036 \times 30 \times 30 = 3.24$）可得运费3.24元。除食宿马料外略有结余，背夫与马锅头均认为运价合理，都乐于承运。

于是，1939年4月中旬，嵩明、寻甸马帮到昆明办理直放叙府货物的交接手续。运费支付办法是起运支半，货至到达站再付一半的办法。回程货物由叙府站配给，运费支付办法亦同。局面迅即打开。是年4月昆明站开运，不久昆叙间很快实现了大宗物资驮马对运。叙、昭、盐段，背运则以川盐南运为主。叙昆大道上，人背马驮，络绎不绝。引起了重庆驿运总处注意。开运三个月后，是年7月总处处长王炳南前来昆明视察。由云南省建设厅厅长张邦翰主持召开了欢迎宴会，程树仁、常王明、刘吉甫、郑昶南、史振东、马廷壁等作陪。会上总结了叙昆干线踏勘全线，依靠回彝民族力量开展营运的经验。王炳南对昆明站的工作表示满意，说："重庆市场上已有云南茶叶，还有缅甸进口的匹头、棉纱、军工物资铜饼等都是由昆明启运而到四川的。这对抗日战争大后方起着很大的作用。"会后，王电告重庆驿运总处，对云南省驿运处和昆明站给予传令嘉奖，并通饬各省驿运处知晓。

二、叙昆道上查弃货，依靠群众解难题

1939年4月昆明站商、军货物120余吨全部放运。但到8月，有商号前来查问部分棉纱、匹头为何历时 4 月来未到叙府，同时又函告重庆驿运总处，还要求赔偿损失。总处急电昆明，令急速查处弃货！

原来在放运货物中明确规定，每发一单之货，须由承运人在昆明市取得保证人，限期运达收货站，须取得货物收讫凭单。大部分马帮是经阿訇介绍，较讲求信誉，唯恐误运对不起阿訇。也有少数马帮和背夫，领得运费支作他用，结果吃账不符，中途弃货而走，以为路远隘闽，无人追查。

弃货物都放在偏僻深山老岳之间，难于查处，重庆总处及叙昆两处都感到棘手。几经研议，是年 9 月由昆办事处提议，报总处批准，委我为总处稽查，负责清查弃货。15 日接到指令，18 日和随员章宙启程，在叙昆驿道上再次跋涉，先后到昆明的兔儿关、巧家县的秧田冲、会泽县者海、红石岩、迤车讯、鲁甸县桃园及大关昭通二县。根据发货底册所注承运人姓名、地址，深入乡村，按图索骥。且每到一县即向县长陈明来意，求得协助。经过一单一单清查，终将弃货全数查清，根据不同情况分别作出相应处理。前后行程数百里，历时 3 月。

清查弃货是复杂艰苦的。一要查明确有弃货的地点，这是最麻烦的；二要查明弃货与底单所载相符；三要分别不同情况，当即作出决断，以妥善处理。原则上由承运人即时启运，并由当地乡政府派人押运，押运费由到达站付；如有偷漏，由承运人如数赔偿，承运人因故无力继续疏运，应退缴未运地段运费，另招马帮承运，人畜伤亡者，酌情另作处理。

我们之所以能顺利清查处理弃货，是依靠回民不避艰险跋山涉水充当向导，依靠各地方行政组织给以协助，而事先制定的管理制度及有相应的凭证，尤为查处弃货提供了可靠的依据。

三、侵缅日军犯我滇西　前沿抢运军工物资

1942 年春，侵缅日军进犯云南畹町、龙陵，腾冲惠通桥炸毁，滇缅公路沿线异常混乱。一个突出的问题是，保山存有军工物资 15000 吨，下关存 5000 吨，急待抢运到昆明。

云南省政府和滇缅公路局召开紧急会议，军工署、资源委员会、中国运输公司、云南省公路局及云南省驿运管理处等单位派员参加，（笔者代表驿运处出席）。滇缅公路局局长葛沣主持会议，动员各运输单位拿出库存汽油投入军工物资抢运。因当时有车无油的情况严重，没有一个单位表示愿承运。葛沣提议省驿运处表示态度，显然寄希望于驿运。根据 1938 年以来开展驿运的经验，我们是有一定把握能承担此项运务的。因而，除接受任务外，并提出了具体工作的建议，要求在下关设驿运办事处，保山、下关、昆明加强站点，各地方行政机构应密切配合，保证驿运安全。葛沣提议由兵工署与省驿运处签订合同，明确运量总2万吨，运费由军工署直接发给马帮，交运业务由驿运站办理，其管理费用由省政府核定，为所付运费的0.5%，由军工署付驿运处。此外，关于各地驿运处站设置等基本采纳我处建议。会后由省建设厅与驿运处会商实施驿运办法。

省府委我为下关驿运办事处主任，接指令后即前往赴任，又在下关、保山各建驿站，与当地兵工署共同组织交运，核付运价及检查登记发驮。各处、站安排妥当后，即赶至蒙化（今巍山）、永平、漾濞各县回民聚居、马帮较多地区，请回族父老、宗教领袖召集马帮。运力组织非常顺利，迅即召来蒙化驮马700匹，永平县500匹。马锅头都是回民。原定保山存货15000吨，月运3000吨，当用5个月运完。结果于120天内运清，下关存货5000吨，由昆明组织马车1000辆，用72天运完。整个运务比计划提前1个月完成。

四、冲破地霸垄断　开展关后盐运

剑川乔后盐井位于苍山脚。当地盐霸马××垄断食盐，偷税私运腾冲及缅甸，牟取暴利。大理、下关、凤仪、弥渡、丽江等地百姓，历来食乔盐，此时只能去楚雄元永井和一平浪买盐，路遥价高，因此，民怨沸腾。

1942年12月省盐务管理局要求下关驿运处疏运乔后积盐，责成大理盐场与驿运处洽商开辟关——后驿线。我处接受此任务，立即筹备。为勘查路线，我们踏着苍山积雪，蹒跚步行到苍山深麓的乔后，当即召开灶户会议，宣布乔盐自此交由驿运办事处承运，禁止私人运盐。盐霸假意接受此决定，暗中却唆灶户以没有薪本为由抗交盐斤。

为了开展盐运，一方面要订出交盐限期，数量、质量要求，并先疏运井存积盐；另一方面要给灶户一定利益，遂允许先预支三个月薪本。为了防止盐霸作梗，还须争取社会舆论与各界实力派对盐运的支持。为此，我曾拜访监察使李根源老先生、第11集团军司令宋希濂将军，请他们晓谕部属支持盐运，又访滇西日报社社长顾建平，请借报端宣传战时驿盐重大意义，呼吁社会保证盐运安全。

关后盐运得以顺利进行。按盐场公署与下关驿运处合同，两月内疏运100万斤，洱源、邓川2县，四盘村、鸡鸣村等回族宗教首领及当地马帮、洱海民船、右所水陆转运站等处马帮、船员在此线盐运中献出了辛勤劳动，尤是盐运成功的关键。

五、历经艰难险阻　开辟黑井盐驿

黑井盐矿位今禄丰县西成昆铁路西侧，旧属盐兴县（后撤销）。素以盐质优良闻名滇缅，驰名中外的宣威火腿即用黑井盐腌制。因井矿乃至盐兴县被盐霸武

××控制，盐被私运耿马、腾冲及缅境高价出售，换进鸦片。滇东缺盐，舆论大哗，许多人患甲状腺肿胀症，怨声鼎沸，省政府乃以省长龙云名义令驿运处黑井盐以济滇东。处长徐倬云提议黑井驿运办事处，荐我为该处主任，以开辟黑井至沙矣旧驿线。时我正拟辞职迁居嵩明，接指令后勉为其难，携眷前行。

盐兴县武××是保商大队长，拥有枪枝弹药，靠走私盐与鸦片谋利（时称走私盐为"黑板盐"）。要禁其私运，开辟驿运，必遇到他的阻拦，凶吉难料，胜败难断。我们持谨慎态度办事。采取了以下办法，向盐兴县、武××本人及灶户布传龙云命令；在交通要道设管理站，登记运盐人夫、驮马及运量，与盐场公署达成协议，全部盐巴归省驿运处黑井办事处承运；在三道河、松平界、饮马山、滴水箐4个回族村组织驮马、背夫；在沙矣旧设站，验收盐斤，并由该站仓库屯放转运。黑沙驿线遂已开通。

1944年秋从黑井运出食盐达100万斤。《云南日报》报道：黑井盐源源运到滇东区，昭通、东川、鲁甸、彝良等县民众喜吃到黑井盐……但是，好景不长。武提出恢复其"黑板盐"走私的要求，并以与县长刘某和我3人平分收益为诱饵，妄图使全省关注的驿运前功尽弃。这是违反民利的。我冷静地拒绝了这一无理要求。武即蛊惑灶户，以我不明当地情况，"人地失宜"为由，联名投书省驿运处，要求换人主持黑井盐运。省驿运处不明底细，屈服于地霸势力，在我去昆报告驿运情况时，暗中换人，却不当面告知我，待我到黑井时，新任正副主任先我而至。并以委任驿运处专员为名调我离黑井返昆。待我交接手续办妥离黑井回省时，半途有武××部属保商队4名武装人员将我劫持回井。我质问其缘由，他们只说是"手续未清"。后经化工厂钱仁告知底细，原来是旱烟井职工邓××、李××，抄"黑板盐"31井，暗雇31个背夫私运离黑井。经钱仁、舍资管理站站长周世骧、回民杨彪等从中斡旋，将我保释。我便与化工厂工人李国俊，在各地回汉乡亲协助下，经反复追究调查，破获此项走私案，全部"黑板盐"交予盐兴县府。受累前后历51天，方与儿妻相聚。而作案邓李2人，系新任黑井驿站运处职员，趁新旧两任交替之机盗运盐斤走私牟利，却嫁祸于人。封建制度下的云南，大军阀统治下还有小地霸、奸商，鱼肉乡里，陷害无辜，驿运之难，由此可见一斑。

以上是我以亲历亲见的事实为据对抗日战争时期云南驿运情况所作的记述。由于身经其事，且当年一部分会议记录、工作笔记仍留在手，自信史料真实可靠。当年千百万人参加、在抗战中发挥了重大作用的云南驿运是有许多可歌可泣的事迹的；同时，由于旧社会地方政权财政、地霸奸商亦在驿运中造成劣迹恶果。由于个人视野与水平的局限，本文所述无论从任何一方面看，都只是挂一漏万，讹误亦在所难免，敬希识者不吝赐教加以指正。

（附表于后）

附　抗日战争时期云南驿运统计表（共4表）

线路名称	长度（公里）	滇境长度（公里）	川境长度（公里）	驮马数量（匹）	木船数量（艘）	力夫数（人）	马车数（辆）
叙昆干线	610	553	水运57	800	15	800	
滇缅干线	605	605		3700			1000
乔关支线	95	95		50	10	50	
黑沙支线	30	30		150		100	
泸昆干线（即川滇支线）	1120	553		500			500
沾平支线	35	35		100			100
合计	2495	1851	水运125	5300	25	950	1600

按：沾平支线（沾益至平彝——今富源）为战后所辟

二、叙昆、滇缅、乔关、黑沙、泸昆、沾平驿线

1939—1945 年由畹町出口物资情况表

出口物资品名	数量	附注
桐油	84 吨	
五倍子	75 吨	由叙昆线运至昆明由资源委员会转运到缅甸仰关、印度加尔各答
猪鬃	9 吨 3000 公斤	
黄丝	3 吨 300 公斤	
药材	1 吨 400 公斤	
合计	173 吨①	

---

① 原文数字如此。应是 175 吨。

三、由畹町进口内运物资

品名	数量	附注
兵工物资	20002.4 吨	
棉纱匹头	87.5 吨	由兵工署托运由商号永昌
小百货	6 吨	祥茂恒及云兴商行（光文
云南茶叶	2.3 吨	银行托运）
合计	200098.2 吨	

四、云南省内搬运物资

品名	数量	附注
食盐	4500000 斤合 2250 吨	黑井盐运 100 万斤/年，2
油煤	14500 吨	年半计 2500000 斤，乔后
合计		井盐运 100 万斤/年 2 年，计 2000000 斤系抗日战争后，承运川滇铁路油煤，自平彝 3 个半月运量。

（政协云南省文史委编：《云南文史资料选辑》第 37 辑，云南人民出版社 1989 年版，第 270—279 页）

〈九〉 兵员征集和军费开支

158. 云南为抗战征集兵员 38 万多人

兵员补充是后方支援最重要、最有力的强大支援。云南军队 4 个整军出征抗日，牺牲之大，代价之高是为其他友军所叹服的，除老 3 军外，第 60 军、第 58 军、新 3 军都由云南本省负责补充。

据国民政府国防部史政编译局档案记载，自 1937 年 8 月起至 1945 年 8 月止，中央分配云南的征兵任务为 370496 人，而实际征兵人数则超额 11097 人，达到 381593 人。如果加上抗战前原有的 60 军的 4 万余人，云南为抗战输送兵员至少在 42 万人以上。这在当时是很了不起的。

其中 1937 年实征新兵 60006 人，1938 年实征新兵 36317 人，1939 年实征新兵 25582 人，1940 年实征新兵 7631 人，1941 年实征新兵 35509 人，1942 年实征新兵 59017 人，1944 年实征新兵 58180 人，1944 年实征新兵 63231 人，1945 年实征新兵 36120 人。

此外，青年军第 207 师在曲靖招收教导团和自愿投奔老 3 军的云南子弟数以万计，还未计算在内。

由此可见，云南在后方支援中，对出征部队的兵员补充完全做到了应其所需。第 60 军台儿庄一战，伤亡 2 万余人，仅在几个月之内，就全部补充完毕；第 58 军和新 3 军，在长达 7 年的血战中，各伤亡近 10 万人，而均能得到及时补充，使 3 个军一直保持足额，这对提高部队的战斗力起到了重要作用。

[孙代兴、吴宝璋主编：《云南抗日战争史》（增订本），云南大学出版社 2005 年版，第 67 页]

159. 抗战期间云南军费开支情况

云南省民国21年7月至29年6月历支经常军费表

年度	月份	月领款额（元）	备考
21 年	7 至 12 月	2084016	
22 年	1 至 11 月	2084016	
	12 月	800000	由本月起改订军政费预算。
23 年	1 至 12 月	800000	
24 年	1 至 12 月	800000	本年预算数。
25 年	1 至 7 月	800000	
	8 至 12 月	855449.4	本年 8 月份起，加练新兵两团，每团增加经费 2724.7 元。
26 年	1 月	883174.1	本年份又加练新兵两团，半月份经费共 2724.7 元。
	2 至 12 月	910898.8	2 月份起实领两团经费 55449.4 元，合增如左数。
27 年	1 至 12 月	910898.8	
28 年	1 至 8 月	1210898.8	本年物价变动甚巨，由本月份起调整如左数。
	9 至 12 月	1760898	第 2 次调整增加 550000 元，如左数。
29 年	1 至 2 月	2449288.8	本年预算数。
	6 至 6 月	3649288.8	3 月份起增加 1200000 元，合如左数。

附记：（一）本表所列数字，在 21 年 7 月至 22 年 11 月为旧滇币本位。22 年 12 月至 29 年 6 月份为新滇币本位。

（二）29 年 7 月起，国地收支划分，国家岁入岁出均统由国库处理。本省各军事部分编为国防军，军费即改由国库开支。

民国 26 年至 29 年临时军费概数表

年度	款额（元）	备考
26 年度	3100000	新滇币本位。
27 年度	2000000	同上
28 年度	8120000	同上
29 年度	2110346	同上

（云南省志编纂委员会办公室编：《续云南通志长编》中册，1985 年印，第 651—652 页）

（二）口述资料

160. 忆日机轰炸昆明

周祖安口述（1995 年）　康东福整理

1938 年日军侵占越南后，为实行其南进政策，把空袭目标对准了昆明。那时，我在昆明大西门外的西南联大附属实验小学读书。9 月 28 日早晨，学生们刚吃罢早点，正准备上第一节课，急促的空袭警报声接连响起，师生纷纷朝学校大门外疏散。不一会，日军的 9 架重型轰炸机就飞至昆明上空了。我跟着一群师生，往西城郊避难。那时的西城郊，距离西南联大不远，大片稻田里灌了浆的谷子，长得很高，可以作掩护，我们来不及犹豫，一头钻进稻田里。刚隐蔽起来，敌机扔下的重磅炸弹就在不远处爆炸，震得大地抖了起来。飞机在我们周围俯冲扫射，打得尘土飞扬。日机在昆明狂轰滥炸了半小时，昆明航空学校高级班的学生冒着枪林弹雨用高射机枪击落了一架敌机，擒获了敌机飞行员赤岛，其余的飞机慌忙逃走。警报解除后，幸存的我从稻田中爬出来，一路上尽是横七竖八、血肉模糊的尸体。我匆忙跑到学校一看，教室都被炸垮了，活着的人们用草席盖着一具具血肉难分、缺头断脚的尸体。

这天，昆明市内的昆华师范校舍也被日机炸毁，该校师生 30 多人被日机炸死，数百名师生被炸伤。昆明被日机炸得最惨的地方是大西门外一带，因为那里有一处苗圃，苗圃里培植着许多树木，浓荫盖地，人们认为可以在树下隐蔽，敌机来时，上千人就跑了进去。不料被日机发现了，于是，炸弹像倒豆子似的投下，机枪像猛雨般的扫射，致使这里尸横遍地，血流成河。继后，日机还不断来昆明轰炸，昆明桥梁史上杰出的桥梁交三桥被日机炸毁。

抗战时，国民党防空司令部的一份资料记载："从 1938 年 9 月 28 日至 1943 年底，日机空袭昆明共 37 次，市区许多古今建筑和民房被炸成一堆堆瓦砾和一片片废墟，无辜的师生和平民被炸死很多，炸成重伤者至少达 3000 余人。"抗日战争胜利后，这份宝贵资料和先后在昆明市文庙等地展出的 1938 年 9 月 28 日被击落的日机机骸以及该机骸带的一枚来不及投下的炸弹，铁证如山地证实了日本军国主义侵华的滔天罪行。

> ［转录自中共云南省委党史研究室编：《抗战纪实》（抗日老战士征文选），云南人民出版社 1996 年版，第 67 页；原件存中国人民政治协商会议昆明市文史委员会］

161. 忆日机首次轰炸昆明

朱朝炳口述（1995 年）　　李国庆整理

　　1937 年"七·七"卢沟桥事变以后，抗日战争全面爆发。国民党数百万军队犹如决了堤的河水，漫无目的地四散溃退，与此相反，日军侵略军长驱直入，大片国土相继沦陷。此时，地处大西南的昆明成了后方重镇。正当春城人民暗自庆幸免遭日寇铁蹄蹂躏的时候，罪恶滔天的日军侵华大本营却派出了空中强盗。于是，昆明这片和平的绿洲也变成了血雨腥风的战场。

　　1938 年 9 月 28 日上午 9 时许，丽日腾空，蓝天如洗。昆明街头人流熙来攘往，显得格外热闹。突然，全市的制高点五华山瞭望台挂出了两个大红灯笼，这是预报敌机已飞临昆明上空的"防空警报"。紧接着，尖利刺耳的警报器像怪兽一般地吼叫起来。满城百姓如遭电击，先惊得目瞪口呆，等到稍稍清醒过来，便慌不择路的四散奔逃。仅仅过了几分钟，9 架涂着"膏药旗"的日本"九六式"双引擎重型轰炸机耀武扬威地从长虫山方向窜入市区上空，躲避空袭的人们喘息未定，就听见了震耳欲聋的爆炸声，黑灰色的烟柱冲天而起。紧接着，密如飞蝗的机关枪子弹就冲着人群倾泻下来。顷刻间，潘家湾、凤翥街及小西门苗圃（今南疆宾馆一带）便化为一片火海。血肉模糊的尸体横七竖八地倒在街心、瓦砾间，烧焦了的树枝上粘附、吊挂着死难者的断肢残骸、内脏器官，真是惨绝人寰。受伤者呼号惨叫之声不绝于耳，闻之者无不伤心落泪。

　　日机仓促投弹后，立刻遭到我方地面防空炮火的猛烈射击，空中强盗们惊慌失措，拼命逃窜。不料又遇到中国空军 3 架战斗机的拦截。经过一番紧张激烈的生死格斗，有一架日机在宜良上空被我航校教官姚杰击落，飞行员池岛跳伞被当地农民活捉，由保安队解往昆明。后来这架飞机残骸被运往昆明，陈列在文庙大成殿外的平台上，供各方人士自由参观。另一架九六式"泰文 96228 号"战斗机，在我方战斗机穷追猛打之下，驾驶员魂飞胆裂，失去控制，坠落在路南（今石林县）红米珠。还有一架敌机负伤累累，从我方驾驶员的视线里逃脱，但是不久也坠毁在无名的荒山中。

　　日本空中强盗在昆明犯下的血腥暴行，也在我空中勇士的打击下得到了应有的惩罚。玩火者必自焚，侵略者绝对没有好下场，这就是历史的结论。

　　[转录自中共云南省委党史研究室编：《抗战纪实》（抗日老战士征
　　　文选），云南人民出版社 1996 年版，第 47 页；原件存中共昆明市
　　　委党史研究室]

162. 日机暴行受害记

骆太昌口述（1995年） 李家隆整理

我叫骆太昌，家住姚安西北与祥云交界的边远山区地索村，距县城60多公里。我的左臂上还留有被日本飞机炸伤的伤痕。

那是1943年春，云南省政府下令修祥云云南驿飞机场，姚安奉令征民工1500名，由县团防大队长陈光洲带领。我们稽肃乡第七保（三角）、第八保（地索）每保出工25名。当时我刚满20岁，也被派参加。

我们于农历二月二十五日出发，自带行李和工具，步行到云南驿飞机场。任务是修跑道、挖机窝。机场上每天都有美国飞机按时起飞巡逻，还有防空警报，预防敌机空袭。狡猾的日机，心怀诡计，好几天不见动静。4月26日下午，警报没有响，美国飞机也没有起飞，机场工地上，一万多民工正在埋头挑土挖石，拉大石碌压路基。突然，有人惊叫一声：飞机！飞机！大家顿时惊慌起来，急忙抬头向天空搜寻，只见30多架飞机已飞到头顶上，等看清楚飞机上的红巴巴机徽时，炸弹就投下来了，还用机枪轮番扫射。机场上炸弹轰鸣，火光冲天，硝烟滚滚，弹片暴雨般地扫得密集的人群血肉横飞，人们象炸了营的惊马，盲目乱跑，四散奔逃，一批批倒在血泊中。我的同乡李国民跑得快，躲在一座大桥下保住了性命。我和周正昌跑到田埂下的一个小洞坑里，一快弹片打进我左手臂，鲜血直流。日机轰炸扫射约半小时后飞走了。机场上尸横片野，有些拉大石滚压路的民工，死后肩上还套着拉纤的绳索。我们村的骆金安，心肺都炸烂了，血肉模糊，惨不忍睹。稽肃乡七、八两保被炸死的有骆金安、刘阳虎2人，炸伤7人。据后来清理结果，姚安民工被炸死97人，炸伤176人。现在回忆起来，日本帝国主义侵略中国，残害中国人民的累累暴行还历历在目。

（原件存中共楚雄州委党史研究室）

163. 日机轰炸蒙自县城惨状

王祖繁口述（1985 年 3 月）　　蒙自县政协文史委整理

云南西北与印度、缅甸接壤，南面与越南毗邻。1938 年至 1940 年间，印度、缅甸、越南等国相继沦陷被日军占领，日军对云南威胁加重。滇西方向，日军由缅甸进军攻打腾冲、保山、思茅一带；滇南方面，因广西柳州航校迁移蒙自，日军则利用广西南宁机场，以及越南老街嘉陵机场，在 1939 年至 1941 年间，先后空袭我蒙自城 17 次之多。每次空袭均有被炸伤人员，房屋被炸坍塌。

日机对蒙城多次空袭当中，以人民群众记忆最深者为"四·一三"（即 1939 年 4 月 13 日）最惨重。此次空袭有日机 27 架，由广西南宁起飞，先入个旧上空，盘旋约半小时后，日机已由西北方飞临蒙自上空，俯冲投弹后往东飞去。因在晚饭时间，又属突然紧急警报，所以一时无法疏散。笔者目睹，几阵轰隆巨响，霎时，火光四起，硝烟弥漫，天昏地暗，尘土飞扬，祸从天降，400 余人血肉横飞，罹难伤亡。有的当场毙命，有的去股缺肢，伤残终身。如南大街杜姓人家被炸，死 5 人，伤 7 人。我家死 4 人。又木牌坊一理发室被炸起火，死 8 人。片刻之间，数百间房屋坍塌损坏，断垣残壁，无处栖身。其惨状难以目睹。次日清晨，全城民众如惊弓之鸟，男女老少向四郊农村疏散一空。整个城市寂静如夜，鸦雀无声，鸡鸣狗吠不闻。时隔半月，疏散去的群众，方才陆陆续续归回城中。

［转录自政协红河州文史资料委员会编：《红河州文史资料选辑》第五辑（纪念抗日战争胜利 40 周年专辑），1985 年 3 月 30 日采访稿；原件存中国人民政治协商会议蒙自县文史委员会］

164. 抗日战争中日机轰炸昆明、蒙自

李有寿口述（1985年）　蒙自县政协文史委整理

1939年，我在省立蒙自师范二年级念书。遵照学校旨意，全班同学须到达昆明集中复训，在我们报到的第二天就遭日机袭击。耳闻警报声响，很快跑向郊区疏散，跑得我头不敢回，汗不敢擦。不多时迎头就见27架日机飞到头顶上空，哒哒的机枪声及隆隆的轰炸声混杂在一起，好似天翻地覆一般。当时，我卧下仰视日机狂炸及扫射。日机在城区上空盘旋20多分钟才飞走，我拐着跑得疼痛的脚走回学校，途中看见地上有4个血淋淋的人，两个还在呻吟，两个动也不动了。途经小石桥下又见1人浑身是血，已经死去，旁边有一头白水牛，这很显然是放牛的农户与牛一起被炸死了。突然，日机又来了，大家又慌乱起来。回到学校后同学们互相商量怎么办，我决定返回蒙自。我不敢乘火车，因目标大，怕日机轰炸，步行7天终于走回蒙自。

1940年，我在蒙自读书，日机轰炸蒙自，我们学校中弹两枚，在教室附近，幸好未爆炸。宿舍旁墙脚中了1枚，把围墙炸倒，整个宿舍硝烟尘土弥漫。正在这时扩音器又叫我们快向军山方向跑，刚到军山，日机又来轰炸，炸弹声和机枪的哒哒扫射声响成一片。本校学生韩光珠遭到日机扫射而死。

1940年的一天，当时我在昆明，用了早饭就外出疏散。刚到交三桥，就听到警报声，不多时27架日机迎头飞来，成3个队飞到了我的上空。只见炸弹由空而下，好似掉到我的头上一样。我捏紧拳头，咬紧牙关，闭上眼睛，等待着粉身碎骨，几秒钟后的隆隆声，炸得我耳朵嗡嗡直响。解除警报后，我由沟埂上去，只见尸体遍地，血染红了沟，那电线杆上挂着条条的人肉丝丝和烂布条，真是触目惊心。

1941年，我被委任为蒙自县新安中心小学校长。在这不平静的日子里，教和学都感到不安，经常跑警报，总觉得麻烦，不好工作。校务会议决定，把学生全部疏散到外面，进行野外教学。学校便在史家园子（此处林木茂盛，空气好）上课。就这样，度过了两年时光。

［转录自政协红河州文史资料委员会编：《红河州文史资料选辑》第五辑（纪念抗日战争胜利40周年专辑）；原件存中国人民政治协商会议蒙自县文史委员会］

165. 日机炸毁了我的家

金议口述（2005 年）　　左学佳、宋丽玲、李继升整理

我永远忘不了，64 年前，日本飞机炸毁了我的家。我的姑姑在日本人的轰炸中死去，我的父亲被震聋了耳朵，我也被炸得周身是伤。一个好端端的家庭，转瞬之间变得家破人亡，流离失所。这血淋的事实让我深深记住了日本侵略者的罪行。

我的老家在建水县城南里。1941 年的有段时间，日本飞机几乎每天都在我们家上空狂轰滥炸。当警报响起时，全城人就开始往周边的防空洞里跑。让我记忆最深刻的是我的奶奶，她裹着小脚，奔跑十分困难。有几次，她的脚都跑肿了，脚尖痛得难以行走。还有我的妈妈，每次都要背着年幼的妹妹，跑起来非常吃力。有一天，刺耳的警报声又响了，由于来不及跑，我父亲急忙用两张桌子挤起来临时做了一个简易的"防空洞"。我姑姑刚钻到里面，就听到日本飞机投下的炸弹从上空接二连三地落下来，"轰隆"一声巨响，将我家的房顶炸塌了，我的姑姑在这次轰炸中被弹片击中，弹片穿进了姑姑的肚子，肠子都露出来了。我也被弹片击中多处。

姑姑被家人从桌子下面拖出来后，在乡亲们的帮助下进了医院。在医院里，我被眼前的景象惊呆了：医院里住满了被炸伤的人，地面到处是血，老老少少一片哭喊声。当时，医院缺医少药，伤者很多，姑姑的伤口不断流血。由于不能得到及时救治，姑姑在喝完一口水后喊了一声"阿妈，日本飞机……"就倒在奶奶的怀里，再也没有醒过来。这次轰炸使我失去了最亲的姑姑，父亲的左耳也被炸得血肉模糊，祖父、祖母也被炸得浑身是伤。

我家被炸毁后，全家人流离失所，寄居在农村亲戚家养伤。由于伤口久久不能愈合，半年中我一直靠拐杖行走。一年后，我们一家人回到了建水县城，我重新回到学校上学。当时在学校听说有一个组织是联合抗日的，我就毫不犹豫地投身民族青年同盟团，参加抗日战争的宣传和演出。

这段历史虽然已经过去了 60 多年，但我仍然记忆犹新，希望当代的年轻人也不要忘记。

（转录自《春城晚报》2005 年 8 月 11 日，A8 版；原件存中共建水县委党史研究室）

166. 一枚炸弹　祸及两家

李育娟口述（1995 年）　余务洪整理

日军疯狂地侵略中国，战争灾祸遍及全国各地，不仅战区、前线屡经战争洗劫，百姓遭殃，就是地处祖国西南、边远闭塞的云龙山乡，也不能幸免于难。李阿春和我家人罹难于日寇飞机投掷的炸弹，以致家破人亡。

我家住云龙县天耳井，即现在的石门镇和平村，李阿春是我的族侄，两户同住一个院。1944 年农历正月下旬的一天，我的丈夫李英和李阿春同去村子对面的南山上砍柴。他们在山上发现一个长圆形、表面光滑、金光灿灿的东西，由于缺知识，更不知这是一枚日机投下而未爆炸的炸弹。由于好奇心的驱使，同时把铜皮错当黄金，抱着"发财"的幻想，便把这个祸及两家人的灾星背了回来。当天下午我回娘家去，直到黄昏时候才回家。到家后一亲友来串门，还有几个邻居小孩也在围观看热闹。李英、李阿春叔侄俩在厨房中摆弄从山上拣来的那个东西。李英持砍刀，李阿春点火照明，要把那东西剥开看个究竟。我当时虽不知是个致命的炸弹，却有一种不祥的预感。因此，我制止他俩，并劝他们把它丢掉，但没有作用。后来我发了火，骂他俩，仍然没在作用。我只好把围观看热闹的小孩劝了回去，再同李英争吵，在实在没有办法的情况下，我只好撵他们到外面，不准在厨房中砍。他们便抱起那东西到楼下进大门左侧的小门旁边去剥，我也带着一腔怨怒去睡觉。

当我睡得迷迷糊糊、似梦非梦的时候，"轰隆"一声巨响把我惊醒，跌跌撞撞跑出去一看，真是惨不忍睹，心胆俱裂。李英此时已是血肉模糊，人事不知，李阿春还靠墙站着，呼天喊地。这一声巨响惊醒了沉睡的乡邻。随着我的二姐夫先到之后，许多亲友及村里人寻声赶来，冲开了大门。当时由西线撤回暂住村里的远征军的一些军人也闻声赶到。一切都在惊慌忙乱中，我由于巨响的震惊和目睹一死一伤的惨状的刺激也吓昏过去，醒来后仍然悲痛不能自持，无力料理一切。

李英由亲友们收尸埋葬。李阿春则炸伤烧伤身躯和双腿，创面大，皮肤尽脱，伤极重，卧床不能动弹，日夜呻吟，惨不忍闻。虽经军医天天为他夹取弹片，消毒换药，但终究伤势太重，没有转机，最后死去。

李阿春家只有母子俩相依为命，生活本来极贫穷。李阿春一死，他母亲的一切希望破灭，贫穷本来已够受煎熬，再加上丧子的悲痛，不久也告别了人世。

李英在世时，我们这个 4 口之家的生活本属艰难，李英惨死，留下的不是"财"，而是更沉重的负担：一个是 60 来岁双目失明的婆婆，一个是既哑又痴，不会做任何事情的弟弟李任益，还有一个怀在我身上的遗腹子。为了生活，我只好把家俱变卖一空；娘家虽然并不富足，但也尽力接济，这样来维持全家生活。

[转录自中共云南省委党史研究室编：《抗战纪实》（抗日老战士征文选），云南人民出版社 1996 年版，第 82 页；原件存云龙县史志委员会]

167. 盈江维持会及日寇罪行（节录）

刀安济、刀安永、刀安光、刀安德、刀成章、龚玉贤、龚彦、刀一中口述
（1987 年）刀安禄记录整理

上世纪八十年代，我们在盈江新城采访了刀安济、刀安永、刀安光、刀安德、刀成章、龚玉贤、龚彦、刀一中等 8 位七八十岁的傣族老人。这几位老人向我们介绍了 40 多年前的往事。

日寇残踏（盈江）太平街时，捆走了太平街的 30 多个无辜民众，一路上杀了许多人，押到新城时，只剩王顺洪等 5 个 60 多岁的老人了。日寇把 5 个老人拉到维持会长刀三面前。王洪顺等见到刀三，一时心冷如冰，认为冤家路窄，这下可完了，等着到阴间去吧。日寇问刀三："这 5 个大大的坏人吗？杀死了顶好顶好。"刀三说："这 5 个都是我的亲戚朋友，不能杀。把他们放掉。"日寇放了 5 个老人后，刀三还盛情招待 5 个老人吃饭。刀三的部下奇怪地问刀三：三祖爷为什么不杀这些人，倒反把他们放了，还作盛情招待。刀三回答说：你们不明大义，他们是中国人，我也是中国人。日本人企图让我们傣、汉两族人民结下更深的仇恨，何况他们 5 个人又不是太平街的主宰者，如果万一抓到我真正的仇人，我也得设法挽救他们。再说，打死老虎的人算得什么英雄呢？刀三还派人护送王洪顺等 5 人安全回到太平街。

日寇几次到西山，刀三对这事也非常生气。事情的起源是杨绍林（绰号黑人牙膏）为首的汉奸去打探西山情况，被刀京版（滇西边区自卫军第一路军司令）部下将他们一网打尽，刀承钰等用刺刀把奸细们一个个戳死了。一次，日寇曾经派队伍到西山"扫荡"，刀三暗中递送消息给司令部迅速回避。日寇扑了个空，日军还失踪了几个人。

刀三在担任维持会长期间，对日寇横行霸道、吃酒行凶之事很气愤。日寇失败时，日寇军官田所顺大盈江这条路跑下来，被保路局捕获。保路局把田所送到新城交给刀三，刀三一脚把田所踢死。他说："这一脚报了我的心头之恨。"日寇失败前，刀三曾游走腾冲拜会日寇军官，表面上是投降敌人，实际上搞侦察工作，回来后，他把探听到的所有情报暗地送给中央情报组。曾跟他走的，现在还健在的老人都知道此事。

刀征廷是盈江的教育局长。因为刀征廷、线甫准、刀安然等老先生同日寇说话直扛,对日寇不愿卑躬屈膝,日寇对他3人怀恨在心。一次,日寇派刀征廷帮抬猪肉、牛肉。他说:"我年迈无力,抬不动,我去喊青年人来帮抬。"话未说完,日寇就七脚八手地把刀征廷打翻在地,还踏上几脚,被打成重伤,后不久死去。他临死时说:我是中国人,一生为教育事业辛苦,无辜被日本人如此欺侮,却无人追究,活着无益,后来总会有人为我报仇的,会有人把日寇全部驱逐出中国土地的。

刀老先生一辈子教汉学,桃李满天下。他的死,震动很大,从土司署到各条街,直到农村各村寨的老百姓对日寇的暴行无不愤恨,对刀老先生含恨而死深感悲痛。

日寇在盈江向老百姓派收粮食的同时,土司官署仍按旧例向百姓收缴官租。日寇向老百姓派5万包军粮一点不能减少,土司官租也不能减少。日寇声称用日本军票购买粮食、肉类,但是从没有哪一个村寨来领过半分军票,当时市面也不通行军用票。日寇施行小恩小惠发给盈江的布匹、棉纱等物资,也没有分发到农村,这些国难财全归刀三独揽了。

日寇撤退之前,给维持会里的每个办事人员发了一小帖证明。因为日寇每逢街天就封住所有路口,给赶街人每人注射一针黑药水;给有证明的人注射一针白药水;跑得快的群众就免遭一针。王茂才是土司署的傣文文案,傣族作家,又是维持会的成员。他平时不愿对日寇献媚,为人耿直。日寇就给他注射了一针黑药水。后来,王茂才全家六口人染上鼠疫病,都死去了。后来,盈江全县鼠疫大流行,凡是注射过黑药水的十有九死,有大部分人被传染上鼠疫而死了。这次鼠疫流行,全县共死亡几千人。在这次鼠疫流行期间,刀京版买了一些针水在新城给一部分群众作过防疫注射。

日寇占领盈江期间,每年要向全县老百姓派5万包军粮,一点不能减少。盈江坝尾的百姓要肩挑背负,走三五十里路,送到新城,又由坝头的老百姓挑送到腾冲去。老百姓见日寇把吃剩的饭一锅一锅地倒进厕所,无不义愤填膺。芒采寨的波罕佳等人见到这种不仁道的、伤天害理的行为,便提出严厉的抗议。日寇还动脚动手殴打送粮的老百姓,有的甚至被打伤致残。

日寇进入老百姓的家,一见主人逃跑,家里无人,就在水缸、大铁锅、腌菜罐和醋罐里解大小便,做尽损人缺德的坏事。……1941年,日寇派盈江、莲山两县山、坝区,特别是芒允到户勐和芒线到浑水沟一带的各族人民修腾盈公路,弄得民穷财尽,家破人亡。日寇动不动就毒打民工,有的民工被打得五痨七伤。旧城区堕公寨的明波保连(明小曹之父)等人在修腾盈公路时,被日寇打伤致残，成了弓腰驼背。象这样的例子，真是不胜枚举。日寇在盈江犯下的滔天罪行，可以归纳简述为以下 10 条：

一、日寇残暴横行，随意枪杀毒打中国的老百姓。盈、莲两地被日寇无辜枪杀、殴打致死的各族群众多达几百人；被打伤致残、弓腰驼背者亦不少。现在活下来的残废人，提起日寇暴行，无不仇恨满腔。他们说，日寇是杀人不眨眼的魔王。

二、日寇走村串寨，随意打杀抢掠群众的肥猪、菜牛。尤其是爱杀害母畜。日寇认为怀孕的母猪、母牛等孕畜营养最好，所以特别爱杀吃怀孕的母畜。他们不但残害老百姓，还要灭绝百姓的牲畜和耕牛，使老百姓无法生产粮食，无法生活下去。老百姓说，日寇真是一伙灭绝人性的强盗。

三、日寇以建立和平队为幌子，横行乡里，任意奸污妇女。日寇和平队在大路旁设立窑房，把来赶街的妇女拉进窑房里进行奸污。当地妇女，不论老少，只要被日寇抓住，就难逃魔爪。如翁冷寨的青年妇女数人均被日寇糟蹋；旧城街年近花甲的姜老妈妈被日寇轮奸致死，此类例子不胜枚举。日寇比野兽不如。日军军官更是衣冠禽兽。他们到土司官员家作客，居然奸淫东道主朋友的妻子，毫无人性道德。日寇军官之野蛮行为，举世罕闻。

四、日寇对待俘虏或嫌疑人员，采用开水灌腹的法西斯刑法。一次，日寇抓到 5 个英国兵，先用刑吊打，然后用开水灌进口里活活烫死。一次，日寇抓到了刀京版留下的中央军士兵徐从志，就把他吊在刀安经的楼脚面向街面的地方，又用开水灌进嘴里，活活烫死示众，借以吓唬反抗日寇的群众。此种刑法，亘古未见，只有日寇才使用。

五、日寇钻房入户，进老百姓家里，把人吓跑后，在人家的饭甑或腌腊罐里解大小便。这种伤天害理的事情，只有日寇才做得出来。

六、日寇把每餐吃剩的饭都倒进厕所里，随意糟蹋农民辛辛苦苦种出来的粮食。

七、日寇施放鼠疫毒杀人民。他们把 8 至 10 岁的儿童哄来，叫大家捉活老鼠来卖给日军。日寇得了活老鼠后，用鼠疫病菌注射在老鼠身上，再把老鼠放走，老鼠中疫死后到处传播鼠疫，人体传染到鼠疫后，无法救治而死。盈江县因鼠疫流行而死亡的群众数以千计。

八、日寇在败退前夕，竟用能起火的枪弹射击谷堆，使谷堆燃起大火。日寇看着一堆堆谷堆被火烧毁，幸灾乐祸地乱跳狂舞。

九、日寇派盈江人民修腾盈公路，并随意虐待殴打民工，被毒打致残、弓腰驼背的民工达数十人。至今活着的残废人还有几十人，他们一直在控诉日寇的罪恶。

十、日寇在南慕总弄修了一个温水浴池。此处是人群常来常往之地。日寇赤身露体洗澡时，一见妇女就招手，侮辱妇女，毫无人性。

日寇在盈江干尽了坏事，盈江人民对日寇切齿仇恨，暗中伺机反抗。一次，新城维持会请客，日寇大小军官和士兵在宴席上狼吞虎咽，吃得醉醺醺的，一直闹得夜晚，结果有4个小军官失踪了。第二天，日寇到维持会追究责任，但一点证据没找到，只好不了了之。原来是被日寇欺侮的傣族群众，乘日寇酒醉，把他们引到山脚下，用刀一个一个地砍死了，埋在鱼塘里，又用猪草盖在塘子上面。过了几天，尸体发臭了，日寇才发现。日寇不知是什么人杀死这4个军官，只好作罢。日寇在新城期间，常常有他们的人失踪，有的士兵是被抓来的，不愿为日本帝国主义卖命而私自逃跑了，有的是被傣族群众杀了。日寇再不撤走，最终要被埋葬在盈江的。

（转录自德宏州志编委会办公室编：《德宏史志资料》第 2 辑，
1985 年印，第 162—164 页）

四、大事记

1932 年

缅甸华侨总会会长梁金山捐资 4000 两白银，支援中国军队第十九路军保卫上海；并捐资建惠通桥，耗资卢比 20 余万盾。1934 年又捐白银 5000 两，支援保卫古北口的宋哲元部队；并捐献载重汽车 80 辆、飞机 1 架；还按月捐卢比100 盾支援抗战。

1933 年

3 月 23 日 云南民众救国会召开省级机关代表会议，拟募捐购买飞机 70架，省会各机关负担 14 架，购机经费由机关职员各捐薪俸一月。

1934 年

云南省政府成立"省团务督练处"，主管督训、指挥、调遣地方部队事宜。全省共编 130 个督训中队。其后曾易名为保卫营、保卫队、自卫队等。至 1942年底，先后训练常备队学兵 176000 人，均全部补入出滇抗战的第 58、60 军和其他部队。至 1943 年 5 月，全省设 27 个保卫营，辖 129 个中队共 8100 人，分驻全省 130 个县。

1935 年

腾冲县各界积极响应云南各界募集飞机公债的号召，募集并解缴飞机公债滇币 150000 元。

1936 年

11 月 27 日 云南大学学生为捐资慰劳前方将士，绝食一天，将绝食的伙食费及另捐法币（当时亦称为国币，下同）10 元，一同寄往前方。

1937 年

年初 滇黔南路开工。该路全长 286.8 千米。到次年 8 月通车到罗平板桥镇。征集民工约 200 万工日。至 1942 年底，全线通车。1944 年 8 月，军委会拨款 7148562.38 元修云兴桥，经 5 个月建成通车。

8 月—1945 年 8 月，云南为抗战征集新兵 381593 名。其中 1937 年 60006 名，1938 年 36317 名，1939 年 25582 名，1940 年 7631 名，1941 年 35509 名，1942 年 59017 名，1943 年 58180 名，1944 年 63231 名，1945 年 36120 名。

9 月 9 日 商民张正堂捐资旧滇币 300000 元，支持抗战，云南省政府题赠"输财御侮"匾额。李茂兴捐资旧滇币 1000000 元，云南省政府题赠"倾囊救国"匾额，以示表彰。

10 月 19 日 云南省抗敌后援会组织捐寒衣慰劳前方将士运动。此后每年春夏之交均组织捐献活动，每次收到捐献衣物约二三十万件。抗战期间共收到 2000000 件以上。

12 月 滇缅公路开工。该路由昆明起，至畹町河止，全长 959.36 千米，共有永久式桥梁 206 座，半永久式桥梁 271 座，临时式桥梁 59 座，石涵洞 2198 个，木涵洞 1114 个，石档墙 15 堵。外建有修路工房 11 间，路工人员居住瓦房 1 所，草房 1 所，护桥团兵驻扎碉堡 4 座，排水沟 5 道，水卷槽 2 道，过水路面 2 处。铺路面 800 余千米。耗资 3200000 元，花费之廉居全国之冠。1939 年 8 月提前 8 个月全线通车。参加筑路民工每天出工 83600 人，实做工 11112000 工；民工死亡 2000—3000 人。从 1939 年到 1943 年底，历年改善工程共做土方 29020000 方，石方 32180000 方。养路方面，工人分为道班、飞班、技工 3 种，1942 年前，全线有道班 110 班，飞班 7 班，技工班 14 班，共计工额 2878 名，另编临时工班及临时雇工以应付雨季抢修工作。1940 年、1941 年，常工及临时工等直接用于养路的工人，平均每天 4500 人左右。每公里养路约 4.6 人。1941 年在该路上行驶的汽车共 7852 辆，从 1939 年初到 1941 年底通过该路运入中国的物资达 220000 多吨，其中 1/3 为汽油，1/5 为军用品。是战时运输承担运量最大的国际运输线。

同年，云南省军费开支情况：1 月新滇币 883174.1 元；2 月至 12 月每月 910898.8 元。1938 年每月 910898.8 元。1939 年 1 月至 8 月，每月 1210889.8

元；9月至12月，每月1760898元。1940年1月至2月每月2449288.8元；3月至6月，每月3649288.8元。云南开支临时军费情况：本年新滇币3100000元。1938年2000000元。1939年8120000元。1940年2110346元。1940年奉国民政府命令，将云南省地方军队改编为中央部队，云南部队的所有军费，全部列入中央预算（后来组建的保安团不在此例）。

1938 年

1月10日 泸西（位于泸西县）军用机场开工。该机场长1200米，宽300米。每天调集民工约8000人，10日完工，共用工约80000个。占用耕地434.07亩，应核发新滇币14268元，补偿青苗费新币3150元，并相应减免土地税新币32.59元。1938年10月，因原机场地势低，夏秋之交被水淹没，另行勘测于城南玉林坡附近新修机场，预计民工340866人，每工日法币0.3元，共需102259.8元；征用土地815亩，平均每亩法币35元，共需28525元；迁坟约286冢，每冢法币5元，共需1430元；办公及杂费410.5元。

1月24日 云南驿机场（位于祥云县）整修工程开工，2月23日停工。共征用民工7725人。4月后奉令照扩大计划修拓旧机场，并增辟隐蔽机场1块，征用民工21084名，两次共征用民工28809名。同年11、12两月，又奉令建筑飞行场四周交通路及另新辟北屯机场1块，征用民工27023名，由航空站每工发给津贴法币1角5分。修整及扩修机场期间，祥云县征用民工55832名，弥渡征用民工37390名，姚安征用民工39048名，共132270名。征用祥云县农民土地659.97亩，合国法25905.85元；青苗补偿费1320.55元；迁移坟墓126冢，补偿2180元。共征用祥云县旱地5361.82亩，弥渡县旱地313.75亩。

1月31日 滇黔绥靖公署训令昆明机场（位于昆明市巫家坝）赶速扩修并筑各种军事工程。后经多次扩修，共征地305.91亩；田45.21亩；迁古冢数十冢。其中，1941年4月空军军官学校新建油料研究所、疏散办公室、交通道路、油库等，征用昆明广卫、归化寺、凉亭、关坡及黑土乡等处人民田地数目不详。1943年9月发地价、坟墓迁移费、青苗损失费法币14378758元，1945年6月发拆迁费法币238169320元。

3月14日 芒市机场（位于潞西市）开工。征用稻田232亩，地170亩。迁移瓦房5间，草房20间，竹篱19间，泥房6间。征调民工77760个。机场跑道为土质跑道，全长1770米，宽45米。1941年7月23日，航空委员会汇拨芒市机场地价及房屋拆迁费 22524 元。

3月20日 昭通（位于昭通市昭阳区）军用机场扩建工程开工，至10月14日完工。先后共征用民工 213452 工，占用民地 1087.5 亩。1939 年在原机场上，耗资新滇币 355.9 万元补修完善。1941 年 3 月，航空学校计划扩修昭通机场，计划占用民房百余间，民地千余亩。

3月26日 楚雄（位于楚雄市）机场开工，次年 8 月完工。预算征用田 60 亩；地 840 亩。用工 104495 名。预算法币 64000 元，已发 53000 元。

4月22日 滇军第 60 军在台儿庄战役中，激战 27 天，伤亡 18844 人，全军由原来 3 个师 12 个团 4 万多人，缩编为 1 个师 5 个团 2 万余人。

4月24日 广南机场（位于广南县）在旧机场上改建，施工 5 个月后废弃。不久，又另选新址，在广南县城东门外新桥地区新建。广南、砚山、邱北、西畴、富宁等 5 县共派民工 5000 多个，两次扩修用工 1700000 工日。完成土石方 261980 方，政府补助法币 52086.4 元。征用土地 1220 亩，支付法币 109800 元；工具费 2400 元；撤迁费 757 元；撤迁房 2 户，6.2 亩，付法币 450 元；迁移民间坟墓 37 户，16.4 亩，发法币 1370 元。1939 年 2 月 18 日机场竣工。

4月 罗平飞机场在罗平县青草塘村外修建，后因土质疏松而停工。是年，罗平县修建飞机场和西门城墙共出工 3060 人。1945 年 1 月，应美军要求，重修罗平机场，共占地 6416 亩。1 月下旬，已募集民工万余，立待开工。2 月 6 日，美驻华空军司令官陈纳德少将致函云南省主席龙云，要求尽速征集工人 20000 人，60 天内完成该项工程。8 月 14、22 日，罗平机场竣工，所征地亩地价迁移费等共计法币 6736380 元，交罗平县政府发放；第 33 工程处将未发放的地价等费用共计法币 5234400 元，如数交罗平县政府转发。1947 年 2 月 19 日，罗平县政府向省地政局报告办理罗平机场征地费发放情况，截至 1946 年 10 月底，共计发出法币 10905000 元。

5月 保山（位于保山市隆阳区）机场开工。征用民田 842.5 亩，合法币 34679.9 元。迁石坟 93 冢，土坟 509 冢，坟地 81.4 亩，合法币 9392 元。青苗损失费 4780.67 元。保山县出工 230000 余工日。至次年 9 月，发民工工资法币 54400 元。1940 年 7 月，航空委员会令扩修保山飞机场，保山县先后征用民工 390000 余工日，并在卧狮窝建筑空军军官学校，占用民田 2749 亩；8 月，保山县组织机场抢修队，出工 27130 名，毁小沟园民房 48 所，迁至北校场安置，改名新村，并毁坟墓 145 冢；9 月，在卧狮窝建筑特种营房，占用民田 43.82 亩，地 35.79 亩，毁民房 7 所。1942 年 2 月，保山机场扩修，征用民田 600 亩，每日派工 5000 名，至 5 月，已拨款法币 2500000 元。1944 年 8 月，保山机场再次扩修。征用民田 301.73 亩，普通田每亩价法币 50000 元，秧田加 25000 元，青苗费每亩加 10000 元，由第 27 工程处按规定直接发给各业主。修机场民工 1938 年 230000 工；1940 年后扩修 390000 工；1942 年毁机场出工 2000 人；1944 年 4 月修复机场用工 90000 工；9 月征集民工 80 人，由机场长期使用（至次年 8 月抗战结束共 28800 工）；10 月再度扩修出工 120000 工，共 860800 工。

7 月 1 日 云南组编第 58 军，辖 3 个师，总兵力 40000 余人。7 月 23 日，在昆明举行出征誓师大会。军政部发军费法币 500000 元作开拔费。

7 月 10 日 云南各界"七七"献金运动结束，共计募集旧滇币 73000 余元。

8 月 沾益飞机场在沾益县城东门外南盘江东岸旧街子、土坟茔一带辟修。次年 1 月 5 日竣工。机场占用民田约 525.11 亩，每亩法币 43 元，共 22579.73 元；地约 1971.02 亩，每亩法币 15 元，共 29565.3 元；占用民房及坟墓迁移费，共法币 3435 元；修筑汽车路、挖平场面、碾压场面、修筑边沟及土堤场内填沟等，用民工 257302 个，每工日给津贴法币 0.15 元，共合法币 38595.3 元；交通路之桥梁涵洞工程费合法币 1800 元；石碾购置费为法币 150 元；青苗补偿费为法币 700 元；办理工务人员津贴、及办公费法币 1200 元；零星购置及消耗费为法币 400 元；总共合法币 98425.33 元。1941 年，空军第 4 总站二次扩备沾益机场，征用民田 1108.22 亩。

同月，蒙自机场（位于蒙自县）奉命扩修。由原来 500—600 米直径机场扩修为直径 700—800 米的机场。所需修筑土方共 274666.5 立方，每方补助法币 0.3 元。加上测量、监工等费用 2900 元，共合法币约 85300 元。抽调蒙自、开远、个旧、建水、石屏等县民工 370000 多修建，年底完工。次年春，又奉令续扩机场长度 1000—1200 米，宽度 400—500 米。施工八九个月后停工。工程承包款只到位 60%。1945 年 3 月 12 日，美空军方面决定蒙自飞机场扩建，计划用地 3500 亩，除原有机场约 1500 亩外，尚须征购 2000 亩。至 7 月 15 日共征用公私地 976.25 亩，每亩照核定价法币 45000 元，共合发 43921250 元，青苗损失费共发 1723700 元，关圣宫校址迁移费 600000 元，以上地价青苗费、迁移费共发法币 46254950 元。8 月 15 日，工程停止，对已占用的土地进行补偿，实际发出公路地价、青苗费法币 17195805 元，交通地价青苗费法币 5495490 元，营房占地破坏补偿金及青苗费法币 16743060 元，机场青苗损失费法币 51527583 元，坟墓迁移费法币 260000 元，总共拨发法币 91221938 元。

9 月 23 日 滇军第 60 军参加武汉会战中鄂南阳新排市之战，官兵亡 1289

人，伤1129人。

9月28日 日机9架首次轰炸昆明。投弹34枚，炸死119人，重伤173人，轻伤60人，炸死牛、马各1头；全毁房屋29间，半毁43间，折合法币25000元；毁器具折币1000元；损现款1500元、存货1000元；毁运输工具折款500元；其它2000元；共计损失法币31000元；政府共付埋葬费法币1100元。12月10日，省政府拨赈款法币5000元，分发灾户。

10月18日 日军飞机（以下简称日机或敌机）15架首次空袭个旧，炸死市民5人、伤1人，毁房36间。至次年5月11日，日机共154架次空袭个旧23次，投弹272枚，炸死市民189人，伤250人，毁民房2000余间及云锡股份公司老厂、新厂锡矿等部分厂房、机器设备。同年至抗日战争胜利为止，个旧籍官兵阵亡40人，县民伤亡480人。

12月25日 滇缅铁路分东西两段同时开工。该路东起昆明，西至中国边境苏达，途经禄丰、楚雄、南华、姚安、祥云清华洞、弥渡、南涧、公郎、云县、头道水、南定河等地，设计全长880千米，轨距1米。设计土石方38510000立方，隧道7117延长米，净跨之和在20米以上的桥梁3837延长米，车站87个。1942年因日军入侵被迫停工。共完成土石方56%，隧道52%，桥梁45%，铺轨35.2千米。计划征工22万人，实际征工145000人，做工17400000个。

同日，叙昆铁路正式开工。该路自叙府（今宜宾）南杆坝经盐津、昭通、威宁、宣威、曲靖到昆明，全长865公里。1937年，国民政府征得川滇两省同意，由两省各出资法币5000000元，中央出资10000000元，合资修建。到1942年底，昆明至沾益173.4千米已铺轨通车，沾益至宣威段桥涵路基已竣工，宣威至威宁段168千米土石方已开工。主要工程完成情况为：路基土石方为设计数量39500000方的33%，桥梁为设计数量6976延长米的31%，涵渠为设计数量2500座的35%，隧道为设计数量16500延长米的2.2%。使用中央和地方投资108000000元。征工40000人，实做工3600000个。

12月 中央杭州飞机制造厂迁往瑞丽雷允，次年7月1日正式建成投产，有职工3000人。在1年多的时间内，该厂制造霍克式飞机33架、莱英式教练机30架、CM—2截击机5架、DC—3运输机3架，装配当时最先进的P—40战斗机99架，成为对付日军"零"式战斗机的利器，还大修了蒋介石的西科斯基水陆两用机。1942年日军入侵滇西，工厂被迫停工。人员撤退前，将该厂来不及搬走的各种装备和物资全部炸毁，损失惨重。

1939 年

2 月 24 日　交通部为组织川、滇两省修筑叙昆铁路，发行基金法币20000000 元，由云南省认股 5000000 元，云南已交 1000000 元。

2 月　滇桂公路（开远—广南—富宁—剥隘后进入广西段）开工。上段（昆明至开远三台寺，后延至河口县，）称滇越公路，全长 502 千米。下段开远至砚山土路次年 5 月修通，砚山至文山 34.1 千米土路于 1941 年通车。1944 年重庆军委会拨款 5235400 元，继续改善下段。蒙（自）河（口）段年底动工修建，并同时续修和改善昆（明）蒙（自）段，至 1941 年 5 月通至蒙自。据不完全统计，滇越公路赶工期间，交通部先后共拨发法币 8800000 元。1945 年 8 月，为配合滇军进驻越北受降，再次赶修蒙河段，10 月 11 日接战运局急电停工，由蒙河段发给津贴法币 800000 元；并增加法币 35000000 元，继续将全路测量完。1946 年 1 月 4 日测竣，共支测量费法币 36800000 元。在赶修滇越公路的 3 年时间内，呈贡、宜良、路南、弥勒、开远、蒙自、河口、澄江、泸西、屏边、马关、金平等 12 县先后征派民工 50000 多人，用工约 7520000 工日；滇桂公路征用民工约 2000000 工日。

同月，陈嘉庚主持"南侨总会"募集南洋华侨机工 3192 名（司机和技工）回国参加滇缅线进口物资抢运工作。有不少人在枪林弹雨中殉职殒身。同年 9 月 23 日，有 1 批华侨机工 20 余人乘火车沿滇越铁路进入云南，在玉林山因火车脱轨爆炸起火殉难。南阳机工月薪 35 元。抗战胜利后，1946 年 11 月，首批华侨机工及眷属 309 人回南洋；先后共遣返 3 批、845 人。复员华侨机工除每人发给纪念章外，由联合国救济总署拨款，每人赠给奖金 300 美元、发旅费 200 美元。留在国内的近千人。

同月，马帮驿运叙昆线开启。交通部拨专款法币 380000 元，整修云南驿道，以弥补其它运输的不足。3 月，从四川叙永至昆明的叙昆驿运干线开始为国民政府兵工署驿运国际援华的汽油、铜饼、炸药等重要军事物资 400 驮（26 吨）和国民贸易委员 1000 余吨桐油。据估计，这条干线上每年至少保持驮马 800 匹，背夫 800 余人。此外，还开辟了由昆明至四川泸州的泸昆干线，接川江航运，全长约 1120 千米。约有 500 匹驮马、500 辆马车承担运输任务。另一条重要干线是沿滇缅公路的滇缅干线。1942 年春日军入侵滇西后，滇缅公路被阻断，大量军用物资滞留在保山、下关。云南省政府在大理地区动员回汉民族组织马帮抢运。保山存货 15000 吨，4 个月运完；下关存货 5000 吨，由昆明组织 1000 辆马车，72 天运完。滇缅驿运干线约 605 千米，共动员驮马 3700 匹，马车 1000 余辆，运出口桐油、猪鬃、药材等 173 吨，运入军用物资和棉纱、小百货等 20000 余吨。当时往来于丽江、西藏、印度间运输的滇、藏、印驿运交通线驮马上万匹，双程运量可达 1000 多吨。

4 月 8 日 日机 28 架轰炸昆明。被炸村民 50 户，炸死 8 人，炸伤 7 人；炸死牛 1 头。炸毁谷仓 2 所，炸毁房屋 9 户，震倒 61 户、焚毁一部，损失稻谷 80 京石。昆明巫家坝航校房屋等被炸毁 54 间，伤亡官兵 15 人。

4 月 13 日 日机 19 架袭蒙自。炸死 186 人，伤 182 人。毁坏民房 1790 间，公房、寺庙等 277 间、厂房 9 幢。炸断个碧铁路路轨 2 条，炸毁车兜 17 辆，机车 2 辆，铁轨 215 米及机器物资等。房产损失法币 2190 万余元。中央和省府各发赈款法币 2 万元。个旧、建水、石屏等县慨捐赈款及各方捐款新滇币 45708.4 元、旧滇币 228542 元。

4 月 28 日 腾冲县水田坝军用机场开建，派民工 6000 名，限 2 个月建成。航委会计划工款法币 43342.4 元，先发 30000 元交县府。机场长 1200 米、宽 800 米，机场场面修筑、改河流、修道路和设排水沟 4 项共占用民田 1016 亩。1945 年，再次修筑腾冲机场，共占用田地 2341.86 亩。其中园地 700 余亩。

7 月 10 日 云南省第二届"七七"献金运动圆满结束，共募法币 3.2 万余元。

9 月 19 日 国民政府军事委员会颁发云南阵亡官佐 171 员抚恤令，为阵亡官佐各发恤金法币 400—2000 元不等，共发法币 114500 元。此后多次颁发抚恤令。

1940 年

2 月 1 日 日机 27 架轰炸滇越铁路第 83 条基罗（1 基罗 = 0.9 千米）上的铁桥及隧洞（屏边白寨）。敌机投弹百余枚，命中列车，列车进洞躲避，投在列车上的炸弹在洞内爆炸，洞口被炸塌。灾区先后掘出尸体共计 130 余具，其中法国人 5 名、越南人 24 名；官警死 2 名，伤 3 名；重伤 62 人、轻伤 32 人，后因医治无效死亡 23 人；被烧坏七九步枪 6 枝、子弹 78 发、刺刀 1 把、子弹盒 5 个、呢外套 5 件、青制服 5 套、灰毡 8 床。95 条 500 尺处亦中 1 弹，损坏路轨 6 对，约长 50 公尺。3 时后，日机又轰炸湾塘段 94 条铁桥，损坏铁轨 6 对，约 50

公尺。需 10 天后才能修复通车，损失 500 万元以上。

4 月 3 日 第 60 军第 184 师在沙古岭之战伤亡 71 人。

5 月 9 日 日机 31 架分 4 批轰炸昆明。在和甸营、香条村投弹 61 枚，炸死 6 人，伤 60 人。受伤人员中军人 15 人。省政府发给恤金法币 1670 元。

夏 中越边境被日军占领，为防日军进犯，江城县政府紧急调动全县 1000 多民工到边境地带，不分昼夜，挖坑断路，伐木塞冲，共设置路障 19 处，消耗粮食 80000 余斤，约合 13000 银元半开。

7 月 14 日至 15 日 日机 8 架轰炸富宁县，炸死 13 人，炸伤 555 人。计毁民房草房 96 间、瓦房 12 间 164 格，器具损失价值法币 20060000 元（1946 年 7 月统计），损失现款 500000 元，图书 250000 元，衣物 310000 元，粮食稻谷等 50000 旧斤，其他 251000 元。省政府发赈款法币 10500 元。

9 月 12 日 为防御日军借道越南进攻中国，国民政府滇越铁路线区司令部下令炸毁河口南溪河铁路大桥，随后又拆除河口至碧色寨铁轨 177.6 千米，滇越铁路交通阻断。

9 月 30 日 日机两批 45 架次轰炸昆明。投弹约 140 余枚，炸死 84 名、炸伤 172 人；受灾难民 172 人。房屋商店等被炸毁及震毁 464 间。

10 月 1 日 日机 20 架两次轰炸云南开远。投弹百余枚，共有受灾户 113 户，死亡 42 人，受伤 28 人，炸毁房屋 295 间，炸死猪 18 口、耕牛 1 条，城内孝封里起火。灾后政府救济赈款 1700 元。1945 年 11 月开远县政府向云南省教育厅报告，仅开远教育系统财产损失就达 550 万元法币。

10 月 7 日 日机 33 架轰炸昆明。投弹 93 枚，死亡 41 人，受伤 53 人，受灾难民 66 人。炸毁房屋 107 间，震倒 15 间，焚毁 5 间，敌机还空袭珥琮镇，护国村第九保住民李任元，被敌机手榴弹击毙。

10 月 13 日 日机分 2 批，1 批 5 架，1 批 27 架轰炸昆明。投弹约 90 余枚，炸毁房屋 461 间，死亡 67 人，受伤 140 人，受灾难民 899 人。云南大学中弹近 30 枚，有历史价值的至公堂（即该校大礼堂）中弹全毁，科学馆崩裂，医学院屋宇大部夷为平地，震毁房屋五六十间，图书仪器亦有毁损。总计建筑损失 150 余万元，图书仪器 10 余万元，校具约 70000 余元，其他私人损失尚未计入。西南联大师范学院男生宿舍全部被炸毁，女生宿舍亦受波及，该校申请为 24 名受灾学生各救济法币 100 元。省立昆华高级工业职业学校一段石围墙中弹 2 枚，炸倒石围墙 2 段，长 8 中丈，新教室、新寝室及工厂窗门玻璃被震坏 2/3。昆华女中旧址南北两院亦曾殃及，屋舍大部被毁。西南联大、云南大学等请予救济学生

8000 元。省立拓东体育场工务处办事员袁明铣住钱局街崇节坊 66 号北耳房 3 间被炸毁，箱笼什物、被褥衣服、磁器、铜器、书籍等物被炸烂。昆明中学毁教室、宿舍 93 间。

10 月 17 日　日机 37 架轰炸昆明。炸死 5 人，伤 8 人。共炸毁房屋 319 间，震毁 43 间，焚毁 13 间。

10 月 18 日　日机 16 架轰炸个旧，共投弹 13 枚。炸死 5 人，炸毁锡务公司化学配药房 1 间、锡务公司洗沙厂和炼锡公司炼锡厂、炼锡公司熔锡厂，炸毁房屋 11 间。直接经济损失法币 150000 元。炸毁个碧石铁路公司机车 2 部，价值法币 10000000 元；车兜 5 辆，价值 6000000 元；车场岔道 125 米，价值 200000 元；房屋等 4 幢价值 1000000 元。政府对死者发放 450 元法币的赈灾款。

10 月 26 日　日机 27 架轰炸雷允飞机制造厂，投弹 110 余枚，造成员工死伤百余名，厂房和设备遭到严重破坏。飞机跑道被炸，两架刚组装完毕的康德运输机和莱茵式教练机被毁，准备进行大修的蒋介石西科尔斯基水陆两用座机也被毁坏。工厂被迫停产达 1 年之久。同日，日机还对瑞丽坝区进行轰炸，伤及无辜人民，通弄岛与缅甸南坎的丙冒浮桥被日机炸毁。

10 月 28 日　日机 19 架轰炸昆明。在小菜园一带俯冲投弹 14 枚，炸毁房屋 20 间，震倒房屋约 60 余间，死亡 9 人，受伤 28 人，受灾难民 66 人。

10 月 29 日　中航公司民航客机 DC—2 型飞机在从重庆飞往昆明途中，与日机遭遇，被迫降落在沾益机场。飞机正在滑行时，被日机扫射，飞机左翼起火，飞机师、空中招待员、乘客 9 人遇难，2 人受伤。

11 月 1 日　内政部长周钟岳代表国民党中央飞滇，抚慰受空袭灾民，拨发法币 200000 元。

11 月 10 日　为加强防空，云南省府拨款法币 10 万元，银行商界捐献法币 5 万余元，购置消防器材。

11 月 26 日　日机 35 架轰炸滇缅公路惠通桥，炸毁铁枋 1 块，炸穿桥面 1 孔，直径约丈余，守卫班所驻碉堡、厨房被炸毁，炸死开山石工 5 名、商人 1 名，交通部桥工处工人 2 名。抢修队连夜抢修，次晨通车。次日上午，敌机 26 架再次轰炸惠通桥，投弹八九十枚，炸断桥面约 10 余丈，江北岸码头被炸裂。龙陵县长经此两次轰震后头昏耳聋，该桥防护班长吕发枝被震受伤，请假半月调息。

11 月　西祥公路开工，该路从四川西昌至云南祥云，与滇缅公路衔接，全长 548.7 千米，其中滇境一段 289.4 千米。祥云、姚安、大姚、永仁等 4 县出工

31500 人，路基土石方耗工 6615000 工日，铺筑碎石路面用工 1127000 工日。至 1941 年 9 月底止，全线共完成土方 6070000 方，石方 1121000 方，碎石路面 200000 方，桥梁 186 座，涵洞 1806 道，建码头 4 座，有汽轮 3 艘、渡船 4 只。建护栏 400 米、护墙护坡 505 米、道房 6 栋、车站 2 所。西祥公路工程处至 1942 年 4 月底，累计支出 62559935 元。1942 年 5 月，日军侵入滇西，中方炸断惠通桥阻敌侵进，并由"滇西破路工程处"破坏滇缅公路 K701 至 K759 段，全线用工 2321000 个。1943 年 8 月，为配合远征军反攻滇西，云南省政府组织西祥公路修复工程。于次年 3 月开工，7 月底完成。民工路基工程耗工 348000 多日，完成土石方 298000 立方，耗资法币 30000000 元。

12 月 3 日　日机 9 架向蒙自芷村火车站投下炸弹 8 枚。炸死 28 人，重伤 31 人，轻伤 1 人。共炸毁 1、2、3 等客车 4 辆，4 等客车 3 辆，货车 10 辆，花车 1 辆，车站房 1 所，法籍住宅 2 所，工人住宅 29 间，车站办公处被炸毁。向车站下机口三孔桥头投弹 1 枚，炸毁滇越铁路 250 米。民房被炸毁 13 间，损失 117000000 元（1947 年 11 月法币时值）。省政府急赈法币 1820 元。

12 月 12 日　云南驿机场连遭两次均为 9 架日军飞机的轰炸扫射。机场停放的 21 架菲律宾教练机和 3 架运输机全被击坏炸毁，在场的 2 名机械士被炸伤。

12 月 13 日　日机 18 架轰炸个旧。前后投弹 34 枚。县府中 2 弹，死法警家属 18 人；毁法警住宅 8 间，云庙内中 4 弹，震毁中国银行、劝业银行房屋数间；草桥坡起火 1 处，焚毁房屋 1 院。此外，炸毁铺屋 420 余间，炸毁民房 600 余间。损失法币 3200000 元。炸死壮丁平民 112 人，重伤 94 人，轻伤 19 人。发放赈灾款 16290 元法币。邮、电两局营业室全部倒塌，损失惨重；市街电话杆线震毁十之八九。

12 月 22 日　日军轰炸机 12 架在个旧市中心投炸弹及燃烧弹 40 余枚，烧毁铺屋 50 间，炸毁震毁房屋千余间。炸死 39 人，重伤 29 人，轻伤 8 人。发放赈灾款 5490 元法币。

同年　云南全省各界抗敌后援会收到各机关"七七"献金法币 5641075 元；收到各县、市"七七"献金法币 215072 元。

1941 年

1 月 3 日　日机 9 架轰炸昆明。市区落弹 12 枚，毁房屋 200 余间。金马寺落弹 2 枚，炸毁房屋 60 间、震倒 125 间、焚毁 4 间，烧毁铺面楼房 4 间，炸毁汽车 6 辆。金马寺村前落 1 弹。共死亡 41 人，伤 101 人，难民 85 人。省政府急赈 1760 元。

同日，日机 9 架轰炸保山。死 106 人，重伤 51 人，轻伤 90 人。房屋全毁 273 间，半毁 102 间，部分震坏 522 间。云南省民厅汇发新币 40000 元赈恤。

1 月 5 日　日机 12 架轰炸昆明。共投弹 12 枚，死亡 9 人，受伤 39 人，炸毁房屋 120 余间，震倒 420 余间。在呈贡县城东北投弹 1 枚，炸毁板栗树 1 株。难民 175 人。省政府急赈 740 元。

1 月 22 日　日机 20 架分 3 批轰炸昆明。炸毁房屋 22 间，震倒 41 间，焚毁 52 间；炸死 23 人；受伤 26 人。省政府急赈 730 元。

同日，日军飞机 8 架轰炸个旧，在城区绿春花、火车站等地投弹 7 枚，炸伤 3 人。

1 月 29 日　日机 22 架分 3 批轰炸昆明。投弹 68 枚，炸毁房屋 742 间，震倒房屋 547 间，焚毁房屋 23 间，死亡 54 人，受伤 82 人。政府拨急赈款 2130 元。

2 月 9 日　日机 1 架轰炸蒙自芷村镇及火车站。投弹 1 枚，炸死 6 人，炸伤 3 人。毁房 6 间，价值 5400 万。省政府急赈 240 元。

同日，日机轰炸文山县，省立开广中学图书馆左侧中弹 1 枚，毁厕所房屋 3 间，围墙 5 丈。图书馆右角中 1 弹，毁图书馆半厦，附近教务处、训育处、学生接待室、校警室、大门均遭轰击，完全倒毁，计毁房屋 12 间。日机并以机枪扫射学生寝室，屋顶楼窗被穿破 50 余洞；图书馆玻窗及玻橱被毁，书籍破烂者十之一二。校工 1 人轻伤。敌机还向开广警备司令部院内投弹 1 枚并扫射，伤亡 10 余人。

2 月 21 日　日机 3 架轰炸西畴县城。投弹 13 枚，炸毁民房 117 间，烧毁 93 户，伤亡 47 人。县政府赈济新币 1000 元。

同日，日机 2 架轰炸云南省马关县城，投弹 10 余枚，炸死 5 人，伤 13 人，毁房 130 户，省政府赈法币 340 元。

同日，日机 3 架轰炸文山县城，投弹 6 枚，炸死 5 人，伤 13 人，损失房屋价值法币 4850 元，器具价值法币 850 元，现款 200 元，存货 2850 元，共 8750 元；民众教育馆损失建筑物、器具、图书等价值法币 10932 元。省赈法币 500 元，埋葬费 310 元。死者每人给恤新币 20 元、伤者每人给新币 10 元。

2 月 22 日　日军轰炸机 8 架轰炸个旧。投弹 8 枚，锡务公司中弹 2 枚，炸断空中索道 1 段。绿春花熔锡炉房附近中弹 6 枚，炸毁熔锡炉 1 座、民房 90 余间，其中有茅屋 3 处坍倒起火，焚毁房屋 3 间。炸伤市民 6 人，警察 1 名。省政府赈济 90 元。

2 月 26 日 日机 37 架轰炸昆明。投弹 106 枚，炸毁房屋 944 间，震倒房屋 1277 间，焚毁 15 间，炸死 103 人、受伤 91 人，难民 168 人。炸毁拓东运动场辎重队汽车 7 辆、盐务管理局运输处汽车 5 辆。政府拨给急赈款 3520 元。

2 月 27 日 日机 11 架轰炸个旧锡业公司。马拉格厂区中弹 11 枚，房屋炸毁 10 余间，死公司工人 6 人、伤 8 人。损失法币 100000 元，发放赈灾款 720 元法币。

3 月 9 日 日机 6 架轰炸昆明。死 3 人，伤 9 人。炸毁钢铁厂房 1 间，震毁 10 余间，炸毁村民瓦房 13 间，草房 3 间。房屋价值损失总计约合法币 1900 元。省政府汇发急赈款法币 270 元。

3 月 10 日 日机 8 架轰炸昆明。干海子工兵团营房中弹 11 枚，炸毁马房 3 间，讲堂 4 间，围墙 1 段。炸死士兵 3 人，受伤者 3 人。

3 月 15 日 在赣北奉高前线守备战中，新 3 军新 12 师 36 团张营长（名不详）在袭击西山环形公路敌人巡回队后，被日军跟踪进入驻地西山，全营被迫缴械，官兵全部掠送南昌，除营长逃脱外，其余全部失踪。

3 月 22 日 日机轰炸云南个旧，锡业公司等处中弹 16 枚，炸毁房屋 90 余间，烧毁房屋 3 间及机械设备等，炸伤 7 人。损失法币 1200000 元，发放赈灾款 270 元。

4 月 7 日 日机 27 架轰炸昆明市区。炸毁房屋 371 间。炸死 8 人、伤 6 人。

同日，日机轰炸云南省屏边县城，投弹 15 枚。炸死 4 人，重伤 1 人，炸毁房屋 3 间，压死马、猪 3 头，财产损失合法币 5000 元。

4 月 8 日 日机 27 架轰炸昆明市。炸死 26 人，炸伤 52 人，受灾难民 1600 人。炸毁房屋 891 间，震毁 1740 间，焚毁 1830 间。省政府急赈 1330 元。

4 月 13 日 日机 3 架轰炸保山县城。炸毁房屋 1 间，死伤 10 余人。

4 月 18 日 日机 9 架轰炸建水，投弹 56 枚。炸死 18 人，炸伤 58 人，炸毁民房 49 院、铺面 13 间。被震坍塌数十间。炸毁龙神祠、法华寺、玉皇阁、东岳庙。省政府急赈 1400 元。

同日，日机 8 架空袭云南省蒙自县城。投弹 30 余枚。炸死 16 人，重伤 14 人，轻伤 14 人。炸毁县城积谷仓、米仓各 1 个，民房 1164 间，损失合法币 10476000000 元，公房寺庙等 190 间估价 1347000000 元。省政府急赈 590 元。

同日，日机 27 架轰炸云南省开远县城。房屋炸毁 394 间。炸死 38 人（警察 5 人），炸伤 29 人（警卫 2 人）。灾后政府救济赈款 1380 元。

4月21日 日机3架轰炸保山，投弹10余枚。炸倒茅屋14间，震坏瓦房及草房共32间，震毁门窗4间；炸死17人，炸伤15人。省政府急赈810元。

4月26日 日机3架轰炸个旧。投弹20余枚，死5人，伤19人，炸毁县政府房屋28间，警察局12间，民房150多间，损失合法币1900000元，政府发放赈灾款法币690元。

同日，日机10架轰炸昆明。投弹37枚。炸毁民房123间。受伤26人，死亡14人，难民20人。云南纺纱厂机器被炸毁3部。省政府急赈360元。

同日，日机3架轰炸云南一平浪盐矿。投弹9枚，炸毁125千伏安发电机1台，毁坏房屋72间，死6人，伤11人。存盐100余担多数震毁。

4月29日 日机28架轰炸昆明。炸毁房屋786间，震倒房屋289间，死亡81人，受伤139人，难民1026人。政府拨给急赈款3390元。

5月3日 日机3架轰炸个旧市，炸死5人，炸伤19人，毁房60间。

5月7日 日机分两批轰炸蒙自，共投弹20余枚。炸死1人，伤5人。炸死黄牛8头，伤1头。炸毁房屋138间，其中民房110间，估价损失法币117600万元。省政府急赈380元。

同日，日机9架空袭建水，投弹60余枚。炸断铁路数十米，炸死4人，重伤5人，轻伤3人。5月21日，省主席龙云手令云南赈济会派员携法币40000元，到开远、蒙自、建水等地办理赈济，发救灾款17000元。死伤人员赈济款1660元，10340元作空袭准备金。3次空袭（4月16日、18日、5月7日），建筑物损失3165000元，器具损失613000元，服饰损失35000元，古物古籍损失25000元。另计迁移费85000元（1944年2月价），防空费150000元，疏散费1250000元，救济费12000元，抚恤费5200元，合计财产损失1502200元。

同日，滇军第3军血战山西中条山，历时半月之久，伤亡官兵2800余人，军长唐淮源、师长寸性奇战死。

5月8日 日机25架空袭昆明，投弹86枚。炸死68人，伤69人，毁民房12间，焚毁4间，省政府急赈3345元。

5月10日 日机3架轰炸云南省顺宁县（今凤庆县），投弹20余枚。炸死3人，伤8人，炸死骡马4头、牛1头。县府汇拨赈款法币440元赈济。

5月11日 日轰炸机6架轰炸昆明。投弹32枚，炸毁房屋192间，震倒房屋183间；死11人，伤5人。省政府急赈420元。

5月12日 日机24架轰炸昆明，投弹65枚。炸毁房屋373间，震倒房屋298间，焚毁房屋3间，死亡3人，受伤17人，受灾难民665人。省政府急赈

465 元。

6 月 1 日　日机轰炸云南昭通。死亡 2 人，受伤 6 人。省赈济会赈款新币 640 元。

6 月 16 日　日机 9 架轰炸云南省广南县。投弹 12 枚，中弹 7 处。炸死 48 人，重伤 36 人，轻伤 40 人，被炸全毁房屋 114 间、半毁房屋 161 间，共 275 间。损失房屋、器具、现款、服装、古物等共合 1395000 元（1942 年 12 月价）。次日，县长捐出新币 800 元，连同各界捐助，共获新币 7500 余元，赶办急赈。省政府赈法币 4920 元。

7 月 3 日　日机 9 架轰炸滇越铁路芷村车站，投弹 20 余枚。死伤 30 余人。烧毁房屋 62 间，损失合法币 558000000 元。

7 月 5 日　日机 8 架轰炸昆明市茨坝，投弹 10 枚，炸死 4 人，重伤 6 人，毁屋 2000 余间。

7 月 11 日　日机轰炸昆明石龙坝水电站和马街发电所。马街发电所中弹 20 余枚，部分进水沟被炸毁，厂房、住宅均中弹受损，炸死警卫 1 人，炸伤职工 20 余人。

同日，云南省纪念七七抗战 4 周年献金运动结束，共获捐款法币 212454.2 元及部分物品。

7 月 14 日　日机轰炸大理下关，死 8 人，伤 11 人，房屋损坏 50 余间。

8 月 5 日　云南省发行战时公债，募获法币 3000 余万元。

8 月 10 日　日机 27 架轰炸昆明。投弹百余枚，毁电气炼铜厂、电工器材厂等房屋 200 余间，其余房屋 586 间。伤 41 人、死 28 人，受灾难民 1262 人。

8 月 12 日　日机 28 架轰炸昆明，投弹 37 枚，焚毁盐务管理局汽油 56 桶，汽车 2 辆，毁厂房 100 余间，震倒草房 3 间，炸死 28 人，伤 6 人，省政府发赈款 935 元。

8 月 13 日　日机 28 架轰炸昆明。房屋被炸毁 1074 间，震倒 641 间，焚毁 16 间，炸死 42 人，受伤 37 人。敌机还在呈贡投弹 1 枚，炸伤 2 人，县长拨款发赈款新币 100 元。省赈济 2615 元。

8 月 14 日　日机 28 架轰炸昆明，投炸弹 171 枚。炸毁房屋 291 间，震倒房屋 342 间，焚毁房屋 20 间，炸死 17 人、受伤 37 人，炸毁永利化学公司汽油 62 桶、汽车 7 辆。省资源委员会赈济 1880 元。

8 月 15 日　日机 28 架轰炸大理凤仪、下关。西南运输处下关分处及其修车厂、车站被炸较重，毁待修汽车 6 辆，附近民房被炸毁及震坏 63 家，烧毁 3 间。

炸死 14 人，伤 7 人。

8 月 17 日 日机 33 架轰炸昆明，投弹 101 枚。炸毁房屋 1385 间，震倒房 758 间；炸死 15 人，受伤 26 人，受灾难民 651 人。省政府赈济 1520 元。

8 月 22 日 昆明市自本月 10 日以来，因日机轰炸，已收容难民 1404 人。

9 月 滇缅铁路局分段修筑弥渡到遮别的弥遮公路，后终点延至遮哈街到孟定，全长 474 公里。至次年 4 月，该路晴天可通车到吴家寨。1942 年 5 月腾冲、龙陵沦陷后，该路奉命被破坏。1943 年 7 月，又奉命修复，至 1945 年 3 月底勉强修复通车。修路经费为 54239980.78 元。

10 月 10 日 在重庆举行的献机典礼上，云南各界捐献飞机 30 架，名列全国第一。

12 月 9 日至 1942 年 1 月 12 日 军政部驻滇军粮局共支付云南各县征购军粮款法币 1025852200 元。

12 月 11 日 蒋介石下令成立中国远征军。为了遏制日军在东南亚和南太平洋的侵略锋芒，阻止柏林、罗马、东京侵略轴心在伊朗会师以及确保滇缅路国际交通线畅通，中美英 3 国协商联合作战。年底，以驻云南的第 5、6、66 军 10 余万人组成远征军。次年 3 月 12 日，中国远征军第 1 路司令长官司令部成立，指挥部队入缅作战。因作战失利，损失惨重，10 万之众入缅，退守时只剩 4 万人左右。

12 月 18 日 日机 10 架轰炸昆明，投弹 23 枚。炸毁房屋 16 间，震倒 30 间，焚毁草房 3 间，炸死 147 人（内有宪兵 2 名），受伤 218 人，炸死马 9 匹、猪 2 头。因疏散市民异常拥挤，2 名小孩被踏死，1 名小孩被踏伤。政府拨给急赈款 9825 元。次年 1 月 8 日至 10 日，云南省赈济会分赴各医院发放救济费，死亡 147 人发赈款 20880 元；重伤 70 人赈款 8400 元，合计特赈款法币 29280 元。

12 月 云南全省抗敌后援会呈报，截至 10 月底，本年度"七七"献金捐款共获法币 184755 元。

同年，云南省本年度配拨军粮前后共 80 万大包，除征实拨抵 20 大包及最后加购之 10 万大包由云南粮政局办理外，省政府承购军粮 50 万大包。

1942 年

1 月 4 日 第 58 军参加第三次长沙会战湘北影珠山之战，伤亡官兵 1000 多人。

1 月 14 日　粮食部部长徐堪电告云南省政府主席龙云，1942 年借用云南积谷 210000 大包作军粮，按每斤 4 元价格计算，价款为 168000000 元，已汇拨 35000000 元，其余 83000000 元汇出时另电告之。

1 月 27 日　日机轰炸云南蒙自县草坝乡，炸死 9 人，重伤 8 人，轻伤 7 人。

2 月 2 日　日军约 300 人入侵孟定县，烧毁孟定土司衙门、波乃寨及粮食 10 余万斤，抢走黄金 96 两，当地百姓 3 人被枪杀，1 人被打伤。

3 月 3 日　滇缅铁路第 2 工程处驮火药、雷管的马帮行经顺宁县（今凤庆县）洛党镇大兴街头时，马驮碰撞岩石发生爆炸，死伤村民和赶马人 59 人，死伤骡马 55 匹，毁房 58 间。

3 月 13 日　云南省新运献金竞赛圆满结束，共获法币 1708482.78 元。

3 月　驼峰航线开辟。3 月 10 日组成了美国陆军空运大队；4 月至 5 月，以美国空运大队为主，加上中国航空公司的运输机，接运从缅甸撤退下来的士兵和难民空投物资，揭开了开辟中印驼峰航线的序幕。在驼峰航线上执行任务的中国航空公司运输机最多时达 40 多架，飞行员 200 多人，从 1942 年 5 月至 1945 年 8 月，共飞越驼峰航线 80000 架次，从印度运回物资 222472 吨，运送人员 33477 人；美国空运大队担任驼峰航线飞行任务的飞机最多时有 600 多架，向中国运送军援物资 650000 吨。航线有空地勤人员 26000 名，民工 47000 多人。在驼峰航线运行的 3 年半时间里，美国飞机共损失 468 架，牺牲和失踪飞行员、机组人员 1579 人。中国航空公司损失飞机 46 架。

同月，日军轰炸机 36 架轰炸扫射云南驿机场，炸死民工 250 余人，国民党留驻机场的第 38 站股长黄友德和机械士张信忠亦中弹身亡。

4 月中旬　侨胞大批归国，云南省各界组织协助归侨委员会和云南紧急救侨会的救济工作，先后成立归侨招待所 9 处，招待食宿。9 个招待所前后共接待难侨 11026 人，入滇侨胞 15000—20000 人，在昆明登记计 1 万余人。由协救会专车运至广西金城江 740 人，铁路运至曲靖又用汽车送走 2000 余人。

4 月 18 日　日机轰炸建水县城，致使 18 人死亡，26 人重伤，34 人轻伤，省府发放急赈款 1400 元。

5 月 3 日　滇缅公路芒市段段长蔡世琛、分段长赵豫立及公务员 3 人被日军抓俘，3 人遇害，2 人逃脱。

5 月 4 日　日军第 56 师团先遣队攻陷龙陵县城，杀害居民 160 余人。5 月 15 日，日军 113 联队第 5 纵队以"清乡"为名，在龙陵县镇安大坝用机枪射杀 19 名农民。

5 月 4 日至 5 日　日军飞机数十架突然轰炸保山县城，制造了保山"五四""五五"被炸惨案，保山城居民死伤惨重。2 天内共炸死 8800 多人，几乎占当时全城人口的一半，伤者不计其数；房屋毁坏 3267 间，保山城几成废墟。据保山县政府 1943 年 12 月填报的"云南保山县人民直接财产损失报告表"统计，日军两天的轰炸造成保山县公务员私人财产损失 480 余万元，人民财产直接损失 2036000 余万元，保山县直接财产损失 18100 余万元（1943 年 12 月价），教育部门损失 9504100 元（1944 年 6 月价），保山县汶上镇损失 153740000 元（1948 年 1 月价）。

5 月 7 日　建水县城遭日机轰炸，死亡 4 人，重伤 5 人，轻伤 3 人，省政府发放急赈款 250 元。

5 月 10 日　日军进占腾冲。腾冲沦陷后，日军杀害民众 6000 多人；全县被烧毁民房、学校、寺院万余间，有 40 多个自然村被夷为平地。毁学校 81 所，毁主要江桥 9 座。被掠抢粮食 3000 多万公斤，牛、羊、骡马、猪 50000 多头，鸡鸭不计其数，损失各种财物价值法币 227 亿元。

5 月 12 日　因日军轰炸保山时投下数百枚细菌弹，霍乱开始在保山县大流行。据不完全统计，至 7 月中旬，保山共死亡 60000 余人，约占全县人口五分之一。

同日，因霍乱流行，施甸县死亡 10000 余人，昌宁死亡 2300 余人，龙陵死亡 142 人。

5 月 12 日至 13 日　中国军队第 71 军预备第 2 师先头部队第 6 团向驻守腾冲县橄榄寨的日军发起进攻，将敌击溃，打死打伤日军 80 多人，6 团伤亡官兵 100 多人。

5 月 18 日　腾冲县护路营、自卫队在瓦甸附近的归化寺与追击的日军发生遭遇战，歼灭日军 40 多人，护路营、自卫队伤亡 36 人，民众伤亡 11 人。

5 月 19 日　追赶远征军的日军 56 师团 148 联队 1 个分队 70 余人，到达保山县上江乡（今属泸水县）栗柴坝渡口，将等待渡江的难民包围，对妇女进行强奸后，用机枪扫射，枪杀了准备渡过怒江的 290 名归侨难民，制造了骇人听闻的"栗柴坝惨案"。

5 月 22 日　日机 6 架轰炸施甸县由旺镇，投弹 28 枚，炸死老妇 1 人。次日，日机 18 架在保山城内投弹，炸毁民房 29 间，炸死 6 人。24 日，日机 14 架在保山县板桥一带投弹，炸死 6 人，炸毁民房 3 间。6 月 7 日，敌机 6 架在保山板桥的中街用机枪扫射，打死农民 27 人。

5 月 23 日　国民党军预备 2 师 5 团 3 营 1 连在腾冲县飞凤山伏击日军，击毙日军 40 多人；1 连阵亡官兵 18 人，当地青壮年牺牲 13 人。

5 月 24 日　河口遭日机袭击，致使 50 人重伤，省府特赈 100000 元。

同日，日机 1 架于思茅县（现普洱市思茅区）上空投弹 11 枚，同时用机枪扫射。炸死市民 3 人，伤 6 人，炸毁房屋 79 栋，房屋财产损失约合法币 442500 元。

5 月 25 日　日军屠杀龙陵坝区广岭坡 62 名群众，全村 13 间房屋被焚毁。

5 月 26 日　腾冲县勐连乡乡长杨绍贵率壮丁 30 多人，与国民党军预备 2 师 5 团 1 营在关坡伏击日军运输队，歼敌 83 人，缴获弹药、军械百余驮及许多重要文件，杨绍贵及 10 名壮丁壮烈牺牲，1 营阵亡官兵 10 余人。

5 月　日军占领腾冲、龙陵后，很快建立了"慰安所"。日军占领腾冲、龙陵的两年多时间里，先后开设了 20 多个"慰安所"，强抢 300 多名（含德宏州被抓人数）中国妇女作"慰安妇"，任由日军泄欲。

同月，镇南县（今南华县）境内霍乱流行，沙桥一带共死亡 200 多人。

同月，漾濞县境内滇缅公路沿线霍乱流行，至 7 月，患病 165 人，死亡 96 人。

春夏之交至 1943 年兰坪县霍乱流行，死亡 11723 人。

同月，霍乱病毒传到丽江、永胜县。丽江县患者达 5064 人，死亡 2161 人。永胜县发病数千人，死亡 1400 人。

同月，霍乱在昆明及附近县区流行，造成大量人口死亡，昆明所属县区死亡 1602 人，患者 3315 人。

同月，云龙县暴发霍乱，全县死于霍乱病者达 3000 多人。邓川县有患者 4774 人，死亡 2243 人。洱源县患者 4228 人，全部死亡。霍乱传至顺宁（今凤庆），仅鲁史镇发病 300 多人，死亡达 70 人。霍乱还随难民侨胞和伤病官兵沿滇缅公路向内地蔓延，公路沿线死尸枕籍，仅功果桥至永平车站 1 段，就有尸体 1000 多具。大理死亡 14000 人，全家死绝有 3000 余户；鹤庆感染 12658 人，死亡 7749 人；剑川死亡 3105 人。祥云县城区及云南驿、前所、龙润（今下庄）、文源（今刘厂）、禾丰（今禾甸）等地区霍乱病流行，花园村有四五十户农户，染上霍乱病的就有 230 多人，死亡 30 多人，禾甸新泽村患霍乱病死亡的人数达 100 多人。

夏　滇缅公路沿线霍乱流行，因难民涌入弥渡，县属交通沿线红岩、新街、弥城、寅街等区乡，疫情严重。据调查，仅熊家营就死亡 100 余人，红岩镇、大营乡当时有 95 户人家发病，患者 137 人，死亡 105 人。武邑村死亡 200 余人，高旗营死亡 64 人，大海埂死亡 12 人。霍乱蔓延至宾川，一个月内死亡 2000 余人。

同年至 1943 年　个旧乍甸、鸡街出现霍乱疫情，死亡 10 余人。蒙自草坝就能村暴发霍乱，病亡 40 余人。霍乱由昆明传入泸西，造成了泸西死亡 5831 人。云县霍乱流行，城乡病死百余人，住院抢救 80 余人，在院内死亡 10 人。武定县政府上报："患者 87 人，死亡 39 人"。禄丰、罗次、广通、盐兴 4 县死亡 2000 余人，仅广通县的罗川坝子死亡近千人，有的人家成了绝户。元谋县患者 864 人，死亡 265 人。

同年至 1943 年，据区属 10 县报告，曲靖全区共发生霍乱 3078 例，死亡 1717 人。其中陆良死亡 1000 余人，师宗死亡 287 人。

同年至 1943 年　宁蒗发生霍乱，死亡 680 人。

5 月，入缅作战的中国远征军第 93 师（总编员 4800 人）撤回至西双版纳一带，兵力仅为 2410 人。伤亡 50%。

5 月，日军占领德宏期间，软硬兼施，以各种手段在滇西（包括德宏）强制发行"卢比军票"。据德宏州民间索赔筹备小组 1999 年 6 调查统计，仅德宏发行的军票总额就达 100000000 多元。

6 月 20 日　昌宁县长曾国才向省民政厅报告：日军便衣队 300 余人侵入镇康县户板，在户板杀害群众 3 人，在滚弄杀害人民 5 人。另有便衣队 30 多人装扮成乞丐模样，身带镜子与药盒，到顺宁（今凤庆）、昌宁两县投毒。腾冲沦陷半月内，已被敌强迫征去壮丁 5000 名、女子 500 人，并一个月内派款 400000 元作军饷。

6 月 28 日　龙陵县长杨立声向省民政厅报告，日军在腾冲、龙陵两县强征民工约 20000 人，正在赶修龙（陵）腾（冲）公路。

6 月　日军在龙陵轮奸并杀害 4 名妇女。据不完全统计，日军占领龙陵 3 年，惨遭蹂躏的妇女 200 余人。

同月，畹町警察局巡官杨思敬邀约家乡及潞西东山、勐戛、三角岩、木城坡等地青壮年和归国难侨及军队流散人员，成立潞西抗日救亡团，至 8 月发展到 400 人。该团多次伏击日军，先后牺牲 60 人，被俘 7 人。后日军对游击队进行"围剿"，在蛮牛坝杀死 13 个被捕游击队员。日军还杀害无辜百姓 80 余人。1943 年 3 月，日军聚重兵"围剿"潞西抗日救亡团，多数救亡团员死伤或逃散，团长杨思敬被俘后投悬崖牺牲。

6月至8月　远征军溃退回国，经怒江东渡约25000人。为接送远征军，泸水设治局出夫4000余人，碧江设治局出夫1500人，福贡设治局出夫3866人，贡山设治局出夫253人，兰坪县出夫人数不详。福贡设治局民夫伤亡468人，其中，死亡56人，受伤412人。

7月4日　日军及其纠集的"杂色"部队再次进犯孟定，在南明河遭到中国远征军第33师第97、98团和第9师第26、27团驻军以及当地傣族、佤族自卫队的伏击，歼敌730余人，日军第56联队队长柳川明中佐被击毙。国民党军阵亡官兵80人，伤164人。

7月13日　日军"扫荡"腾冲县中和乡，屠杀群众39人。

7月　日军从芒市押着1批民夫运送军用物资赴龙陵象达，途经勐目寨子时，枪杀了岩放父子2人。在芒晃寨子又枪杀农民4人，共死亡6人。

同月，为阻止日军入侵，保山县政府征调民工5000余人组成破路队，用100000工日破坏滇缅公路707至惠通桥公路和保山飞机场，并将保山公路局部破坏。

8月4日　云南省紧急救侨会已疏散侨胞回原籍达17000余人，滞留昆明的侨胞尚有2000多人。

8月12日　日军进犯梁河马仑、孙家寨、平地，杀死村民11人，伤6人。

8月15日　日军江藤部路经盈江旧城，开枪打死街民保正芳，打伤张德兴，杀害了几名因伤在此地留居的远征军士兵。之后，刀京版部收留的远征军士兵徐从志被日军俘获，日军用开水灌口将其活活烫死；日军将搜捕到的5个英国兵也用此法折磨致死。多个日本兵轮奸花甲之年的姜老妈妈，将老人折磨致死。

8月20日　日军进犯梁河河西，20人被杀。

8月21日　日军"扫荡"腾北地区，在三联乡（今腾冲县马站乡三联村）碗窑杀害村民34人。

8月24日　日军"扫荡"腾冲县中和乡、明朗乡（今腾冲县荷花乡明朗村），杀害群众52人。

8月27日　日军由腾冲进犯梁河，杀害59人。一女青年遭轮奸。

8月　日军在腾冲县碗窑乡茶子园用刺刀捅死老弱妇孺13人；在红木树园、三元宫用刺刀捅死34人，打死1过路青年；在保家乡，杀害群众137人。

同月，日军在潞西户拉寨与勐允坝强征德昂族和景颇族群众70多人，在征用民工时，有1人被打死。日军强制这70名群众先学习日语3个月，后帮日军驮运武器弹药、煮饭等，至1943年年中，只有4人从日军的管辖下逃离。

8 月至 9 月　日军偷袭潞西芒核、广母、等相村，抓走 50 名傣族女青年，这些人后来多数都杳无音信，有少数流落到缅甸、台湾，只有个别的返回原籍。

9 月 11 日　省抗敌后援会主办的"七七"献金运动，全省共收到捐款法币 100 余万元，其中昆明市 530000 余元，外县 480000 余元。

9 月 16 日　日军进犯梁河芒东，杀死壮丁 13 人，抢走稻谷两仓（约 500 余箩），米 300 多斗。

9 月 17 日　日军在梁河与盈江交界的葫芦口与国民党军预备 2 师、滇西边区自卫军刀京版部、赵宝忠部和南甸土司兵激战，中方将士阵亡 20 余人。

9 月 20 日　日军 1 个小队夜袭梁河县河西芒东乡联会，杀害守夜民兵 10 人，伤 2 人。次日，又杀死乡丁、村民各 1 人。

9 月 23 日　日军江藤部进犯梁河浑水沟葫芦口，国民党军预备 2 师牺牲战士 7 人，赵宝忠部牺牲 5 人。

9 月 30 日　云南省赈济会向省政府呈报，1942 年度 1 月至 4 月赈济遭受空袭炸灾的本省公务员 57 人，发法币 10445 元。

9 月　在瑞丽县畹町镇，日军将因饥饿难忍回家觅食的陆家父子吊死在树上，后又将一男子捆住，将其 12 岁的女儿和儿媳轮奸后，将 3 人一同杀害。

10 月 20 日　日军在梁河县河东村打伤 1 名妇女，强奸多名妇女。

10 月 24 日　日机轰炸河口，炸死 39 人，重伤 7 人，轻伤 11 人。云南省政府特赈 100000 元。

10 月 25 日　日机对蒙自县城东门外进行轰炸，死亡 10 人，重伤 3 人，炸毁房屋 122 间，损失 948000000 元（1947 年 11 月价）。省政府拨出急赈款 20000 元。

10 月 27 日　日机轰炸蒙自城区及草坝，炸死 10 人，炸伤 16 人，毁坏房屋除公产及垦殖局不计外，共毁民房 90 余间。

同月，龙潞游击队的段兴国大队与日军在梁河的大平子激战，段部阵亡 8 人。

秋　驻梁河赖帕村大佛寺日军打死该村村民 3 人，伤 2 人。用锅煮、沙埋、倒吊等酷刑折磨死游击队员 3 人。

11 月 5 日　龙潞区游击支队在龙陵勐冒、洋烟河伏击日、伪军，毙伤敌军 50 余人，自身伤亡 2 人。

11 月 13 日　日军宪兵队在龙陵县倒淌水村烧毁民房 13 间，屠杀村民 24 人。次日，日军在龙陵镇安袁家寨残杀妇女段召坤。

11 月 24 日　驻龙陵蚌渺日军在龙陵老亮坡杀死村民杨文等 8 人。

11 月 28 日　日军 300 余人对龙陵县老宋桥实施"扫荡"，3 天内纵火烧毁了洋烟河、弯塘、茄子山、蚌渺、荆竹坪等 6 个村寨，烧毁民房 101 户 250 多间，使 500 多村民无家可归，并抓捕无辜群众 250 多人，其中数十人被日军使用各种酷刑摧残致死。湾塘村 70 多岁的匡文开及其 90 多岁的老母逃难到山中，被日军抓住，用汽油活活烧死。

冬　防守泸水县上江乡蛮口河地区的国民党军 36 师 1 个排渡蛮口河以南的老营盘，准备伏击日军，不幸反被日军包围，排长和战士 30 多人全部牺牲。

12 月 26、27 日　日本飞机侵袭云南驿机场，炸死 25 人，炸伤 12 人。省政府发赈款 1860 元。

同年　日军在畹町路边架起汽油桶，把 1 个傣族青年和 1 个德昂族青年捆绑丢进桶里，然后在汽油桶下边慢慢烧火加温，活活把两个青年煮死。

同年　国民党抗日部队云集泸水，不少官兵感染疟疾，军人和民众死亡 1000 余人。第 11 集团军医疗大队长梅国祯率医疗队到六库，施奎宁 40000 片，治愈疟疾患者 6000 多人。

同年　马龙县尹堡村及周边被传染烧热、赤痢病，大人死了 20 多人，小孩出麻疹死了 80 多人。

同年　凤庆县大兴镇暴发恶性疟疾，全镇 652 户，死绝者 230 户，占 35.28%。按每户 3 人计算，至少死亡 690 人。凤庆县运送军需物资民工死亡 8 人。

同年至 1952 年　潞西鼠疫流行，发病与死亡数为：1942 年 24 个寨子发病 366 人，死亡 202 人，死亡率为 55.1%；1943 年 10 个寨子发病 150 人，死亡 69 人，死亡率 46%；1944 年 11 个寨子发病 117 人，死亡 60 人，死亡率 51.28%。1945 年 29 个寨子再次发病 765 人，死亡 381 人，死亡率 50%。四年间共发病 1395 人，死亡 712 人，死亡率 43.35%。

1943 年

1 月 4 日　远征军 100 多人在吴中（今泸水县片马镇）阻击日军 1 天 1 夜，伤亡 12 人。

1 月 12 日　日军进攻佛海县（现属勐海县）打洛镇后，继续攻占车里县（现属景洪县）大勐龙一带 58 号界桩各高地，企图直下车里，占领西双版纳。

中国驻军第93师副师长彭佐熙率3684名官兵英勇抗击，战斗中牺牲152人，伤96人，失踪96人。

1月13日至15日 日机轰炸南峤县城（现属勐海县），投弹100余枚，伤亡平民5人，毁木桥1座。22日，日机6架轰炸南峤县勐满乡，投弹60余枚，伤亡平民17人、军人7人，烧毁民房100余间、积谷1000京石。24日，日机5架轰炸平原县（现属勐海县）县城和蛮冷寨、戛拱街、顶真、蛮岗寨、蛮恩寨等地，死伤平民25人，1名军人受伤。毁房屋2栋又50间，烧毁军米10000千克、积谷500京石。25日，日机在平原县城投弹，县城蛮么冲、弄尾两寨房屋全毁，伤亡平民20余人。

1月16日 日军第56师团148联队之一部侵入泸水县丙贡大寨，杀害村民7人，伤1人。次日，日军放火焚烧泸水县河边寨，烧死2人，毁房9户。

1月22日 敌机1架轰炸澜沧县富邦乡多衣林，炸死牧童2人，耕牛、驮马10余匹。次日，日机2架轰炸澜沧县酒房乡，投弹8枚，炸死妇女2人，伤10余人。同日，日机1架于澜沧县上允乡勐佛投弹3枚，死伤数人。25日，日机1架于孟连老街附近投弹6枚，炸死女童6人，伤10余人。

1月25日 日机轰炸勐海县勐混城子，投弹23枚，炸死7人，百姓房屋被烧毁13家。

1月28、31日 3架日机轰炸景洪勐龙镇，房屋被炸毁217间，炸死68人，伤9人，炸毁谷物270000千克，禽畜405只。

2月21日 日军在保山县上江乡火烧河边寨，烧死2人，开枪打伤1名女青年。

2月24日 日军从滚孟公路侵犯孟定，烧毁房屋30所、积谷1026石，财物掳掠一空。孟定土司罕万贤率自卫队勇敢抵抗，死7人，伤13人。

2月 日军在"扫荡"中焚烧腾北桥头街、曲石街、瓦甸街、回街、腊幸街、固东街、碗窑街、马站街、小新街等居民点，使1043户民众无家可归。

同月，保山县上江乡被日军掠去20人，被杀害25人，被奸污妇女71人。牛马被劫95匹，损失食米500石以上，谷子2000石以上，财物损失约值法币290000余元。

同月，日军在盈江、莲山（现属盈江县）征集1000余人修筑工事，时间长达2年有余，使用70余万工日，损失工资14000000元。

同月，镇康县抗日支前全面展开，日出民夫2000人，役畜3000匹（头），组织常年军运，历时3年，死难百余人。

3月4日 日军在陇川县一次活埋18名游击队员，芒市的日军宪兵队先后活埋了数十名抗日军民。在梁河，日军将被俘的地方抗日武装队员用铁丝穿其锁骨，活活折磨致死。

3月15日 驻腾冲县日军分几路进攻盈江昔马，在偏石房杀害了12名无辜群众。

3月中旬 日军入侵盈江太平街，纵火焚烧250户民房，杀害11人。

同月中旬18架日本飞机袭击云南驿机场，对机场上的飞机和人群进行轰炸、扫射，美军飞虎队的18架驱逐机和两架运输机被打得破烂不堪，被炸死和低空扫射而死的民工有2700人左右。

3月23日 日军在盈江县盏西关上街屠杀百姓10多人。

3月 日军进攻盈江苏典地区，烧毁了勐夏60多间房屋，杀死6人，强拉民夫8人，将驻勐夏的莲山支队副司令员黄辅臣的司令部围困，司令部全体人员壮烈牺牲。

4月14日 腾冲县长张问德向省民政厅报告：仅腾冲县4、5区调查，日军共烧毁民房1300余户，杀死百余人。

4月26日 日机54架偷袭云南驿机场。正在扩修机场的20000余名民工在日军飞机投弹轰炸和低空扫射下，被炸死308人，炸伤324人。除71名重伤者留医院医治外，机场扩充工程施工委员会给轻伤而愿自行医治者每人发放疗养费法币500元；死亡抚恤费每名法币2000元，掩埋费每名法币150元。截至5月14日，共发放抚恤费法币430000元，疗养费法币134500元，掩埋费法币32250元。到7月5日抚恤费发放608000元；疗养费152500元；掩埋费45600元。日机还炸毁美军航空队驱逐机3架、运输机1架。

4月27日 日机25架袭击云南驿机场，毁美军航空机队驱逐机3架，伤5架；毁运输机1架，炸死美国人7人，伤5人；炸死国民党驻守部队30人；炸死民工200余人。

4月28日 日机轰炸昆明县云卫乡、莲德镇、义和乡，炸死130余人，炸伤70余人，其中重伤40余人；炸毁房屋273间，烧死猪马数十头。云南省赈济会发放赈款法币30000元。

同日，日轰炸机18架、战斗机9架，至昆明黑甸营村投弹数十枚，炸死10余人，重伤数十人，焚毁民房二三十栋。

5月10日 日军在龙陵县白塔山及西山下杀害群众张德州、余在海等10人。

5月15日 日机36架侵入昆明上空，在巫家坝机场及昆明县境上下苜蓿村、茶庵村一带投弹。炸伤40余人，炸死21人，其中军人4人，妇女6人；焚毁房屋207间，死军马2匹。毁坏四头重轰炸机1架、教练机1架，炸死美籍人员3人。省赈济会发赈款30000元。

6月21日 日军第56联队1个大队及伪军、辎重队共约2000余人，由缅甸金厂坝入侵耿马县孟定，焚毁街子、沙坝、芒掌、波乃、波广、允坎等6村290余户及3座佛寺，强奸妇女8人，打死打伤农民6人，其中有怀孕妇女2人，焚积谷民粮60000千克，杀猪宰牛20余头。河外乡境的栗子寨20多户没有来得及转移的群众，全部被日军杀光，财物被抢劫，房子被烧毁，寨子从此人烟绝迹。

6月 个旧矿区霍乱流行，半月死亡20多人。

同月，日机3架飞到勐海县勐混投弹扫射，在南板、曼广各投弹1枚，在贺开附近投弹4枚，炸死炸伤数十人。

同月，江城县出动3000民工运送军粮至镇越县（今勐腊县），时值雨季，运粮民夫风餐露宿，日晒雨淋，不少人染上疾病，计死亡58人。

同月，《沦陷及战事破坏公路里程计估价表》载：九一八事变至本月止，云南公路被破坏641千米，每千米估价150000元，估价总值94150000元；各路局办公房屋损失估价1320元，器具损失估价1991元，总值3317元；各地车辆油料物资及场站电讯设备损失：车辆3330，价值133200000元；油料658.5吨，价值6585000元；物资41316184吨，价值4131618400元；场站设备2316530元；电讯设备7333040元；共计4281052970元。（车辆不包括军车，云南按每辆40000元算；油料损失每吨价格平均以100000元计；物资损失系前西南运输处及中缅总局国内外库存各机关物资，平均每吨以100000元计；修车厂内地各省平均每500千米设1站屋，内地平均每150千米设1大站、4小站；通讯设备内地各省每200千米设电台1所，每所120000元，电话线每千米5420元，内地以双线计算。）

7月10日 在"七七"献金运动中，云南全省各界献金达1200000元。

7月15日 日机轰炸孟连，炸伤农民2人。省政府发救济款5000元。

9月20日 日机27架轰炸昆明，在巫家坝机场附近投弹5枚，炸死9人，伤26人，烧死牲畜马7匹、牛3头、猪4口。1架运输机被炸毁，机场加油站汽油数大桶及汽车修理厂厂棚旁停放的小卡车3辆被炸毁，省赈济会赈款20000元。

10月1日 《云南日报》报道：自腾冲沦陷以来1年间，当地居民死于日军枪刺之下达 3000 多人,房屋被毁 5 万余栋,骡马损失 3000 匹,谷物损失达百万石,财产被劫掠近 50 亿元,壮丁男子数千人被送往密支那充当炮灰和苦力。

10 月中旬　驻片马日军"黑风队"到泸水鲁掌镇古炭河村"扫荡",近百名日本兵轮奸女村民长英,将其踩躏致死。

10 月 25 日　日机 13 架侵入大理市下关上空,在金星村投弹多枚并用机枪扫射,炸死 8 人,伤 11 人,被焚房屋 2 院。

10 月　日军在保山县上江乡(今属泸水县)蛮云街(今称蛮英)后山上通往腾冲的交通要道灰坡山建立据点,制造无人区,对灰坡山附近的村子随意抢劫,对村民随意枪杀、强奸。此后,经常对附近村子"扫荡",前后杀害蛮云附近各村村民约 200 人,迫使 100 多户人家无家可归。

同月,在梁河县蛮林村、丙赛村,游击队与日军遭遇,游击队肖部大队长段兴国等 8 人阵亡,伤 10 多人。

同月,日军在泸水县排路坝村杀害国民党军江防部队侦察员祝兴贵和从鲁掌镇古炭河村抓来的 11 个民夫,其中 4 名女青年遭到日军轮奸,制造了排路坝惨案。此外,日军经过排路坝村时,炮击怒江东岸的六库土司衙门,炸断衙门中堂大梁 1 根,炸毁屋顶三合土晒台 1 角。

同月,日军到泸水县赖茂村"扫荡",用刺刀逼迫村民周洪顺奸污她 19 岁的亲生女周宝珍以取乐。在一旁的傈僳族农民杨启周目睹日本兵的兽行,忍无可忍,拔出腰间长刀砍向日本兵,被日本兵的刺刀戳穿胸背,当场惨死。

10 月至 11 月　日军在保山县练地乡(今属泸水县)煮吃 3 人、杀害 4 人。

11 月 16 日　占领龙陵的 1 小队日军乘橡皮艇偷渡怒江至镇康县横山梁子,杀死忙耿守备渡口的第 25 团第 2 营 8 连哨班 10 人,杀害村民 6 人。17 日,日军约 500 人,趁七道河江防前哨仅有第 25 团少数警戒部队防守之机,在炮火的掩护下,向中方阵地发动进攻,驻大沙坝渡口的 300 余国民党军发起反攻,战斗中第 25 团伤亡 49 人。

12 月 14 日至 16 日　日军抢掠并烧毁泸水设治局驻地鲁掌上寨、下寨、坝山村 3 寨,烧死数人;当地居民被抓 40 余人,逃回 10 余人。

12 月 17 日　"扫荡"泸水县鲁掌的日军在返回片马途中,在片马二道垭口将抓来的 20 名民夫当靶子刺杀,仅有乔金贵 1 人幸存,制造了"片马垭口惨案"。

12 月 18 日　日机在昆明巫家坝机场、和甸营村投弹,炸死 20 人,炸伤 30 人,炸死马 14 匹、牛 3 头,毁房屋 80 间。

12 月 22 日　日机 42 架分 2 批袭击昆明市东南郊巫家坝机场及云卫乡和甸营村、黑土凹村，炸死平民 17 人，伤 13 人，毁盟军运输机、驱逐机各 1 架，炸死马 5 匹，猪 1 口，伤牛 1 头。炸毁民房 26 间。

12 月 30 日　日军在腾冲县明光乡勒令当地人民每日呈缴大米 20 石，其中 10 石作价购买，每石给予日本军票 100 元。另派交牛 1 头，猪 3 头，妇女 10 余名。送去的妇女姿色差者即被杀戮，当地妇女被逼死或杀害约 30 余人。

同年　日军在畹町芒另村轮奸 1 名 50 多岁盲人老妇，在回龙村轮奸 5 名妇女。有 1 对景颇族夫妇躲在山洞，被日军搜到，将该妇女当着其夫强奸后，把他们 2 人用藤条捆在一起，泼上汽油活活烧死。

同年　驻潞西县遮放中队的日军在镇中心设有"慰安所"，共有 8 个"慰安妇"。1943 年 7 月 12 日，住潞西县勐嘎的日军宪兵队长中岛宣布："年龄在 16 岁以上的女子，无论是否婚配与人，一经本部官兵选中，即应与本部官兵结婚"。

同年　日军占领芒市期间，强迫当地各族群众在芒市镇东北的雷牙让山修筑工事和防空洞，工程完工后，日军将 40 多名傣族、汉族民工集中杀害，仅有 1 人受伤后死里逃生。

同年　一支国民党挺进军前方宣传队 40 多人，到盈江盏西大慕文一带宣传抗日，被日军包围，队员宁死不屈，全部英勇牺牲。

同年　云龙县境内天花流行，发病 30 余人，死亡 20 余人；因伤寒流行死亡 130 余人。

同年　日军侵入瑞丽期间，据不完全统计，被毁公房 40 余间、私房 802 间，打死民众 44 人，伤 15 人，抢掠水牛 27 头，黄牛 93 头，猪 6564 头，马 5020 匹。

1944 年

1 月 15 日　1 架日机在碧江设治局普乐乡第五保紫竹村（今属泸水县）投下一枚炸弹，炸死 4 人，炸毁 3 间房屋，炸死 1 头耕牛、2 头猪，财产损失价值法币 120000 元。碧江县设治局为 4 人发放赈恤费法币 480 元。

同月　兰坪县中排乡民夫 400 余名背运军粮，耗去 3200 个工日；途经碧罗雪山浪庙子时遭遇大风雪，冻死 19 人。

2 月至 3 月间　在六库防守的国民党军预备 2 师 1 个连西渡怒江伏击日军，

经过激烈交火，全连牺牲连长及以下官兵90多人。

3月26日　日军以54架重型轰炸机和不知其数的驱逐机空袭云南驿机场。投下300多枚炸弹，炸死炸伤楚雄、姚安、巍山、弥渡、祥云等县在云南驿修机场的民工15000余人，其中炸死1000多人。同日，美军飞机在水目山上空与日机交战，打下日本飞机3架，日机落于蚂蝗箐。

3月至6月　泸水设治局属地共有支前民夫185人死亡，4人受伤。

5月　经1年多的战斗，泸水片马被中国军队收复。片马日军残部向缅甸溃逃时，向片马发射了4枚含回归热的细菌弹。不久，泸水军民中普遍出现霍乱病，仅六库地区死于此疫者达千人以上。

6月上旬　第20集团军54军198师594团1个连与日军遭遇，双方激战，最后该连仅存活3人。

6月14日　灰坡山战役胜利，怒江全线收复，日军残部向腾北溃退。此后，怒江全境再无日军踪影。滇西抗战期间，在怒江伤亡国民党军合计3000人，其中，阵亡1500人，受伤1500人。

6月20日　日军从盈江撤退前，用燃烧弹烧毁谷米不计其数，并大量收购老鼠，注射鼠疫后放到各处。日军撤离1个多月后，盈江、莲山发生鼠疫，波及村寨119个，发病人数5754人，死亡3041人。

6月　日军在腾冲县曲石徐家寨旁俘获远征军6人，用锯肢解致死。

同月　日军113联队盘踞松山期间，四处烧杀，仅龙陵县松山大丫口、小水沟、大弯子、马鹿塘等18个村寨，有209户房屋全部被焚毁，549人被日军杀害，其中有29户全家被杀绝。

7月5日　保山县城遭美国盟军飞机误炸，死亡31人，轻重伤者63人，毁坏房舍57间。

7月　红河架车地区尼洛河一带及勐龙的多科、落恐的座洛等地鼠疫流行，死亡者众，仅合莫村22户就死亡28人。鲁仰普和浦次两村寨死的死，逃的逃，寨子空荡无人。

8月　在小勐尼战斗中，阿佤山游击队大队长何耀然率领百余人与10倍于己的日军作战，30余名官兵壮烈牺牲。其中10名被俘官兵被敌人押赴刑场用刀劈死。

9月7日　中国远征军第11集团军第8军全歼龙陵松山日军，攻克松山。松山战役历时3个月零4天，经9次攻击，歼守敌日军第56师团113联队3400多人。第8军官兵伤亡3000余人。在整个滇西反攻战中，第8军伤亡、失踪

6725 人。

9 月 14 日　中国远征军第 20 集团军攻克腾冲。腾冲攻城战斗历时 50 天，经过大小战斗数十次，歼灭日军 148 联队 1500 余人，远征军阵亡 8000 多人，伤 10000 余人。城内成一片焦土，建筑物全毁。在滇西反攻战中，腾冲有 46000 民夫投入运输、担架、救护等支前活动，另有 3060 民夫赶修腾冲至龙陵的公路。民众随军作战伤亡 6953 人，其中死亡 6546 人；房屋损失 10675 间。腾冲参战民工 246000 余人次（据《云南省志·政府志》载：1944 年 5 月至 8 月腾冲县支前民工为 35000 人，4200000 工日），供应军粮 4150000 千克，马料 1050000 千克。

9 月　日军在潞西残杀 4 个农民，时任潞西那目乡副乡长的焦作义，被日军抓去陪杀。

秋　日军将潞西等相村作为鼠疫试验村，等相寨 44 户人家都被日军用约 1 米宽、2 米长的铁皮围困，不准外出。日军在村子里放带有细菌的老鼠，致使不少村民因接触病鼠而发高烧，腋下、胯下、耳后生核，发病的 40 多人又被抬到村外芭蕉林的草房中，不准任何人接触，后来活着回来的人只有 3 人，其余全部死亡。类似被围困的还有芒满寨子的 16 户 200 多人，后该寨百姓趁日军不备全数逃跑，才幸免于难，但整个村寨被日本人烧光。日军还给芒市城郊、城西的大部分傣族群众打了一种防疫针，并在他们小指上染了一个红点作鼠疫试验，一旦村民开始发高烧、腹部发痒、红肿，就将他们成片围起来，随时进行人数清点，于胯下割去一块淋巴，再给他们吃药和打针进行再实验。日军投降后，潞西县城郊的遮告、风平乡的那目、法帕乡的遮晏、勐戛镇的勐戛村、遮放镇的南冷、街子等村先后发生鼠疫，死了不少人。

秋　禄丰县流行回归热病，修筑滇缅铁路士兵死亡 10 余人，民工、村民死亡 20 余人。

11 月 3 日　中国远征军收复龙陵，此战历时 5 个月零 14 天，远征军伤亡 25869 人，失踪 2462 人。在配合远征军反攻作战中，龙陵县输送兵员 583 名，派出民众岗哨 7380 多个工日，征调民夫 14700 个工日，其中被日军杀害或在途中病死者达 174 人，征集骡马 116400 匹（头）次。自日军攻占龙陵至 1944 年 11 月，龙陵全县被日军杀害无辜群众 6814 人。

11 月　日军出动 15 架次飞机，连续 3 天轰炸勐海县勐遮、曼杭混、曼垒、曼贺宽等村寨一带的中国军队第 93 师部队驻地，炸死炸伤数十人，曼恩寨子 35 间房子被炸起火烧毁。

年底　日军强拉芒市坝的芒核、芒常、等相等村寨的 192 人，充当夫役，为他们管马备草料，历时 3 个月 25 天。有据可查的有 4 人死亡，逃跑生还的不足 10 人，其余的下落不明。

同年　畹町法坡村、华俄村 2 名青年和 2 个缅甸边民路过日军油库时，被日军吊打肢解至死。日军轰炸法坡村时，炸死在田间劳作的村民 1 人。回龙村村民 2 人在自家地里摘南瓜，被日军抓去吊死在树上。

同年　梁河九保、遮岛等 18 个村寨发生鼠疫，发病 333 人，死亡 235 人。勐科、永户村发生恶性疟疾，死亡 57 人。

同年　国民党军驻守金平勐拉 1 个连，仅半年时间，即因染瘴毒而亡 66 人。

同年　云龙县因伤寒死亡 146 人。

同年　云南省第 6 行政区上报抗战期间损失时称，抗战期间，保山人民死亡 75370 人；腾冲县人民死亡 6953 人；龙陵县死亡 6814 人；泸水设治局人民死亡 129 人。日军强征腾冲劳工 6291 人，其中强征到缅甸的有 184 人，折磨致伤者 216 人，折磨致死者 528 人。这些劳工被迫修工事、公路，总计腾冲人力损失 347010500 元（法币，1947 年 6 月币值）。

同年　据泸水设治局统计，从 1943 年到 1944 年，"全属壮丁 800 余人轮番出夫支援国民党军反攻日军，少者出夫三四十人次，多者不下百余人次，死亡 208 名，伤 56 名。"加上在便衣侦察时牺牲的人数，泸水设治局鲁掌镇、六库镇、登埂镇（今属鲁掌镇）、老窝镇（今称杆乡和大兴地乡一部）和卯照镇（今大兴地乡）五司镇实际牺牲民夫应有 338 人。

同年　凤庆县凤梧乡（今雪山镇）派民夫到白沙水抢运军粮，民夫病、亡 359 名，其中死亡 74 名。骡马死 20 匹。

同年　缅宁县（今临沧市临翔区）协修弥遮公路，出工 5018 人，兴修自云县北端 30 千米的黑箐起至云县、缅宁、耿马 3 县交界的吴家寨止，由于疟疾肆虐，民工死亡 233 人，伤残 7 人。又奉令修河底岗、勐简至四方井路段，死亡民工 133 人。

龙陵沦陷期间，日军大肆烧杀龙陵县难民及当地民众，滇缅公路沿线许多村寨老百姓逃避入山林，造成 14000 人失踪和病饿死亡。日军在龙陵曾强迫征调服役人员约 20032 人，因苛待损失人数为 2157 人。

1945 年

1 月 12 日　中国远征军部队攻占畹町黑山门，伤亡 300 余人。

1月24日 龙陵县平安乡乡长赵殿试向县政府呈报：因瘟疫流行，自滇西反攻战以来9个月内，该乡病死者不下2000人。

1月25日 中国远征军滇西反攻部队左、右两翼会师畹町，收复全部被日军侵占的滇西国土。从1942年5月11日至1945年1月28日的滇西反攻战中，中国远征军参战162100人，共伤亡67178人。保山市各县征调民工20多万人参加运粮、运送伤员、修工事。滇西反攻战期间，保山县征集兵员20000人补入中国远征军作战，使用驮牛322000多工日，骡马1570000个工日，征调民工42160000个工日。全县供应军需木柴11822500千克，支援棺木13350付，电杆5494根，枋板79300米，家具等68000件，马草9530000千克。腾冲县征用民工246000余人次，龙陵县计投入民夫4210000人，骡马1200000匹次，驮牛320000次，临时驮马、驮牛380000匹头。民夫死亡3854人，死亡驮马4800余匹、驮牛1500余头。昌宁县征调民工500人参加运粮1月。征调军粮及物资等间接损失：保山县从1942年到1945年，共采购军粮65000包，征田赋交拨军粮198000包，动用积谷交军粮78884包，又多交9114包；招待伤兵、难民及破坏公路用粮7500石又4689包，征调马料（蚕豆、玉米）4460000千克。龙陵县共征调军粮9125吨，征调马料615吨。昌宁县1944年征调军粮1050000千克。

1月 梁河南甸、遮岛鼠疫流行，患者共141人，死亡率约为19%。

同月 省政府成立"云南省临时救济湘桂难胞委员会"。至2月，共计登记难民1490人，每人发给救济费法币400元，共计596000元。此外，省政府以介绍职业、以工代赈、垦荒殖边等办法遣散105人，每人发给遣散费1000元，共105000元。

5月28日 据《滇西鼠疫最近疫情防治报告》称：德宏干崖一带自3月中旬至6月初，16村庄有151人死亡，内57例证明为鼠疫，余皆非鼠疫。3月17日至6月2日，小新街一带有300人死亡，至6月6日止，各村尚有200病例，内有57例证明为鼠疫，现正治疗中。

5月下旬 华宁县卫生院向云南省卫生处报告，县属宝华乡第6保清水塘发现鼠疫，后经省卫生处派人前往调查防治，清水塘36户居民因病死绝18户，死亡人数85人，占全村人口三分之二以上。医务人员对当地村民及附近村民注射鼠疫疫苗，总计注射约1003人，占当地人口70%。

6月17日至8月21日 驻防麻栗坡的中国陆军第一方面军各部奉陆军部司令何应钦的命令，开始向驻中越边境的日军实施小部队出击。至一方面军入越受降时止，先后作战30余次，毙伤日军500余人，中国军队伤亡共计224人，其中阵亡 91 人，伤 100 人，失踪 8 人，另伤亡 25 人。

6 月 18 日　《云南日报》报道，腾冲一带瘟疫猖獗，死亡已达 2000 余人。

6 月　龙陵平安山、腊勐、龙山一带遭受瘟疫，死亡 2000 余人。大牲畜死亡无数。

7 月 10 日　云南省"七七"献金共获捐款约法币 19000000 元，打破历届"七七"献金捐款数纪录。

10 月 16 日　昆明郊县霍乱流行，死亡 41 例。

10 月 18 日　盈江设治局向省民政厅报告，因鼠疫流行，本年死亡 2000 余人。

同年　梁河县鼠疫发病 283 人，死亡 158 人；邓川霍乱、鼠疫流行，死亡 155 人；勐海勐满蚌塘村发生鼠疫，死 30 余人。

抗战期间，云南省所属各县发放征属优待安家费法币 5954187731 元，优待金法币 218167906 元，优待谷 211324930 石，其他法币 17784500 元。

1946 年

5 月　国民党军第 93 师在老挝接受日军投降后分批回国，途经江城。江城县政府发动民工 3800 余人，协助运输。民工死亡 36 人，发放抚恤费法币 18000000 元。

（执笔：周朝民、余红）

后　记

　　日本帝国主义为图霸世界，建立所谓大东亚共荣圈，悍然发动侵略中国乃至东南亚各国的战争，给各国特别是中国带来了深重的灾难，造成了巨大的破坏和极其惨重的损失。中国人民奋起抗战，和反法西斯同盟国家一起打败了日本侵略军。为了揭露侵华日军的残暴罪行，以启迪和警醒后人牢记历史、珍爱和平，2005年3月，中央党史研究室组织全国党史部门及有关单位共同开展国家社科基金特别委托项目《抗日战争时期中国人口伤亡和财产损失》调研工作。为此，中共云南省委党史研究室及时成立了省级课题调研领导小组，由省委党史研究室一处负责省内15个州市及所属县区课题调研的组织协调、业务指导及有关工作的开展。

　　当年抗日战争获得胜利后，根据国民政府的要求云南省曾部署过关于抗战中人口伤亡和财产损失的调查统计工作，但因受具体条件所限，当时大多数县都未认真调查填报相关情况和数据，故留存下来的档案资料甚少。而今抗战胜利已经70年，战争的受害者、见证人在世的已经不多，且当年留存甚少的档案资料因战乱又遭相当散失，致使此次调研工作非常艰巨繁难。在全省各级党委、政府的重视下，省、州、县三级共组织了2000余人，在广泛征集零散的历史档案和文献资料、尽量采访战争亲历者的基础上，进行系统的甄别核实、分析汇总和统计合成，历经多年艰辛努力，如期完成了云南省抗日战争时期人口伤亡和财产损失课题的调研工作，并将调研成果上报中央党史研究室纳入全国"A系列丛书"出版，填补了云南抗战研究领域极其重要的历史空白。

　　在课题调研和本书的编纂过程中，省、市（州）、县有关部门给予了有力的支持，提供了必要的人力和经费保障。南京中国第二历史档案馆和云南省省、市（州）、县的档案馆、图书馆、博物馆等单位提供了大量的历史资料。中央党史研究室课题组、专家组和云南省专家组对书稿进行了认真的审读把关，提出了许多宝贵的意见。解菲、邓启贵、孙丹榜同志参加了课题部分调研工作，辛锋、舒建玲同志参加了课题后期的资料整理、制作上报工作，张坚、刘竹影、王亚丁、陈乾、杨国华、张少举、赵敏等同志参与了课题调研的保障工作。谨向所有关心、支持、参与课题调研和本书编纂出版工作的部门、单位与同志表示诚挚的谢意！

由于调研工作的艰巨性和客观条件所限，本书记载的有关人口伤亡和财产损失数据难免有遗漏、欠缺之处，敬请读者指正。

本书编者

2015 年 3 月

总 后 记

历时多年的《抗日战争时期中国人口伤亡和财产损失调研丛书》终于问世了。参加这套丛书编纂工作的，主要是承担《抗日战争时期中国人口伤亡和财产损失》课题调研任务的各省、自治区、直辖市及其下属市、县的领导同志和课题组成员，以及部分著名专家。他们以高度的责任心和使命感，竭尽全力，攻坚克难，终于完成了各自承担的任务，并按统一要求，形成了调研成果的 A 系列书稿。同时，有关省、自治区、直辖市还从实际情况出发，编纂了主要反映市、县调研成果的 B 系列书稿。由于各地情况不尽相同及其他原因，呈现在读者面前的丛书，将分批陆续完成和出版。

为了保证质量，我们对本丛书中由各省、自治区、直辖市完成的 A 系列书稿（即省级调研成果）实行了四级验收制，即：所有的省级调研成果，先由有关省（自治区、直辖市）课题领导小组及其聘请的省级专家验收组分别审读通过、写出书面意见；然后提交到中共中央党史研究室课题组。中共中央党史研究室课题组审读后，再聘请国内知名专家审读书稿，提出书面意见。对每次审读提出的意见，各省、自治区、直辖市课题组都认真研究落实，对书稿进行反复修改，或是说明相关情况，直到符合要求。由一批专家完成的 A 系列书稿（即带全局性的专门课题调研成果），也通过类似的办法验收。主要反映市、县调研成果的 B 系列书稿，则由有关省、自治区、直辖市党史研究室组织验收。各种调研成果验收修改的过程，同时也是调研的深化过程、提高过程。经过反复修改补充的成果，在质量上都有明显提高。

中共中央党史研究室课题组在中共中央党史研究室室委会和分管室副主任的具体领导下开展工作。中共中央党史研究室几任主要领导同志即曲青山和孙英、李景田、欧阳淞主任，非常关心和重视本课题调研工作的开展。分管这项工作的室副主任李忠杰同志始终严格把握政治方向，精心部署和安排，明确提出创建"精品工程、基础工程、警世工程、传世工程"的要求，给工作指明方向，还及时领导解决调研过程中遇到的种种困难和问题。各地同志和有关专家同中共中央党史研究室课题组保持密切联系，对中共中央党史研究室课题组的工作给予了积极配合和支持。

中共中央党史研究室课题组由李忠杰、霍海丹、李蓉、姚金果、李颖、王志刚、王树林、杨凯等同志组成。先后担任中共中央党史研究室第一研究部领导职务的黄修荣、刘益涛、蒋建农同志参与了课题调研部分和审改的工作。中共中央党史研究室科研管理部、办公厅的部分同志也参与了有关工作。特别是在北京市和山东省召开的两次全国性会议，中共中央党史研究室科研管理部、办公厅的有关同志自始至终参与了繁忙的会务工作，付出了大量心血和辛勤劳动。

在李忠杰同志直接领导下，中共中央党史研究室课题组承担了组织指导与协调推进各地课题调研和联系有关专家完成全局性专题调研的繁重任务。在人手十分有限的条件下，课题组同志们近10年如一日，以对民族负责、对历史负责的自觉精神，克服困难，埋头苦干，为圆满完成任务做了大量工作。计先后编发213期达60多万字的《工作简报》，同各省、自治区、直辖市的同志和有关专家进行了数以千次、万次的电话联系及当面沟通，先后到10多个省、自治区、直辖市实地调查、参加会议，了解情况，当面指导，协助各地完成调研工作，或邀请有关地方的同志到北京进行座谈；还组织22个省、自治区、直辖市课题组编纂《抗日战争时期全国重大惨案》，同中央档案馆联合编辑《抗日战争时期解放区人口伤亡和财产损失档案选编》，同中国第二历史档案馆、中国人民解放军档案馆联合编辑其馆藏的相关档案资料，撰写有关专题报告，等等。将近10年来，课题组成员虽有变动，但工作始终如一，没有延误和懈怠。

需要说明的是，《抗日战争时期中国人口伤亡和财产损失》课题，有时也简称为抗战损失课题或抗损课题。虽然有学者认为"抗战损失"或"抗损"通常只能反映抗日战争中财产方面的损失，人口伤亡不能称作损失，但考虑到当年国民政府习惯采用"抗战损失汇报"或"抗战中人口与财产所受损失统计"等表述，所以本课题参照前例，以"抗战损失"或"抗损"作为课题简称。

2014年初，根据中央领导同志的指示精神和中共中央党史研究室室委会关于做好出版和对外宣传全国抗战损失课题调研成果准备工作的要求，我们组织部分省、自治区、直辖市的分管领导和课题组成员对已经印出样本的A系列书稿再次进行复审和互审，并邀请部分承担了抗战损失专题调研任务的专家参加审稿工作。这次集中复审和互审的主要任务是：审核已经印出样本的A系列书稿，对相关数据、史实严格把关，保证课题调研结论的真实性，保证书稿没有重大差错。中共中央党史研究室主要领导同志和分管领导同志也提出要求：把工作做得再深入、再扎实一些，统一规范，责任到人，把问题消灭在书稿正式出版之前。

在复审和互审过程中，地方同志和邀请的专家以多种形式及时沟通，围绕审稿发现的问题研究讨论，和中共中央党史研究室分管领导进行交流，对一些重要的共性问题达成一致。经过复审和互审，对有关的A系列书稿做出进一步修改。在此基础上，中共中央党史研究室课题组同志又对拟第一批出版的每一部A系列书稿进行多环节的审读、检查、修改、校对，严格审核把关，尽可能如实、客观地反映调研情况和成果。

中共中央党史研究室的其他同志及一些外聘同志、从地方党史部门借调的同志，如徐玉凤、谢忠厚、杨延力、郭明泉、戴思厚、王俊云、梁亿新、宋河星、毛立红、王莹莹、茅永怀、庾新顺、李蕙芬同志等，满腔热情地参加了本课题调研的部分工作。不论是调研选题的讨论、同有关各方的联络，还是资料的整理、归类、建档等，他们都付出了辛勤的劳动。

这里，还要特别感谢国家社会科学基金规划办公室、国家新闻出版广电总局有关领导和同志对本课题调研工作的支持和帮助，感谢有关部门对丛书出版经费的支持和保证。中共党史出版社的领导汪晓军以及陈海平、姚建萍等同志，也为这套丛书的出版花费了很多心血。

我们相信，本丛书 A 系列和 B 系列各卷的陆续公开出版，必将大大有助于抗战损失课题调研成果的推广利用，有利于固化历史，更好地发挥以史为鉴、资政育人的作用。但是，我们也深知，本课题调研迄今所取得的成果，还只是阶段性的、部分的、不完全的成果。在已经取得的来之不易的成果的基础上，今后，这一课题的调研工作还要深入不懈地继续进行下去。

中共中央党史研究室课题组
2014 年 4 月 30 日